Tusculum-Bücherei

Zweisprachige antike Taschenausgaben

ANTHOLOGIA GRAECA

Buch I—VI

2. verbesserte Auflage
Griechisch-Deutsch ed. Hermann Beckby

ERNST HEIMERAN VERLAG IN MÜNCHEN

Auf dem Titel: Taube · Didrachme von Sikyon, um 400 v. Chr.
Aufnahme von Graf Lanckoronski

1. Auflage 1957 · 251 · Gedruckt auf Dünndruck Persia Qualität
von Schoeller & Hoesch, Gernsbach · Gesamtherstellung:
Dr. F. P. Datterer & Cie. – Inhaber Sellier – Freising

ÜBERSICHT ÜBER DEN BAND

6

Wenn ich hier eine Gesamtausgabe der Anthologia Graeca vorlege,
so geschieht das mit dem Gefühl eines gewissen Unbehagens. Die
Anthologieforschung ist in den letzten 150 Jahren so stark in die
Breite gegangen und oft in den verstecktesten Winkeln der wissen-
schaftlichen Literatur verborgen, daß sie kaum mehr zu überblicken
und manchmal wirklich unauffindbar ist.

Eine Geschichte der antiken Epigrammatik fehlt zur Zeit so gut
wie ganz. Sie wurde hier versucht, doch war mir von vornherein klar,
daß bei dem augenblicklichen, noch fragmentarischen und manchmal
fragwürdigen Stand unserer Erkenntnisse eine solche Darstellung nur
ein erster, tastender Schritt sein konnte. Immerhin schien mir eine
Zusammenfassung der bisherigen, von verschiedenen Gelehrten er-
arbeiteten Resultate von Wert zu sein; Susemihl, Wilamowitz, Radinger, Geffcken, Preisendanz, Wifstrand u. a. haben, auch ohne daß
dies im einzelnen belegt wurde, hier die Bausteine geliefert; nur wo
Lücken in der derzeitigen Forschung auftraten, glaubte ich, mit eigenen Beobachtungen die fehlenden Brücken schlagen zu dürfen.

Eine Einführung in die weitverzweigten Probleme der Anthologie
hat Waltz vor einiger Zeit gebracht; aber es ist die Eigenart gerade
dieser Probleme, daß sich hinter jeder gelösten Frage oft genug gleich
mehrere neue auftun, die das erstrebte Ziel wieder in die Ferne ab-
rücken. So wartet auch hier noch manche Schwierigkeit auf die be-
seitigende Hand.

Die Lesarten der Haupthandschrift, des Palatinus 23, sind seit der
Veröffentlichung des Lichtdrucks bekannt. Über die der 2. Handschrift, des Marcianus 481, orientiert für die 1. Hälfte der Anthologie
(bis IX 563) zuverlässig die Arbeit Stadtmüllers; unbekannt dagegen
sind noch die der 2. Hälfte. Stadtmüller hatte sie zwar ausgeschrie-
ben, wurde aber durch den Tod an ihrer Veröffentlichung gehindert.
Preisendanz hat sie in Venedig erneut überprüft und diese Aufzeichnungen mir gütigst überlassen, so daß ich sie einarbeiten konnte und
hier vorlege.

Bei der eigentlichen Textgestaltung war ich bemüht, unter grundsätzlich konservativer Haltung auch die Ergebnisse der neueren Forschung zu berücksichtigen.

Der kritische Apparat beschränkt sich auf das Wesentliche. Zur Vermeidung wertlosen Ballastes wurden Nichtigkeiten und Unerheblichkeiten, die für die Erhellung des Textes nichts abgeben, übergangen; ebenso konnte auf eine Notierung früherer Konjekturen grundsätzlich verzichtet werden. Dagegen wurden die Lesarten des Palatinus und des Marcianus sämtlich gebracht, die Varianten der sonstigen Überlieferung nur so weit, wie sie wenigstens von einem gewissen Wert erschienen.

Damit ist auch schon gesagt, daß die vorliegende Ausgabe keineswegs den Anspruch einer umfassenden, in die Breite und Tiefe gehenden Edition erhebt; sie will aber, zwar gekürztes, doch so genügendes kritisches Material bieten, daß es dem Fachmann zur Orientierung ausreicht. Wieweit hier das subjektive Wollen den objektiven Erfordernissen entspricht, müssen Kenner entscheiden.

Den deutschen Übersetzungen wurden Überschriften beigegeben. Sie wollen kein geistreichelndes Spiel sein, sondern haben zwei sehr reale Zwecke: Sie sollen erstens in der Fülle der Gedichte die Wiederauffindung eines gesuchten Epigramms erleichtern und gleichzeitig die für die Anthologieforschung sehr wichtige Verwandtschaft bzw. Übereinstimmung der Gedichtmotive aufzeigen. Aus dem letzteren Grund wurde bei entfernt voneinander stehenden Epigrammen dieselbe Überschrift gewählt und bei benachbarten Gedichten das zweite und gegebenenfalls die folgenden mit der Überschrift „Ein gleiches" versehen.

Dank gebührt vor allem dem Mentor der derzeitigen Anthologieforschung, Herrn Professor Dr. Preisendanz, der mir in praktischer Hilfsbereitschaft wie in wissenschaftlicher Beratung immer unermüdlich und selbstlos zur Seite gestanden hat. Dank auch Freund Richard Meyenschein, der seinen Beistand als Wissenschaftler und Übersetzer niemals versagt hat. Und Dank nicht zuletzt dem Heimeranverlag, der das Wagnis der Ausgabe eines so umfangreichen und kostspieligen Werkes auf sich genommen hat.

Die Übersetzungen stammen, soweit im Vorwort zu den einzelnen Büchern nichts anderes vermerkt ist, vom Herausgeber.

ZUR 2. AUFLAGE

Der unerwartet schnelle Verkauf der 1. Auflage, den man wohl als erfreuliches Zeichen für das wachsende Interesse an diesem Werk ansehen darf, machte eine Neuauflage notwendig. Da zudem seit der 1. Auflage eine auffallend große Zahl von Aufsätzen kritischen und exegetischen Inhalts sowie solchen mit bedeutenden entstehungsgeschichtlichen Untersuchungen zu verzeichnen war und zwei weitere, bislang kaum bzw. gar nicht beachtete Handschriften – der Laur. 32, 16 und der Codex Brit. Mus. Add. 16409 – kollationiert wurden (s. S. 84 und 86 f.), hatte sich neues wertvolles Material angesammelt. Vermehrt wurde dieses noch insofern, als eine abermalige Durchsicht der editio princeps nicht selten bisherige Fehlangaben feststellen konnte. Um so dankbarer war es daher zu begrüßen, daß sich der Verlag im Interesse der Anthologieforschung entschloß, eine 2., stark revidierte Auflage herauszubringen, ein Glück, das der Anthologie bisher noch nicht beschieden war.

Der für die 1. Auflage vorgesehene Charakter der Ausgabe als einer für Liebhaber des griechischen Altertums blieb auch in der 2. Auflage voll erhalten, wurde sogar hier und da noch ein wenig verstärkt. In der Hauptsache jedoch suchen die in fast allen Teilen (Einführung, kritischem Apparat, Erläuterungen) jetzt hinzugefügten Erweiterungen den philologischen Wünschen mehr Rechnung zu tragen als bisher. Aus drucktechnischen Gründen mußten diese Zusätze manchmal als Addenda am Schluß eines jeden Bandes beigegeben werden, worauf durch ein Sternchen (*) hingewiesen wird. An verschiedenen Stellen hatten die Rezensionen, für die ich zu danken habe und unter denen ich die von den Professoren Dr. Luck und Keydell als besonders fördernd hervorhebe, Änderungen verlangt, die ich, soweit sie mir überzeugend erschienen, vorgenommen habe. Daß in vielen Epigrammen für uns Heutige manches fraglich ist und daß die Interpretationen solcher Stellen infolgedessen stark auseinandergehen und oft subjektiv bleiben, weiß jeder Kenner; doch kommen abweichende Deutungen, wo es nötig erschien, wenigstens in den Erläuterungen zu Wort.

H. Beckby

Überblick über die Einführung

EINFÜHRUNG

IN DIE GRIECHISCHE ANTHOLOGIE

Das vorliegende Werk ist die Wiedergabe einer griechischen Handschrift, die in Fachkreisen sich einer großen, ja überragenden Berühmtheit erfreut, in Laienkreisen dagegen durchweg unbekannt ist. Es ist eine Handschrift, die mit der Fülle ihrer Gedichte für den Gräzisten etwa dieselbe Rolle spielt wie für den Germanisten die Manessische Handschrift. Denn wie ohne diese uns ein Großteil der mittelalterlichen Literatur, Kultur und Gefühlswelt verschlossen wäre, so würde uns ohne die griechische Handschrift der Blick in die Antike mit all ihren Werten und Erscheinungen versperrt oder doch stark behindert sein. Ja mehr noch. Während es sich bei der Manessischen Handschrift um einen relativ schmalen Ausschnitt aus vielleicht 150—200 Jahren handelt, umfaßt die griechische einen Zeitraum von Archilochos bis Kaiser Justinian, also von 650 v. C. bis 550 n. C., das sind 1200 Jahre, ja in Ausläufern reicht sie fast bis zum Jahre 1000, das sind 1600—1700 Jahre. Es sind Gedichte, die z. T. noch aus der archaischen Zeit stammen und die, während Griechenland wuchs und zerfiel, während die Demokratie kam und verging, während der Römer die Welt eroberte und wieder verlor, während

der griechische Diesseitsmensch innerlich zerbrach und zum Jenseits-
menschen wurde, während rings um die griechischen Grenzen Hun-
nen-, Goten- und Mohammedanerreiche aufblühten und verwelkten,
immer wieder herauf- und heranwuchsen und aus jeder Zeit die Pa-
tina der jeweiligen seelischen Grundhaltung getreu bewahrten.

Wenn heute der literarisch Interessierte ein Epigramm des Simonides liest und in dem dichterischen Gedanken die Prägnanz des Ausdrucks bewundert oder wenn er ein feinziseliertes, in all seinen Teilen
meisterlich abgewogenes Gedicht des Kallimachos studiert oder wenn
er die ursprünglich dem Anakreon zugeschriebenen tändelnden Anakreonteen vor sich hat, dann fragt er gewöhnlich nicht, woher und
wie wir von ihnen Kenntnis haben. Vielfach ist er sich bewußt, daß
manche dieser Stücke den Zufallszitaten bei anderen Schriftstellern
verdankt werden. Das trifft allerdings nur recht selten, vielleicht einige
Dutzend Male zu; den weitaus größten Teil verdanken wir der
kostbaren Handschrift, der Griechischen Anthologie, diesem „Goldenen Buch", wie man sie einmal genannt hat.

Die Griechen waren leidenschaftliche Sammler. Größtem wie Klein-
stem galt ihr Interesse. Da werden Aussprüche der Sieben Weisen,
Witzworte berühmter Männer und ebenso berühmter Hetären ange-
boten, da findet man Sammlungen von Staatsverfassungen, Merk-
würdigkeiten bestimmter Länder, Kommentgesetze, Briefe, Senten-
zen, Anekdoten, Glossen usw. in bunter Reihe. Kein Wunder, daß
man auch Gedichte gesammelt hat, Gedichte aller möglichen Formen.
Leider sind diese Kollektaneen fast alle zugrunde gegangen; die reichlich erhaltenen Titel müssen uns über den Verlust trösten. Ein Werk
aber hat alle Zeiten überdauert: die Epigrammensammlung.

Sie ist nicht das Werk eines Mannes oder einer Zeit, sondern das
Ergebnis einer durch ein Jahrtausend oder mehr gehenden Sammel-
tätigkeit. Ein Überblick darüber bietet nicht nur ein Summarium
griechischer Literaturgeschichte, sondern auch ein Stück Folklore,
Kulturgeschichte, Religionsgeschichte und nicht zuletzt einen tiefen
Einblick in das furchtbare Spiel politischer Geschichte von den Jahrhunderten vor unserer Zeitrechnung bis in unsre Tage.

Bevor wir jedoch von dem Werden unserer Anthologie sprechen,
sei ein Überblick über die Entwicklung des Epigramms selbst gegeben,
soweit das jetzt schon möglich ist.

Geschichte der Epigrammatik

Unter einem Epigramm verstehen wir heute ein kurzes Gedicht, in dem zuerst eine Spannung erweckt und am Ende eine überraschende, meist beißend-witzige Lösung gegeben wird. Anders im Altertum. Seiner Wortbedeutung nach war es zunächst eine Aufschrift, gleichgültig wo, in welcher Form und welchen Inhalts; entscheidend war nur, entsprechend dem zur Verfügung stehenden Raum, die Kürze der Darstellung. Daher enthielt eine Grabaufschrift ursprünglich nur den Namen des Toten sowie den seiner Heimat, eine Weihgabe den Namen des Spenders und des Gottes, dem man die Spende darbrachte, bzw. den des Künstlers, der das Bild oder die Statue verfertigt hatte.

Schon sehr früh, mindestens im 8. Jahrhundert, brachte, wie die Inschriften zeigen[1], eine in Jonien aufkommende Bewegung hierin eine Änderung: Anstelle der Prosa trat der Vers, wobei der jambische Trimeter und der Hexameter überwogen. Sehr rasch jedoch strömte hier das Distichon ein. Die Quelle kann nur die Elegie gewesen sein, und bemerkbar wird es sich zunächst im Grabgedicht gemacht haben, da die Elegie ursprünglich zur Totenklage benutzt wurde[2]. Dieses Archaische Epigramm[3] ist sehr kurz und knapp. Oft beschränkt es sich auf einen einzigen Vers, der das zu Berichtende durch eine Cäsur in der Mitte nicht nur der Form, sondern auch dem Gedanken nach aufgliedert; auch da, wo mehrere Verse auftreten, fallen Gedanken- und Versschluß gewöhnlich zusammen: noch wird diese

---

[1] Beispiele bei Friedländer (s. S. 106). Das älteste, um 740 entstandene griechische Schriftdenkmal ist das Epigramm auf dem jüngst gefundenen sog. Nestorbecher von Ischia (Buchner und Russo in Rendiconti Accad. Lincei 10, 1955, 215): hὸς δ' ἀ⟨ν⟩ τόδε π[ίε]σι: ποτερί[ο]: αὐτίκα κ ε͂νον ‖ hίμερ[ος: hαι]ρέσει: καλλιστε[φά]νο: ᾿Αφροδίτε͂ς (wer aus diesem Becher trinkt, den wird sofort die Sehnsucht erfassen der schönbekränzten Aphrodite). Nur 20—30 Jahre jünger ist ein auf einer attischen Dipylonvase stehendes Epigramm (IG I² 919): hὸς νῦν ὀρχε͂στο͂ πάντο͂ν ἀταλο͂τατα παίζει, ‖ το͂το δεκᾶν μιν (wer von allen Tänzern jetzt am feinsten spielt, der soll dies empfangen).

[2] Horaz ars poet. 75 ff., Friedländer Epigr. 1948, 65 ff.

[3] Vgl. etwa VI 6, 138, 341, VII 177. Die Echtheit der Epigramme von Archilochos, Sappho und Anakreon wird bestritten. — VII 304 ist wohl eine Parodie auf diese Knappheit.

Kunst vom Linearen beherrscht. Die Worte selbst sind schlicht nach ihrer Zusammengehörigkeit einander zugeordnet[1]. Von dem späteren Spannungsgehalt, der in dem Auseinanderreißen zusammengehöriger Wörter, etwa des Substantivs und seines Attributs, liegt, weiß dieses Epigramm noch nichts. Es enthält auch kaum einen Schmuck in seinen Worten, es äußert ebensowenig einen Schmerz oder eine Trauer über den Verlust eines Menschen, sondern beschränkt sich auf die notwendigen sachlichen Angaben und Umstände, die es der Welt und Nachwelt mitteilen will. Das Monument, auf dem es stand, gab seiner Sprache etwas Monumentales. So kommt es auch, daß uns hier nirgends ein individuell gefaßter Mensch mit scharf geprägten Eigenzügen entgegentritt. Sichtbar werden, wie bei einem halbbehauenen Steinblock, lediglich die Umrisse eines Menschen. Von einer Besonderheit, die gerade ihn und nur ihn kennzeichnet und ihn aus der Masse heraushebt, ist nichts zu verspüren. Ein stereotypes „archaisches Lächeln" scheint über diesen Epigrammen zu liegen. Das Leben schweigt hier und kommt nur in der Anrede an den „Wanderer", der schon in der frühesten Zeit angerufen wird, zum Ausdruck. Denn repräsentativ ist trotz aller Einfachheit auch diese Kunst schon. Nicht für den Toten und nicht für die Angehörigen sind diese Verse gedacht, sondern einzig für den „Wanderer", den sie oft genug zum Lesen auffordern und vor den sie sich, selbst da, wo sie ihn nicht anreden, wie ein Bildwerk hinstellen. Eine diesem Epigramm innewohnende oder etwa in ihm verborgene Entwicklungskraft läßt sich nirgends erkennen.

Erst um 500 setzt, wieder von Jonien her, ein neuer Anstoß ein, der das Epigramm auf eine andere, höhere Ebene hebt und es zugleich mit einer Dynamik erfüllt, die zukunftsträchtig sein sollte. Noch bewahrt dieses Simonideische Epigramm die Schlichtheit und knappe Sachlichkeit der alten Aufschrift, aber leise schon streift es seine frühere Gebundenheit und enge Begrenztheit ab und entwickelt sich zu vollerer Rundung. Ein leichter, unauffälliger Redeschmuck bürgert sich ein, ein freierer Ton waltet über dem Ganzen, einzelne persönliche Züge lassen das Typisierende des bisherigen Stils verblassen, und charakterisierende Zusätze geben dem Bild hier und da ein mehr indi-

---

[1] Doch vgl., wie in dem zitierten attischen Epigramm die beiden Worte ὀρχηστῶν πάντων in der Mitte des Verses, links und rechts von der Cäsur, sich gleich den Löwen im Wappen am Tor von Mykene gegenüberstehen.

viduelles Gepräge. Es ist, als ob die Wespentaille jener Figuren der
geometrischen Kunst sich mit schwellendem Fleisch zu füllen be-
gänne. Das Lineare wird zur Plastik. Noch wird kein Schmerz, kaum
eine Klage und nie etwas von Ruhmredigkeit oder heftiger Gebärde
sichtbar, im Gegenteil macht sich eine starke Zurückhaltung und eine
scheinbare seelische Unbewegtheit bemerkbar, und doch spüren wir,
daß sich hinter dem Gesagten ein ergreifendes Gefühl verbirgt und
daß unter einer äußeren, hüllenden Decke ein verhaltenes inneres
Leben flutet.

Das führt zu einer Spannung zwischen Außen und Innen, ähnlich
wie beim griechischen Tempel, der ebenfalls sein Inneres scheu vor den
Blicken der Menschen verbirgt und doch mit seinen weitgeöffneten
Säulengängen sich vor der Welt wieder aufschließt. Die gleiche Spannung tritt uns in der Form entgegen. Der Hexameter mit seiner Gleich-
förmigkeit und seinem geruhsamen Ablauf wird jetzt mehr und mehr
zurückgedrängt und an seine Stelle das elegische Distichon gesetzt,
das selbst schon mit dem schwingenden Spiel seiner hin- und wider-
flutenden und gegeneinander prallenden Kräfte spannungsgeladen ist.
Noch ordnen die Worte sich für gewöhnlich nach ihrer Zusammengehörigkeit einander zu, werden aber manchmal auch schon durch da-
zwischen tretende andere Satzteile voneinander getrennt und tragen
dann zur Erhöhung dieser Spannung bei. Das gleiche erstreben die
Dichter durch das, freilich nicht allzuhäufige, Hinüberziehen des Ge-
dankenschlusses vom Hexameter hinter das erste Wort des Pentameters[1]. Aber diese unter der Außenhülle im Spiel und Gegenspiel
sich treffenden Kräfte und der Kampf des lebendigen Innern gegen
die Außenhülle sind mehr zu ahnen als klar zu fühlen; wie bei dem
Tempel die Antinomien zur harmonisch ausgeglichenen Einheit zu-
sammengebunden sind, so werden auch in den Epigrammen die Gegen-
sätzlichkeiten durch einen ernsten Willen im Gleichgewicht gehalten.
Die Raffung der verschiedenen Kräfte und Energien führt zur Einheit
einer gezügelten Haltung.

Alles deutet darauf hin, daß wir vor einer Kunst stehen, die bewußt
auf Wirkung und Darstellung abgestimmt ist, und zwar eine Darstellung nicht bloß im Sinne einer dekorativen Zurschaustellung, sondern

---

[1] z. B. VI 144, VII 249, IX 757.

vor allem als Aufruf und Mahnung für Zeit und Zukunft. Ein Beispiel und Vorbild soll der Tote sein noch für die kommende Welt; die
Kräfte, aus denen seine Taten erwuchsen, sollen dem Leben erhalten
bleiben, sein Ruhm soll erneut zur Tat werden. Hinter dem Ästhetischen, dem das Epigramm mit seiner Kunst natürlich zunächst dient,
tut sich also als zweite Bestimmung ein Erzieherisches auf, die Paideia.
Takt und Kunst des Dichters ist es, dieses Erzieherische möglichst
unaufdringlich hineinzutragen, jedenfalls nicht so plump wie Hippar-
chos, der an allen Bezirksgrenzen Hermen errichten ließ mit selbst-
verfertigten Inschriften, die um das Thema „Üb immer Treu und
Redlichkeit" variieren.

Gerade dieses Pädagogische aber zeigt neben der Verhaltenheit des
Schmerzes, daß es sich hier weder um Primitivität noch um den Sturm
und Drang eines jungen, aufschäumenden Herzens handelt, sondern
daß hier reife, abgeklärte Kunst am Werke ist, deren monumentale
Größe wir heute noch verspüren: eine herbe Hoheit schwebt über den
Versen, eine strenge Feierlichkeit, die den Toten heroisierend bis in
die Ferne einer unerreichbaren Sternenwelt von uns abrückt und eben
dadurch wieder dem Epigramm eine erhabene Schönheit verleiht, ohne
es doch zu einer toten Maske erstarren zu lassen. Das ist im Grunde der
gleiche Vorgang und stilistische Fortschritt, wie er auch in der Plastik
zu finden ist, wo das bisherige starre archaische Lächeln nun von einem
ernsten, herben und fast schwermütigen Gesichtsausdruck abgelöst
wird[1].

Es ist das Epigramm, wie es Simonides pflegt und wie es durch
Kürze, Schlichtheit, Ruhe, Würde und stolze Bescheidenheit zu Welt-
ruhm gekommen ist[2], und zugleich das Epigramm, dem wir mehr als
dem folgenden das Prädikat des Klassischen zuerkennen können.

In dieser Schlichtheit lebt das Epigramm einige Jahrzehnte fort
und erhält sich auch noch in späteren Zeiten. Zu ihm gesellt sich etwa
seit 450 das Attische Epigramm. Hier in Athen hatten die kriege-
rischen Auseinandersetzungen mit den Persern zu einem starken Bedarf an amtlichen und privaten Grabinschriften geführt, und dieser
Bedarf ließ auch in der zweiten Hälfte des Jahrhunderts, als die inner-
griechischen Auseinandersetzungen begannen, nicht nach. Aber die

---

[1] Vgl. etwa „das Mädchen mit den Sphinxaugen" und die Euthydikoskore
(Lübke[17] Nr. 213 f.).   [2] Vgl. etwa VI 135, 197, VII 249, XIII 13.

seelische Haltung des Volkes war jetzt nicht mehr die gleiche wie
zu Beginn des Jahrhunderts. Das Selbstgefühl der Menschen war durch
die siegreiche Abwehr des gefürchteten Persers außerordentlich gewachsen. Alle Künste, voran die Tragödie, waren mächtig aufgeblüht,
das geistige Leben wurde bald durch Rhetorik und Sophistik weithin
bestimmt, auf der Akropolis entstanden Kunstwerke von nie geahnter
Schönheit, und das attische Reich griff weit über Griechenland und die
Ägäis hinaus. Der Stolz des Mannes in der Metropole war begründet
und fand seine Äußerung im Glanz der Stadt wie in der Pracht des
Privatlebens.

Auch die Dichtung blieb nicht unbeeinflußt. Nun hatte man den
Wunsch, mehr zu geben als das bloße Tatsachenmaterial. Der bisher
nur sparsam verwendete Schmuck wird daher stärker aufgetragen,
Bilder fügen sich ein, und alles erscheint jetzt reicher und großartiger.
Die Wortstellung wird sorgfältig bedacht, man sucht harmonisch aus-
gewogene Gruppen zusammenzustellen; Substantiv und Attribut nehmen ihre Präposition zu geschlossener Einheit in die Mitte, zwei solcher
Ausdrücke werden chiastisch-kontrapostisch nebeneinandergerückt[1],
oder ein ganzer Vers tritt als eine einzige verklammerte Gruppe
auf[2]. Man strebt nach Harmonie und in sich selbst ruhendem Gleichgewicht.

Aber dieses klassische Element ist seltener, als man erwartet. Schon
früh mischt sich in die Harmonie und Ruhe ein Zug von barocker
Steigerung, der die klassische Ausgeglichenheit auflockert, ja z. T.
sogar aufhebt und an ihre Stelle eine bis zum leidenschaftlichen Un-
gestüm gehende Bewegtheit setzt. Immer mehr dehnt sich die Sprache
der Tragödie mit ihrem Pathos im Epigramm aus, das Reiche und
Großartige wird allmählich zu pompöser Fülle, das Bildhafte neigt
zur Überladung, übertreibende Worte wie „unermeßlich, unvergäng-
lich, unauslöschlich, niemals alternd" zeigen das Streben zum Grenzenlosen hin, und selbst der Umfang des Epigramms schwillt, keineswegs zum Vorteil dieser Dichtungsart, bisweilen gewaltig an[3]. Oft
begnügt man sich nicht mehr mit einem einzigen Epitaphion, sondern
setzt gleich zwei Gedichte auf denselben Stein oder versieht sämtliche
vier Seiten der Stele mit Epigrammen, ja, einer vierzeiligen Grab-

---

[1] VII 257.   [2] VII 251, 2.   [3] 12 Verse in XIII 19.

schrift auf einem um 485 errichteten Mal fügt man jetzt nachträglich noch vier weitere Verse hinzu[1]. Das Lob des Toten knüpft an das im Simonideischen Epigramm liegende erzieherische Element an, kommt aber jetzt viel breiter, intensiver und rauschender zum Ausdruck. Der bescheidene Stolz, der bisher in den amtlichen Inschriften herrschte, weicht großen und hochfahrenden Gesten, und in den privaten Inschriften bricht der Schmerz um den Verlust eines geliebten Menschen so heftig und hemmungslos hervor, daß man sich an die wilden Bewegungen und Gewaltsamkeiten in den Kampfszenen zwischen Lapithen und Kentauren auf den Parthenonmetopen erinnert fühlt. Es ist die Zeit, in der Pheidias die Kolossalstatue des Zeus in Olympia und die zwölf Meter hohe Gestalt der Athene Parthenos, gold- und elfenbeinumkleidet, geschaffen hat.

Gegen Ende des Jahrhunderts dringt auch die Rhetorik und Sophistik ein. Die Grab- oder die Weihinschrift erscheint in der Form eines Zwiegesprächs, oder das Denkmal bzw. das Votiv redet selbst. Vielfach erkennt man den Wunsch, kunstvolle Formen zu bieten. Seltene Verszusammenstellungen werden gewählt[2]; Dionysios Chalkus bildet, völlig barock, in der verwandten Elegie das Distichon nicht aus Hexameter und Pentameter, sondern umgekehrt aus Pentameter und Hexameter, und bisweilen greift das erste Distichon mit seinem Satzschluß in den Anfang des zweiten Distichons über[3] und zerstört damit alle Ausgeglichenheit der strophischen Bildung und Bindung. Der Name des Toten rückt immer mehr ans Ende des Epigramms[4], der Gedankenbau wird ausgeklügelt, sophistische Spitzfindigkeiten werden selbst im Grabgedicht nicht gescheut[5], und bestechende, oft scharf aneinandergedrängte Antithesen geben dem Ganzen zuweilen einen funkelnden Glanz[6].

Der Höhepunkt der Klassik ist offenbar überschritten.

Zwischen dem 5. und 4. Jahrhundert läßt sich ein Einschnitt nicht ohne weiteres machen. Was die Früheren begonnen hatten, führt das neue Jahrhundert fort. Pathos und Übertreibung, Rhetorik und Sophistik lassen sich daher auch weiterhin noch feststellen, aber sie werden doch seltener und verlieren sich zuletzt fast ganz. Neben dem Atti-

[1] GV 20, Geffcken (s. S.106) 98, 65; vgl. VII 250.   [2] z.B. XIII 11.   [3] Geffcken 74.
[4] VII 710.   [5] VII 253.   [6] VI 2, VII 43, 251, 253, 296.

schen hebt sich dann langsam ein neues, das Klassizistische Epigramm, ab, das in seinem Stimmungsgehalt sich wesentlich von dem
vorigen unterscheidet und bald auch im Gegensatz zu ihm steht. Das
Hoheitsvolle und Heldischbetonte, das die vergangene Zeit bevor-
zugt und das auch z. T. den privaten Inschriften ihr Gepräge gegeben
hatte, schwindet nun nach und nach. An die Stelle der stolzen, könig-
lichen Schauspielergeste tritt etwas Einfach-Natürliches, etwas Phra-
senlos-Menschliches. Wie die bildende Kunst die Götter des Erhabenen
entkleidet und den Heros ins Irdisch-Alltägliche hineinrückt, so weist
auch die Dichtung das Posenhafte zurück und begnügt sich mit dem
Menschen selbst. Für Platon[1] ist Dion in seinem Nachruf[2] nicht der
einflußreiche Staatsmann in Syrakus, sondern einzig der Freund, der
ihm nun entrissen ist. Damit verliert sich der politische Einschlag, den
das Simonideische wie das Attische Epigramm so sehr bekundet hatte,
und selbst da, wo er noch erscheint, hat er sich seines eigentlichen
Charakters meist völlig begeben und deckt lediglich das mitleiderwek-
kende Menschentum auf[3]. Gleichzeitig verliert sich damit die erzieherische Komponente, die in den älteren Gedichten mehr oder weniger
verhüllt sichtbar geworden war. Ja, im scharfen Gegensatz zu der
früheren Dichtung, die den Toten idealisierend in Weltenferne von
uns abgerückt und das Menschliche zu vergöttlichen gesucht hatte,
tritt der Tote jetzt aus der Ewigkeit in unsere Kreise herüber; die
abgeschiedene Seele wird wieder zum Menschen.

Verbunden mit der großen Schauspielergeste war früher ein gewisser
Prunk in der äußeren Erscheinung. Auch dieser fällt jetzt fort. Die
vornehme Schlichtheit, die gemessene Natürlichkeit des Sichgebens
wird das erstrebenswerte Ideal. Das knüpft an die „edle Einfalt und
stille Größe" des Simonideischen Epigramms an, dem das neue überhaupt näher steht als dem Attischen; aber die frühere Einfalt und
Größe ist jetzt aus der Sphäre des Überirdischen, dem Reich der Platonischen Ideen in die vertrauteren Bezirke des Menschlich-Gesell-
schaftlichen herniedergezogen. Nicht Ruhm und Kraftäußerung, überhaupt nichts, was auf Wildbewegtes oder Durch-Schweiß-Erworbenes
schließen lassen könnte, ist das Ziel, sondern Ruhe, Maß und Harmonie.
Hatte Pheidias im vorigen Zeitraum das Gigantische und Pracht-

---

[1] Die Echtheitsfrage ist bei Platons Epigrammen noch nicht entschieden. Diehl
läßt jetzt 17 Epigramme als echt gelten.   [2] VII 99.   [3] VII 256, 259.

aufwendige gesucht, so stellt Praxiteles jetzt den eidechsentötenden Apollon dar, wobei er den im Mythos zugrunde liegenden heroischen Vorgang ins Spielerisch-Graziöse umwandelt. Hatte Polykleitos als weibliches Ideal die männlich herbe Gestalt der Amazone geschaffen, so werden bei Praxiteles nun die weichen Formen der Knidischen Aphrodite das bestaunte Leitbild. Das Brausende weicht dem Sanften, das Dionysische dem Apollinischen. Das gilt vor allem für das Auftreten in der Öffentlichkeit. Noch Parrhasios hatte um 420 prahlerische und dünkelhafte Worte für sich gefunden und sich selbst ins Rampenlicht gestellt, Aphareus tritt in seinem Epigramm, obwohl er sich in der Wortwahl auffallend an Parrhasios anlehnt, selbst völlig in den Hintergrund[1]. Durch die Worte der alternden Laïs, die um ihre geschwundene Jugendschönheit trauert, zittert weniger ein Schmerz als eine stille und verhaltene Wehmut[2]. In den Grabgedichten verblaßt alles Stürmische und Ungestüme; das Leid wird gedämpft vorgetragen, der bisherige Gefühlsaufruhr wandelt sich zu tiefer, aber milder Trauer. Eine rührende Klage atmet aus Erinnas Gedichten[3], und Platons Entsetzen über die Ermordung Dions verklingt am Schluß nicht in eine Verwünschung der Mörder, sondern in das Bekenntnis seiner großen Liebe zu dem toten Gefährten. Ja, oft gedenken die Inschriften weniger des Schmerzes und Verlustes, der die Hinterbliebenen getroffen hat, als des glücklichen Lebens, das dem Verstorbenen zuteil geworden war[4] als ob man sich fürchte, durch Bekundung eines Schmerzes die Grenzen der gemessenen Haltung zu überschreiten. Denn das Äußere behält auch jetzt noch seine Gültigkeit, sofern die sichtbar werdende innere Ruhe und Gelassenheit dadurch nicht beeinträchtigt wird. Das beweist auch die Sprache, die allem Bombast und überflüssigem Putz abhold ist und zwischen der Ruhmredigkeit des vorigen und der Überladung des folgenden Jahrhunderts etwas wohltuend Schlichtes erkennen läßt. Ein sichtliches Bemühen um knappen, prägnanten Ausdruck geht durch die Verse. Es ist, als wetteiferte man mit einem andern um den Preis der Kürze[5]. Die Worte werden wieder nach ihrer Zusammengehörigkeit einander zugeordnet; schmückende Beiwörter, besonders die der griechischen Sprache so sehr liegenden Adjektiv-

---

[1] Diehl I³ S. 110, 114.   [2] VI 1.   [3] VII 710, 712.   [4] VII 99, 117, GV 1987.
[5] V 80, VII 259, IX 44 f.

komposita, werden nur sparsamst verwendet, ja in zahlreichen Gedichten finden wir überhaupt keine Beiwörter mehr[1]. Das führt zu
einer durchsichtigen Klarheit und zu einem durch keine rhetorischen
Verschnörkelungen und Künsteleien gehemmten Gedankenbau, dessen natürlicher Fluß ein Stück wirklichen Lebens darstellt; zugleich
aber gibt diese Leichtigkeit und die spielerische, scheinbar lässige
Gewandtheit uns Musterbeispiele von der heiteren Anmut und der
zwanglosen Eleganz, die jene Zeit liebte und an der die spätere Alexandrinische Schule ihren Ausgangspunkt suchte.

Wichtiger noch als die natürliche Grazie, die diese Schöpfungen umspielt, ist die Verinnerlichung, die aus manchen von ihnen spricht.
Sie ist der Ausdruck des neuen Lebensgefühls, in dem der Mensch das
äußere Gepränge einer überwundenen Zeit ablegt und sich auf seinen
Geist, seine Seele und sein Gemüt besinnt. Diese Verinnerlichung wurde
oben schon erkennbar durch das Zurücktreten des politischen Ein-
schlags und durch das Streben nach Maß und Harmonie. Sie zeigt sich
aber auch in der Entstehung des Idylls[2], von dem die spätere Pelo-
ponnesische Schule ausgeht; sie zeigt sich in der Verherrlichung der
Dichter, also der geistigen Größen – Pindar, Aristophanes, Sappho[3] –,
sie zeigt sich ferner darin, daß Erinna ein Weihepigramm aus zwei
Distichen dichtet, in denen sie ganze drei Worte dem Gott widmet,
die übrigen dagegen zum Lobpreis des Weihbildes bzw. seines Malers
verwendet[4], und sie zeigt sich ausdrucksvoller noch darin, daß auf die
bekannte materialistische Sardanapalgrabschrift der Kyniker Krates
mit dem Hinweis auf die geistig-seelischen Werte antwortet[5]. Am
bedeutsamsten aber ist es, daß das Epigramm sich jetzt zum erstenmal, wenn auch noch schüchtern, dem weiten Gebiet der Liebe auf-
tut[6]. Doch das weist schon in die neue Zeit.

Immer noch dient das Epigramm auch in dieser Epoche – wenn man
von einigen wenigen die Entwicklung vorwegnehmenden Gedichten
absehen will – einem praktischen Zweck: Es ist an den Zwang der
Aufschrift gebunden. Das ändert sich erst gegen Ende des Jahrhunderts, und wieder kommt die Neuerung vom Osten her. Philitas von
Kos (um 310) scheint der Wegbereiter zum neuen Epigramm gewesen

---

[1] VII 259, 269, IX 44, 509, XVI 161, 248.   [2] IX 823, XVI 13.   [3] VII 35, Diehl I[3]
S. 106, IX 506.   [4] VI 352.   [5] VII 325f.   [6] V 78ff., VII 217, 669f., XVI 204.

zu sein, das zwei Änderungen erfährt: Rein äußerlich trat es an die
Stelle des Skolions, wurde also beim Symposion vorgetragen, und
zwar wurde es nicht mehr gesungen, sondern vorgelesen[1]. Ferner ging
man jetzt unter der Fiktion einer Grabinschrift – denn auch Epitaphia
gehörten zu dieser Gelagepoesie – dazu über, einen großen Mann der
Vergangenheit zu rühmen oder unter der Fiktion einer Weihung ein
schon oft behandeltes Thema neu aufzufrischen. Zugrunde liegt diesem Epigramm also nicht mehr ein praktischer Zweck, sondern lediglich literarischer Ehrgeiz: Das Steinepigramm wird – dies die zweite
Änderung – zum Buchepigramm.

Aber es hält wenigstens in der Vorstellung noch an der Aufschrift fest,
und so bleibt es auch während der folgenden Zeit in der im Mutterland
herrschenden Kunstrichtung. Hier entsteht die Dorisch-Pelopon-
nesische Schule[2], deren Vertreter vorwiegend im Peloponnes be-
heimatet sind, während ihr Einfluß auf ganz Griechenland, ja nach
Westen hin sogar auf Unteritalien und nach Osten auf die Inselwelt
bis nach Rhodos und Byzanz ausstrahlt. Dazu gehören Simias von
Rhodos, Nossis von Lokroi, Anyte von Tegea, Moiro von Byzanz,
Aristodikos von Rhodos, Leonidas von Tarent, Alexandros von Pleuron, Perses von Theben, Mnasalkes von Sikyon, Phanias u. a. Hier hält
man grundsätzlich an der alten Auffassung des Epigramms als einer
Aufschrift fest. Infolgedessen herrscht das Weih- und Grabgedicht
weitaus vor, wenn es auch vielfach nur fingiert ist. Vier Erscheinungen
sind es, die die Dichtung der Peloponnesier kennzeichnen und ihre
Kunst z. T. als Fortführung des klassizistischen Epigramms, z. T. als
Widerspruch dagegen charakterisieren.

Der Klassizismus hatte das heroisch-aristokratische Menschheits-
ideal fallen lassen; alles Hoheitsvolle und an die Grenzen des Tran-
szendentalen Reichende war geschwunden, und übrig geblieben war
nur noch ein schlichtes Menschentum; doch befand man sich dabei
wenigstens noch in der sog. guten Gesellschaft. Die neue Zeit geht
einen Schritt weiter; man stellt nicht mehr denjenigen Menschen dar,
der sich aus der Masse heraushebt, sondern gerade das einfache Volk:
man proletarisiert den Menschen. Wie die bildende Kunst jetzt ihre

---

[1] Reitzenstein (68). (Die eingeklammerten Zahlen verweisen auf die Übersicht
S. 110.) Daß das Epigramm daneben bis in die späteren Zeiten noch als Aufschrift
lebendig blieb, braucht nicht gesagt zu werden.   [2] Die Bezeichnung stammt von
Reitzenstein, gebilligt von Knaack, Geffcken u. a.

Motive im Bettler, im Marktweib, in der Säuferin, kurzum im Uned-
len oder Gemeinen sucht, so bewegt sich die Epigrammatik der
Peloponnesier mit besonderer Vorliebe in den Kreisen des „kleinen
Mannes". Das ganze Leben dieser Leute – des Fischers, des Bauern,
des Handwerkers usw. – wird mit all seinen Arbeiten, seinen Sorgen
und Mühen, aber auch mit seinen Freuden und Genugtuungen vor
uns aufgedeckt. Wir werden in die Welt der Spinnerin, der Musikantin
und selbst des Freudenmädchens hineingeführt und gewinnen – echt
naturalistisch – einen intimen Einblick in ihr äußeres Tun und ihr
inneres Erleiden. Erreicht wird damit zweifellos ein plastisches Bild
der niederen Volksschichten, aber es fehlen darin die individuellen
Züge. Wir lernen weniger den Mann namens Kraubis oder Kleolaos
kennen als den Typus des Schmiedes, des Jägers, der Weberin usw.
Nicht der einzelne in seinem nur für ihn charakteristischen Denken
und Sichgebaren wird uns dargestellt, sondern der Beruf an sich, im
Grunde also die Masse. Das führt zu einer Verblassung, zu einer Entindividualisierung und damit zu einer Typisierung, wie wir sie schon
bei Theophrast und der neuen Komödie finden. An eine Rückkehr
zum politischen Aspekt oder gar zum erzieherischen Faktor der früheren Zeit ist unter diesen Umständen natürlich nicht zu denken: eng
und niedrig wie das Milieu ist auch der Gesichtswinkel, aus dem wir
in die große Welt hineinblicken.

Es ist daher nur ein folgerichtiger Schritt weiter, wenn man die
große Welt überhaupt nicht mehr mit den Augen des Erwachsenen,
sondern mit denen des Kindes sieht. Tatsächlich entdecken diese
Menschen auch den Reiz der Kinderseele und des kindlichen Tuns
und haben – merkwürdig genug in einer Zeit, in der der Geburten-
rückgang sich immer mehr zur Katastrophe auswuchs – ihr offenkun-
diges Vergnügen daran. Mit welcher Freude betrachtet Nossis das
Bild eines Kindes![1] Mit welchem Entzücken sieht Anyte die Kinder
auf einem Wägelchen stehen, mit dem sie, einen Bock im Vorspann,
Pferderennen spielen um den Tempel herum![2] Das sind Züge, wie wir
sie an den eben damals entstehenden Tanagrafigürchen, an dem
prächtigen Jockeiknaben und anderen Plastiken finden und die uns
daran erinnern, daß sich in dieser Zeit auch Eros in die unendliche

---

[1] VI 353.   [2] VI 312.

Schar der Eroten aufspaltet[1]. Das aber führt zu einer Verniedlichung der Kunst und schafft in Verbindung mit der Volkstümlichkeit der Motive etwas durchaus Neues in der Literatur: die Genrepoesie.

Schon aus dieser Verniedlichung läßt sich entnehmen, daß uns hier, und zwar hier zum erstenmal in der antiken Literatur, das Gemüt des griechischen Menschen entgegentritt. Jetzt ist die Verinnerlichung, die sich im vorigen Zeitraum keimhaft ankündigte, voll entfaltet. Ja, die Empfindsamkeit und Gefühlsseligkeit ist so stark, daß man sogar von einer feministischen Epoche gesprochen hat. Mit Recht. Hat die Bezeichnung doch schon insofern ihre äußere Berechtigung, als gerade Frauen (Nossis, Anyte, Moiro) die Dichtung z. T. führend beeinflussen. Aber man schwelgt auch wirklich weiblich-weichlich in Gefühlen. Rührende Liebe, rührender Schmerz, rührende Hilfe und rührende Worte eines Sterbenden sind jetzt gern gesuchte Themen[2].

Gegründet sind diese Gefühle in der Hauptsache auf der Sehnsucht nach dem Primitiven, in dem die Harmonie und Ausgeglichenheit noch naturhaft zu Hause ist und in dem man das Komplementärbereich ahnt für das eigene Innere, das mit seiner kulturellen Übersättigung und vor allem mit seiner Spannung und Unruhe nicht den erwünschten Frieden zu bieten vermag. Daher bei der Wahl der Motive der Anschluß an das kleine Volk, da man im Denken und Fühlen der niederen Stände das Naturgegebene und Ursprüngliche wieder zu entdecken glaubte. Das tritt auch deutlich in der gleichzeitigen Philosophie zutage, in der Dikaiarchos (um 300 v. C.) sein „Zurück zur Natur!" predigt und den Blick in die Urzeit richtet, wo „die Menschen den Göttern nahe waren"[3]. Nicht minder deutlich wird es bei dem etwas älteren Historiker Ephoros (um 340), für den das Ideal im Dasein der wilden Tiere liegt, da sie allein nach der Natur, der Schöpfung Gottes, lebten[4].

Am schönsten findet man diesen unschuldig-glücklichen Zustand bei den Menschen wieder, die abseits der überfeinerten Stadtkultur ihrem Beruf nachgehen: beim Bauer, Fischer, Jäger, Holzhauer und natürlich beim Hirten, dessen stille, ländlich-einfache Tätigkeit den Seelenfrieden am klarsten wiederzuspiegeln scheint. So entsteht in der epischen Poesie die Bukolik, die in die idyllische Welt der Schäfer

---

[1] V 194.   [2] VII 13, 486ff., 646f., 662f.   [3] Porphyrios: de abstinentia 4, 2.
[4] Diodor 9, 26.

führt und deren Klassiker Theokrit wird. Doch zur gleichen Zeit
ertönen dieselben Klänge in der Epigrammatik. Auch ihr gibt die
sentimental-idyllische Grundstimmung des Zeitabschnitts Inhalt wie
zarte Färbung. Ja, man idyllisiert die Epigrammatik sogar weithin[1]
und scheut auch bei der Grabdichtung nicht davor zurück[2]. Man
zeichnet ein Tier (einen Bock, einen Hasen, einen Frosch, eine Grille)
oder eine Pflanze (Weinstock, Fichte, Nußbaum) und hat seine Freude
an der Unschuld ihres Lebens oder klagt über ihr Sterben. Wie wir
heute einen Kanarienvogel, so hält man sich damals eine Grille im
Käfig zu Hause, um sich an ihrem Zirpen zu ergötzen[3]; man entdeckt
schon die Seele des Tieres[4]. Das Tierepitaphion entsteht. Anyte geht
(nach Herrlinger) hier voran.

Schließlich kommt man, parallel mit der eben einsetzenden Tier-
und Landschaftsmalerei, zu einer wundervollen Naturlyrik, besonders
in der Einstellung zu Meer und Gebirge. Ein unendlicher Friede liegt
über diesen kleinen, zierlichen und anmutigen Nippsachen, und vielleicht nirgends in der gesamten griechischen Literatur geht der Gedanke der Ruhe öfter und anheimelnder durch die Zeilen als gerade in
diesen Stimmungsbildern[5]. Es ist die schönste und beste Leistung der
Peloponnesier. Und auch hier herrscht, echt idyllisch, wie in den klein-
formatigen Landschaftsreliefs das Niedliche vor. Was wir sehen, ist
immer nur ein kleiner und kleinster Naturausschnitt: ein Vogel, ein
Baum, ein Quell, ein Ruheplätzchen. Die große, ausschwingende
Linie, ein gewaltiges Panorama wird nirgends sichtbar; die Höhe und
weite Schau der klassischen Dichtung ist geschwunden. Aber alles
atmet Ruhe. Doch selbst in dieser seit Simias und Anyte nachweisbaren Naturlyrik hält man formal an der alten Aufschrift fest und
läßt die Naturschilderung wenigstens fiktiv als Inschrift zu dem Wanderer sprechen: dem Epigramm fehlt in seiner äußeren und inneren
Gestaltung zur eigentlichen Denkmalinschrift nichts als das Denkmal
selbst.

Alles atmet Ruhe, wurde gesagt. So scheint es wenigstens. Und
doch ist es eine Täuschung. Die Schlichtheit der Stoffe ließe auch eine
schlichte, dem Milieu angepaßte Sprache erwarten. Tatsächlich aber

---

[1] Vgl. VI 336, VII 192, 194, 198, 200, IX 432f., 437, 744. XVI 228 usw.   [2] VII
190, 202f., 215 usw.   [3] VII 189f., 194, 197f.   [4] IX 745.   [5] IX 313ff., XVI 228,
231 usw.

ist das Gegenteil der Fall. Der Ausdruck ist sogar sehr prunkvoll, bisweilen schwer verständlich und erinnert an die theatralische Steigerung, wie wir sie im Attischen Epigramm gefunden haben, aber auch an die Größe des Maßstabs und die prunkhafte Aufmachung, in der die Plastik der neuen Epoche sich des öfteren gefällt. Kühne Zusammensetzungen und barocke Neubildungen, sogar Hapaxlegomena, sind sehr häufig und zeigen, gleich dem zur selben Zeit in der Rhetorik aufkommenden Asianismus, die Neigung, sich mit einem gewählten Stil zu drapieren. Man schwelgt in Schmuckgebung[1]. Wieder, und diesmal mit verstärkter Kraft, dringt die Sprache der alten Tragödie in die Epigrammatik ein. Dazu kommt das Bestreben, durch Konsonantengleichklang und durch eine aufs feinste, oft auf Reime, oft antithetisch abgestimmte Folge von Vokalen, die von Vers zu Vers verschieden, aber immer sorgfältigst abgewogen ist, der Diktion einen besonderen Reiz zu geben und die Sprache selbst schon zur Musik zu machen. Das ergibt eine ungemein feine Filigranarbeit, ein Sprachgeschmeide, eine Polyphonie rauschender Klänge. Das Epigramm wird, wie das jetzt entstehende Mosaik, zu einem aus glänzenden Farben zusammengesetzten leuchtenden Teppich. Das Monumentale, das dem Epigramm bisher angehaftet hatte, findet seinen Ausdruck jetzt in einer sprachlichen Pomphaftigkeit, die den stofflichen Tiefstand nur noch mehr zum Bewußtsein bringt. Der kleine Waldarbeiter aber wird aus der Sphäre des Niedrigen herausgehoben und durch den Schimmer dieser Poesie in den Königspurpur gehüllt[2]. Götter waren zu Menschen geworden, der Mann aus dem Volk, der Arme, der Unbedeutende, der Sklave, wird heroisiert und mit einem Glorienschein umgeben.

Zwei unvereinte und wohl auch unvereinbare Gegensätze gehen durch diese Dichtung: klassische Ausgeglichenheit und barocke Übersteigerung. Hatte das vergangene Jahrhundert die harmonische Konsonanz gesucht, so herrscht hier die Dissonanz. Aber eben dieser zu keiner Einheit verschmelzende Doppelklang ist bewußt und gewollt. Das unaufhörliche und vielleicht als neckisch empfundene Spiel um diesen Akkord erregt das besondere Wohlgefallen der Zeit; er deckt

---

[1] Auf die Verszahl berechnet, finden sich bei Anyte rund 80% Adjektive, bei Asklepiades und Kallimachos etwa 30% (Knauer); bei Platon waren es 18%.   [2] Vgl. auch VII 538.

jedenfalls für uns Späte noch die Spannung auf, die in den damaligen Menschen lebendig gewesen sein muß.

Uns Heutigen sagen von all diesen Dichtungen am meisten die Schöpfungen der Frauen zu. Aber damals und auch später noch galt Leonidas als Haupt dieser Richtung. Er stammte aus Tarent, hatte auch dort schon gedichtet[1], mußte aber wegen seiner politischen Überzeugung flüchten und lebte fortan in Epirus, wo er für das dortige Königshaus tätig war, zunächst für Neoptolemos († 295)[2] und danach für Pyrrhos († 272)[3]. Dann führte er als fahrender Poet ein unstetes Leben[4], das ihn nach dem Peloponnes[5] und nach Asien[6] verschlug, bis er schließlich, unverheiratet[7] und bettelarm[8], voll unerfüllter Sehnsucht nach einer eigenen bescheidenen Hütte[9], fern von der Heimat (nach unsicherer Überlieferung in Alexandria) sein Leben beschloß[10]. Seiner eigenen Zeit schien er ein großer Stern zu sein[11], doch ist er für uns heute keine erfreuliche Erscheinung am griechischen Dichterhimmel. Am angenehmsten wirkt er da, wo er von sich selbst, seiner Not, seiner Krankheit und seiner persönlichen Stimmung spricht[12]. Aber sein ganzer Stolz waren die Grab- und mehr noch die Weihgedichte, deren Stoff er aus der Welt des kleinen Mannes nahm. Gerne zählt er hier in technischen Ausdrücken die verschiedenen Gerätschaften und Handwerkszeuge des Jägers, des Zimmermanns, des Bauern, des Webers auf oder umschreibt sie in kunstvollen Wendungen und versieht den simplen Hausrat mit hochtönenden und barocken Beiwörtern[13]. Überraschende Situationen und verblüffende Erfindungen in immer wieder variierenden Wendungen darzustellen und prunkvoll auszuschmücken, war sein dichterisches Ziel. Auf Bestellung sind diese Verse gewiß nicht gemacht, da der Bauer und Arbeiter an solchen ihm unverständlichen Klängen kaum Geschmack finden konnte[14]. Er selbst aber brachte durch solche Künsteleien sehr viel Frostiges und Schwülstiges in eben die Dichtung, die von früher her die größte Schlichtheit in sich getragen hatte. Sogar das einfache Tierepigramm, wie es Anyte handhabe, entartet bei ihm, wird ge-

---

[1] VI 129, 131.　[2] VI 334.　[3] VI 130.　[4] VI 300, VII 736.　[5] VI 188, IX 320.　[6] VI 110.　[7] VII 648, 736.　[8] VI 300, 302.　[9] VII 736.　[10] VII 715.　[11] VII 715.　[12] VI 293, 298, 300, 302, VII 715, 736, X 1.　[13] Vgl. etwa VI 4, 204f., 211, 300, 305 usw.　[14] Von Leonidas' 46 Grabepigrammen hat Peek (außer den wohl unechten VII 658–663) nur eines (163) in die GV aufgenommen.

spreizt und neigt zur Rhetorik[1]. Dabei fließen zwischen diese pom-
pösen Beiwörter hier und da Vulgarismen, Flickwörter und sprachliche Nachlässigkeiten[2], die uns deutlich das Gequälte dieses Stils
vor Augen führen. Er kann auch den Ruhm für sich buchen, die ersten
Priapeen, ganz nach Art der späteren lateinischen, geschrieben zu
haben[3]. Leonidas war kein Dichter, auch kein Sprachkünstler, sondern nur ein Formvirtuose, der das mangelnde Gefühl durch Übersteigerung des stofflichen Hintergrundes und durch Häufung äußerer
Redemittel zu ersetzen suchte[4], und er verdiente weniger Beachtung,
wenn nicht seine Wirkung, keineswegs zum Vorteil der Dichtung, so
groß gewesen wäre. Seine Gedichte wurden immer wieder nachgeahmt[5], noch 200 Jahre später gehörten sie offenbar zur Schullektüre
in Rom; Cicero und Atticus kennen sie auswendig[6]; Properz und Ovid
benutzen sie, und in Pompeji finden wir ein Wandgemälde, dessen
Motiv aus einem seiner Epigramme geschöpft ist und unter dem dieses
Epigramm auch inschriftlich stand[7], ja sein Einfluß ist noch 800 Jahre
später bei den Byzantinern nicht völlig geschwunden.

Ganz anders die gleichzeitige Jonisch-Alexandrinische
Schule, deren Vertreter meist in Jonien oder Alexandria wohnen.
Dazu gehören Menekrates, Asklepiades, Poseidippos, Hedylos, Antagoras, Aratos, Theaitetos von Kyrene, Herakleitos von Halikarnass,
Kallimachos, Nikias, Diotimos von Adramyttion und Phaidimos, während Theokrit zwischen dieser und der vorigen Schule vermittelt. Auch
die Alexandriner gehen vom klassizistischen Epigramm aus. Das läßt
sich an der Knappheit, die auch hier gewahrt bleibt, erkennen. Die
Knappheit war ja ursprünglich eine aus räumlichen Gründen notwendige Forderung der Aufschrift, hatte aber in dem jetzt entstehenden Buchepigramm keine sachliche Berechtigung mehr. Es mußten
also innere Gründe für die Alexandriner bestimmend sein. Schon
Platon[8] hatte als Höchstgrenze für Grabgedichte vier Verse festge-
stellt, und Kallimachos spricht jetzt das berühmte Wort „ein großes
Buch, ein großes Übel" aus und erklärt, man dürfe die Dichtkunst
nicht nach Meilen messen[9]. Das bleibt Gesetz für diese Zeit, wird

---

[1] VI 120.   [2] Belege bei Wilamowitz (91) II S. 103 ff.   [3] XVI 236, 261.
[4] Das Urteil des Theodoridas über Mnasalkes, Leonidas' Zeitgenossen (XIII 21),
könnte man auch auf Leonidas selbst beziehen.   [5] Vgl. zu VI 13, 154, 205, 300,
VII 422, X 1 u. a.   [6] s. zu X 1.   [7] VI 13.   [8] Gesetze 958 E.   [9] Frg. 1,18; 465 Pf.

aber auch in der Folgezeit nicht nur praktisch beachtet, sondern zudem mehrfach wieder als Forderung ausgesprochen, so von Parmenion, Kyrillos und Leonidas von Alexandria[1], und erst vom zweiten nachchristlichen Jahrhundert ab macht man sich von diesem Grundsatz frei. Die gleiche Annäherung an die klassische Stilform weist die Sprache auf. Wie die Epigrammatiker des 4. Jahrhunderts ergehen sich auch die Alexandriner, im Gegensatz zum prunkvollen und überladenen Ausdruck der Peloponnesier, in einer zwar durchaus poetischen, aber mehr natürlichen und ungekünstelten Diktion[2]. Eine schlichte, unaufdringliche Vornehmheit, eine fast lässige Eleganz liegt über den Versen. Wohl strebt Kallimachos eine nach Satzstellung und Wortwahl etwas pointierte Sprache an, andere dagegen, vor allem Asklepiades, Poseidippos und Hedylos, verwenden einen so frischen, lebensvollen und von aller Verstiegenheit freien Ausdruck, daß man die Menschen selbst glaubt reden zu hören. Das Epigramm öffnet sich entschieden der unter Gebildeten gebräuchlichen Ausdrucksform des täglichen Lebens.

Damit aber ist ein Realismus erreicht, der den Peloponnesiern fremd ist. Wohl suchen die Peloponnesier das Volkstümliche, aber sie betrachten die Volkstypen nicht mit den offenen Augen des wirklichkeitsnahen Menschen, sondern in einer gewissen Verklärung. Was sie zu diesem Milieu hinzieht, ist nicht die Freude an der Darstellung naturverbundenen Lebens, sondern im Gegenteil die Verzweiflung an der Gegenwart, der politische Jammer, die romantische Sehnsucht nach dem goldenen Zeitalter. Der letzte Grund für ihre Naturlyrik liegt in dem Wunsch, der eignen unbefriedigenden Zeit zu entfliehen und die Ereignisse des Tages zu vergessen. Bei den Alexandrinern ist von Landschaftsfreude und Landschaftsstimmung nichts oder doch kaum etwas zu bemerken. Sie leben in der Großstadt, wo zwar prächtige Grünanlagen sind, wo aber Schäfer und ländliche Bukolik grundsätzlich keine Berechtigung haben, sondern wo der Umschlaghafen des Welthandels täglich pulsierendes Leben mit sich bringt und den Menschen einerseits in den Strudel der Gegenwart hineinreißt, andererseits seinen Blick über Länder hinweg in die Weite öffnet. Infolge-

---

[1] IX 342, 369, VI 327, vgl. auch IV 2 (6), VII 447, Martial 9, 50.   [2] Reime finden sich in den Pentameterhälften bei Leonidas 21%, bei Anyte 20%, bei Asklepiades 11%, bei Kallimachos 10% (B. Hansen).

dessen fehlt hier auch die im Mutterland beliebte Verniedlichung. Gleich dem bunten Gewimmel und geschäftigen Treiben in ihrer Stadt ist ihre Dichtung erfüllt von kraftvoller Wirklichkeitsnähe, vibrierender Bewegung und rastlosem Stimmungswechsel. Fragen, Ausrufe, Interjektionen verlebendigen die aus dem Alltag dargestellten Szenen. Der Mimos mit der packenden Realistik seiner häuslichen und außerhäuslichen Situation wird für die Epigrammatik fruchtbar gemacht[1]. Alles ist aktualisiert. Unterhaltungen des Dichters mit sich selbst oder mit anderen, Aufträge, die man Dienern erteilt, u. dgl. geben der Sprache ebenso Tempo wie Blut und Kraft und steigern den Inhalt und manchmal auch die Form ins Dramatische. Alles atmet sprühende Lebenslust, und als bezeichnendes Symptom läßt es sich werten, daß die Epitaphiendichtung von den Peloponnesiern mit idyllischen Zügen, von den Alexandrinern dagegen mit Skolienmotiven gefüllt wird[2].

Dieser Drang zur Verlebendigung der Darstellung wird auch durch die Handhabung des Versmaßes unterstützt. Bei den Peloponnesiern übte der schwere Spondeus mit seiner retardierenden Wirkung noch eine starke und gewiß dort berechtigte Herrschaft aus; bei den Alexandrinern dagegen trat der Spondeus merkbar zurück und überließ dem rascheren und leichtfüßigeren Daktylus den Platz[3]. Das dadurch erreichte glatte Dahingleiten gab dem Vers nach außen hin zweifellos einen zügigen Fluß und eine gefällige Eleganz, wie sie zu der Eigenart dieser Männer durchaus paßte. Verfehlt wäre es allerdings, aus dem äußeren Schein auch auf eine innere Glätte und Gelöstheit schließen zu wollen. Im Gegenteil macht sich hinter der Oberfläche, besonders in der metrischen Gesamtgestaltung des Distichons, eine außerordentliche Spannung bemerkbar. Bisher nämlich trug der Hexameter wie der Pentameter seine Zäsur normalerweise in der Mitte des Verses; dadurch zerfiel das Distichon in vier ungefähr gleiche Teile; jeder der beiden Verse war in sich ausgewogen, doch auch alle vier Teile waren in etwa gleichlang. Jetzt dagegen setzt man den Haupteinschnitt im Hexameter mit Vorliebe nach dem vierten Daktylus, in die buko-

---

[1] V 167, 181, 183, 185, 213.   [2] z. B. VII 28, 725.   [3] Das Verhältnis von Daktylus zu Spondeus ist bei Leonidas 2 : 1, bei Asklepiades 3,6 : 1, bei Poseidippos 4,4 : 1, bei Kallimachos 4,7 : 1. Rein daktylische Hexameter gibt es bei Leonidas 10%, bei Kallimachos 30%. Hexameter mit drei Spondeen gibt es bei Leonidas 19%, bei Kallimachos 2% (Knauer S. 62f.).

lische Diärese, und läßt von dort ab den Gedanken bis zum Schluß
des Pentameters ungehindert ausströmen, so daß das ganze Distichon in einen ersten kleineren und einen zweiten längeren Teil zerfällt[1]; oder man gliedert den zweiten längeren Teil noch einmal nach
dem Beginn des Pentameters, so daß das Distichon entgegen seinem
eigenen Formgesetz in drei Teile zerfällt[2]. Das zerreißt die ihm ursprünglich innewohnende Eigenbewegung an völlig unerwarteten
Stellen und bringt eine fortwährende stoßende Unruhe in den Vers-
ablauf: es hemmt, wo die rhythmische Folge nach vorn reißt, und
reißt nach vorwärts, wo das formale Ende ein Halten gebietet. Verstärkt wird diese nervöse Unruhe noch, wenn der Gedanke vom ersten
Distichon ins zweite übergreift[3], also sogar den Strophenschluß und
die Stropheneinheit durchbricht, oder wenn das ganze Gedicht überhaupt nur aus einem einzigen Satz besteht[4] und die eigenwillige und
unerwartete Form das Gefühl des Lesers von Anfang bis Ende in
dauernder Unsicherheit und Erregung hält.

Aber trotz der Ähnlichkeit, die die Verinnerlichung bei beiden
Schulen aufweist, ist ein grundlegender Unterschied vorhanden: die
Weltanschauungen beider Schulen stehen sich schroff gegenüber. Die
Peloponnesier hängen in ihrer Denkweise mit der Stoa zusammen, die
als höchstes Ziel das Aufgehen des Individuums im Allgemeinen an-
sieht; daher die Typisierung und das Hinausströmen des eigenen Ichs
in die Natur. Die Alexandriner lehnen sich in ihrer Auffassung an
Epikur und vielleicht mehr noch an Aristipp[5] an, der wie Kallimachos, der Führer der Alexandriner, aus Kyrene stammte und in
seiner Lehre von der Lebenskunst zu einem scharf ausgeprägten
Individualismus, der Philosophie des Egoismus, gelangt war: das
Ziel alles menschlichen Strebens ist der heitere Genuß. So pflegen denn
die Alexandriner zwei Dichtungsmotive, die sich bei den Peloponnesiern so gut wie gar nicht finden: Wein und Liebe. Von diesen beiden
Leitgedanken ist der weitaus größte Teil ihres Schaffens erfüllt, und
es ist bezeichnend, daß die Anthologie die meisten ihrer Gedichte in
den Büchern 5, 11 und 12 bringt, in denen die Liebes- und Trinkpoesie zusammengestellt ist.

---

[1] z. B. V 169, 1f.   [2] z. B. V 162, 1f. Sätze, die im Hexameter beginnen und im
Pentameter enden, finden sich bei Anyte zu 7%, bei Asklepiades und Kallimachos
zu 29% bzw. 30% (Knauer S. 56).   [3] z. B. VI 310, VII 208.   [4] z. B. XII 77.
[5] V 134.

Aber Aristipp hatte nicht nur den Lebensgenuß gepredigt, er hatte gleichzeitig auch die Herrschaft über den Genuß gefordert. Auch das prägt sich in den Versen der Dichter aus: Bei aller Freiheit und allem Leichtsinn dieser Weltmänner herrscht hier nicht Liederlichkeit und Skrupellosigkeit, sondern immer eine höfische oder doch erzogene Haltung, nicht Grobheit und Frechheit, sondern liebenswürdige Schalkheit, nicht Gemeinheit oder Zweideutigkeit, nicht einmal Pikanterie, sondern der geistreiche Einfall eines wein- und liebesfrohen Kunstjüngers. Denn beim Symposion trifft sich dieses Dichtervölkchen, wo man, ganz unter sich, seine eignen Erzeugnisse sich gegenseitig vorliest. Das stellt, wenn man so will, einen literarischen Klub dar, aber einen Klub, der sich seiner Auserlesenheit sehr bewußt ist, eine geistige Elite, eine Aristokratie, die – im Gegensatz zu den Peloponnesiern – vom kleinen Mann aus dem Volk und von der Masse nichts wissen will, sondern sich scharf von ihr distanziert[1]. Die eben besprochene Prägnanz erscheint uns manchmal sogar übertrieben. Das Distichon VII 447 zeigt deutlich, wie man in selbstgegebenem Gesetz mit der Knappheit der Worte ringt, so ringt, daß der Sinn bisweilen dunkel bleibt. Das ist, wenigstens in den Augen dieser Dichter, erlesenste Kunst, die Apartes sucht, die sich vom Geschmack der großen Menge lossagt und nur auf den Beifall einiger Kenner hofft. Das gleiche erstrebt die Gestaltung des Verses, die, über das oben Gesagte hinaus, in ihrem Verhältnis von Wortschluß zu Fußende an so feine und fast kleinliche Regeln geknüpft ist, daß z. B. von den sieben Versen des Iliasprooimions nur zwei Hexameter für sie als erlaubt gelten: der Individualismus der alten Zeit übersteigert sich hier und führt den Dichter gewissermaßen aus der menschlichen Gesellschaft heraus einer Vereinsamung zu.

Wein und Liebe sind die Hauptquellen, aus denen die Alexandriner ihre Themen schöpfen. Das Skolion, die eigentliche Gelagepoesie, war in vierten Jahrhundert verklungen. Jetzt nimmt die neue Schule die Stoffe dieser Dichtung in die Epigrammatik herüber und erweitert dadurch den Motivkreis des Epigramms um eine ganze poetische Gattung. Die Liebe war bisher, im großen gesehen, der Melik und der Elegie vorbehalten; jetzt wird der Stoffkreis auch dieser Dichtungs-

[1] XII 43, 102.

arten für die Epigrammatik gewonnen. Das führt zu zwei für die
Entwicklung des Epigramms bedeutsamen Auswirkungen: Mit der
Übernahme des Elegiestoffs nähert sich das Epigramm inhaltlich
der Elegie; da aber die Elegie sich auch formal mit dem Epigramm
deckt, fallen beide eigentlich innerlich und äußerlich zusammen, und
der einzige Unterschied zwischen ihnen bleibt lediglich noch der
Umfang[1]. Nicht mit Unrecht wird daher das Epigramm, wie es seit
der alexandrischen Zeit besteht, als Kurzelegie aufgefaßt[2]. Und ein
zweites: Für das vierte Jahrhundert war das Epigramm noch wirkliche Aufschrift; daran ändern auch die Peloponnesier trotz ihrer
Naturlyrik nichts. Ebenso spielt das Epigramm bei den Alexandrinern seine Rolle als Aufschrift weiter; man dichtet auch jetzt noch
nach herkömmlicher Weise Inschriften für Weihung und Grab, man
greift wohl auch zum fiktiven Weih- und Grabgedicht. Aber durch
die Aufnahme von Gelagepoesie und Liebe, von Lebensweisheit und
Rätselspiel, von Spott und Alltagssituationen in das Epigramm sind
die Fesseln, die das Epigramm an die Aufschrift binden, im Grunde
schon gesprengt, und es ist nur ein unvermeidlicher Schritt vorwärts,
aber auch die große, entscheidende Tat der Alexandriner, daß sie die
Bindung an die Aufschrift nun auch äußerlich rücksichtslos abstrei-
fen. Müßig zu sagen, daß dies nicht der Einfall eines einzelnen Mannes
und nicht die Tat eines Augenblicks, sondern das Ergebnis längeren
Wachstums ist. Das Epigramm VII 442, das noch halb Aufschrift,
halb schon Trinklied ist, steht in der Mitte dieser Entwicklung und
zeigt, wie das Alte sich allmählich umformt und das Neue herauf-
bringt. Dann aber, d. h. seit Ende des vierten Jahrhunderts beginnt
das Epigramm sich voll zu entfalten; rasch erobert es sich einen Bereich von ungewohntem Ausmaß und entwickelt sich nun zur eigen-
wertigen Ausdrucksform für alle persönlichen Gefühle. Jetzt „wird
das Epigramm geradezu das, was die moderne Theorie das lyrische
Gedicht nennt. Es gestaltet sich dem Dichter ein inneres oder äußeres
Erlebnis zum Gedicht, der Eindruck, den eine Gegend auf ihn macht,
ein schwüler Mittag, eine Sturmnacht, aber auch ein Menschenschick-
sal, ein Buch und vor allem jede Regung seines Herzens; hier kann

---

[1] Die meisten Epigramme der Anthologie umfassen 2–12 Verse; nur 7 haben mehr
als 24 Verse: I 10 (längstes: 76 Verse), 119, IX 362, 440, 482, XV 25, 40. [2] Kaegi (33).

sich Galanterie und Bosheit gleichermaßen äußern, hier erst gibt es
eigentlich die ganze individuelle Liebespoesie" (Wilamowitz)[1]. Wir
sehen, hier ist nirgends ein Zeichen von Verfallskultur zu erkennen,
im Gegenteil, der griechische Geist ist in dieser Zeit der eigentlichen
Hochblüte des Epigramms noch ebenso kraftvoll schöpferisch wie
in den vorigen Jahrhunderten.

Der menschlich Liebenswerteste und dichterisch Anziehendste
dieser Poeten ist wohl Asklepiades. Von seinem Leben wissen wir
nur, daß er in Samos geboren war, wahrscheinlich eine Zeitlang in
Alexandria gelebt hat und mit den Dichtern Poseidippos und Hedylos eng befreundet war. Sein Motivkreis ist nicht weit und erschöpft
sich in den Begriffen (oder auch dem Begriff) Liebe und Genuß.
Selbst da, wo er ein Weihepigramm schreibt[2], glaubt man Eros im
Hintergrund zu sehen, wie er lächelnd in das ernst-übermütige Treiben der geliebten Knaben blickt; und noch in dem Grabgedicht XIII 23
bricht durch die Klage am Schluß der Gedanke durch, wie viele
ungenossene Freuden der Jungverstorbene nun verloren habe. Ewig
empfänglich ist sein Herz für die Reize der weiblichen und mehr noch
der männlichen Jugendschönheit. Wie eine Wunde erleidet er diese
Liebe, und schmerzhaft verspürt er sie bis in die Fingernägel hinein[3].
Brennendheiß packt sie ihn mit ihrer Sehnsucht, ihrer Eifersucht und
ihrem Genuß[4] und versengt ihn im Innern derart, daß er mit zwei-
undzwanzig Jahren sich schon lebensmüde fühlt[5]. Die Verse selbst
fließen leicht dahin und führen uns in kurzen, manchmal sogar unvollständigen Sätzen[6] schnell das Gesamtbild vor. Mit wenigen einfachen,

---

[1] Sehr gut bemerkt auch Couat (La poésie Alexandrine, Paris 1882 S. 189):
L'épigramme peut être autre chose qu'un badinage sans portée. Dans ce cadre si
restreint, l'élégie, la comédie, la satire, la poésie didactique et philosophique se meu-
vent à l'aise. Elle a déjà, au III. siècle a. J.-C., touché les sujets les plus divers, pris
successivement tous les tons, épuisé toutes les ressources. Ses procédés sont des
plus variés; tantôt c'est un dialogue, tantôt une comparaison, tantôt une énumé-
ration; quelquefois elle vaut seulement par un heureux accord de mots harmonieux,
ailleurs elle repose sur des rapprochements inattendus de mots qui, se ressem-
blant par le son, diffèrent par le sens; elle vise au trait et le trouve; elle descend
jusqu'au calembourg; elle occupe à elle seule la place que tiennent dans notre
littérature l'épigramme et le sonnet; elle se rapproche même du sonnet plus
encore que de l'épigramme par la nature des sujets comme par le fini du
travail ... Callimaque lui a donné sa forme définitive.

[2] VI 308.   [3] V 162.   [4] XII 166.   [5] XII 46.   [6] V 210, 3, IX 752, 2 f., XII 50, 5;
135, 1; 153, 3.

aber sicheren Strichen skizziert er zu Anfang des Gedichtes meisterhaft
die Situation: ,,Winter ist's, lang ist die Nacht, die Plejaden schon sin-
ken hernieder, und vom Regen durchnäßt, stehe ich hier an der Tür,"
sagt er V 189. ,,Nacht und Regen und – Wein, die dritte Plage der
Liebe. ... Eisig von Norden ein Sturm, ach, und ich selber allein"
(V 167). Rasch und plastisch treten hier Ort, Zeit und Person vor unser
Auge und bringen gleichzeitig dem Leser die erwünschte Einstimmung.
Manchmal läßt er die Angabe von Ort und Zeit auch beiseite und stößt
sofort ins rein Gefühlsmäßige vor: ,,Asklepiades, trink! Wozu deine
Tränen?" (XII 50). ,,Wund bin ich worden vom Vampir Philainíon"
(V 162). Das sind nur kurze Worte, und doch ist mit ihnen die Stim-
mungsgrundlage des Gedichtes gegeben. All seine Kunst ist, wie schon
das Zitierte zeigt, unmittelbarer Ausdruck seines Gefühlslebens und
einer Augenblicksstimmung. Nirgends ist hier etwas Gesuchtes, etwas
Zurechtgedachtes oder gar etwas Bestelltes zu finden, wie wir es bisweilen bei Poseidippos erkennen[1]. Er gestaltet unter einem ursprünglichen und von keinem kühl abwägenden und stilisierenden Verstand
gelenkten Schaffenszwang. So scheint er die Voraussetzungen zum
ganz großen Künstler in sich zu tragen, und wirklich ist er unter den
Lyrikern zwischen Sappho und Catull der einzige, dessen Gefühlsreichtum mit diesen beiden einigermaßen den Vergleich aushält.
Und doch vermag seine Kunst nicht die letzten Tiefen der Seele aus-
zuloten; er besitzt wohl große Feinfühligkeit und leichte Aufwühl-
barkeit, aber der Feinfühligkeit steht nur geringe Urteilsklarheit
und seinem Gefühlsreichtum nur eine schwache Leidenschaftlichkeit
und vor allem eine schwache Gefühlsdauer zur Seite. Unbewußt und
oft noch unentwirrt brechen die Gefühle und Gedanken bei ihm hervor und klären sich ihm manchmal erst im Ablauf der Verse[2] oder
lassen selbst am Schluß noch Dunkelheiten übrig und Fragen offen[3].
Mit einem Hochmaß von Leidenschaft eröffnet er sein Gedicht:
,,Schneie nur, hagle nur zu, mach Finsternis, donnre und blitze"[4].
Aber er vermag den Überschwang dieses Gefühlsausbruchs nicht
festzuhalten, geschweige denn zu noch stärkerem dramatischem
Leben zu steigern, im Gegenteil, er schwächt diese Gewalt von Vers

---

[1] V 209.   [2] In V 64 klärt sich erst im 6. Vers, wer eigentlich angeredet ist.
[3] V 167.   [4] V 64.

zu Vers ab, so daß die letzten Worte: „. . . als golden du einst eherne Wände durchdrangst" auf einer ganz anderen, flacheren Gefühlsebene liegen. Das gleiche läßt sich bei XII 46 beobachten. Im Grunde genommen gehört Asklepiades nicht zu den Lauten, er ist ein stiller Mensch voller Gefühlsschwankungen. Welch ein Fluten und Ebben der verschiedenen Gefühlswallungen geht durch das Gedicht XII 50! Auch seine Lebensmüdigkeit ist sicherlich keine Phrase, sondern ein Ausfluß seiner seelischen Unkraft. Eben der Zweifel, der ihn zwischen Bejahung und Verneinung setzt und der keine Anforderungen an seine Entscheidungskraft stellt, ist ein häufiges und charakteristisches Motiv seiner Epigramme[1]. Robustheit liegt ihm fern[2], im Gegenteil, Zartheit, Weichheit nicht ohne Sentimentalität[3], scheue Zurückhaltung und eine neckische Schalkhaftigkeit sind die Grundzüge seiner besten Gedichte. Mit welcher stillen Feinheit malt er das erste, jähe Von-Liebe-ergriffen-Sein des jungen Mädchens[4]! Welch überraschendes impressionistisches Bildchen zeichnet er in XII 135, das die gleichen seelischen Erschütterungen bei einem jungen Mann darstellt! Welche Grazie spricht aus dem kecken Schnappschuß, den er in XII 161 festhält! Als Darstellungsmittel zur Kennzeichnung der seelischen Bewegungen dienen ihm dabei gewöhnlich physiologische Begleitumstände und Umwelterscheinungen, die von der äußeren Wirkung der inneren Erschütterung Nachricht geben und das aufgewühlte Gefühl zwar ahnen lassen, aber nie aussprechen. Begründet liegt das z. T. in der Gepflogenheit der bisherigen Lyrik, z. T. aber auch in der Verschämtheit des Dichters, der seine letzten Gefühle nur ungern preisgibt[5] oder lieber ganz verschweigt[6]. Oft auch sucht er Motive, die vor dem eigentlichen Geschehen liegen und die kommenden Ereignisse lediglich erraten[7] oder aus vergangenem Geschehen erschließen lassen[8]; so kommt es, daß seine Poesie eine eigenartig herbe Schönheit in sich trägt, die auch für uns Heutige noch sehr anziehend ist.

Um 240 etwa sind beide Schulen erloschen. Doch treten im Osten wie im Westen noch einige Nachzügler auf, die weniger dadurch bedeutsam sind, daß sie das künstlerische Wollen ihrer Vorgänger im Sinne einer der beiden Richtungen fortzuführen suchen, als dadurch, daß sie ohne Rücksicht auf ihre schulische Zugehörigkeit sich alle

---

[1] XII 75, 77, XVI 68.   [2] Er ist ein schwacher Zecher (Cougny IV 25).   [3] V 145.
[4] V 153.   [5] V 185.   [6] V 150.   [7] V 185.   [8] V 181.

auf einer Ebene zusammenfinden. Zu Ende des dritten Jahrhunderts
hallte die Welt von Waffenlärm wider. Hannibal stand in Italien,
in Griechenland erhoben sich die Aitoler gegen die makedonische
Herrschaft, und in Kleinasien tobten die Gallierkämpfe. Noch einmal erwachte in Griechenland der Freiheitsgedanke zu neuem Leben.
Das dorische Rhodos lieh seine Hilfe, die Augen aller waren hoffnungs-
froh auf Sparta gerichtet, wo man sich seit einigen Jahrzehnten der
großen Vergangenheit wieder mit Stolz bewußt geworden war und wo
Agis und Kleomenes eine politische Reform anstrebten. Eingeleitet
wurde dieser Dorismus von dem Grammatiker Sosibios aus Sparta
(um 285), der einen Kommentar zu Alkman verfaßte, Forschungen
über lakonische Altertümer anstellte und sich die Verherrlichung
Spartas zum Ziel setzte. Die zeitgenössische Philosophie griff nach
ihrer Weise den Gedanken auf: Teles (um 240) schrieb Diatriben, in
denen er Genügsamkeit und Bedürfnislosigkeit vom kynischen Stand-
punkt aus predigte[1]. Die bildende Kunst gab den bisherigen prunkvollen jonisch-korinthischen Stil auf und griff auf die schlichte dorische
Form zurück. In den Prosainschriften befleißigte man sich einer auffallend lapidaren Knappheit[2], und in der Epigrammatik klangen
jetzt Töne auf, wie wir sie von den Perserkämpfen her kennen.
Dioskorides, Tymnes, Nikandros, Damagetos, Hegesippos, Hegemon,
Phaënnos, Chairemon und Alkaios von Messene verherrlichen jetzt
spartanische Taten und Charakterzüge. Man singt von dem Helden,
der seine Wunden in der Brust empfing, von dem Vater, der un-
erschüttert seinen gefallenen Sohn auf den Scheiterhaufen legt, von der
Mutter, die ihren eigenen aus der Schlacht geflohenen Sohn nieder-
sticht, und dergleichen. Ja, in den Händen eines Alkaios, der neben
Dioskorides wohl der bedeutendste dieser Epigonen ist und dessen
Verse nach einem Zeugnis aus dem Altertum damals in aller Mund
waren, wird das Epigramm sogar zur gefürchteten politischen Waffe
gegen die Makedonen, und der dortige König hält es nicht für unter
seiner Würde, Alkaios zu antworten[3]. Doch bleibt der Dorismus, wie
in der Politik und der bildenden Kunst, so auch in der Epigrammatik

---

[1] p. 57,10ff. H.   [2] Die Inschrift zur Stiftung des Asklepiosfestes v.J.242 bezeichnet Herzog als „ein bisher einzig dastehendes Beispiel einer affektierten lakonischen
Kürze" (Herzog-Klaffenbach: Asylieurkunden aus Kos, Abh. d. Dt. Ak. d. Wiss.
zu Berlin, 1952, 1).   [3] VII 247, Cougny 5, 10.

nur eine kurze Episode. Im Jahre 196 erhält Griechenland durch das Eingreifen der Römer die „Freiheit", und Alkaios jubelt dem Sieger zu[1]. Der Dorismus stirbt wie der Freiheitswille der Griechen; das Wort „Hellene" hat, wie schon Isokrates (436–338) vorausgefühlt hatte[2], von nun an seinen politischen Inhalt verloren und enthält nur noch einen kulturellen Wert.

Aber mit dem Absterben des Dorismus verklingt auch für einige Jahrzehnte das Epigramm. Das zweite Jahrhundert ist nicht sonderlich fruchtbar, auch nicht in der übrigen Dichtung. Der jetzt entstehende, aber von der literarischen Kritik abgelehnte und totgeschwiegene Roman mit seiner Reise- und Abenteuerfabulistik genügt den breiten Volksschichten als Lesefutter.

Erst die zu Ende des 2. und zu Anfang des 1. Jahrhunderts blühende Phoinikische Schule, zu der Antipatros von Sidon, Meleagros von Gadara, sein Landsmann Philodemos und Archias von Antiochia[3] gehören, ergeht sich wieder in Epigrammen.

Der älteste dieser Dichter, Antipatros von Sidon (um 170–100), nimmt eine Sonderstellung ein. Er steht der Peloponnesischen Schule näher als der Alexandrinischen. Zum Teil machen sich auch noch Nachklänge des Dorismus bei ihm bemerkbar[4]. In der Hauptsache jedoch geht sein Sinn nach dem Seltsamen und Abenteuerlichen, wie es Leonidas gesucht hatte, und versteigt sich sogar ins Allegorische[5]. Er ist ein ernster Mensch, der von einer für seine Zeit auffallenden Religiosität erfüllt ist. Das Liebesgedicht liegt ihm wohl kaum, obschon er sich darin versucht hat und auch gerühmt wird[6], ebensowenig das Zarte und Anmutige. Seine Sprache ist reich von Bildern durchsetzt, aber fast immer sind es Bilder vom Kraftvollen, Urwüchsigen und Gewaltigen: der Amboß, der Schmied, der Löwe, der Kyklop, der Gigant gehören zu seinen Lieblingsmetaphern. In die gleiche Richtung weist seine Vorliebe für apokopierte Formen[7], die durch ihre Kürzung im Wortinnern und die dadurch hervorgerufene Zusammenballung besonders schwer und wuchtig wirken. Seine Bedeutung liegt vorzugsweise darin, daß er das Epigramm, das in den

---

[1] XVI 5.   [2] Paneg. 50.   [3] Es gibt nur einen Archias.   [4] VII 146, 246, 252, 426, 493.   [5] VII 423–427.   [6] Vgl. VII 428, 15f., XII 97.   [7] Wie ἄγκειμαι, ἄγκρεμάσας, ἀμπαύσῃ, ἀνσχόμενοι (VI 159, 3; XI 323, 3; 567, 8; VII 711, 4; vgl. noch VI 47, 2; VII 423, 4; 464, 8; 498, 6; 748, 7?).

letzten Jahrzehnten wenig Beachtung gefunden hatte, durch Annäherung an die in dominierendem Ansehen stehende Rhetorik
erneut dem literarischen Leben zuführt. So ist er ganz Deklamator,
wie er auch glänzender Improvisator war. Das Epigramm tritt bei
ihm in Wettbewerb mit der Prunkrede und gestaltet sich mit seiner
Wortfülle und dem Ernstgewaltigen seines Ausdrucks zum echten
oratorischen Schaustück. Auch für uns Heutige ist er nicht ohne Reiz;
auf seine Zeitgenossen muß er eine ungemeine Anziehungskraft ausgeübt haben. Mehrfach erfuhren seine Epigramme die Ehre, in Stein
gemeißelt zu werden; wir wissen heute noch von einem in Rom,
einem in Pergamon und einem auf Delos[1]. Ja, sein Einfluß überdauerte noch sein Leben und kam später unter Augustus noch einmal
zu stärkster Geltung.

Anders die andern, vorab Meleagros (um 130–60). Sie schließen sich
enger an die Alexandriner an: Wein und mehr noch Liebe sind ihre
Hauptthemen. Aber die Schlichtheit und Natürlichkeit, die sich im
Fühlen und Kunstwollen bei den Alexandrinern gezeigt hatte, ist hier
geschwunden. An ihre Stelle ist jetzt allenthalben eine Übersteigerung
getreten, wie Zeit und Ort es erwarten lassen. Das Hofleben in Seleukia und Antiochia mit seinen Balletteusen und Hetären, seinen
Gauklern, Musikanten und Musikantinnen war weithin bekannt und
berüchtigt[2]. Die üppige, pikante Architekturmalerei zu Beginn des
1. Jahrhunderts vermittelt uns heute noch den Geist, der von hier
ausstrahlte und im Witz und Spott, im Leichtsinn und der Ungebundenheit des syrischen Volkscharakters seine Nahrung fand. So zeigen
auch diese Dichter in ihren Vorwürfen nicht mehr wie die früheren
eine natürliche Einstellung, sondern haben ihre Freude mehr am
Kecken, am Prickelnden, an pikanten Situationen. Nicht mit Unrecht hat man Meleagros den griechischen Ovid genannt. – Eine
ähnliche Verschiebung läßt sich im Sprachstil feststellen. Das große
Vorbild der Neuen ist weniger der schlichte Asklepiades als der anspruchsvollere Kallimachos. Seine Sprachkunst, besonders das Pointierte, das er gesucht hatte, findet sich bei Meleagros, aber auch bei
Antipatros wieder. Doch die Phoiniker übersteigern diese Kunst

---

[1] VII 6, 5, P. Roussel: Inscriptions de Délos 1937, Nr. 2549.   [2] Vgl. auch
XVI 202, 288.

noch. Fein abgewogene Mischungen von epischen, attischen und dorischen Bestandteilen verleihen der Sprache einen wundervollen
Klangzauber. Orientalische Bilder verbreiten ihren Duft[1]. Kräftig
aufgetragene rhetorische Mittel sorgen für Leben und Schmuck.
Fragen, Ausrufe, Aposiopesen, Wortspiele, Anaphern und andere
Redefiguren geben den Worten starke Eindringlichkeit[2]. Antithesen
funkeln auf. Eine raffinierte Grazie, eine gewollte Eleganz spielt
durch die Verse. Die Pentameterhälften werden zum Reim benutzt[3].
Kunstvoll berechnete Zusammenstellungen von Worten überraschen
den Leser; man vergleiche etwa die Schlußworte von V 143, 148 f.,
154, 196, XII 54, 72 oder den Schluß der Pentameterhälften in V 140,
4, um zu begreifen, daß in die originelle Pointe des Kallimachos
(V 146) nun ein gehöriger Schuß ausklügelnden Wollens gekommen
ist. – Aus den letzten Beispielen ersieht man auch, mit welch erstaun-
licher Sorgfalt der Gedankenaufbau ausgedacht und zugespitzt ist,
um die Endwirkung erreichen zu können. In anderen Fällen treibt
man die Gedankenfolge auf eine Schlußsentenz[4] oder häufiger noch
auf eine Reflexion hin[5]; andere gipfeln in einem verblüffenden Witz
oder einem Oxymoron[6]. Der Unmittelbarkeit des Gefühls bei einem
Asklepiades steht hier Verstand und Überlegung, dem zwanglos-
burschikosen Sichgehenlassen eines Hedylos berechnete Feilung und
rhetorische Absicht gegenüber. – Die gleiche Übersteigerung weist
die Form auf. Der Dialog, der sich ursprünglich auf Grab- und Weih-
dichtung beschränkt und im 3. Jahrhundert leise auch in die anderen
Arten eingedrungen war, wird nun voll entfaltet in die Liebesdichtung eingeführt[7], hier spielt Philodemos eine kecke Rolle. Gehäufte
und manchmal sprunghaft sich drängende Anreden, die uns, oft völlig
unvermittelt, immer wieder ein neues Vorstellungsfeld herbeizaubern,
dramatisieren das Epigramm und geben ihm einen von Vers zu Vers
fortwährend sich ändernden schillernden Reiz. – Entsprechend sind
diē Gefühle dieser Dichter. Zarte, oft sentimentale Rührung, aber
auch leidenschaftlicher Überschwang, die Wirrnis des Odi et Amo,
die den Menschen ein willenloses Objekt der eigenen Gefühle werden

---

[1] V 214.   [2] Vgl. vor allem V 184, VII 476.   [3] V 13, 2; 24, 4; 25, 4; 123, 2 usw.
[4] V 160, VI 219.   [5] VII 8, 14, 172, 213, 468, 745 u.a.   [6] V 121, XII 68, 109.
[7] V 46, 101, XII 101, 117; vgl. auch V 136 f., 151 f., 182, 184, XII 119, 132, 144.

läßt[1], und die Ekstase einer erotischen Stimmung, die sich nur
noch im Wortgestammel Luft macht[2], sind bezeichnend für diese
Schule. An der Echtheit der Empfindungen ist gewiß nicht zu zwei-
feln, und wenn recht oft der Eindruck der Gefühlsspielerei aufkommt,
so liegt das z. T. an der starken Rhetorisierung des Ausdrucks, z. T.
aber auch an dem Charakter der Syrer, die wohl der Leidenschaft
fähig sind, deren unruhigem und flackerndem Innenleben aber die
Stetigkeit und seelische Tiefe fehlt. Mehr als das Gefühl gilt ihnen
Geist und Witz, und es ist sicher kein Zufall, daß wir, ganz wie bei
Heine, die Illusionszerstörung auch bei ihnen schon vorgebildet
finden[3].

Übersteigerung des Vorgefundenen ist das Hauptkennzeichen, das
die Phoiniker von den Alexandrinern scheidet. Außerdem bereiten
sie, wenigstens anbahnend, noch etwas Neues vor, die Parodie. Ange-
deutet ist diese schon in der Art des hier herrschenden Tierepigramms[4],
das sich mit seiner Geistreichelei und seinem Effekthaschen stark
von der schlichten Gemütstiefe der Peloponnesier entfernt[5]. Klarer
noch sind die Spuren der Parodie im Weih- und Grabepigramm erkennbar, besonders aber im Tierepitaphion, das diese Dichter im bewußten Gegensatz zum ernst-sentimentalen Tierepitaphion der Peloponnesier entwickeln[6]. Besonderen Vorschub aber leisten sie der
Parodie, wenn sie die bisher reinliche Scheidung zwischen Erotikon,
Epitaphion und Weihgedicht allmählich beseitigen und die Grenzen
zwischen ihnen verwischen. Man trägt erotische Motive ins Weihgedicht[7] und umgekehrt Votivelemente ins Erotikon[8]; man füllt das
Grabgedicht mit Liebesgehalt[9] und andererseits das Erotikon mit
Epitaphienbestandteilen[10]. Selbst die Naturlyrik, die im Grunde
aus dem Weihgedicht herausgesponnen war[11], erhält jetzt eine
Dosis erotischen Stoffes[12]. Daß diese neue Kunstgattung, die sich
mehr an den Verstand als an das Gefühl wendet, gerade von den
Syrern inauguriert wird, dürfte nach dem oben Gesagten begreif-
lich sein. Später haben dann die Römer dieses Bereich stärker
ausgebaut.

---

[1] V 184.   [2] V 132, 182.   [3] V 121, 160, VII 65, XII 68.   [4] Herrlinger (28).
[5] V 151 f., 163.   [6] VII 207.   [7] VI 162.   [8] V 191, XII 23.   [9] VII 476, 535.
[10] V 215, XII 74.   [11] Vgl. etwa IX 314, XVI 231.   [12] VII 195f.

Seit dem Anwachsen der römischen Macht zogen die Dichter gern, wie früher nach Alexandria, so jetzt nach Rom hin. Um Cicero bildete sich nun ein literarischer Kreis, dem Archias, Philodemos, Mucius Scävola, Tullius Laureas, Thyillos u. a. angehörten. Eine eigentliche Schule erwächst allerdings nicht daraus. Der bedeutendste von ihnen ist zweifellos Philodemos, der die Tradition der Phoiniker weiterführt und in kecker Weise steigert. Seine Leidenschaft ist auch echter und größer als die des Meleagros. Er sucht die Liebe in der Öffentlichkeit und zeigt uns Straßenszenen voll entzückender Frechheit, aber auch voll packender Wirkung. Die übrigen nähern sich mehr oder weniger der Kunst des Leonidas von Tarent.

Die Mitte des 1. Jahrhunderts v. C. bildet entschieden einen Einschnitt in der Entwicklung des Epigramms. Das Liebesgedicht verklingt allmählich, wenigstens verliert es, soweit es noch gepflegt wird, seine Leidenschaftlichkeit und verbindet sich gern mit der Trinkpoesie. Größerer Beliebtheit erfreut sich das Leonideische Epigramm. Wunderliche Erfindungen, abenteuerliche Unglücksfälle und seltsame Errettungen, wie sie Leonidas gesucht hatte, werden jetzt wieder aufgefrischt und in glanzvoller Rhetorik vorgetragen; man hat eine Schwäche für starke Gebärden[1]. Das verwundert in dieser Zeit um so weniger, als viele der jetzigen Dichter von Beruf Rhetoren sind, so Adaios, Ämilianus, Argentarius und Diokles. Bezeichnend auch ist es, daß sich, wie kurz zuvor um Cicero, nun um den Rhetor Seneca ein neuer Zirkel von Epigrammatikern schart, zu dem Marcus Argentarius, Lollius Bassus, Julius Diokles u. a. gehören. Damit tauchen römische Namen in unserm Blickfeld auf, und die griechische Epigrammatik kommt nun in engere Berührung mit römischem Geist; sie hatte übrigens schon seit Ennius (239—169) auf die Römer einzuwirken begonnen. Von Bedeutung erscheint diese Poesie nicht. Es sind ersichtlich ausgetretene Bahnen, auf denen die Dichter wandern, und diese Bahnen werden auch dadurch nicht neuer, daß man das Paradoxe der Anekdoten z. T. bis zum ungewollt Komischen hinauf steigert. Aber wenn auch die bloße Imitation eines älteren Musters das Eigenschöpferische jetzt ersetzt, so finden diese Poeten doch ein bewunderndes Publikum. Was man freilich bewundert, ist nicht so

---

[1] Vgl. VII 375, 634, IX 34, 94, 228, 243f., 264f. u. a.

sehr ihre Kunst als ihre Kunstfertigkeit, nicht die Originalität, sondern
das handwerklich Erlernte. Damit aber setzte man das Epigramm der
Gefahr aus, daß es sich allmählich im rein Darstellerischen (Epi-
deiktischen) erschöpfte und schließlich erstarrte.

Doch gelang dieser Epoche noch einmal ein guter Wurf, indem sie
das Zeitgedicht schuf. Schon Archias hatte nach Cicero[1] „aus-
gezeichnete Verse über aktuelle Themen aus dem Stegreif vorgetragen
und auf die Dakapo-Rufe seiner Zuhörer hin das gleiche Thema mit
anderen Worten und Gedanken variiert." Die neue poetische Art
griff dann vor allem Krinagoras aus Mytilene auf, der als der bedeutendste dieser Dichter gelten kann und der in den Jahren 45 und 25
als Gesandter seiner Heimatstadt in Rom weilte. Aber bald schlossen
sich ihm auch andere an, so Antipatros von Thessalonike, Philippos, Lollius Bassus, Apollonidas, Boëthos, Alpheios, Antiphilos
u. a. Die Themen Liebe und Wein ebenso wie Weihung und Tod
wiederholen sich ja in jedem Menschenleben immer wieder, sie
boten an und für sich keinen neuen Stoff mehr. Auf der Suche nach
Neuem, Noch-nie-Dagewesenem und Einmaligem hatte man zuletzt
den alten Stoff in sich selbst steigern wollen; nun aber entdeckte man,
daß das Einmalige unbenutzt und griffbereit gewissermaßen auf der
Straße lag. Es waren die Geschehnisse des Tages, Ereignisse, die nicht
bloß das Einzelleben, sondern das Interesse eines großen Kreises berührten, ja sogar das Gesamtleben des Volkes beeinflußten. Man glaubt,
das Tischgespräch bestimmter Gesellschaften zu hören, wenn man
hier Äußerungen liest über Ärzte[2], Literaten[3] und Redner[4] oder auch
über Musiker[5], Schauspieler[6] und Tänzer[7] oder gar über Sportgrößen[8]
und selbst über Gladiatoren[9]. Neue technische Anlagen und Errungen-
schaften, die Erfindung der Wasseruhr[10], der Wassermühle[11], des
Lederschiffs[12], ein mächtiger Molenbau[13], die offenbar das Stadtge-
spräch bildeten, werden nun im Epigramm besungen. Erdbeben[14],
Stadtgründungen[15], aber auch der trostlose Zustand alter berühmter
Städte, die man auf einer Reise sah[16], gehen in die Dichtung ein. Vor

---

[1] Pro Archia 18. Seine in der Anthologie erhaltenen Epigramme deuten allerdings
nicht in die Richtung des Zeitgedichtes.   [2] XVI 273.   [3] VII 645, IX 513, 542.
[4] VII 362, 376, X 23.   [5] VI 350, IX 266, 429, 517.   [6] IX 567.   [7] IX 248.   [8] VII
390, 692, XVI 25, 52.   [9] IX 543.   [10] VII 641.   [11] IX 418.   [12] IX 306.   [13] VII
379, IX 708.   [14] IX 423.   [15] IX 284, 553.   [16] VII 705, IX 28, 101, 103f., 100,
408, 421, 236, 550.

allem aber ist es die weltbewegende Politik[1] und der menschen-
schlachtende Krieg[2], die Geist und Herz erregten und Anspruch auf
Allgemeininteresse machten. Damit hatte man den Weg zur römischen
Hofdichtung eingeschlagen, der um so leichter gegeben war, als etliche
der Dichter sich nicht scheuten, in die Klientel einflußreicher Leute
zu treten; so war Krinagoras der Klient Octavias, der Schwester des
Augustus, und Antipatros von Thessalonike der Klient Pisos. Es
fehlte denn auch nicht an Huldigungsgedichten für den Kaiser[3], die
Prinzen[4] und hochstehende Persönlichkeiten, die im Brennpunkt des
öffentlichen Lebens standen. Besonders gern sandte man ihnen zu
einem Geschenk, das man ihnen persönlich oder von Staats wegen
machte, ein aus dem Weihepigramm entwickeltes Begleitgedicht, das
Gruß und Huldigung enthielt[5]. Wir sehen, mit diesen Themen bekommt das Epigramm eine starke Gegenwartsbezogenheit, durch die
es selbst zum aktuellen Ereignis, ja bisweilen sogar zu einer nicht
zu unterschätzenden Macht wird, die im Gesellschaftsleben wie in
innen- und außenpolitischer Hinsicht von starkem Einfluß ist. Zwar
waren solche Klänge auch früher schon angeschlagen worden, aber
zu einer bewußten und systematischen Ausbeutung dieses Bereichs
war es bisher noch nicht gekommen. Gleichzeitig drang dadurch etwas
Zweckhaftes (man möchte sagen, etwas Kunstgewerbliches) in die
Poesie ein. Das war zweifellos ein Entgegenkommen, das die griechischen Dichter dem römischen Geist machten; denn dem Römer, dessen
Kunstübung von jeher viel mehr im Praktischen und Technischen als
im rein Ästhetischen und Freischöpferischen wurzelte, sagte gerade
diese Zweckgebundenheit besonders zu[6]. Neben der Knappheit der
Form war es nicht zuletzt die praktische Verwertbarkeit, die dem
Römer das Epigramm so willkommen machte. Mit dem Übergang zur
„Gelegenheitspoesie" aber erhält das Epigramm nun ein ganz anderes
geistiges Gepräge. Das althellenische Gedicht hatte auf die Töne des
eigenen Herzens gelauscht und die subjektive Empfindung des Dichters ausgesprochen. Daran hält scheinbar auch das neue Epigramm
fest. Noch wird äußerlich ein „Wir" nicht sichtbar, überall blickt

---

[1] VII 380, 401, IX 81, 178, 235, 287, XVI 75.   [2] VI 161, VII 233f., IX 291,
XVI 61.   [3] VI 235f., 240, IX 224, 285, 291, 297, 307, 419, 526, 562, X 25.   [4] VII
391, 633, IX 178, 287, XVI 40, 61.   [5] VI 229, 241, 249f., 252, 335, IX 93, 239
(s. zu VI 227).   [6] Vgl. Leonidas von Alexandria S. 48.

weiterhin das „Ich" durch, und doch schwingt durch diese Verse,
wenn auch unausgesprochen, die Stimme der Masse hindurch. Schon
bei Philodemos war das Epigramm aus der Studierstube und der
Hetärenkammer auf die Straße hinausgetreten, ohne jedoch die alte
Intimität und persönliche Begrenztheit abzustreifen. Jetzt aber zerreißt es die engen Bande persönlicher Bezogenheit und jene splendid
isolation der alten Alexandriner, es stellt sich hinaus in die volle
Öffentlichkeit und fordert, wie ein Schauredner, Gehör vom ganzen
Volk. Damit ändert sich auch der Ton, in dem der Dichter sein Epigramm sich vorgetragen denkt. Die vergangenen Jahrhunderte hatten
teils ernst-verhalten, teils empfindsam, teils schwermütig, teils lustig
oder keck gesprochen, das neue Epigramm verlangt eine andere Wirk-
weite, es spricht laut und hallend, damit es von allen Ländern noch
über die Grenzen des weiten Imperiums hinaus gehört werde[1]. Was
Wilamowitz von der einen Richtung frühhellenistischer Kunst gesagt hat, hier herrsche ein rauschender Stil, der am liebsten über die
ganze Welt hintönen wolle, trifft mehr noch für das augusteische
Epigramm zu: es wird, wie Antipatros von Sidon es seinerzeit eingeleitet hatte, zum Schaustück wie die Prunkrede, es spricht mit dem
Volk und zu dem Volk. Das gleiche erstrebt auch die Technik, die
bei allem Anschluß an die alexandrinische doch freier gehandhabt
wird und gern das großartig Improvisierte durchblicken läßt; das
gleiche erstreben die Stilmittel, da man in wahrhaft verschwenderi-
scher Weise mit den Antithesen umging[2] und ausgeklügelte Pointen
suchte, die die Wirkung der Worte kraftvoll unterstreichen sollten.
Aber um die Mitte des 1. Jahrhunderts n. C. verliert sich diese Richtung wieder. Wohl gehört das Zeitgedicht auch fernerhin noch zum
Repertoire der Epigrammatik, doch gibt es seine beherrschende Stellung auf. Keiner dieser Dichter hat auf die spätere Epigrammatik
einen nennenswerten Einfluß ausgeübt mit Ausnahme von Antiphilos, der mit seiner preziösen Ausdrucksweise noch den Byzantinern
imponierte[3].

Spuren der Augusteischen Restauratio, die eine Wiederher-
stellung altrömischer Sitten anstrebte und die Dichtkunst in den
Dienst der Besserung und Sittigung der Völker stellen wollte, zeigen

---

[1] Vgl. etwa IX 291, 526, XVI 334 u. a.   [2] Vgl. etwa IX 222.   [3] Müller (49).

sich auch im Epigramm. Die bukolisch-idyllische Dichtung der Peloponnesier, die durchaus im Sinne des Kaisers lag und die Vergil auf
Wunsch des Augustus in Angriff nahm, findet auch im Epigramm ihren
Niederschlag. Aber was Krinagoras, Antipatros von Thessalonike,
Philippos und Antiphilos hierin boten, entsprach, so Beachtliches sie
auch in melodiöser Sprachgestaltung leisteten, weniger dem Wollen
der alten Peloponnesier, es neigte eher zur parodierenden Dichtung
der Phoinikischen Schule[1]. Gern predigte man Genügsamkeit und besang die bescheidenen Freuden des kleinen Mannes[2]; gern griff man
auch wieder auf die früheren Motive der Thermopylenkämpfer und
der heroischen Frauen zurück, man gedachte der Ilias und der Helden
von Troja, man besang Reliquien von Heroen[3] und feierte Roms
Weltherrschaft, ohne zu bedenken, daß man damit auch seine eigene
Knechtschaft pries. Bei der Wortwahl richtete man den Blick wieder
in die alten Zeiten. Die in der Peloponnesischen Schule so beliebten
Adjektivkomposita tauchen, oft bis zur Überladung[4], wieder auf[5].
Die klassischen Tragiker und andere entlegene Quellen durchstöberte
man nach seltenen Substantiven[6]. Längst ausgestorbene und in dieser
Zeit schon unverständlich gewordene Wörter oder Wortformen wollte
man in die lebende Sprache wieder einführen[7], und sogar bei Homer
machte man unbedenklich Anleihen[8]. Die erhaltenen Steininschriften
dieser Epoche unterstreichen nur noch das eben Gesagte[9]. Der Stil
selbst suchte Klarheit und schwang in großen Linien aus, wie es
die griechische Klassik verlangt hatte. Gern brachte man auch eine
kleine Erzählung und hängte ihr, wie bei der Fabel, eine Moral
als Schluß an[10]: das Epigramm sollte belehrend wirken. Doch können
diese rhetorisch oft recht wirkungsvollen Erzeugnisse nicht darüber
hinwegtäuschen, daß es sich um gelenkte Kunst handelt. Die Zeit

---

[1] Vgl. etwa VII 215 mit VII 216 und IX 222.   [2] VII 635, IX 23, 71, 110, 242,
413, 546, XVI 333f. [3] VI 241, IX 552. [4] Vgl. etwa VI 95, 233. [5] z.B. λαθρο-
βόλος IX 824, μιαρόγλωσσος VII 377, μυριόβοιος IX 237, μυριόναυς VII 237 usw.
[6] z.B. ἀνηνεμία IX 544, ἀπλυσία VII 377, ἀπομοίρια VI 187, γάνος VII 36,
γεράνδρυον IX 233, δοῦρας VI 97, πολιῆτις VII 368, σφίγκτωρ VI 233, τρίναξ
VI 104, χιμαροσφακτήρ IX 558, ὤρυγμα VI 233 usw.   [7] z.B. ἄττα, μίν, μῶν,
σφίν, ταυτί XI 142, θαμά XI 157, πέταμαι XI 208. usw.   [8] z.B. ἀπειλητήρ VI 95,
βλωθρός VII 174, καρκαίρω, κοναβέω, σίζω XI 144; vgl. κοναβηδόν VII 531 usw.
[9] Pfohl (54) S. 44.   [10] VII 630, IX 295, 308, 310, 430.

ließ sich nicht, wie der Kaiser es wollte, um Jahrhunderte zurück-
drehen[1]. Das herrschende Lebensgefühl war, wie schon das Zeitgedicht beweist, durchaus modern und wollte von romantischer
Verblasenheit nichts wissen. Was Augustus mit seiner Bestrebung erreichte, war lediglich eine Kluft, die sich jetzt zwischen Gegenwarts-
ethos und künstlerischer Darstellung auftat. Die gerade in diese Epoche
fallende Entstehung der ersten Anakreonteen, die mit ihrem leichten
Getändel und Getänzel im Volk Anklang fanden[2], zeigen nur zu
deutlich, was den Graeculus dieser Periode in Wirklichkeit ausfüllte.

Auch in der bildenden Kunst hat der Wille des Augustus seinen Ausdruck gefunden, wie wir es in Pompeji trefflich verfolgen können.
Hier folgt auf den prunkvollen malerisch-ornamentalen sog. 2. Stil
des 1. Jahrhunderts v. C., der bei Meleagros und Philodemos sein
dichterisches Gegenstück gefunden hatte, etwa seit 15 v. C. als 3. Stil
eine kühle und klassisch ruhige Richtung, deren gewollte flächige
Einfachheit einen etwas altertümelnden Charakter trägt und auf die
von Augustus inaugurierte Restauratio hinweist. Dann aber schließt
sich an diese um die Mitte des 1. Jahrhunderts n. C. ein 4. Stil, der mit
seiner sprühenden Phantasie, seiner Farbenfreude, seiner prickelnden
Darstellung und seinem Schwelgen in nackten Figuren den 2. Stil
nicht nur wieder aufleben läßt, sondern ihn sogar ins Phantastische
steigert.

Dem entspricht auch die Poesie dieser Zeit.

Noch einmal nämlich und zum letztenmal schenkte das Griechentum der Weltliteratur eine neue Dichtungsart und gab gleichzeitig
der Epigrammatik eine neue Richtung, als es um die Mitte des 1. Jahrhunderts n. C. das im Eingang beschriebene Spottepigramm schuf.
Hervorzuheben unter den Dichtern dieser Periode sind Ammianos,
Antiochos, Apollinarios, Helladios, Killaktor (Kallikter), Lukillios und
Nikarchos II. Die Initiative ging von Lukillios aus, den man gewöhnlich mit dem Freund Senecas identifiziert. Der Hauptvertreter dieser
Richtung wurde allerdings weder Lukillios noch sonst ein Grieche, sondern der Römer Martial. Jetzt wird das Epigramm zu einem kurzen
Gedicht mit witzigem Schluß, wie es Martial definiert[3] und wie es 300
bis 400 Jahre später noch Palladas versteht[4]. Damit strömt, im Gegen-

---

[1] Vgl. XI 144. [2] Vgl. IX 239. [3] 1, 3, 5. [4] AG XI 340.

satz zu den vorhergehenden Entwicklungsstufen, doch leise von den
Syrern schon vorbereitet[1], kräftig die Welt des Verstandes in das Epigramm ein, das bisher immer noch wenigstens vorwiegend vom Gefühl
beherrscht war. Rein formal betrachtet ist auch das elegische Distichon, das über starke innere Spannungen hinweg zu einer organischen
Einheit hinstrebt, dem neuen witzigen Inhalt außerordentlich gut angepaßt und hier sicher besser am Platz als etwa im erotischen Epigramm. Zu Spott oder besser zum Hohn hatten auch die früheren
Epigrammatiker bisweilen schon gegriffen[2], aber ihre Gedichte waren,
von wenigen Ausnahmen abgesehen, Pasquille, rein persönliche Invek-
tiven, durch die man einen bestimmten Menschen vernichtend zu
treffen suchte. Ihre seelischen Wurzeln lagen im Haß und oft genug in
Schmähsucht. Mit diesen Hohngedichten hat das neue Spottepigramm
nichts zu tun. Jetzt sucht man als Objekt für seinen Spott nicht einen
persönlichen Feind, sondern greift, frei von allem Persönlichen, einen
Typus an, etwa den des Arztes, des Grammatikers, des Dichters, Bar-
biers, den des Geizigen, Eiteln, Feigen oder den des Kleinen, Mageren,
Langnäsigen u. dgl. Ja, man verwischt geflissentlich alle Möglichkeiten
einer persönlichen Ausdeutung, indem man dem Angeredeten einen
Allerweltsnamen gibt, wie Diodoros, Gaius, Marcus, Sextus[3], oder
einen „sprechenden Namen", indem man etwa den Geizhals Knicker
nennt, den Erotischen Verliebter oder den kleinen Mann mit dem
Namen Groß versieht[4] usw. Die seelischen Wurzeln dieser Epigramme
liegen nicht in der Bosheit, sondern in der Freude am Witz und in der
Absicht zu erheitern; diese kleinen Schöpfungen sind nicht gehässig,
sondern ergötzlich, nicht hämisch, sondern gutmütig. Sie setzen die
Typisierung, die in der Peloponnesischen Schule andeutend begonnen
hatte, fort, ja sie steigern sie noch und zeigen dadurch, daß die Wand-
lung der griechischen Volksseele vom Individualismus zum Univer-
salismus einen guten Schritt vorwärts gekommen ist. Zwar ist das
lateinische Epigramm ersichtlich nur eine, wenn auch national ge-
färbte Abart des griechischen; beachtlich dabei aber ist die Tatsache,
daß das griechische Spottepigramm noch um ein Bedeutendes blasser
und wesenloser erscheint als das gleichzeitige lateinische eines Martial,

---

[1] s. S. 40.   [2] z. B. XI 195, 218, 275, 362f., 437 usw.   [3] XI 120, 100, 194, 145.
[4] XI 170, 219, 95.

der seiner Dichtung durch Einstreuung von zahlreichen treffenden
und anschaulichen Einzelzügen doch noch ein mehr individuelles
Gepräge gibt, ein Beweis dafür, daß der Ethoswechsel im antiken
Menschen vom Griechentum ausging und daß der römische Mensch
mit seinem sicheren und auf greifbaren Dingen beruhenden National-
stolz diesem Umbruch länger Widerstand geleistet hat als der griechische Mensch mit seinem feinen, aber auf dem Grenzenlosen beruhenden Kulturstolz. Der Stil selbst wird jetzt einfach, die Sätze sind
bisweilen knapp, abgehackt, fast lapidar[1]: der Eindruck des Unmittel-
baren und Improvisierten sollte bleiben. Dieser Stil greift dann auch
auf andere Gedichte über[2]. Übrigens erlebt das Epigramm jetzt, da
Martials Dichtung den bisher noch wenig erschlossenen Westen Euro-
pas erobert, auch rein räumlich seine weiteste Verbreitung; es wird
zum Gemeingut der literarischen Kulturwelt, es wirkt von den Säulen
des Herkules bis tief nach Asien hinein und wird selbst in Britannien
und bei den Geten in Rumänien vorgetragen.

Eine unverdiente Bedeutung[3] erlangte in dieser Zeit Leonidas
von Alexandria. Er war von Hause aus Mathematiker und Astro-
nom, bis er plötzlich sein dichterisches Talent entdeckte und seine
mathematische Wissenschaft mit der epigrammatischen Poesie in
,,isopsephen" Gedichten verschmolz. Da die Buchstaben im Griechischen gleichzeitig Zahlenzeichen sind, legte er seine Epigramme so an,
daß die Summe aller Zahlen im ersten Distichon gleich der im zweiten
war. Er schrieb anfangs nur Epigramme, die zwei Distichen umfaßten, später auch solche, die aus einem Distichon bestanden, wobei die
Summen der Zahlen beider Verse sich entsprachen[4]. Die Alten, besonders aber die Römer, hatten an solchen Spielereien große Freude;
auch bei Homer hatte man, wie Gellius bemerkt[5], schon isopsephe
Verse entdeckt[6]. Leonidas ist mit seiner Art im Grunde genommen nur
ein Nachfahr des zweckgebundenen Zeitgedichtes[7]. – In ähnlich spiele-
rischer Weise hat Nikodemos von Heraklea anakyklische (palin-
drome) Epigramme gedichtet, d.h. solche, die man auch von rück-

---

[1] XI 23, 25, 65, 73, 324, XVI 147 u.a.   [2] Vgl. V 111, 307f., IX 294, 549.   [3] IX
344.   [4] z.B. VI 327.   [5] 14, 6, 4.   [6] Ilias 7, 264f. (Summe 3498) und 19, 306f.
(Summe 2848). Damals entdeckte man auch, daß der Name Νέρων gleichen Zahlen-
wert (1005) hat wie ἰδίαν μητέρα ἀπέκτεινε. (Muttermörder) (Suet. Ner. 39).
[7] s. S.42.

wärts nach vorwärts lesen kann[1]. Und noch Spätere „dichteten" Verse, die das ganze Alphabet enthielten[2].

Die folgenden Jahrhunderte vermögen keine neuen Wege mehr zu finden, sondern bleiben in den eingefahrenen Spuren stecken. Das Epigramm selbst blühte zunächst unter der Regierung Neros weiter. Aus den anschließenden Jahrzehnten ist allerdings kaum etwas erhalten. Das dürfte kein Zufall sein. Tatsächlich haben die nächsten Kaiser keinen anregenden Einfluß mehr auf die Literatur ausgeübt, sie haben im Gegenteil den geistigen Fortschritt, wo er sich bemerkbar machte, eher gehemmt als gefördert. Doch scheint darüber hinaus auch eine allgemeine Epigramm-Müdigkeit eingetreten zu sein. Das epideiktische Gedicht, das noch um die Zeitenwende einen kräftigen Auftrieb erfahren hatte, war wegen seiner Gefühlsunechtheit und der Überspitzung seiner Motive der Lächerlichkeit verfallen. „Niemand ist heute gestorben", spottet Lukillios[3], „hier hat der Dichter nur jemanden sterben lassen, um sein eigenes poetisches Talent zu beweisen". Ein anderes Mal läßt er einen Jäger, der nichts erbeutet hat, zur Weihe seine Hunde aufhängen[4] u. dgl.[5]. Selbst die beliebten Gedichte auf Kunstgegenstände werden jetzt parodiert[6]. Das deutet darauf hin, daß man die bisherige epideiktische Spielart nicht mehr ernst nahm. Klar ist, daß das Weih- wie das Grabepigramm, soweit sie zweckgebunden waren, auch in den kommenden Jahrhunderten noch, wie die Inschriften zeigen, weiterexistieren; als freischöpferische Dichtung dagegen verschwinden beide seit der Mitte des 1. Jahrhunderts endgültig aus dem literarischen Leben[7]. Wohl äußert man hier und da noch auf einen Großen der Vorzeit – etwa auf Archilochos oder Sappho[8] – einen kurzen, geistreichen Gedanken in der alten Form, weil eine neue dafür nicht zur Verfügung stand. Vergebens aber suchen wir von nun an nach Epigrammen, die die Illusion einer echten Weihung oder Grabinschrift geben wollen. Auch die späteren Spielereien der jungen Byzantiner stellen durchaus keine Neubelebung, sondern eher die Galvanisierung eines Toten, d. h. also eine Parodie dar. Damit war die Epigrammatik zwar nicht zum Tode verurteilt, wohl aber waren

---

[1] Vgl. zu VI 314.   [2] IX 538f., 547.   [3] XI 312.   [4] XI 194.   [5] Vgl. noch VI 17, 60f., 85, 164, 166, VII 607.   [6] XI 178, XVI 238.   [7] Hertha Chaselon: Mythol. Stud. zu spätgriech. Epigrammsamml., Diss. München 1956 S. 23.   [8] VII 674, 16.

ihr Großteile, ja sogar die ältesten und eigentlichsten Teile ihres
Motivbereichs entzogen. Was blieb, war neben der alten Spruchweis-
heit und dem neu aufgekommenen Spott vor allem das ewigjunge
Erotikon.

Zu Beginn des 2. Jahrhunderts sprudelt die Dichtung erneut wieder
auf[1]. Der materielle Wohlstand, den das ganze Reich unter Trajan
(98–117) erreichte, verlieh damals den Völkern einen außerordentlichen Lebensimpuls, der auch der Dichtung dieser Zeit einen ent-
sprechenden Stempel aufdrückte. Auf Trajan folgte Hadrian (117–138).
Seine Neigung für alles Griechische, seine Prunkliebe, die Unterstüt-
zung, die er den Künsten angedeihen ließ, und seine eigene künstlerische Betätigung gaben der Poesie einen weiteren Antrieb. In seiner
Villa zu Tivoli waren orientalische und ägyptische, archaische und
archaistische, klassische und hellenistische Bauten und Bildwerke in
bunter Fülle vereinigt. Eben dieses Gemenge aber ist ein Symptom für
das Widerspruchsvolle in Hadrian wie für die Uneinheitlichkeit der
Kultur dieser Zeit und für die Unsicherheit ihres Stilempfindens ins-
besondere. Es zeigt zugleich auch die Schwierigkeit, dieser Kultur
und Kunst wirklich gerecht zu werden. Man erkennt wohl das Bestreben der Dichter, in Geschlossenheit der Form und in der Prägnanz
des Ausdrucks das Wollen der Klassiker wieder aufzunehmen. Daneben aber bahnt sich eine Richtung an, die der bisherigen Entwicklung zuwider läuft. Hadrians Blicke waren viel weniger nach Rom als
nach dem Osten, nach Griechenland und mehr noch nach Kleinasien,
nach Syrien und Ägypten, gerichtet, wo er die Kultur im hellenischen
Sinne zu beleben sich mühte. Äußerlich betrachtet, schien sein Unter-
nehmen auch von Erfolg zu sein; in Wirklichkeit aber trat das Gegenteil ein. Schon längst hatte die seit dem großen Alexander einsetzende
Hellenisierung des Orients zu einer machtvollen Ausbreitung des
griechischen Geistes im Osten geführt, hatte aber als Ergebnis lediglich eine kulturelle Überlagerung gezeitigt; einer Durchdringung und
Überwindung des morgenländischen Wesens durch hellenische Eigenart hatte der Orient seine alte Zähigkeit so stark entgegengesetzt,
daß es zu einer endgültigen seelischen Durchfremdung nicht kommen
konnte. Unter der dünnen Oberfläche einer griechischen Kultur

---

[1] Vgl. besonders IX 137.

wucherte dort die östliche Gefühlshaltung kraftvoll weiter und drückte
umgekehrt schon seit langem auf die Peripherie der europäischen
Geisteswelt. So wird es verständlich, daß jetzt, da der Osten immer
mehr in den Blickpunkt der abendländischen Weltauffassung rückte,
seine eigene Denkweise sich in starken Fluten über den europäischen
Daseinsbereich ergoß. Das, was sich bisher nur als Unterströmung in
der Kultursphäre des Westens bemerkbar gemacht hatte, beginnt
jetzt langsam zur Hauptströmung zu werden. Es kommt zu einem
Orientalismus auch in der Poesie, der um so nachdrücklicher wird,
als die bedeutendsten Vertreter der Dichtung aus dem Osten stammen: Rufinos von Jonien, Straton von Sardes und Lukianos von Samo-
sata (Nordsyrien). Damit kehrt die Epigrammatik wieder auf den
Kulturboden zurück, von dem sie einst ausgegangen war. Aber sie
hatte sich in der Zwischenzeit aus kleinen Anfängen fest entwickelt:
Griechisches Empfinden, griechisches Denken und griechisches Form-
gefühl hatten sie durchtränkt und ihr Gestalt gegeben. Nun aber empfängt sie vom Osten Wesenszüge, die ihrer bisherigen Entfaltung fremd
sind und ihr ein neues, ungriechisches Gesicht verleihen. Die Grundzüge des Orientalen, die wir bei der Phoinikischen Schule bereits
kennengelernt haben, seine Sinnlichkeit, Überschwenglichkeit und
Zügellosigkeit, werden jetzt auch für das Epigramm bestimmend.
Es ist bezeichnend, daß das Weih- und Grabgedicht, zumal in seiner
fiktiven Fassung, so gut wie ganz zurücktritt und daß neben der
gnomischen Poesie das erotische Epigramm, das seit Philodemos fast
verklungen war, als einziges gepflegt wird. Anschluß sucht es, wie die
Nachahmungen beweisen, an der Phoinikischen Schule. Aber die Sinnlichkeit der Neuen wird durch keine klassizistische Glätte mehr verhüllt, der Gefühlsernst, der ehemals geherrscht hatte, wird zur Leicht-
fertigkeit, die Grazie zur Derbheit, die Dezenz zur Hemmungslosigkeit
und das Geistreichwitzige oft zur Grobheit. Ja, man läßt sich sogar
ein Erotikon oder ein Kneiplied[1], bisweilen mit den Musiknoten[2],
aufs Grabmal einmeißeln. Die Knabenliebe, die in frühen Zeiten
vom Orient her nach Griechenland eingesickert war und schon bei
dem Syrer Meleagros eine bedeutsame Rolle gespielt hatte, die sie
aber nach ihm hatte aufgeben müssen, bricht jetzt mit solchem

---

[1] XI 8. Vgl. GV 378, 1219, 1367 u.a.   [2] GV 1955.

Überschwall herein, daß Straton ein eigenes, nur aus paiderotischen
Gedichten bestehendes Buch herausbringen konnte. Dazu mag
Hadrians Neigung und seine schließlich zum Kult entartende Liebe
zu dem schönen Antinoos, der bezeichnenderweise aus Bithynien
stammte, wesentlich beigetragen haben. Hiermit aber ist dem
Orientalismus ein starker Einbruch in den Gefühlswert des Epigramms
gelungen.

Hand in Hand damit geht ein Einbruch in die Versform. Der Wesens-
kern griechischer Geisteshaltung war nicht die Freiheit, sondern das
Maß, nicht der Gedanke, sondern die Form; alle freischweifende Phantasie mußte erst durch den Logos gebändigt, aller Gehalt erst durch straffe
Komposition geordnet werden, bevor er Kunst wurde. Der Kampf, auf
dem jedwedes Kunstwerden beruht und in dem die beiden Grund-
mächte Freiheit und Bindung miteinander ringen, mußte seine Lösung
und seinen Ausgleich im Sieg der Bindung erreichen. Dementsprechend
hatte man die Geschlossenheit in der Form gesucht und diese nach
tastenden Versuchen in großer Vollkommenheit im elegischen Distichon gefunden. Nun aber beginnt, zunächst langsam, der Hexameter,
der in der archaischen Epoche das Epigramm beherrscht hatte und
in der klassischen sowie hellenistischen Zeit so gut wie ungebräuchlich
war, wieder vorzurücken. Das lag gewiß z. T. an der augenblicklich
Mode gewordenen archaisierenden Richtung, z. T. auch am römischen
Kunstwollen, dem der gedankliche und sittliche Gehalt höher stand
als die Form, mehr aber noch an der orientalischen Schrankenlosigkeit.
Denn dem Orientalen kam der Hexameter, der nicht wie das Distichon
eine abgerundete und streng komponierte Form hat, sondern seinem
ganzen Wesen nach keine Grenzen kennt und ins Endlose fortstrebt,
viel mehr entgegen. Das gleiche Bestreben zeigt sich auch in der übrigen Dichtung, in der die alte Polymetrie zugunsten des Hexameters
und des Trimeters allmählich aufgegeben wird und in der auch die aus
verschiedenen Versen zusammengesetzte Strophe durch eine recht
eintönig aus den gleichen Versen bestehende Strophenform ersetzt
wird, wie sie aus den Anakreonteen und den späteren christlichen
Hymnen am bekanntesten geworden ist. Es zeigt sich ebenso im
Roman, dessen Blütezeit in diesem Jahrhundert liegt (Iamblichos,
Xenophon von Ephesos, Achilleus Tatios). Hier führt der Aufbau nicht
zu einem aus der Entwicklung der Person oder der Handlung zwangs-

läufig resultierenden Abschluß; lose Episoden reihen sich vielmehr, kaum umklammert und nur durch knappe, anspruchslose Übergänge verbunden, wie Perlen auf einer Schnur äußerlich aneinander und könnten ohne Störung des Ablaufs der Gesamthandlung weggelassen oder ins Endlose gehäuft werden.

Mit dieser Auflösung der Versform verbindet sich eine Auflösung des Sprachstils. Auch hier hatten Klassik und Hellenismus sich der Forderung des Maßes unterworfen, sie hatten um Knappheit und Plastik der Darstellung gerungen und alle Beigaben auf ein Minimum beschränkt. Das gleiche Bemühen macht sich auch in dieser, dem Archaismus zuneigenden Epoche durchaus bemerkbar. Daneben aber geht gleichzeitig das entgegengesetzte Bestreben, den Ausdruck aufzulockern. In manchen Gedichten bürgert sich ein größerer Wortreichtum ein, der die Epigramme länger und ausführlicher, aber damit auch matter und farbloser werden läßt[1]. Die bisher sparsam verwendeten Epitheta häufen sich wie die Gruppen in den Reliefs der Trajansäule; man malt gern in Worten, wie man gern auch Kunstwerke beschreibt: man neigt zum Schildern und zum Erzählen, Züge, in denen allerdings römisches und orientalisches Wesen einander begegnen. Immerhin beginnt dadurch die alte Prägnanz der Darstellung sich ebenso zu verflüchtigen wie die Formbestimmtheit der Klassiker und an ihre Stelle eine Aufschwellung und Ausweitung zu treten, die sich nicht auf den Hexameter beschränkt, sondern auch das Distichon ergreift.

Eine ähnliche Veränderung erleidet die Sprache selbst. Der Hellenismus hatte, wie erwähnt, um des Wohlklangs willen eine Mischung aus homerischen, attischen und dorischen Bestandteilen angestrebt. Die neue Zeit läßt diese Eigenart fallen und wendet sich dem bequemeren epischen Stil zu. Dieser war zweifellos die dem Hexameter am besten eignende Sprache, aber man ging noch weiter: so wie man die Prosa seit dem Ende des 1. Jahrh. n. C. gern mit dichterischen Worten und Wendungen schmückte und dadurch die Scheidewand zwischen Prosa und Poesie niederriß, so durchsetzte man jetzt auch umgekehrt den dichterischen Stil mit Wörtern des Alltags und scheute selbst vor Ausdrücken des Ungebildeten nicht zurück[2], d. h. aber,

---

[1] Vgl. besonders V 78 und Erläut.   [2] z. B. V 61, 2.

man tat auch von der Poesie aus einen Schritt auf die Prosa zu. Das
war hauptsächlich ein Ausfluß des orientalischen Mangels an Stilge-
fühl, wie er an der aus morgenländischen Literaturen geschöpften
Menippeischen Satire mit ihrem Gemisch aus Vers und Prosa zum
erstenmal im griechischen Schrifttum sichtbar geworden war. Der
Name dieser Satire ist an den Syrer Menippos (um 270 v. C.) geknüpft,
dann hatte sie – bezeichnenderweise – sein Landsmann Meleagros gepflegt, und nun griff der Syrer Lukianos sie wieder auf. Eben diese
Verschmelzung von Poesie und Prosa tritt jetzt auch im Epigramm
zutage, nur daß sie sich im Gegensatz zur Menippeischen Satire, bei
der sie äußere Gestalt geworden war, lediglich auf die Sprachform
beschränkt. Inwieweit aus einer solchen Hinneigung zur Prosa auch
die Absicht einer allgemeinen Entfesselung des Stils von den alten
konventionellen Schranken zugunsten einer volksmäßigeren Poesie
und der Wunsch nach einer Annäherung der bisherigen volksfremden
Sprachkünstelei an die Ausdrucksweise der großen Menge entnommen
werden darf, mag dahin stehen. Jedenfalls vollzieht der Orientalismus
nun genau wie der Archaismus der lateinischen Literatur dieser Zeit,
der mit der Hinwendung zu Plautus auch eine Hinwendung zum Vul-
gärlatein herbeigeführt hatte, einen Anschluß an die Sprache des gemeinen Mannes. Unterstrichen wird diese Tatsache noch dadurch,
daß man die kunstvolle Periodisierung, die man in hellenistischer Zeit
gesucht hatte und die dem Epigramm eine lang ausschwingende, un-
gebrochene Bewegung verliehen hatte, nun aufgibt und sich, wie früher
schon beim Spottepigramm, in kurzen, der Umgangssprache entnom-
menen Sätzen ergeht. Metrik und Prosodie, die man bisher sorgfältigst beachtet hatte, werden nun recht unbekümmert gehandhabt,
eine Zwanglosigkeit, die in der Folgezeit noch zunimmt. Hier bahnt
sich also, zunächst keimhaft, ein Wandel an, der einerseits eine Abkehr von der jahrhundertelang geübten griechischen Kunstform anzeigt und damit die im Orient herrschende Körperverachtung herbei-
bringt, andererseits aber auch zu einer stärkeren Verbundenheit mit
dem Volk hindrängt.

Gewonnen wurde mit diesem Wandel zugleich eine größere Realistik und Lebensnähe. Das Pathos und die Rhetorik, wie sie noch vor
hundert Jahren das Zeitgedicht benutzt hatte, verschwinden jetzt,
man spricht von dem, was das eigene Herz bewegt. Mögen einzelne

dieser Gedichte auch „gestellt" und lediglich um des prickelnden
Stoffes willen erfunden sein, der größte Teil der Verse ist kein Spiel
mit unwahrem Gefühl, sondern läßt den Wellenschlag echten seelischen Empfindens erkennen. Doch sind gerade bei dem begabtesten
Dichter dieser Zeit, dem vielgerühmten und vielgelästerten Straton,
Einschränkungen zu machen. Prüft man seine Gedichte ohne Rück-
sicht auf moralische Bedenken (die hier außer Betracht bleiben müssen), so verspürt man oft genug die Leidenschaft, die hinter seinen
Worten steht. Frei und keck stellt er sein ganzes Innere zur Schau.
Von Verschämtheit, wie wir sie bei Asklepiades finden, ist hier nichts
zu bemerken, aber auch ebensowenig etwas von Schlüpfrigkeit, die
Verbotenes absichtlich verhüllt. Und doch stößt hier manches ab.
Was wir bei Straton vermissen, ist vor allem das Gemüt. Anstelle
einer zarten Sehnsucht herrscht hier nackter und grober Genußwille,
der selbst vor Gemeinheit nicht zurückschrickt[1]. Häufig ist seine Dichtung auch nicht der Ausdruck einer lyrischen Grundstimmung, sondern erwächst wie das Spottepigramm aus dem Verstand[2], und es ist
gewiß kein Zufall, daß einzelne seiner Liebesepigramme gerade unter
den Skoptika des 11. Buches zu finden sind. Straton wird niemals er-
schüttern, auch selten nur ergreifen, durch seine geistreichen Ein-
fälle aber immer anziehend wirken.

    Es ist ebensowenig ein Zufall, daß gerade die Lehr- und die Spruch-
dichtung, die, im Gegensatz zur echten Lyrik, vom Gedankengehalt
als dem Primären ausgehen, in dieser Zeit zu neuem Leben erwachen.
Auch hier bricht mit dem Geistvollen zugleich der Verstand in die
Lyrik ein. Das war, wie schon bemerkt, eine Wirkung römischer Eigenart; genährt aber wurde dieser Zug zweifellos noch durch den Einfluß
des Orients, dessen Spruchpoesie von jeher in großer Blüte gestanden
hatte. Jetzt ist der Syrer Lukianos der Vertreter dieser epigrammatischen Gattung, die sich, wie das gleichzeitige Gnomologion des Favo-
rinus zeigt, in dieser Epoche eines ganz besonderen Interesses erfreut.

    Von einer Epigrammdichtung des dritten Jahrhunderts wis-
sen wir so gut wie nichts. Die Zeit kennt keine Kultur mehr. Die wirt-
schaftliche Not und Verarmung und die furchtbaren, dezimierenden
Epidemien geben dem Volk keine Besinnlichkeit zum Kunstgenuß.

---

[1] XII 231.   [2] Vgl. z. B. XII 188.

Es herrscht Verwilderung und Barbarei.

Wir sehen, es ist zuletzt trotz aller Reize und Variationen, die die Dichter dem Epigramm immer noch abzugewinnen verstehen, eine eigentlich neue Wesensentwicklung hier nicht mehr zu verzeichnen. Und doch hätte in den folgenden Jahrhunderten, als die jungen Christen, der Widerpart des sinnenfrohen Griechentums, sich der ehrwürdigen Form bedienten, noch einmal neuer Wein in die alten Schläuche fließen können. Aber war nun die Tradition zu stark oder waren die Kräfte dieser jungen Bewegung zu schwach oder zu einseitig in Anspruch genommen, jedenfalls vermochte auch Gregor von Nazianz im 4. Jahrhundert und die späteren christlichen Dichter, deren Erzeugnisse im 8. bzw. 1. Buch unsrer Anthologie zusammengestellt sind, trotz ihrer andersgearteten Gefühle und trotz der unbestreitbaren Echtheit und Tiefe dieser Gefühle dem Epigramm keinen neuen Impuls mehr zu geben. Was hier entsteht, ist immer nur das alte Weih- und Grabepigramm, lediglich mit christlicher Geschmackszugabe.

Größer waren stellenweise noch die Kräfte, die aus dem versinkenden Heidentum heraufwuchsen. Mit Palladas von Alexandria setzte um 400 noch einmal eine neue eigenartige Blüte des Epigramms ein. Den Dichter selbst hat man in der Neuzeit sehr ungleich beurteilt, teils zu hoch, teils zu niedrig[1]. Vor allem bemängelte man bei ihm die Vernachlässigung der Form und die Oberflächlichkeit seiner Sinnsprüche. Doch übersah man, daß Palladas nach der künstlerischen Armut und Verwilderung des 3. Jahrhunderts zweifellos einen kraftvollen Wiederaufstieg bedeutet. Es ist auch nicht zu leugnen, daß er sich zu seinen Lebzeiten einen berühmten Namen gemacht hat, der keineswegs auf seine Heimat beschränkt blieb[2]. Ebensowenig ist es zu leugnen, daß der Dichter gerade in den breiten Massen des Volkes einen so starken Nachhall gefunden hat, wie ihn kein griechischer Dichter zu und nach seiner Zeit erreichte.

---

[1] Opsopoeus stellt ihn unmittelbar neben Martial, während Casaubonus ihn einen witzlosen Versifex (insulsissimus versificator) nennt. Erasmus bezeichnet ihn gar als Spitzbuben (fur) (Hutton: Gr. Anth. in France 133). [2] X 87 fand sich auch an der Wand einer Latrine in Ephesos, X 58 auf dem Grabmal eines christlichen Heiligen; vgl. auch IX 380.

Palladas setzt in der Hauptsache die Kunstrichtung, die der im
2. Jahrhundert aufkeimende Orientalismus begonnen hatte, fort,
schließt sich aber weniger an Rufinos und Straton als an Lukianos
an. Wie dieser schreibt er keine Erotika, auch keine Weih- und Grabgedichte; seine Epigramme gehören wie die Lukians durchweg der
Spruch-, Lehr- und Spottdichtung an. So kommt es, daß das die
Gnomenpoesie enthaltende 10. Buch unsrer Anthologie vorwiegend
mit den Versen Lukians und weit mehr noch (fast zur Hälfte) mit
denen des Palladas gefüllt ist. Aber das Gnomische und Didaktische
waren bisher reinlich geschieden, bei Palladas dagegen vermischen
sich beide Arten jetzt zu einem unscheidbaren Ganzen.

Auch in der Versform führt er die Eigenart des 2. Jahrhunderts
weiter. Der archaische Hexameter wird noch reichlicher angewendet
als damals, und ihm gesellt sich jetzt in starkem Maße der ebenfalls
archaische Trimeter zu. Von der subtilen Künstlichkeit des Versbaus,
wie ihn der wenig jüngere Nonnos (5. Jahrh.) ausübte, ist noch nichts
zu verspüren, selbst die Gebundenheit alexandrinischer Verskunst ist
aufgegeben, die Hexameter fließen mit homerischer Freiheit dahin.
Die Regeln über den Hiat werden nicht mehr so ängstlich eingehalten,
ja sogar in der Prosodie erlaubt sich der Dichter große Freiheiten:
alles Schablonenhafte und Pedantische bleibt unberücksichtigt, und
nur das Schlagkräftige mit seinem gesteigerten Gefühls- oder Gedan-
kenwert hat bedingungslose Geltung.

Das zeigt sich auch in der Sprache, die erneut und noch stärker als
bisher eine Neigung zur Prosa aufweist. Kraftvoll derbe Ausdrücke,
wie sie im Volk zu Hause sind[1], treten auf, abgebrochene Wortbildungen
werden benutzt[2], lateinische[3], aber auch barbarische Wörter dringen
ein und geben dem Stil ein etwas buntscheckiges Gepräge[4]. Dieser
Zug zum Schlagkräftigen läßt ihn auch gerne auf bekannte Zitate aus
anderen Dichtern zurückgreifen, besonders auf solche von Homer[5],
Menandros[6] und Pindar[7], aber auch auf Sprichwörter[8]. Ja, er arbeitet
sogar ein älteres Anakreonteion in ein Epigramm[9] und ein paar uralte
volkstümlich gewordene Hinkjamben in ein Ϝistichon[10] um. Ob frei-

---

[1] VII 683.   [2] VI 85, XI 383.   [3] IX 502, 528, X 44.   [4] Franke (16).   [5] IX 165,
168f., 173f., 395, X 47, 50, XI 351.   [6] X 52, XI 286.   [7] X 51.   [8] IX 379, X 48.
[9] XI 54.   [10] XI 381.

lich der alte Spruch X 32 wirklich unter seinen Gedichten stand, wird
zweifelhaft bleiben. Eben dies Ungekünstelte aber, dies bedenkenlos
Zupackende, dieses Unmittelbare und naturhaft Frische, das er selbst
als unwiderstehlichen Drang, als „Krankheit" empfindet[1], gibt seinen
Gedichten trotz aller Derbheit und zugleich wegen dieser Derbheit
sowohl literarischen Wert wie Widerhall beim Publikum.

Aus dem Gesagten geht zweierlei hervor: Gleichgültigkeit gegenüber
der Form, wie sie der Orientalismus aufgebracht hatte, gehört jetzt
zum Wesen des Griechen. Die alte Harmonie von Geist und Form war
in den Dualismus von Seelischem und Körperlichem zerfallen, ja
mehr noch, der geistige Gehalt drängte nun die künstlerische Formung
stark in den Hintergrund. Das Innere triumphiert über das Äußere. Die
frühere Gutschönheit, die jahrhundertelang die antike Geisteshaltung
bestimmt hatte, hat jetzt ihre Kraft verloren[2]. Das Gute, d. h. das
Seelische, wertet höher als äußere Schönheit. Daß dies nicht auf einen
Mangel an technischem Können, sondern auf eine (bewußte oder un-
bewußte) Abkehr von der bisherigen Formbewertung zurückzuführen
ist, zeigt die Übereinstimmung in der bildenden Kunst, in der, ganz
naturalistisch, das Häßliche nun nicht mehr gemieden oder auch nur
gemildert, sondern eher noch gesucht wird: Der Maßstab zur Beur-
teilung eines Menschen ist lediglich sein sittlicher Wert, und der Wert
der Poesie beruht nun vorzugsweise auf ihrem geistigen Gehalt. Das
ist unantik, und insofern ist auch Palladas, trotz alles klassischen
Gedankengutes, unantik. Ansätze zum Symbolischen oder Eschatologischen, wie wir sie bald bei den Byzantinern antreffen, lassen sich
jedoch bei Palladas nicht erkennen, und insofern bleibt er der Antike
mit ihrem Diesseitsgefühl verhaftet.

Und ein Zweites: Die gleiche Formverachtung, besonders die pro-
saisch nüchterne Sprachgestaltung, gibt dieser Dichtung auch einen
engen Anschluß an das Volk. Beigetragen hat dazu sicherlich der Umstand, daß Palladas, der in bescheidenen Verhältnissen groß geworden
war, zeitlebens ein armer Schlucker geblieben ist und aus wirtschaft-
licher Not noch mit 72 Jahren seinen Grammatikerberuf ausüben
muß[3]. So wendet er sich in seinen Epigrammen auch nirgends an die

---

[1] XI 340.   [2] X 56, XI 286.   [3] X 97.

höheren Gesellschaftsschichten oder gar, wie die auch sonst im Gegensatz zu ihm stehenden Alexandriner, an ein Häuflein Exklusiver, sondern stets an die breite Masse, als deren Exponenten er sich fühlt. Daher seine zahlreichen Epigramme über die Schlechtigkeit des Reichtums und das Lobenswerte des Maßhaltens, daher das Derb-Realistische des Ausdrucks. Geleitet haben mag ihn dabei die gleiche Überlegung, die seinen großen Zeitgenossen drüben in Hippo, den Bischof Augustinus, zu den Worten veranlaßte: „Besser, ich mache einen grammatischen Schnitzer und ihr versteht mich, als ich spreche eine elegante Sprache und ihr seid verlassen" und „Oft gebrauche ich auch nichtlateinische Worte, damit ihr mich begreift"[1]. So ist sein Denken im „Wir", das jetzt überall durchschimmert[2], zu erklären. Denn wenn seine notorische Armut auch nicht die Kraft fand, zu der „Armeleute-Religion" überzutreten, so verband sie ihn doch um so fester dem Volk, in dem, auch abseits vom Christentum, das Gemeinschaftsbewußtsein und das Zum-Typus-Gehören schon längst Platz gegriffen hatte.

Wir haben oben gesehen, wie am Anfang der Epigrammdichtung im Archaischen Epigramm das Typische und Verallgemeinernde im Vordergrund stand und wie dann der Mensch sich allmählich aus der Namenlosigkeit der Masse loslöste und absonderte und zu einem individuellen Gepräge hinstrebte. Hier hatte sich der Hauptwesenszug des Griechen, sein kraftvolles Ichgefühl und der Trieb, sein Leben nach eignen, selbstgegebenen Gesetzen zu gestalten, offenbart. Jetzt, bei Palladas, sehen wir den umgekehrten Vorgang, der wieder zur Entindividualisierung führt und zur archaischen Typik zurückleitet. Gerade die Spruchpoesie, wie Palladas sie liebt, geht ja zunächst vom Einzelfall aus, aber sie rückt diesen dann aus dem Besonderen, der Ich-Perspektive, heraus und hebt ihn in die Wir-Perspektive des Übersubjektiven hinein. Das war schon in der Dichtung Lukians erkennbar geworden; bei Palladas dagegen ist der letzte Schritt einer Rückkehr ins Allgemeine getan. Hier hat der alte griechische Individualismus alle Selbstbezogenheit, die für den Hellenen nun keinen Wert mehr hatte, abgestreift und sich ins Gemeinschaftsbewußtsein hineingeflüchtet. Daher seine Vorliebe für Lebensweisheiten,

---

[1] Psalm. 36; 123, 8. [2] X 75, 79, 81, 85, XI 304, 377 usw.

die immer eine allgemeine Erkenntnis aussprechen und auf der Er-
fahrung von Generationen beruhen. Ja, selbst da, wo er einen Sonder-
fall darstellen will, gehen seine Gedanken gern vom Typischen aus[1]
oder spielen abschließend ins Typische hinüber[2]. Daß solche Lebensweisheiten vielfach Alltäglichkeiten sind, liegt im Wesen der Sprüche,
die dem Volksgeist angepaßt sind; sie finden sich zur Genüge schon
bei dem um 900 Jahre älteren Theognis.

Ihre Wurzel haben diese Sprüche in der Hauptsache im Allgemein-
Sittlichen, nur selten wird darin (auch dies ein Zeichen seiner geringen
eschatologischen Bindung) die religiöse Seite sichtbar. Er glaubt wohl
auch nicht mehr an die alten Volksgötter; dafür spricht er mit zu viel
Respektlosigkeit, ja mit Hohn von ihnen[3]. Im Grunde ist Palladas ein
zwiespältiger Mensch. Die skeptisch-kynische pessimistische Diesseits-
auffassung[4], die damals schon allgemein zur griechischen Seelenhal-
tung gehörte, bleibt seine Grundanschauung. Aber diese Einstellung,
die, konsequent durchgeführt, in der Lebensverneinung endet, findet
bei ihm ihr notwendiges Korrelat in einem leichten Epikureismus, der
ihn zu frohem Genuß und zum Amor fati hinweist[5]. Doch dürfte auch
der Neuplatonismus, der damals in Syrien und Alexandria Schule
machte, nicht ohne Einfluß auf ihn gewesen sein. Darauf deutet die
Tatsache, daß seine Lehrerin die neuplatonische Philosophin Hypa-
tia gewesen ist[6].

Im ganzen erscheint Palladas als der Typus des Spätgriechen, in dem
sich der tragische Todeskampf der Antike vollzieht, und allgemein als
der Typus des Übergangsmenschen, der, an der Nahtstelle zweier
Weltanschauungen stehend, in Wirklichkeit keiner von beiden ange-
hört. Er selbst ist sich auch sehr wohl bewußt, inmitten eines unge-
heuerlichen Kulturumbruchs zu leben, und trägt das ihn zutiefst
erschütternde Gefühl in sich, aus einer vergangenen Gesellschaftsord-
nung losgelöst zu sein, ohne doch in der neuen Fuß gefaßt zu haben[7].
Noch geht seine ganze Sehnsucht zurück in den Lebenskreis, dem seine
Sprache, sein Herz, seine Wissenschaft und seine Kunst angehören.
Voll bitteren Spottes sieht er, wie alte Götterstatuen zu christlichen
Heiligen umstilisiert werden[8] und wie ein Tychetempel zur christ-

---

[1] VII 683f., XI 289, 304.   [2] VII 686, 688.   [3] V 257, X 53.   [4] z.B. X 58f., 84,
XI 282 usw.   [5] z.B. X 34, 73, 77f., XI 54f., 62 usw.   [6] IX 400, (175).   [7] X 82.
[8] IX 528.

lichen Schenke wird[1]. Müd-resignierend fragt er sich selbst zuweilen,
ob es nicht ratsam sei, sich der neuen, in die Zukunft weisenden Bewegung anzuschließen[2]. Aber er tut diesen Schritt nicht, obwohl er
erkennt, daß die Gottheit sichtlich aufseiten der jungen Bewegung
steht. Das ist zweifellos ein Widerspruch; aber eben dieser Widerspruch ist das Kennzeichen der Polarität, die den Ethoswechsel der
Zeit begleitet und die in der damals wieder frisch aufsprudelnden ana-
kreontischen Dichtung gleichfalls erkennbar wird. Gerade von hier
aus sehen wir gut in die geistigseelische Struktur dieser Menschen hinein, die, vom alten Ufer hinweggedrängt, noch unschlüssig auf der
Brücke zu einem neuen Lebensgefühl stehen und nicht an das andere
Ufer zu den neuen Göttern gelangen können[3].

Aber er steht dort nicht allein; seine Persönlichkeit ist nur der
Typus der vielen „Hellenen", wie die damaligen Christen die Heiden
nannten[4]. Das zeigt der Widerhall, den seine Dichtung auch über die
Grenzen seines Landes hinaus gefunden hat. Gerade seine Spruchpoesie entsprach den Wünschen seiner Mitwelt, und seine Erfolge
mögen es wohl gewesen sein, die bald darauf zwei jüngere Zeitgenossen,
Stobaios und Orion, veranlaßt haben, ihre großen Sentenzensammlun-
gen anzulegen. Doch auch seine Spottdichtung muß auf ein starkes
Interesse des damaligen Lesepublikums gestoßen sein, da Torquatus
Gennadius i. J. 401 eine neurevidierte Ausgabe der Epigramme Martials herausbringen konnte. Aber noch 100 Jahre später hielt Agathias[5]
ihn für so wertvoll, daß er seine Epigramme in die von ihm veranstaltete Sammlung aufnahm, obwohl diese nur zeitgenössische Dichtungen enthalten sollte. Selbst die späteren Jahrhunderte hielten noch
sein Andenken wach. Denn Verse des Palladas fand Kephalas wahrscheinlich in einer von ihm benutzten jungen Gnomensammlung, und
im 9. Jahrhundert hat die Nonne Kassia ihn eingehend gelesen, ihn
z. T. wörtlich nachgeahmt und sich mit seinen Gedanken auseinander-
gesetzt. Ja, noch in den Sprichwörtersammlungen des Georgides
(10.–11. Jahrh.) und des Apostolios (um 1450) fanden einzelne seiner
Aussprüche ihren Niederschlag, ein Beweis, daß sich seine Worte in

---

[1] IX 180–183. [2] X 90f., XVI 282. [3] Die meisten Forscher seit Reiske und
Jacobs halten Palladas für einen Heiden; Waltz betrachtet ihn als Christen, Luck
als Scheinchristen, Irmscher hält ihn für areligiös. [4] s. Vorwort zu I. [5] Doch
vgl. S. 73.

manchen Fällen jahrhundertelang als „Weisheit auf der Gasse" erhalten haben.

Palladas ist der letzte Epigrammatiker, der am Ende einer stetig fortschreitenden, natürlichen Entwicklung steht. Wie anders würde sich die griechische Epigrammatik (und Literatur) entwickelt haben, wenn die folgende Renaissance unter Justinian nicht die Reinkultur einer klassischen Dichtung angelegt hätte, sondern dem volkstümlichen und daher gesunden Wollen eines Palladas nachgegangen wäre. Aber das bleibt schließlich eine müßige Überlegung.

Etwas über hundert Jahre später nahmen die Byzantiner die Epigrammdichtung wieder auf. Die wichtigsten Vertreter sind Agathias, Arabios, Damocharis, Eirenaios, Eratosthenes Scholastikos, Johannes Barbukallos, Isidoros Scholastikos, Julianos Antecessor, Kyros, Leontios, Makedonios II., Marianos, Paulos Silentiarios und Theaitetos Scholastikos. Trotz mancher zeit-, religions- und gesellschaftsbedingter Gemeinsamkeiten – sie waren wohl alle Christen[1] und gehörten sämtlich gehobenen und höchsten Volksschichten an – fanden sie sich zu einer eigentlichen „Schule" nicht zusammen.

Mit Recht betont die heutige Kritik, daß die Poesie dieser Spätlinge sich im Nachgestalten der alten Motive und Ausdrucksformen gefallen hat. Verfehlt aber ist es, ihre Dichtungen als einfache Klischees abzutun und ihnen jeden künstlerischen Wert zu versagen. Die meisten der Dichter tragen, wie das auch zu erwarten ist, je nach Geistesrichtung und Temperament, bisweilen auch nach beruflichem Standort in ihre Nachbildungen eine nicht zu übersehende persönliche Note hinein[2]. Man betrachte den moralisierenden Agathias, den burschikosen, an Hedylos erinnernden Makedonios, den lüsternen Paulos Silentiarios und den eichendorffzarten Marianos, um zu erkennen, daß auch die byzantinische Poesie nicht ohne individuelle Prägung und differenzierte Färbung ist. Das im besonderen festzustellen, muß Einzeluntersuchungen vorbehalten bleiben; hier soll nur aus der Gesamtschau der Dichter dieser Periode auf einige Punkte hingewiesen werden, die das byzantinische Epigramm von seinen Vorgängern abgrenzt und in seinem Eigenleben kennzeichnet.

---

[1] Christliche Epigramme sind z.B. VII 590, 606, 672f., 689, IX 582, 615, 817ff., XV 34, 40, XVI 21.   [2] Vgl. Corbato (13).

Schon rein äußerlich fallen die Gedichte, zumal die des Agathias, Makedonios und Paulos Silentiarios, durch ihren großen Umfang auf. Epigramme von 12 Versen gehören nicht zu den Seltenheiten, doch schwellen sie auch zu 20, ja sogar zu 28 Versen an[1]. Damit aber gibt das Epigramm seine alte Prägnanz, deren Nachlassen schon im 2. Jahrhundert n. C. begonnen hatte, auf; es überschreitet die seiner Wesensart gesetzte Grenze und wird offensichtlich zur kurzen Verserzählung. Was die Dichter zu dieser Ausweitung bewogen hat, ist unverkennbar die Freude am Darstellen und Schildern, die spielerische Lust am Fabulieren. Dadurch bekommt diese Poesie, häufiger noch als früher, einen erzählenden Einschlag, so daß Franke sie als epische Epigrammatik bezeichnete. Das hat, im allgemeinen betrachtet, zweifellos seine Berechtigung. Manche dieser Stücke aber haben in Wirklichkeit die Hülle des Epigramms ganz abgeworfen und sind in eine andere Form hineingewachsen. Denn das alte Epideiktikon tritt nun bisweilen als Epyllion[2] auf, das Erotikon rückt in die Nähe der Liebesromanze[3], und das Skoptikon, das jetzt ohne persönliche Invektive zur reinen Typisierung des 1. Jahrhunderts zurückkehrt, wird zum satirischen Schwank[4].

Liest man die poetischen Erzeugnisse der Byzantiner, etwa die des 5. Buches (Nr. 216–302), dann ist man zunächst erstaunt über die Weltaufgeschlossenheit und Weltlust dieser Männer, deren wirkliche Grundhaltung gewiß auf einer Jenseitsgebundenheit basierte. Überall weht uns hier eine Diesseitsbejahung entgegen, die ihre Freude offenbar an den Genüssen der Erde hat, die behaglich, ja manchmal keck und frivol mit ihren Worten und Gedanken prunkt und ersichtlich ein Wohlgefallen an ihren eigenen Ausmalungen hat. Alliterationen[5], Assonanzen und eine Fülle von Reimen tragen einen oft überreichen Putz auf. Die Verstechnik, die Palladas noch sehr locker gehandhabt hatte, war inzwischen von Nonnos (5. Jahrh.) aufs feinste ausgebildet worden und wird nun auch von diesen Dichtern mit größter Sorgfalt angewandt, die z. T. sogar die Strenge des Nonnos noch übersteigt, ein Zeichen, daß die Gestaltungslust dieser Männer auch theoretisch

---

[1] V 302, XI 354; XI 382, V 294, IX 482.   [2] VII 614, IX 362, 482, XV 40.
[3] V 269, 275, 294.   [4] XI 352, 354, 365, 376, 382. Im Keim vorgebildet findet sich das Schwankhafte schon bei Nikarch (z. B. XI 251), Lukillios (z. B. XI 163f.) und Lukian (z. B. IX 367).   [5] Vgl. besonders V 246, 5f.

gut untermauert ist. Vergleichen wir nun diese Gedichte mit den etwa gleichzeitigen christlichen Epigrammen des 1. Buches, so überrascht uns das Gegensätzliche dieser andern Kunst- und Denkweise. Hier, im 1. Buch, herrscht ein erschreckender Mangel an technischer Qualität. Alles Notwendige wird kurz und knapp und nicht selten ungeformt vorgetragen. Kein Schmuck, keine Weltlust, keine Freude am Schildern sucht das Dargebotene zu verlebendigen. Das einst so beliebte Enjambement, das die Verse mit zitternder Unruhe erfüllt hatte, weicht jetzt dem Zeilenstil: Flach, schablonenhaft[1] und in steifer, feierlicher Hoheit stehen die Gedichte vor uns, genau so wie die Skulpturen dieser Zeit, in denen das frühere vibrierende Leben nun zu maskenhafter und unbewegter Frontalität erstarrt ist. Dafür aber waltet in den Versen eine starke Verinnerlichung, die sich häufig genug in Allegorien und Symbolisierungen verliert.

Es ist nicht unsre Aufgabe, die geschichtsphilosophischen Hintergründe dieses Gegensatzes aufzudecken, denn dieser Gegensatz herrscht auch in den bildenden Künsten. Auch hier steht der Weltentrücktheit eine frohe Diesseitsbejahung gegenüber, die in der bekannten römisch-orientalischen Dekorations- und Repräsentationskunst (bei der Ausstattung der Kirchen, der Pracht ihrer Mosaiken und dem Goldgrund der Bilder) ebenso ihren Ausdruck findet, wie sie auch im sonstigen Leben, z. B. in der Titelfreude, im Zeremonienwesen und in der prunkvollen Tracht[2] am byzantinischen Hof, sichtbar wird. Aber es wäre verfehlt, bei den weltlichen Dichtern lediglich das Darstellungsgepränge und bei den religiösen des 1. Buches lediglich die Selbstbesinnung des christlichen Transzendentalismus suchen zu wollen. Auch hinter der dekorativen Fassade der weltlichen steht deutlich bemerkbar die Verinnerlichung.

Vor allem gilt es zu erkennen, daß die Weltfreude, der sich die Dichter scheinbar hingeben, ein Spiel ist, das nur an die Peripherie ihrer Seele heranrührt. Sie vergessen wohl in den Augenblicken ihres Schaffens die eigene Überzeugung: sie tauchen in Brauchtum, in Tischsitten[3], Spiele[4], Kulturhaltungen, ja sogar in religiöse Anschau-

---

[1] z. B. I 29, 80f.　[2] Vgl. V 260, 276, XI 58.　[3] In V 269 liegt man noch zu Tisch, obwohl man in byzantinischer Zeit schon saß. – V 297 nimmt noch Bezug auf den κῶμος. Das gleiche Gedicht beschreibt die Lage der Frau in der klassischen Zeit. [4] So etwa V 296.

ungen einer vergangenen Zeit hinein, aber ihre Gedanken und Gefühle
sind wirklichkeitsbar. Die Geliebten, die sie besingen, sind, mindestens zum großen Teil, Geschöpfe einer fröhlich gestaltenden Phantasie, in die Außenwelt projizierte Schemen eines dichterischen Spiel-
triebs. Die scheinbaren Lebemänner und Genießer dürften meist brave
Ehemänner und Verlobte, solide kaiserliche Beamte, gute Christen
und fleißige Kirchgänger[1] gewesen sein: die Weltlust, von der sie
sprechen, ist ein Traum, aus dem sie zur Weltverneinung erwachen.
Denn auch ihnen ist das Diesseits, das für den klassischen Griechen
das Paradies war, nur noch der Ort der Vergänglichkeit[2] und ein
Jammertal[3]. Die heroisch-aristokratischen Ideale der früheren Geisteshaltung (Heimat, Mannestum, Selbstbewußtsein und Ruhm) sind
ihrem Gegenteil (dem Kosmopolitismus, der Selbstvergessenheit, der
Demut und dem Aufgehen in der Masse), das sich in der Peloponnesischen Schule bereits ankündigte, gewichen[4]; körperliche Ertüchti-
gung wird, wie die Abschaffung der Olympischen Spiele i. J. 394 zeigt,
verachtet; es gibt jetzt nur noch einen Heroismus, den der Tugend[5].
Ehre und Ruhm, die noch für Gregor von Nazianz etwas Glanzvolles
bedeuteten[6], sind grundsätzlich Schall und Rauch und sollten sich,
soweit man sie achtet, nicht mehr auf Äußerlichkeiten, sondern lediglich auf eine umfassende Geistigkeit gründen[7]. Der Tod aber, früher
das Grauen der Menschen, ist tatsächlich ein wünschenswertes Glück[8].
Damit erhebt sich das Wir-Gefühl, das schon z. Z. des Palladas ganz
augenscheinlich das klassische Ich-Gefühl abgelöst hat, zu einem All-
gefühl, das über das Menschenleben hinausgreift.

Zwar wird die erotische Dichtung durchweg noch vom alten äußeren
Sinnenreiz und Genußwillen getragen, wie man es bei den großen Vor-
bildern – Asklepiades, Meleagros, Philodemos[9] – bewundert hat; doch
machen sich bei näherem Zusehen auch hier Zeichen einer Vergeistigung und seelischen Vertiefung bemerkbar. Die Liebe, die einst gleich-
bedeutend mit Leben war[10], dient nur noch der Erhaltung des Men-
schengeschlechts[11]; von der Knabenliebe wendet man sich mit Ab-

---

[1] V 286.   [2] VII 220, 561, IX 74, 677, 768.   [3] X 71.   [4] VII 307, 590, IX 644.
[5] VII 573, 614, X 74.   [6] Vgl. VIII 114, 116, 129, 162f. usw.   [7] IV 3c, VII
594, 603, 609, X 76.   [8] VII 574, 606, X 69.   [9] Corbato (13) S. 18.   [10] V 72.
[11] IX 446.

scheu ab[1]; das Wahren der Keuschheit, die man früher möglichst bald
wegzuwerfen gepredigt hat[2] ist jetzt ein erstrebenswertes Ideal[3],
und Eros, der ungezogene Liebling, verflüchtigt sich zum transzenden-
talen Begriff[4]. Ja, über die bisherige hedonistische und sensuali-
stische Auffassung hinaus geht, wenn auch vorerst nur schüchtern,
hier und da durch die Verse das Suchen nach dem Innern des geliebten
Menschen. Was wir, von Sappho abgesehen, in der gesamten antiken
Lyrik (das Wort im modernen Sinne) vermissen, „das Belauschen
jeder zartesten Regung der Seele, ihrer leisesten Stimmungen, den
künstlerischen Ausdruck des Unaussprechlichen und doch oft bis zur
Qual drangvoll Empfundenen"[5], das wagt sich jetzt keimhaft, aber
immerhin doch spürbar ans Licht[6] und gibt dieser Dichtung eine
gewisse Eigenart. Überall schimmert durch die Hülle der Weltlust
eine tiefe Verinnerlichung durch. Hatte der hellenische Plastiker den
vollkommenen Körper darzustellen versucht, so reizt den byzantinischen überhaupt nicht mehr der nun sündhaft gewordene Leib,
sondern das seelenvolle und vergeistigte Antlitz. Auf die gleiche
Vergeistigung deutet auch in der Dichtung der häufige, teils vom Römischen, teils vom Orientalischen entliehene Gebrauch von Allegorien, Symbolisierungen und blassen Abstraktionen[7] ebenso wie die
Neigung zum Didaktischen[8], das sogar ins Grabepigramm[9] und die
erotische Dichtung[10] eindringt; auf das gleiche deutet endlich auch
die Aufgeschlossenheit für die Natur.

Die Naturlyrik war am schönsten bisher in der Peloponnesischen
Schule des 3. Jahrhunderts v. C. zur Entfaltung gekommen. Drei-
hundert Jahre später, unter Augustus, waren die gleichen weichen
Töne wieder angeschlagen worden. Dann aber waren sie verstummt.
Erst die Byzantiner des 6. Jahrhunderts, deren Hauptvorbilder neben
den Römern (Tibull, Properz) auch die hellenistischen Dichter (vor
allem Theokrit) waren, lassen diese Motive erneut aufklingen und
entwickeln hierin eine sehr beachtliche und durchaus selbständige
Leistung. Was sie von den früheren Naturlyrikern unterscheidet, ist

---

[1] V 277f., 302, X 68. Unter Justinian wurde sie mit der Todesstrafe bedroht
(Instit. 4, 18, 4, Nov. 77, 1; 141). [2] V 85. [3] IX 444, XVI 272. [4] XVI 201.
[5] E. Bethe: Griech. Lyrik, 1920, 103. [6] V 276, 292, IX 770. [7] V 291, 301, VII
563, IX 482, 763, 767f., XVI 314. [8] IX 482, 767f., X 64, 66. [9] VII 572.
[10] V 216, 267, IX 443f.

zweierlei: Vor allem kommt bei ihnen jetzt die Freude am Eigenbesitz und das Gefühl der Verwurzelung mit dem Boden zum Ausdruck. Das ist ein typisch römisches Gefühl, das schon die Dichtung des Horaz mit ihrer Freude am Sabinum durchklungen, das Vergils Klage um den Verlust seines Gutes bestimmt[1] und das auch Catull bei der Erinnerung an sein Heim in Sirmio so warm ergriffen hatte[2]. Jetzt ist dieses Gefühl bei den späten griechisch-römischen Mischlingen wach geworden[3]. Ein zweites ist ihre Sehweite. Hatten die älteren Dichter sich darauf beschränkt, ein Vögelchen, eine Quelle oder ein Ruheplätzchen zu besingen, so schweifen die Blicke der Byzantiner in die Ferne, sie umspannen einen weiten Raum, ein Landhaus mit seinen Gärten, einen großen Park, die riesige Fläche des Meeres, und reichen bis zum hohen Himmel hinauf[4]. Das erinnert an die Porträts dieser Zeit, deren Blicke ebenfalls in die Unendlichkeit gerichtet zu sein scheinen und die schon äußerlich die Tiefe ihres Innenlebens sichtbar werden lassen.

Damit können wir die Geschichte der Epigrammatik beschließen. Zwar bringen die nächsten Jahrhunderte noch Epigrammatiker hervor, so die Nonne Kassia[5] (9. Jh.) Johannes Geometres (10. Jh.), Christophoros von Mytilene und Johannes Mauropus (11. Jh.), Manuel Philes (14. Jh.) u. a.; seit dem 9. Jahrhundert bahnte sich im Kulturkreis von Byzanz auch noch einmal eine literarische Renaissance an, deren Interesse für die antike Literatur nicht nur zu großen Enzyklopädien für die verschiedenen Wissenschaften führte und der wir auch die Erhaltung der Anthologia Graeca zu verdanken haben, sondern die ihre eigenen derzeitigen Wissenschaften auch im antiken Sinne wieder befruchtete. Doch beschränkte sich dieses Interesse, wie schon unter Justinian, auf eine kleine geistige Aristokratie, deren Sprache und künstlerisches Schaffen der breiten Masse des Volkes fremd blieb[6]: die Dichtung, die in der früheren Zeit einen das ganze Leben durchdringenden und beherrschenden Wert dargestellt hatte, nahm jetzt nur noch eine Randstellung im Leben ein; sie fand keine Wurzeln mehr im Volk und hatte so ihren nährenden Boden verloren.

---

[1] Buc. 1 und 9. [2] 31. [3] IX 586, 648–653, 667, 677, (X 86). [4] IX 651, 665, 667 ff., 782, 808, XVI 65. [5] So (nicht Kasia, Ikasia oder ähnlich) nennt sie selbst sich in einem Akrostichon (Diction. d'hist. et de géogr. ecclés. 11, 1939, 1312). [6] Vgl. den melancholischen Rückblick XVI 385.

Geschichte der Anthologia Graeca

Die älteren Sammlungen

Schon oben wurde erwähnt, daß die Griechen von jeher die Neigung hatten, Gedichte zu sammeln. Das trifft für alle möglichen Dichtungsarten zu, doch hat sich von sämtlichen nur eine Epigrammenanthologie bis zu uns herübergerettet. Es fragt sich, seit wann solche Sammlungen nachweisbar sind.

Tatsächlich waren Epigrammsammlungen schon sehr früh vorhanden. Der Umstand, daß die Masse der dem Simonides bereits in klassischer Zeit zugeschriebenen Epigramme zweifellos unecht ist[1], hat in unseren Tagen zu der Behauptung geführt, daß schon im 6.Jahrhundert v.C. eine ihm zugesprochene und für echt geltende Sammlung existiert habe[2]. Platon ist der erste Schriftsteller, der erkennbar eine (um 400 entstandene) Inschriftensammlung benutzt[3]. Im 3.Jahrhundert veröffentlichte Philochoros attische Inschriften, um 200 sammelte der Perieget Polemon auf seinen Reisen Inschriften, die er örtlich geordnet herausgab, und ähnlich scheint Aristodemos im 1.Jahrhundert thebanische Inschriften publiziert zu haben. Das waren sicherlich meist Adespota, da die Dichter sich hierbei ursprünglich nicht nannten[4].

In hellenistischer Zeit tauchen auch schon Sammlungen bekannter Autoren auf. So haben Kallimachos, Poseidippos, Hedylos, Asklepiades, Nikainetos, Leonidas von Tarent, Nossis, Moiro, Anyte u. a. ihre Epigramme gesondert herausgegeben. Das waren jedoch nur Sammlungen, die ein Dichter von seinen eigenen Versen gemacht hat. Es fragt sich: Haben daneben auch schon solche von verschiedenen, und zwar benannten Dichtern existiert?

Auch diese Frage läßt sich bejahen. Reitzenstein[5] nahm, gestützt auf eine Bemerkung des Grammatikers Aristarch (2.Jahrh. v.C.)[6],

---

[1] Auch wohl VII 249: Ὦ ξεῖν', ἀγγειλον.   [2] Preger. Andere, wie Kaibel und Reitzenstein, pflichten dem bei, halten die Sammlung jedoch für jünger (8).   [3] Weber (83).   [4] Der erste, der sich selbst nennt, ist Ion von Samos in einer Inschrift v. J. 404 v.C., doch bleibt das eine Seltenheit.   [5] (68) S. 94 ff.   [6] Schol. zu Ilias 11, 101.

eine von Acklepiades, Poseidippos und Hedylos veranstaltete gemeinsame Ausgabe ihrer Epigramme mit dem Titel „Haufen" (Σωρός) an,
was Zustimmung (Peek, Lasserre) und Widerspruch (Stadtmüller
Waltz, Gow) gefunden hat. Wallace[1] glaubt sogar, Meleagros habe bei
der Zusammenstellung seiner Sammlung von V 134–215 den Soros
benutzt, und Lasserre[2] sucht nachzuweisen, daß das Erscheinen des
Soros von Theokrit in seinem 7. Idyll begrüßt werde, wo hinter den
pseudonymen Hirtennamen die im Soros vertretenen Dichter versteckt seien. Tatsächlich gewinnt Reitzensteins Annahme eine stär-
kere Wahrscheinlichkeit, nachdem ein weiterer, um 250 v. C. geschrie-
bener Papyrus[3] Kunde von einer Sammlung brachte, die den Titel
Σύμμεικτα ἐπιγράμματα führte und Epigramme von Poseidippos und
anderen Dichtern (Hedylos, Leonidas, Anyte?) enthielt. Auch sonst
haben sich auf Ostraka[4] und in Papyri[5] Reste vormeleagrischer
Sammlungen gefunden, die beweisen, daß der Gedanke, Gedichte
verschiedener Verfasser zu einem Corpus zu vereinigen, nicht von
Meleagros stammt.

Den eigentlichen Grundstock zu der uns vorliegenden Anthologie
scheint aber dieser Meleagros von Gadara gelegt zu haben, als er
um das Jahr 70 oder 60 v. C. auf der Insel Kos eine Blütenlese veranstaltete, die er unter dem Titel „Kranz" (Stephanos) herausgab. Darin
vereinigte er eine große Menge von Epigrammen teils der älteren
Dichter (Archilochos, Sappho, Anakreon, Simonides, Bakchylides),
teils der Zwischenperiode (Platon, Erinna), teils, und mehr noch, der
rein literarischen Richtung von Simias und Kallimachos bis auf seine
eigenen älteren und jüngeren Zeitgenossen, vor allem Antipatros von
Sidon. In seinem Einleitungsgedicht[6] führt er selbst 47 dieser Dichter
an[7], von denen sich allerdings in der jetzigen Anthologie keine Gedichte mehr von Euphemos, Melanippides, Parthenis und Polykleitos
vorfinden; zu den Epigrammen dieser 47 Dichter fügte er noch, ohne
damit zu kargen[8], seine eigenen Produkte hinzu[9]. Auch Adespota

---

[1] Transactions and Proceed. of Americ. Philol. Assoc. 1939, 191.   [2] Rhein. Mus.
102, 1959, 307.   [3] Pap. Brit. Mus. 589 (Pack 1121); darüber zuletzt Lasserre:
Rhein. Mus. 102, 1959, 222.   [4] Wilcken: Gr. Ostr. 2, 1148 und 1488, aus dem
2. Jahrh. v. C.   [5] Grenfell-Hunt-Smyly: Tebtunis Papyri Nr. 1–2 (um 100 v. C.),
Nr. 3 (Zeit des Meleagros).   [6] IV 1.   [7] Vgl. S. 102.   [8] In unserer Anthologie
stehen noch etwa 130.   [9] Ob er auch Archias aufgenommen hat, bleibt unbestimmt; Reitzenstein nimmt es an, Reinach bezweifelt es.

waren darin enthalten. Angeordnet waren die Epigramme nicht in einzelnen Büchern oder Kapiteln, sondern nach einem Scholion des Palatinus[1] fortlaufend in der alphabetischen Reihenfolge ihrer Anfänge. Das wird zwar von verschiedenen Gelehrten neuerer Zeit bestritten, die glauben, eine thematische oder eine nach Dichtern getroffene Anordnung annehmen zu müssen, doch halten andere an der wohl auf guter Überlieferung beruhenden Notiz des Palatinus fest[2], die auch durch erhaltene kleine alphabetische Reihen[3] und die sklavische Nachahmung des späteren Philippos bestätigt wird. Das Schlußgedicht war XII 257. Eine besondere paiderotische Sammlung die man früher für Meleagros annahm und deren Prooimion Reiske in XII 256 sah, wird heute allgemein abgelehnt. Meleagros' Werk, das entsprechend der politischen Lage in Griechenland in den letzten Jahrhunderten und dem kosmopolitischen Denken in Alexandria vorwiegend Weih- und Grabpoesie sowie Trink- und Liebesdichtung enthielt, scheint sehr großes Interesse hervorgerufen zu haben, ja man hat noch im gleichen Jahrhundert einen Auszug daraus veran staltet, von dem sich Reste vor kurzem in Papyri gefunden haben[4]

Bestätigt wird dieses Interesse durch die Tatsache, daß um 40 (vielleicht i. J. 40) n.C.[6] Philippos von Thessalonike eine zweit Sammlung herausbrachte, die er ebenfalls „Kranz" nannte und in de er Gedichte seit Meleagros aufnahm. Er selbst zählt unvollständig i seinem Prooimion[7] 13 Dichter auf[8], denen er wie sein Vorgänger eigen Produkte zufügte[9]. Dieses Werk, dessen Anordnung, wie noch er haltene Reihen zeigen[10], unstreitig nach alphabetischem Grundsat

[1] S. 81: συνέταξεν δὲ αὐτὰ κατὰ στοιχεῖον. Siehe Vorwort zu Buch IV.   [2] Da dies das damals Übliche war, zeigt auch die Tatsache, daß die Titel der Drame des Aischylos, Euripides, Plautus und Naevius sowie der Reden Ciceros ur die Sprüche des Publilius Syrus in alphabetischer Folge überliefert sind.   [3] V 133-142, VII 194-203, 264-271, 507-513, 518-522 u.a. Weitere, wenn auch ihrer Anordnung zerstörte Reihen sind V 134-215, VI 109-157, 210-226, 262-31 351-358, VII 192-203, 246-273, 406-529, 646-665, 707-740, IX 313-338, X 37-171.   [4] Oxyrhynchos-Papyri 662, Bd. IV 64 (enthält VII 163f. und 5 neu und Berliner Papyrus 10571, Berl. Klass. Texte V, 1907, 75 (enthält XII 76 IX 15, XII 106, V 152, XII 19 a. d. 1.Jh. n.C.); der letztere stammt nach Wifstra aus einem Auszug vom Meleagroskranz.   [5] So Cichorius.   [6] Neuerdings nim K. Müller (49) frühneronische Zeit, Gow (24) die 2.Hälfte des 1.Jh. n.C. an; m. IX 178; vgl. auch XI 185.   [7] IV 2.   [8] s. S.104.   [9] In der jetzigen Antholo stehen noch 85.   [10] V 104-133, VI 87-108, 227-261, VII 233-240, 364-405, 622-64

erfolgte, enthielt, der römischen Vorliebe entsprechend, weniger
Erotika (vor allem weniger Paidika) als Dichtungen gnomischen und
anekdotischen Inhalts. Der Umfang des Werkes war bedeutend kürzer
als der des Meleagroskranzes. Das tritt auch heute noch in etwa zutage, da die nachweisbaren Reste des Philipposkranzes an die 3000
Verse umfassen, während wir aus dem Meleagroskranz noch über
4000 Verse besitzen.

Wieder hundert Jahre später folgten eine oder vielleicht auch
mehrere neue Sammlungen. Um 140/50 n. C.[1] brachte der Grammatiker Diogeneianos von Herakleia am Pontos eine solche heraus,
die er Anthologion[2] nannte. Er nahm aus den Sonderausgaben der
Autoren Gedichte seit Philippos auf, ohne eigene hinzuzufügen. Es
handelt sich meist um satirische und sympotische Epigramme, wie
das Interesse der Zeit, das in der überragenden Bedeutung der Person
Martials sichtbar wird, es bedingte. Sie stehen meist im 11. Buch der
Anthologie. Die Anordnung war alphabetisch, wie im Suidas bemerkt ist[3] und wie die noch erhaltenen Reihen[4] bestätigen.

Problematisch ist die Person und die Sammlung des Rufinos.
Einige, wie Geffcken, identifizieren ihn mit Rufos, dem Verfasser
von V 284, der ins 6. Jahrhundert gehört. Richtiger wohl ist die Annahme derer (wie Weigand und Sakolowski), die ihn um 130 n. C.
setzen. Manche, wie Weißhäupl[5], Stadtmüller[6] und Radinger[7], sprechen ihm eine Sammlung zu, die in der Hauptsache aus eigenen, vorwiegend recht derben Liebesgedichten bestanden habe, die aber vermehrt gewesen sei durch Epigramme Fremder, besonders durch solche,
die er den Florilegien seiner Vorgänger entnommen habe. Dem widersprechen andere (so Boas[8]), die eine Ausgabe lediglich eigener Gedichte annehmen und die Aufnahme des Rufinos in die Anthologie
erst durch Kephalas erfolgen lassen. Auffallend, aber noch ungeklärt
ist die Tatsache, daß die Gedichte des Rufinos selbst nur im 5. Buch

---

IX 81–90, 215–312, 403–423, 541–562, X 17–25, XI 23–46 (hier in umgekehrter
Reihenfolge), 318–327 (ohne 323).

[1] Sakolowski (70).   [2] Hier taucht das heute vielgebrauchte Wort in dieser Form
zum erstenmal auf, während Anthologia im übertragenen Sinn viel später ist.   [3] s. v.
Διογενιανός.   [4] XI 388–398, 399–413, 417–436.   [5] (86).   [6] In seiner Ausgabe S.
XXVI.   [7] Rh. Mus. 57, 1903, 294.   [8] (9).

der Anthologie und dort auch nur im ersten Drittel[1] und dabei fast
überall nur in kleinen Gruppen zu zweien, dreien oder vieren auftreten.

Ebenso problematisch ist die Sammlung des um 150 tätigen S t r a t o n.
Dieser gab ein Werk unter dem Titel Musa paidiké heraus, das, wie
schon sein Titel besagt, Liebesgedichte auf Knaben enthielt und dessen
erste Gedichte XII 1 und 2 und dessen Schlußgedicht XII 258 war.
Heute liegt dieses Werk, im großen gesehen, im 12. Buch der Anthologie vor, das 258 Nummern, darunter 94 von Straton aufweist.
Strittig ist nur, ob es ursprünglich lediglich Gedichte von Stratons
eigener Muse enthielt, die erst bei der Aufnahme in unsre Anthologie
mit fremden Produkten durchsetzt wurden, oder ob Straton selbst
zu seinen Gedichten solche aus älteren Anthologien, besonders von
Meleagros und seinem Kranz, hinzugefügt hat. Die erste Annahme
stützt sich im wesentlichen darauf, daß Straton in XII 2 und 258
nur von „meinen" Gedichten spricht; die zweite fußt hauptsächlich
auf dem Scholion des Palatinus vor Buch XII, daß jetzt die Musa
paidiké des Straton folge, worin eben fremde Epigramme vorkom-
men. Wieder andere[2] glauben, daß ein späterer Herausgeber der Musa
diese noch einmal aus den Kränzen des Meleagros und Philippos
vermehrt habe.

Einig jedoch ist man sich heute darüber, daß das Jugendwerk, das
Diogenes Laërtios um 225 n. C. unter dem Titel Pammetros, d. h.
Gedichte in verschiedenen Versmaßen, herausgab und von dem sich
einzelne Epigramme in unsrer Anthologie, meist zwischen VII 85
und 133, vorfinden, nur eigne Poesie umfaßte. Diogenes hatte diese
Gedichte z. T. selbst in seinem späteren Werk „Leben und Meinun-
gen" zitiert. Da nun das Jugendwerk bald in Vergessenheit geriet,
entnahmen die byzantinischen Sammler die Gedichte seinem Haupt-
werk, so daß diese in der Anthologie oft als anonym auftreten. Auch
V 78 ff., VII 99 f., 669 f. sind, wie Weißhäupl zeigte, erst spät aus Diogenes Laërtios in die Anthologie herübergenommen worden.

Ebenso enthielt das Werk G r e g o r s   v o n   N a z i a n z (um 329–390),
das sich im 8. Buch der heutigen Anthologie darstellt, nur eigene
Dichtungen.

---

[1] Vgl. Vorwort zu Buch V.   [2] (72).

Schwieriger steht es mit Palladas (um 400). Hier handelt es sich
um zwei Fragen. Die eine: Hat Palladas nur seine eigenen Gedichte in
einer Sonderausgabe veröffentlicht, oder hat er eine Epigrammsammlung verschiedener Dichter zusammen mit seinen eigenen Erzeugnissen
veranstaltet? An das erstere glaubte schon Jacobs, und dieser Ansicht
sind heute wohl noch die meisten Forscher; doch mehren sich neuerdings abweichende Stimmen. Schon Hecker nahm unter Hinweis auf
das Lemma von VII 339 eine Sammlung verschiedener Dichter an.
Einen ganz neuen Schritt tat Franke. Er vermutete aus triftigen
Gründen, ein Späterer habe aus den Epigrammen des Palladas sowie
anderer Dichter – Lukianos, Eutolmios, Nestor von Laranda, Tiberios
Illustrios, Kaiser Julian und Kyrillos, aber auch aus Theognis, Herodot, Diogenes Laërtios, Sprichwörtern und Inschriften – eine Sammlung, die Syllogé Palladana, angelegt. Dem stimmt jetzt auch Irmscher
zu, während Bowra[1] glaubt, Palladas selbst habe vielleicht die Syllogé
Palladana herausgegeben; sie habe zunächst keine erklärenden Ein-
führungen oder Anmerkungen gehabt, doch seien diese in einer Ausgabe der späteren Zeit, allerdings dürftig und oft fehlerhaft, hinzugefügt worden. – Die zweite Frage will wissen, durch wen die Gedichte
des Palladas bzw. der fraglichen Sammlung in die Anthologie gekommen sind. Manche, so Weißhäupl, nahmen an, Agathias habe sie in
seinen Kyklos eingereiht. Andere dagegen, so Weigand und auch
Franke, glauben, erst Kephalas habe die Gedichte seinem Werke einverleibt. Eine eindeutige Klärung ist noch nicht erreicht; möglicherweise haben beide Sammler ihn ausgezogen.

Einfacher steht es wieder mit Christodoros von Koptos, der
um 500 Beschreibungen der 180 Statuen in den Zeuxippostermen zu
Konstantinopel verfaßte, die das 2. Buch der Anthologie ausmachen.

Müßig zu sagen, daß es auch in diesen Jahrhunderten gewiß noch
Florilegien aus verschiedenen Dichtern gegeben hat; doch sind sie
für uns nicht mehr klar erkennbar. Angenommen wird vor allem, daß
in dieser Zeit noch eine die Kränze des Meleagros und Philippos zu-
sammenfassende Epitome veranstaltet wurde.

Sichtbar wird erst wieder eine Sammlung des Agathias (um
536–582), die Suidas unter dem Titel Kyklos[2] zitiert, während sie in

---

[1] Byz. Ztschr. 53, 1960, 4.   [2] „Kreis"; vgl. unser „Liederzyklus".

einem Scholion zu IV 3 als Syllogé und in einem zweiten als Syn-
agogé bezeichnet wird[1]. Der unter Justinian erstehende Humanismus
veranlaßte Agathias, seine Bekannten zur Einsendung von Epigrammen aufzurufen[2], die er dann erscheinen ließ, wobei er Gedichte der
unmittelbar vorhergehenden Generation aus Sonderausgaben hinzu-
nahm. Das geschah, wie IV 3, 53–57 zeigt, nach der Eroberung Roms
durch Narses (553), wie Sakolowski glaubt, in den Jahren 558/59.
Die Anfangsgedichte des Kyklos liegen in IV 3 vor. Neu daran war
die später auch in unsrer Anthologie auftretende sachliche Einteilung[3]
in 1. Weihepigramme (Anathematika), 2. Epideiktika[4], 3. Grabepigramme (Epitymbia), 4. Ermunterungen (Protreptika), 5. Spottepigramme (Skoptika), 6. Liebesepigramme (Erotika) und 7. Trinkepi-
gramme (Sympotika)[5]. Dieses Sammelwerk erschien nach Preisendanz
bereits als Pergamentcodex.

Knappe hundert Jahre überdauerte der neue Humanismus, der
sich überhaupt nur auf eine kleine gebildete Oberschicht beschränkt
hatte, den Tod Justinians. Noch zeigten sich einige Männer von Talent, die auch das Epigramm pflegten, so Georgios Pisides (um 630),
und in dieser Zeit erlebte auch der Kyklos, der einen großen Erfolg
hatte, zahlreiche Auflagen und Ausgaben[6]. Dann aber fand unter den
anders gerichteten Interessen des jungen Christentums auch der jäh
aufgeblühte Humanismus ein ebenso jähes Ende. Erst als unter Kaiser Bardas i. J. 858 die Universität in Konstantinopel wieder ihre
Tore öffnete und Gelehrte von allen Seiten herbeiströmten, erwachte
die Freude an der Literatur der großen Vergangenheit zu neuem
Leben. Damals trieb auch die epigrammatische Kunst unter den
Händen der Nonne Kassia frische Blüten, und damals, um 890, entstand von der Hand eines unbekannten thessalischen Gelehrten in
Konstantinopel die nach dem Adressaten benannte Sylloge Euphemiana, die älteste der Spätanthologien[7].

---

[1] s. Vorwort zu IV. [2] IV 3, 23 f. [3] κατὰ εἴδη. [4] Epideiktika („worin man
sich zeigt, zur Schau stellt"), sind solche Epigramme, die nicht als Aufschriften
dienten, also „Buchepigramme"; doch sind das auch viele Weih- und Grabepigramme. Vgl. die Verspottung dieser Epigramme XI 194 und 312. [5] s. IV 3. 113–133.
[6] Er scheint übrigens noch im 12.Jahrh. existiert zu haben, wie die Nachahmung
gerade dieser Epigramme durch Eugenianos Niketas in seinem Roman von Charikles
und Drosilla zeigt; auch der Irrtum des Zonaras in IX 657 deutet darauf hin.
[7] s. S. 82.

Die Anthologie des Kephalas

Wichtiger als diese und die anderen kleinen Sammlungen ist die von dem Protopapa[1] Konstantinos Kephalas[2] vielleicht auf Anregung Kaiser Leos VI. des Philosophen kurz vor 900 in Konstantinopel hergestellte Anthologie, die zwar verloren ist, die aber durch ihre Einwirkung auf die späteren Blütenlesen und durch mehrere Scholien im Palatinus[3], vor allem durch ihre Einwirkung auf die Anthologia Palatina noch weithin rekonstruierbar ist. Kephalas fußt nicht wie Agathias auf der Gegenwart, sondern will die gesamte, jahrhundertealte Vergangenheit in seinem Werk aufschließen. Als Vorlagen dienten ihm die Epitome aus den Kränzen des Meleagros[4] und Philippos[5], die Anthologie des Diogeneianos[6], die Ausgabe des Leonidas von Alexandria, die Gedichtsammlung des Rufinos, die Musa paidiké Stratons, die Ausgaben des Theokrit, des Diogenes Laërtios, des Nikodemos und Pallades und, neben andern unbekannten Florilegien, der Kyklos des Agathias, dessen sachliche Einteilung er, wenn auch in veränderter Form[7], beibehielt. Vor der Zusammenstellung der Anthologie hatte Kephalas zudem durch Gregorios Magister von Kampsa (Makedonien), den Leiter der Schule, die mit einer von Basilios I. i. J. 876 erbauten und 881 eingeweihten Kirche verbunden war, Inschriften sammeln lassen[8], die er als Anonyma seiner Anthologie einverleibte. Nach dem⁻ Scholion S. 81 des Palatinus

---

[1] Oberster Hofgeistlicher.   [2] d.h. der Großköpfige.   [3] S. 81 zu IV 1, S. 207 zum Anfang von VII, S. 255 zu VII 334, S. 273 zu VII 428 usw.   [4] Wifstrand (88) glaubt, Kephalas habe aus dem Originalkranz Meleagers, ohne die Reihenfolge zu zerstören, geschöpft.   [5] s. S. 73.   [6] Sakolowski.

[7] Es entsprechen sich wohl [vgl. Wolters (93)] die Bücher:

1	2	3	5	6	7	bei Agathias
2	4	3	6 (?)	1		bei Kephalas
6	9	7	10	5	11	in der Palatina.

[8] Gregorios besuchte auf seiner Reise Thessalonike (VII 340), Larissa (VII 327 f.), Megara (VII 337), Korinth (VII 347), Magnesia (VII 338), Kyzikos (VII 334 f.) und Phrygien (VII 330–333).

umfaßte die Sammlung des Kephalas nur Erotika, Anathematika,
Epitymbia und Epideiktika, was den heutigen Büchern V, VI, VII,
IX entspräche. Doch glauben die meisten der modernen Forscher,
daß Kephalas' Anthologie auch die Bücher X–XII, wahrscheinlich
auch Buch IV umfaßt habe[1]. In der Anordnung der Epigramme
befolgte Kephalas eine gewisse Regel, indem er stofflich zusammen-
gehörige Gedichte nebeneinanderstellte, z. B. Weihinschriften auf
Pan[2], Grabinschriften auf Heroen, Dichter, Kinder, Tiere, Epigramme
auf das gleiche Kunstwerk[3], Spottgedichte auf alte Hetären, auf
Ärzte, Boxer usw. Doch scheint er später diese Methode als zu müh-
sam wieder aufgegeben zu haben.

Eine neue These stellte kürzlich Preisendanz in zwei Vorträgen, zu
Wien bzw. Heidelberg, auf. Nach seiner Ansicht wurde Kephalas aus
unbekannten Gründen an der Vollendung seines Werkes gehindert.
Beabsichtigt hatte er, wie Agathias, eine Epigrammsammlung in
sieben Büchern, hatte auch schon, wie später Planudes, eine Gruppierung der Gedichte im Auge. Ereignisse, die wir nicht kennen, ver-
wehrten ihm aber die endgültige Redaktion. Was er hinterließ, war
nur der Rohbau einer Sammlung, dem die nötige feinere Durcharbei-
tung und selbst die Titel noch fehlten.

Die Anthologie des Kephalas hatte einen außerordentlichen Erfolg.
Einen Maßstab für die Beliebtheit des Werkes kann man in der Tatsache finden, daß im Suidas (10. Jahrh.) von allen griechischen Texten
die meisten Zitate aus der Anthologie gebracht wurden[4]. Aber diese
war auch bestimmend für die späteren gleichgerichteten Werke. Eine
gekürzte Abschrift der Sammlung bzw. nach anderen das Bruchstück
einer Abschrift war das Buch des Michael Chartophylax, das der
Korrektor des Palatinus bis VII 432 benutzte[5]. Andere Bearbeiter
erweiterten die Anthologie des Kephalas, so der Palatinus, oder stellten eine Epitome daraus her, so Planudes.

---

[1] Zu XV vgl. das Vorwort zu diesem Buch.   [2] VI 11–16, 179–188.   [3] IX 713–742,
793–798.   [4] s. S. 85.   [5] s. S. 85, 95.

Entstehung der Anthologia Palatina

Auch der unbekannte Redaktor der Anthologia Palatina[1], die um 980 entstand, baute auf der Anthologie des Kephalas auf. Zugrunde gelegen hat ihm, wie Finsler an Hand der Schreibfehler glaubt, ein Exemplar, das in Majuskeln geschrieben war. Doch sind nach neueren Untersuchungen wohl mehrere, mindestens zwei, Archetypen anzunehmen. In der Hauptsache ist die Arbeit des Redaktors nichts anderes als eine verbesserte Neuauflage der Sammlung des Kephalas. Das trifft, wie oben gesagt, bestimmt zu für die Bücher[2] V, VI, VII, IX, wahrscheinlich auch für IV, X, XI, XII. Dabei hat der Redaktor, ohne im wesentlichen die Ordnung zu ändern, das Werk des Kephalas noch um eine größere Anzahl von Gedichten erweitert, und zwar um die Bücher I–III, VIII, XIII, XIV[3]. Buch I enthält christliche Inschriften des 4.–10. Jahrhunderts, Buch II die Verse des Christodoros von Koptos, Buch III zeitlich nicht bestimmbare Inschriften aus einem Tempel in Kyzikos, Buch VIII Epigramme aus einer Epitome der Gedichte Gregors von Nazianz; die Bücher XIII–XIV stellen einen Anhang dar teils von älteren Gedichten, die Kephalas übergangen hatte, teils von Gedichten, die jünger als Kephalas sind. Im ganzen handelt es sich um etwa 3700 Epigramme mit rund 23000 Versen.

Entstehung der Anthologia Planudea

Etwas kleiner (etwa 2400 Epigramme mit rund 15000 Versen) ist die am 1. September 1299[4] abgeschlossene Anthologia Planudea, von der wir, eine kostbare Seltenheit in unserer gesamten Literatur, das eigenhändige[5] Exemplar des Redaktors, des Mönches Maximos Pla-

---

[1] Benannt nach ihrem Aufbewahrungsort, der Bibliotheca Palatina in Heidelberg (P 23). [2] Die Bezifferung der Bücher ist modern. [3] Doch vgl. Vorwort zu XIII und XIV. [4] So P. Maas (Gr. Paläogr. in Gercke-Norden: Einl. i. d. Alt. Bd. 1 H. 9, 1924, 74). Zanetti, Treu und Mewaldt hatten Planudes' Jahresangabe (ἰνδικτιῶνος ιγ'. Abbild. bei Kugéas) in 1302, Radinger (Rh. Mus. 57, 1903, 303) und Kugéas (Byz. Ztschr. 16, 1907, 608) in 1301 ausgerechnet. [5] Ursprünglich glaubte Preisendanz (Wendel) f. 16ʳ 5–f. 19ʳ und 20ʳ–23ᵛ seien von einer anderen Hand geschrieben. Young dagegen sprach kürzlich auch diese Seiten Planudes zu; ihm schließt sich Preisendanz jetzt an.

nudes in Konstantinopel, des „letzten Griechen" (1255–1305)[1],
besitzen: den Marcianus 481 in Venedig.

Eine kurze Beschreibung des Autographons wird von Interesse
sein[2].

Die Handschrift besteht aus Quaternionen von ursprünglich insgesamt 137 Blättern, von denen jedoch 14, nämlich die letzten 5 Blätter vom Quaternio 10, der ganze Quaternio 11 und das erste Blatt des
Quaternios 12, ausgeschnitten sind. Es handelt sich um Pergament-
blätter, denen 2 Papierblätter vorgeheftet sind; ihre Durchschnitts-
größe beträgt 27 : 21 cm. Die Folionumerierung, beginnend mit dem
zweiten Papierblatt, wurde wahrscheinlich erst im 18. Jahrhundert
ohne Berücksichtigung der herausgeschnittenen Teile vorgenommen,
während die Buchnumerierung noch von Planudes selbst stammt.
Jede Seite umfaßt 36 Zeilen, die in zwei Spalten derart geschrieben
sind, daß links der Hexameter, rechts der Pentameter steht. Die
Schrift ist in Minuskeln gehalten, nur die Anfänge der Epigramme
sind durch rote Majuskeln gekennzeichnet. Die Handschrift kam 1469[3]
durch das Vermächtnis des Kardinals Bessarion an die Marciana; der
jetzige Ledereinband datiert aus dem Jahre 1728. Die Innenseite des
Deckels und das Rekto des ersten Papierblattes tragen Katalog-
angaben. Das zweite Papierblatt (f. 1^{rv}) enthält Alphabetübungen und
Inschriften[4]. Ab f. 2^r (erstes Pergamentblatt)[5] folgt der Text der
Anthologia Planudea.

Die Einteilung ist die sachliche: 1. Epideiktika, 2. Sympotika und
Skoptika, 3. Epitymbia, 4. Beschreibungen, 5. Christodoros von
Koptos, 6. Anathematika, 7. Erotika. Aber jedes Buch (außer 5 und 7)
ist in sich wieder in einzelne Gruppen untergeteilt[6], die alphabetisch

---

[1] A. Turyn: Byz. trad. of Eurip., Urbana 1957, 33 A.   [2] Zum Folgenden vgl.
Preisendanz (59); C. Wendel: Planudea (Byz. Ztschr. 40, 1940, 406) und Planudes
(RE 20², 1950, 2236); D. C. C. Young in Scriptorium 7, 1953, 3 und Parola del
Pass. 10, 1955, 197; C. Gallavotti: Planudea I (Bollett. Accad. Nazion. dei Lincei,
nuova ser. 7, 1959, 25) und Planudea II (ib. 8, 1960, 11).   [3] Gallavotti Plan. I
S. 36.   [4] CIL IX 5894, CIG 2584, 2574, 2581f., 3555 (= AG VII 15).   [5] Der Anfang
(f. 2^r) lautet: Ἀνθολογία διαφόρων ἐπιγραμμάτων ἀρχαίοις συντεθειμένων σοφοῖς
ἐπὶ διαφόροις ὑποθέσεσιν ἑρμηνείας ἐχόντων ἐπίδειξιν καὶ πραγμάτων ἢ γενομένων
ἢ ὡς γενομένων ἀφήγησιν. Ähnlich der Palatinus (s. Vorwort zu Buch IX).
[6] Buch I in 91, II in 53, III in 32, IV in 36, VI in 27.

geordnet sind[1]. Dabei hat Planudes nach Abschluß des Werkes die vier
ersten Bücher noch einmal aus einer anderen Vorlage, wie er selbst
in einer Vorbemerkung[2] sagt, ergänzt, so daß in seiner eigenen Handschrift die Reihenfolge der Bücher ist: I a (f. 2^r–21^r), II a (f. 21^v–29^v),
III a (f. 30^r–43^r), IV a (f. 43^r–58^v), V (f. 58^v–61^v), VI (f. 61^v–68^v),
VII (f. 68^v–76^r), I b (f. 81^v–86^v), II b (f. 87^r–90^r), III b (f. 90^r–96^v),
IV b (f. 97^r–100^r). Seinen in der Notiz an zukünftige Bearbeiter
gerichteten Wunsch, die beiden Teile zu verschmelzen, erfüllte als
erster[3] Joh. Laskaris, als er im jetzigen Vat. 63 die Planudea-Samm-
lung des Marcianus abschrieb[4], darauf Mich. Apostolios in seinem
um 1470 aus dem Vat. 63 abgeschriebenen[5] codex Par. 2739, und
diesen folgten dann die späteren Druckausgaben, in denen also die
Ordnung I a + b, II a + b, III a + b usw. herrscht.

In der Lücke nach 76^r bis 81^v stand, wie Young nachwies, zunächst
auf den oben erwähnten herausgeschnittenen Blättern ursprünglich
der Text der Theognidea. Es folgen f. 77^r–80^r Monosticha Menandri,
f. 80^v–81^v die Gedichte Cougny IV 75, VII 2, III 147, 146, IV 47;
f. 81^v unten steht Planudes' eben zitierte Vorbemerkung für die Nach-
träge zu den vier ersten Büchern, also zu I b–IV b, die sich von der
nächsten Seite ab anschließen. Am Ende bringt die Handschrift auf
f. 100^v–122^v Nonnos' Paraphrase des Johannesevangeliums[6] und
f. 123^{rv} Übersichten über Plutarch und noch einige Epigramme.

---

[1] z. B. Buch VII: εἰς ἀγαθοὺς ἄνδρας, εἰς ἀγωνιστάς, ... εἰς βρέφη, εἰς γέροντας, εἰς
γυναῖκας, εἰς δούλους usw. Dazu bemerkt Planudes f. 2^r am oberen Rand: Ἰστέον,
ὡς ἐν τοῖς ἔχουσι κεφάλαια τμήμασι κατ' ἀλφάβητον ταῦτα ἐκτέθειται ἡμῶν πρὸς
τοῦτο φιλοπονησάντων· χύδην γὰρ ἦσαν· καὶ ῥαδία ἐντεῦθεν τῷ ζητοῦντι ἡ
τούτων εὕρεσις. Am unteren Rand wiederholt er den ersten Satz und fährt dann
fort: χύδην γὰρ ἦν καὶ ἀναμὶξ ἅπαντα ἐν τῷ ἀντιγράφῳ, κἀντεῦθεν οὐ ῥαδία
τῷ ζητοῦντι ἡ ἑκάστου τῶν κεφαλαίων εὕρεσις ἦν, νῦν δὲ ῥαδία τῇ τάξει τῶν στοι-
χείων ἐφεπομένη (sic; errat Stadtm. I p. XI).   [2] ὅμοια τοῖς ἐν τῷ πρώτῳ τμήματι,
μετὰ τὸ γραφῆναι ἐκεῖνα ἐξ ἑτέρου βιβλίου συναθροισθέντα κατὰ κεφάλαια, ὀφεί-
λοντα δὲ σὺν ἐκείνοις γράφεσθαι, ἕκαστον κεφάλαιον σὺν τῷ ἁρμόζοντι κεφαλαίῳ.
[3] Gallavotti setzt eine solche Handschrift schon für die Zeit kurz nach 1300 voraus.
[4] Young Script.; Kopien der Planudea von der Hand des Laskaris sind noch
Barb. 123 (Gall. Plan. I S. 35) und Laur. 31, 28 v. J. 1466 (Gall. Plan. II S. 19 A.).
[5] Young Script.   [6] Auf f. 122^v steht noch ein Scholion, das speziell die Paraphrase
des Nonnos im Auge hat, darüber hinaus aber auch den Gesamtinhalt des Codex
berücksichtigt: Ἰστέον δέ, ὅτι ἀιεὶ πρόσεστι τοῖς φιλομαθέσι ποθεινὸν καὶ ἐράσμιον

Vergleicht man die Palatina mit der Planudea, so scheint es zunächst, als hätte Planudes die Anthologie des Kephalas stärker aus-
gebeutet als der Redaktor der Palatina, da er ein Plus von 388 Gedichten bringt, die unseren Anthologieausgaben angehängt und als
Appendix Planudea oder als Buch XVI zitiert werden. Doch
glaubt man, daß zum mindesten ein Teil dieser Gedichte auch in
der Palatina gestanden habe[1]. Andererseits ließ Planudes aber auch
eine Menge von Gedichten, die in seinen Vorlagen standen, weg. Die
Gründe hierfür waren verschieden. Zum Teil handelt es sich um
Gedichte, die verderbt überliefert waren, so daß ihr Sinn nicht mehr
klar erkennbar war. Zuweilen überging er auch Epigramme, deren
Motiv allzu häufig wiederholt war, wobei er, der Zeit nachgebend,
Stücke mit stark rhetorischem Einschlag gegenüber solchen mit
schlichtem Ausdruck bevorzugte. Zumeist aber liegt der Grund in
seinem sittlichen Empfinden, das vor allzu Derbem zurückschrak[2].
So ist es auch zu verstehen, daß er einzelne Epigramme zwar aufnahm,
sie aber plötzlich abbrach oder nach eigenem Gutdünken ins Dezente
abänderte, wobei ihm des öfteren metrische Schnitzer unterliefen;
manchmal aber hat er auch ganz Harmloses, das er mißverstand,
unterdrückt, bisweilen umgekehrt sehr Bedenkliches, das er gleichfalls
nicht verstand, achtlos stehen lassen.

Im allgemeinen machte Planudes es sich keineswegs leicht. Oft ließ
er, wenn eine Lesart ihm verdächtig erschien, das Wort mit einer
Lücke weg, setzte wohl auch ein Merkzeichen an den Rand und füllte
die Lücke später aus. Das geschah, wie die andersfarbige Tinte zeigt,
bisweilen längere Zeit hinterher. Dann, nach Gallavotti[3] in den Jahren
1301–1302, sah er den gesamten Text noch einmal durch und nahm
mannigfache Korrekturen darin vor. Sicherlich hat er dabei mitunter

---

ἡ τῶν Ἑλληνικῶν συγγραμμάτων ἀνάγνωσις καὶ μάλιστα ἡ τῶν Ὁμηρικῶν διὰ τὸ
εὐφραδὲς καὶ ποικίλον τῶν λέξεων· οὗ ἕνεκεν καὶ ἡ παροῦσα μετάφρασις ἐμμέτρως
ἐν ἡρωικοῖς ἐγεγράφει στίχοις πρὸς τέρψιν τοῖς φιλομαθέσι καὶ φιλολόγοις· καὶ
παρά τισι μὲν λέγεται εἶναι ἡ μεταβολὴ Ἀμμωνίου Ἀλεξανδρέως φιλοσόφου,
παρ' ἄλλοις δὲ Νόν(ν)ου ποιητοῦ τοῦ Πανοπολίτου.

[1] Vgl. dazu Vorwort zu Buch IX.   [2] Er nahm, wie er selbst zu V 1 bemerkt,
nur auf, ὅσα μὴ πρὸς τὸ ἀσεμνότερον καὶ αἰσχρότερον ἀποκλίνεται (vgl. Vorwort
zu Buch V).   [3] Plan. I S. 30 Anm. 10.

andere Handschriften zu Rate gezogen, so daß wir es in diesem Fall
mit echten Lesarten zu tun haben. Öfter aber scheint er sich bei solchen Änderungen auf persönliche Überlegungen verlassen zu haben;
dann aber (und das dürfte für die Mehrzahl der Fälle zutreffen) haben
seine Schreibungen lediglich den Wert von Konjekturen, wenn auch
denjenigen eines griechischen Humanisten. Aber so eifrig und beflissen
er sich bei der Textkonstituierung zeigte, ebenso sorglos und fast
leichtfertig war er bei der Einsetzung der Dichternamen[1], falls er nicht
vorzog, sie überhaupt beiseite zu lassen. Zweifellos besaß Planudes
ein großes und echtes humanistisches Interesse sowohl am Herbei-
schaffen des handschriftlichen Materials wie an der textkritischen
Bearbeitung des Vorgefundenen, doch wandte sich dieser Drang in der
Hauptsache dem Stofflichen, der Dichtung, zu, während die Person
des Dichters für Planudes nur von untergeordneter Bedeutung war.
Das ist die gleiche Einstellung, die wir in dieser Zeit auch sonst finden:
die Sylloge S und die zwei kleinen Sammlungen im Laur. 32,16 bringen ihre Epigramme ohne Angabe auch nur eines einzigen Autors. Im
Widerspruch zu diesem mangelnden Interesse am Dichter scheint eine
von Gow beobachtete Tatsache zu stehen. Wie oben berichtet, hat
Planudes die einzelnen Bücher seiner Sammlung in eine Menge von
Gruppen und Grüppchen untergeteilt, mit Ausnahme von Buch 5 und 7
(= Buch II und V der Palatina). Das erstere konnte, da der Dichter
die Statuen in einer fortlaufenden Erzählung beschrieben hatte, nicht
umgeordnet werden. Im letzteren dagegen nahm Planudes wieder eine
Umstellung vor. Doch herrscht bei ihm, trotz des Wegfalls der thema-
tischen Gruppen, keineswegs eine Regellosigkeit vor, vielmehr findet
sich auch hier ein, allerdings nicht streng systematisch durchgeführtes
Ordnungsprinzip, da die verschiedenen Sektionen überraschender-
weise nach Autoren gebildet sind, wobei die zahlreichen Anonyma im
letzten Abschnitt auftreten[2]. Doch wäre es verfehlt, daraus auf ein
literarhistorisches Interesse des Planudes schließen zu wollen: auch

---

[1] Gow (24) S. 39f.   [2] Berücksichtigt man nur die großen Reihen, so stammen in
Buch 7 der Planudea (vgl. die Übersicht am Ende von Band 4) nach der Ansicht
des Redaktors die Epigramme Nr. 1–24 von Meleagros (außer 3, 12, 14, 19, 22),
39–59 von Paulos Silentiarios, 65–80 von Agathias (außer 77), 86–101 von Philodemos, 103–115 wieder von Meleagros, 124–151 von Rufinos, 174–210 von unbekannten Dichtern (außer 185).

die Anordnung nach Dichtern entsprang, wie bei den übrigen Büchern, lediglich dem Bestreben des Redaktors, dadurch das leichtere Auffinden eines gesuchten Epigramms zu gewährleisten.

Daß Planudes bei der Zusammenstellung seiner Sammlung auf einer zeitlich vor Kephalas liegenden Anthologie fußt (so Schmidt), wird heute nicht mehr geglaubt. Nach seinen eigenen Worten standen ihm zwei Vorlagen zur Verfügung. Die erste war zweifellos eine gekürzte Ausgabe des Kephalas[1]. Über die zweite besteht noch keine Einigkeit. Jacobs hatte vermutet, Planudes habe die jetzt in Heidelberg befindliche Handschrift benutzt. Spätere (wie Basson und noch Wifstrand, Waltz und Wendel) lehnten diesen Gedanken ab, da die Lesarten des Planudes zu häufig von denen des Palatinus abwichen und mehr mit denen des Palatinus vor der Überarbeitung durch den Korrektor übereinstimmten. Diesen schließen sich jetzt Preisendanz[2], Gow[3] und Gallavotti an. Tatsächlich kann auch, worauf Wendel[4] selbst hinweist, nicht geleugnet werden, daß die zweite Vorlage des Planudes, der auffallenderweise in seinem Marcianus 17 und im Laurentianus 32, 16 (s. S. 84) 25, im ganzen also 42 verschiedene Epigramme aus dem 14. und 15. Buch des Palatinus bringt, zum mindesten eine ähnliche Appendix wie der Palatinus selbst enthalten hat.

Planudes' Anthologie war in der Folgezeit außerordentlich beliebt und wurde viel gelesen. So kam es, daß sie im 14. und 15. Jahrhundert auch mit Scholien versehen wurde, die am besten im Ambr. 333 (F 30 sup.) überliefert und (weniger gut) in der Ausgabe von Wechel (s. S. 88) gedruckt sind.

Die kleineren Sammlungen

Neben den beiden großen Anthologien existieren noch einige kleinere, z. T. schon erwähnte Sammlungen, die hier kurz aufgeführt seien.

1. Die Sylloge Euphemiana (E), entstanden um 890 (s. S. 74), enthält 82 Epigramme, meist Epideiktika, fast alle auch in Palatina

---

[1] s. S. 76. [2] Deutsche Lit.-Ztg. 80, 1959, 2. [3] (24) 50f. [4] Wendel (Byz. Ztschr. 40, 1940, 425) sieht in der 2. Vorlage das Anthologieexemplar des Theodoros Xanthopulos.

und Planudea. Sie wird aus älteren großen Sammlungen gespeist. Einige neue Stücke. Erhalten in 3 Handschriften des 15. Jahrhunderts: Parisinus 1773 (E^P), Florentinus 57, 29 (E^F), Parisinus 2720 (E^R). Kritischer Wert nicht allzu groß. Hrsg. v. F. W. Schneidewin: Progymnasmata in Anthologiam Graecam, Göttingen 1855.

2. Die Sylloge Crameriana (S), erhalten im Parisinus Suppl. Gr. 352 (13. Jh.). 114 Epigramme, meist Epideiktika und Paidika, von denen 23 nicht in Palatina und Planudea enthalten sind. Der Autorenname fehlt bei allen Gedichten. Veröffentlicht von J. A. Cramer: Anecdota Parisina IV (1841) 265 ff. Die Sammlung floß aus einer guten Bearbeitung des Kephalaswerks.

3. Sylloge B, erhalten im Parisinus 1630 (14. Jh.). 53 Epigramme, von denen 9 nicht in S stehen. Mit S verwandt, doch keine Abschrift. Hrsg. v. Dilthey (s. S. 110 Nr. 14).

4. Sylloge Σ: 121 Epigramme, meist Epideiktika und Epitymbia, von denen 2 neu sind. Entstanden im 13. oder 14. Jh.; erhalten vor der Euphemiana, und zwar im Florentinus 57, 29 (Σ^F) und Parisinus 1773 (Σ^P). Beide geschrieben von Bartolomeo Comparini de Prato Ende des 15. Jahrhunderts[1].

5. Sylloge Σ^{II}: Entstanden nach C. B. Hase und Preisendanz im 13. Jahrhundert, während Gallavotti eher nachplanudeische Zeit annehmen möchte; aufgezeichnet im Palatinus (s. S. 93). 34 Epigramme, davon 4 neu. Vgl. Preisendanz (58) p. XXIII.

6. Appendix Barberino-Vaticana (App. B-V): Entstanden im 15. Jahrhundert offenbar zur Vervollständigung der Anthologia Planudea; erhalten in zwei Handschriften: Barberinus Gr. I 123 (App.^{M}), geschrieben nach G. Mercati und C. Gallavotti von Joh. Laskaris, und Vaticanus Gr. 240 (App.^{V}). Sie umfaßt 54 Liebesepigramme, von denen zwei neu sind. Die Sammlung, kritisch unbedeutend, floß wohl aus der Anth. Palatina[2]. Veröffentlicht von L. Sternbach: Anthologiae Planudeae appendix Barberino-Vaticana, Lps. 1890.

7. Matritensis XXIV ist ein von Konstantin Laskaris (s. S. 88) verfertigter Auszug aus der Planudea u. a. Handschriften; hrsg. von

---

[1] Vgl. Stadtmüller: N. Jbb. f. Phil. 134, 1889, 769 ff.   [2] Stadtmüller: Berl. phil. Woch. 10, 1391 f.

Juan de Iriarte in Regiae Bibliothecae Madrilensis codices Graeci p. 89.

8. **Laurentianus** 32, 16 enthält in zwei Gruppen (f. 3^r–6^v, 381^v–384^r) 105 + 62 Epigramme, ein Gemisch aus den Büchern V–XI, XIV–XVI des Palatinus, geschrieben 1280–1283. Für jede Gruppe nimmt Gallavotti einen besonderen Schreiber an, dessen Arbeit Planudes hinterher leicht vermehrt und stark durchkorrigiert habe. Preisendanz dagegen glaubt, daß Planudes selbst die beiden Gruppen, Text wie Korrekturen, allerdings zu verschiedenen Zeiten, mit verschiedenen Tinten, Federn usw. geschrieben habe. Die Handschrift erwarb Franciscus Philelphus 1423 von der Witwe des Joh. Chrysoloras in Byzanz. Die Sammlung geht, wie die Reihenfolge der Epigramme eindeutig beweist, auf die Anth. Palatina zurück, doch fehlen überall in ihr die Dichternamen. Die z. T. sehr beachtenswerten Lesarten, deren Herkunft unbekannt ist, die aber schwerlich bloße Konjekturen darstellen, wurden 1961 von Preisendanz exzerpiert und jetzt hier eingearbeitet. Ein Auszug aus dieser Sammlung mit 22 Epigrammen findet sich im Barb. 4 (um 1300). Vgl. A. Chiari in Pubblic. Univ. Cattol., ser. 4, vol. 7 (1920) 568; C. Wendel Byz. Ztschr. 40 (1940) 418; C. Gallavotti Plan. I (s. o. S. 78) S. 37 ff.[1].

9. **Sylloge Vaticana**, mehr oder weniger vollständig erhalten in sehr verschiedenen Handschriften: Vat. 18, 20, 87, 98, 100, 123, 926, 1404; Vat. Urb. 152; Ambros. 295; Laur. 55, 7; Marc. 11, 1 (nach Mioni und Gallavotti entgegen bisheriger Ansicht nicht von Planudes' Hand, doch aus seiner Schule); Par. 2562; Par. Coisl. 341 u. a., sämtlich aus dem 14.–15. Jahrhundert. Ältester Codex Vat. 20 und Laur. 55, 7. Die Sammlung enthält (außer Cougny 4, 75) 75 mit kommentierenden Anmerkungen versehene Epigramme, meist Epideiktika. Sie wurden aus dem Marcianus 481 (bzw. einer von Gallavotti vermuteten, die Teile a und b des Marcianus schon verschmelzenden Abschrift, s. S. 79 Anm. 3) abgeschrieben und sind ein Auszug aus Planudes' Buch I (außer XI 79, das aus dessen Buch II stammt). Lesarten größtenteils unbekannt, auch kaum bedeutend. Vgl. Gallavotti Plan. II (s. o. S. 78) S. 11.

---

[1] Hier lies S. 46 Z. 3 ,291 vv. 5–6'; Z. 4 ,X 37, 38, 40, 41'; Z. 20 ,362' statt ,361 (bis)'.

Sonstige Überlieferungen

Von Bedeutung sind auch diejenigen Überlieferungen, die uns außerhalb der großen und kleinen Sammlungen überkommen sind. Hierhin gehört eine Anzahl Epigramme, die sich bei antiken Autoren als Zitate finden. Unter diesen stehen Diogenes Laërtios, Plutarch, Herodot und Athenaios an erster Stelle[1]. Ab und zu führen auch die Scholien zu Homer, Pindar, Theokrit usw. einzelne Epigramme an.

Die Papyri liefern knapp 20 Epigramme, die sich in unserer Anthologie wiederfinden, so V 152, VII 163 f., IX 15, 357, 588, 743, XII 19, 76 ff., 106, 149, XIII 7, XIV 100, XVI 119.

Weitere sind vollständig oder verstümmelt durch Inschriften erhalten, z. B. I 92, VI 13, 138, 144, 343, VII 3, 6, 15, 245, 254, 553, 593, IX 75, 448, 610, 682, 704, X 43, 58, 87, 111, XI 8, 38, 193, XII 118, XIII 13, 16, XIV 113, XV 11, XVI 340.

Im Suidas (10. Jh.) werden 430 Epigramme unserer Anthologie zitiert, einzelne sogar mehrfach, z. B. VII 218 zwölfmal, VI 165 elfmal usw. Seine Lesarten stimmen durchweg mit denen des Palatinus vor der Tätigkeit des Korrektors überein; doch hat der Palatinus ihm kaum vorgelegen, da von den zitierten Epigrammen 419 sich auf die Bücher V–VII 259 verteilen und nur 2–3 in den ersten, ein Dutzend etwa in den späteren Büchern auftreten. Man vermutet daher, daß ihm eine gekürzte Ausgabe, ähnlich der des Michael Chartophylax (s. S. 76) vorlag.

Ohne Wert ist das Lexikon des Zonaras (um 1100), da dieser ganz aus Suidas schöpft.

Ausgaben der Anthologia Planudea

Entscheidend für das Bekanntwerden der Anthologia Planudea war die Arbeit des gelehrten Johannes (Janos) Laskaris (um 1445–1535). Dieser, in Rhyndakos (Kleinasien) als Nachkomme eines alten Kaiser-

---

[1] Vgl. Preger (S. 106).

und Gelehrtengeschlechtes geboren, hatte nach der Eroberung Kon-
stantinopels durch die Türken seine Heimat verlassen und war nach
Italien geflüchtet, wo er in Padua Schüler des Demetrios Chalkondylas war und später in Florenz am Hofe Lorenzos de' Medici lebte.
Dieser schickte ihn zum Einkauf von Handschriften nach der Levante.
Tatsächlich brachte Laskaris auch von dort, besonders aber vom
Kloster Athos, eine Menge von Handschriften mit. Nach seiner Rückkehr ließ er dann die Planudea zum erstenmal im Druck erscheinen:
Anthologia epigrammatum Graecorum, cura Joannis Lascaris. Im-
pressum Florentiae per Laurentium Francisci de Alopa Venetum III.
idus Augusti 1494. Hinzugefügt war ein Epigramm Laskaris' sowie
ein Widmungsbrief[1] an Piero de' Medici, den Nachfolger Lorenzos.
Wenn in einigen Exemplaren Epigramm, Brief und Datum fehlen,
so deshalb, weil im September des gleichen Jahres Karl VIII. von
Frankreich in Italien einmarschierte und Piero stürzte und verbannte.
Daher ließ Laskaris diese Zutaten aus den noch nicht verkauften
Büchern wieder entfernen.

Merkwürdigerweise stimmt aber diese Editio princeps keineswegs
mit dem Marcianus völlig überein. Es sind nicht nur in der Anordnung
der Gedichte[2], sondern auch in der Textgestaltung gewisse Unterschiede vorhanden, die den Marcianus als direkte Quelle ausschließen.
Auf welche Vorlage Laskaris sich bei der Ausgabe stützte, steht dahin.
G. Pesenti[3] glaubt, im Vat. Gr. 1373, der Bruchstücke der Planudea
enthält, einen Vermittler der Vorlage gefunden zu haben.

Abschriften der Planudea waren allerdings schon früh im 15. Jahrhundert in Italien verbreitet. Die wichtigsten sind der Laurentianus
31, 28, geschrieben von Demetrios Chalkondylas (s. o.), durchgesehen
und korrigiert 1466 von Joh. Laurentii; ferner der Ambrosianus
A 161 Suppl. (15. Jh.), der Ambrosianus F 30 Suppl. (15. Jh.) und
der Vaticanus 1372 (16. Jh.). Doch haben diese gegenüber dem Marcianus naturgemäß geringere Bedeutung. – Eine Sonderstellung
nimmt die im Codex Brit. Mus. Add. 16409 überlieferte Abschrift
ein, deren Schreibungen jetzt auch auf den Marcianus ein gewisses
neues Licht werfen. Wie oben gesagt, hat Planudes in den Jahren

---

[1] Beide auch abgedruckt bei Bandini Catal. cod. Graec. Bibl. Laur. 2, 106.
[2] s. S. 79.   [3] Bollettino di filol. class. 26, 1920, 32.

1301–1302 sein Autograph noch einmal durchgesehen und hier und da Änderungen vorgenommen. Der genannte Londoner Codex sei nun, meint Young[1], nicht nur eine direkte, durch keine Zwischenglieder getrennte Kopie des Marcianus, sondern gebe auch dessen ursprüngliche, noch nicht geänderte Lesarten wieder, müsse also i.J. 1300 geschrieben sein. Die von mir durchgeführte Kollationierung des Londoner Codex ergab insofern eine Bestätigung dieser Entdeckung, als die Londoner Kopie tatsächlich die noch nicht korrigierten Lesarten des Marcianus wiedergibt[2], also auf dessen Status vom Jahre 1300 zurückgeht. Sie brachte auch mehrere andere Ergebnisse. Aufgenommen in den laufenden Text der Handschrift sind nämlich auch diejenigen Verbesserungen im Marcianus, die Stadtmüller einer manus recens zuschreibt[3]; sie können also keineswegs einer manus recens gehören, sondern müssen vor Planudes' letzten Korrekturen im Marcianus eingetragen sein, stammen also entweder (was das Wahrscheinlichere ist) von Planudes selbst her oder wurden mit seiner Einwilligung von einem anderen in seiner Handschrift angebracht. Im Unterschied von Stadtmüller bezeichne ich daher diesen Schreiber (mit Vorbehalt) als manus altera (man. ²). Daneben ist allerdings tatsächlich im Autograph des Planudes noch eine jüngere Hand anzunehmen, da deren im Marcianus gemachten Änderungen im Londoner Codex keine Berücksichtigung gefunden haben[4]. In sehr zahlreichen Fällen (mehrere hundertmal) weichen überdies die Schreibungen der Londoner Kopie von denen des Marcianus ab[5]. Das kann kaum durch die Annahme einer Vielfalt von sonstigem Vorlage-Material erklärt werden, sondern weit eher durch die Voraussetzung, daß der Londoner Codex, entgegen der Ansicht Youngs, sich nicht direkt aus dem Marcianus ableitet, sondern auf eine Kopie zurückgeht, die, i.J. 1300 vom Marcianus angefertigt, erst durch verschiedene Zwischenglieder der Londoner Abschrift vermittelt wurde. Die Frage steht noch offen.

Alle diese Abschriften stimmen jedoch weder mit dem Marcianus noch mit der Editio princeps völlig überein, stehen aber der letzteren

---

[1] Par. del Pass. 10, 1955, 197.   [2] Die Handschrift hat z. B. V 36, 1 εὐθύς, V 192, 1 γυμνὴν, V 268, 5 ἐνέξεται. VI 71, 4 Ἀναξαγόρα usw.   [3] z. B. VI 19, 1 Κυθέρεια, VII 229, 6 καὶ, VII 319, 1 δεινέ, VII 447, 1 τάφος supra στίχος usw.   [4] So XVI 126 (Lemma); 147, 5; 195, 2; 301, 2 usw.   [5] z. B. VII 368, 1 ἐμοὶ, VII 547, 3 παρθενικῷ, IX 1, 2 οἰδούσης, IX 182, 3 δίδαξον usw.

relativ nahe, jedenfalls näher als dem Autograph des Planudes.

Ort und Zeit des Erstdrucks waren sehr günstig. In einzelnen Bezirken Süditaliens, besonders in Kalabrien, war damals (wie übrigens auch heute noch in den Schluchten des Aspromonte bei Reggio) das Griechische lebendig geblieben. Seit Petrarca und Boccaccio, also seit etwa 150 Jahren, war in Italien auch das Interesse an der griechischen Sprache und Literatur neu erwacht. Vor hundert Jahren war in Florenz der Grieche Emmanuel Chrysoloras Lehrer in seiner Sprache geworden. Vor kurzem erst, i. J. 1476, hatte Konstantin Laskaris (1434–1501), ein Bruder (?) des Johannes, zu Mailand eine griechische Grammatik, die erste gedruckte, erscheinen lassen. Fünf Jahre vorher war die Editio princeps der Epigramme Martials erschienen. In Florenz hatte Lorenzo de' Medici (gest. 1492) die Kunst stark gefördert. Er hatte Dichter und Gelehrte an seinen Hof gezogen, hatte Platon und Plotin ins Lateinische übersetzen lassen, hatte die sog. Platonische Akademie gegründet und war selbst erfolgreich auf manchen Gebieten als Dichter aufgetreten. Es war die Zeit, in der Pontano, Ariost, Bembo, Michelangelo, um nur einige zu nennen, lebten.

Kein Wunder, daß die Veröffentlichung überall höchstes Interesse erregte. Schon bald erschien eine Neuauflage unter dem Titel Florilegium[1] diversorum epigrammatum in septem libris, Graece. Venetiis in aedibus Aldi 1503. Die folgenden tragen sämtlich den gleichen Titel: die von 1519 (Florenz bei Junta), 1521 (2. Aldina), 1531 (Paris bei Ascensius), 1549 (von Johannes Brodaeus in Basel), 1550 (bei Johannes und Petrus Nicolini in Venedig), 1551 (3. Aldina), 1566 (von Henricus Stephanus in Paris). Die Ausgaben von Brodaeus, dem besten der älteren Kommentatoren, und von Stephanus, der den Text allerdings zu willkürlich gestaltete, brachten noch kritische und erklärende Anmerkungen, die von Brodaeus auch zahlreiche teils alte teils jüngere Scholien von verschiedener Bedeutung. Auf der Ausgabe von Stephanus fußte die nächste: Epigrammatum Graecorum libri VII, Graece, annotationibus Joannis Brodaei Turonensis necnon Vinc. Opsopoei etc. illustrati. Accedunt annotationes Henrici Stephani, Francofurti apud Andreae Wecheli heredes 1600.

---

[1] Hier ist dieses Wort (wohl von Aldus Manutius gebildet) zum erstenmal belegt.

Diese Ausgabe blieb für die folgenden zwei Jahrhunderte die fast allein herrschende. Die Ausgaben seit 1503 gründen sich sämtlich auf der Editio princeps, wenn auch hier und da eine neue Konjektur oder ein neues Gedicht hinzugefügt ist[1].

Auszüge aus der Planudea waren schon früh erschienen, so von J. Oecolampadius (1521), J. Soter (Epigr. Graeca veterum elegantissima 1525), Cornarius (Selecta Epigr. 1529), H. Stephanus (1570) u.a., später auch von Th. Johnson (1706).

Die erste lateinische Übersetzung lieferte Paul Manutius (gest. 1574), die, noch unveröffentlicht, in Venedig aufbewahrt wird[2]. Eine griechische Ausgabe mit lateinischer Prosaübersetzung brachte das 1603/04 in dreimaligem Druck zu Heidelberg erschienene, heute sehr seltene Florilegium ... interprete Eilhardo Lubino, in bibliopolio Commeliniano. Im Jahre 1630/31 fertigte Hugo Grotius[3] eine glänzende und vielgerühmte lateinische Übersetzung der Planudea an, doch wurde diese, zusammen mit dem Urtext, erst viel später publiziert: Anthologia Graeca cum versione Hugonis Grotii, ab Hieronymo de Bosch edita, Ultraiecti 1795–1822, Band 1–5 (Bd. 5 nach de Boschs Tod von J. van Lennep). Dies die letzte Planudea-Ausgabe. Inzwischen hatten zahlreiche Humanisten einzelne Gedichte ins Lateinische übersetzt. Ich nenne nur Othenar Luscinius (Nachtigall): Ioci ac sales mire festivi, 1524, und Epigrammatum Graec. veterum centuriae duae Latinitate donatae, Straßb. 1529, Andrea Alciati: Epigrammata selecta ex anthologia Latine versa, Basel 1529, sowie Joh. Lauterbach: Epigrammatum libri VI, 1562. Bedeutsam war die Sammlung von H. Megiser: Anthologia seu Florilegium Graecolatinum, Frankf. 1602; einen unberechtigten Nachdruck davon besorgte Porsius: Omnium horarum opsonia, Frankf. 1614. Andreas Rivinus (Bachmann) brachte in seiner Sammlung: Florilegium Graecolat., Gotha 1651 schon 331 Übersetzer bei; zwei weitere Bände von ihm liegen noch unediert in der Leipziger Universitätsbibliothek[4]. Fabricius zählt in der Bibliotheca Graeca III im ganzen 701 Übersetzer und Nachahmer der Anthologie auf.

---

[1] Gallavotti glaubt, daß die 1. Aldina v. J. 1503 auf ein von Planudes noch nicht korrigiertes Apographon zurückgehe.   [2] Preisendanz: Woch. f. kl. Phil. 1916, 1077.   [3] Vgl. S. 101. Grotius hatte auch eine textkritische Ausgabe der Planudea fertiggestellt; sie ist verschollen (Dübner Bd. 1 p. XX, Kol. 2).   [4] Dübner Bd. 1 p. XX, Kol. 2, Anm. 1.

Der Codex Palatinus 23

Um 1600 taucht in Heidelberg der Codex Palatinus mit seiner
Griechischen Anthologie auf. Welches seine früheren Schicksale
waren, wer ihn vorher besessen, wo er aufbewahrt wurde, wer ihn
nach Heidelberg brachte, und alles Wie und Wann sind einige der
vielen ungelösten Rätsel, die sich um diese kostbare, geheimnisvolle
und schicksalsschwere Handschrift weben.

Ein leichtes Licht fiel allerdings in der letzten Zeit in dieses Dunkel.
Preisendanz glaubt, wie weiter unten noch genauer auszuführen ist,
Schreiber J sei um 970/80 der eigentliche Hersteller und auch der
erste Eigentümer des Codex gewesen; nicht viel später sei der Codex
in den persönlichen Besitz des Gelehrten übergegangen, den man
gewöhnlich als den Korrektor der Handschrift bezeichnet. Dann
aber verliert sich die Spur des Palatinus auf lange Zeit im völlig
Ungewissen. Erst 400 Jahre darauf zeigt sich wieder ein, wenn auch nur
schwacher Lichtschimmer. Nach R. Sabbadini war der gelehrte Gio-
vanni Aurispa i. J. 1421 nach Konstantinopel gereist und brachte zwei
Jahre später bei seiner Rückkehr zahlreiche griechische Handschriften, darunter auch den Palatinus und die Planudea, nach Venedig
mit. Von dort gelangte Aurispa dann über Verona, Mailand und
Bologna i. J. 1427 nach Florenz und war nach Sabbadini[1] damals
noch im Besitz des Palatinus. Um die Wende des Jahres 1427/28
begab er sich nach Ferrara. Nun erwähnt Scaliger in einem Brief
an Jan Gruter a. d. J. 1607 eine Handschrift, die dem gelehrten
Nikolaus Sophianos in Ferrara gehört habe[2], dem Großvater (Vater?
Onkel?) des Michael Sophianos, der, um 1515 auf Chios geboren,
i. J. 1565 als Professor an der Universität Ferrara starb. Ob es sich
hierbei um den Palatinus handelt, steht freilich nicht fest. Nach
einer geistreichen Vermutung P. Herberts könnte aber der von
Aurispa mitgebrachte Palatinus zu Ferrara in den Besitz der Familie
Sophianos, dann in den des Francesco Porto (1511–81) gekommen sein,
der ebenfalls Dozent an der Universität Ferrara war. Von diesem

---

[1] Bollett. filol. class. 35, 1928, 99. Ihm widerspricht Hutton (Cornell Studies 23
1935, 86).   [2] Audivi ex Fr. Porto Cretensi sene se in manibus Nicolai Sophiani
'Ανθολογίας codicem summae vetustatis vidisse.

hätte ihn dann sein Sohn Emilio (1550–1615) erhalten, der von
1593–1609 an der Heidelberger Universität lehrte[1]. Fest steht nun
wieder, daß die Handschrift i. J. 1591 noch nicht in der Heidelberger
Bibliothek war, da sie in dem damals[2] angelegten Katalog nicht aufgeführt wurde. Fest steht ferner auf Grund eines Eintrags, den
Gruter in der Heidelberger 2. Aldina gemacht hat[3], daß Sylburg –
der seit 1592/93 als gelehrter Verlagsberater des Druckers Commelin
in Heidelberg weilte, sich nachweislich erst seit 1594 mit der Griechischen Anthologie beschäftigte und im nächsten Jahr als Ersatz
für den kranken Lambert Pithopoeus Verweser der Universitätsbibliothek wurde – die Handschrift in   seinem Privatbesitz hatte.
Er könnte sie also von Emilio Porto erworben haben. Sicher ist, daß
sie aus Sylburgs Bücherei für die Bibliotheca Palatina angekauft
wurde. Der Zeitpunkt des Erwerbs bleibt ungewiß. Sylburg starb
im Februar 1596 an der Pest; aber erst Gruter, der seit 1602 die
Bibliothek leitete, machte in die Handschrift die Eintragung ,,Est
Bibliothecae Palatinae". Jedenfalls hat schon Sylburg die außerordentliche Bedeutung der Handschrift erkannt und auch eine recht
gute Abschrift der nun neugefundenen Epigramme fertiggestellt; das
gleiche gilt von Gruter, der sich ebenfalls eindringlich mit der Anthologie beschäftigte, in Briefen an Gelehrte verschiedentlich Auskunft
über diese erteilte und Abschriften einzelner Epigramme verschickte[4].

Die Handschrift besteht aus 44 Quaternionen zu insgesamt 351 Blättern; vor diesen angeheftet sind 4 Einzelblätter (A–D), und am
Schluß (S. 707–710)[5] sind 2 Blätter angeklebt. Jede Seite hat 33
(auch 34) Zeilen.

A[r] enthält einen alten Index (Schreiber J), der folgendermaßen
lautet:

---

[1] Eine andere Vermutung s. S. 96 Anm. 3.   [2] Die Anlegung des Katalogs ist
,,nicht vor 1591" anzusetzen (Preisendanz, brieflich).   [3] Liber iste aerumnabili
labore collatus est cum MS exemplari, quod est in Bibliotheca Palatina, empto
(nicht ampla!) ex libraria Sylburgii, et infinita habet correcta ex eodem (vgl. Preisendanz in Zentralbl. für Bibl.-Wesen 34, 1917, 20).   [4] Preisendanz (61) S. 91.
[5] Die Handschrift ist (nach Stadtmüller von Sylburg) paginiert, doch sind die
Ziffern im Pariser Teil ausradiert. Im Heidelberger Teil sind dem Paginierer mehrere
Fehler unterlaufen, da er die Seiten 177, 188, 189, 276 und 277 beim Rechnen über-
sprungen hat.

Τάδε ἔνεστιν ἐν τῇδε τῇ βίβλῳ τῶν ἐπιγραμμάτων·

Α΄. Νόννου ποιητοῦ Πανοπολίτου ἔκφρασις τοῦ κατὰ Ἰωάννην ἁγίου εὐαγγελίου.

Β΄. Παύλου ποιητοῦ Σιλεντιαρίου υἱοῦ Κύρου ἔκφρασις εἰς τὴν μεγάλην ἐκκλησίαν ἤτουν τὴν ἁγίαν Σοφίαν.

Γ΄. Συλλογαὶ ἐπιγραμμάτων χριστιανικῶν εἴς τε ναοὺς καὶ εἰκόνας καὶ εἰς διάφορα ἀναθήματα.

Δ΄. Χριστοδώρου ποιητοῦ Θηβαίου ἔκφρασις τῶν ἀγαλμάτων τῶν εἰς τὸ δημόσιον γυμνάσιον τοῦ ἐπικαλουμένου Ζευξίππου.

Ε΄. Μελεάγρου ποιητοῦ Παλαιστίνου στέφανος διαφόρων ἐπιγραμμάτων.

Ϛ΄. Φιλίππου ποιητοῦ Θεσσαλονικέως στέφανος ὁμοίως διαφόρων ἐπιγραμμάτων.

Ζ΄. Ἀγαθίου σχολαστικοῦ Ἀσιανοῦ Μυρηναίου συλλογὴ νέων ἐπιγραμμάτων ἐκτεθέντων ἐν Κωνσταντίνου πόλει πρὸς Θεόδωρον Δεκουρίωνα.

Ἔστι δὲ ἡ τάξις τῶν ἐπιγραμμάτων ἤγουν διαίρεσις οὕτως·
α΄. πρώτη μὲν ἡ τῶν Χριστιανῶν.
β΄. δευτέρα δὲ ἡ τὰ Χριστοδώρου περιέχουσα τοῦ Θηβαίου.
γ΄. τρίτη δὲ ἀρχὴν μὲν ἔχουσα τὴν τῶν ἐρωτικῶν ἐπιγραμμάτων ὑπόθεσιν.
δ΄. ἡ τῶν ἀναθεματικῶν.
ε΄. πέμπτη ἡ τῶν ἐπιτυμβίων.
ϛ΄. ἡ τῶν ἐπιδεικτικῶν.
ζ΄. ἑβδόμη ἡ τῶν προτρεπτικῶν.
η΄. ἡ τῶν σκοπτικῶν.
θ΄. ἡ τῶν Στράτωνος τοῦ Σαρδιανοῦ.
ι΄. διαφόρων μέτρων διάφορα ἐπιγράμματα.
ια΄. ἀριθμητικὰ καὶ γρῆφα (!) σύμμικτα.
ιβ΄. Ἰωάννου γραμματικοῦ Γάζης ἔκφρασις τοῦ κοσμικοῦ πίνακος τοῦ ἐν τῷ χειμερίῳ λουτρῷ.
ιγ΄. Σύριγξ Θεοκρίτου καὶ πτέρυγες Σιμμίου, Δοσιάδα βωμός, Βησαντίνου ᾠὸν καὶ πέλεκυς.
ιδ΄. Ἀνακρέοντος Τηίου συμποσιακὰ ἡμιάμβια καὶ Ἀνακρεόντια καὶ τρίμετρα.

ιε΄. τοῦ ἁγίου Γρηγορίου τοῦ Θεολόγου ἐκ τῶν ἐπῶν ἐκλογαὶ διάφο-
ροι, ἐν αἷς καὶ τὰ Ἀρεθᾶ καὶ Ἀναστασίου καὶ Ἰγνατίου καὶ Κωνσταντίνου καὶ Θεοφάνους κεῖνται ἐπιγράμματα.

Dieser Index fällt dadurch auf, daß er einerseits des Nonnos
Paraphrasis des Johannisevangeliums anzeigt, die im Codex fehlt,
andererseits Stücke, die sich tatsächlich in der Handschrift befinden,
nicht aufzählt, im übrigen auch die Reihenfolge nicht genau wahrt;
er dürfte wohl aus einer anderen ähnlichen Handschrift abgeschrieben
sein.

An den Index schließen sich auf Aᵛ–D zunächst 34 Epigramme
(Σπ) an[1]; dann folgen zwei Gedichte des Paulos Silentiarios (auf die
Sophienkirche und den von Justinian erstellten Ambon) und eine
Auswahl aus den Gedichten Gregors von Nazianz. Daran schließt
sich unsere eigentliche Anthologie. Zwischen Buch XIV und XV
der Anthologie steht die „Beschreibung des Weltbildes" des Johannes
von Gaza. Den Schluß des Codex (S. 664–709) bildet Buch XV mit
starken Einschaltungen: S. 664–674 stehen die Epigramme XV 1–27,
S. 675–690 die Anakreonteen, S. 691 f. und 695–704 folgen Gedichte
Gregors von Nazianz, die größtenteils schon in Buch VIII enthalten
sind: Die Seiten 693–695 und 705–709 bringen die Epigramme XV
28–51. S. 710 ist unbeschrieben.

Geschrieben ist die Handschrift auf Pergament, das in den einzelnen Teilen des Bandes allerdings große Unterschiede aufweist. Gleiches Pergament stellen einerseits die Blätter von S. 1–50 und 62–63,
andererseits von S. 51–61 und 64–436 dar; aus allen anderen aber
heben sich durch ihre Dicke die Blätter von S. 453–642 heraus.

Wenn die Handschrift auch um 980[2] entstanden ist[3], so haben doch
mehrere Schreiber in längerem Zwischenraum daran gearbeitet. Preisendanz unterscheidet in der Hauptsache vier Schreiber: B und B2[4],
A und J. Die beiden ersten sind Zeitgenossen und schreiben abwech-
selnd, ebenso die beiden letzten, die etwa 50 Jahre jünger sind als

---

[1] s. S. 83. Die Anakreonteen wurden erst um 1100, Σπ erst im 13. Jh. geschrieben.
[2] So schon Spalletti; Jacobs nahm das 11., Val. Rose das 10.–12. Jh. an.   [3] s. S. 77.
[4] B und B 2 sind zwei Schreiber, deren Schriftzüge sich sehr ähnlich, aber doch
voneinander zu unterscheiden sind; ebenso steht es mit A und A 2.

die beiden ersten, von denen aber J den Schreiber A verbessert[1].
Preisendanz teilt folgendermaßen ab:

S. 49–50 (Buch I 1–10$_{29}$): J

S. 51–61 (Buch I 10$_{30}$–116): A

S. 62–63 (Buch I 117–123): J

S. 64–423$_{25}$ (Buch II–IX 384$_8$): A

S. 423$_{26}$–452 (Buch IX 384$_9$–563): J

S. 453–488$_{12}$ (Buch IX 564–822): B

[S. 488$_{13–34}$ an leerer Stelle (B. IX 823–827): Schreiber von $\Sigma\pi$]

S. 489–517 (Buch X 1–XI 66$_3$): B

S. 518–524$_{21}$ (Buch XI 66$_4$–118$_1$ Mitte): B 2

S. 524$_{21}$–568$_9$ (Buch XI 118$_1$ Mitte – 441): B

[S. 568$_{10–29}$ an leerer Stelle (Wiederholungen und XI 442): Schreiber von $\Sigma\pi$]

S. 569–621 (Buch XII 1 – XIV 49$_5$): B

S. 622–642 (Buch XIV 49$_6$–149): B 2

S. 643–648$_9$ (Johannes von Gaza Vers 1–164): J

S. 648$_{10}$–664$_{20}$ (Johannes von Gaza Vers 165–716): A 2

S. 664$_{24}$–674 (B. XV 1–27 nebst Wiederholungen; s. Vorwort zu B. XV): J

S. 675–692 (Anakreonteen und Gedichte Gregors von Nazianz): J

S. 693 am oberen Rand (Buch XV 28$_{1–9}$): J

S. 693–695$_{13}$ (Buch XV 28$_{10}$–39 b): B 2

S. 695$_{14}$–704 (Gedichte Gregors von Nazianz): J

S. 705–706 (Buch XV 40 und 28$_{1–9}$): B 2

[S. 707–709 auf leeren Blättern (B. XV 41–51): Schreiber von $\Sigma\pi$]

Dabei verfügten die einzelnen Schreiber über verschiedene Vorlagen: Nach Stadtmüller und Preisendanz besaß A mindestens zwei, B und B 2 eine andere und J wiederum eine andere Vorlage. Wie man sich nun die Entstehung der Handschrift zu denken hat, ist ein Rätsel, das auch die verschiedenen bisher vorgebrachten Deutungen nicht einwandfrei zu lösen vermochten. Neuerdings gibt Preisendanz folgende Erklärung: Den Grundstock des jetzigen Palatinus bildet eine kurz nach 900 entstandene Kopie des Kephalaswerkes. Die Kopie wurde bald nach 970 vom Schreiber J, einem Gelehrten aus Kon-

---

[1] s. zu XV 40.

stantinopel, als persönliches Eigentum erworben. Dieser versah das
Exemplar mit zusätzlichen Quaternionen, die eigens zum Zweck der
Erweiterung des Codex im gleichen Format wie die alte Kopie ge-
halten und vorbereitet waren, und beteiligte sich selbst auch eifrig
an der Niederschrift der Texte. Dadurch wurde er zum eigentlichen
Hersteller des Palatinus.

Der ganze erste Teil bis S. 452 wurde von einem Corrector (c) durchgesehen, dem für seine Arbeit, wie er selbst bemerkt[1], bis zu VII 432
das Exemplar des Michael Chartophylax (10. Jh)[2] vorlag; auf welche
Quellen er sich im weiteren stützte, ist unbekannt. Stadtmüller und
Preisendanz nehmen an, daß er für VII 433—497 ein anderes und für
VII 498—748 ein weiteres Exemplar zum Vergleich hatte, was Basson
und neuerdings Gow ablehnen. Seine letzte Bemerkung steht auf
S. 437 bei IX 460; von da ab sind keine Korrekturen von seiner Hand
mehr zu verzeichnen, wohl aber noch Autorenangaben und Lemmata[3].

Die letzteren stammen teils von den verschiedenen Schreibern,
teils von c, teils von einem Spezialisten, dem Lemmatisten (l)[4], der
etwas älter als c ist. Die Scholien, die von sehr ungleichem Wert sind,
gehen auf die verschiedenen Mitarbeiter der Handschrift zurück.

Dieser Codex erregte zunächst in Heidelberg großes Aufsehen. Das
Aufsehen wurde noch stärker und breiter, als Jan Gruter i. J. 1606
den damals noch jugendlichen Salmasius (geb. 1588) z. Z. eines Auf-
enthaltes in Heidelberg auf die Handschrift aufmerksam machte[5].
Salmasius, der die Handschrift i. J. 1615 leihweise in Paris und Dijon

---

[1] Zu VII 428 und 432.   [2] s. S. 76.

[3] Lemmata sind weder für Meleagros' noch für Philippos' Kranz anzunehmen;
Meleagros setzte wahrscheinlich auch keine Gentilia zu den Verfassernamen, wohl
aber tat dies – wenigstens bei homonymen Dichtern – Philippos. Bei unbekannten
Dichtern bezeichnete man das Epigramm als ἄδηλον bzw. als ἀδέσποτον. Das erstere
besagte, daß der Dichter zwar unbestimmt, doch vielleicht noch zu ermitteln sei;
das zweite drückte aus, daß der Dichter unbekannt und auch nicht mehr feststellbar
sei. Inschriften galten daher als ἀδέσποτα. In späterer, byzantinischer Zeit gebrauchte
man die beiden Worte allerdings ohne jeden Unterschied. Der Titel ἄλλο bezeichnet
eine Weiterführung des vorherigen Falles und kann sich ebensogut auf den Dichter
wie auf das Thema beziehen. Mit ὁμοίως und ὅμοιον schließlich verweist man rein
sachlich auf das Vorausgegangene (Gow).

[4] Nach Preisendanz ist l mit J identisch.

[5] Salmasius hat also keineswegs, wie vielfach behauptet wird, die Handschrift
in der Heidelberger Bibliothek „entdeckt".

hatte, zog daraus die in der Planudea fehlenden Epigramme (allerdings oft in falscher Lesung) aus, und Abschriften dieses Auszugs
zirkulierten in den folgenden Jahren unter den europäischen Gelehrten. Weniger bekannt wurde die von Gruter selbst (gest.
1627) besorgte und später in Leipzig aufbewahrte, nahezu vollständige
Abschrift der Palatina. Nach der Eroberung Heidelbergs durch
Tilly i. J. 1622 bot Maximilian I. von Bayern[1] mit dem Beuterecht
des Siegers Papst Gregor XV. als Teilentschädigung für die von diesem an die Liga gezahlten beträchtlichen Subsidiengelder die Kost-
barkeiten der Heidelberger Bibliotheken an[2]. Tatsächlich erklärte
sich der Papst mit der Annahme des Beutegutes einverstanden. Als
sein Abgesandter erschien im Dezember 1622 Leone Allacci in Heidelberg und empfing hier rund 3500 Handschriften und 5000 Drucke.
Allein aus der Bibliotheca Palatina, die ganz nach Rom kam, erhielt er (neben den Drucken) 1956 lateinische und 432 griechische
Handschriften, darunter auch den Anthologiecodex, den Palatinus
23. Zum besseren Transport nahm Allacci von sämtlichen Büchern
die Einbanddecken (außer den künstlerisch wertvollen) weg. Das
widerfuhr auch dem Anthologiecodex, eine schmerzliche Tatsache,
da mit dem Verschwinden der alten Hülle auch die Möglichkeit,
Schlüsse auf die Herkunft ziehen zu können, verlorenging. Die Ent-
fernung des Einbandes war vermutlich die Gelegenheit, bei der die
Handschrift in zwei ungleiche Teile zerfiel[3]: S. 1-614 und 615-710.
ein Bruch, der zwischen dem XIII. und XIV. Buch liegt. Seit 1623

---

[1] Zum Folgenden vgl. A. Friederich: Gesch. der nach Rom entführten Heidelb.
Bibl., Karlsruhe 1816. – Frd. Wilken: Gesch. d. Bildung, Beraubung und Vernichtung der Heidelb. Büchersammlungen, Heidelb. 1817. – Aug. Theiner: Schenkung
der Heidelb. Bibl. durch Maximilian I. an Papst Gregor XV. und ihre Versendung
nach Rom, München 1844. – J. Fr. Hautz: Gesch. d. Univ. Heidelb., 2, Mannheim
1864. – Preisendanz (61).

[2] Von größeren Büchersammlungen hatte Heidelberg damals die Bibliotheca
Palatina (,,die Mutter der Bibliotheken''), die Universitäts- und die Schloßbibliothek.

[3] Der Zeitpunkt dieses Bruchs steht nicht fest. Gallavotti dachte kürzlich (s. S. 84
zu 9) an eine viel ältere Zeit dafür und knüpfte eine neue Hypothese über die früheren Schicksale des Palatinus daran (s. S. 90 f.). Nach ihm bestand der Codex schon
um 1450 aus zwei Teilen: der erste befand sich im Besitz des Nik. Sophianos, bei
dem ihn Franc. Porto sah. Dann war er Eigentum (nicht des Emilio Porto, sondern)
des Angelo Colocci (1467-1549) und kam später in die Hände des Fulvio Orsini
(1529-1600), von dem ihn Sylburg in Rom erwarb. Der zweite Teil kam durch
John Clement nach Löwen, wo Stephanus ihn 1550 einsah.

war die Handschrift im Vatikan, wo die beiden Teile gesondert gebunden wurden. Dort studierte sie vor allem i. J. 1651 der Hamburger
Lukas Langermann, der eine Abschrift anfing, sich auch mit dem Gedanken trug, die Palatina herauszugeben, diese Absicht später aber
wieder aufgab; dann (1723–29) beschäftigte sich J. P. Dorville mit
ihr, und schließlich fertigte der Abt Jos. Spalletti 1776 eine ausgezeich-
nete Abschrift an, die de Bosch als „non descriptum, sed depictum"
bezeichnete.

Über 150 Jahre lag die Handschrift in der Vatikanbibliothek.
Zwar versuchte man mehrmals[1], das Beutegut v. J. 1623 für Heidelberg zurückzugewinnen, doch führten die Versuche zu keinem posi-
tiven Ergebnis. Gegen Ende des 18. Jahrhunderts marschierten die
Franzosen in Italien ein. Als der Krieg dann mit der Niederlage
Italiens endete, verlangte Napoleon im Friedensschluß von Tolentino
(1797) die Auslieferung von 500 Handschriften der Vaticana; darunter
befanden sich außer den beiden Teilen des Anthologiecodex weitere
37 lateinische und griechische Handschriften der Bibliotheca Palatina aus dem Kriegsraub v. J. 1623. Zwar bemühte sich Papst
Pius VI., wenigstens die Anthologie für sich zu retten, und flüchtete
sie auf sein Landgut in Terracina. Doch paßten die französischen
Abgesandten scharf auf. Als Pius schließlich gezwungen war, die
Anthologie abzugeben, lieferte er zunächst nur den ersten Teil und
erst auf weiteres Drängen auch den zweiten Teil aus[2].

So befanden sich die beiden Bände denn in den nächsten Jahren
in der Pariser Nationalbibliothek. Erst als nach den Befreiungs-
kriegen die verbündeten Heere Frankreich besetzt hielten, trat eine
neue Situation ein[3]: 1815 forderte einerseits Papst Pius VII. die 500
von Napoleon aus Rom entführten Handschriften zurück, andererseits verlangte Heidelberg die Restitution der erwähnten 38 pala-
tinischen Codices. Es begannen Verhandlungen, die damit endeten,
daß der Papst das Eigentum der Vaticana zurückerhielt, gleichzeitig

---

[1] K. Preisendanz: Alte Versuche zum Wiedergewinn der Bibl. Palatina (Neue
Heidelb. Jbb. 1954, 90).   [2] Chardon de la Rochette: Mélanges de crit. et de phil.,
1, 1812, 289.   [3] Zum Folgenden vgl. Hub. Bastgen: Vatikan. Dokumente zur
Herausgabe der codices an die Heidelb. Univ. i. J. 1816 (Neue Heidelb. Jbb. 1929,
52). – Wilh. Port: Deutsche Akten über die Rückgabe der Bibl. Pal. durch den
Vatikan i. J. 1815/16 (ebda. S. 100).

aber auf die 38 Handschriften der Bibliotheca Palatina zugunsten
Deutschlands verzichtete. Die letzteren empfing der deutsche Unter-
händler Friedrich Wilken im Januar 1816 auch tatsächlich in Heidelberg. Dort aber merkte man anscheinend nicht, daß die Franzosen
von der dazu gehörenden Anthologiehandschrift nur den ersten Teil
abgeliefert, den zweiten Teil dagegen zurückbehalten hatten. Genau
das Gleiche also, was dem Papst 1797 mißlungen war, war jetzt den
Franzosen geglückt. 1825 fragte Fr. Mehlhorn wegen der im zweiten
Teil stehenden Anakreonteen in Paris an, erhielt aber die Antwort,
die Handschrift sei 1816 verlorengegangen oder gestohlen worden.
Erst als Dübner die Handschrift i. J. 1839 zum Zweck der Herausgabe benötigte und in der Nationalbibliothek suchte, fand sie sich
wieder: sie stand noch an dem alten Platz, als wäre sie nie verschwunden gewesen. ... Noch einmal, i. J. 1873, versuchte man deutscherseits
auf diplomatischem Wege die Rückgabe auch des zweiten Teils zu
erreichen, doch scheiterten die Verhandlungen. Gleichzeitig begannen
von deutscher Seite aus Bemühungen um die Erlaubnis, eine photographische Wiedergabe des zweiten Teiles auf deutsche Kosten herstellen zu dürfen. Nach ebenso langwierigen wie überaus schwierigen
Verhandlungen wurde diese Erlaubnis von der französischen Regierung auch erteilt und die photographische Wiedergabe unter Leitung
von K. Zangemeister durchgeführt. Während der Besetzung Frank-
reichs im Zweiten Weltkrieg bat die Universitätsbibliothek Heidelberg zwar in einer Eingabe an die deutsche Regierung, außer anderen
Handschriften auch den zweiten Teil des Anthologiecodex von der
Pariser Nationalbibliothek zurückzufordern, doch kam die deutsche
Regierung, wohl um in der heiklen Lage die französische Empfind-
lichkeit nicht zu verletzen, dem Wunsche nicht nach, so daß das Rest-
stück der Handschrift sich heute noch in Paris befindet (Parisinus
Suppl. Gr. 384).

Die Apographa

In der Zwischenzeit waren verschiedene Abschriften der Palatini-
schen Handschrift, die sog. Apographa, angefertigt worden. Sie wurden z. T. schon erwähnt. Da sie ab und zu eine Rolle spielen, seien von
den zahlreichen hier die wichtigsten zusammengestellt. Die älteste

ist die von Salmasius) s. S. 96), auf die viele andere zurückgehen. Daneben sind bedeutsam:

1. **Barberinum**, eine i. J. 1626 von Lukas Holstein angefertigte Abschrift des von Salmasius gemachten Auszugs; vom Barberinum leiten sich wieder die Schedae Goetzianae her.

2. **Vossianum** von Fr. Sylburg (s. S. 91)[1]; dieses wurde wieder abgeschrieben von Ed. Bernard (= Oxoniense, jetzt Bodleianum Misc. 98)[2], L. K. Valckenaer, J. van Lennep und Ez. Spanheim; aus Spanheims Abschrift flossen die sog. Lacrozianae.

3. **Lipsiense** von J. Gruter (s. S. 91)[3].

4. **Parisinum** Suppl. 886 von Fr. Guyet (1600–64)[4]. Guyet baut auf Salmasius auf. Auf Guyet fußen wieder andere Apographa, so das Parisinum Suppl. 1168 und das Bigotianum.

5. **Parisinum** Suppl. 557 von Bouhier (1673–1746)[5], das auch Angaben von Salmasius und Guyet enthält.

6. **Gothanum** von J. Spalletti (s. S. 97)[6].

7. **Ruhnkenianum** von David Ruhnken (1723–1798).

8. **Gottingense** von J. G. Schneider (Abschrift von Nr. 5).

Daneben das Heinsianum (geht über Scaligers Abschrift auf Salmasius zurück), Thryllitzschianum u. a. m.

Ausgaben der Anthologia Palatina

An eine Ausgabe der Anthologia Palatina hatte man sich lange Zeit nicht gewagt[7]. Erst Johann Jakob Reiske ließ nach der von Gruter besorgten unvollständigen Abschrift zunächst (1752) die Erotika, dann die übrigen im Druck erscheinen: Anthologiae Graecae a Constantino Cephala conditae libri tres, Lps. 1754. Hinzugefügt waren eine wörtliche lateinische Übersetzung sowie knappe Anmerkungen.

---

[1] s. Biblioth. Univers. Leidensis VI codices Vossiani Gr., Leiden 1955 p. 208 f. [2] Benutzt von Bentley. [3] Von Reiske benutzt. [4] Von Brunck benutzt. [5] Von Brunck benutzt. [6] Von Jacobs benutzt. [7] Schon Salmasius, L. Langermann, später A. Dorville, Chardon de la Rochette (seine Arbeiten befinden sich jetzt in der Pariser Nationalbibl.) u. a. hatten sich mit dem Gedanken an eine Herausgabe der Palatina getragen, waren aber zu keiner Verwirklichung ihres Planes bzw. nur zur Ausarbeitung eines kurzen Bruchstücks gekommen; s. Dübner 1 p. XII, XXI Kol. 1, XXII Kol. 2, Preisendanz (59) S. 25, 27 f.; (61) S. 93, 97, 100.

Vollständig jedoch gab erst Philipp Brunck das Werk heraus:
Analecta veterum poetarum Graecorum, Straßburg 1772–76, 3 Bde.;
2. Aufl. 1785. Zugrunde legte er dabei, neben den Ausgaben von
Wechel und von Stephanus, das Apographon Guyets und das Bouhiers
(s. o.) sowie mehrere andere, die aus diesen beiden abgeleitet waren,
wobei er die bisher erschienene kritische Literatur berücksichtigte.
In dieser seiner Ausgabe sah er von der ursprünglichen Einteilung in
Weih-, Grabgedichte usw. ab, ordnete die Epigramme nach Dichtern,
die Dichter wieder nach ihrer zeitlichen Abfolge, wobei die anonymen
Gedichte am Schluß auftraten, und fügte sonstige Epigramme, auch
die Fragmente der älteren Meliker und selbst die Bukoliker sowie
die Hymnen des Kallimachos hinzu, während er die christlichen
und die späten Stücke (auch die Epigramme des Diogenes Laërtios)
ausschied.

Dann, 1794f., erfolgte in Leipzig die große, auch heute noch nicht
überholte Ausgabe von Friedrich Jacobs: Anthologia Graeca sive
poetarum Graecorum lusus ex recensione Brunckii, 4 Bände und
1 Band Indices. Jacobs stützte sich dabei auf die Bruncksche Ausgabe, behielt auch deren Ordnung bei. Daran schloß er 7 Bände
Anmerkungen und 1 Band Register und Paralipomena: Friderici
Jacobs animadversiones in epigrammata Anthologiae Graecae, Lps.
1798–1814. Aber noch bevor seine eigene Ausgabe beendet war, begann Jacobs eine zweite Textausgabe: Anthologia Graeca ad fidem
codicis olim Palatini, nunc Parisini ex apographo Gothano edita, Lps.
1813–17, 3 Bände. Bei dieser zweiten Ausgabe stützte er sich also auf
die von Spalletti gemachte Abschrift, die er durch A. J. Paulssen mit
dem Original vergleichen ließ, und folgte jetzt der sachlichen Einteilung der Palatina, fügte im Anschluß an Buch XV jene 388 nur in
der Planudea überlieferten Epigramme hinzu und ließ auf diese noch
394 teils inschriftlich, teils literarisch überkommene Gedichte folgen,
die sog. Appendix.

Bald darauf veröffentlichte der Buchhändler Tauchnitz (später
bei Holtze) nach Jacobs' 2. Ausgabe die Anthologie in einer billigen
Stereotypausgabe: Anthologia Graeca ad Palatini codicis fidem edita,
Lps. (1829), 3 Bde.

Die zahlreichen textkritischen Untersuchungen und Ergebnisse, die
in den folgenden Jahrzehnten verzeichnet werden konnten, veran-

laßten den deutschen Schulmann Friedrich Dübner (gest. 1867), der später Verlagsdirektor bei Didot in Paris wurde, eine neue Ausgabe erscheinen zu lassen: Epigrammatum anthologia Palatina cum Planudeis et appendice nova epigrammatum veterum ex libris et marmoribus ductorum, Paris, Didot, 1864–72, 2 Bde., denen E. Cougny i. J. 1890 einen dritten, die anderweitigen Epigramme umfassenden Band nachfolgen ließ. Sie bot den griechischen Text und eine lateinische Prosaübersetzung von Boissonade, Bothe und Lapaume sowie die lateinische Versübertragung von Grotius (s. S. 89).

Aber nach einigen Jahrzehnten war auch diese Arbeit überholt. Nun begann Hugo Stadtmüller mit umfassender Gelehrsamkeit und minutiöser Sorgfalt, allerdings auch mit stark umstrittener Textgestaltung eine neue Ausgabe: Anthologia Graeca epigrammatum Palatina cum Planudea, Lps., Teubner. Bevor diese Arbeit jedoch zu Ende geführt war, starb Stadtmüller (1906), und eine Weiterführung des Werkes erfolgte nicht, so daß bis heute nur 3 Bände vorliegen: Buch I–VI (1894), Buch VII (1899), Buch IX 1–563 (1906).

In England erschien: The Greek Anthology by W(illiam) R. Paton, London, Heinemann 1917 ff., 5 Bde. Es handelt sich um eine vollständige Ausgabe (ohne kritischen Apparat) mit englischer Prosaübersetzung.

In Frankreich erscheint seit 1928: Anthologie Grecque, Paris, Société d'édition „Les Belles Lettres", eine kritische Ausgabe von Pierre Waltz mit französischer Prosaübersetzung von verschiedenen Gelehrten: Bd. 1–6 = Buch 1–8, 1928–44; nach Waltz' Tod (1945) fortgesetzt von A. Dain: Bd. 7 = Buch IX 1–358, 1957. Doch starb A. Dain i. J. 1964.

Daneben waren auch einige Auszüge aus der Palatina veröffentlicht worden. Das hatte schon Wolf 1734 getan, Jensius 1742, Leich 1745 (Carmina sepulcralia), Dorville 1750, Klotz 1764 (Gedichte Stratons), Harles 1768, Manso 1789 (Gedichte Meleagers), Meinecke 1791 (Gedichte der beiden Leonidas). Später brachte Jacobs noch einen: Delectus epigrammatum Graecorum in usum scholarum, Gotha-Erfurt 1826. Bedeutsamer war ein weiterer von Aug. Meineke: Delectus poetarum Anthologiae Graecae, Berlin 1842. Daneben liefen andere, so von A. Weichert (Meißen 1823), E. Geist (Mainz 1838) und Burchard (1839).

Von größter Wichtigkeit aber wurde ein von Karl Preisendanz ein-
geleiteter, die beiden Teile der Handschrift umfassender Lichtdruck:
Anthologia Palatina, codex Palatinus et codex Parisinus phototypice
editi, Leyden 1911.

Die Dichter der einzelnen Sammlungen

Schon verschiedentlich wurde auf die Bedeutung des Anteils der
einzelnen Anthologisten hingewiesen. Bei den mangelnden literarischen
Angaben des Altertums kann die Lebenszeit eines Dichters häufig
genug erst auf Grund seiner Zuteilung zu dem einen oder anderen
Sammler in etwa ermittelt werden. Meleagros und Philippos führen
in ihren Prooimien zwar eine Anzahl der von ihnen ausgewählten
Epigrammatiker an, doch ohne auf Vollständigkeit Anspruch zu
machen. Es handelt sich für die moderne Forschung also darum, auch
über die in den Prooimien genannten hinaus die andern festzustellen.
Ein Abschluß ist naturgemäß noch nicht erreicht, doch kann heute
folgendes als einigermaßen gesichert gelten:

Meleagros

a. nennt in IV 1 folgende Dichter:

1. Alexandros (Aitolos von Pleuron) (Vers 39)
2. Alkaios (von Messene) (13)
3. Anakreon (35)
4. Antagoras (52)
5. Antipatros (von Sidon) (42)
6. Anyte (5)
7. Aratos (49)
8. Archilochos (38)
9. Asklepiades (= Sikelides) (46)
10. Bakchylides (34)
11. Chairemon (51)
12. Damagetos (21)
13. Dioskorides (24)
14. Diotimos (von Adramyttion) Diotimos (von Athen) (27)
15. Erinna (12)
16. Euphemos (20)
17. Euphorion (23)
18. Hedylos (45)
19. Hegesippos (25)
20. Hermodoros (44)
21. Kallimachos (22)
22. Leonidas (v. Tarent) (15)
23. Melanippides (7)
24. Meleagros (3, 55)

25. Menekrates (28)
26. Mnasalkes (16)
27. Moiro (5)
28. Nikainetos (29)
29. Nikias (20)
30. Nossis (10)
31. Pamphilos (17)
32. Pankrates (18)
33. Parthenis (32)
34. Perses (26)
35. Phaënnos (29)
36. Phaidimos (52)
37. Phanias (54)

38. Platon (47)
39. Polykleitos (40)
40. Polystratos (41)
41. Poseidippos (45)
42. Rhianos (11)
43. Samos (14)
44. Sappho (6)
    Sikelides = Asklepiades
45. Simias (30)
46. Simonides (8)
47. Theodoridas (53)
48. Tymnes (19)

b. Sonstige Dichter

Agis
Aischylos
Andronikos (?)
Archimelos (?)
Aristodikos
Ariston
Artemon
Demetrios (?)
Dionysios v. Kyzikos
Dionysios v. Rhodos
Glaukos v. Nikopolis
Hegemon
Hekataios
Herakleitos v. Halikarnass
Hermokreon
Karphyllides

Nikandros
Nikarchos I.
Nikomachos
Peisandros (?)
Phalaikos
Philitas v. Samos
Philoxenos
Ptolemaios
Theaitetos v. Kyrene
Theodoridas
Theodoros
Thymokles
Xenokritos
Zendotos v. Ephesos
Zosimos (?)

Philippos

a. nennt in IV 2 folgende Dichter

1. Antigonos (Vers 12)
2. Antipatros (v. Thessal.) (7)
3. Antiphanes (10)
4. Antiphilos (8)
5. Automedon (11)
6. Bianor (11)
7. Diodoros (v. Sardes) (12)
   Diodoros (v. Tarsos) (12)
8. (Diodoros) Zonas (11)
9. Euenos (13)
   Geminus s. Tullius

10. Krinagoras (8)
    Laureas s. Tullius
11. Parmenion (10)
12. Philodemos (9)
    Sabinus s. Tullius
13. Tullius (Geminus) (9)
    Tullius (Laureas) (9)
    Tullius (Sabinus) (9)
    Zonas s. Diodoros

b. Sonstige Dichter

Adaios von Makedonien
Aemilianus
Aischines
Akeratos (?)
Alpheios von Mytilene
Antistios
Antonios s. Thallos
Apollonidas
Argentarius
Bassus s. Lollius
Boëthos
Diokles s. Julius
Diophanes
Diotimos von Milet
Epigonos
Erykios
Etruskos von Messene
Flaccus s. Statilius
Gaetulicus I. (?)
Herakleides von Sinope

Honestos
Isidoros von Aigeiai
Julius Diokles
Julius Polyainos
Lollius Bassus
Maecius
Makedonios v. Thessalonike I.
Mundus Munatius
Myrinos
Philippos
Polemon
Polyainos s. Julius
Pompeius Junior
Satrios
Secundus
Serapion
Statilius Flaccus
Antonios Thallos
Thyillos

Diogeneianos

Ammianos	Long(in)us s. Cornelius
Antiochos	Lukianos (?)
Apollinarios	Lukillios
Cornelius Long(in)us	Nikarchos II.
Dionysios Sophistes	Philon
Gaetulicus II.	Pinytos (?)
Hadrian	Piso
Helladios	Trajan
Killaktor	

Agathias

Ablabios	Kyros
Agathias	Leontios
Arabios	Makedonios v. Thessalonike II.
Damaskios	Marianos
Damocharis	Michaelios
Diogenes (Bischof)	Palladas (?)
Eirenaios	Paulos Silentiarios
Eratosthenes Scholastikos	Phokas (?)
Eutolmios (?)	Ruf(in)os Domestikos
Johannes Barbukallos	Theaitetos Scholastikos
Isidoros von Bolbythia	Theodoros Illustrios
Julianos von Ägypten	Theosebeia
Kometas Chartularios	

Zu Kephalas vgl. S. 75, zu dem Redaktor des Palatinus S. 77.

Die moderne Forschung

Moderne Sammlungen

Die Epigramme, die uns außerhalb der beiden großen Anthologien erhalten blieben, sind sehr zahlreich. Schon Jacobs fügte seiner zweiten Ausgabe eine Appendix von 394 Gedichten hinzu[1]. Später gab

---

[1] s. S. 100.

F. G. Welcker eine gesonderte Sammlung heraus: Sylloge epigrammatum Graecorum ex marmoribus et libris collectorum, Bonn 1828.
Dann veröffentlichte Piccolos: Supplément à l'Anthologie Grecque,
Paris 1853, und kurz darauf F. W. Schneidewin: Progymnasmata
in Anthologiam Graecam, Göttingen 1855. Der Dübnerschen Ausgabe hängte E. Cougny als 3. Band eine ähnliche aus rund 2200 Gedichten bestehende Sammlung an[1]. Aber vorher war schon eine Spe-
zialsammlung von Gg. Kaibel erschienen: Epigrammata Graeca ex
lapidibus conlecta, Berlin 1878 (1200 Epigramme). Als Gegenstück
dazu folgte die Sammlung von Th. Preger: Inscriptiones Graecae
metricae ex scriptoribus praeter Anthologiam collectae, Lps. 1891,
dann die von E. Hoffmann: Sylloge epigrammatum Graecorum,
quae ante medium saeculum a.C.n. III. incisa ad nos pervenerunt,
Halle 1893. Aber auch seitdem hat der Zuwachsstrom aus Inschriften,
Papyri und Handschriften nicht abgenommen. Aus der Gesamtfülle
las aus Joh. Geffcken: Griechische Epigramme, Heidelberg 1916
(400 Epigramme). Die ältesten inschriftlich erhaltenen Epigramme
bis zu den Perserkriegen sammelte P. Friedländer: Epigrammata,
Berkeley 1948. Epigramme, die wirklich auf Steinen gefunden wurden
bzw. nach Ansicht des Herausgebers einst auf Steinen standen (darunter auch Anthologiegedichte) werden zur Zeit, nach Formtypen
geordnet, in einem umfangreichen Werk zusammengestellt von W.
Peek: Griechische Versinschriften (abgekürzt: GV); zunächst erschienen ist Bd. 1: Grabepigramme, Berlin 1955.

Wissenschaftliche Arbeiten

Die eigentlichen kritischen Forschungen waren bis zur Veröffentlichung von Brunck relativ gering. Zwar hatten auch die älteren Gelehrten, besonders die Herausgeber der Planudea den Text kritisch
bearbeitet. Vinc. Opsopoeus hatte auch schon eine kritische Sonder-
schrift erscheinen lassen: In Graecorum epigrammatum libros IV
annotationes, Basel 1540. Ein neues Leben war in dieser Hinsicht nach
der Entdeckung des Palatinus erwacht. Salmasius, später Toup und
Dorville hatten Vortreffliches geleistet. Daniel Huet ließ seine For-

---

[1] s. S. 101.

schungen im Anhang an seine Poemata (Utrecht 1700) erscheinen,
und A. Heringa brachte 1749 seine Observationes criticae, J. G.
Schneider 1772 sein Periculum criticum heraus. Im übrigen aber
blieb ein großer Teil dieser Beobachtungen in Handschriften und als
Randbemerkungen verborgen und ist bis heute noch nicht ganz veröffentlicht.

Sieht man jedoch von diesen engbegrenzten Fachkreisen ab, so war
die Anthologie noch bis tief ins 18. Jahrhundert hinein so gut wie
unbekannt. Das lag z. T. daran, daß man kein Griechisch konnte (erst
seit 1780 trat hier ein Umschwung ein), z. T. aber auch daran, daß
man mit dem Wort Anthologie den Begriff des Obszönen verband.
Das ging so weit, daß in Deutschland manche Verleger sich aus „sittlichen" Bedenken weigerten, auch nur griechische Auszüge aus der
Anthologie zu veröffentlichen, und daß die Herausgeber selbst sich
in Entschuldigungen und in Beteuerungen ihres eigenen lauteren
Lebenswandels nicht genug tun konnten. Brunck allerdings erklärte
in seiner Vorrede, daß der Zeitgeist durch diese Gedichte nicht noch
mehr verdorben werden könne, als er schon sei.

Tatsächlich war die Anthologie in der großen Welt der Gebildeten
bis dahin eine terra incognita. Bezeichnend dafür ist, daß Reiske seine
1754 erschienene Ausgabe in Selbstverlag übernehmen mußte und daß
in den folgenden 20 Jahren keine 50 Exemplare davon verkauft wurden. Bezeichnend ist ferner, daß die Kasseler Bibliothek die Anthologie
unter dem Titel Florilegium bei Botanica rubrizierte. Noch Herder
zeigt sich der von Klotz herausgebrachten Ausgabe Stratons gegenüber (s. S. 101) sehr besorgt; erst Lessing[1] begrüßte 1766 energisch das
Buch, und ein römischer Kardinal erklärte, daß die Anthologie das
Entzücken seiner Jugendstudien gebildet habe. Ein wirkliches Allgemeininteresse fand die Anthologie jedoch erst seit Bruncks Veröffentlichung, das dann allerdings gewaltig anwuchs und in den neunziger
Jahren seinen Höhepunkt fand. Damals (1799) konnte Chardon de
la Rochette[2] des Planudes Scheu vor der Aufnahme anstößiger
Gedichte schon als asinalis verecundia bezeichnen.

---

[1] Allerdings hatte schon Laskaris in seinem Brief an Pietro de' Medici gegen
Planudes' Methode scharf Stellung genommen: Planudes ... mutilavit et, ut ita
dicam, castravit hunc librum.   [2] Mélanges de crit. et de phil. 1, 1812, 229.

Dieses Interesse wurde in der gelehrten Welt selbst durch Jacobs'
Ausgabe noch stärker gefördert. Bald bildete sich eine sehr umfang-
reiche Literatur, die heute unübersehbar geworden ist. Genaueres darüber bringen die „Jahresberichte über die Fortschritte der klassischen
Altertumswissenschaft"[1].

Zunächst galt es, die Überlieferung zu prüfen; so kamen von allen
Seiten textkritische Arbeiten, aus denen die von Finsler und Dilthey,
später die von Jahn, Roßbach, Kaibel, van Herwerden, Ludwich,
Ellis, Knaack, Sternbach, Headlam und in jüngster Zeit die von
Wilamowitz, Preisendanz, Lumb, Agar und Powell hervorzuheben
sind.

Mit der Beschreibung des Palatinus, seiner Entstehung, seiner Zu-
sammensetzung, den verschiedenen Schreibern u. ä. beschäftigten
sich Finsler, Graux, Stadtmüller, Preisendanz (58 ff.)[2] und Gow (24).

Vom Nachleben der Anthologie handelten Max Rubensohn (Griechische Epigramme und andere kleine Dichtungen in deutschen Übersetzungen des 16. und 17. Jahrhunderts, Weimar 1897), Ernst Beutler
(Vom griechischen Epigramm im 18. Jahrhundert, Lpz. 1909) und
James Hutton (The Greek Anthology in Italy to the year 1800
[Ithaca 1935] und The Greek Anthology in France and Netherlands
to the year 1800 [Ithaca 1946]).

Andere Gelehrte suchten das geschichtliche Werden unserer Anthologie und den Anteil der verschiedenen Sammler festzustellen. Von
Wichtigkeit war es, die Tätigkeit des Kephalas abzugrenzen. Das
taten schon Passow, Weigand und Hecker, später Finsler, Wolters
(92 f.), Henrichsen, Sternbach (78), Weißhäupl (86), Krumbacher,
Wifstrand (88) und zusammenfassend Preisendanz und Basson (3).
Einzelne Forscher bemühten sich, Zeit und Umstände der Epigramme
von Kyzikos (Buch III) zu bestimmen (48). Andere richteten ihr Interesse auf ältere wirkliche oder angebliche Anthologisten, auf Palladas,
Rufinos und Diogeneianos (70, 16, 9, 3, 71) sowie auf Meleagros (51,
65), oder gingen noch über Meleagros hinaus und suchten vormele-
agrische Sammlungen festzustellen (56, 87, 68, 8, 90, 22).

---

[1] Bd. 75 (1893) 248; 92 (1897) 166; 104 (1900) 154; 133 (1907) 295; 178 (1919) 156;
191 (1922) 66; 272 (1941) 50 sowie die Verzeichnisse bei Marouzeau: L'année philo-
logique, Paris 1927 ff.   [2] Die Zahlen beziehen sich auf S. 110 ff.

Schwierig war und ist es, die Zugehörigkeit mancher Gedichte zu einzelnen Dichtern zu bestimmen, wenn die Epigramme als Anonyma überliefert sind oder von der Überlieferung einem Dichter offenbar mit Unrecht zugesprochen werden oder wenn es sich um gleichnamige Dichter handelt wie die beiden Leonidas und Antipatros. Hier arbeiteten vor allem Geffcken, Hansen und Bevan (21, 26, 6) sowie Weigand, Setti und Waltz (82).

Dazu gesellten sich Arbeiten über das Epigramm. Nach den mehr ästhetischen Abhandlungen von Lessing (,,Zerstreute Anmerkungen über das Epigramm'')[1] und Herder (,,Über das griechische Epigramm'')[2], die Oehler[3] weiter vertiefte, lieferte Hänel die erste literarhistorische Studie (25); das gleiche versuchte der Artikel von Schmidt-Reitzenstein (72). Verdienstvoll für die älteste Zeit war die Arbeit von Geffcken (22) und für die Spätzeit die von Wifstrand (88 f.) und Keydell (36). Andere schränkten ihre Arbeit örtlich oder zeitlich ein und behandelten die Epigrammatik in Großgriechenland und Sizilien (50), im Hellenismus (68, 79, 27, 38), im 3. Jahrhundert v. Chr. (81, 91, 41) und in byzantinischer Zeit (39). Man untersuchte Weih- (40), Grab- (47, 86, 54), Spottepigramme (10, 63) und Epigramme auf Dichter (19). Man prüfte den Stil (89), die Form (40, 52, 66) und die Beziehungen zum Skolion (68), zur Elegie (33), zum Sprichwort (64), zum Steinepigramm (83), zum Pantomimus (84), zu römischen Dichtern (63, 31), zu Kunstwerken (5) und die geschichtlichen Ereignisse (11).

Zahlreich sind die Sonderausgaben und Monographien von einzelnen Dichtern. Eine Auswahl mag hier in alphabetischer Folge stehen: Agathias (46), Antipatros (75, 82), Antiphilos (49), Anyte (2, 12, 43), Archias (67), Asklepiades (52, 37, 77), Christodoros (4), Erinna (43), Etruskos (50), Euenos (57), Gätulicus (45), Hedylos (52), Honestos (62), Kallimachos (53), Krinagoras (69), Leonidas von Alexandria (55), Leonidas von Tarent (21, 26, 6, 50, 77), Lukianos (76), Lukillios (42), Meleagros (51, 65, 27, 77), Mnasalkes (74), Moiro (43), Nossis (43), Palladas (16, 77, 94, 32), Paulos Silentiarios (18, 80, 13), Philodemos (34, 77), Poseidippos (73, 52), Rufinos (9, 71), Simias (17),

---

[1] Sämtliche Werke hrsg. v. Lachmann, Bd. 11, 1895, 214.   [2] Sämtliche Werke hrsg. v. Suphan, Bd. 15, 1888, 205 und 337.   [3] s. S. 115.

Simonides (56, 8, 90), Theodoridas (50, 74), Theokrit (35, 50, 23, 20);
dazu Collectanea Alexandrina ed. J. U. Powell, Oxf. 1925: enthält
die Gedichte von Alexandros Aitolos, Antagoras, Apollonios Rho-
dios, Dosiadas, Euphorion, Moiro, Nikainetos und Rhianos. Dazu die
verschiedenen Artikel bei Pauly-Wissowa.

Verzeichnis der wissenschaftlichen Literatur

(in Auswahl)

1. Agar, T. L.: Notes on the Greek Anth. (Class. Quarterly 17, 1923, 82).

2. Baale, M. J.: Studia in Anytes poetriae vitam et carminum reli-
quias, Diss. Amsterdam 1903.

3. Basson, J.: De Cephala et Planude syllogisque minoribus, Berlin 1917.

4. Baumgarten, F.: De Christodoro poeta Thebano, Diss. Bonn 1881.

5. Benndorf, O.: De Anth. Graecae epigrammatis, quae ad artes spectant, Diss. Bonn 1862.

6. Bevan, E.: The poems of Leonidas of Tarentum, Oxford 1931.

7. Biese, A.: Die Entwicklung des Naturgefühls bei den Griechen
und Römern, Kiel 1882–84.

8. Boas, M.: De epigrammatis Simonideis commentatio critica,
Groningen 1905.

9. Ders.: De sylloge Rufiniana, Philologus 73, 1914, 1.

10. Brecht, F. J.: Motiv- und Typengeschichte des griech. Spott-
epigramms, Philol. Suppl. 22, 1930.

11. Cichorius, K.: Römische Studien, Lpz. 1922.

12. Colangelo, S.: Anite da Tegea (Stud. it. di Fil. cl. 21, 1915, 280).

13. Corbato, C.: La poesia di Paolo Silenziario, Triest 1951.

14. Dilthey, K.: De epigrammatum Graecorum syllogis quibusdam
minoribus, Pgr. Göttingen 1887.

15. Finsler, G.: Krit. Untersuch. zur Gesch. der grch. Anth., Diss.
Zürich 1876.

16. Franke, A.: De Pallada epigrammatographo, Diss. Lpz. 1899.

17. Fränkel, H.: De Simia Rhodio, Diss. Göttingen 1915.

18. Friedländer, P.: Johannes von Gaza und Paulus Silentiarius,
Lpz. 1912.

19. Gabathuler, M.: Hellenistische Epigramme auf Dichter, Diss. Basel 1937.

20. Gallavotti, C.: Theocritus, Rom² 1955.

21. Geffcken, J.: Leonidas von Tarent, Fleckeis. Jbb. Suppl. 23, 1897.

22. Ders.: Studien zum griech. Epigramm, N. Jbb. f. d. kl. Altertum 39, 1917, 88.

23. Gow, A. S. F.: Bucolici Graeci, Oxford 1952.

24. Ders.: The Greek Anthology. Sources and Ascriptions (Society for Promotion of Hell. Stud. 1958, Suppl. Pap. 9).

25. Hänel, J.: De epigrammatis Graecis historia, Pgr. Breslau 1852.

26. Hansen, B.: De Leonida Tarentino, Diss. Lpz. 1914.

27. Harberton, V.: Meleager and the other poets of Anthology from Plato to Leonidas Alex., London 1895.

28. Herrlinger, G.: Totenklage um Tiere in der antiken Dichtung (Tübinger Beiträge z. Altertumswiss. VIII), Stuttg. 1930.

29. Herwerden, H. van: Ad Anth. Pal. (Mnemos. 2, 1874, 302; 14, 1886, 366; 23, 1895, 1; 28, 1900, 24).

30. Ders.: Studia crit. in epigr. Graeca, Leiden 1891.

31. Hezel, O.: Catull u. d. griech. Epigramm, Diss. Tübingen 1932.

32. Irmscher, J.: Palladas (Wiss. Zschr. Humboldt-Univ. Berlin GR 6, 1956/7, 163).

33. Kägi, P.: Nachwirkungen der älteren griech. Elegie in den Epigrammen der Anth., Diss. Zürich 1917.

34. Kaibel, G.: Philodemi epigrammata, Greifsw. 1885.

35. Kehr, U.: De poetarum qui sunt in Anth. Pal. studiis Theocriteis, Diss. Lpz. 1880.

36. Keydell, R.: Epigramm (Reallex. f. Ant. u. Christ. 5, 1961, 539).

37. Knauer, O.: D. Epigr. d. Asklepiades v. Samos, Diss. Tübing. 1935.

38. Körte, A.: Hellenist. Dichtung, Lpz. 1925.

39. Krumbacher, K.: Geschichte der byzant. Literatur², München 1897.

40. Kühn, H.: Topica epigrammatum dedicatoriorum Graec., Diss. Breslau 1906.

41. Legrand, Ph. E.: La poésie alexandrine, Paris 1924.

42. Linnenkugel, A.: De Lucillo Tarrhaeo epigr. poeta, 1926.

43. Luck, G.: D. Dichterinnen d. Grch. Anth., Mus. Helvet. 11, 1954, 170.

44. Lumb, T. W.: Notes on the Greek Anthology, London 1920.
45. Malcovati, E.: De Gaetulico Graecorum epigr. scriptore, Ath. N. S. I 1923.
46. Mattsson, A.: Untersuchungen zur Epigrammensammlung des Agathias, Lund 1942.
47. Menk, A.: De Anthologiae Pal. epigrammatis sepulcralibus, Diss. Marburg 1884.
48. Meyer, H.: De Anthologiae Pal. epigrammatis Cyzicenis, Diss. Königsberg 1911.
49. Müller, K.: Die Epigr. des Antiphilos v. Byzanz, Berlin 1935.
50. Olivieri, A.: Epigrammatisti Greci della Magna Grecia e della Sicilia, Neapel 1949.
51. Ouvré, H.: Méléagre de Gadara, Paris 1894.
52. Ders.: Quae fuerint dicendi genus et ratio metrica apud Asclepiadem, Posidippum, Hedylum 1894.
53. Pfeiffer, R.: Callimachus, Oxford 1949–53, 2 Bde.
54. Pfohl, G.: Untersuch. über d. attisch. Grabinschr., Diss. Erlangen 1953.
55. Piccolomini, E.: Di Leonida Aless. (Rendic. della Reale Accad. dei Lincei, ser. 5, vol. 3, 1894, 357).
56. Preger, Th.: De epigrammatis Graecis meletemata selecta, Diss. München 1889.
57. Preisendanz, K.: Zu Euenos von Askalon, Philol. 75, 1919, 476.
58. Ders.: Praefatio ad Anth. Pal., Leyden 1911.
59. Ders.: Zur griech. Anthologie, Pgr. Heidelberg 1910.
60. Ders.: Zur Herkunft der Anth. Pal. (Zentralbl. f. Bibl.-Wesen 34, 1917, 20).
61. Ders.: Die spätere Buchgeschichte der Anth. Pal., Zentralbl. f. Bibliothekswesen 58, 1941, 87.
62. Preuner, E.: Honestos, Hermes 55, 1920, 388.
63. Prinz, K.: Martial und die griech. Epigrammatik, Lpz.-Wien 1911.
64. von Prittwitz-Gaffron, E.: Das Sprichwort im griech. Epigramm, Diss. Gießen 1911.
65. Radinger, K.: Meleagros von Gadara, Innsbruck 1895.
66. Rasche, W.: De Anthologiae Graecae epigrammatis, quae colloquii formam habent, Diss. Münster 1910.
67. Reinach, Th.: De Archia poeta, Diss. Paris 1890.

68. Reitzenstein, R.: Epigramm und Skolion, Gießen 1893.
69. Rubensohn, M.: Crinagorae Mytilenaei epigrammata, Diss. Berlin 1888.
70. Sakolowski, P.: De Anthologia Pal. quaestiones, Diss. Lpz. 1893.
71. Sandre, Th.: Les épigrammes de Rufin, Paris 1922.
72. Schmidt, L. und Reitzenstein, R.: Anthologie, R-E I 2380.
73. Schott, P.: Posidippi epigrammata collecta et illustrata, Diss. Berlin 1905.
74. Seelbach, W.: Die Epigr. des Mnasalkes v. Sikyon u. des Theodoridas v. Syr., Wiesbaden 1964.
75. Setti, G.: Gli epigrammi degli Antipatri, Turin 1890.
76. Ders.: Gli epigr. di Luciano (Riv. di Fil. cl. 20, 1892, 233).
77. Stella, L. A.: Cinque poeti dell'Ant. Pal., Bologna 1949.
78. Sternbach, L.: Meletemata Graeca, Wien 1886.
79. Susemihl, F.: Gesch. der griech. Literatur in der Alexandrinerzeit, Lpz. 1891 f., 2 Bde.
80. Veniero, A.: Paolo Silenziario, Catana 1916.
81. Ders.: I poeti dell'Ant. Pal. sec. III a. C., Catana 1905.
82. Waltz, P.: De Antipatro Sidonio, Diss. Burdigalae 1906.
83. Weber, L.: Steinepigramm und Buchepigramm, Hermes 52, 1917, 536.
84. Weinreich, O.: Epigramm und Pantomimus (Sitz.-Ber. d. Heidelb. Ak. d. Wiss. 1944/48, 1. Abh.).
85. Ders.: Epigrammstudien, Heidelberg 1948.
86. Weißhäupl, R.: Die Grabgedichte der griech. Anth., Wien 1889.
87. Wendling, E.: De peplo Aristotelico quaestiones selectae, Straßb. 1891.
88. Wifstrand, A.: Studien zur Griech. Anth., Lund-Lpz. 1926.
89. Ders.: Von Kallimachos bis Nonnos, Lund 1933.
90. von Wilamowitz-Moellendorff, U.: Sappho und Simonides, Berlin 1913.
91. Ders.: Die hellenistische Dichtung in der Zeit des Kallimachos, Berlin 1924, 2 Bde.
92. Wolters, P.: De epigrammatum Graecorum anthologiis libellus, Diss. Bonn 1882.
93. Ders.: De Constantini Cephalae anthologia, Rh. Mus. 38, 1883, 97.
94. Zerwes, W.: Palladas v. Alex., Diss. Tübingen 1956.

Übersetzungen

Übertragungen einzelner Gedichte sind schon früh gemacht worden. Die ältesten stammen von Wolfgang Hunger 1542 und Jeremias Held 1566. Doch gehen diese Übertragungen nicht auf den Urtext, sondern auf die von den Humanisten angefertigten lateinischen Übersetzungen zurück[1].

Erst im nächsten Jahrhundert ging man, vorab Opitz und Weckherlin, vom Griechischen aus. Ihnen folgten im gleichen Jahrhundert Tscherning, Gryphius, Philipp von Zesen, Schirmer, Schoch u. a. Man bevorzugte dabei Epigramme von didaktisch-gnomischer Tendenz, bearbeitete aber auch Spottepigramme, Anekdoten, Erotika und, der Neigung der Zeit entsprechend, Schäferpoesie[2]. Sehr zahlreich waren diese Übertragungen in Deutschland nicht, im Gegensatz zu Frankreich, das schon 1589 eine metrische Übersetzung von 768 Epigrammen aufweisen konnte.

Das folgende Jahrhundert bemühte sich stärker darum. Gleim übersetzte seit 1756, Kleist seit 1758, Grillo und J. Eust. Goldhagen seit 1767; auch die Übertragungen von Weiße und Hölty fallen in diese Zeit. Es handelt sich überall um gereimte Umdichtungen im Sinne und Stil der Anakreontik. So hatte auch Herder, der die Anthologie 1765 kennenlernte, zunächst gearbeitet. Dann aber, i. J. 1780, vollzog sich in ihm die große Wendung, die ihn zum elegischen Distichon führte; und seit dieser Zeit übersetzte er einen großen Teil der Anthologie, der heute am besten in Band 26 der „Sämtlichen Werke" hrsg. von Suphan, Berlin 1882, nachzuschlagen ist. Sein Einfluß, der durch Lessings i. J. 1771 erschienenen Aufsatz über das Epigramm noch verstärkt wurde, machte sich sofort bei Goethe und Tobler geltend, die seit 1781 im antiken Versmaß dichteten und auch übersetzten. Schon 1782 erschien zu Hamburg von Christian von Stolberg ein Band „Gedichte aus dem Griechischen". Noch in den achtziger Jahren schlug Knebel die gleiche Richtung ein, während Wieland in seinen Übersetzungen 1788 noch einmal in den Stil der Anakreontik zurück verfiel. In den neunziger Jahren traten Conz, Voss, A. W. von Schlegel, Schiller und F. von Haug mit Übersetzungen

---

[1] s. S. 89.   [2] Näheres darüber bei Rubensohn (s. S.108).

von Anthologie-Epigrammen im antiken Versmaß hervor. Im Jahre 1800 ließ Seckendorf seine Übertragungen erscheinen. Einen besonderen Vorzug genossen in dieser ganzen Zeit die Epigramme auf Kunstgegenstände. All das waren jedoch, bis auf die Sammlungen von Herder, immer und überall nur wenige Gedichte, die ein einzelner übertrug.

Im 19. Jahrhundert verebbte allmählich das Interesse, das die Dichter an der Anthologie nahmen. Riemer, Humboldt, Rückert, Daumer („Polydora" Frankfurt 1855) und Geibel („Klassisches Liederbuch" 1875) haben sich im 19. Jahrhundert zwar darin betätigt; Platen und Mörike begeisterten sich an der Anthologie, ebenso wie Hugo von Hofmannsthal es noch einmal im 20. Jahrhundert tat. In der Hauptsache aber versickerte das außerordentliche Interesse, das die große literarische Welt in den zwei letzten Jahrzehnten des 18. Jahrhunderts an der Anthologie genommen hatte, und überließ das Gut der philologischen Welt. Von dieser Seite aus erschienen jetzt auch sehr zahlreiche Übersetzungen, unter denen ich nur erwähne: J. Erichson: Griechischer Blumenkranz, Wien 1810, K. Bruch: Hellas, Breslau 1879, J. Mähly: Griechische Lyriker, um 1880, Schultz-Geffcken: Altgriechische Lyrik, 1895.

Auch das 20. Jahrhundert hat hierin weitergearbeitet. Hervorzuheben ist August Oehler (Pseudonym für August Mayer): „Der Kranz des Meleagros" Berlin, Propyläenverlag 1920, eine doppelsprachige Ausgabe mit Epigrammen bis Meleagros. Ferner Karl Preisendanz: „Griechische Liebesepigramme" Zürich, Seldwyla o. J., J. M. Stowasser: „Griechenlyrik", Heidelberg (1908), E. Staiger: „Griechische Epigramme" (Griechisch-Deutsch), Zürich (1946), W. Peek: „Griechische Grabgedichte" (Griechisch-Deutsch), Berlin 1960.

Die erste größere Sammlung hatte, wie bemerkt, Herder geliefert. Eine zweite größere Sammlung erfolgte durch Jacobs: „Tempe" Lpz. 1803, 2 Bde. Diese Sammlung arbeitete er selbst später um: „Griechische Blumenlese" (Vermischte Schriften, Teil 2: Leben und Kunst der Alten, Bd. I 1) Gotha 1824, 2 Bde. Dann wurde sie neu bearbeitet von E. Boesel: Anthologie lyrischer und epigrammatischer Dichtungen der alten Griechen, Lpz., Reclam (1884).

Am umfangreichsten ist die von W. E. Weber begonnene und von Gg. Thudichum fortgesetzte Auswahl: „Griechische Anthologie",

Stuttgart, Metzler 1838–70. Kleiner ist die Auswahl „Epigramme der griechischen Anthologie", verdeutscht von J. G. Regis, Stuttgart, Hoffmann 1856 (später Berlin, Langenscheidt).

Eine vollständige deutsche Übersetzung liegt bis heute nicht vor; wohl aber eine französische von F(élix) D(ehèque): Anthologie grecque, Paris 1863, 2 Bde. Neuerdings erscheint eine weitere: Anthologie grecque, traduite par M. Rat, Paris, Garnier o. J., 2 Bde.; ein dritter (vervollständigender) Band soll nicht erscheinen. Daneben die doppelsprachige Ausgabe von Waltz (s. S. 101). In Italien brachte E. Romagnoli eine (nicht vollständige) Übersetzung heraus: I poeti della Antologia Palatina, Bologna, Zanichelli (1932–36), 5 Bde.; dann folgte eine zweite: Antol. Pal., a cura di Presta, Rom 1957. Über eine vollständige englische Übersetzung s. S. 101; bezüglich lateinischer Übersetzungen s. S. 89 und 101.

SIGLORUM EXPLICATIO

A vide P.

App. B-V = Appendix Barberino-Vaticana, vide p. 83.

    App.^{M} = Barberinus Gr. I 123.

    App.^{V} = Vaticanus Gr. 240.

B vide P.

B = Sylloge B in Parisino 1630, vide p. 83.

Brit. = Brit. Mus. Add. 16 409, vide p. 86.

c vide P.

E = Sylloge Euphemiana, vide p. 82.

    E^F = Florentinus 57, 29.

    E^P = Parisinus 1773.

    E^R = Parisinus 2720.

J vide P.

Ir. = Regiae bibliothecae Madrilensis codices Graeci, ed. Iriarte, vide p. 83.

l vide P.

P = Palatinus 23 + Parisinus Suppl. Gr. 384.

    A = librarius Palatini.

    B = librarius Palatini.

    c = corrector Palatini.

    J = librarius Palatini.

    l = lemmatista Palatini.

    P^1 = prima manus Palatini ante correcturam.

Pl = Anthologia Planudea = Marcianus 481.

S = Sylloge Parisina vel Crameriana = Parisinus Suppl. Gr. 352 et Parisinus 1630, vide p. 83.

Σ = Sylloge praemissa Euphemianae, vide p. 83.

    $Σ^F$ = Florentinus 57, 29.

    $Σ^P$ = Parisinus 1773.

$Σ^π$ = Sylloge praemissa Palatino, vide p. 83.

Suid. = Lexicon Suidae.

Zon. = Lexicon Zonarae.

Boiss.	= Boissonade.	Scal.	= Scaliger.
Desr.	= Desrousseaux.	Steph.	= Stephanus.

Asterisco (*) ad Addenda (in fine voluminis) delegatur.

BUCH I

Das 1. Buch umfaßt 123 Epigramme christlichen Inhalts. Sie sind nur im Palatinus (S. 49—63) enthalten. Geschrieben sind die Nummern 10_{30}—116 von A, die andern von J. Die Autorenangaben und Lemmata stammen vom jeweiligen Schreiber, sind aber oft vermehrt von l bzw. J.

Zu Beginn des Buches schrieb J: „Die frommen und heiligen christlichen Epigramme seien vorangestellt, auch wenn es den Heiden mißfällt."[1]

Mit Ausnahme von wenigen Gedichten, so 10 und 119, handelt es sich durchweg um solche, die als wirkliche Aufschriften Verwendung gefunden haben[2]. Sie mußten also einmal gesammelt worden sein. Das ist, wie die Bemerkung des Lemmatisten zu 10, 29 zeigt, anscheinend am Ende des 10.Jahrh. geschehen. Doch besteht die Möglichkeit, daß der letzte Redaktor eine schon vorhandene Sammlung abgeschrieben hat. Das wird sogar wahrscheinlich, wenn man die Ordnung der Epigramme betrachtet. Nr. 1—18 beziehen sich auf Kunstgegenstände in Konstantinopel, 19—31 sind Gebete, 32—94 sind wieder beschreibende Epigramme, während der Rest eine ungeordnete Appendix bildet. Es scheint also, als habe der Redaktor die Sammlung bis 94 abgeschrieben und den Rest selbst hinzugefügt.

Die Entstehungszeit läßt sich nicht immer bestimmen. Doch helfen außer den Verfasserangaben häufig die Erwähnungen geschichtlich bekannter Persönlichkeiten, zu deren Lebzeiten die Epigramme geschrieben sein müssen. Danach gehört eines noch ins 4.Jahrh.[3], andere ins 5.-6.[4], weitere ins 7.[5] bzw. 9.[6] und eines ins 10. Jahrh.[7]. Zur Würdigung der Gedichte vgl. S. 64.

---

[1] τὰ τῶν χριστιανῶν προτετάχθω εὐσεβῆ τε καὶ θεῖα ἐπιγράμματα, κἂν οἱ Ἕλληνες ἀπαρέσκωνται. [2] Vgl. die Lemmata zu 7 und 10, 61. [3] 51. [4] 2-17, 91, 96-101, 105. [5] 90, 120f., 123. [6] 1, 106f., 109. [7] 122.

122

A. ΤΑ ΤΩΝ ΧΡΙΣΤΙΑΝΩΝ ΕΠΙΓΡΑΜΜΑΤΑ

1

Εἰς τὸ κιβούριον τῆς ἁγίας Σοφίας

"Ας οἱ πλάνοι καθεῖλον ἐνθάδ' εἰκόνας,
ἄνακτες ἐστήλωσαν εὐσεβεῖς πάλιν.

Lemma: κιβουρ(ιν) P.

2

Ἐν ταῖς ἁψῖσι τῶν Βλαχερνῶν

Θεῖος Ἰουστῖνος, Σοφίης πόσις, ᾧ πόρε Χριστὸς
πάντα διορθοῦσθαι καὶ κλέος ἐν πολέμοις,
μητρὸς ἀπειρογάμοιο δόμον σκάζοντα νοήσας,
σαθρὸν ἀποσκεδάσας τεῦξέ μιν ἀσφαλέως.

3

Εἰς τὸ αὐτὸ ἐν ταῖς αὐταῖς

Ὁ πρὶν Ἰουστῖνος περικαλλέα δείματο νηὸν
τοῦτον μητρὶ Θεοῦ κάλλεϊ λαμπόμενον·
ὁπλότερος δὲ μετ' αὐτὸν Ἰουστῖνος βασιλεύων
κρείσσονα τῆς προτέρης ὤπασεν ἀγλαΐην.

1 δήματο νηὼν P¹ em. c; cf. 8,2.

4

Εἰς τὸν ναὸν τοῦ Προδρόμου ἐν τοῖς Στουδίου

Τοῦτον Ἰωάννῃ, Χριστοῦ μεγάλῳ θεράποντι,
Στούδιος ἀγλαὸν οἶκον ἐδείματο· καρπαλίμως δὲ
τῶν κάμεν εὕρετο μισθόν, ἑλὼν ὑπατηίδα ῥάβδον.

2-3 Suid. s. Στούδιος 3 ὧν κ. εὕρατο Suid.

I. DIE CHRISTLICHEN EPIGRAMME

Auf dem Ciborium der Sophienkirche

Die Bilder, die verirrte Menschen hier gestürzt,
gottselge Herrscher stellten sie von neuem auf.

Anonym

Auf den Apsiden in Blachernai

Als der hehre Justinos, der Gatte Sophias, dem Christus
alles zu ordnen und Ruhm sich zu erkämpfen verlieh,
das zerfallende Haus der jungfräulichen Mutter bemerkte,
trug er das wankende ab, um es dann fest zu erbaun.

Anonym

Am gleichen Gebäude, an gleicher Stelle

Hat der alte Justin für die Gottesmutter das schöne,
  heilige Haus hier erbaut, strahlend in köstlicher Pracht:
nun hat der jüngre Justinos, der später die Herrschaft geführt hat,
  höheren Glanz ihm verliehn, als es dereinstens besaß.

Anonym

An der Kirche des Vorläufers bei Studion

Hier diesen herrlichen Bau ließ Studios einst für Johannes,
Christi erhabenen Diener, errichten; es folgte der Mühe
rasch auch der Lohn: ihm wurden die Faszen des Konsuls verliehen.

Anonym

5

Εἰς τὸν ναὸν τοῦ ἁγίου ἀποστόλου Θωμᾶ ἐν τοῖς 'Αμαντίου

Τόνδε Θεῷ κάμες οἶκον, 'Αμάντιε, μεσσόθι πόντου,
τοῖς πολυδινήτοις κύμασι μαρνάμενος.
οὐ νότος, οὐ βορέης ἱερὸν σέο δῶμα τινάξει,
νηῷ θεσπεσίῳ τῷδε φυλασσόμενον.
ζώοις ἤματα πολλά· σὺ γὰρ νεοθηλέα 'Ρώμην   5
πόντῳ ἐπαΐξας θήκαο φαιδροτέρην.

2 μαρνάμενος ex -ον P.

6

Εἰς τὸν ναὸν τοῦ ἁγίου Θεοδώρου ἐν τοῖς Σφωρακίου

Σφωράκιος ποίησε φυγὼν φλόγα μάρτυρι νηόν.

7

Εἰς τὸν αὐτόν, ἐν ᾧ τὸ λογάριον εὑρέθη

Σφωράκιε, ζώοντι φίλα θρεπτήρια τίνων
γήθεεν 'Αντόλιος, σὸς ἀνεψιός· οἰχομένῳ δὲ
αἰεί σοι γεραρὴν τελέει χάριν, ὥστε καὶ ἄλλην
εὗρε καὶ ἐν νηῷ σ' ἀνεθήκατο, τὸν κάμες αὐτός.

Lemma: λογαρ(ιν) P.

8

Εἰς τὸν ναὸν τῶν ἁγίων ἀποστόλων πλησίον τοῦ ἁγίου
Σεργίου, εἰς τὰ 'Ορμίσδου

Χριστὸν παμβασιλῆα φίλοις καμάτοισι γεραίρων,
τοῦτον 'Ιουστινιανὸς ἀγακλέα δείματο νηὸν
Πέτρῳ καὶ Παύλῳ· θεράπουσι γὰρ εὖχος ὀπάζων
αὐτῷ δή τις ἄνακτι φέρει πολυκυδέα τιμήν.
ἐνθάδε καὶ ψυχῇ καὶ ὄμμασι κέρδος ἑτοῖμον·   5
εὐχαῖσιν μὲν ἕκαστος, ὅ τι χρέος ἐστίν, ἑλέσθω,
τερπέσθω δὲ ὁρῶν κάλλος καὶ δώματος αἴγλην.

* 1 γεραίρων ex γέρων P   2 νηὸν ex νηῶν P   5 καὶ¹ man. rec. κάλλει P.

An der Kirche des hl. Apostels Thomas im Amantiosviertel

Mitten im brausenden Meer, im Kampf mit den rollenden Wogen,
   hast du, Amantios, Gott dieses Gebäude erbaut.
Weder der Süd noch der Nord erschüttert dein heiliges Bauwerk,
   hier dieses göttliche Haus hält es für immer in Hut.
Lange noch mögest du leben! Du hast, in die Wellen dich stürzend,
   ja dem erneuerten Rom höhere Schönheit gebracht.

Anonym

An der Kirche des hl. Theodoros im Sphorakiosviertel

Flammenentflohn ließ die Kirche Sphorakios dem Märtyrer bauen.

Anonym

An derselben Kirche, in der dieser Spruch gefunden wurde

Als du, Sphorakios, lebtest, da gab Anatolios gern dir
als dein Neffe den Lohn für die Pflege, und nun du gestorben,
dankt er dir weiter dafür; doch dankt er dir anders, indem er
in die Kirche, die selbst du erbaut, deine Statue stellte.

Anonym

**An der Kirche der hl. Apostel bei der Kirche des hl. Sergios im
Hormisdasviertel**

Christus, der Könige König, mit lieben Werken zu ehren,
ließ dieses herrliche Heiligtum hier für Petrus und Paulus
Justinianos errichten; denn schenkt man Ehre den Dienern,
wahrlich, dann bringt man dem Herrn die Huldigung selber entgegen.
Hier liegt für Seele und Auge der Nutzen offen zu Tage:
Jeder mag mit Gebeten erhalten, was er benötigt,
und sich erfreuen zugleich am Glanz und der Pracht des Gebäudes.

Anonym

9

Εἰς τὸν ναὸν τοῦ ἀρχαγγέλου ἐν Βοθρέπτῳ

Καὶ τόδε σῶν καμάτων παναοίδιμον ἔργον ἐτύχθη,
Γεννάδιε κλυτόμητι· σὺ γὰρ περικαλλέα νηὸν
ἀγγελικῆς στρατιῆς σημάντορος αὖτις ἔδειξας.

1 παναοίδημον P¹ em. c   2 Τερράδιε P em. Waltz.

10

Εἰς τὸν ναὸν τοῦ ἁγίου μάρτυρος Πολυεύκτου

Εὐδοκίη μὲν ἄνασσα, Θεὸν σπεύδουσα γεραίρειν,
πρώτη νηὸν ἔτευξε θεοφραδέος Πολυεύκτου·
ἀλλ' οὐ τοῖον ἔτευξε καὶ οὐ τόσον· οὔ τινι φειδοῖ,
οὐ κτεάτων χατέουσα (τίνος βασίλεια χατίζει;)
ἀλλ' ὡς θυμὸν ἔχουσα θεοπρόπον, ὅττι γενέθλην   5
καλλείψει δεδαυῖαν ἀμείνονα κόσμον ὀπάζειν.
ἔνθεν 'Ιουλιανή, ζαθέων ἀμάρυγμα τοκήων,
τέτρατον ἐκ κείνων βασιλήιον αἷμα λαχοῦσα,
ἐλπίδας οὐκ ἔψευσεν ἀριστώδινος ἀνάσσης,
ἀλλά μιν ἐκ βαιοῖο μέγαν καὶ τοῖον ἐγείρει,   10
κῦδος ἀεξήσασα πολυσκήπτρων γενετήρων·
πάντα γάρ, ὅσσα τέλεσσεν, ὑπέρτερα τεῦξε τοκήων,
ὀρθὴν πίστιν ἔχουσα φιλοχρίστοιο μενοινῆς.
τίς γὰρ 'Ιουλιανὴν οὐκ ἔκλυεν, ὅττι καὶ αὐτοὺς
εὐκαμάτοις ἔργοισιν ἑοὺς φαίδρυνε τοκῆας,   15
εὐσεβίης ἀλέγουσα; μόνη δ' ἱδρῶτι δικαίῳ
ἄξιον οἶκον ἔτευξεν ἀειζώῳ Πολυεύκτῳ.
καὶ γὰρ ἀεὶ δεδάηκεν ἀμεμφέα δῶρα κομίζειν
πᾶσιν ἀεθλητῆρσιν ἐπουρανίου βασιλῆος.
πᾶσα χθὼν βοάᾳ, πᾶσα πτόλις, ὅττι τοκῆας   20
φαιδροτέρους ποίησεν ἀρειοτέροισιν ἐπ' ἔργοις.
ποῦ γὰρ 'Ιουλιανὴν ἁγίοις οὐκ ἔστιν ἰδέσθαι
νηὸν ἀναστήσασαν ἀγακλέα; ποῦ σέο μούνης
εὐσεβέων οὐκ ἔστιν ἰδεῖν σημήια χειρῶν;
ποῖος δ' ἔπλετο χῶρος, ὃς οὐ μάθε σεῖο μενοινὴν   25
εὐσεβίης πλήθουσαν; ὅλης χθονὸς ἐνναετῆρες
σοὺς καμάτους μέλπουσιν ἀειμνήστους γεγαῶτας.

An der Kirche des Erzengels (Michael) in Bothrepton

Wahrlich, auch dies deiner Werke ist, kluger Gennadios, würdig
jeglichen Lobes und Preises. Du hast für der englischen Scharen
waltenden Führer den Tempel voll strahlender Schönheit geschaffen.

Anonym

An der Kirche des hl. Märtyrers Polyeuktos

Fürstin Eudokia ließ zu Gottes Preis eine Kirche
für Polyeuktos, aus welchem Gott selbst sprach, als erste erbauen;
doch nicht so schön und so groß; nicht, daß sie zu sparsam gewesen
oder an Geld es gemangelt – was könnt einer Kaiserin mangeln? –
sondern es ahnte ihr Geist prophetisch, sie werde ein Kindlein
einst hinterlassen, das besser als sie zu schmücken verstünde.
Später trog Juliane, der Lichtstrahl göttlicher Eltern,
die das Kaisergeblüte als vierte von ihnen empfangen,
nicht die Hoffnung der Fürstin, der Mutter hochadliger Kinder,
sondern sie formte die Kirche aus Kleinem so mächtig und herrlich
und vermehrte den Ruhm der weithinherrschenden Ahnen;
denn in allem, was stets sie getan, übertraf sie die Eltern,
treu den Glauben bewahrend in christusliebender Seele.
Denn wer wüßte es nicht, daß Juliane mit ihren
stolzen Werken sogar noch die eigenen Eltern verklärte,
sie, die Fromme? So schuf sie allein mit edelstem Schweiße
für Polyeuktos' ewigen Geist eine würdige Stätte.
Immer verstand sie es ja, die tadellosesten Gaben
allen Streitern des Königs im Himmel als Spende zu reichen.
Überall künden die Länder und künden die Städte, sie habe
mit ihren herrlichen Werken den Glanz ihrer Eltern gesteigert.
O, wo kann man nicht schauen, daß Juliane die schönsten
Kirchen den Heiligen baute? Wo kann man die Spuren von deinen
gottesfürchtigen Händen, von deinen alleine, nicht sehen?
Wo ist das Land, das nicht es erfuhr, daß stets deine Seele
voll von Frömmigkeit ist? Der ganzen Erde Bewohner
preisen im Lied deine Werke, dran ewig die Menschen gedenken.

ἔργα γὰρ εὐσεβίης οὐ κρύπτεται· οὐ γὰρ ἀέθλους
λήθη ἀποσβέννυσιν ἀριστοπόνων ἀρετάων.

ὅσσα δὲ σὴ παλάμη θεοπειθέα δώματα τεύχει   30
οὐδ' αὐτὴ δεδάηκας· ἀμετρήτους γάρ, ὀΐω,
μούνη σὺ ξύμπασαν ἀνὰ χθόνα δείμαο νηούς,
οὐρανίου θεράποντας ἀεὶ τρομέουσα Θεοῖο.

Ἴχνεσι δ' εὐκαμάτοισιν ἐφεσπομένη γενετήρων
πᾶσιν ἀεὶ ζώουσαν ἑὴν τεκτήνατο φύτλην,   35
εὐσεβίης ξύμπασαν ἀεὶ πατέουσα πορείην.
τοὔνεκά μιν θεράποντες ἐπουρανίου βασιλῆος,
ὅσσοις δῶρα δίδωσιν, ὅσοις δωμήσατο νηούς,
προφρονέως ἐρύεσθε σὺν υἱέι τοῖό τε κούραις·
μίμνοι δ' ἄσπετον εὖχος ἀριστοπόνοιο γενέθλης,   40
εἰσόκεν ἠέλιος πυριλαμπέα δίφρον ἐλαύνει.

Ἐν τῇ εἰσόδῳ τοῦ αὐτοῦ ναοῦ ἔξωθεν τοῦ νάρθηκος
πρὸς τῶν ἀψίδων

Ποῖος Ἰουλιανῆς χορὸς ἄρκιός ἐστιν ἀέθλοις,
ἢ μετὰ Κωνσταντῖνον, ἑῆς κοσμήτορα Ῥώμης,
καὶ μετὰ Θευδοσίου παγχρύσεον ἱερὸν ὄμμα
καὶ μετὰ τοσσατίων προγόνων βασιληΐδα ῥίζαν,   45
ἄξιον ἧς γενεῆς καὶ ὑπέρτερον ἤνυσεν ἔργον
εἰν ὀλίγοις ἐτέεσσι, χρόνον δ' ἐβιήσατο μούνη,
καὶ σοφίην παρέλασσεν ἀειδομένου Σολομῶνος,
νηὸν ἀναστήσασα θεηδόχον, οὗ μέγας αἰὼν
οὐ δύναται μέλψαι χαρίτων πολυδαίδαλον αἴγλην;   50
οἷος μὲν προβέβηκε βαθυρρίζοισι θεμέθλοις,
νέρθεν ἀναθρώσκων καὶ αἰθέρος ἄστρα διώκων.
οἷος δ' ἀντολίης μηκύνεται ἐς δύσιν ἕρπων,
ἀρρήτοις Φαέθοντος ὑπαστράπτων ἀμαρυγαῖς
τῇ καὶ τῇ πλευρῇσι· μέσης δ' ἑκάτερθε πορείης   55
κίονες ἀρρήκτοις ἐπὶ κίοσιν ἑστηῶτες
χρυσορόφου ἀκτῖνας ἀερτάζουσι καλύπτρης·
κόλποι δ' ἀμφοτέρωθεν ἐπ' ἀψίδεσσι χυθέντες
φέγγος ἀειδίνητον ἐμαιώσαντο σελήνης·
τοῖχοι δ' ἀντιπέρηθεν ἀμετρήτοισι κελεύθοις   60
θεσπεσίους λειμῶνας ἀνεζώσαντο μετάλλων,
οὓς φύσις ἀνθήσασα μέσοις ἐνὶ βένθεσι πέτρης

Wahrlich, der Frömmigkeit Tun bleibt nimmer verborgen, und niemals
löscht die Vergessenheit aus, was treffliche Tugend geschaffen.
Wie viele Stätten, drin Gott man verehrt, deine Hände errichtet,
weißt du selbst nicht einmal; ich glaube, du, du allein schon
hast auf der ganzen Erde unzählige Kirchen geschaffen,
da du immer die Diener des himmlischen Gottes gefürchtet.
    Wie sie die treffliche Spur der Eltern in allem verfolgte,
also schenkte sie auch einem ewgen Geschlechte das Leben,
ist sie doch immer der Frömmigkeit Weg bis zu Ende gewandelt.
Drum, ihr Diener des Königs, der oben im Himmel gebietet,
denen sie Gaben verteilt und denen sie Kirchen erbaut hat,
nehmt sie gnädig in Schutz, sie selbst mit dem Sohn und den Töchtern.
Möge unendlicher Ruhm dem edlen Geschlechte der Fürstin
bleiben, solange die Sonne im feurigen Wagen dahinzieht.

Am Eingang derselben Kirche an der Außenseite des Narthex nach den Apsiden zu

Welcher Chor wohl genügt, Julianes Werke zu preisen?
Siehe, nach Konstantin, der sein Rom so köstlich geschmückt hat,
nach Theodosios dann, dem goldenen, heiligen Lichte,
nach dem gewaltigen Stamm so fürstlicher Ahnen hat diese
nun ein erhabenes Werk, des Geschlechtes würdig, in wenig
Jahren vollendet, sie hat als einzge die Zeit überwunden,
hat übertroffen die Weisheit des ruhmvollen Salomon, da sie
baute ein gottempfangendes Haus, dessen kunstvolle, lichte
Schönheit ein ganzes Jahrhundert genug nicht zu preisen vermöchte.
Sieh, wie es aufwärts sich hebt aus tiefgewurzelten Gründen,
hoch sich schwingend von unten, die Sterne des Äthers verfolgend!
Wie es so breit sich dehnt und streckt von Morgen nach Abend,
während in Phaëthons Licht so hier wie dorten die Seiten
unaussprechlich erstrahlen! Und unzerstörbare Säulen,
stehend auf Säulen zur Rechten und Linken des mittleren Ganges,
tragen den funkelnden Glanz von der goldenen Decke der Kuppel.
Hüben und drüben erschließen Vertiefungen sich zu Apsiden
und entbinden des Mondes beständig wechselnden Schimmer.
Gegenüber die Wände umfassen auf endlosem Pfade
einen Gürtel der prächtigsten Aun aus marmornen Platten,
die die Natur tief innen im Felsen hat aufblühen lassen;

130   Anthologia Graeca I

ἀγλαΐην ἔκλεπτε, Θεοῦ δ' ἐφύλασσε μελάθροις
δῶρον 'Ιουλιανῆς, ἵνα θέσκελα ἔργα τελέσσῃ,
ἀχράντοις κραδίης ὑπὸ νεύμασι ταῦτα καμοῦσα.   65
τίς δὲ φέρων θοὸν ἴχνος ἐπὶ ζεφυρηίδας αὔρας
ὑμνοπόλος σοφίης, ἑκατὸν βλεφάροισι πεποιθώς,
τοξεύσει ἑκάτερθε πολύτροπα δήνεα τέχνης,
οἶκον ἰδὼν λάμποντα, περίδρομον, ἄλλον ἐπ' ἄλλῳ,
ἔνθ' ἵνα καὶ γραφίδων ἱερῶν ὑπὲρ ἄντυγος αὐλῆς   70
ἔστιν ἰδεῖν μέγα θαῦμα, πολύφρονα Κωνσταντῖνον,
πῶς προφυγὼν εἴδωλα θεημάχον ἔσβεσε λύσσαν
καὶ Τριάδος φάος εὗρ⟨εν⟩ ἐν ὕδασι γυῖα καθήρας;
    Τοῖον 'Ιουλιανή, μετὰ μυρίον ἑσμὸν ἀέθλων,
ἤνυσε τοῦτον ἄεθλον ὑπὲρ ψυχῆς γενετήρων   75
καὶ σφετέρου βιότοιο καὶ ἐσσομένων καὶ ἐόντων.

* 22 ποῦ Jac. οὐ 29 l: μένουσιν ἄριστε πάντα μέχρι τῆς σήμερον ἔτεσι πεντακοσίοις
30 ταῦτα μὲν ἐν τῷ ναῷ ἔνδοθεν κύκλῳ περιγράφονται 32 νηούς Sternbach ναούς
34 ἴχνευσι P em. Jac. 41 lemma add. A 47 ἔτεσι P em. Boiss. 51 βαθυρίζ- P¹ em. c
61 add. P: τέσσαρές εἰσι πίνακες, ἐν οἷς [ᾧ P] ταῦτα περιγράφονται ἀνὰ στίχους
πέντε ἢ καὶ ἕξ· ἐσχατός ἐστι πίναξ ὁ πρὸς τοῖς δεξιοῖς μέρεσι τῆς εἰσόδου, ἐν ᾧ ἐπιγέ-
γραπται ταῦτα. 64 τελέσσῃ Jac. -σθῇ 68 δήνεα Jac. λίνεα 69 οἶκον δ' P em. Jac.
72 λύσσαν c λήθην P¹ 73 εὗρ⟨εν⟩ Jac.

11

Εἰς τοὺς ἀγίους 'Αναργύρους τοὺς εἰς τὰ Βασιλίσκου

Τοῖς σοῖς θεράπουσιν ἡ θεράπαινα προσφέρω
Σοφία τὸ δῶρον. Χριστέ, προσδέχου τὰ σὰ
καὶ τῷ βασιλεῖ μου μισθὸν 'Ιουστίνῳ δίδου
νίκας ἐπὶ νίκαις κατὰ νόσων καὶ βαρβάρων.

12

Εἰς τὴν ἀγίαν Εὐφημίαν τὴν 'Ολυβρίου

Εἰμὶ δόμος Τριάδος, τρισσὴ δέ με τεῦξε γενέθλη.
πρώτη μὲν πολέμους καὶ βάρβαρα φῦλα φυγοῦσα
τεύξατο καί μ' ἀνέθηκε Θεῷ ζωάγρια μόχθων
Θευδοσίου θυγάτηρ Εὐδοξία· ἐκ δέ με κείνης
Πλακιδίη κόσμησε σὺν ὀλβίστῳ παρακοίτῃ·

doch sie verhehlte den Glanz, ihn wahrend fürs Heiligtum Gottes
als Julianes Geschenk, daß göttliche Werke sie schüfe;
und sie vollendete sie, da rein war der Wille des Herzens.
Welcher Sänger der Weisheit, vom hurtigen Schritte zur westwärts
blickenden Seite gebracht und mit hundert Augen gerüstet,
faßt wohl die Fülle der Stoffe, die rings die Kunst hier geschaffen,
wenn er zwei Bauten bemerkt, im Umkreis, übereinander?
Kann man doch dort in der Wölbung des Narthex ein mächtiges
heiliger Bilder erblicken: wie Konstantinos, der weise,   [Wunder
flieht vor den Bildern der Götzen, das gottlose Rasen beendet,
rein wird im Wasser und endlich das Licht der Dreifaltigkeit findet.
    Siehe, so hat Juliane nach zahllosen anderen Werken
dies auch vollbracht für die Seele der Eltern, fürs eigene Leben
und für das Leben der Menschen, der Menschen von heute und fürder.

Anonym

An der St. Anargyroikirche im Basiliskosbezirk

Ich, deine Dienerin Sophia, bringe dies
als Gabe deinen Dienern. Nimm das Deine, Christ,
und schenke meinem Könige Justin dafür
Sieg über Sieg ob Krankheit und Barbarenvolk.

Anonym

An der von Olybrios gestifteten St. Euphemiakirche

Bin der Dreifaltigkeit Heim, mich schufen drei Menschengeschlechter.
Als Theodosios' Tochter Eudoxia Kriegen und wilden
Horden entronnen, da ließ sie als erste mich bauen und weihte
Gott mich zum Dank für die Rettung aus Fährlichkeiten; nach dieser
zierte Plakidia mich, sie selbst und ihr seliger Gatte.

εἰ δέ που ἀγλαΐης ἐπεδεύετο κάλλος ἐμεῖο,
τήνδε μοι ὀλβιόδωρος ὑπὲρ μνήμης γενετήρων
δῶκεν Ἰουλιανὴ καὶ ὑπέρτατον ὤπασε κῦδος
μητέρι καὶ γενέτῃ καὶ ἀγακλέι μητρὶ τεκούσης,
κόσμον ἀεξήσασα παλαίτερον εἰς ἐμὸν ἔργον.   10

10 εἰς nos ·ἐσδ' // αἴσιμον ἔργον Jac. ἐς τόδ' ἐνεργοῦ Lumb.

13

Εἰς τὸν αὐτὸν ναὸν ἔνδοθεν τοῦ περιδρόμου

Κάλλος ἔχον καὶ πρόσθεν ἐπήρατον, ἀλλ' ἐπὶ μορφῇ
τῇ πρὶν ἀρειοτέρην νῦν λάχον ἀγλαΐην.

14

Ἄλλο

Οὕτω γῆρας ἐμὸν μετὰ μητέρα καὶ μετὰ τηθὴν
ξῦσεν Ἰουλιανή, καὶ νέον ἄνθος ἔχω.

15

Ἄλλο

Ἦν ἄρα καὶ κάλλους ἔτι κάλλιον· εὖτ' ἐμὸν ἔργον,
καὶ πρὶν ἐὸν περίπυστον, ἀοίδιμον ἐς χθόνα πᾶσαν,
ἀγλαΐης προτέρης ἐς ὑπέρτερον ἤγαγε κάλλος
τόσσον Ἰουλιανή, ὅσον ἄστρασιν ἀντιφερίζειν.

l: καὶ ταῦτα ἐν τῷ ναῷ τῆς ἁγίας μάρτυρος Εὐφημίας ἐν τοῖς Ὀλυβρίου.

16

Ἄλλο

Αὐτὴν ἐργοπόνοισιν ἐπιπνείουσαν ἀρωγὴν
εἶχεν Ἰουλιανὴ μάρτυρα νηοπόλον·
οὔποτε γὰρ τοῖόν τε τόσον τ' εὐδαίδαλον ἔργον
ἤνυσεν, οὐρανίης ἔμπλεον ἀγλαΐης.

3 novum lemma ἄλλο add. P.

Was meiner Schönheit sodann an weiterem Glanze noch fehlte,
hat Juliane voll edlem Sinn, ihrer Eltern gedenkend,
treu mir gegeben und hat den Ruhm von Vater und Mutter
und der erlauchten Mutter der Mutter aufs höchste gesteigert,
mehrend an meinem Gebäude den Schmuck der früheren Tage.

Anonym

An der gleichen Kirche, Innenseite der Galerie

Liebliche Schönheit besaß ich auch früher schon, jetzt aber fand ich
zu der früheren Pracht einen besonderen Glanz.

Anonym

Ein anderes

Also erneuerte mich nach Mutter und Mutter der Mutter
Juliane: verjüngt steh ich in blühender Pracht.

Anonym

Ein anderes

Schöneres gabs also noch als Schönheit. War dies mein Gebäude
früher schon weit auf der Erde umher berühmt und besungen,
hat Juliane ihm jetzt noch stolzeren Glanz als die alte
Schönheit gegeben, so sehr, daß nun es sich mißt mit den Sternen.

Anonym

Ein anderes

Sie, die Märtyrerin, der Kirche Beschützerin, selber
half Juliane, des Baus Schaffnern den Geist zu erhöhn.
Nie hätte diese allein solch wunderbares, solch schönes,
großes Gebäude voll Glanz himmlischen Lichtes vollbracht.

Anonym

17

*Αλλο

Οὐκέτι θαυμάζεις προτέρων κλέος· οὐ διὰ τέχνης
εὖχος ἐν ὀψιγόνοις λίπον ἄσπετον, ὁσσάτιόν περ
κῦδος Ἰουλιανῆς πινυτόφρονος, ἢ χάριν ἔργων
ἀρχεγόνων νίκησε νοήματα πάνσοφα φωτῶν.

1 οὐ: οἱ Stadtm. 3 novum lemma ἄλλο add. P.

18

Εἰς ἀκούβιτον, εἰς Βαήν

Τῆς ἀγαθῆς ἀγαθὸς μὲν ἐγὼ κύκλος Ἀγαθονίκης
· ·
ἄνθετο δ' ἀχράντῳ μάρτυρί με Τροφίμῳ.

Post 1 spatium 4 versuum rel. P.

19. ΚΛΑΥΔΙΑΝΟΥ

Εἰς τὸν σωτῆρα

Ὦ πυρὸς ἀενάοιο σοφὴν ὠδῖνα φυλάσσων,
ἐμβεβαὼς κόσμοιο παλινδίνητον ἀνάγκην,
Χριστέ, θεορρήτοιο βίου φυσίζοε πηγή,
πατρὸς ἀσημάντοιο Θεοῦ πρωτόσπορε φωνή,
ὃς μετὰ μητρῴων τοκετῶν ἐγκύμονα φόρτον					5
καὶ γόνον αὐτοτέλεστον ἀνυμφεύτων ὑμεναίων
στήσας Ἀσσυρίης γενεῆς ἑτερόφρονα λύσσαν,
ὄργια δ' εἰδώλων κενεῶν ψευδώνυμα λύσας,
αἰθέρος ἀμφιβέβηκας ἐφ' ἑπτάζωνον ὀχῆα,
ἀγγελικαῖς πτερύγεσσιν ἐν ἀρρήτοισι θαάσσων,					10
ἴλαθι, παγγενέταο Θεοῦ πρεσβήιον ὄμμα,
φρουρὲ βίου, σῶτερ μερόπων, αἰῶνος ἀνάσσων.

1: οὗτος ὁ Κλαυδιανός ἐστιν ὁ γράψας τὰ πάτρια Ταρσοῦ, Ἀναζάρβου, Βηρύτου,
Νικαίας. — 3 θεορρήτοιο P¹ -ρύτοιο c 5 μετὰ Jac. μέγα 7 Ἀσυρίης P.

Ein anderes

Wahrlich, nun staunst du nicht mehr ob dem Ruhme der Alten; ihr
[Schaffen
hat ihnen nie bei der Nachwelt solch leuchtenden Namen errungen
gleich dem Ruhme der klugen Juliane, die heute durch ihre
Werke die weisen Gedanken der Menschen von einstmals besiegt hat.

Anonym

Auf einem (runden) Sessel in Baë

Bin der vortreffliche „Kreis" der vortrefflichen Agathonike
. . . .
Trophimos, Märtyrer, dir Heiligem weihte sie mich.

Anonym

An den Erlöser

Du, der den weisen Schoß des ewigen Feuers behütet,
der in des Weltalls Wirbelgesetz du stiegest, o Christus,
lebenspendender Quell des gottgesprochenen Lebens,
erstgeborenes Wort von Gott, dem unnennbaren Vater,
du, voreinstens die Bürde im Leib der gebärenden Mutter,
selbstvollendete Frucht der Brautnacht ohne den Gatten,
du, der die rasende Wut des assyrischen Volkes beschwichtet,
der die falschen Mysterien der eitlen Götzen vernichtet
und den siebenzonigen Halt des Himmels umwandelt,
hingetragen von Engeln auf unaussprechlichen Flügeln:
sei uns gnädig, ehrwürdiges Licht des allschaffenden Vaters,
Hüter des Lebens, du Heiland der Menschen, der Ewigkeit König.

Klaudianos

20. ΤΟΥ ΑΥΤΟΥ ΚΛΑΥΔΙΑΝΟΥ

Εἰς τὸν αὐτόν

Ἀρτιφανές, πολοοῦχε, παλαιγενές, υἱὲ νεογνέ,
αἰὲν ἐὼν προεών τε, ὑπέρτατε, ὕστατε, Χριστέ,
ἀθανάτοιο πατρός τε ὁμόχρονε, πάμπαν ὁμοῖε.

1: εἰς τὸν δεσπότην Χριστόν. - 1 πολιοῦχε P em. Jac. // νεοττέ Jeep. 2 ἐὼν ex αἰὼν P.

21

Εἰς τὸν αὐτόν

Παῖ, γέρον, αἰώνων προγενέστερε, πατρὸς ὁμῆλιξ.

22

Εἰς τὸν αὐτόν

Πατρὸς ἐπουρανίου λόγε πάνσοφε, κοίρανε κόσμου,
ὁ βροτέην γενεὴν τιμήσας εἰκόνι σεῖο,
σὴν χάριν ἄμμιν ὄπαζε καὶ ὀλβιόδωρον ἀρωγήν·
εἰς σὲ γὰρ εἰσορόωσιν ἐν ἐλπίσιν ὄμματα πάντων.

23. ⟨ΜΑΡΙΝΟΥ⟩

Εἰς τὸν αὐτόν

Ἀθανάτου πατρὸς υἱὲ συνάχρονε, κοίρανε πάντων,
αἰθερίων μεδέων, εἰναλίων, χθονίων,
δμωὶ τεῷ, τῷ τήνδε βίβλον γράψαντι Μαρίνῳ,
δὸς χάριν εὐεπίης καὶ λογικῆς σοφίης.

Marino tribuit Jac.

24

Εἰς τὸν αὐτόν

Σύνθρονε καὶ συνάναρχε τεῷ πατρὶ πνεύματί τ' ἐσθλῷ,
οἰχομένων ὄντων τε καὶ ἐσσομένων βασιλεύων,
τῷ ταῦτα γράψαντι τεὴν χάριν αὐτὸς ὀπάζοις,
ὄφρα κε σῆς ἐφετμῇσι καλῶς βίου οἶμον ὁδεύοι.

An denselben

Himmelsherr, ebenerschienen, Uralter, jüngst erst geboren,
Ewigwährender du, Vorzeitlicher, Höchster und Letzter,
Christus, dem ewigen Vater gleichaltrig und gleich ihm in allem.

Klaudianos

An denselben

Kindlein und Greis, Vorzeitlicher du, gleichaltrig dem Vater.

Anonym

An denselben

Himmlischen Vaters allwissendes WORT, du König des Weltalls,
der durch sein Bild der Sterblichen Volk zur Ehre gebracht hat,
gib uns Gnade und schenke uns segenspendende Hilfe!
Siehe, auf dich hin blicken voll Hoffnung die Augen von allen.

Anonym

An denselben

Sohn, der an ewigen Vaters Unsterblichkeit teilhat, Allherrscher,
    Walter im Himmel und Meer, Walter auf Erden: verleih,
daß dein Diener Marinos, der dieses Werk hier geschrieben,
    herrlich zu reden und stets weise zu denken vermag.

⟨*Marinos*⟩

An denselben

Throner mit Vater und Heiligem Geist, du Ewger mit ihnen,
Herr ob den Wesen, die tot sind, die leben und fürder erst werden,
gieße du selbst deine Gnade auf den, der dieses geschrieben,
daß er mit deinem Willen den Lebenspfad glücklich durchwandle.

Anonym

25

Εἰς τὸν αὐτόν

Χριστέ, Θεοῦ σοφίη, κόσμου μεδέων καὶ ἀνάσσων,
ἡμετέρην τὸ πάροιθε πλάσας μεροπηίδα φύτλην,
δός με θέειν βίου οἶμον ἐν ὑμετέραις ἐφετμῇσι.

26

Εἰς τὸν αὐτόν

Ὑψιμέδων Θεοῦ υἱέ, φαεσφόρον ἀίδιον φῶς,
σήν μοι ὄπαζε χάριν καὶ νῦν καὶ ἔπειτα καὶ αἰεί,
ὡς προθέλυμνον ἐοῦσαν ὅτῳ καὶ ὅπῃ κατανεύσεις.

1 φαεσφ. Stadtm. φωσφ.   3 δυσαν P em. Jac. // ὅτῳ Jac. οὕτω.

27

Εἰς τὸν αὐτόν

Πανσθενὲς υἱὲ Θεοῦ, Χριστέ, προάναρχε ἀπάντων,
πᾶσιν ἐπιχθονίοις σωτήρια νάματα βλύζων,
μητρὸς ἀπειρογάμοιο τεῆς λιτέων ἐπακούων,
σὴν χάριν ἄμμιν ὄπαζε καὶ ἐν μύθοις καὶ ἐν ἔργοις.

28. ⟨ΜΑΡΙΝΟΥ⟩

Εἰς τὸν αὐτόν

Χριστέ, Θεοῦ σοφίη, ὄπασον χάριν εὐεπιάων
καὶ λογικῆς σοφίης ἐμπέραμον τέλεσον,
ὃς τόδε τεῦχος ἔγραψεν ἑαῖς χείρεσσι Μαρῖνος,
φάρμακον ἀφραδίης, πρόξενον εὐφραδίης.

Marino tribuit Jac. – 1 χάριν ὤπασον P em. Stadtm. 3 χερσὶ P em. Jac.

An denselben

Christus, Weisheit von Gott, du König und Walter des Weltalls,
der du in einstigen Tagen uns sterbliche Völker geschaffen,
laß mich die Pfade des Lebens nach deinem Willen durcheilen.

Anonym

An denselben

Gottes hochwaltender Sohn, lichtbringende, währende Leuchte,
gieß deine Gnade auf mich so heute wie fürder und immer,
denn sie ist fest und gegründet, wem immer und wie du sie zusagst.

Anonym

An denselben

Gottes allmächtiger Sohn, vor allen ewig Gewesner,
gießest die Tropfen des Heils auf die Irdischen alle, o Christus,
hörest die flehenden Bitten der reinen, jungfräulichen Mutter:
sende uns Gnade hernieder und segne uns Worte und Werke.

Anonym

An denselben

Christus, Weisheit von Gott, o gib, daß Marinos zu reden
   trefflich versteht und zugleich weise Gedanken beherrscht,
er, der hier dieses Werk mit eigenen Händen geschrieben,
   wehrend dem törichten Wort, lehrend zur Rede die Kunst.

⟨*Marinos*⟩

29

Εἰς τὸν αὐτόν· μονόστιχα

Χριστέ, τεὴν προΐαλλε χάριν καμάτοισιν ἐμεῖο.

Ἄλλο

Ὁ Χριστὸς καὶ ἐμοῖς ἐπιτάρροθος ἔσσεται ἔργοις.

Ἄλλο

Χριστὸς ἐμοῖς καμάτοισιν ἀρηγόνα χεῖρα τιταίνοι.

Ἄλλο

Χριστέ, σύ μοι προΐαλλε τεὴν πολύολβον ἀρωγήν.

Ἄλλο

Χριστέ, τεὴν καμάτοισιν ἐμοῖς χάριν αὐτὸς ὀπάζοις.

1 προΐάλλοις P em. Jac.

30

Εἰς τὸν αὐτόν

Χριστὲ μάκαρ, μερόπων φάος ἄφθιτον, ἐλπὶς ἁπάντων,
ἐσθλὰ δίδου χατέουσι, τὰ δ' οὐ καλὰ νόσφιν ἐρύκοις.

In P hic [Pᵃ] et post I 116 [Pᵇ]. – Pᵃ: εἰς τὸν αὐτόν Pᵇ: εὐκτικά A, εἰς τὸν σωτῆρα J.

31

Εἰς τὴν ὑπεραγίαν θεοτόκον

Παμμεδέοντα, ἄνασσα, Θεοῖο γόνον, τεὸν υἱόν,
ἄγγελοι ὃν τρομέουσι, τεῇς παλάμῃσι κρατοῦσα,
πρευμενέα πραπίδεσσιν ὑπὲρ μερόπων τελέθουσα,
ῥύεο συντηροῦσα ἀπήμονα κόσμον ἅπαντα.

32

Εἰς τὸν ἀρχάγγελον Μιχαήλ

Ὧδε ταλαιπαθέων χραισμήϊα θέσκελα κεῖται,
ἢ δέμας ἢ κραδίην τειρομένων μερόπων·
καὶ γὰρ ἀνιάζουσα πόνων φύσις αὐτίκα φεύγει
οὔνομα σόν, Μιχαήλ, ἢ τύπον ἢ θαλάμους.

1 χραιμήϊα P em. Jac.   4 τύπον ex τύπου P.

An denselben. Einzeiler

a

Christus, gieße du Gnade auf meine Werke hernieder!

b

Christus wird künftig auch mir die Arbeit beschützen und schirmen.

c

Christus, o halte die hilfreiche Hand ob all meinen Werken!

d

Christus, gieße mir Hilfe und reichlichen Segen hernieder!

e

Christus, o spende du selbst mir Gnade auf all meine Werke!

Anonym

An denselben

Seliger Christ, unser ewiges Licht, du Hoffnung von allen,
gib den darbenden Menschen das Gute und wehre dem Übel.

Anonym

An die hochheilige Gottesmutter

Die auf den Armen du trägst dein Kind, o Königin, Gottes
hochallmächtigen Sohn, vor dem die Engel erzittern,
du, die sein Herz voll Huld für die Erdengeborenen stimmet:
schirme die ganze Welt und wahre sie gnädig vor Schaden!

Anonym

An den Erzengel Michael

Göttliche Heilmittel liegen dahier für leidende Menschen,
ob nun die Schmerzen der Leib oder die Seele erfährt.
Denn die quälende Kraft der Schmerzen weicht, Michael, eiligst
vor deinem Namen und Bild und deinem Hause hinweg.

Anonym

33. ΝΕΙΛΟΥ ΣΧΟΛΑΣΤΙΚΟΥ

Εἰς εἰκόνα τοῦ ἀρχαγγέλου

Ὡς θρασὺ μορφῶσαι τὸν ἀσώματον. ἀλλὰ καὶ εἰκὼν
ἐς νοερὴν ἀνάγει μνῆστιν ἐπουρανίων.

34. ΑΓΑΘΙΟΥ ΣΧΟΛΑΣΤΙΚΟΥ

Εἰς τὸν αὐτὸν ἐν Πλάτῃ

Ἄσκοπον ἀγγελίαρχον, ἀσώματον εἴδεϊ μορφῆς,
ἃ μέγα τολμήεις, κηρὸς ἀπεπλάσατο.
ἔμπης οὐκ ἀχάριστον, ἐπεὶ βροτὸς εἰκόνα λεύσσων
θυμὸν ἀπιθύνει κρέσσονι φαντασίῃ·
οὐκέτι δ' ἀλλοπρόσαλλον ἔχει σέβας, ἀλλ' ἐν ἑαυτῷ   5
τὸν τύπον ἐγγράψας ὡς παρεόντα τρέμει·
ὄμματα δ' ὀτρύνουσι βαθὺν νόον· οἶδε δὲ τέχνη
χρώμασι πορθμεῦσαι τὴν φρενὸς εἰκασίην.

1-2 Suid. s. σκοπῶν, 2 s. ἃ ἅ; ἅ... κηρός s. μέγας // ἀνεπλάσ- Suid. 3 λεύσων et
4 φαντασίῃ P em. Jac. 8 εἰκασίην Powell ἰκεσίην.

35. ΤΟΥ ΑΥΤΟΥ

Εἰς τὸν αὐτόν

Καρικὸς Αἰμιλιανὸς Ἰωάννης τε σὺν αὐτῷ,
Ῥουφῖνος Φαρίης, Ἀγαθίης Ἀσίης,
τέτρατον, ἀγγελίαρχε, νόμων λυκάβαντα λαχόντες,
ἄνθεσαν εἰς σέ, μάκαρ, τὴν σφετέρην γραφίδα,
αἰτοῦντες τὸν ἔπειτα καλὸν χρόνον. ἀλλὰ φανείης   5
ἐλπίδας ἰθύνων ἐσσομένου βιότου.

Lemma: add. 1: ἐν τῷ Σωσθενίῳ.

Auf ein Bild des Erzengels (Michael)

Ihn, einen Unleibhaften, zu formen! Wie kühn! Doch das Bildwerk
führt zu geistigem Schau'n himmlischer Wesen hinan.

Neilos Scholastikos

Auf denselben in Plate

Ihn, den Unleibhaften, den Unsichtbaren, der Engel
  Obersten brachte das Wachs (welch eine Kühnheit!) im Bild.
Doch willkommen auch dies; denn wer das Gemälde betrachtet,
  führt seine Seele sofort aufwärts zu höherem Flug.
Nicht mehr schwankt sein frommes Gefühl; wer das Bild in sich auf-
  Furcht erfaßt ihn, als ständ leibhaft der Engel vor ihm.   [nimmt,
Schon seine Augen erregen das Herz in der Tiefe: Wie sinnig
  führt mit den Farben die Kunst Bilder der Seele herauf!

Agathias Scholastikos

An denselben (im Sosthenion)

Aimilianos von Karien, Rufinos von Alexandria,
  ferner Johannes sowie Asiens Agathias auch
weihten dir, seliger Herrscher der Engel, nachdem sie nun glücklich
  vier Jahre Rechte studiert, dieses ihr Bild mit dem Wunsch,
daß ihr zukünftiges Leben voll Segen und Glück sei. O steure
  auch in der kommenden Zeit ihre Erwartung ans Ziel!

Agathias

36. ΑΓΑΘΙΟΥ ΣΧΟΛΑΣΤΙΚΟΥ

Εἰς εἰκόνα Θεοδώρου Ἰλλουστρίου καὶ δὶς ἀνθυπάτου, ἐν ᾗ γέγραπται παρὰ τοῦ ἀρχαγγέλου δεχόμενος τὰς ἀξίας· ἐν Ἐφέσῳ

Ἵλαθι μορφωθείς, ἀρχάγγελε· σὴ γὰρ ὀπωπὴ
ἄσκοπος, ἀλλὰ βροτῶν δῶρα πέλουσι τάδε.
ἐκ σέο γὰρ Θεόδωρος ἔχει ζωστῆρα μαγίστρου
καὶ δὶς ἀεθλεύει πρὸς θρόνον ἀνθυπάτων,
τῆς δ' εὐγνωμοσύνης μάρτυς γραφίς· ὑμετέρην γὰρ   5
χρώμασι μιμηλὴν ἀντετύπωσε χάριν.

1: ταῦτα ἐν Ἐφέσῳ γέγραπται ἐν τῷ νάρθηκι τοῦ Θεολόγου.

37

Εἰς τὴν Χριστοῦ γέννησιν

Σάλπιγγες, στεροπαί, γαῖα τρέμει· ἀλλ' ἐπὶ μήτρην
παρθενικὴν κατέβης ἄψοφον ἴχνος ἔχων.

38

Εἰς τὸ αὐτό

Οὐρανὸς ἡ φάτνη, καὶ οὐρανοῦ ἔπλετο μείζων·
οὐρανὸς ἐργασίη τοῦδε πέλει βρέφεος.

Lemma 1.

39

Εἰς τοὺς ποιμένας καὶ τοὺς ἀγγέλους

Εἷς χορός, ἓν μέλος ἀνθρώποισι καὶ ἀγγελιώταις,
οὕνεκεν ἄνθρωπος καὶ θεὸς ἓν γέγονεν.

40

Εἰς τὴν Χριστοῦ γέννησιν

Οὐρανὸς ἡ φάτνη, καὶ οὐρανοῦ ἔπλετο μείζων,
οὕνεκεν ὅνπερ ἔδεκτο ἄναξ πέλεν οὐρανιώνων.

Auf einem Bild des Theodoros Illustrios, der zweimal Prokonsul
war; darauf ist er dargestellt, wie er von dem Erzengel (Michael)
seine Amtsabzeichen empfängt; in Ephesos

Erzengel, nimm denn in Gnaden die Form an; dein Antlitz ist nimmer
   sichtbar, hier liegen jedoch Gaben von sterblicher Hand.
Daß Theodoros den Gürtel des Kanzlers besitzt, daß er zweimal
   zu dem Prokonsulstuhl hingelangt, danket er dir.
Zeuge des dankbaren Sinnes ist dieses Gemälde: er drückte
   das, was du gütig ihm gabst, treulich in Farben hier aus.

Agathias Scholastikos

Auf die Geburt Christi

Blitze! Trompeten! Es zittert die Erde ...! Doch als zu der Jungfrau
   Schoße hernieder du stiegst, war er geräuschlos, dein Schritt.

Anonym

Auf das gleiche

Einst ward die Krippe zum Himmel und war noch größer als dieser;
   hat doch den himmlischen Bau selbst erst erschaffen das Kind.

Anonym

Auf die Hirten und die Engel

Nur einen Chor, ein Lied von Menschen und Engeln vernehm ich.
   Fragst du weswegen? Weil Eins Mensch ist geworden und Gott.

Anonym

Auf die Geburt Christi

Einst ward die Krippe zum Himmel und war noch größer als dieser;
   denn der, den sie empfing, war der Herrscher der himmlischen Scharen.

Anonym

41

Εἰς τοὺς μάγους

Οὐκέτι δῶρ' ἀνάγουσι μάγοι πυρὶ ἡελίῳ τε·
ἡέλιον γὰρ ἔτευξε τόδε βρέφος, ὡς πυρὸς αὐγάς.

42

Εἰς τὸ Βηθλεέμ

Δέχνυσο, Βηθλεέμ, ὃν προέειπε προφήτης ἐσθλὸς
ἵξεσθαι λαῶν ἡγούμενον ἐκ σοῦ ἁπάντων.

2 ἵζεσθαι P em. Jac.

43

Εἰς τὴν Ῥαχήλ

Τίπτε, Ῥαχήλ, γοόωσα πικρὸν κατὰ δάκρυον εἴβεις; —
,,Ὀλλυμένην ὁρόωσα γονὴν κατὰ δάκρυον εἴβω.''

1 γόωσα P em. Jac.

44

Εἰς τὸν εὐαγγελισμόν

Χαῖρε, κόρη χαρίεσσα, μακαρτάτη, ἄφθορε νύμφη·
υἷα Θεοῦ λαγόνεσσιν ἄτερ πατρὸς ἔμβρυον ἕξεις.

45

Εἰς τὸν ἀσπασμόν

Ἔνδοθι γαστρὸς ἐὼν σκιρτήμασιν εἶπε προφήτης
σὸν γόνον ὡς θεός ἐστι, καὶ ἤνεσε πότνια μήτηρ.

1 εἶπε Desr. εἶδε.

46

Εἰς τὴν ὑπαντήν

Πρεσβύτα, παῖδα δέχοιο, Ἀδὰμ προγενέστερον ὄντα,
ὅς σε βίου λύσει τε καὶ ἐς βίον ἄφθιτον ἄξει.

2 λύσει τε Jac. λύσειε [defend. Keydell, sed cf. ἄξει].

Auf die Magier

Keine Geschenke mehr bringen die Magier für Feuer und Sonne,
denn dies Kindlein erschuf so Sonne wie strahlendes Feuer.

Anonym

Auf Bethlehem

Nimm denn, o Bethlehem, den, von dem ein Prophet so trefflich
sagte, er komme aus dir, um sämtliche Völker zu führen.

Anonym

An Rahel

Rahel, weswegen vergießt du voll Klagen so bittere Tränen? —
„Seh ich mein eigenes Volk doch vergehn; drum vergieße ich Tränen."

Anonym

Auf die Verkündigung

Heil dir, holdselige Jungfrau, du Glückliche, Braut ohne Makel!
Siehe, du wirst in dem Leib ohne Vater den Gottessohn tragen.

Anonym

Auf die Heimsuchung

Der Prophete bekannte durch Hüpfen im Leibe der Mutter,
Gott sei dein Kindlein, und Beifall bezeugte die würdige Mutter.

Anonym

Auf die Begegnung

Nimm denn den Knaben, mein Alter, ihn, der schon vor Adam gewesen,
der dich vom Leben erlöst und ins ewige Leben dich hinführt.

Anonym

47

Εἰς τὴν βάπτισιν

Πατρὸς ἀπ' ἀθανάτοιο μέγα σθένος ἤλυθε πνεῦμα,
υἱὸς ἐπεὶ βαπτίζετ' 'Ιορδάνου ἀμφὶ ῥέεθρα.

1 μέγα σθένος ἤλθε P¹ μεγασθενὲς ἤλυθε c.

48

Εἰς τὴν μεταμόρφωσιν

'Αδὰμ ἦν ζο . . .

Finem versus om. et spatium alterius versus rel. P.

49

Εἰς τὸν Λάζαρον

Χριστὸς ἔφη· ,,Πρόμολ' ὦδε", καὶ ἔλλιπε Λάζαρος ᾅδην,
αὐαλέῳ μυκτῆρι παλίνσοον ἆσθμα κομίζων.

2 αὐαλέῳ ex ἀνὰ λέῳ P.

50

Εἰς τὸν αὐτὸν ἐν 'Εφέσῳ

Ψυχὴν αὐτὸς ἔτευξε, δέμας μόρφωσεν ὁ αὐτός·
Λάζαρον ἐκ νεκύων ἐς φάος αὐτὸς ἄγει.

51. ⟨ΓΡΗΓΟΡΙΟΥ ΤΟΥ ΘΕΟΛΟΓΟΥ⟩

Εἰς τὸν αὐτόν

Τέτρατον ἦμαρ ἔην, καὶ Λάζαρος ἔγρετο τύμβου.

Migne Patr. Gr. 37, 494. – Tit. om. P.

Auf die Taufe

Siehe, voll Stärke erschien der Geist vom unsterblichen Vater,
als die Taufe empfing der Sohn in den Fluten des Jordans.

Anonym

Auf die Verklärung

Adam war . . .

Anonym

Auf Lazarus

„Komme hierher!" sprach Christus, und Lazarus stieg aus dem Hades,
und durch vertrocknete Nüstern ging wieder beseelend der Atem.

Anonym

Auf denselben; in Ephesos

Wie er die Seele geschaffen, so hat er den Leib auch gestaltet,
    führt den Lazarus auch her von den Toten zum Licht.

Anonym

Auf denselben

Siehe, vier Tage schon warens, als Lazarus wach ward im Grabe.

⟨*Gregor von Nazianz*⟩

52

Εἰς τὰ Βαΐα

Χαῖρε, Σιὼν θύγατερ, καὶ δέρκεο Χριστὸν ἄνακτα
πώλῳ ἐφεζόμενον καὶ ἐς πάθος αἶψα κιόντα.

Lemma: add. J: ἤτουν τὴν βαϊοφόρον.

53

Εἰς τὸ Πάσχα

Ἀμνὸν ἔπαυσε νόμου καὶ ἄμβροτον ὤπασε θῦμα
Χριστός, ἐὼν ἱερεύς, αὐτὸς ἐὼν θυσίη.

54

Εἰς τὴν σταύρωσιν

Ὢ πάθος, ὢ σταυρός, παθέων ἐλατήριον αἷμα,
πλῦνον ἐμῆς ψυχῆς πᾶσαν ἀτασθαλίην.

1 παθέων Jac. παθῶν.

55

Εἰς τὸν αὐτόν

Παρθένου υἱὸν ἔφη τὸν παρθένον, ἄλλον ἑαυτόν.
ἵλαθι, τῆς καθαρῆς δέσποτα παρθενίης.

56

Εἰς τὴν ἀνάστασιν

Χριστὸς ἐὼν Θεὸς εἷλε νέκυς ἐξ ᾄδου πάντας·
μοῦνον δὲ βροτολοιγὸν ἀκήριον ἔλλιπεν Ἄιδην.

57

Εἰς τὸν ἀμνὸν τοῦ Θεοῦ

Ψυχῆς ἐν φλιῇσιν ἐμῆς σωτήριον αἷμα
ἀμνοῦ· ὀλοθρεύων, φεῦγε, μὴ ἐγγὺς ἴθι.

Auf Palmsonntag

Tochter Zions, o freu dich! O sieh, wie Christus, der König,
sich auf das Fohlen gesetzt und rasch nun zum Leiden sich wendet.

Anonym

Auf das Osterlamm

Ab schuf Christus das Lamm des Gesetzes und weihte ein ewges
Opfer, darinnen er selbst Priester und Schlachtopfer ist.

Anonym

Auf die Kreuzigung

O du Leiden, du Kreuz, du Blut, das von Leiden erlöste,
wasche von sündigem Fehl gänzlich die Seele mir rein.

Anonym

Auf (Christus)

Sohn der Jungfrau, ein anderes Selbst, so nannt er den Reinen.
Sei uns gnädig, der du keuschestes Magdtum besitzt.

Anonym

Auf die Auferstehung

Sämtliche Toten hat Christus, der Gott, aus dem Hades genommen;
lebend nur ließ er zurück den menschenvertilgenden Hades.

Anonym

Auf das Lamm Gottes

Lammes beschirmendes Blut, ich habs an die Pfosten der Türe
meiner Seele getan: nah nicht, Verderber, – geh fort!

Anonym

58

Εἰς τὸν πόκον Γεδεών

Εἰς πόκος ὄμβρον ἔχει, λεκάνη δρόσον ὤπασεν αὐτός·
ἄβροχος αὐτὸς ὅδε· κρύπτε νόῳ κρύφια.

2 ὅδε Jac. ὥδε.

59

Εἰς τὸν Μωσῆ καὶ εἰς τὴν θυγατέρα Φαραῶ

Αἰγυπτίη κρύφιόν τε βρέφος καὶ ἐγγύθεν ὕδωρ·
ἃ προτυποῖ μούνοις εὐσεβέεσσι λόγον.

2 λόγον Boiss. -οις.

60

Εἰς τὸν αὐτόν, ὅτε τὰς παλάμας ἐξέτεινεν τροπούμενος τὸν Ἀμαλήι

Σταυροφανῶς τανύεις παλάμας τίνος εἵνεκα, Μωσῆ; —
,,Τῷδε τύπῳ Ἀμαλὴκ ὄλλυται ἀμφότερος.''

1 Μωσῆι P em. Jac.

61

Εἰς τὸν αὐτόν

Ῥύεο σὴν ἐθνικὴν νύμφην παρὰ ὕδασι, Μωσῆ,
νυμφίου ἀψευδοῦς οὕνεκέν ἐσσι τύπος.

1 Μωσῆι P em. Jac.

62

Εἰς τὴν κιβωτόν, ὅτε τὸν Ἰορδάνην ἐπέρασεν

Λάρνακι χρυσείῃ ῥόος εἴκαθεν· ἵλαθι, Χριστέ,
σὸς τύπος ἡ λάρναξ τῇδε λοεσσομένου.

1 χρυσείη et 2 λοεσσόμενον P em. Jac.

63

Ἐξ ἐθνῶν καὶ Ἄγαρ. τί δὲ ἄγγελος; ἢ τί τὸ ὕδωρ;
ἐξ ἐθνῶν καὶ ἐγώ· τούνεκεν οἶδα τάδε.

2 οἶδα c οἶδεν P¹.

Auf das Schaffell Gideons

Nur auf das Schaffell regnete Tau; der füllte die Schale.
  Hier blieb es trocken vom Tau. Birg dies Geheimnis in dir.

Anonym

Auf Moses und die Tochter Pharaos

Eine Ägypterin nah an der Flut und verborgen ein Kindlein:
  nur für die Frommen besagt dieses prophetisch: das WORT.

Anonym

An denselben, als dieser durch Ausstrecken der Arme den Amalek in die Flucht schlug

Moses, was streckst du die Arme so aus in Form eines Kreuzes? —
  „Richtet die Amaleks doch beide zugrunde dies Bild."

Anonym

An denselben

Schütz deine heidnische Braut an den Fluten des Wassers, o Moses,
  du, der das Muster und Bild ehrlichen Bräutigams ist.

Anonym

Auf die Bundeslade, als sie den Jordan überquerte

Siehe, es wich der Strom vor der goldenen Lade. Sei gnädig,
  Christus, die Lade bist du, da du ins Wasser hier tauchst.

Anonym

Auf Hagar

Auch die Hagar war Heidin. Was Engel und Wasser hier sollen?
  Ich auch war Heide, daher weiß ich die Antwort darauf.

Anonym

64

Εἰς τοὺς ο' φοίνικας καὶ τὰς ιβ' πηγάς

Ἑπτάκι τοὺς δέκα φοίνικας, δυοκαίδεκα πηγὰς
Χριστοῦ τοσσατίων ἴσθι τύπους ἑτάρων.

1 ἑπτάκι ex -ις P.

65

Εἰς τὸν Ἀβραάμ

Ἀβραὰμ υἱὸν ἄγει θυσίην Θεῷ· ἵλαθι, ποίην
νοῦς ὁράᾳ θυσίην, ἧς τόδε γράμμα τύπος.

66

Εἰς τὸν Μελχισεδὲκ διδοῦντα τῷ Ἀβραὰμ οἶνον καὶ ἄρτους

Μελχισεδὲκ βασιλεῦ, ἱερεῦ, ἄρτους τε καὶ οἶνον
ὡς τίς ἐὼν παρέχεις; — „Ὡς τύπος ἀτρεκίης."

2 ἐὼν Jac. ἔχων.

67

Εἰς τὸν Ἀβραάμ, ὅτε ὑπεδέξατο τὸν Θεόν

Μορφὴν ἐνθάδε μοῦνον ἔχει Θεός· ὕστερον αὖτε
ἐς φύσιν ἀτρεκέως ἤλυθεν ἀνδρομέην.

1 μούνην P em. Jac.

68

Εἰς τὸν Ἰσαὰκ καὶ τὸν Ἰακώβ, ὅτε αὐτὸν ηὐλόγησεν

Πνοιὴν μὲν διὰ πνεῦμα, δέρας δὲ λάχον διὰ γράμμα·
εὐφραίνει πατέρα νοῦς Θεὸν εἰσορόων.

69

Εἰς τὴν Ῥεβέκκαν

Νυμφίε μουνογενές, νύμφη ἐθνική σε φιλοῦσα
κάτθορεν ἐξ ὕψους, σώματος οὐ καθαροῦ.

Auf die 70 Palmen und die 12 Quellen

Siebenzig Palmen, zwölf Quellen; doch wisse, Sinnbilder sind es,
nehmen auf ebensoviel Jünger des Heilands Bezug.

Anonym

Auf Abraham

Abraham führt seinen Sohn, um Gott ihn zu opfern. Welch Opfer
ahnt man, wofür dieses Bild, gütiger Himmel, Symbol!

Anonym

An Melchisedek, als er Abraham Wein und Brote gibt

König und Priester Melchisedek, sprich, wer bist du, so daß du
Wein und Brote gewährst? — „Sinnbild der Wahrheit bin ich.“

Anonym

Auf Abraham, als er Gott empfing

Gott hat nur äußerlich hier Gestalt eines Menschen, in wirklich
wahre Menschennatur stieg er erst später hinab.

Anonym

Auf Isaak, als er Jakob segnete

Geist gab ihnen Geruch, der Buchstabe führte zum Felle,
gotterblickender Sinn wurde dem Vater zur Lust.

Anonym

Auf Rebekka

Bräutigam, einziger Sohn, von der Höhe des unreinen Tieres
sprang deine heidnische Braut ob ihrer Liebe zu dir.

Anonym

70

Εἰς τὴν αὐτήν

Τηλόθεν οὐχ ὑδάτων μνηστεύετο πότνα 'Ρεβέκκα,
νύμφης ἐξ ἐθνῶν οὕνεκέν ἐστι τύπος.

71

Εἰς τὴν Σωμανίτιν

Εὐχὴ 'Ελισσαίου, Σωμανῖτι, δὶς πόρεν υἱόν,
πρῶτα μὲν ἐκ γαστρός, δεύτερα δ' ἐκ νεκύων.

72

Εἰς τὴν μηλωτὴν 'Ηλίου

Τοῦτο δέρας προλέγει ἀμνὸν Θεοῦ εἵνεκα πάντων
ἀνθρώπων ζωῆς τῆδε λοεσσόμενον.

73

Εἰς τὸν Δαβὶδ χριόμενον

'Εν νῷ ἔχων πέφρικα, πατὴρ τίνος ἔκλυε Δαβὶδ
οὗτος, ὃν εἰσοράᾳς ἐνθάδε χριόμενον.

74

Εἰς τὸν τυφλόν

Οὔνομα τῇ πηγῇ 'Εσταλμένος· ἀλλὰ τίς ἐκ τοῦ
ἔσταλται, νοέεις, ὄφρα τέλεια βλέποις;

75

Εἰς τὴν Σαμαρεῖτιν

Οὐ τύπος, ἀλλὰ Θεὸς καὶ νυμφίος ἐνθάδε νύμφην
σῴζει, τὴν ἐθνικήν, ὕδατος ἐγγὺς ἰδών.

Auf dieselbe

Unfern der Wasser wurde gefreit die hehre Rebekka,
   ist sie doch Sinnbild der Braut aus einem heidnischen Volk.

Anonym

Auf die Sunamitin

Zweimal gab dir Elisas Gebet einen Sohn, Sunamitin:
   einmal rang er vom Schoß, dann von den Toten sich los.

Anonym

Auf Elias' Schaffell

Dieses Fell prophezeit: für das Leben der sämtlichen Menschen
   taucht dereinst hier das Lamm Gottes ins Wasser hinein.

Anonym

Auf die Salbung Davids

Schauer erfaßt mich, bedenk ich, als wessen Vater man David
   einst bezeichnete, ihn, den man, du siehst es, hier salbt.

Anonym

Auf den Blinden

Zwar, der Quell heißt „Gesandter". Doch weißt du, wer und von wem
   denn gesandt ist, daß ganz licht es im Auge dir wird?   [er

Anonym

Auf die Samariterin

Sinnbild nicht ists, sondern Gott; ein Bräutigam ist es, der seine
   heidnische Braut hier beschirmt, die er am Wasser erblickt.

Anonym

76

Εἰς τὸν γάμον

Τεῦξε μὲν ἀτρεκέως οἶνον Θεός· ὅσσα δὲ κρυπτὰ
θαύματος, εἰ Χριστοῦ πνεῦμά σ' ἔχει, νοέεις.

2 πνεῦμά σ' Heoker πνεῦμα.

77

Εἰς τὴν χήραν τὴν τὸν Ἠλίαν θρέψασαν

Βλύζει ἐλαιηρὴ κάλπις καὶ κίστη ἀλεύρου,
ἔμπεδον ἡ χήρη οὕνεκα πίστιν ἔχει.

1 λαιχηρή P¹ λαιψηρή c em. Boiss.

78

Εἰς Πέτρον τὸν ἀπόστολον

Πάντων ἀρχιερεὺς Πέτρος Θεοῦ ἀρχιερήων,
ὃς Θεοῦ ἐκ φωνῆς ἔλλαχε τοῦτο γέρας.

79

Εἰς Παῦλον τὸν ἀπόστολον

Παῦλος ἐπεὶ θεῖον σέλας οὐρανοῦ ἔδρακεν ἄντην,
φωτὸς ἀπειρεσίου γαῖαν ἔπλησεν ὅλην.

80

Εἰς 'Ιωάννην τὸν ἀπόστολον

'Αρχιερεὺς 'Εφέσοιο θεηγόρος ἐκ Θεοῦ εἶπεν
πρῶτος 'Ιωάννης, ὡς Θεὸς ἦν ὁ λόγος.

81

Εἰς τὸν αὐτόν

Καὶ λαλέοντος ἄκουσε λόγου καὶ πέφραδεν αὐτὸς
πρῶτος 'Ιωάννης, ὡς Θεὸς ἦν ὁ λόγος.

Auf die Hochzeit (zu Kanaan)

Gott machte wirklich den Wein; jedoch das Geheimnis des Wunders
   merkst du erst dann, wenn der Geist Christi in dir sich erschließt.

Anonym

Auf die Witwe, die den Elias speiste

Voll vom Öl ist der Krug und voll vom Mehle der Kasten,
   weil die Witwe getreu sicheren Glauben besitzt.

Anonym

Auf den Apostel Petrus

Hochpriester über die andern Hochpriester Gottes ist Petrus,
   der aus göttlichem Mund dieses als Vorrecht empfing.

Anonym

Auf den Apostel Paulus

Dafür, daß Paulus den göttlichen Glanz des Himmels gesehen,
   goß er unendliches Licht über den Erdball hinweg.

Anonym

Auf den Apostel Johannes

Bischof von Ephesos war er, der gottesgelehrte Johannes,
   der als erster von Gott sagte: „Das WORT war der Gott".

Anonym

Auf denselben

Siehe, Johannes vernahm mit den Ohren die Reden des WORTES,
   und als erster sodann sprach er: „Das WORT war der Gott".

Anonym

82

Εἰς τὸν αὐτόν

Οὐρανίης σοφίης θεοτερπὲς δῶμα κιχήσας
εἶπεν Ἰωάννης, ὡς Θεὸς ἦν ὁ λόγος.

Lemma: add. 1: ἀπόστολον Ἰωάννην.

83

Εἰς τὸν Ματθαῖον

Γράψε Θεοῦ σαρκώσιος ἔξοχα θαύματα πάντα
Ματθαῖος σελίδεσσιν, ἐπεὶ λίπε δῶμα τελώνου.

84

Εἰς τὸν Λουκᾶν

Ἀθανάτου βιότοιο τελεσφόρα ἔργματα Χριστοῦ
πυκτίου ἐν λαγόνεσσι σαφῶς ἐνέπασσέ γε Λουκᾶς.

1 ἀθανάτου Jac. -άτοι   2 ἐνέπασσ' ὅδε Stadtm.

85

Εἰς τὸν Μάρκον

Οὐ κατ' ἐπωνυμίην Αἰγύπτιον ἔλλαχε λαὸν
ὄρφνη, ἐπεὶ φωνῆς Μάρκου ἔδεκτο φάος.

86

Εἰς τὸν ἅγιον Βασίλειον

Παρθενίην Βασίλειος Ἰωάννου σοφίην τε
ἔλλαχεν, ἶσα λαχὼν καὶ τάδε Γρηγορίῳ.

2 Γρηγορίῳ P¹ -όριος c.

87

Εἰς τὸν ἅγιον Πολύκαρπον

Οἰκτίρμων Πολύκαρπος, ὃ καὶ θρόνον ἀρχιερῆος
ἔσχε καὶ ἀτρεκέως μαρτυρίης στεφάνους.

1 ὃ [= ὃς] Boiss. ὁ.

Auf denselben

Als Johannes den Fuß in die gotterfreuende Hausung
himmlischer Weisheit gesetzt, sprach er: „Das WORT war der Gott".

Anonym

Auf Matthäus

Sämtliche herrlichen Wunder der Fleischwerdung Gottes beschrieben
hat Matthäus im Buch, nachdem er das Zollhaus verlassen.

Anonym

Auf Lukas

Sämtliche Taten in Christi unsterblichem Leben hat Lukas
auf den Seiten des Buches genau und verständlich geschildert.

Anonym

Auf Markus

Trotz seines Namens erkor das Volk in Ägypten kein Dunkel,
tönte von Markus ihm doch leuchtend entgegen das Wort.

Anonym

Auf den hl. Basileios

Basileios erloste vom Himmel die Keuschheit und Weisheit
des Johannes – genau, was sich auch Gregor erlost.

Anonym

Auf den hl. Polykarpos

Mitleidig war Polykarpos, er, der den Thron eines Bischofs
und des Märtyrertums Kränze in Wahrheit besaß.

Anonym

162 Anthologia Graeca I

88

Εἰς τὸν ἄγιον Διονύσιον

Οὐρανίων θιάσων ἱεραρχικὰ τάγματα μέλψας,
μορφοφανῶν τε τύπων κρύφιον νόον εἰς φάος ἕλκων,
ζωοσόφων λογίων θεοτερπέα πυρσὸν ἀνάπτεις.

Cod. Flor. apud Band. I 31 (plut. V 11). - 1 ἱεράρχια P -άρχικα Flor.

89

Εἰς τὸν ἄγιον Νικόλαον

Νικόλεων Πολύκαρπος ἔχει σχεδόν, οὕνεκεν ἄμφω
εἰς ἔλεον παλάμας ἔσχον ἑτοιμοτάτας.

90. ΣΩΦΡΟΝΙΟΥ ΠΑΤΡΙΑΡΧΟΥ ΙΕΡΟΣΟΛΥΜΩΝ

Εἰς Κῦρον καὶ Ἰωάννην

Κύρῳ, ἀκεστορίης πανυπέρτατα μέτρα λαχόντι,
καὐτῷ Ἰωάννῃ, μάρτυσι θεσπεσίοις,
Σωφρόνιος, βλεφάρων ψυχαλγέα νοῦσον ἀλύξας,
βαιὸν ἀμειβόμενος τήνδ᾽ ἀνέθηκε βίβλον.

Maii spicileg. 3,95. - Tit. add. l, Σενέκα Ιατροσοφιστοῦ spic. 1 λαχόντι c -τα P¹.

91

Εἰς Ἰουστινιανὸν τὸν βασιλέα ἐν Ἐφέσῳ

Ἰουστινιανὸν καὶ ἠγαθέην Θεοδώρην
στέψεν Ἰωάννης Χριστοῦ ἐφημοσύναις.

92. ⟨ΓΡΗΓΟΡΙΟΥ ΤΟΥ ΘΕΟΛΟΓΟΥ⟩

Ἐν Καισαρείᾳ εἰς τὸν ναὸν τοῦ ἁγίου Βασιλείου

Ἦν ὅτε Χριστὸς ἴαυεν ἐφ᾽ ὁλκάδος ἔμφυτον ὕπνον,
τετρήχει δὲ θάλασσα κυδοιμοτόκοισιν ἀήταις,
δείματί τε πλωτῆρες ἀνίαχον· „Ἔγρεο, σῶτερ·
ὀλλυμένοις ἐπάμυνον." ἄναξ δὲ κέλευεν ἀναστὰς

An den hl. Dionysios

Hast die heiligen Ränge der himmlischen Chöre besungen,
hast den verborgenen Sinn der symbolischen Bilder beleuchtet
und das göttliche Feuer der weisen Orakel entzündet.

Anonym

Auf den hl. Nikolaus

Nikolaus' Bild ist nahe dem Bild Polykarpos', weil beiden
immer die Hände bereit waren, um Gutes zu tun.

Anonym

Auf Kyros und Johannes

Kyros, dem Arzte, der Höchstes erreicht, und Johannes, dem heilgen
göttlichen Märtyrerpaar, ward von Sophronios nun,
da er die Krankheit der Augen, die Qual seiner Seele, beseitigt,
als ein schwächlicher Dank hier dieses Büchlein geweiht.

Sophronios, Patriarch von Jerusalem

Auf Kaiser Justinian; in Ephesos

Justinianos sowie Theodora, die göttliche, wurden
von Johannes gekrönt, wie es ihm Christus befahl.

Anonym

Zu Kaisareia in der Kirche des hl. Basileios

Einst lag Christus zu Schiff im Schlaf, wie Natur ihn gegeben,
rauh und hoch ging die See, durchwühlt von tosenden Stürmen,
siehe, da bangten die Schiffer und riefen: ,,Heiland, erwache!
Hilf uns! Wir gehen zugrund.'' Da erhob sich der Herr, und den Stürmen

ἀτρεμέειν ἀνέμους καὶ κύματα, καὶ πέλεν οὕτως· 5
θαύματι δὲ φράζοντο Θεοῦ φύσιν οἱ παρεόντες.

* Lemma: add. 1: ἤγουν εἰς τὴν μεγάλην ἐκκλησίαν. – Migne 37, 506 [=M]; inscriptio apud Sinasos Cappadocenses inventa [=Grégoire, Rev. Instr. Publ. Belg. 1909, 164]. – Anonymo trib. P, Gregorio **M 1** ἐφ' ὀλκ- **M 3** ἀνίαχον c **M** ἀνίσχον P¹.

93

Εἰς τὸν αὐτὸν ναόν

Ζωογόνων ἀρετῶν τετρακτύος εἰκόνα λεύσσων
σεῦε νόον πρὸς μόχθον ἑκούσιον· εὐσεβίης γὰρ
ἱδρῶτες δεδάασιν ἀγήραον ἐς βίον ἕλκειν.

1 λεύσσων Jac. λεύσων.

94

Εἰς τὴν κοίμησιν τῆς ὑπεραγίας θεοτόκου

Νεύμασι θεσπεσίοιο μετάρσιοι ἤλυθον ἄρδην
ἐς δόμον ἀχράντοιο ἀμωμήτοιο γυναικὸς
κεκλόμενοι μαθηταὶ ἀλλήλοισιν αἰγλήεντες,
οἱ μὲν ἀπ' ἀντολίης, οἱ δ' ἑσπερίοιο γαίης,
ἄλλοι μεσημβρίης, ἕτεροι βαῖνον δ' ἀπ' ἀρκτῴων, 5
διζήμενοι κηδεῦσαι σῶμα τὸ σωσικόσμοιο.

4 ἑσπερίοισιν P em. Boiss. **6** σωσισκόμοιο P¹ em. J.

95

'Εν 'Εφέσῳ

Σοί, μάκαρ, ἐκ σέο δῶκα, τάπερ πόρες ἄμμιν ἄρηι.

96

Εἰς σκῆπτρον

Τοῦτο γέρας λάχεν ἐσθλὸς 'Αμάντιος, ὡς βασιλῆι
πιστὸς ἐών, Χριστὸν δὲ θεουδείησιν ἰαίνων.

2 θεοῦ δίησιν corr. in θεουδίησιν P em. Jac.

und den Wogen gebot er zu schweigen, und also geschah es.
Doch die Männer erkannten am Wunder sein göttliches Wesen.

⟨*Gregor von Nazianz*⟩

In derselben Kirche

Sehend das Bild der vier belebenden Tugenden, treibe
selber die Seele dir an zur Mühe; denn Tropfen des Schweißes
ob des Guten verstehen, zum ewigen Leben zu führen.

Anonym

Auf den Tod der hochheiligen Gottesmutter

Hoch von oben erschienen, geheißen von Gottes Gebote,
in dem Hause des reinen, von keinem Makel berührten
Weibes die Jünger, hellstrahlend und oft einander sich rufend,
diese von Osten herüber und jene vom Lande des Abends,
andere kamen von Mittag und wieder andre von Norden,
um den Leib zu bestatten der Frau, die das Weltall gerettet.

Anonym

Inschrift aus Ephesos

Was du im Kriege mir schenktest, dir, Seliger, hab ichs gegeben.

Anonym

Auf ein Szepter

Dieses zur Ehre erhielt Amantios, weil er dem König
Treue bewiesen und Christus durch Frömmigkeit Freude bereitet.

Anonym

97

'Εν τῇ Μελέτῃ

Νηὸς ἐγὼ κύδιστος 'Ιουστίνοιο ἄνακτος,
καί μ' ὕπατος Θεόδωρος, ὁ καρτερός, ὁ τρὶς ὕπαρχος,
ἄνθετο καὶ βασιλῆι καὶ υἱέι παμβασιλῆος,
'Ιουστινιανῷ, στρατιῆς ἡγήτορι πάσης.

98

Εν τῷ αὐτῷ τόπῳ

"Εργον ὁρᾷς περίπυστον 'Ιουστίνου βασιλῆος
'Ιουστινιανοῦ τε, μεγασθενέος στρατιάρχου,
λαμπόμενον στεροπῇσιν ἀμετρήτοιο μετάλλου·
τοῦτο κάμεν Θεόδωρος ἀοίδιμος, ὃς πόλιν ἱρὴν
τὸ τρίτον ἀμφιβέβηκεν ἔχων ὑπατηίδα τιμήν.   5

4 πόλιν ἄρας c πολινήρης (?) P¹ em. Grégoire.

99. ⟨ΚΥΡΟΥ⟩

'Εν τῷ κίονι τοῦ ὁσίου Δανιὴλ ἐν τῷ 'Ανάπλῳ

Μεσσηγὺς γαίης τε καὶ οὐρανοῦ ἵσταται ἀνήρ,
πάντοθεν ὀρνυμένους οὐ τρομέων ἀνέμους.
τοὔνομα μὲν Δανιήλ, μεγάλῳ Συμεῶνι δ' ἐρίζει,
ἴχνια ῥιζώσας κίονι διχθαδίῳ·
λιμῷ δ' ἀμβροσίᾳ τρέφεται καὶ ἀναίμονι δίψῃ,   5
υἱέα κηρύσσων μητρὸς ἀπειρογάμου.

* Vitae Danielis codd. [V; R = ἐν συντόμῳ; M = Metaphrasti vita]. – 1 ... οὐρανοῦ
om. V3 R M 3–6   2 παντάχοθεν V 1,3 R // ὀρνύμενος P¹ V3 M 3–6   3 om.
P spatio rel. // μὲν et μεγάλῳ add. Delehaye // Συμεὼν V2 M // δὲ ῥίζη V3 M
4 τεύχεα V3 R M   5 λιμῷ PV 2 τροφῇ rel. // ἀπήμονι PR ἀναίμονι VM Suid. s. ἀναίμονες
6 κηρύττων V 1 RM 1, 2.

100

Εἰς Νεῖλον μοναχόν

Νείλου μὲν ποταμοῖο ῥόος χθόνα οἶδε ποτίζειν,
Νείλου δ' αὖ μοναχοῖο λόγος φρένας οἶδεν ἰαίνειν.

Lemma: add. l: τὸν μέγαν ἐν ἀσκηταῖς.

In der Melete

Bin die ruhmvolle Kirche des Kaisers Justinos; der Konsul
Theodoros, der starke, der dreimal Verweser des Feldherrn
war, er hat mich geweiht dem Kaiser, geweiht auch des Kaisers
Sohne Justinianos, dem Führer ob sämtlichen Heeren.

Anonym

Ebenda

Sieh hier das herrliche Werk des Kaisers Justin und des großen,
mächtigen Justinianos, des Herrschers über den Heeren,
funkelnd von Blitzen, die zucken von Erzes unendlicher Fülle.
Ruhmvoll erschufs Theodoros, der treu die heilige Stadt hier
rings umschirmte, indes er zum drittenmal Konsul gewesen.

Anonym

Auf der Säule des hl. Daniel bei der Einfahrt in den Pontos

Siehe, es steht ein Mann inmitten von Himmel und Erde
    ohne Furcht vor dem Wind, der ihn von ringsher bedrängt.
Daniel wird er genannt, wetteifernd mit Symeons Größe;
    doppelt der Säule Schaft, drauf er die Füße gestellt.
Er ernährt sich von leiblosem Durst und ambrosischem Hunger
    und verkündet den Sohn, den eine Jungfrau gebar.

Kyros

Auf den Mönch Neilos, (den großen Asketen)

Wissen die Wasser des Neilos, des Flusses, die Erde zu tränken,
wissen die Worte des Neilos, des Mönches, die Herzen zu wärmen.

Anonym

101. ΜΕΝΑΝΔΡΟΥ ΠΡΟΤΙΚΤΟΡΟΣ

Εἰς Πέρσην μάγον γενόμενον χριστιανὸν καὶ μαρτυρήσαντα

Ἦν πάρος ἐν Πέρσησιν ἐγὼ μάγος Ἰσβοζήτης,
   εἰς ὁλοὴν ἀπάτην ἐλπίδας ἐκκρεμάσας.
εὖτε δὲ πυρσὸς ἔδαπτεν ἐμὴν πόλιν, ἦλθον ἀρῆξαι·
   ἦλθε δὲ καὶ Χριστοῦ πανσθενέος θεράπων·
κείνῳ δ᾽ ἐσβέσθη δύναμις πυρός, ἀλλὰ καὶ ἔμπης   5
   νικηθεὶς νίκην ἤνυσα θειοτέρην.

FHG 4, 238 [= F]. – **1** Ἰσαοζίτης F **5** πυρός P φλογός F.

102

Εἰς τὸν σωτῆρα

Ὦ πάντων ἐπέκεινα (τί γὰρ πλέον ἄλλο σε μέλψω;)
πῶς σὲ τὸν ἐν πάντεσσιν ὑπείροχον ἐξονομήνω;
πῶς δὲ λόγῳ μέλψω σὲ τὸν οὐδὲ νόῳ περιληπτόν;

Lemma: add. l: καὶ κύριον ἡμῶν Ἰησοῦν Χριστόν, τὸν υἱὸν τοῦ Θεοῦ.– Olympio-
dorus ad Plat. Gorg. [N. Jbb. 1848, 128 (Ol^a) et 532 (Ol^b)]. – **2** ἐξονομήνω P ὑμνο-
πολεύσω Ol **3** πῶς... σὲ: π. σε λ. μέλψαιμι Ol^a τίς δὲ λόγος μέλψει σε Ol^b //
νόῳ Ol λόγῳ P [cf. Empedocl. 2,8: οὔτε νόῳ περιληπτά].

103

Εἰς ὑπέρθυρον οἴκου ἐν Κυζίκῳ

Μῶμε μιαιφόνε, σός σε κατέκτανε πικρὸς ὀιστός·
ῥύσατο γὰρ μανίης με τεῆς Θεὸς ὄλβιον οἶκον.

Lemma: add. l: σωθέντος ἀπὸ πυρός. – **2** με ex τε vel σε P.

104

Εἰς τὴν θήκην τῶν λειψάνων τοῦ ἁγίου μάρτυρος Ἀκακίου καὶ
Ἀλεξάνδρου

Μάρτυρος Ἀκακίοιο Ἀλεξάνδρου θ᾽ ἱερῆος
ἐνθάδε σώματα κεῖται, τάπερ χρόνος ὄλβιος ηὖρε.

2 κεῖται: cf. παῦσαι III 3, 2, κεύθεται XV 31,1.

Auf einen persischen Zauberer, der Christ wurde und den Märtyrer-
tod fand

Zauberer Isbozetes war einst ich im Lande der Perser,
  und auf verderblichen Trug war meine Hoffnung gesetzt.
Als meine Stadt nun vom Feuer verzehrt ward, da eilt ich zu helfen;
  auch vom allmächtigen Christ eilte ein Diener herbei.
Dieser erstickte die Macht des Feuers; doch war ich besiegt auch,
  ich errang einen Sieg, welcher noch göttlicher war.

Menandros Protektor

An den Heiland, (unsern Herrn Jesus Christus, Sohn Gottes)

O du Höchstes ob allem – wie könnte ich besser dich preisen? –
ach, wie soll ich dich nennen, Erhabenster du unter allen,
wie dich preisen im Wort, der selbst dem Verstand nicht erfaßbar?

Anonym

Auf dem Türsturz eines Hauses in Kyzikos, (das vor dem Feuer
gerettet wurde)

Blutiger Bube, dich traf dein eigener bitterer Mordpfeil,
vor deinem Wahnsinn hat Gott mich glückliche Hausung gerettet.

Anonym

Auf der Lade mit den Reliquien des hl. Märtyrers Akakios und des
Priesters Alexandros

Priester war Alexandros, Akakios Märtyrer: ihre
irdischen Reste sind hier, von glücklichen Zeiten gefunden.

Anonym

105

Εἰς Εὐδοκίαν, τὴν γυναῖκα Θεοδοσίου βασιλέως

Ἡ μὲν σοφὴ δέσποινα τῆς οἰκουμένης,
ὑπ' εὐσεβοῦς ἔρωτος ἠρεθισμένη,
πάρεστι δούλη, προσκυνεῖ δ' ἑνὸς τάφον
ἡ πᾶσιν ἀνθρώποισι προσκυνουμένη.
ὁ γὰρ δεδωκὼς τὸν θρόνον καὶ τὸν γάμον   5
τέθνηκεν ὡς ἄνθρωπος, ἀλλὰ ζῇ θεός.
κάτω μὲν ἠνθρώπιζεν· ἦν δ', ὡς ἦν ἄνω.

Lemma: add. 1: τοῦ μικροῦ.

106

Ἐν τῷ χρυσοτρικλίνῳ Μαζαρινοῦ

Ἔλαμψεν ἀκτὶς τῆς ἀληθείας πάλιν
καὶ τὰς κόρας ἤμβλυνε τῶν ψευδηγόρων·
ηὔξησεν εὐσέβεια, πέπτωκε πλάνη,
καὶ πίστις ἀνθεῖ, καὶ πλατύνεται χάρις.
ἰδοὺ γὰρ αὖθις Χριστὸς εἰκονισμένος   5
λάμπει πρὸς ὕψος τῆς καθέδρας τοῦ κράτους
καὶ τὰς σκοτεινὰς αἱρέσεις ἀνατρέπει.
τῆς εἰσόδου δ' ὕπερθεν ὡς θεία πύλη
στηλογραφεῖται καὶ φύλαξ ἡ παρθένος.
ἄναξ δὲ καὶ πρόεδρος ὡς πλανοτρόποι   10
σὺν τοῖς συνεργοῖς ἱστοροῦνται πλησίον.
κύκλῳ δὲ παντὸς οἷα φρουροὶ τοῦ δόμου
νόες, μαθηταί, μάρτυρες, θυηπόλοι.
ὅθεν καλοῦμεν χριστοτρίκλινον νέον
τὸν πρὶν λαχόντα κλήσεως χρυσωνύμου,   15
ὡς τὸν θρόνον ἔχοντα Χριστοῦ κυρίου
Χριστοῦ τε μητρός, χριστοκηρύκων τύπους
καὶ τοῦ σοφουργοῦ Μιχαὴλ τὴν εἰκόνα.

* Lemma: add. 1: τοῦ μεγάλου παλατίου κύκλῳ τῆς ὀροφῆς. – 16 Χριστοῦ Jac. -ὸν.

Auf Eudokia, Gattin des Kaisers Theodosios

Die weise Königin der ganzen Erdenwelt,
von einer frommen Liebe angespornt, erscheint
als Magd und kniet hier vor des einen Grabe, sie,
vor der die andern Menschen alle niederknien.
Denn der ihr Ehe und den Thron gegeben hat,
er ist als Mensch gestorben, doch er lebt als Gott.
Hienieden Mensch, ward oben er so, wie er war.

Anonym

Im Goldsaal des Mazarinos

Nun leuchtete der Strahl der Wahrheit wieder auf
und blendete der Lügenredner Augenlicht.
Die Frömmigkeit stieg hoch, Irrlehre sank dahin,
der Glaube blüht, und Tugend breitet rings sich aus.
Denn sieh, es prangt nun Christus wiederum im Bild
hoch oben überm Thron der Kaiserlichen Macht
und treibt die Finsternis der Ketzereien aus.
Über dem Eingang hebt sich, wie ein göttlich Tor
und eine Wächterin, der reinen Jungfrau Bild,
und bei ihr sind der König und der Patriarch
mit ihren Helfern, Ketzereinbeendiger,
und rings im Kreis als Schirmer des Palastes stehn
die Geister, Jünger, Märtyrer und Priester da.
Deswegen nennen wir die Halle, die voreinst
den Namen nach dem Golde trug, jetzt Christussaal;
enthält sie doch den Thronstuhl Christi, unsers Herrn,
den seiner Mutter auch, der Christuskünder Bild
sowie das Bildnis Michaels, der Weises tut.

Anonym

107

Εἰς τὸν αὐτόν

Ὡς τὴν φαεινὴν ἀξίαν τῆς εἰκόνος
τῆς πρὶν φυλάττων, Μιχαὴλ αὐτοκράτωρ,
κρατῶν τε πάντων σαρκικῶν μολυσμάτων,
ἐξεικονίζεις καὶ γραφῇ τὸν δεσπότην,
ἔργῳ κρατύνων τοὺς λόγους τῶν δογμάτων.　　　　　5

Lemma: add. 1: χρυσοτρίκλινον. – 4 γραφῇ Jac. -ῇ.

108. ΑΔΕΣΠΟΤΟΝ

Εἰς τὸν Ἀδάμ

Οὐ σοφίης ἀπάνευθεν Ἀδὰμ τὸ πρὶν ἐκαλεῖτο,
τέσσαρα γράμματ' ἔχων εἰς τέσσαρα κλίματα κόσμου·
ἄλφα γὰρ ἀντολίης ἔλαχεν, δύσεως δὲ τὸ δέλτα,
ἄλφα πάλιν δ' ἄρκτοιο, μεσημβρίης δὲ τὸ λοιπόν.

Tit.: ἀδ [quod Ἀδάμ esse putat Stadtm.] P¹ ἔσποτον εἰς τὸν Ἀδάμ add. 1.

109. ΙΓΝΑΤΙΟΥ

ΤΟΥ ΜΑΓΙΣΤΟΡΟΣ ΤΩΝ ΓΡΑΜΜΑΤΙΚΩΝ

Εἰς τὸν ναὸν τῆς παναγίας θεοτόκου εἰς τὴν Πηγήν

Πτωθέντα κοσμεῖ τὸν ναὸν τῆς παρθένου
Βασίλειός τε σὺν Κωνσταντίνῳ, Λέων.

Tit. 1. – 1 [in marg.]: ἐν τῷ ναῷ τῆς πηγῆς.

110

Εἰς τὸν αὐτόν

Ἐκ γῆς ἀνελθὼν πατρικόν σου πρὸς θρόνον,
τὸν μιιιρικόν σου, σῶτερ, οἶκον δεικνύεις
πηγὴν νοητὴν κρειττόνων χαρισμάτων.

Lemma: add. 1: εἰς τὸν τροῦλλον, ἐν τῇ ἀναλήψει.

Auf denselben

Da du des alten Bildes lichte Würdigkeit,
o Kaiser Michael, getreu bewahren und
jedweden Schmutz des Fleisches überwinden willst,
stellst du auch Gott den Herrn in einem Bilde dar,
das Wort der Glaubenssätze stärkend durch die Tat.

Anonym

Auf Adam

Weisheit war es, die Adam vorzeiten den Namen gegeben,
gehn die vier Buchstaben doch auf die vier Regionen das Himmels:
Alpha bezeichnet den Osten, das Delta weist auf den Westen,
zweites Alpha auf Nord und die letzte Letter auf Süden.

Anonym

An der Kirche der hochheiligen Gottesmutter am Quell

Der reinen Jungfrau schon zerfallnes Heiligtum
baun Basileios, Konstantin und Leon auf.

Ignatios, Kanzleivorsteher

An derselben Kirche

Da du von Erden dich erhobst zu Vaters Thron,
wiesest du, Heiland, uns auf deiner Mutter Haus
als geistigen Urquell höchster Gnadengaben hin.

Anonym

111

'Εν τῷ αὐτῷ ναῷ, εἰς τὴν σταύρωσιν

Ὁ νεκρὸς Ἅιδης ἐξεμεῖ τεθνηκότας,
κάθαρσιν εὑρὼν σάρκα τὴν τοῦ δεσπότου.

112

Εἰς τὸν αὐτὸν ναόν, εἰς τὴν μεταμόρφωσιν

Λάμψας ὁ Χριστὸς ἐν Θαβὼρ φωτὸς πλέον
σκιὰν πέπαυκε τοῦ παλαιτάτου νόμου.

113

'Εν τῷ αὐτῷ ναῷ, εἰς τὴν ὑπαντήν

Ὁρώμενος νῦν χερσὶ πρεσβύτου βρέφος
παλαιός ἐστι δημιουργὸς τῶν χρόνων.

114

'Εν τῷ αὐτῷ ναῷ, εἰς τὸν χαιρετισμόν

Προοιμιάζει κοσμικὴν σωτηρίαν
εἰπὼν τὸ „Χαῖρε" ταῖς γυναιξὶ δεσπότης.

115

Εἰς τὴν θεοτόκον

Παρθένος υἱέα τίκτε· μεθ' υἱέα παρθένος ἦεν.

τίκτε Jac. τίκτει.

116

Εἰς τὸν αὐτόν

[Χριστὲ μάκαρ, μερόπων φάος ἄφθιτον, υἱὲ Θεοῖο,
    δῶρ' ἀπὸ κρυστάλλων, δῶρ' ἀπὸ σαρδονύχων.]
Δέχνυσο, παρθενικῆς ἰέκυς ἄφθιτον, υἱὲ Θεοῖο,
    δῶρ' ἀπὸ κρυστάλλων, δῶρ' ἀπὸ σαρδονύχων.

Lemma: corr. ex εὐκτικά [cf. 30].

In derselben Kirche. Bei der Kreuzigung

Der tote Hades speit die längst Gestorbnen aus,
nachdem das Fleisch des Herrn er fand zur Reinigung.

Anonym

In derselben Kirche. Bei der Verklärung

Da Christus leuchtender als Licht auf Tabor stand,
verflog der alten Satzung Schatten rasch in nichts.

Anonym

In derselben Kirche. Auf die Begegnung

Den man als Kind nun auf dem Arm des Greises sieht,
er ist uralt schon und der Schöpfer aller Zeit.

Anonym

In derselben Kirche. Am Bild der Begrüßung

Es kündigte das Heil des Weltalls an der Herr,
als zu den Frauen er das Wort sprach: „Seid gegrüßt!"

Anonym

Auf die Gottesmutter

Jungfrau gebar einen Sohn, war nach dem Gebären noch Jungfrau.

Anonym

Auf denselben (Christus)

[Seliger Christ, unser ewiges Licht, Sohn Gottes, so nimm denn
    dieses Geschenk aus Kristall, dies aus Sardonyx hier an.]
Nimm denn, du Sohn von Gott, du ewiges Kind einer Jungfrau,
    dieses Geschenk aus Kristall, dies aus Sardonyx hier an.

Anonym

117

Εἰς τὸν τυφλόν

Ἔβλεψε τυφλὸς ἐκ τόκου μεμυσμένος·
Χριστὸς γὰρ ἦλθεν, ἡ πανόμματος χάρις.

118

Εὐκτικά

Ἤγειρεν ἡμῖν τῶν παθῶν τρικυμίαν
ἐχθρὸς κάκιστος πνευματώσας τὸν σάλον,
ὅθεν ταράσσει καὶ βυθίζει καὶ βρέχει
τὸν φόρτον ἡμῶν ψυχικῆς τῆς ὁλκάδος.
ἀλλ', ὦ γαλήνη καὶ στορεστὰ τῆς ζάλης,   5
σύ, Χριστέ, δείξαις ἀβρόχους ἁμαρτίας
τῷ σῷ πρὸς ὅρμῳ προσφόρως προσορμίσας,
ἐχθρὸν δὲ τοῦτον συμφόρως βεβρεγμένον.

119

Ὑπόθεσις τῶν Ὁμηροκέντρων

Βίβλος Πατρικίοιο θεουδέος ἀρητῆρος,
ὃς μέγα ἔργον ἔρεξεν, Ὁμηρείης ἀπὸ βίβλου
κυδαλίμων ἐπέων τεύξας ἐρίτιμον ἀοιδήν,
πρήξιας ἀγγέλλουσαν ἀνικήτοιο Θεοῖο·
ὡς μόλεν ἀνθρώπων ἐς ὁμήγυριν, ὡς λάβε μορφὴν   5
ἀνδρομέην, καὶ γαστρὸς ἀμεμφέος ἔνδοθι κούρης
κρύπτετο τυτθὸς ἐών, ὃν ἀπείριτος οὐ χάδε κύκλος·
ἠδ' ὡς παρθενικῆς θεοκύμονος ἔσπασε μαζὸν
παρθενίοιο γάλακτος ἀναβλύζοντα ῥέεθρον·
ὡς κτάνεν Ἡρώδης ἀταλάφρονας εἰσέτι παῖδας,   10
νήπιος, ἀθανάτοιο Θεοῦ διζήμενος οἶτον·
ὣς μιν Ἰωάννης λοῦσεν ποταμοῖο ῥεέθροις·
ὥς τε δυώδεκα φῶτας ἀμύμονας ἔλλαβ' ἑταίρους·
ὅσσων τ' ἄρτια πάντα Θεὸς τεκτήνατο γυῖα,
νούσους τ' ἐξελάσας στυγερὰς βλεφάρων τ' ἀλαωτύν· 15
ἠδ' ὅππως ῥείοντας ἀπέσβεσεν αἵματος ὁλκοὺς
ἁψαμένης ἑανοῖο πολυκλαύτοιο γυναικός·

Auf den Blinden

Der Blinde, lichtlos von Geburt an schon, er sah;
denn Christus kam, die Gnade, die ganz Auge ist.

Anonym

Gebet

Er weckte einen Sturm von Leidenschaft in uns,
der böse Feind, der aufgebläht den Wogenschwall,
mit dem die Ladung unsres Seelenschiffes er
verwirrend durcheinanderstürzt, versenkt und näßt.
Doch du, o Meeresruhe, Wogenstiller du,
o schirm die Sünder, Christus, vor der Wasserflut,
laß glücklich sie vor Anker gehn in deinem Port
und laß zu ihrem Glück ertrinken ihn, den Feind.

Anonym

Inhaltsangabe des Homerocentos

Dies ist Patrikios' Buch, des göttlichen Priesters; ein großes
Werk vollendete er, als aus den Homerischen Büchern
er einen kostbaren Sang von herrlichen Versen geschaffen,
drin er die Taten verkündet des unbezwinglichen Gottes:
Wie er zum Volke der Menschen gekommen, wie Menschengestalt er
annahm und wie er, im Schoße der reinen Jungfrau verborgen,
klein nun geworden, er, den ein unendlicher Kreis nicht umfaßte;
wie er am Busen der Jungfrau, der Gottesgebärerin, saugte,
draus von jungfräulicher Milch ein sprudelndes Bächlein gekommen;
wie Herodes die Kinder, die schuldlos noch waren, getötet,
er, der töricht versucht, den unsterblichen Gott zu verderben;
wie in der strömenden Flut des Flusses Johannes ihn taufte,
wie er zwölf treffliche Männer zu Jüngern genommen, wie vielen
Gott die sämtlichen Glieder gesund wieder machte, indem er
schreckliche Leiden vertrieb und heilte die Blindheit der Augen;
wie einem klagenden Weib, das einst das Gewand ihm berührte,
er des Blutes fließenden Strom zur Beruhigung brachte

178   Anthologia Graeca I

ἠδ' ὅσσους μοίρησιν ὑπ' ἀργαλέῃσι δαμέντας
ἤγαγεν ἐς φάος αὖθις ἀπὸ χθονίοιο βερέθρου·
ὥς τε πάθους ἁγίου μνημήϊα κάλλιπεν ἄμμιν·   20
ὥς τε βροτῶν ὑπὸ χερσὶ τάθη κρυεροῖς ἐνὶ δεσμοῖς,
αὐτὸς ἑκών· οὐ γάρ τις ἐπιχθονίων πολεμίζοι
ὑψιμέδοντι Θεῷ, ὅτε μὴ αὐτός γε κελεύοι·
ὡς θάνεν· ὡς Ἀΐδαο σιδήρεα ῥῆξε θύρετρα,
κεῖθεν δὲ ψυχὰς θεοπειθέας οὐρανὸν εἴσω   25
ἤγαγεν ἀχράντοισιν ὑπ' ἐννεσίῃσι τοκῆος,
ἀναστὰς ἐν τριτάτῃ φαεσιμβρότῳ ἠριγενείῃ
ἀρχέγονον βλάστημα Θεοῦ γενετῆρος ἀνάρχου.

Mut. 388 [= M], Pal. 326 [= V]. – Lemma: Ὑπ. ἀπολογία ευφμ [εὔφημος? Εὐφήμου?] Ὁμ. ex Ὑπ. Ὁμηροκέντρων Ὁμ. P ὑπ. τῶν Ὁμ. M. – **1** Πατρικίου M //
θεοειδ- MV **4** ἀγγελέουσαν MV **5** ὃς [bis] M **7** ἀπείρατος V **8** μαστὸν V **9** παρ-
θένοιο et ῥέεθρα MV **11** θεοῖο MV **13** ὥς τε: ὅττι V **15** στυγερὴν V // ἀλαωτύς
M -τήν V **16** ὅππως Jac. ὅπως // ῥύοντας V **17** om. M // πολυκλαύστ. V **18** μοίρησιν: μαρτυρίησιν M **19** χθόνοιο βαράθ. V **23** -ντα θεόν et μήτ' M // κελεύει V
24 ῥῆξαι P // θύρατρα V **26** -ντησιν ἐπ' αἰνεσίῃσι V **27** ἀναστ. M // ἠριγένει V.

120

Ἐν Βλαχέρναις. Ἴαμβοι

Εἰ φρικτὸν ἐν γῇ τοῦ Θεοῦ ζητεῖς θρόνον,
ἰδὼν τὸν οἶκον θαύμασον τῆς παρθένου·
ἡ γὰρ φέρουσα τὸν Θεὸν ταῖς ἀγκάλαις
φέρει τὸν αὐτὸν εἰς τὸ τοῦ τόπου σέβας.
ἐνταῦθα τῆς γῆς οἱ κρατεῖν τεταγμένοι   5
τὰ σκῆπτρα πιστεύουσι τῆς νίκης ἔχειν·
ἐνταῦθα πολλὰς κοσμικὰς περιστάσεις
ὁ πατριάρχης ἀγρυπνῶν ἀνατρέπει.
οἱ βάρβαροι δὲ προσβαλόντες τῇ πόλει,
αὐτὴν στρατηγήσασαν ὡς εἶδον μόνην,   10
ἔκαμψαν εὐθὺς τοὺς ἀκαμπεῖς αὐχένας.

Par. 1630 p. 166 [= B]; Par. 690 [= M], ubi lemma: εἰς τὸν νάρθηκα ἁγίας σοροῦ
τῶν Βλαχερνῶν. – Georgio Pisidae trib. B **3** ἡ γὰρ BM αὐτὴ γὰρ ἡ P // ταῖς
BM ἐν P **9** περιλαβόντες P παραλαβ- M // τὴν πόλιν PM **10** μόνον Ducange.

und wie viele er dann, die ein grausiges Schicksal bezwungen,
aus den Tiefen der Erde zum Lichte herauf wieder führte;
wie an sein heiliges Leiden Erinnrung er uns hinterlassen;
wie ihn die Hände der Menschen an furchtbare Bande gebreitet
mit seinem Willen; denn keiner der Irdischen stritte mit einem
hochgebietenden Gott, wenn dieser nicht selbst es geböte;
wie er dann starb, wie er brach die eisernen Pforten des Hades
und auf den unbefleckten Befehl seines Vaters von dorther
all die Seelen, die frommen, hinauf zum Himmel entführte;
wie er dann aufstand am dritten, den Sterblichen leuchtenden Tage,
vorzeitgeborener Sohn des Gottes, des zeitlosen Vaters.

Anonym

An der Blachernenkirche. Jamben

Suchst du auf Erden Gottes fürchterlichen Thron,
dann schau der Jungfrau Tempel und bewundre ihn;
denn sie, die einst den Gott auf ihren Armen trug,
sie trägt den gleichen in der Hoheit dieses Orts.
Hier findet, wer als Fürst auf Erden eingesetzt,
Gewißheit, daß sein Szepter Stab des Sieges sei;
hier wendet manchen Sturz und manches Leid der Welt
der Patriarch durch Beten, nächtlich wachend, ab;
und als Barbaren stürmten wider diese Stadt
und sie allein vor unsern Heeren walten sahn,
da ward ihr unbeugsamer Nacken stracks gebeugt.

Anonym

121

Εἰς τὸν αὐτὸν ναόν

Ἔδει γενέσθαι δευτέραν Θεοῦ πύλην
τῆς παρθένου τὸν οἶκον ὡς καὶ τὸν τόκον·
κιβωτὸς ὤφθη τῆς πρὶν ἐνθεεστέρα,
οὐ τὰς πλάκας φέρουσα τὰς θεογράφους,
ἀλλ' αὐτὸν ἔνδον τὸν Θεὸν δεδεγμένη.   5
ἐνταῦθα κρουνοὶ σαρκικῶν καθαρσίων
καὶ ψυχικῶν λύτρωσις ἀγνοημάτων·
ὅσαι γάρ εἰσι τῶν παθῶν περιστάσεις,
βλύζει τοσαύτας δωρεὰς τῶν θαυμάτων.
ἐνταῦθα νικήσασα τοὺς ἐναντίους   10
ἀνεῖλεν αὐτοὺς ἀντὶ λόγχης εἰσ' ὕδωρ·
τροπῆς γὰρ ἀλλοίωσιν οὐκ ἔχει μόνην,
Χριστὸν τεκοῦσα καὶ κλονοῦσα βαρβάρους.

* B p. 166. – Georgio Pisidae trib. B 1 πύλιν B 2 καὶ: δὲ B 7 λύτρωσις B βλύζουσιν P
8 τῶν π. π. P προσβολαὶ παθημάτων B 10 τοὺς ἐν. P [in marg.], B τῶν ἐναντίων
P [in textu] 12 μόνη B 13 Χριστὸν: θεὸν B.

122. ΜΙΧΑΗΛ ΧΑΡΤΟΦΥΛΑΚΟΣ

Εἰς τὴν θεοτόκον βαστάζουσαν τὸν Χριστόν

Αὕτη τεκοῦσα παρθένος πάλιν μένει·
καὶ μὴ θροηθῇς· ἔστι γὰρ τὸ παιδίον
Θεὸς θελήσας προσλαβέσθαι σαρκίον.

Gott. phil. 4 (bis). – In P hic et post XV 17.

123. ΣΩΦΡΟΝΙΟΥ

Εἰς τὸν Κρανίου λίθον ἐν Ἱερουσαλήμ

Πέτρα τρισμακάριστε θεόσσυτον αἷμα λαχοῦσα,
οὐρανίη γενεή σε πυρὶ πνοὸς ἀμφιπολεύει,
καὶ χθονὸς ἐνναετῆρες ἀνάκτορες ὑμνοπολοῦσι.

An derselben Kirche

Ein zweites Gottestor noch mußte uns erstehn:
das Haus der Jungfrau, wie ihr Sohn bereits es war.
Es kam die Lade, göttlicher als die von einst;
sie trug die gottgeschriebnen Tafeln nicht in sich,
nein, was im Innern sie empfangen, war Gott selbst.
Hier ist der Quell der Reinigung des Fleischs, hier ist
Erlösung von den Sünden, die die Seele tat.
Denn wenn uns Leid und Not bestürmen, jederzeit
dann läßt sie spr..teln ihrer Wunder Gnadenborn.
Hier hat die Feinde sie im Kampf besiegt, doch nicht
sie mit dem Speer vernichtet, nein, ins Meer gestürzt.
Denn nicht nur einmal kehrte sie den Weltlauf um,
sie, die den Christ gebar und die Barbaren schlug.

Anonym

An einem Bild der Gottesmutter, die Christum trägt

Sie bleibt die Jungfrau, ob sie gleich geboren hat.
Erstaune deshalb nimmer! Denn das Kindlein ist
ein Gott, dem Fleisch zu werden eigner Wille war.

Michael Chartophylax

Auf den Kalvarienberg in Jerusalem

Dreimal seliger Felsen, befeuchtet von göttlichem Blute,
himmlische Scharen mit Odem wie Feuer umfliegen dich immer,
und dich preisen in Hymnen die erdebewohnenden Fürsten.

Sophronios

BUCH II

184

Vorwort zu Buch II

Verfasser des vorliegenden Gedichtes ist Christodoros von Koptos (im Gebiet des ägyptischen Thebens), der Sohn des Paniskos, der unter Anastasios I. (491–518) lebte. Außer der hier angeführten Beschreibung (Ekphrasis) verfaßte er ein Epos Isaurika[1], Versdichtungen der Urgeschichte verschiedener Städte, Lydiaka, drei Bücher Epigramme[2] u. a.

Die Ekphrasis selbst, die einzige erhaltene Schrift, die im Palatinus[3] 408[4], bei Planudes 416 Verse umfaßt, beschreibt die Statuen im Zeuxippos zu Konstantinopel. Den Namen Zeuxippos deuten die byzantinischen Gelehrten als Epitheton eines Gottes, doch scheint es sich um einen, im übrigen unbekannten Menschen zu handeln, denn der Name kommt auch sonst für Personen vor. Sachlich stellt der Zeuxippos auch nicht, wie Palatinus und Planudes sagen, ein Gymnasion, sondern Thermen[5] dar, die zwischen dem Hippodrom und der Sophienkirche lagen. Ursprünglich von Septimius Severus (193–211) erbaut, waren sie von Konstantin glänzend erneuert und mit antiken Statuen aus Griechenland, Asien und Italien überreich geschmückt worden. Doch hat schon i. J. 532 beim Nikaaufstand ein Brand die Anlagen völlig vernichtet.

Im ganzen zählt Christodoros, offenbar in der vorgefundenen Reihenfolge, 80 Statuen auf. Einige von ihnen scheinen Gruppen gebildet zu haben, so Menelaos und Helena (165), Pyrrhos und Polyxena (192), Oinone und Paris (215) sowie Dares und Entellos (225), vielleicht auch Amymone und Poseidon (61), Aineias und Krëusa (143) sowie Odysseus und Hekabe (171).

---

[1] s. zu Vers 404. [2] s. VII 697f. [3] S. 64–76[15]. Schreiber A. [4] Es fehlen V. 61–64, 222–224. 380. [5] Vgl. IX 614, 650, 803.

Auch andere Schriftsteller haben die Herrlichkeiten der Thermen, den farbigen Marmor, die Mosaiken, die Säulenhallen usw. begeistert gerühmt, doch ist die Ekphrasis des Christodoros die einzige zeitgenössische Darstellung und geht zweifellos auf persönlichen Augenschein zurück; denn der fast überall herrschende Gebrauch des Vergangenheitstempus ist keineswegs ein Beweis dafür, daß die Beschreibung erst nach der Vernichtung der Thermen verfaßt wurde. Übrigens scheinen, wie Baumgarten erkannt hat, Anfang und Schluß nicht erhalten zu sein.

Alphabetische Übersicht über die erwähnten Statuen

Achill (Vers 291)	Demosthenes (23)	Menelaos (165)
Aias Oïl. (209)	Entellos (225)	Odysseus (171)
Aias Tel. (271)	Erinna (108)	Oinone (215)
Aineias (143)	Euripides (32)	Palaiphatos (36)
Aischines (13)	Hekabe (175)	Panthoos (246)
Alkibiades (82)	Helena (168)	Paris (219)
Alkman (393)	Helenos (155)	Perikles (117)
Amphiaraos (259)	Herakleitos (354)	Pherekydes (351)
Amphitryon (367)	Herakles (136)	Pindar (382)
Amymone (61)	Hermaphrodit (102)	Platon (97)
Anaximenes (50)	Hermes (297)	Polyidos (40)
Andromache (160)	Herodot (377)	Polyxena (197)
Aphrodite (78, 99, 288)	Hesiod (38)	Pompeius (398)
Apoll (72, 266, 283)	Homer, Dram. (407)	Poseidon (65)
Apuleius (303)	Homer, Ep. (311)	Pyrrhos (56, 192)
Aristoteles (16)	Isokrates (256)	Pythagoras (120)
Artemis (306)	Kalchas (52)	Sappho (69)
Auge (138)	Kassandra (189)	Sarpedon (277)
Caesar (92)	Klytios (254)	Simonides (44)
Charidemos (241)	Koiranos (263)	Stesichoros (125)
Chilon? (228)	Kratinos (357)	Terpandros (111)
Chryses (86)	Krëusa (148)	Thukydides (372)
Dares (222)	Lampon (251)	Thymoites (248)
Deïphobos (1)	Melampus (243)	Vergil (414)
Demokritos (131)	Menandros (361)	Xenophon (388)

B. ΧΡΙΣΤΟΔΩΡΟΥ

ποιητοῦ Θηβαίου Κοπτίτου

ΕΚΦΡΑΣΙΣ

τῶν ἀγαλμάτων τῶν εἰς τὸ δημόσιον γυμνάσιον
τοῦ ἐπικαλουμένου Ζευξίππου

Δηίφοβος μὲν πρῶτος ἐυγλύπτῳ ἐπὶ βωμῷ
ἵστατο, τολμήεις, κεκορυθμένος, ὄβριμος ἥρως,
τοῖος ἐών, οἷός περ ἐπορνυμένῳ Μενελάῳ
περθομένων ἤντησεν ἑῶν προπάροιθε μελάθρων.
ἵστατο δὲ προβιβῶντι πανείκελος· εὖ δ' ἐπὶ κόσμῳ 5
δόχμιος ἦν, μανίη δὲ κεκυφότα νῶτα συνέλκων
δριμὺ μένος ξυνάγειρεν· ἔλισσε δὲ φέγγος ὀπωπῆς,
οἷά τε δυσμενέων μερόπων πεφυλαγμένος ὁρμήν.
λαιῇ μὲν σάκος εὐρὺ προΐσχετο, δεξιτερῇ δὲ
φάσγανον ὑψόσ' ἄειρεν· ἔμελλε δὲ μαινομένη χεὶρ 10
ἀνέρος ἀντιβίοιο κατὰ χροὸς ἆορ ἐλάσσαι·
ἀλλ' οὐ χαλκὸν ἔθηκε φύσις πειθήμονα λύσσῃ.
Κεκροπίδης δ' ἤστραπτε, νοήμονος ἄνθεμα Πειθοῦς,
Αἰσχίνης, λασίης δὲ συνείρυε κύκλα παρειῆς,
οἷα πολυτροχάλοισιν ἀεθλεύων ἀγορῇσιν· 15
στείνετο γὰρ πυκινῇσι μεληδόσιν. — Ἄγχι δ' ἐκείνου
ἦεν Ἀριστοτέλης, σοφίης πρόμος· ἱστάμενος δὲ
χεῖρε περιπλέγδην συνεέργαθεν· οὐδ' ἐνὶ χαλκῷ
ἀφθόγγῳ φρένας εἶχεν ἀεργέας, ἀλλ' ἔτι βουλὴν
σκεπτομένῳ μὲν ἔικτο, συνιστάμεναι δὲ παρειαὶ 20
ἀνέρος ἀμφιέλισσαν ἐμαντεύοντο μενοινήν
καὶ τροχαλαὶ σήμαινον ἀολλέα μῆτιν ὀπωπαί.
Καὶ Παιανιέων δημηγόρος ἔπρεπε σάλπιγξ,
ῥήτρης εὐκελάδοιο πατὴρ σοφός, ὁ πρὶν Ἀθήναις
Πειθοῦς θελξινόοιο νοήμονα πυρσὸν ἀνάψας. 25

Tit.: ἔκφρασις Χριστοδώρου π. Θ. Κοπίτου (!) τῶν ἀγαλμάτων ... τὸ ἐπικαλού-
μενον τοῦ Ζ. Pl.
Lemmata. 1 εἰς τὸ ἄγαλμα τοῦ Δηιφόβου. 7 l: οὗτος ὁ Δηίφοβος υἱὸς Πριάμου,
ἀδελφὸς Ἕκτορος καὶ Ἀλεξάνδρου. 13 εἰς τὸ ἄγαλμα Αἰσχίνου (l: τοῦ ῥήτορος).
16 εἰς τὸ ἄ. Ἀριστοτέλους (l: τοῦ φιλοσόφου). 23 εἰς τὸ ἄ. τοῦ Δημοσθένους (l: τοῦ
μεγάλου ῥήτορος τοῦ Παιανιέως).

II. CHRISTODOROS',

des Dichters von Koptos in der Thebaïs,

BESCHREIBUNG

der Statuen in dem öffentlichen Gymnasion,
das Zeuxippos hieß

Auf gemeißeltem Sockel als erster erhob sich der kühne
Heros Deïphobos dort, gewaltig, den Helm auf dem Haupte,
wie an dem Tage er war, da einst er dem stürmenden Feinde
Menelaos am Rand des zertrümmerten Hauses begegnet.
Vorwärts schien er zu schreiten; vortrefflich im Schmucke der Waffen
bot er die Flanke; vor Ingrimm geduckt und krümmend den Rücken,
sammelte wild er die Kampflust; er spähte mit blitzenden Augen,
gleichsam als wahrte er sich vor dem Ansturm feindlicher Männer.
Hielt seine Linke den mächtigen Schild vor die Brust sich, die Rechte
schwang das Schwert in die Höhe, und eben war ihr Beginnen
voller Wüten, den Stahl ins Fleisch eines Gegners zu stoßen;
doch die Natur erlaubt nicht dem Erz, dem Ingrimm zu folgen.
Licht stand Aischines da, der Athener, die Zierde der klugen
Peitho, und spannte das Rund der bärtigen Wangen zusammen,
gleichsam als ränge er heiß mit reichlich strömenden Worten;
denn es drängten in ihm sich die weisen Gedanken. – Daneben
hob Aristoteles sich, der Fürst der Weisheit; er stand da
mit zusammenvereinten, verschlungenen Händen; im stummen
Erz noch ruhte mitnichten sein Geist; er glich einem Manne,
der eine Frage erwägt; die zusammengezogenen Wangen
sprachen vom Denken des Mannes, das hierhin eilte und dorthin,
und die beweglichen Augen verrieten die Flut der Gedanken.
Darauf sah man den Redner, Paianiens Trompete, den klugen
Vater harmonischen Wortes, der einst den Athenern die weise
Fackel der Peitho entzündet, die Herzen und Sinne bezaubert.

Adnot. crit.: **11** ἀντιβίου et ἐλάσσειν Pl **13** δ' om. P // ἄνθεμα c ἄνθεα P¹
14 Αἰσχίνης ex -ην Pl // παρειῆς c Pl -ᾶς P¹ **15** ἀγορῆσι Pl.

188   Anthologia Graeca II

ἀλλ' οὐκ ἠρεμέων διεφαίνετο, πυκνὰ δὲ βουλὴν
ἐστρώφα, πυκινὴν γὰρ ἐείδετο μῆτιν ἑλίσσειν,
οἷα κατ' εὐόπλων τεθοωμένος Ἠμαθιήων.
ἢ τάχα κεν κοτέων τροχαλὴν ἐφθέγγετο φωνήν,
ἄπνοον αὐδήεντα τιθεὶς τύπον· ἀλλά ἑ τέχνη   30
χαλκείης ἐπέδησεν ὑπὸ σφρηγῖδα σιωπῆς.
Ἵστατο δ' Εὐρίποιο φερώνυμος· ὡς δὲ δοκεύω,
λάθρῃ ὑπὸ κραδίην τραγικαῖς ὡμίλεε Μούσαις,
ἔργα σαοφροσύνης διανεύμενος· ἢν γὰρ ἰδέσθαι
οἷά τέ που θυμέλῃσιν ἐν Ἀτθίσι θύρσα τινάσσων.   35
Δάφνῃ μὲν πλοκαμῖδα Παλαίφατος ἔπρεπε μάντις
στεψάμενος, δόκεεν δὲ χέειν μαντώδεα φωνήν.
Ἡσίοδος δ' Ἀσκραῖος ὀρειάσιν εἴδετο Μούσαις
φθεγγόμενος, χαλκὸν δὲ βιάζετο θυιάδι λύσσῃ,
ἔνθεον ἱμείρων ἀνάγειν μέλος. — Ἐγγύθι δ' αὐτοῦ   40
μαντιπόλος πάλιν ἄλλος ἔην Φοιβηίδι δάφνῃ
κοσμηθεὶς Πολύιδος· ἀπὸ στομάτων δὲ τινάξαι
ἤθελε μὲν κελάδημα. θεοπρόπον, ἀλλά ἑ τέχνη
δεσμῷ ἀφωνήτῳ κατερήτυεν. — Οὐδὲ σὺ μολπῆς
εὔνασας ἁβρὸν ἔρωτα, Σιμωνίδη, ἀλλ' ἔτι χορδῆς   45
ἱμείρεις, ἱερὴν δὲ λύρην οὐ χερσὶν ἀράσσεις.
ὤφελεν ὁ πλάσσας σε, Σιμωνίδη, ὤφελε χαλκῷ
συγκεράσαι μέλος ἡδύ· σὲ δ' ἂν καὶ χαλκὸς ἀναιδὴς
αἰδόμενος ῥυθμοῖσι λύρης ἀντήχεε μολπήν.
Ἦν μὲν Ἀναξιμένης νοερὸς σοφός, ἐν δὲ μενοινῇ   50
δαιμονίης ἐλέλιζε νοήματα ποικίλα βουλῆς.
Θεστορίδης δ' ἄρα μάντις εὔσκοπος ἵστατο Κάλχας
οἷά τε θεσπίζων· ἐδόκει δ' ἔτι θέσφατα κεύθειν
ἢ στρατὸν οἰκτείρων Ἑλλήνιον, ἢ ἐνὶ θυμῷ
δειμαίνων βασιλῆα πολυχρύσοιο Μυκήνης.   55
Δέρκεό μοι σκύμνον πτολιπόρθιον Αἰακιδάων,
Πύρρον Ἀχιλλείδην, ὅσον ἤθελε χερσὶν ἑλίσσειν
τεύχεα χαλκήεντα, τὰ μή νύ οἱ ὤπασε τέχνη·

32 εἰς ἄ Εὐριπίδου (li τοῦ τραγικοῦ). 36 εἰς ἄ. Παλαιφάτου. 38 εἰς ἄ. Ἡσιόδου.
41 εἰς ἄ. Πολυείδου. 44 εἰς ἄ. Σιμωνίδου. 50 εἰς ἄ. Ἀναξιμένους. 52 εἰς ἄ. Κάλ-
χαντος. 56 εἰς ἄ. Πύρρου.

Deutlich war es, er rastete nicht: die Fülle der Pläne
wog er und bog er und schien in Fülle Gedanken zu wälzen,
gleich als sei er gereizt zum Kampf mit Emathias Kriegern.
Sicher erhöbe er auch im Groll seine eilenden Worte
und begabte mit Stimme das leblose Bildnis, indessen
schloß die Kunst ihm den Mund mit dem Siegel des ehernen Schweigens.
    Und es stand da der Mann, der Euripos' Namen getragen;
heimlich verkehrte er, glaub ich, im Herzen mit tragischen Musen,
eifernd für Werke der Sitte; denn wahrlich, man konnte ihn sehen,
wie zu Athen im Theater er einstens den Thyrsos geschwungen.
    Siehe, es stand dort der Seher Palaiphatos, Lorbeer im Haare,
und es schien so, als strömten ihm Worte prophetisch vom Munde.
    Doch Hesiod von Askra sprach, schien's, mit den Musen der Berge,
suchte in Dichterbegeistrung das Erz zu zwingen und wünschte,
Verse, die Gott ihm gegeben, erklingen zu lassen. – Daneben
war noch ein anderer Seher, der auch seine Locken mit Phoibos'
Lorbeerkranze schmückend bedeckt, Polyidos; vom Munde
wollt er prophetisch ein Wort entschweben lassen; indessen
hemmte die Kunst ihn mit stillendem Band. – Du ließest die zarte
Liebe zum Sange desgleichen nicht ruhn, Simonides; sehnend
suchst du die Saiten, doch schlägt deine Hand nicht die heilige Leier.
Hätte, Simonides, doch der Künstler, o hätte mit süßem
Lied er die Bronze gemischt! Dann hätte die Klänge der Leier
auch das fühllose Erz gefühlvoll mit Sängen erwidert.
    Anaximenes stand hier, der kluge Denker; im Geiste
wälzte er bunte Gedanken von göttlich erhabener Einsicht.
    Kalchas stand hier, der Sohn des Thestor, der treffliche Seher,
wie er die Zukunft verkündet, doch schien er noch Hohes zu bergen,
weil das hellenische Heer ihn dauerte oder im Herzen
eine Furcht ihn gefaßt vor dem König der reichen Mykene.
    Sieh hier des Aiakos Enkel, den Sohn des Achilleus, den jungen
Pyrrhos, den Städtezerstörer. Wie wollten so gern seine Hände
wirbeln die ehernen Waffen, doch hat es die Kunst ihm verweigert,

---

* **29** ἢ P **31** σφραγῖδα P σφρηγῖδι Pl em. Stadtm. **37** στεφόμενος Pl **39** θυάδι Pl
42 τινάξας P **47** πλάσας P **48** ἀναυδὴς Pl **49** αὐδόμενος P // ἀνήχεε P Pl em.
Brunck **52** δ' om. P **53** δ' ἔτι Ludwich δέ τε **54** ἐνὶ Stadtm. ἔτι **58** μή νυ
Stadtm. μιν P μὴ Pl.

γυμνὸν γάρ μιν ἔτευξεν· ὁ δ' ὑψόσε φαίνετο λεύσσων
οἷά περ ἠνεμόεσσαν ἐς Ἴλιον ὄμμα τιταίνων.   60
Ἧστο δ' Ἀμυμώνη ῥοδοδάκτυλος· εἰς ὀπίσω μὲν
βόστρυχον ἀκρήδεμνον ἑῆς συνέεργεν ἐθείρης,
γυμνὸν δ' εἶχε μέτωπον· ἀναστέλλουσα δ' ὀπωπὰς
εἰνάλιον σκοπίαζε μελαγχαίτην παρακοίτην.
Ἐγγύθι δ' εὐρύστερνος ἐφαίνετο Κυανοχαίτης   65
γυμνὸς ἐών, πλόκαμον δὲ καθειμένον εἶχεν ἐθείρης,
καὶ διερὸν δελφῖνα προΐσχετο χειρὶ κομίζων
δῶρα πολυζήλοιο γάμων μνηστήρια κούρης.
Πιερικὴ δὲ μέλισσα, λιγύθροος ἕζετο Σαπφὼ
Λεσβιὰς ἠρεμέουσα, μέλος δ' εὔυμνον ὑφαίνειν   70
σιγαλέαις δοκέεσκεν ἀναψαμένη φρένα Μούσαις.
Φοῖβος δ' εἱστήκει τριποδηλάλος· ἦν δ' ἄρα χαίτης
εἰς ὀπίσω σφίγξας ἄδετον πλόκον· ἀλλ' ἐνὶ χαλκῷ
γυμνὸς ἔην, ὅτι πᾶσιν ἀνειρομένοισιν Ἀπόλλων
γυμνῶσαι δεδάηκεν ἀληθέα δήνεα Μοίρης   75
ἢ ὅτι πᾶσιν ὁμῶς ἀναφαίνεται· ἠέλιος γὰρ
Φοῖβος ἄναξ, καθαρὴν δὲ φέρει τηλέσκοπον αἴγλην.
Ἄγχι δὲ Κύπρις ἔλαμπεν, ἔλειβε δὲ νώροπι χαλκῷ
ἀγλαΐης ῥαθάμιγγας· ἀπὸ στέρνοιο δὲ γυμνὴ
φαίνετο μέν, φᾶρος δὲ συνήγαγεν ἄντυγι μηρῶν,   80
χρυσείη πλοκαμῖδας ὑποσφίγξασα καλύπτρη.
Κλεινιάδην δὲ τέθηπα περιστίλβοντα νοήσας
ἀγλαΐῃ· χαλκῷ γὰρ ἀνέπλεκε κάλλεος αὐγὴν
τοῖος ἐὼν οἷός περ ἐν Ἀτθίδι, μητέρι μύθων,
ἀνδράσι Κεκροπίδησι πολύφρονα μῆτιν ἀγείρων.   85
Χρύσης δ' αὖθ' ἱερεὺς πέλας ἵστατο, δεξιτερῇ μὲν
σκῆπτρον ἀνασχόμενος Φοιβήιον, ἐν δὲ καρήνῳ
στέμμα φέρων· μεγέθει δὲ κεκασμένος ἔπρεπε μορφῆς,
οἷά περ ἡρώων ἱερὸν γένος· ὡς δοκέω δέ,
Ἀτρείδην ἱκέτευε· βαθὺς δέ οἱ ἤνθεε πώγων,   90
καὶ ταναῆς ἄπλεκτος ἐσύρετο βότρυς ἐθείρης.

61 Pl: εἰς Ἀμυμώνην. 65 εἰς ἁ. Ποσειδῶνος. 69 εἰς ἁ. Σαπφοῦς (l: τῆς λυρικῆς). 72 εἰς ἁ. Ἀπόλλωνος (l: τοῦ Πυθίου). 78 εἰς ἁ. Ἀφροδίτης. 82 εἰς ἁ. τοῦ (τοῦ deleto l add.: Ἀλκιβιάδου, τοῦ ἐρωμένου Σωκράτους). Pl: εἰς (cet. om.). 86 εἰς ἁ. Χρύσου τοῦ ἱερέως.

die ihn hüllenlos schuf; noch blickte er sichtlich zur Höhe,
gleich als zielte sein Auge zum windumfangenen Troja.
  Dort auch saß Amymone mit rosigen Fingern; sie knüpfte
ohne Bänder die Locken des Haares nach hinten zusammen,
während die Stirne ihr frei war, und hob ihre Augen und spähte
nach dem Gotte des Meers, dem dunkelgelockten Gemahle.
  Bei ihr erschien mit mächtiger Brust der Bläulichgelockte
ohne Gewänder; ihm flossen die Strähnen des Haares hernieder,
und er hielt in der Hand vor sich hin als Hochzeitsgebinde
einen feuchten Delphin für das vielumworbene Mädchen.
  Still und in seliger Ruhe saß dort die piërische Biene,
Sängerin Sappho von Lesbos; sie webte, so schien es, ein herrlich
Lied und hatte das Herz den schweigenden Musen erschlossen.
  Phoibos stand da, der Seher; er hatte die Locken des Haares
bandlos nach hinten gestrichen; das Erzbild zeigte ihn nackend,
weil es Apollon versteht, den Menschen, die ihn befragen,
nackt und in lauterer Wahrheit den Ratschluß der Moire zu künden,
oder weil allen er leuchtet gleichmäßig; denn Phoibos, der Herrscher,
ist die Sonne, und rein entsendet er fernhin die Strahlen.
  Bei ihm erglänzte die Kypris; im funkelnden Erze verströmte
sie die Tropfen der Schönheit; wohl zeigte vom Busen hernieder
sie sich nackt, doch hielt sie das Kleid vor die Rundung der Schenkel,
und sie hatte ihr Haar mit goldenem Schleier umwunden.
  Staunend erblickt ich den Sohn des Kleinias, wie er in Schönheit
prangte; er hatte dem Erz seinen strahlenden Schimmer gegeben,
wie in Athen er gewesen, der Mutter der redenden Künste,
und erteilte den Söhnen des Kekrops vortrefflichen Ratschluß.
  Neben ihm wiederum stand der Priester Chryses; er hatte
in der Rechten das Szepter des Phoibos, trug auf dem Haupte,
einen Kranz und ragte ob allen an Wuchse, wie jenem
heiligen Volk der Heroen geziemt. Er flehte, so scheint's mir,
eben zum Sohne des Atreus; tief wallte der Bart ihm hernieder,
und es fluteten lang und gelöst ihm die Strähnen des Haupthaars.

* **59** ἔτευξε P **61–64** om. P **66** πλόκαμον c Pl -ος P¹ **70** ἠρεμέουσα c Pl -μοῦσα P¹
// ἔνυμνον Pl // ὑφαίνει P **71** ἀναψαμένην c **72** τριποδιλάλος ex -δηλάλος Pl
// χαίτην c **75** δί· νεα P **77** τηλοσκοπὸν P τηλεσκόπον Pl em. Brunck **86** αὖ Pl
90 οl c Pl ε P¹ **91** τανᾱῆς c Pl -αὸς (?) P¹ // ἄπλατος Pl.

Καῖσαρ δ' ἐγγὺς ἔλαμπεν Ἰούλιος, ὅς ποτε Ῥώμην
ἀντιβίων ἔστεψεν ἀμετρήτοισι βοείαις.
αἰγίδα μὲν βλοσυρῶπιν ἐπωμαδὸν ἦεν ἀείρων,
δεξιτερῇ δὲ κεραυνὸν ἀγάλλετο χειρὶ κομίζων 95
οἷα Ζεὺς νέος ἄλλος ἐν Αὐσονίοισιν ἀκούων.
Εἱστήκει δὲ Πλάτων θεοείκελος, ὁ πρὶν Ἀθήναις
δείξας κρυπτὰ κέλευθα θεοκράντων ἀρετάων.
Ἄλλην δ' εὐπατέρειαν ἴδον χρυσῆν Ἀφροδίτην,
γυμνὴν παμφανόωσαν· ἐπὶ στέρνων δὲ θεαίνης 100
αὐχένος ἐξ ὑπάτοιο χυθεὶς ἐλελίζετο κεστός.
Ἵστατο δ' Ἑρμαφρόδιτος ἐπήρατος, οὔθ' ὅλος ἀνὴρ
οὐδὲ γυνή· μικτὸν γὰρ ἔην βρέτας. ἢ τάχα κοῦρον
Κύπριδος εὐκόλποιο καὶ Ἑρμάωνος ἐνίψεις·
μαζοὺς μὲν σφριγόωντας ἐδείκνυεν οἷά τε κούρη· 105
σχῆμα δὲ πᾶσιν ἔφαινε φυτοσπόρον ἄρσενος αἰδοῦς,
ξυνῆς ἀγλαΐης κεκερασμένα σήματα φαίνων.
Παρθενικὴ δ' Ἤριννα λιγύθροος ἕζετο κούρη,
οὐ μίτον ἀμφαφόωσα πολύπλοκον, ἀλλ' ἐνὶ σιγῇ
Πιερικῆς ῥαθάμιγγας ἀποσταλάουσα μελίσσης. 110
Μήτε λίπῃς Τέρπανδρον εὔθροον, οὗ τάχα φαίης
ἔμπνοον, οὐκ ἄφθογγον, ἰδεῖν βρέτας· ὡς γὰρ ὀίω,
κινυμέναις πραπίδεσσιν ἀνέπλεκε μύστιδα μολπήν,
ὡς ποτε διηέντος ἐπ' Εὐρώταο ῥοάων
μυστιπόλῳ φόρμιγγι κατεπρήυνεν ἀείδων 115
ἀγχεμάχων κακότητας Ἀμυκλαίων ναετήρων.
Ἠγασάμην δ' ὁρόων σε, Περίκλεες, ὅττι καὶ αὐτῷ
χαλκῷ ἀναυδήτῳ δημηγόρον ἦθος ἀνάπτεις,
ὡς ἔτι Κεκροπίδῃσι θεμιστεύων πολιήταις
ἢ μόθον ἐντύνων Πελοπήιον. — Ἱστάμενος δὲ 120
ἔπρεπε Πυθαγόρης, Σάμιος σοφός, ἀλλ' ἐν Ὀλύμπῳ
ἐνδιάειν ἐδόκευε, φύσιν δ' ἐβιάζετο χαλκοῦ
πλημύρων νοερῇσι μεληδόσιν· ὡς γὰρ ὀίω,
οὐρανὸν ἀχράντοισιν ἐμέτρεε μοῦνον ὀπωπαῖς.

Strahlend reihte an diesen sich Julius Cäsar, der einstens
Rom mit unzählbarer Fülle von feindlichen Schilden bekränzte.
Ihm auf den Schultern lag — ein Grauen den Augen — die Aigis,
und in der Rechten schwang er mit stolzer Gebärde den Blitzstrahl,
er, der ein zweiter Zeus im ausonischen Lande genannt wird.

Einem Gotte vergleichbar stand Platon, der einst den Athenern
die verborgenen Pfade der göttlichen Tugend gewiesen.

Noch eine goldene Kypris erlauchten Geblütes in lichter,
strahlender Nacktheit gewahrt ich; hoch oben vom Halse der Göttin
sank eine Binde herab und umschlang ihr im Kreise den Busen.

Lieblich stand dort ein Hermaphrodit. Er war weder völlig
Mann noch Weib; die Statue trug beides vereinigt. Leicht wirst du
Kypris mit herrlichem Busen und Hermes als Eltern erkennen:
wies er doch schwellende Brüste gleich Mädchenbrüsten, doch zeigte
er auch allen das Rüstzeug des zeugenden männlichen Gliedes
und offenbarte vereint die Reize der beiden Geschlechter.

Und es saß da Erinna, die Jungfrau voll herrlicher Lieder.
Nicht den geflochtenen Faden berührte sie, sondern sie träufte
still und schweigend den Seim der piërischen Bienen hernieder.

Nicht vergessen auch sei der Sänger Terpandros; die Statue
war für das Auge lebendig, nicht stumm, so möchte man sagen:
denn er flocht wohl ein mystisches Lied mit brünstigem Herzen
wie in den Tagen voreinst, da am strudelnden Strom des Eurotas
er mit den Klängen der Leier, der Mystengefährtin, die bösen
Pläne von Amyklais Wohnern, die selbst sich bekämpften, befriedet.

Staunend erblickte ich dich, o Perikles; denn auch das stumme
Erz noch hast du geprägt und belebt mit der Kraft deiner Wortkunst,
gleich als herrschtest du heute auch noch ob den Enkeln des Kekrops
oder als gälte es Krieg gegen Pelops' Enkel. — Es stand da
herrlich Pythagoras auch, der Weise von Samos, doch schien er
auf dem Olympos zu leben; er tat mit der klugen Gedanken
Fülle dem Wesen des Erzes Gewalt an; denn einzig den Himmel,
wie es mich selber bedünkt, ermaß er mit lauterem Auge.

* **94** ἀγείρων P Pl em. Lasc. **97** ἐστήκει P **103** οὔτε Pl **106** ἐφαίνετο P // αἰδοῦς c Pl
ἂν δούς P¹ **107** κεκερασμένη P // φαῖνον Pl **110** -μιγγος P **111** μή με P
113 κινουμ- P **116** Ἀμυκλέων P **117-120** schol. in Aristid. III 439 Dind. //
ἡγησάμην ὁρ- schol. **120** ἐντείνων schol. **121** Πυθαγόρας P **122** φύσις Pl.

194   Anthologia Graeca II

Στησίχορον δ' ἐνόησα λιγύθροον, ὅν ποτε γαῖα   125
Σικελίη μὲν ἔφερβε, λύρης δ' ἐδίδαξεν 'Απόλλων
ἀρμονίην, ἔτι μητρὸς ἐνὶ σπλάγχνοισιν ἐόντα.
τοῦ γὰρ τικτομένοιο καὶ ἐς φάος ἄρτι μολόντος
ἔκποθεν ἠερόφοιτος ἐπὶ στομάτεσσιν ἀηδὼν
λάθρῃ ἐφεζομένη λιγυρὴν ἀνεβάλλετο μολπήν.   130
Χαῖρέ μοι 'Αβδήρων, Δημόκριτε, κῦδος ἀρούρης,
ὅττι σὺ καλλιτόκοιο φυῆς ἐφράσσαο θεσμούς,
λεπτὰ διακρίνων πολυΐδμονος ὄργια Μούσης,
αἰεὶ δὲ σφαλερὰς ἐγέλας βιότοιο κελεύθους
εὖ εἰδώς, ὅτι πάντα γέρων παραμείβεται Αἰών.   135
'Ηρακλέης δ' ἀνίουλον ἐδείκνυε κύκλον ὑπήνης,
μῆλα λεοντοφόνῳ παλάμῃ χρύσεια κομίζων,
γαίης ὄλβια δῶρα Λιβυστίδος. — 'Εγγύθι δ' αὐτοῦ
Παλλάδος ἀρήτειρα παρίστατο, παρθένος Αὔγη,
φᾶρος ἐπιστείλασα κατωμαδόν· οὐ γὰρ ἐθείρας   140
κρηδέμνῳ συνέεργεν· ἐὰς δ' ἀνετείνετο χεῖρας
οἷά τε κικλήσκουσα Διὸς γλαυκώπιδα κούρην
'Αρκαδικῆς Τεγέης ὑπὸ δειράδος. — 'Ίλαθι, γαίης
Τρωιάδος βλάστημα σακεσπάλον, ἵλαθι, λάμπων
Αἰνεία Τρώων βουληφόρε· σαῖς γὰρ ὀπωπαῖς   145
ἀγλαΐης πνείουσα σοφὴ περιλείβεται αἰδώς,
θέσκελον ἀγγέλλουσα γένος χρυσῆς 'Αφροδίτης.
'Ηγασάμην δὲ Κρέουσαν ἰδὼν πενθήμονι κόσμῳ,
σύγγαμον Αἰνείαο, κατάσκιον· ἀμφὶ γὰρ αὐταῖς
ἀμφοτέραις κρήδεμνον ἐφελκύσσασα παρειαῖς,   150
πάντα πέριξ ἐκάλυψε ποδηνεκέι χρόα πέπλῳ,
οἷά τε μυρομένη· τὰ δὲ χάλκεα δάκρυα νύμφης
"Αρεϊ δουρίκτητον ἐμαντεύοντο τιθήνην,
"Ίλιον 'Αργείοισιν ἐελμένον ἀσπιδιώταις.
Οὔθ' 'Έλενος κοτέων ἀπεπαύετο· πατρίδι νηλὴς   155
φαίνετο δινεύων ἔτι που χόλον. ἦν μὲν ἀείρων
δεξιτερῇ φιάλην ἐπιλοίβιον· ὡς δοκέω δέ,
ἐσθλὰ μὲν 'Αργείοις μαντεύετο, κὰδ δὲ τιθήνης

125 εἰς ἅ. Στησιχόρου. 131 εἰς ἅ. Δημοκρίτου φιλοσόφου. 136 εἰς τὸ ἅ. 'Ηρακλέους. 139 εἰς ἅ. τῆς Αὔγης. c.: ἕως ὧδε. 144 εἰς ἅ. Αἰνείου. 148 εἰς ἅ. Κρεούσης. 155 εἰς ἅ. 'Ελένου.

Auch den Stesichoros sah ich, den trefflichen Sänger; Siziliens
Erde ernährte ihn einst, und Apollon lehrte der Leier
Kunst ihn in Tagen bereits, da er lag noch im Schoße der Mutter.
Denn als das Kindlein geboren und eben zum Lichte gekommen,
flog eine Nachtigall irgendwoher, sie setzte sich heimlich
auf seine Lippen und ließ ein melodisches Liedchen erklingen.

Heil, Demokritos, dir, du Ruhm von Abdera! Erforscht hast
du das Gesetz der Natur, vortreffliche Sprossen zu zeugen,
drangst in die feinen Geheimnisse ein der wissenden Muse,
aber du lachtest auch stets ob den trügenden Pfaden des Lebens,
wissend, es wandelt die Zeit, die Greisin, an allem vorüber.

Herakles zeigte das Rund des bartlosen Kinnes und führte
in der löwenerschlagenden Hand die goldenen Äpfel,
kostbare Gabe aus libyschem Land. – Und diesem zur Seite
hob sich Augē, die Jungfrau, der Pallas Priesterin; nieder
senkte der Schleier sich ihr auf die Schulter; sie hatte mit keinem
Band ja die Locken umbunden. Sie reckte die Hände nach oben,
gleich als rief' sie zu Zeus' blauäugiger Tochter am Fuße
der arkadischen Höhen von Tegea. – Schwinger des Schildes,
sei uns gnädig, du troischer Sproß, sei gnädig, Aineias,
du, der herrliche Rat der Troer! Denn rings um die Augen
strömt dir die Hoheit voll Ernst und atmet Schönheit und kündet
deine göttliche, hohe Geburt von der goldenen Kypris.

Staunend sah ich Krëusa, Aineias' Ehegefährtin,
dunkelgekleidet im Trauergewand. Sie hatte das Kopftuch
über die beiden Wangen herübergezogen und ihren
ganzen Körper ringsum bis zum Fuße verhüllt mit dem Kleide,
wie es Weinende tun. Die ehernen Tränen des Weibes
sagten, daß Troja, das einst sie genährt, von den Schlägen des Ares
niedergebrochen, umdrängt von den schildbewehrten Argivern.

Aber auch Helenos hemmte den Groll nicht; hart für der Heimat
Leiden, erschien er noch immer voll kochenden Grimms; eine Schale
hob seine Rechte zur Spende; er kündete Gutes, bedünkt mich,
den Argivern und flehte zum Himmel, er möge die Zeichen

---

* **128** τικτομένοι P // μολοῦντος P   **134** ἐγέλαις P   **137** χρύσεια c Pl om. P¹   **138** λιβύ-
τιδος P Pl em. Steph.   **143** δειράδας Pl   **144** λάμπον P   **150** ἀφελκύσασα P ἐφελκύ-
σασα Pl em. Hecker.

άθανάτοις ήρᾶτο πανύστατα σήματα φαίνειν.

'Ανδρομάχη δ' ἔστηκε, ῥοδόσφυρος 'Ηετιώνη,   160
οὔτι γόον σταλάουσα πολύστονον· ὡς γὰρ ὀίω,
οὔπω ἐνὶ πτολέμῳ κορυθαίολος ἤριπεν ῞Εκτωρ,
οὐδὲ φερεσσακέων ὑπερήνορες υἷες 'Αχαιῶν
Δαρδανίην ξύμπασαν ἐληίσσαντο τιθήνην.
'Ην δ' ἐσιδεῖν Μενέλαον ἀρήιον, ἀλλ' ἐπὶ νίκῃ   165
γηθόσυνον· σχεδόθεν γὰρ ἐθάλπετο χάρματι πολλῷ
δερκόμενος ῥοδόπηχυν ὁμόφρονα Τυνδαρεώνην.
'Ηγασάμην δ' 'Ελένης ἐρατὸν τύπον, ὅττι καὶ αὐτῷ
χαλκῷ κόσμον ἔδωκε πανίμερον· ἀγλαΐη γὰρ
ἔπνεε θερμὸν ἔρωτα καὶ ἀψύχῳ ἐνὶ τέχνῃ.   170
Πυκναῖς δὲ πραπίδεσσιν ἀγάλλετο δῖος 'Οδυσσεύς·
οὐ γὰρ ἔην ἀπάνευθε πολυστρέπτοιο μενοινῆς,
ἀλλ' ἔτι κόσμον ἔφαινε σοφῆς φρενός· ἦν δ' ἐνὶ θυμῷ
καγχαλόων· Τροίην γὰρ ἐγήθεε πᾶσαν ὀλέσσας
ἧσι δολοφροσύνῃσι. – Σὺ δ' ῞Εκτορος, ἔννεπε, μῆτερ,   175
τίς σε, πολυτλήμων 'Εκάβη, τίς δάκρυα λείβειν
ἀθανάτων ἐδίδαξεν ἀφωνήτῳ ἐνὶ κόσμῳ;
οὐδέ σε χαλκὸς ἔπαυσεν ὀιζύος, οὐδέ σε τέχνη
ἄπνοος οἰκτείρασα δυσαλθέος ἔσχεθε λύσσης,
ἀλλ' ἔτι δάκρυ χέουσα παρίστασαι. ὡς δὲ δοκεύω,   180
οὐκέτι δυστήνου μόρον ῞Εκτορος οὐδὲ ταλαίνης
'Ανδρομάχης βαρὺ πένθος ὀδύρεαι, ἀλλὰ πεσοῦσαν
πατρίδα σήν· φᾶρος γὰρ ἐπικρεμὲς ἀμφὶ προσώπῳ
πήματα μὲν δείκνυσιν, ἀπαγγέλλουσι δὲ πέπλοι
πένθος ὑποβρύχιον κεχαλασμένοι ἄχρι πεδίλων·   185
ἀλγεῖ γὰρ πυμάτῳ δέδεσαι φρένα, κὰδ δὲ παρειῆς
δάκρυα μὲν σταλάεις· τὸ δὲ δάκρυον ἔσβεσε τέχνη
ἄπλετον ἀγγέλλουσα δυσαλθέος αὐχμὸν ἀνίης.
Κασάνδρην δ' ἐνόησα θεοπρόπον, ἀλλ' ἐνὶ σιγῇ
μεμφομένη γενετῆρα σοφῆς ἀνεπίμπλατο λύσσης   190
οἷά τε θεσπίζουσα πανύστατα πήματα πάτρης.
Πύρρος δ' ἄλλος ἔην πτολιπόρθιος, ούκ ἐπὶ χαίτης

160 εἰς ἄ. 'Ανδρομάχης.   165 εἰς ἄ. Μενελάου.   168 εἰς ἄ. 'Ελένης.   171 εἰς ἄ. 'Οδυσ-
σέως.   175 εἰς ἄ. 'Εκάβης (1: τῆς γυναικὸς Πριάμου).   181 1: μητρὸς δὲ ῞Εκτορος.
189 εἰς ἄ. τῆς Κασάνδρας.   192 εἰς ἄ. ἑτέρου Πύρρου.

endlich erfüllen zum Sturz des Landes, das ihn geboren.
Auch Andromache stand dort, Eetions Tochter mit ros'gen
Fesseln, doch ohne zu klagen und ohne zu weinen; noch war nicht,
glaub ich, im Kampfe gefallen der helmbuschschüttelnde Hektor,
und die trotzigen Söhne der schildeschwingenden Griechen
hatten Dardanien, die Heimat, noch nicht ihr gänzlich verwüstet.
Dort war zu sehen der Held Menelaos, doch dieser voll Frohsinn
über den Sieg; warm war es ums Herz ihm vor Freude, da bei ihm
des Tyndareos rosiges Kind voll Liebe erschienen.
Helenas liebliches Bild bewunderte ich; ihre holde
Anmut hatte sie noch dem Erze verliehn, und ihr Schimmer
atmete glühende Liebe sogar noch im leblosen Kunstwerk.
Ob der Fülle der Listen war stolz der hehre Odysseus,
denn er stand nicht am Ende der vielverschlungenen Kniffe;
noch erglänzte sein Antlitz von findigen Plänen; im Herzen
jauchzte er auf voll Freude, daß seine eigene Schläue
Troja nun gänzlich vernichtet. – O sage mir, Mutter des Hektor,
arme Hekabe du, wer war's von den ewigen Göttern,
der dich im stummen Gebilde noch Tränen zu weinen gelehrt hat?
Selbst nicht das Erz beschloß deine Pein, und das leblose Kunstwerk
hemmte erbarmend dir nicht die unheilbare Verzweiflung.
Immer noch stehest du da und weinst, doch bejammerst du, dünkt mich,
nicht mehr des traurigen Hektor Geschick und nicht mehr das schwere
Leid, das die arme Andromache traf, du weinst um den jähen
Sturz deiner Heimat. Der Mantel, der über dein Antlitz herabhängt,
tut deine Leiden uns kund, und das Kleid, das bis zu den Sohlen
ohne Gürtel dir fließt, bezeugt uns die Tiefe des Schmerzes.
Furchtbarer Kummer umfängt deinen Geist, von der Wange noch rinnen
Tränen, nur wurden durch Kunst diese Tränen gehärtet und künden
durch die schreckliche Starre die unheilbare Betrübnis.
Und ich bemerkte Kassandra; zwar Seherin war sie, doch schweigend,
voll verhaltener Wut, erhob sie zum Vater den Vorwurf,
gleich als orakelte sie der Heimat die äußersten Leiden.
Noch ein Pyrrhos war da, doch hatte der Städtezerstörer

---

159 φαίνειν ex -νων P   **164** ἐληίσαντο P   **174** ἐγέγηθεν P   **176** τίς² P τόσα Pl
179 δυσαλγέος Pl   **182** πεσοῦσα P   **190** ἀνεπίμπλατο c Pl ἀνεπίπλ- P¹.

Ιππόκομον τρυφάλειαν ἔχων, οὐκ ἔγχος ἐλίσσων·
ἀλλ' ἄρα γυμνὸς ἔλαμπε καὶ ἄχνοον εἶχεν ὑπήνην·
δεξιτερὴν δ' ἀνέτεινεν ἑὴν ἐπιμάρτυρα νίκης,   195
λοξὰ Πολυξείνην βαρυδάκρυον ὄμμασι λεύσσων.

Εἰπέ, Πολυξείνη δυσπάρθενε, τίς τοι ἀνάγκη
χαλκῷ ἐν ἀφθόγγῳ κεκρυμμένα δάκρυα λείβειν;
πῶς δὲ τεῷ κρήδεμνον ἐπειρύσσασα προσώπῳ
ἵστασαι, αἰδομένη μὲν ἀλίγκιος, ἀλλ' ἐνὶ θυμῷ   200
πένθος ἔχεις; μὴ δή σε, τεὸν πτολίεθρον ὀλέσσας,
ληίδα Πύρρος ἔχει Φθιώτιος, οὐδέ σε μορφῇ
ῥύσατο τοξεύσασα Νεοπτολέμοιο μενοινήν,
ἢ ποτε θηρεύσασα τεοῦ γενετῆρα φονῆος
εἰς λίνον αὐτοκέλευστον ἀελπέος ἦγεν ὀλέθρου;   205
ναὶ μὰ τὸν ἐν χαλκῷ νοερὸν τύπον, εἴ νύ σε τοίην
ἔδρακε Πύρρος ἄναξ, τάχα κεν ξυνήονα λέκτρων
ἤγετο, πατρῴης προλιπὼν μνημήια μοίρης.

Ἡγασάμην δ' Αἴαντα, τὸν ὀβριμόθυμος Ὀιλεὺς
Λοκρίδος ἐσπέρμηνε πελώριον ἕρκος ἀρούρης.   210
φαίνετο μὲν νεότητι κεκασμένος· οὐδὲ γὰρ ἦεν
ἄνθεϊ λαχνήεντι γενειάδος ἄκρα χαράξας·
γυμνὸν δ' εἶχεν ἅπαν στιβαρὸν δέμας· ἠνορέη δὲ
βεβριθὼς ἐλέλιζε μαχήμονος οἶστρον Ἐνυοῦς.

Οἰνώνη δὲ χόλῳ φρένας ἔζεεν, ἔξεε πικρῷ   215
ζήλῳ θυμὸν ἔδουσα, Πάριν δ' ἐδόκευε λαθοῦσα
ὄμματι μαινομένῳ· κρυφίην δ' ἤγγειλεν ἀπειλήν,
δεξιτερῇ βαρύποτμον ἀναινομένη παρακοίτην.

Αἰδομένῳ μὲν ἔοικεν ὁ βουκόλος, εἶχε δ' ὀπωπὴν
πλαζομένην ἑτέρωσε δυσίμερος· αἴδετο γάρ που   220
Οἰνώνην βαρύδακρυν ἰδεῖν, Κεβρηνίδα νύμφην.

Αὐαλέῳ δὲ Δάρης ἐζώννυτο χεῖρας ἱμάντι,
πυγμαχίης κήρυκα φέρων χόλον· ἠνορέης δὲ
ἔπνεε θερμὸν ἄημα πολυστρέπτοισιν ὀπωπαῖς.

197 εἰς ἄ. Πολυξένης. l: εἰς τὸ ἄ. Πολυξένης, τῆς ἀδελφῆς Ἕκτορος. 204 l: τπίτης ἡράσθη Ἀχιλλεύς., διὸ καὶ ἐπὶ τῷ τάφῳ αὐτοῦ ἐσφαγίασαν αὐτὴν Ἕλληνες ἐν τῷ ἀπόπλῳ. 209 εἰς ἄ. τοῦ μικροῦ Αἴαντος (l: τοῦ Λοκροῦ). 215 εἰς ἄ. τῆς Οἰνώνης (l: γυναικὸς Ἀλεξάνδρου τοῦ Πάριδος). 219 εἰς ἄ. Ἀλεξάνδρου. 222 εἰς ἄ. τοῦ πυγμάχου Δάρητος.

keinen Helm mit dem Busch auf dem Haupt und schwang keine Lanze,
sondern erstrahlte in Nacktheit, und bartlos war Kinn ihm und Wange.
Hoch erhob er die Rechte als Zeichen des Sieges und wandte
seitwärts den Blick zu Polyxena hin, die bitterlich weinte.
O Polyxena, sprich, unglückliche Jungfrau, was zwang dich,
noch in dem stummen Erz geheime Tränen zu weinen?
Sag, warum stehest du hier, das Antlitz verhüllt mit dem Kopftuch,
gleich als schämtest du dich, und trägst doch im Herzen so schweren
Kummer? Vielleicht, weil der, der jäh dir die Heimat vernichtet,
Pyrrhos von Phthia, zur Beute dich hat? Oder weil deine Schönheit
nicht Neoptolemos' Herz verwundet und so dich gerettet?
Die deines Mörders Vater schon einstens verlockt und für die er
selbst in die Fäden gegangen des nimmererwarteten Todes?
Traun, bei dem sinnigen Bilde aus Erz, wenn so dich der Herrscher
Pyrrhos gesehen, er würde gewiß dich als Gattin ins Bette
zu sich nehmen und sicher das Los seines Vaters vergessen.
      Staunend erblickte ich Aias, den einstens der kühne Oïleus
als einen mächtigen Wall für die lokrische Erde gezeugt hat.
Strahlend vor Jugend erschien er; kein Fläumchen noch hatte sich schat-
ihm auf die Wange gelegt, die Blüte verdunkelnd; sein ganzer   [tend
kraftvoller Körper war nackt, und strotzend vor männlichem Mute,
schwang in der Hand er den Stachel der kampfesfrohen Enyo.
      Ingrimm kochte Oinone im Busen, die Eifersucht kochte,
bitter das Herz ihr verzehrend; sie schaute mit rasendem Auge
heimlich zu Paris hinüber, sie sprach verborgene Drohung
wider den armen Gemahl und stieß ihn zurück mit der Rechten.
Schamvoll schien dieser Hirt; ab wandt er sein irrendes Auge,
er, dessen Lieben nur Unglück gebracht; er schämte sich, glaub ich,
jetzt die Tochter des Kebren, Oinone, in Tränen zu sehen.
      Dares umwickelte sich die Hände mit trockenen Riemen,
Grimm, den Verkünder des Faustkampfs, im Herzen; den feurigen
seines männlichen Sinns verhauchten die huschenden Augen.   [Atem

---

195 ἐὴν om. P   **196** ὄμματι P   **202** Φθιώτιος c Pl -της P¹   **204** γενετῆρας ex
-ρος P   **207** ξυνήιον P   **209** ὀβρίθυμος ex -ον P   **210** ἐσπέρμεινε P   **216** ἐδόκευε
Hecker ἐκέλευε   **222–225** Δάρης... Ἔντ. δὲ om. P.

Έντελλος δὲ Δάρητος ἐναντίον ὄμμα τιταίνων 225
γυιοτόρους μύρμηκας ἐμαίνετο χερσὶν ἑλίσσων·
πυγμαχίης δ' ὤδινε φόνου διψῶσαν ἀπειλήν.
Ἦν δὲ παλαισμοσύνην δεδαημένος ὄβριμος ἀνήρ·
εἰ δὲ Φίλων ἤκουε πελώριος, εἴτε Φιλάμμων,
εἴτε Μίλων, Σικελῆς ἔρυμα χθονός, οἶδεν Ἀπόλλων· 230
οὐ γὰρ ἐγὼ δεδάηκα διακρῖναι καὶ ἀεῖσαι
οὔνομα θαρσαλέου κλυτὸν ἀνέρος· ἀλλὰ καὶ ἔμπης
ἔπνεεν ἠνορέης· λάσιος δέ οἱ εἵλκετο πώγων
καὶ φόβον ἠκόντιζον ἀεθλητῆρα παρειαὶ
καὶ κεφαλῆς ἔφρισσον ἐθειράδες· ἀμφὶ δὲ πυκνοῖς 235
μυῶνες μελέεσσιν ἀνοιδαίνοντο ταθέντες
τρηχαλέοι· δοιοὶ δέ, συνισταμένων παλαμάων,
εὑρέες ἐσφήκωντο βραχίονες, ἠΰτε πέτραι,
καὶ παχὺς ἀλκήεντι τένων ἐπανίστατο νώτῳ,
αὐχένος εὐγνάμπτοιο περὶ πλατὺν αὐλὸν ἀνέρπων. 240
Δέρκεό μοι Χαρίδημον, ὃς Ἀτθίδος ἡγεμονεύων
Κεκροπίδην στρατὸν εἶχεν ἑῆς πειθήμονα βουλῆς.
Ἦ κεν ἰδὼν ἀγάσαιο Μελάμποδα· μαντιπόλου μὲν
ἱερὸν εἶδος ἔφαινεν· ἔοικε δὲ θέσπιδος ὀμφῆς
σιγηλοῖς στομάτεσσι θεοπρόπον ἆσθμα τιταίνειν. 245
Πάνθοος ἦν Τρώων βουληφόρος, ἀλλ' ἔτι δεινὴν
οὔπω μῆτιν ἔπαυσε κατ' Ἀργείων στρατιάων.
Δημογέρων δὲ νόημα πολύπλοκον εἶχε Θυμοίτης,
ἀμφασίης πελάγεσσιν ἐελμένος· ἦ γὰρ ἐῴκει
σκεπτομένῳ τινὰ μῆτιν ἔτι Τρώεσσιν ὑφαίνειν. 250
Λάμπων δ' ἀχνυμένῳ ἐναλίγκιος ἦεν ἰδέσθαι·
οὐ γὰρ ἔτι φρεσὶν εἶχε κυλινδομένοιο κυδοιμοῦ
τειρομένοις Τρώεσσι τεκεῖν παιήονα βουλήν.
Εἱστήκει Κλυτίος μὲν ἀμήχανος· εἶχε δὲ δοιὰς
χεῖρας ὁμοπλεκέας, κρυφίης κήρυκας ἀνίης. 255
Χαῖρε, φάος ῥήτρης, Ἰσόκρατες, ὅττι σὺ χαλκῷ
κόσμον ἄγεις· δοκέεις γὰρ ἐπίφρονα μήδεα φαίνειν,

225 Pl: εἰς Ἔντελλον. 228 εἰς ἅ. τοῦ ἀθλητοῦ Φίλωνος (l. μᾶλλον δὲ Μίλωνος τοῦ
Κροτωνιάτου). Pl: εἰς Μίλωνα. 241 εἰς ἅ. Χαριδήμου. 243 εἰς ἅ. τοῦ μάντεως
Μελάμποδος. 246 εἰς ἅ. τοῦ Πάνθου. 248 εἰς ἅ. τοῦ Θυμοίτου. 251 εἰς ἅ. τοῦ Λάμ-
πωνος. 254 εἰς ἅ. τοῦ Κλυτίου. 256 εἰς ἅ. τοῦ ῥήτορος Ἰσοκράτους.

Zornige Blicke verschoß Entellos auf Dares, und wütend
wand um die Hände er sich die gliederzerschlagenden Riemen,
trächtig von Drohung zum Faustkampf und dürstend im Herzen nach
Auch ein erfahrener Ringer war da, ein gewaltiger Kämpfer. [Mordblut.
Ob es der riesige Philon, ob etwa Philammon gewesen
oder Milon, der Sikuler Schutz: Apollon nur weiß es.
Denn den ruhmvollen Namen des mutigen Mannes vermag ich
selber nicht zu erkennen noch auch ihn zu preisen, und dennoch
atmete Kraft dieser Mann; wildbuschig wallte der Bart ihm,
seine Wangen verschossen gleich Speeren den Schrecken des Krieges,
starrend ragte sein Haar auf dem Haupte empor, an des Leibes
massigen Gliedern schwollen gestrafft und hart ihm die Muskeln,
seine Hände waren vereint, es schnürten die beiden
mächtigen Arme sich eng ihm zusammen, als wären es Felsen,
und über kraftvollem Rücken hob feist sich und fleischig der Nacken,
der am gedrungenen Rund des gebogenen Halses herausstand.

Sieh Charidemos, den Feldherrn des attischen Landes, der unter
seinem Befehle das Heer der Kekropiden gebändigt.

Staunend hättest du wohl Melampus gesehen. Den heilgen
Anblick des Sehers gewährend, sprach schweigenden Mundes – so schien
er ein prophetisches Wort, das göttliche Stimme ihm eingab.   [es –

Panthoos war der Berater der Troer. Er ruhte auch jetzt nicht,
kluge Pläne zu sagen zum Kampf mit dem Heer der Argiver.

Volkes Ältester war Thymoites; sein schlauer Gedanke
ward von der Woge des Stummseins gehemmt; er glich einem Manne,
der einen findigen Plan für die Troer zu zetteln gedachte.

Einem Verzweifelnden ähnlich war Lampon dagegen zu sehen;
denn indes sich das Ringen entrollte, vermochte er nicht mehr,
für die bedrängten Troer den rettenden Ratschlag zu zeugen.

Ratlos stand Klytios da, und fest ineinander verschlungen
hielt er die beiden Hände, verschwiegenen Kummer bezeugend.

Heil dir, du Leuchte des Wortes, Isokrates, der du dem Erze
herrlichen Glanz gibst; du scheinst Gedanken voll Klugheit zu sprechen,

*226 γυιοτύρους P   227 φόνον διψόωσαν P   233 ἠνορέην Pl   236 μυιῶνες P
239 τένων c Pl ταίνων (?) P¹   240 ἐν γναπτοῖο P   242 ἑῆς π. -ῆς Brunck ἑῆς π. ῆς P
243 μαντιπόλον Pl   244 δὲ c Pl om. P¹   245 τιταίνειν Pl   246 ad ἀλλ' cf. 189
247 καταργειάων P   251-253 in P hic et post v. 258   252 εἶχεν P   254 ἑστήκει P.

εἰ καὶ ἀφωνήτῳ σε πόνῳ χαλκεύσατο τέχνη.
Ἔστενε δ' Ἀμφιάρηος ἔχων περιλαμπέα χαίτην
στέμματι δαφναίῳ· κρυφίην δ' ἐλέλιζεν ἀνίην   260
θεσπίζων, ὅτι πᾶσι βοόκτιτος ἐν δρυσὶ Θήβη
ἀνδράσιν Ἀργείοισιν ὑπότροπον ἦμαρ ὀλέσσει.
Ἀγλαὸς εἱστήκει χρησμηγόρος, ὅντινά φασιν
μαντιπόλου γενετῆρα θεοφραδέος Πολυΐδου·
εὐπετάλῳ δὲ κόμας ἐστεμμένος ἔπρεπε δάφνῃ.   265
Εἶδον ἀκερσεκόμην ἕκατον θεόν, εἶδον ἀοιδῆς
κοίρανον, ἀδμήτοισι κεκασμένον ἄνθεσι χαίτην·
εἶχε γὰρ ἀμφοτέροισι κόμης μεμερισμένον ὤμοις
βόστρυχον αὐτοέλικτον. ἔλισσε δὲ μάντιν ὀπωπήν,
οἶά τε μαντοσύνῃ μεροπήια πήματα λύων.   270
Γυμνὸς δ' ὀβριμόθυμος ἔην Τελαμώνιος Αἴας,
μήπω πρῶτον ἴουλον ἔχων· ἐκέκαστο δὲ μορφῆς
ἄνθεσι πατρῴης· πλοκάμους δ' ἐσφίγγετο μίτρῃ.
οὐ γὰρ ἔην τρυφάλειαν ἔχων, οὐκ ἔγχος ἑλίσσων,
οὐ σάκος ἑπταβόειον ἐπωμαδόν, ἀλλὰ τοκῆος   275
θαρσαλέην ἀνέφαινεν ἀγηνορίην Τελαμῶνος.
Ἵστατο Σαρπηδών, Λυκίων πρόμος· ἠνορέη μὲν
φρικτὸς ἔην, ἁπαλοῖς δὲ νεοτρεφέεσσιν ἰούλοις
οἴνοπος ἄκρα χάρασσε γενειάδος· ἀμφὶ δὲ χαίταις
εἶχε κόρυν. γυμνὸς μὲν ἔην δέμας, ἀλλ' ἐνὶ μορφῇ   280
σπέρμα Διὸς σήμαινεν· ἀπ' ἀμφοτέρης γὰρ ὀπωπῆς
μαρμαρυγὴν ἀπέπεμπεν ἐλευθερίου γενετῆρος.
Καὶ τρίτος εὐχαίτης τριποδηλάλος ἦεν Ἀπόλλων,
καλὸς ἰδεῖν· πλόκαμος γὰρ ἕλιξ ἐπιδέδρομεν ὤμοις
ἀμφοτέροις· ἐρατὴ δὲ θεοῦ διεφαίνετο μορφή,   285
χαλκῷ κόσμον ἄγουσα. θεὸς δ' ἐτίταινεν ὀπωπὴν
οἶά τε μαντιπόλοισιν ἐπὶ τριπόδεσσι δοκεύων.
Καὶ τριτάτην θάμβησα πάλιν χρυσῆν Ἀφροδίτην,
φάρεϊ κόλπον ἔχουσαν ἐπίσκιον· ἀμφὶ δὲ μαζοῖς
κεστὸς ἕλιξ κεχάλαστο, χάρις δ' ἐνενήχετο κεστῷ.   290

259 εἰς ἅ. τοῦ μάντεως Ἀμφιάρου (!). 263 εἰς ἅ. τοῦ μάντεως Ἀγλαοῦ. 266 εἰς ἅ.
τοῦ Ἀπόλλωνος. 271 εἰς ἅ. τοῦ μεγάλου Αἴαντος (l: τοῦ Τελαμωνιάδου τοῦ ἐκ
Σαλαμῖνος). 277 εἰς ἅ. Σαρπηδόνος (l: τοῦ Λυκίου, ὃς ἦλθεν ἐν Τροίᾳ μετὰ Γλαύκου). 283 εἰς ἅ. ἑτέρου Ἀπόλλωνος. 288 εἰς ἅ. ἑτέρας Ἀφροδίτης.

ob der Künstler dich auch zu stummem Gebilde gegossen.
Seufzend stand Amphiaraos. Ein Kranz von Lorbeer erstrahlte
ihm auf dem schimmernden Haar; er wälzte verschwiegenen Kummer,
mahnend, daß Theben dereinst, vom Rinde im Eichwald gegründet,
allen argivischen Männern den Tag der Heimkehr vernichte.
      Herrlich erhob sich der Deuter der Zukunft, der Vater – so sagt man –
des Polyeidos, des Sehers, der göttliches Wort prophezeite.
Prächtig umkränzten sein Haar die lieblichen Blätter des Lorbeers.
      Phoibos mit wallenden Locken, den Ferntreffer, sah ich, des Sanges
Herrscher; es prangte sein Haar in ungebändigter Blüte.
Nieder fielen geteilt auf beide Schultern die Strähnen,
die sich von selber gelockt; weissagend hob er die Augen,
gleichsam als wollte die Welt er durch Sprüche von Leiden erlösen.
      Nackt war des Telamon Sohn, der kühne Aias; noch deckte
nicht ihn der erste Flaum, doch schimmerte strahlend des Vaters
Blüte auf seiner Gestalt; eine Binde umfing seine Locken.
Denn er trug keinen Helm, er schwang keine Lanze und hatte
nicht auf der Schulter den Schild aus sieben Häuten, doch zeigte
er die männliche Kühnheit des Telamon, seines Erzeugers.
      Dort erhob sich Sarpedon, der Führer der Lykier; ein Schrecken
stieg aus der Mannheit herauf, und dennoch zog eben erst dunkel
über die Wange ein zarter und junger Flaum ihm; er hatte
einen Helm auf den Locken; nackt war er, doch zeigte die Schönheit
seine Herkunft von Zeus, denn funkelnd entsandten die beiden
Augen den feurigen Glanz, wie dem edlen Vater er eigen.
      Und ein dritter Apollon war da mit herrlichem Haare,
prächtig zu sehen; es rannen dem Dreifußpropheten die Locken
ringelnd auf beide Schultern, und lieblich strahlte sein Körper,
Glanz dem Erze verleihend. Es blickte der Gott in die Ferne,
gleich als säh er die Zukunft auf seinem prophetischen Dreifuß.
      Und ich bewunderte auch eine dritte goldene Kypris,
der ein Gewand die Hüften umschloß, doch rings um den Busen
wand sich ein lockeres Band, und Anmut schwamm in dem Bande.

* **261** βιόκτιτος ex βοόκτ- P λυρόκτ- ex βιρόκτ- Pl **262** ὑπότρομον P **263** ἐστήκει P
ἐστ- Pl **264** μαντιπόλον P // Πολυίδου Pl¹ Pl em. c **266** ἀκειρεκ- Pl **267** ἀτμήτ- Pl
273 δ' om. P **276** ἀνέφαινε ἀγηρονίην P **282** ἀνέπεμπεν Pl **283** τριποδίλαλος Pl.

Αἰχμητής δ' ἀνίουλος ἐλάμπετο δῖος 'Αχιλλεύς,
γυμνὸς ἐὼν σαγέων· ἐδόκευε μὲν ἔγχος ἐλίσσειν
δεξιτερῇ, σκαιῇ δὲ σάκος χάλκειον ἀείρειν,
σχήματι τεχνήεντι. μόθου δ' ἀπέπεμπεν ἀπειλὴν
θάρσεϊ τολμήεντι τεθηγμένος· αἱ γὰρ ὀπωπαὶ   295
γνήσιον ἦθος ἔφαινον ἀρήιον Αἰακιδάων.
Ἧν δὲ καὶ Ἑρμείας χρυσόρραπις· ἱστάμενος δὲ
δεξιτερῇ πτερόεντος ἀνείρυε δεσμὰ πεδίλου,
εἰς ὁδὸν ἀίξαι λελιημένος· εἶχε γὰρ ἤδη
δεξιὸν ὀκλάζοντα θοὸν πόδα, τῷ ἔπι λαιὴν   300
χεῖρα ταθεὶς ἀνέπεμπεν ἐς αἰθέρα κύκλον ὀπωπῆς
οἷά τε πατρὸς ἄνακτος ἐπιτρωπῶντος ἀκούων.
Καὶ νοερῆς ἄφθεγκτα Λατινίδος ὄργια Μούσης
ἅζετο παπταίνων 'Απολήιος, ὅντινα μύστην
Αὐσονὶς ἀρρήτου σοφίης ἐθρέψατο Σειρήν.   305
Φοίβου δ' οὐρεσίφοιτος ὁμόγνιος ἵστατο κούρη
Ἄρτεμις, ἀλλ' οὐ τόξον ἐκηβόλον οὐδὲ φαρέτρην
ἰοδόκην ἀνέχουσα κατωμαδόν· ἦν δ' ἐπὶ γούνων
παρθένιον λεγνωτὸν ἀναζωσθεῖσα χιτῶνα
καὶ τριχὸς ἀκρήδεμνον ἀνιεμένη πλόκον αὔραις.   310
Ἔμφρονα χαλκὸν Ὅμηρος ἐδείκνυεν, οὔτε μενοινῆς
ἄμμορον οὔτε νόου κεχρημένον, ἀλλ' ἄρα μούνης
φωνῆς ἀμβροσίης, ἀνέφαινε δὲ θυιάδα τέχνην.
ἢ καὶ χαλκὸν ἔχευεν ὁμῇ θεὸς εἴδεϊ μορφῆς·
οὐ γὰρ ἐγὼ κατὰ θυμὸν ὀίομαι, ὅττι μιν ἀνὴρ   315
ἐργοπόνος χάλκευσε παρ' ἐσχαρεῶνι θαάσσων·
ἀλλ' αὐτὴ πολύμητις ἀνέπλασε χερσὶν 'Αθήνη
εἶδος ἐπισταμένη, τόπερ ᾤκεεν· ἐν γὰρ Ὁμήρῳ
αὐτὴ ναιετάουσα σοφὴν ἐφθέγγετο μολπήν.
σύννομος 'Απόλλωνι, πατὴρ ἐμός, ἰσόθεος φώς,   320
ἵστατο θεῖος Ὅμηρος. εἴκτο μὲν ἀνδρὶ νοῆσαι
γηραλέῳ, τὸ δὲ γῆρας ἔην γλυκύ· τοῦτο γὰρ αὐτῷ
πλειοτέρην ἔσταζε χάριν· κεκέραστο δὲ κόσμῳ

---

* **291** εἰς ἅ. τοῦ 'Αχιλλέως. **297** εἰς ἅ. ιοῦ 'Ερμοῦ. **303** εἰς ἅ. τοῦ 'Αποληΐου. **306** εἰς
ἅ. τῆς 'Αρτέμιδος. **311** εἰς ἅ. 'Ομήρου. **320** man. rec.: ἠράσθης, ὦ φίλος, τοῦ κάλλους καὶ τῶν λόγων 'Ομήρου, καὶ τοῦτον πατέρα σὸν ἐκάλεσας διὰ τὴν σὴν εὐμου-
σίαν, καὶ ναὶ μὰ τοὺς λόγους οὐ μακρὰν εἶ τῆς ἐκείνου ψυχῆς καὶ τῶν ἐκείνου χαρίτων.

Noch als bartloser Krieger erstrahlte der hehre Achilleus.
Stand er auch waffenlos da, er schwang doch, so schien es, die Lanze
mit der Rechten und hob den ehernen Schild mit der Linken;
also formte ihn Kunst. Gelockt vom verwegenen Mute,
drohte er, Kampf zu beginnen; denn funkelnd lag in den Augen
ihm der echte kriegrische Geist der Aiakossöhne.
    Auch ein Hermes war dort mit goldenem Stabe; im Stehen
zog mit der Rechten er fest die Bänder der Flügelsandale,
um sich zur Reise zu heben; denn eben schon hatte sein rechtes
hurtiges Bein sich gebeugt, indes er, die Linke auf dieses
niederstützend, die Augen zum himmlischen Äther emporhob,
gleich als lauschte er noch auf des waltenden Vaters Befehle.
    Scheu erwog Apuleius der klugen latinischen Muse
unaussprechliche Weihen, er, den die Sirene Ausoniens
in die Mysterien führte, die keiner das Recht hat zu künden.
    Drauf die jungfräuliche Schwester des bergebewandelnden Phoibos,
Artemis. Aber sie hielt nicht den fernhintreffenden Bogen
noch den Köcher mit Pfeilen auf ihrer Schulter; geschürzt war
bis zu den Knien ihr reines, umsäumtes Gewand, und es wehten
ohne Bänder ihr flatternd die Strähnen des Haares im Winde.
    Und Homeros erschien im beseelten Erze, dem weder
Geist noch Sinne gebrachen, nur fehlte die göttliche Stimme,
doch offenbarte er ganz der Dichtkunst heiße Verzückung.
Wahrlich, es goß wohl ein Gott dies Erz zu menschlichen Formen,
denn ich kann es im Herzen nicht glauben, daß es ein sterblich
Wesen in mühsamem Werk, am Ofen sitzend, gegossen.
Nein, es bildete wohl Athene mit kunstreichen Händen,
da sie ihn kannte, den Leib, darinnen sie wohnte; denn selber
war in Homer sie und ließ die sinnigen Lieder ertönen.
Also stand er, der hehre Homer, Apollons Gefährte,
er, der göttliche Mensch, mein Vater. Er glich einem Alten,
aber sein Alter war mild; denn eine unendliche Anmut
goß es über ihn aus, einen glänzenden Schimmer, in dem sich

---

* **292** σακέων P Pl em. Boiss. **295** αἱ Pl οὐ P **297** Ἑρμείης Pl **301** ταθεῖσαν ἔπεμπεν
P Pl em. Brunck **302** ἐπιτροπόωντος Pl **304** Ἀπυλ- Pl **305** ἀνεθρέψατο Pl
308 Ἰοδόκον κατέχ- Pl **310** πλοκάμου P **313** θυάδα Pl **316** θάσσων P **318** τό
τ᾽ ἐῴκεεν Pl **320** πατὴρ δ᾽ Pl **323** ἔσταξε Pl // κεκέραστο Pl καὶ κέρ- P.

αἰδοίῳ τε φίλῳ τε· σέβας δ' ἀπελάμπετο μορφῆς.

αὐχένι μὲν κύπτοντι γέρων ἐπεσύρετο βότρυς   325
χαίτης, εἰς ὀπίσω πεφορημένος, ἀμφὶ δ' ἀκουὰς
πλαζόμενος κεχάλαστο· κάτω δ' εὐρύνετο πώγων
ἀμφιταθείς, μαλακὸς δὲ καὶ εὔτροχος· οὐδὲ γὰρ ἦεν
ὀξυτενής, ἀλλ' εὐρὺς ἐπέπτατο, κάλλος ὑφαίνων
στήθεϊ γυμνωθέντι καὶ ἱμερόεντι προσώπῳ.   330
γυμνὸν δ' εἶχε μέτωπον· ἐπ' ἀπλοκάμῳ δὲ μετώπῳ
ἦστο σαοφροσύνη κουροτρόφος· ἀμφὶ δ' ἄρ' ὀφρῦς
ἀμφοτέρας προβλῆτας εὔσκοπος ἔπλασε τέχνη,
οὔτι μάτην· φαέων γὰρ ἐρημάδες ἦσαν ὀπωπαί.
ἀλλ' οὐκ ἦν ἀλαῷ ἐναλίγκιος ἀνδρὶ νοῆσαι·   335
ἕζετο γὰρ κενεοῖς χάρις ὄμμασιν· ὡς δὲ δοκεύω,
τέχνη τοῦτο τέλεσσεν, ὅπως πάντεσσι φανείη
φέγγος ὑπὸ κραδίην σοφίης ἄσβεστον ἀείρων.
δοιαὶ μὲν ποτὶ βαιὸν ἐκοιλαίνοντο παρειαὶ
γήραϊ ῥικνήεντι κατάσχετοι· ἀλλ' ἐνὶ κείναις   340
αὐτογενής, Χαρίτεσσι συνέστιος, ἵζανεν Αἰδώς.
Πιερικὴ δὲ μέλισσα περὶ στόμα θεῖον ἀλᾶτο,
κηρίον ὠδίνουσα μελισταγές. ἀμφοτέρας δὲ
χεῖρας ἐπ' ἀλλήλησι τιθεὶς ἐπερείδετο ῥάβδῳ
οἷά περ ἐν ζωοῖσιν· ἑὴν δ' ἔκλινεν ἀκουὴν   345
δεξιτερήν, δόκεεν δὲ καὶ 'Απόλλωνος ἀκούειν
ἢ καὶ Πιερίδων τινὸς ἐγγύθεν. ἐν δ' ἄρα θυμῷ
σκεπτομένῳ μὲν ἔικτο· νόος δέ οἱ ἔνθα καὶ ἔνθα
ἐξ ἀδύτων πεφόρητο πολυστρέπτοιο μενοινῆς,
Πιερικῆς Σειρῆνος ἀρήιον ἔργον ὑφαίνων.   350

Καὶ Σύριος σελάγιζε σαοφροσύνη Φερεκύδης
ἱστάμενος· σοφίης δὲ θεουδέα κέντρα νομεύων
οὐρανὸν ἐσκοπίαζε, μετάρσιον ὄμμα τιταίνων.

Καὶ σοφὸς Ἡράκλειτος ἔην, θεοείκελος ἀνήρ,
ἔνθεον ἀρχαίης 'Εφέσου κλέος, ὅς ποτε μοῦνος   355
ἀνδρομέης ἔκλαιεν ἀνάλκιδος ἔργα γενέθλης.

---

* **334** man. rec.: τυφλὸς ἦν ὁ πλάσας αὐτόν, ἐπεὶ Ομηρος πολλῶν ἀνδρῶν ἔβλεπε
κρεῖττον. **335** l: εἰς τὸ ἄ. 'Ομήρου· ἔκφρασις τοῦ ἤθους καὶ τοῦ σχήματος αὐτοῦ.
344 l: ὡς θαυμαστὸν τὸ τῆς εἰκόνος σχῆμα. **351** εἰς ἄ. τοῦ φιλοσόφου Φερεκύδου.
354 εἰς ἄ. τοῦ φιλοσόφου 'Ηρακλείτου.

Hoheit und Güte vereinten, und Ehrfurcht strahlte sein Antlitz.
Auf dem gebeugten Nacken des Greises schwebten des Haares
Locken, sie fielen nach hinten und glitten im lockeren Falle
wallend ihm rings um die Ohren; in weichem, geschmeidigem Flusse
stürzte ihm lang und breit der Bart hernieder; er war nicht
spitz geschnitten, breit strömte er hin und legte um seine
nackte Brust und das sanfte Gesicht einen Schleier von Schönheit.
Frei war die Stirne von Haar, doch rings um die offene Stirne
thronte die Weisheit, die Kinder erzieht. Das Paar seiner Brauen
hatte der Künstler voll Feinsinn mit mächtigen Wülsten gestaltet,
nicht ohne Grund, denn die Augen entbehrten beide des Lichtes.
Aber man konnte trotzdem ihn nicht einem Blinden vergleichen,
denn in den Höhlen der Augen saß Anmut; ich glaube, der Künstler
gab ihm diese Gestaltung, um allen zu zeigen, der Weisheit
unauslöschliches Licht hat Homeros im Herzen getragen.
Hohl aber waren ein wenig die beiden Wangen, das Alter
hatte sie schrumpfend befallen, jedoch ein natürlicher Adel,
der vertraute Genoß der Grazien, war drinnen zu Hause.
Flatternd flog um den göttlichen Mund eine Biene der Muse,
trächtig von Tropfen des honichten Seims. Er hatte die Hände
aufeinander gelegt, indes auf den Stab er sich stützte,
gleichsam als lebte er noch unter lebenden Menschen. Er neigte
lauschend sein rechtes Ohr und schien auf Apollon zu horchen
oder auf eine der Musen bei ihm. So glich er denn einem,
der sich im Herzen bedenkt, und es sprang aus dem heiligen Raume
seines geschäftigen Geistes sein Sinnen nach hierhin und dorthin,
da er das kriegrische Werk der Sirene Piëriens webte.
 Auch Pherekydes von Syros erhob sich im Glanze des Wissens,
und vom göttlichen Stachel des Weisheitverlangens getrieben,
schaute er still in den Himmel und sah in die Fernen dort oben.
 Auch Herakleitos, der weise, der göttliche, stand da, des alten
Ephesos Ruhm, gott-trunken; der einzige war er, der einstens
über die Mühen geweint des armen Menschengeschlechtes.

329 ἀπεπαύετο ex ἐπέπαυτο Pl **331-332** ἐπὶ (sic) ἀπλ...κουροτρ. Cram. An.
Ox. 4, 410, 15 **340** ἐνὶ [ἐνε man. rec.] κείναις P ἐν ἐκ. Pl **344** ἀλλήλαισι P
356 ἀνδρομένης P.

Καὶ τύπος ἁβρὸς ἔλαμπεν ἀριστονόοιο Κρατίνου,
ὅς ποτε δημοβόροισι πολισσούχοισιν Ἰώνων
θυμοδακεῖς ἐθόωσεν ἀκοντιστῆρας ἰάμβους,
κῶμον ἀεξήσας, φιλοπαίγμονος ἔργον ἀοιδῆς.				360
Εἱστήκει δὲ Μένανδρος, ὃς εὐπύργοισιν Ἀθήναις
ὁπλοτέρου κώμοιο σελασφόρος ἔπρεπεν ἀστήρ.
πολλάων γὰρ ἔρωτας ἀνέπλασε παρθενικάων
ἅρπαγας οἰστρήεντας ἀεδνώτοιο κορείης				365
καὶ Χαρίτων θεράποντας ἐγείνατο παῖδας ἰάμβους,				364
μίξας σεμνὸν ἔρωτι μελίφρονος ἄνθος ἀοιδῆς.
Ἀμφιτρύων δ' ἤστραπτεν ἀπειρογάμῳ τρίχα δάφνῃ
στεψάμενος· πᾶσιν μὲν εὔσκοπος εἴδετο μάντις·
ἀλλ' οὐ μάντις ἔην, Ταφίης δ' ἐπὶ σήματι νίκης
στέμμα πολυστρέπτοισιν ἐφάρμενον εἶχεν ἐθείραις				370
Ἀλκμήνης μενέχαρμος ἀριστοτόκου παρακοίτης.
Θουκυδίδης δ' ἐλέλιζεν ἑὸν νόον· ἦν δὲ νοῆσαι
οἷά περ ἱστορίης δημηγόρον ἦθος ὑφαίνων·
δεξιτερὴν γὰρ ἀνέσχε μετάρσιον, ὡς πρὶν ἀείδων
Σπάρτης πικρὸν Ἄρηα καὶ αὐτῶν Κεκροπιδάων				375
Ἑλλάδος ἀμητῆρα πολυθρέπτοιο τιθήνης.
Οὐδ' Ἁλικαρνησοῦ με παρέδραμε θέσπις ἀηδών,
Ἡρόδοτος πολύιδρις, ὃς ὠγυγίων κλέα φωτῶν,
ὅσσα περ ἠπείρων δυὰς ἤγαγεν, ὅσσα περ αἰών
ἔδρακεν ἑρπύζων, ἐνάταις ἀνεθήκατο Μούσαις.				380
μίξας εὐεπίῃσιν Ἰωνίδος ἄνθεα φωνῆς.
Θήβης δ' ὠγυγίης Ἑλικώνιος ἵστατο κύκνος.
Πίνδαρος ἱμερόφωνος, ὃν ἀργυρότοξος Ἀπόλλων
ἔτρεφε Βοιωτοῖο παρὰ σκοπιὴν Ἑλικῶνος
καὶ μέλος ἁρμονίης ἐδιδάξατο· τικτομένου γὰρ				385
ἑζόμεναι λιγυροῖσιν ἐπὶ στομάτεσσι μέλισσαι
κηρὸν ἀνεπλάσσαντο, σοφῆς ἐπιμάρτυρα μολπῆς.
Ξεινοφόων δ' ἤστραπτε, φεράσπιδος ἀστὸς Ἀθήνης.
ὃς πρὶν Ἀχαιμενίδαο μένος Κύροιο λιγαίνων

Dort auch glänzte entzückend das Bild des genialen Kratinos,
der auf die Stadtherrn der Jonier, die Volksvermögensverprasser,
einst gleich spitzigen Speeren herzbeißende Jamben geschleudert
und die Komödie veredelt, das Dichtwerk voll heiterer Späße.

Drauf das Bild des Menandros, der einst der athenischen Feste
als ein schimmernder Stern der Neuen Komödie erstrahlte.
Oftmals hat er die Liebe der Mädchen, die Tollheit der Männer,
die ohne Mitgift die Keuschheit der Jungfrau sich nahmen, gestaltet,
hat auch die Diener der Grazien, die Jamben, als Söhne geboren,
einend die heilige Blüte des süßen Gesangs mit der Liebe.

Sieh, wie Amphitryon glänzte! Sein Haupt war bedeckt mit dem keu-
Lorbeer, und allen erschien er als Seher voll trefflicher Ahnung, [schen
ohne doch Seher zu sein; als Zeichen des Sieges ob Taphos
hatte der streitbare Gatte Alkmenes, der Mutter so edler
Kinder, das lockige Haar mit diesem Kranze umwunden.

Tief in Sinnen versenkt war Thukydides; deutlich erkennbar
spann er Charakter und Haltung der Reden in seinem Geschichtswerk.
Hob er die Rechte doch hoch wie damals, als er den harten,
bitteren Krieg zwischen Sparta und Kekrops' Bürgern besungen,
der die blühende Jugend der Mutter Hellas gemäht hat.

Und ich gewahrte die Nachtigall auch von Halikarnassos,
den gelehrten und hehren Herodotos, der das Vollbringen
ältester Männer, das zwei Erdfesten geleistet und rollend
einstens gesehen die Zeit, den neun Piëriden geweiht hat,
mischend den Reiz seines Stils mit den Blüten der jonischen Sprache.

Der helikonische Schwan des alten Thebens erhob sich,
Pindar, der köstliche Sänger, den Phoibos mit silbernem Bogen
auf der boiotischen Warte des Helikons einstens genährt hat
und im melodischen Sange gebildet; denn bei der Geburt schon
setzten Bienen sich ihm auf die tönenden Lippen und bauten
drauf ihre Waben aus Wachs, dem Zeugen der sinnigen Lieder.

Licht stand Xenophon da, der Bürger der streitbaren Atthis,
der den mutigen Kyros, Achaimenes' Enkel, besungen

---

* **361** ἑστήκει P ἑστ- Pl em. Wernicke **364** post **365** posuit Waltz **367** τρίχαι P
370 πολυστέπτ- P // ἑπάρμενον [ex ἑφά-] Pl ἑφάρμ- P **372–376** Vita Thuc. 2 p.
203 W **372** ἔλεξεν Vita **375** κ ἀυτῶν P **377** ’Αλικαρνασοῦ et ἀοιδὸς Pl **379** δοιὰς P
380 om. P **384** βιώτοιο P **386** λιγυροῖσι P **388** Ξενο- P **389** λιγαίνειν P.

210 Anthologia Graeca II

εἵπετο φωνήεντι Πλατωνίδος ἤθεϊ Μούσης, 390
ἱστορίης φιλάεθλον ἀριστώδινος ὀπώρην
συγκεράσας ῥαθάμιγξι φιλαγρύπνοιο μελίσσης.
῎Ιστατο δ' 'Αλκμάων κεκλημένος οὔνομα μάντις·
ἀλλ' οὐ μάντις ἔην ὁ βοώμενος οὐδ' ἐπὶ χαίτης
δάφνης εἶχε κόρυμβον· ἐγὼ δ' 'Αλκμᾶνα δοκεύω, 395
ὃς πρὶν ἐυφθόγγοιο λύρης ἠσκήσατο τέχνην,
Δώριον εὐκελάδοισι μέλος χορδῇσιν ὑφαίνων.
Καὶ πρόμος εὐκαμάτων Πομπήιος Αὐσονιήων,
φαιδρὸν ἰσαυροφόνων κειμήλιον ἠνορεάων,
στειβομένας ὑπὸ ποσσὶν 'Ισαυρίδας εἶχε μαχαίρας 400
σημαίνων, ὅτι δοῦλον ὑπὸ ζυγὸν αὐχένα Ταύρου
εἴρυσεν ἀρρήκτῳ πεπεδημένον ἄμματι Νίκης·
κεῖνος ἀνήρ, ὃς πᾶσιν ἔην φάος, ὃς βασιλῆος
ἠγαθέην ἐφύτευσεν 'Αναστασίοιο γενέθλην.
τοῦτο δὲ πᾶσιν ἔδειξεν ἐμὸς σκηπτοῦχος ἀμύμων 405
δηώσας σακέεσσιν 'Ισαυρίδος ἔθνεα γαίης.
῎Ιστατο δ' ἄλλος ῞Ομηρος, ὃν οὐ πρόμον εὐεπιάων
θέσκελον υἷα Μέλητος ἐυρρείοντος ὀίω,
ἀλλ' ὃν Θρηικίῃσι παρ' ᾖσι γείνατο μήτηρ
Μοιρὼ κυδαλίμη Βυζαντιάς, ἣν ἔτι παιδνὴν 410
ἔτρεφον εὐεπίης ἡρωίδος ἴδμονα Μοῦσαι·
κεῖνος γὰρ τραγικῆς πινυτὴν ἠσκήσατο τέχνην,
κοσμήσας ἐπέεσσιν ἐὴν Βυζαντίδα πάτρην.
Καὶ φίλος Αὐσονίοισι λιγύθροος ἔπρεπε κύκνος,
πνείων εὐεπίης Βεργίλλιος, ὅν ποτε 'Ρώμης 415
Θυβριὰς ἄλλον ῞Ομηρον ἀνέτρεφε πάτριος ἠχώ.

393 εἰς ἄ. τοῦ λυρικοῦ 'Αλκμάωνος. Pl: εἰς 'Αλκμαίωνα. 398 εἰς ἄ. Πομπηίου
Καίσαρος [absurde pro Πομπηίου, προγόνου 'Αναστασίου τοῦ Καίσαρος]. Pl: εἰς
Πομπήιον. 402 l: ὅτι ὁ θαυμαστὸς οὗτος Χριστόδωρος ἐπὶ 'Αναστασίου ἦν
βασιλέως τοῦ διαδεξαμένου τὸν Ζήνωνα πεπεδημένον ἄμματι. 407 εἰς ἄ. τοῦ ποιητοῦ
'Ομήρου. 414 εἰς ἄ. τοῦ ποιητοῦ Βιργιλίου (l: τοῦ γράψαντος τῇ τῶν 'Ρωμαίων
διαλέκτῳ τὴν καλουμένην Αἰνεάδα ἐν ἔπεσι θαυμασίοις).

und beim Schaffen dem Brauch der Platonischen Muse sich fügte,
da er die trefflich geborene Frucht der Kriegesgeschichte
mit dem Geträufel gemischt hat der nächtedurchwachenden Biene.
    Drauf erhob sich der Seher, Alkmaon geheißen, doch war es
nicht der gepriesene Seher: er trug auf dem Haar nicht des Lorbeers
Blütentrauben als Kranz. Ich möchte für Alkman ihn halten,
der vorzeiten die Kunst der rauschenden Leier gepflegt hat
und das dorische Lied auf klingenden Saiten gewoben.
    Drauf Pompeius, der Führer der mühegekrönten Ausonier,
der, ein funkelndes Mal isauriermordender Stärke,
unter den Füßen zertrat die Schwerter isaurischer Männer,
kündend, daß er ins Joch der Knechtschaft gebeugt und mit Nikes
unzerreißbarem Band gefesselt den Nacken des Tauros,
eben dieses der Mann, der allen ein leuchtendes Licht war
und den heiligen Stamm Anastasios', des Kaisers, erzeugt hat.
Denn dies zeigte der Welt mein Herr, der treffliche Herrscher,
als er die Völker Isauriens mit seinen Waffen vernichtet.
    Noch ein Homeros war da, doch glaub ich, es war nicht der Dicht-
König, der göttliche Sohn des herrlich strömenden Meles,   [kunst
sondern der Mann, den einst am Strande von Thrakien die Mutter
Moiro, die ruhmvolle Frau aus Byzanz, zum Lichte geboren,
die, noch ein Kind, von den Musen heroische Dichtung erfahren;
denn er pflegte die sinnige Kunst der Tragödie und wurde
ob seiner Verse der schimmernde Schmuck der byzantischen Heimat.
    Und es erglänzte der singende Schwan, der, lieb den Ausoniern,
herrliche Worte geatmet, Vergil, den die drüben am Tiber
heimische Sprache dereinst zum zweiten Homeros geschaffen.

---

395 δοκεύων Pl **406** διώϊσας P **408** ἐυρρείεντος Pl **409** παρήϊος P **410** Βυζαντίη
Pl // πεδνὴν P Pl em. Steph. **414–416** exst. in Σ no 11 **415** Βιργίλλιος Pl [ex
Βεργ-], Σ **416** Θυμβ- Pl Σ.

BUCH III

Vorwort zu Buch III

Buch III bringt 19 nur im Palatinus[1] erhaltene Epigramme, die im Apollonistempel zu Kyzikos sollen gestanden haben. Der Tempel war von den Söhnen der Apolloni(a)s erbaut worden. Diese, die Witwe Attalos' I., des Königs von Pergamon († 197 v. C.), hatte mit ihren vier Söhnen in einem besonders schönen Verhältnis gelebt. Nach ihrem Tode (166/159) ließen ihre Söhne Eumenes II. und Attalos II. ihr einen Tempel in ihrer Heimat Kyzikos errichten und schmückten die Säulen mit Reliefs, die von Kindesliebe in Mythos und Sage berichteten. Zum Teil sind diese Stoffe allbekannt, z. T. aber – und das macht die Darstellungen recht bedeutsam – bringen sie Varianten, die uns sonst in keiner Weise bekannt sind[2].

Die Epigramme selbst sind anonym überliefert, dürften aber, wie stilistische, sprachliche und metrische Untersuchungen dartun, alle von demselben Verfasser herrühren. Zu erwarten wäre, daß sie aus der gleichen Zeit, dem 2. Jh. v. C., stammten. Das trifft aber nicht zu. Schon der erzählende Einschlag weist sie in römische Zeit; Sprache und Wortschatz deuten ebenfalls auf Spätzeit; Prosodie und Metrik erscheinen gegenüber den klassischen Forderungen so verwahrlost, daß man Verfallszeit anzunehmen gezwungen ist. Einem schlechten Dichter einer frühen Zeit aber die Verfasserschaft zuzusprechen, hindert die hohe Stellung der reichen Bauherrn. So nimmt Sitzler als Entstehungszeit frühestens das 4., Meyer frühestens das 6. Jahrhundert an. Die Entscheidung darüber ist aber um so schwieriger, als der Zustand, in dem die Gedichte überliefert sind, sehr traurig ist und stellenweise die Frage, was auf Kosten des Verfassers bzw. des Abschreibers zu setzen sei, offen läßt.

Erwähnt werden 19 Säulen des Peripterostempels, eine auffallende, unregelmäßige Zahl, die uns die Frage nahelegt, wie diese in den Tempel einzugliedern seien. Nach verschiedenen anderen Vermutungen, so von Radinger, der 20 Säulen[3] annahm und ein Epigramm als verloren betrachtet, hat Meyer wohl das Richtige gefunden. Es gab vier

---

[1] S. 76₁₆–81₇; Schreiber A.   [2] 3, 12, 15.   [3] Außer 4 Ecksäulen: 2+2+6+6.

Ecksäulen (1, 7, 10, 16), von denen der Verfasser der Lemmata wenigstens die 3 letzten als solche dadurch kennzeichnet, daß er beim Gang um den Tempel jeweils die neue Himmelsrichtung angibt: 1–7 standen nach Osten, 7–10 nach Norden, 10–16 nach Westen, 16–1 nach Süden; dort befand sich auch das Tempeltor. Sieht man von den Ecksäulen ab, dann hatte der Tempel an den Breitseiten je 5, an den Schmalseiten je 2 Säulen; insgesamt also 18 Säulen. Mithin ist ein Epigramm zu viel überliefert, und zwar das 18. oder 19., da an der Südseite auch eine Säule zu viel erscheint[1].

Wo standen nun die Reliefs und die Epigramme? Die ersteren wohl auf der Basis oder am unteren Säulenschaft, da der Lemmatist l am Rande von Nr. 3 sagt: „Die 3. Tafel des 3. Stylobaten" und entsprechend bei Nr 4.

Schwieriger ist die zweite Frage. Nach der Überschrift zum 3. Buch standen die Epigramme auf Stylopinakien; das ist wohl eine Art von Metopen, Tafeln, die man in ausgesparte Räume an den Säulen eingelassen hatte. Dann müßten sie aber um der Symmetrie willen alle die gleiche Verszahl haben; tatsächlich schwankt jedoch der Umfang der Gedichte zwischen 2 und 6 Versen. Dann müßten ferner die Tafeln gleich bei Erbauung des Tempels eingelassen worden sein; tatsächlich sind die Gedichte aber, wie oben gezeigt, erst viele Jahrhunderte später entstanden. So drängt sich der Zweifel auf, ob die Epigramme wirklich, wie die Überschrift des 3. Buches behauptet, Inschriften waren und nicht vielleicht spätere Buchepigramme sind.

Auffallend sind die ausführlichen Lemmata[2], die überdies in ungewöhnlicher Weise hier nicht am Rande stehen, sondern in den Text aufgenommen sind. Meyer hält diese Lemmata für einleitende Worte, die der Dichter selbst seinem Epigramm vorgesetzt hat. Boissonade und Radinger dagegen setzen einen von dem Tempelküster verkauften „Führer" voraus, der neben der Beschreibung des Tempels auch diese Prosanotizen (doch nicht die Epigramme) als Erklärungen der Reliefs enthielt. Der gleichen Ansicht ist Waltz. Er glaubt, daß dieser „Tempelführer" in die Hände eines Spätlings kam, der die Erklärungen versifizierte, die Prosanotizen aber in seinem Büchlein mitauf-

---

[1] Nach Meyer Nr. 19, während Sitzler das 8. Epigramm verdächtig erscheint.
[2] Schreiber A, dazu einige Zusätze von l.

nahm. So wäre es auch zu verstehen, daß die letzteren den Epigrammen selbst bisweilen widersprechen. Die Aufzeichnungen dieses Spätlings hat dann der Redaktor der Palatina in die Anthologie übernommen, und zwar einschließlich der Prosabemerkungen, die in diesem Falle also überhaupt keine Lemmata sind, sondern im Gegenteil das Primäre darstellen.

Vielfach lehnen sich die Motive der Epigramme auch an (verlorene) Tragödien der alten Zeit an, so Nr. 4 und 9 an den Phineus bzw. die erste Tyro des Sophokles, Nr. 5, 7, 10f., 15f. an den Kresphontes, die Antiope, die Hypsipyle, die Danaë, den Bellerophon bzw. die Melanippe des Euripides, Nr. 13 auch, wie Preller glaubt, an dessen Rhadamanthys.

Γ. ΕΝ ΚΥΖΙΚΩΙ

εἰς τὸν ναὸν Ἀπολλωνίδος, τῆς μητρὸς Ἀττάλου καὶ Εὐμένους,

ΕΠΙΓΡΑΜΜΑΤΑ,

ἃ εἰς τὰ στυλοπινάκια ἐγέγραπτο περιέχοντα ἀναγλύφους
ἱστορίας, ὡς ὑποτέτακται

1

Εἰς Διόνυσον Σεμέλην τὴν μητέρα εἰς οὐρανὸν ἀνάγοντα, προηγου-
μένου Ἑρμοῦ, Σατύρων δὲ καὶ Σιληνῶν μετὰ λαμπάδων προπεμπόν-
των αὐτούς

Τάνδε Διὸς δμαθεῖσαν ἐν ὠδίνεσσι κεραυνῷ,
καλλίκομον Κάδμου παῖδα καὶ Ἁρμονίης,
ματέρα θυρσοχαρὴς ἀνάγει γόνος ἐξ Ἀχέροντος,
τὰν ἄθεον Πενθεῦς ὕβριν ἀμειβόμενος.

1 δμαθ- c δμηθ- P¹ 2 παῖδα Κάδμου et Ἁρμονόης P em. Jac.

2

Ὁ Β κίων ἔχει Τήλεφον ἀνεγνωρισμένον τῇ ἑαυτοῦ μητρί

Τὸν βαθὺν Ἀρκαδίης προλιπὼν πάτον εἴνεκα ματρὸς
Αὔγης τᾶσδ' ἐπέβην γᾶς Τεὐθραντιάδος,
Τήλεφος, Ἡρακλέους φίλος γόνος αὐτὸς ὑπάρχων,
ὄφρα μιν ἂψ ἀγάγω ἐς πέδον Ἀρκαδίης.

4 ἂψ ἂν γάγω ἐς πεδίον P em. Jac.

3

Ὁ Γ ἔχει τυφλούμενον Φοίνικα ὑπὸ πατρὸς Ἀμύντορος καὶ κωλύου-
σαν Ἀλκιμέδην τὸν οἰκεῖον ἄνδρα

Ἀλκιμέδη ξύνευνον Ἀμύντορα παιδὸς ἐρύκει,
Φοίνικος δ' ἐθέλει παῦσαι χόλον γενέτου,
ὅττι περ ἤχθετο πατρὶ σαόφρονος εἴνεκα ματρός,
παλλακίδος δούλης λέκτρα προσιεμένῳ·
κεῖνος δ' αὖ δολίοις ψιθυρίσμασιν ἤχθετο κούρῳ,   5
ἦγε δ' ἐς ὀφθαλμοὺς λαμπάδα παιδολέτιν.

2 δ' Jac. ἢ δ' // παῦσαι: cf. κεῖται I 104, 2 3 μητρός P em. Jac. 4 προιεμένῳ P em.
Heyne. 6 ἐς Heyne εἰς // παιδολέτην P em. Heyne.

III. EPIGRAMME AUS KYZIKOS,

die in dem Tempel der Apollonis,
der Mutter des Attalos und Eumenes,
auf die Stylopinakia eingemeißelt waren,
die Flachreliefs trugen mit folgenden Szenen

Auf Dionysos, wie er seine Mutter Semele in den Himmel hinauf-
führt. Hermes geht voran, Satyrn und Silene geleiten sie mit Fackeln

Dies ist die lockige Tochter des Kadmos, Harmonias Gatten,
    die der Blitzstrahl des Zeus während der Wehen bezwang.
Doch aus dem Hades entführt sie ihr Sohn, der thyrsoserfreute;
    also rächte er nun Pentheus' unheilige Tat.

Anonym

Die zweite Säule zeigt Telephos, wie er von seiner Mutter wieder-
erkannt wird

Mutter Auge zu suchen, verließ ich meines Arkadiens
    tiefe Täler und kam her nun zu Teuthras ins Land.
Ich, des Herakles teuerster Sohn, ich Telephos, führe
    meine Mutter nunmehr heim ins arkadische Land.

Anonym

Die dritte zeigt Phoinix, wie sein Vater Amyntor ihn blenden will
und Alkimede ihren Gatten hindert

Siehe, Alkimede trennt von dem Sohn ihren Gatten Amyntor,
    sänftigen will sie den Grimm, den er ob Phoinix gefaßt.
War ob der züchtigen Mutter doch dieser erzürnt auf den Vater,
    der zu dem Lager der Magd, die seine Kebse war, ging.
Böses Gezischel verriet es dem Vater; der grollte dem Jungen,
    und die Augen des Sohns wollt er zerstören durch Brand.

Anonym

220 Anthologia Graeca III

4

Ὁ Δ ἔχει Πολυμήδην καὶ Κλυτίον, τοὺς υἱοὺς Φινέως τοῦ Θρᾳκός,
οἵτινες τὴν Φρυγίαν γυναῖκα τοῦ πατρὸς ἐφόνευσαν, ὅτι τῇ μητρὶ
αὐτῶν Κλεοπάτρᾳ αὐτὴν ἐπεισῆγεν

Μητρυιὰν Κλυτίος καὶ Κλυτόνοος Πολυμήδης
κτείνουσι Φρυγίην ματρὸς ὑπὲρ σφετέρας.
Κλειοπάτρη δ᾽ ἐπὶ τοῖσιν ἀγάλλεται, ἣ πρὶν ἐπεῖδεν
τὰν Φινέως γαμετὰν δαμναμένην ὁσίως.

2 πατρὸς P em. Uhden.

5

Ὁ Ε ἔχει Κρεσφόντην ἀναιροῦντα Πολυφόντην, τοῦ πατρὸς τὸν φο-
νέα· ἔστι δὲ καὶ Μερόπη βάκτρον κατέχουσα καὶ συνεργοῦσα τῷ
υἱῷ πρὸς τὴν τοῦ ἀνδρὸς ἐκδημίαν

Κρεσφόντου γενέτην πέφνες τὸ πάρος, Πολυφόντα,
κουριδίης ἀλόχου λέκτρα θέλων μιάναι·
ὀψὲ δέ οἱ πάις ἧκε φόνῳ γενέτῃ προσαμύνων
καί σε κατακτείνει ματρὸς ὑπὲρ Μερόπας.
τοὔνεκα καὶ δόρυ πῆξε μεταφρένῳ, ἁ δ᾽ ἐπαρήγει,   5
βριθὺ κατὰ κροτάφων βάκτρον ἐρειδομένα.

3 ἧκ· εν P em. Jac.

6

Ὁ ϛ᾽ ἔχει Πυθῶνα ὑπὸ Ἀπόλλωνος καὶ Ἀρτέμιδος ἀναιρούμενον, καθ-
ότι τὴν Λητὼ πορευομένην εἰς Δελφοὺς ἐπὶ τὸ κατασχεῖν μαντεῖον
ἐπιφανεὶς διεκώλυσεν

Γηγενέα Πυθῶνα, μεμιγμένον ἑρπετὸν ὁλκοῖς,
ἐκνεύει Λατὼ πάγχυ μυσαττομένη·
σκυλᾶν γὰρ πινυτὰν ἐθέλει θεόν· ἀλλά γε τόξῳ
θῆρα καθαιμάσσει Φοῖβος ἀπὸ σκοπιῆς.
Δελφὸν δ᾽ οὖν θήσει τρίπον ἔνθεον· ἐκ δὲ δρακόντων   5
πικρότατος πνεύσει ῥοῖζον ὀδυρόμενος.

3 σκύλαν P em. Chardon // ἐθέλει πινυτὰν et τοξου P em. Jac. 5 οὖν Jac. οὐ // ἐκ
iunge cum πνεύσει 6 πικρότατος πν. nos πικρὸν ἀποπν. [cf. IX 1. 2].

Die vierte zeigt Polymedes und Klytios, die Söhne des Phineus von
Thrakien, die das phrygische Weib ihres Vaters töteten, das dieser
    anstelle ihrer Mutter Kleopatra ins Haus gebracht hatte

Klytios und Polymedes, der kluge, hier morden sie ihre
    phrygische Stiefmutter hin, rächend die Mutter; darob
jubelt Kleopatra auf; sie hatte zuvor ja gesehen,
    wie mit Recht hier Gewalt Phineus' Gemahlin erlitt.

Anonym

Die fünfte zeigt Kresphontes, wie er den Polyphontes, den Mörder
seines Vaters, tötet. Auch Merope ist da, die einen Stock trägt und
    ihrem Sohn bei der Erschlagung des Mannes hilft

Einst, Polyphontes, hast du Kresphontes' Vater getötet,
    um seines ehlichen Weibs Bett zu besudeln; doch kommt
später ihr Sohn, um den Vater durch deine Erschlagung zu rächen,
    und er tötet dich auch Meropes halber, des Weibs,
das ihn geboren: er wirft dir den Speer in den Rücken, sie selber
    hilft ihm und schmettert den Stab schwer auf die Schläfen dir hin.

Anonym

Die sechste zeigt Python, wie er von Apollon und Artemis getötet
wird, weil er vor Leto, die nach Delphi gehen wollte, um dort ein
    Orakel zu gründen, plötzlich erschien und sie aufhielt

Voller Ekel vor Python, der erdentsprossenen Schlange,
    die in Windungen naht, wendet sich Leto hinweg.
Wollte das Tier doch die Göttin, die kluge, entehren; doch Phoibos
    von einer Warte herab rafft es mit Pfeilen dahin,
wird den prophetischen Dreifuß in Delphi nun setzen; der Schlangen
    tückischste aber verhaucht zischend und klagend den Geist.

Anonym

7

Ὁ Ζ ἔχει περὶ τὰ ἀρκτῷα μέρη Ἀμφίονος καὶ Ζήθου ἱστορίαν· προσ-
άπτοντες ταύρῳ τὴν Δίρκην, ὅτι τὴν μητέρα αὐτῶν Ἀντιόπην,
διὰ τὴν φθορὰν Λύκῳ, τῷ ἀνδρὶ αὐτῆς, ὑπὸ Νυκτέως, τοῦ πατρὸς
αὐτῆς, ⟨παραδοθεῖσαν⟩, ὀργῇ ζηλοτύπῳ ἐνεχθεῖσα, ἀμέτρως ἐτι-
μωρήσατο

Ἀμφίων καὶ Ζῆθε, Διὸς σκυλακεύματα, Δίρκην
κτείνατε τάνδ' ὀλέτιν ματέρος Ἀντιόπας,
δέσμιον ἦν πάρος εἶχε διὰ ζηλήμονα μῆνιν·
νῦν δ' ἱκέτις αὐτὴ λίσσετ' ὀδυρομένη·
ᾇ γε καὶ ἐκ ταύροιο καθάπτετε δίπλακα σειρήν,   5
ὄφρα δέμας σύρῃ τῆσδε κατὰ ξυλόχου.

* Lemma: παραδ. add. Heyne 1 Διὸς Wil. δύο // σκυλεύματα P em. Jac. // Δίρκην
Chardon -ης 3 ἦν Jac. ἢ 4 ἱκέτις Jac. -της 5 ᾇ γε nos ἄγε // καθάπτεται P em.
Chardon.

8

Ἐν τῷ Η ἡ τοῦ Ὀδυσσέως νεκυομαντεία· καθέστηκεν τὴν ἰδίαν μητέρα Ἀντίκλειαν περὶ τῶν κατὰ τὸν οἶκον ἀνακρίνων

Μᾶτερ Ὀδυσσῆος πινυτόφρονος, Ἀντίκλεια,
ζῶσα μὲν εἰς Ἰθάκην οὐχ ὑπέδεξο πάιν·
ἀλλά σε νῦν Ἀχέροντος ἐπὶ ῥηγμῖσι γεγῶσαν
θαμβεῖ, ἀνὰ γλυκερὰν ματέρα δερκόμενος.

2 ὑπεδέξατο P em. Heyne 3 ριγμῖσι P em. Jac.

9

Ἐν τῷ Θ Πελίας καὶ Νηλεὺς ἐλλελάξευνται, οἱ Ποσειδῶνος παῖδες,
ἐκ δεσμῶν τὴν ἑαυτῶν μητέρα ῥυόμενοι, ἣν πρώην ὁ πατὴρ μὲν Σαλ-
μωνεὺς διὰ τὴν φθορὰν ἔδησεν, ἡ δὲ μητρυιὰ αὐτῆς Σιδηρὼ τὰς βα-
σάνους αὐτῇ ἐπέτεινεν

Μὴ Τυρὼ τρύχοι σὸν ἔτι σπείρημα, Σιδηροῖ,
Σαλμωνεῖ γενέτᾳ τῷδ' ὑποτασσομέναν·
οὐκέτι γὰρ δουλώσει ἐν ἕρκεσιν, ἐγγύθι λεύσσων
Νηλέα καὶ Πελίαν τούσδε καθεζομένους.

1 μη τέρα τρηχείοισιν ἐπι σπ. σιδήρῳ P em. Stadtm. 2 ὑποτασσομέναν Jac. -νῳ.

Die siebte, an der Nordseite, zeigt die Geschichte von Amphion und
Zethos; sie binden Dirke an einen Stier; denn diese hatte ihre Mutter
Antiope, die von ihrem eigenen Vater Nykteus an Dirkes Gatten
Lykos zur Bestrafung für ihren Fehltritt übergeben war, aus Eifer-
sucht in grausamster Weise mißhandelt

Tötet, ihr Söhne des Zeus, Amphion und Zethos, die Dirke,
  tat sie doch Schlimmstes dereinst Mutter Antiope an,
hat sie aus eifersüchtiger Wut in Fesseln gehalten;
  jetzt aber tritt sie an euch flehend und wimmernd heran.
Knüpft an den Stier sie nun an mit doppeltgewundenen Stricken,
  daß er den Körper ihr schleift bis in die waldige Schlucht.

Anonym

Auf der achten ist die Totenbeschwörung des Odysseus dargestellt;
er befragt gerade seine eigene Mutter Antikleia über die Verhältnisse
in seinem Haus

Antikleia, o Mutter des klugen Odysseus, du konntest
  nicht in Ithaka mehr lebend empfangen den Sohn.
Ach, an des Acherons Flut nun blickt er voll tiefer Bewegung
  zu der Mutter hinauf, die er so zärtlich geliebt.

Anonym

Auf der neunten sind Pelias und Neleus, die Söhne Poseidons, dargestellt, wie sie ihre Mutter aus den Fesseln befreien. Diese hatte ihr
Vater Salmoneus einst wegen ihres Fehltritts in Ketten gelegt,
und ihre Stiefmutter Sidero hatte sie gemartert

Länger soll deine Fessel die Tyro nicht quälen, Sidero;
  unter Salmoneus' Gebot duckt sich die Tochter nicht mehr.
Denn er bindet sie fürder nicht mehr so sklavisch, dieweil er
  Neleus und Pelias sieht, die sich hier zu ihr gesetzt.

Anonym

10

Ἐν δὲ τῷ κατὰ δύσιν πλευρῷ ἐστίν ἐν ἀρχῇ τοῦ Ι πίνακος Εὔνοος
γεγλυμμένος καὶ Θόας, οὓς ἐγέννησεν Ὑψιπύλη, ἀναγνωριζόμενοι
τῇ μητρὶ καὶ τὴν χρυσῆν δεικνύντες ἄμπελον, ὅπερ ἦν αὐτοῖς τοῦ
γένους σύμβολον, καὶ ῥυόμενοι αὐτὴν τῆς διὰ τὸν Ἀρχεμόρου
θάνατον παρ' Εὐρυδίκῃ τιμωρίας

Φαῖνε, Θόαν, Βάκχοιο φυτὸν τόδε· ματέρα γάρ σου
ῥύσῃ τοῦ θανάτου, οἰκέτιν Ὑψιπύλαν·
ἃ τὸν ἀπ' Εὐρυδίκας ἔτλη χόλον, ἦμος ἀφαυρὸν
ὕδρος ὁ γᾶς γενέτας ὤλεσεν Ἀρχέμορον.
στεῖχε δὲ καὶ σὺ λιπὼν Ἀσωπίδος ἀφνεὸν οὖθαρ,   5
γειναμένην ἄξων Λῆμνον ἐς ἠγαθέην.

? τοῦ θανάτου Jac. τὸν θατέρου   3 ἀφαυρὸν nos ἀφοῦ θαρ P Ὀφέλτην Boiss.
5 Ἀσωπίδος Jac. ἀσώτιδος // ἀφνεὸν οὖθαρ Lumb νέαν κούραν   6 ἄξων Jac. ἔξω.

11

Ἐν τῷ ΙΑ Πολυδέκτης, ὁ Σεριφίων βασιλεύς, ἀπολιθούμενος ὑπὸ
Περσέως τῇ τῆς Γοργόνος κεφαλῇ, διὰ τὸν τῆς μητρὸς αὐτοῦ γάμον
ἐκπέμψας τοῦτον ἐπὶ τὴν τῆς Γοργόνος κεφαλήν, καὶ ὃν καθ' ἑτέρου
θάνατον ἐπενόει γενέσθαι, τοῦτον αὐτὸς κατὰ τὴν πρόνοιαν τῆς
Δίκης ἐδέξατο

Ἔτλης καὶ σὺ λέχη Δανάης, Πολύδεκτα, μιαίνειν,
δυσφήμοις εὐναῖς τῷ Διὶ μεμψάμενος·
ἀνθ' ὧν ὄμματ' ἔλυσε τὰ Γοργόνος ἐνθάδε Περσεύς,
γυῖα λιθουργήσας ματρὶ χαριζόμενος.

Lemma: Σεριφίων Stadtm. σερεφων.

12

Ἐν τῷ ΙΒ Ἰξίων Φόρβαντα καὶ Πολύμηλον ἀναιρῶν διὰ τὸν εἰς τὴν
μητέρα τὴν ἰδίαν Μεγάραν γεγενημένον φόνον· μηδ' ὁπότερον γὰρ
αὐτῶν προελομένη γῆμαι, ἀγανακτήσαντες ἐπὶ τοῦτο ἐφόνευσαν

Φόρβαν καὶ Πολύμηλον ὅδ' Ἰξίων βάλε γαίῃ,
ποινὰν τᾶς ἰδίας ματρὸς ἀμυνόμενος.

Auf der Westseite sind zu Beginn der zehnten Tafel Eunoos und
Thoas, die Söhne der Hypsipyle, skulpiert. Sie werden von ihrer
Mutter erkannt, zeigen ihr die goldene Rebe, das Zeichen ihrer Ab-
stammung, und retten sie dann vor der Erschlagung, die sie bei
Eurydike wegen des Todes des Archemoros erdulden sollte

Thoas, zeig das Gewächs, das Bakchos lieb ist! Du rettest
   Sklavin Hypsipyle ja, die dich geboren, vom Tod.
Grollt' ihr Eurydike doch, denn die erdentsprossene Schlange
   biß ihr das zarte Kind, ihren Archemoros, tot.
Geh, verlasse auch du Asopos' Fruchtland und führe
   Lemnos' glücklicher Flur bald deine Mutter nun zu.

Anonym

Auf der elften ist Polydektes dargestellt, der König von Seriphos,
wie er von Perseus mit Hilfe des Hauptes der Gorgo in Stein verwandelt wird. Um Perseus' Mutter heiraten zu können, hatte er diesen ausgesandt, das Haupt der Gorgo zu holen; aber den Tod, den er
einem andern zugedacht hatte, erlitt er selbst nach der Vorsehung
der Dike

Du auch hast, Polydektes, der Danaë Lager besudelt,
   hast mit schändlicher Lust frevelnd gelästert den Zeus.
Nun hat Perseus dafür die Augen der Gorgo entschleiert
   und seiner Mutter zulieb ganz dich verwandelt in Stein.

Anonym

Auf der zwölften ist Ixion dargestellt, wie er Phorbas und Polymelos
wegen der Ermordung seiner Mutter Megara tötet. Diese hatten sie,
weil sie keinen von ihnen heiraten wollte, in ihrer Wut umgebracht

Polymelos und Phorbas, sie schlug hier Ixion zu Boden,
   Rache nehmend für das, was seine Mutter erlitt.

Anonym

13

'Ο δὲ ΙΓ ⟨ἔχει⟩ 'Ηρακλέα ἄγοντα τὴν μητέρα αὐτοῦ 'Αλκμήνην εἰς τὸ
'Ηλύσιον πεδίον, συνοικίζοντα αὐτὴν 'Ραδαμάνθυϊ, αὐτὸν δὲ εἰς θεοὺς
δῆθεν ἐγκρινόμενον

'Αλκίδας ὁ θρασὺς 'Ραδαμάνθυϊ ματέρα τάνδε
'Αλκμήναν ὅσιον πρὸς λέχος ἐξέδοτο.

Lemma: ἔχει inser. Stadtm.   2 ἐξέδοτο J -δετο P¹.

14

'Εν δὲ τῷ ΙΔ Τιτυὸς ὑπὸ 'Απόλλωνος καὶ 'Αρτέμιδος τοξευόμενος,
ἐπειδὴ τὴν μητέρα αὐτῶν Λητὼ ἐτόλμησεν ὑβρίσαι

Μάργε καὶ ἀφροσύνῃ μεμεθυσμένε, τίπτε βιαίως
εἰς εὐνὰς ἐτράπης τᾶς Διὸς εὐνέτιδος;
ὅς σε δὴ αἵματι φῦρσε κατάξια, θηρσὶ δὲ βορρὰν
καὶ πτανοῖς ἐπὶ γᾷ εἴασε νῦν ὁσίως.

Lemma: ΙΔ τοὺς ὑπο... τοξευομένους... ἐτόλμησαν P em. Zoëga.

15

'Εν δὲ τῷ ΙΕ Βελλεροφόντης ὑπὸ τοῦ παιδὸς Γλαύκου σωζόμενος,
ἡνίκα κατενεχθεὶς ὑπὸ τοῦ Πηγάσου εἰς τὸ 'Αλήιον πεδίον ἔμελλεν
ὑπὸ Μεγαπένθους τοῦ Προίτου φονεύεσθαι

Οὔ κέ τι Προίτου ὑπαὶ φόνον ἔσχεθε Βελλεροφόντης
οὐδ' ἐκ τοῦ παιδὸς τειρόμενος θάνατον,
Γλαῦκ', ἄκραντον, ἀγεννοῦς 'Ιοβάτου δ' ὑπαλύξει·
οὕτως γὰρ Μοιρῶν ⟨τῷδ'⟩ ἐπέκλωσε λίνα.
καὶ σὺ πατρὸς φόνον αὐτὸς ἀπήλασας ἐγγύθεν ἐλθών,   5
καὶ μύθων ἐσθλῶν μάρτυς ἐπεφράσαο.

1 οὔ κέ Desr. οὔτέ // ὑπαὶ nos παιδὸς   2 οὐδ' Paton τοῦδ' // τειρόμενος Heck. -ου
3 Γλαύκου κρανταγένους P em. Desr. et Hecker   4 τῷδ' add. Jac.   5 ἀπήλαυσας
P em. Heyne   6 ἐπεφράσαο Heyne -ατο.

Die dreizehnte zeigt den Herakles, wie er seine Mutter Alkmene zu
den elysischen Gefilden führt und sie mit Rhadamanthys verheiratet,
während er selbst dann unter die Götter aufgenommen wird

Sieh, der kühne Alkide gab hier seine Mutter Alkmene
  dem Rhadamanthys zum Weib, knüpfend ein heiliges Band.

Anonym

Auf der vierzehnten ist Tityos dargestellt, wie er von Apollon und
Artemis mit Pfeilen durchbohrt wird, weil er ihrer Mutter Leto
Gewalt anzutun wagte

Sag, wie kam dir, Verwegner, der trunkene Mut zur Gewalttat,
  der zu der Gattin des Zeus rasend ins Bette dich trieb?
Wahrlich, der hat nach Gebühr in Blut dich gebadet und ließ dich
  Tieren und Vögeln zum Fraß jetzt auf der Erde – mit Recht.

Anonym

Auf der fünfzehnten ist Bellerophontes dargestellt, wie er von seinem
Sohn Glaukos gerettet wird, als er in der Aleïschen Ebene vom Pega-
sos abgeworfen wurde und Megapenthes, der Sohn des Proitos, ihn
eben töten will

Nie hätte Bellerophontes nach seinem Sturze von Proitos
  und dessen Sohne den Tod, Glaukos, erfahren, da ihm
dies nicht bestimmt war; er bleibt auch vorm feigen Iobates sicher;
  spannen die Moiren ja doch also die Fäden ihm zu.
Eben erschienst du, da war schon dein Vater vom Tode errettet,
  und gleich warst du der Held solch einer herrlichen Mär.

Anonym

16

Κατὰ δὲ τὰς θύρας τοῦ ναοῦ προσιόντων ἐστὶν Αἴολος καὶ Βοιωτός,
Ποσειδῶνος παῖδες, ῥυόμενοι ἐκ δεσμῶν τὴν μητέρα Μελανίππην,
τῶν περιτεθέντων αὐτῇ διὰ τὴν φθορὰν ὑπὸ τοῦ πατρὸς αὐτῆς

Αἴολε καὶ Βοιωτέ, σοφὸν φιλομήτορα μῦθον
πρήξατε, μητέρ' ἑὴν λυόμενοι θανάτου·
τοὔνεκα γὰρ καὶ ⟨σφῶι⟩ πεφήνατε ἄλκιμοι ἄνδρες,
ὃς μὲν ἀπ' Αἰολίης, ὃς δ' ἀπὸ Βοιωτίης.

2 μητέρ' ἑὴν Chardon μητέρην **3** σφῶι nos.

17

Ἐν δὲ τῷ ΙΖ Ἄναπις καὶ Ἀμφίνομος, οἱ ἐκραγέντων τῶν κατὰ Σικε-
λίαν κρατήρων διὰ τοῦ πυρὸς οὐδὲν ἕτερον ἢ τοὺς ἑαυτῶν γονεῖς
βαστάσαντες ἔσωσαν

Πυρὸς καὶ γαίης . . .

Sequitur lacuna 4 versuum.

18

Ἐν δὲ τῷ ΙΗ Κλέοβις ἐστὶ καὶ Βίτων· τὴν ἑαυτῶν μητέρα Κυδίππην,
ἱερωμένην ἐν Ἄργει Ἥρας, αὐτοὶ ὑποσχόντες τοὺς αὐχένας τῷ ζυγῷ
διὰ τὸ βραδῦναι τὸ ζεῦγος τῶν βοῶν, ἱερουργῆσαι [τὴν μητέρα]
ἐποίησαν· καὶ ἡσθεῖσα, φασίν, ἐπὶ τούτῳ ἐκείνη ηὔξατο τῇ θεῷ, εἴ
τί ἐστι κάλλιστον ἐν ἀνθρώποις, τοῦτο τοῖς παισὶν αὐτῆς ὑπαντῆ-
σαι· καὶ τοῦτο αὐτῆς εὐξαμένης ἐκεῖνοι αὐτονυκτὶ θνήσκουσιν

Οὐ ψευδὴς ὅδε μῦθος, ἀληθείῃ δὲ κέκασται
Κυδίππης παίδων εὐσεβίης θυσίη.
ἡδυχαρὴς γὰρ ἔην σκοπὸς ἀνδράσιν ὥριος οἶμος,
μητρὸς ἐπ' εὐσεβίῃ κλεινὸν ἔθεντο πόνον.
χαίροιτ' οὖν ἱεροῖσιν ἐπ' εὐσεβίῃ, κλυτοὶ ἄνδρες,   5
καὶ τὸν ἀπ' αἰώνων μῦθον ἔχοιτε μόνοι.

1 ἀληθείῃ Jac. -η **2** θυσίη Waltz -ην **3** ἡδὺ χάρις P em. Jac. // οἶμος Waltz οὗτος.

An der Seite des Tempeltores sind die Poseidonsöhne Aiolos und
Boiotos, wie sie ihre Mutter Melanippe aus den Fesseln befreien, in
die ihr Vater sie zur Bestrafung für ihren Fehltritt geschlagen hat

Herrlich das Beispiel der Liebe, Boiotos und Aiolos, das ihr
gabet, indem ihr vorm Tod euere Mutter bewahrt.
Deshalb zeigt man euch auch als Männer von tapferem Mute:
den vom boiotischen Land, den von aiolischer Flur.

Anonym

Auf der siebzehnten sind Anapis und Amphinomos dargestellt, die
bei einem Vulkanausbruch auf Sizilien nichts anderes als ihre Eltern
rettend durchs Feuer forttrugen

Feuer und Erde . . .

Anonym

Auf der achtzehnten sind Kleobis und Biton dargestellt; sie luden
sich selbst das Joch auf den Nacken, weil das Ochsengespann zu
langsam ging, und erreichten so, daß ihre Mutter, die Herapriesterin
Kydippe in Argos, (rechtzeitig) das Opfer darbringen konnte. In
ihrer Freude darüber, so heißt es, betete diese zu der Göttin, sie
möchte ihren Söhnen das Beste bescheren, was es für Menschen gebe,
und noch in derselben Nacht nach dem Gebet starben ihre Kinder

Nicht ist erdichtet die Sage; das Liebesopfer der Söhne
dieser Kydippe erhält durch ihre Wahrheit den Glanz.
Herrlich das Ziel dieser Männer, rechtzeitig die Mutter zu bringen,
nur die Liebe zu ihr schaffte dies rühmliche Werk.
Nehmt denn, gepriesene Männer, für eure Liebe dies Opfer,
und auf Äonen hinaus leuchte die Sage – nur euch!

Anonym

19

'Εν δὲ τῷ ΙΘ 'Ρῆμος καὶ 'Ρωμύλος ἐκ τῆς 'Αμολίου κολάσεως ῥυόμενοι
τὴν μητέρα, Σερβήλειαν ὀνόματι· ταύτην γὰρ ὁ "Αρης φθείρας ἐξ
αὐτῆς ἐγέννησεν, καὶ ἐκτεθέντας αὐτοὺς λύκαινα ἔθρεψεν. ἀνδρωθέν-
τες οὖν τὴν μητέρα τῶν δεσμῶν ἔλυσαν, 'Ρώμην δὲ κτίσαντες Νομή-
τορι τὴν βασιλείαν ἀπεκατέστησαν

Τόνδε σὺ μὲν παίδων κρύφιον γόνον "Αρεϊ τίκτεις
'Ρῆμόν τε ξυνῇ καὶ 'Ρωμύλον λεχέων,
θὴρ δὲ λύκαιν' ἄνδρωσεν ὑπὸ σπήλυγγι τιθηνός,
οἵ σε δυσηκέστων ἥρπασαν ἐκ καμάτων.

Lemma: add. l p. 80: περὶ 'Ρέμου [ex 'Ρήμου] καὶ 'Ρωμύλου, τῶν υἱῶν Σερβιλίας,
οἵτινες πρῶτοι τὴν 'Ρώμην ἔκτισαν et p. 81: περὶ 'Ρωμύλου καὶ 'Ρέμου τῶν ἀδελφῶν, οἵτινες τὴν μεγάλην 'Ρώμην ἔκτισαν. − 1 γόνον Schäfer πόνον   2 ρω μύλλων
P em. Jac.

Auf der neunzehnten sind Remus und Romulus dargestellt, wie sie
ihre Mutter Servilia aus der Mißhandlung durch Amulius befreien.
Denn Ares hatte sie verführt und von ihr diese Kinder erhalten. Sie
waren dann ausgesetzt und von einer Wölfin genährt worden. Als
sie nun herangewachsen waren, befreiten sie ihre Mutter aus den
Fesseln, gründeten Rom und brachten Numitor wieder auf den Thron

Ares in Liebe vereint, hast du die Zwillingsgebornen
  Remus und Romulus ihm heimlich als Söhne geschenkt.
Doch eine wilde Wölfin zog säugend sie groß in der Grotte,
  dann aber retteten sie dich aus der grausamen Qual.

Anonym

BUCH IV

Buch IV ist nur im Palatinus (S. 81–87) überliefert; es enthält die Prooimien, die Meleagros, Philippos und Agathias ihren Sammlungen vorangestellt haben, im ganzen 215 Verse.

Zu Anfang steht das Einleitungsgedicht des Meleagros. Über den Dichter, sein Werk und seine Lebenszeit orientieren uns 3 hier befindliche Notizen, die von großer Bedeutung sind: „Dieser Meleagros war ein Phoiniker aus Palästina. Er stellte den wundervollen Epigrammenkranz zusammen. Geordnet hat er die Epigramme alphabetisch, doch zerstörte Konstantinos mit dem Beinamen Kephalas die Ordnung und verteilte die Epigramme auf verschiedene Bücher, nämlich nach Liebes-, Weih-, Grabepigrammen sowie Epideiktika, wie sie in dem vorliegenden Werk heute vorhanden sind." – „Meleagros war ein Syrer aus Gadara. Er starb auf der Insel Kos." – „Er stammte aus Gadara, wie er selbst weiter unten [VII 417–419] von sich bemerkt. Er blühte unter der Regierung des letzten Seleukos."[1] Der „letzte Seleukos" war Seleukos VI., der von 96–95 regierte; möglicherweise handelt es sich aber um den letzten „Seleukiden"; das wäre Antiochos X., der von 95–83 regierte.

Aus dem Prooimion selbst erfahren wir, daß der Dichter seine Anthologie einem auch in XII 257 genannten Freund Diokles widmet, unter dem einige den Philosophen Diokles von Magnesia, der etwa 30–40 Jahre jünger als Meleagros war, verstehen, während andere an einen von dem Dichter geliebten Knaben von der Insel Kos denken, wo Meleagros damals lebte.

In der Hauptsache beschränkt dieser sich darauf, die Dichter aufzuzählen, die er seiner Sammlung einverleibt hat. Eine besondere

---

[1] S. 81:1: Οὗτος ὁ Μελέαγρος Φοῖνιξ ἦν τῶν ἀπὸ Παλαιστίνης πόλεων. ἐποίησεν δὲ τὸν θαυμάσιον τουτονὶ τὸν τῶν ἐπιγραμμάτων στέφανον. συνέταξεν δὲ αὐτὰ κατὰ στοιχεῖον, ἀλλὰ Κωνσταντῖνος ὁ ἐπονομαζόμενος Κεφαλᾶς συνέχεεν αὐτὰ ἀφορίσας εἰς κεφάλαια διάφορα· ἤγουν ἐρωτικὰ ἰδίως καὶ ἀναθεματικὰ καὶ ἐπιτύμβια καὶ ἐπιδεικτικά, ὡς νῦν ὑποτέτακται ἐν τῷ παρόντι πτυκτίῳ. - Ὅτι ὁ Μελέαγρος Γαδαρηνὸς ἦν, τὸ γένος Σύρος· ἐτελεύτησεν ἐν Κῷ τῇ νήσῳ. - S. 82:1: Γαδαρηνὸς ἦν, ὡς ἐν τοῖς ἔμπροσθεν αὐτὸς ἑαυτοῦ ἐμνημόνευσεν· ἤκμασεν ἐπὶ Σελεύκου τοῦ ἐσχάτου.

Ordnung herrscht in der Aufzählung nicht vor; doch scheinen wenigstens Anyte, Moiro und Sappho als Frauen[1], Melanippides und Simonides[2] als Zeitgenossen des 5. Jahrhunderts, Euphorion und Dioskorides[3] als solche des 4. Jahrhunderts, Polystratos und Antipatros von
Sidon[4] sowie Theodoridas und Phanias[5] als solche des 2. Jahrhunderts
und Poseidippos, Hedylos und Asklepiades[6] als persönliche Freunde
absichtlich zusammengestellt zu sein.

Im ganzen nennt Meleagros, von seiner eigenen Person abgesehen,
47 Dichter, ohne, wie er selbst sagt[7], auf Vollständigkeit Anspruch zu
machen. Tatsächlich hat die moderne Forschung auch noch eine be-
trächtliche Anzahl nicht genannter Epigrammatiker in dieser Blumenlese nachgewiesen. Umgekehrt sind vier von Meleagros genannte
Dichter in unserer heutigen Anthologie gar nicht mehr vertreten,
nämlich Euphemos, Melanippides, Parthenis und Polykleitos. Wenn
Meleagros auch einige ältere Epigrammatiker, und zwar nur solche
von klangvollem Namen, aufnimmt, so beutet er doch vorwiegend
solche der hellenistischen Zeit und seiner Gegenwart aus.

Er nennt seine Sammlung „Kranz"[8]. Das war an und für sich nichts
Neues. Denn schon Sappho hatte von den Rosen Pieriens, Pindar
von den Blumen der Lieder[9] und Antipatros von dem Kranz der
Musen[10] gesprochen. Aber Meleagros geht insofern weiter, als er jeden
einzelnen Dichter mit einer besonderen Blume vergleicht und aus
der Gesamtheit dieser Blumen einen bunten Kranz flicht. Darin bleibt
er original. Wieweit allerdings die einzelnen Blumen für den betreffen-
den Dichter charakterisierend sind, mag dahinstehen. Der Pinien-
zweig, die Ehrengabe der isthmischen Sieger, paßt durchaus für den
heroischen Dichter Mnasalkes[11], die Aphroditeblume Lychnis für den
Liebesdichter Euphorion[12]; die Distel eignet sich gut für den boshaften
Archilochos[13], die hohe Palme für Arat, den Dichter der Sterne[14], und
der zur Aromatisierung von Wein verwandte Quendel für Theodoridas[15].
Bei einigen nahm Meleagros anscheinend die spezifische, für die Heimat des jeweiligen Mannes bezeichnende Pflanze, so Henna für Antipatros von Sidon[16] und vielleicht Narde für Hermodoros[17]. Doch die
schönsten Blumen, die Lilien bei Moiro und Anyte, die Rosen bei

---

[1] V. 5f.   [2] V 7f.   [3] V. 23f.   [4] V. 41f.   [5] V. 53f.   [6] V. 45f.   [7] V. 55.
[8] V. 2.   [9] 01.6, 105.   [10] AG VII 14.   [11] V. 16.   [12] V. 23.   [13] V. 37.
[14] V. 49.   [15] V. 53.   [16] V. 42.   [17] V. 43.

Sappho und die Iris bei Nossis[1], dürften weniger eine Charakteri-
sierung der Dichterinnen als eine Galanterie des Anthologisten darstellen. Aber wenn wir bei den übrigen Dichtern auch eine Bezug-
nahme zwischen Blume und Mensch nicht erkennen, so wäre es doch
voreilig, diese ohne weiteres zu leugnen, da wir einerseits zu wenig von
dem dichterischen Schaffen der einzelnen erhalten haben und uns andererseits viel zu wenig von der „Blumensprache" der damaligen
Zeit bekannt ist, um eine vielleicht doch nur leise Andeutung begreifen zu können.

Das zweite Gedicht ist das Prooimion zu der Sammlung des
Philippos. Dieser ahmt, wie er selbst gesteht[2], Meleagros nach, und
zwar sklavisch. Auch er nennt seine Sammlung „Kranz"[3]. Auch der
Inhalt dieses Gedichtes ist dem Prooimion des Meleagros nachge-
bildet. Der Adressat ist Camillus[4]. Ob es sich hierbei um L. Arruntius
Camillus Scribonianus handelt, der i. J. 32 n. C. Konsul war und im
Verlauf eines Aufstandes gegen Claudius i. J. 42 hingerichtet wurde,
ist strittig und scheint nach den neueren Forschungen von K. Müller[5]
ausgeschlossen. Philippos zählt dann, ebenfalls ohne Anspruch auf
Vollständigkeit[6] und von ihm selbst abgesehen, 13 Dichter auf, deren
Werke er ausgezogen hat, wobei er sich nur auf die Dichter seit Meleagros, also auf die der letzten hundert Jahre beschränkt. Auch er vergleicht jeden dieser Dichter mit einer Blume, aber eine Deutung der
Blumen als Charakteristika der einzelnen Dichter ist hier noch viel
weniger möglich als bei Meleagros.

Das dritte, umfangreichste Gedicht leitet den Kyklos des Agathias
ein. Dieser widmet seine Anthologie, wie der Lemmatist notiert[7], dem
Dekurion[8] Theodoros, dem Sohn des Kosmas[9], der wohl mit dem Prokonsul Theodoros Illustrios[10] identifiziert werden kann.

Agathias gliedert sein Prooimion formal und inhaltlich in 3 Teile.
Im ersten, der in jambischen Trimetern abgefaßt ist, vergleicht er seine
Sammlung mit einem Nachtisch, den er einer schon reichlich gesättig-

---

[1] V. 5f., 9f.   [2] V. 4.   [3] V. 7.   [4] V. 5.   [5] Antiphilos von Byzanz, 1935.
[6] V. 13f.   [7] S. 83: l: Ἀγαθίου σχολαστικοῦ Ἀσιανοῦ Μυριναίου οὐ στέφανος,
ἀλλὰ συναγωγὴ νέων ἐπιγραμμάτων· ἤκμασεν δ' οὗτος ὁ Ἀγαθίας ἐπὶ Ἰουστι-
νιανοῦ τοῦ μεγάλου· ἔγραψεν δὲ καὶ Ἱστορίαν καὶ τὰ ἐπονομαζόμενα Δαφνιακά·
ἔγραψε δὲ ταῦτα τὰ ἐπιγράμματα πρὸς Θεόδωρον δεκουρίωνα. Vgl. auch das
Scholion zu IV 3a.   [8] Vorsteher von 10 Silentiarii.   [9] V. 101–112.   [10] AG I 36.

ten Gesellschaft vorsetzt. Die lustigen, der Komödie, besonders Aristophanes[1] nachgebildeten Verse heben sich wohltuend von den folgenden Hexametern ab, die einen prunkvollen und schwülstigen
Panegyrikus auf Justinian darstellen, vollgestopft mit militärisch-
geschichtlichen und mythologischen Anspielungen. Am Schluß dieses
Teiles zählt Agathias die einzelnen Bücher seines Kyklos auf; danach
handelt es sich um 1. Weihgedichte (Anathematika), 2. Epideiktika,
3. Grabgedichte (Epitymbia), 4. Ermunterungen (Protreptika),
5. Spottepigramme (Skoptika), 6. Erotika und 7.Trinkgedichte (Sympotika). Der letzte Teil des Prooimions ist das schöne, in elegischer
Form abgefaßte Gedicht auf die wahre Unsterblichkeit.

Für uns erhebt sich nun die Frage, ob diese Prooimien schon in der
Anthologie des Kephalas gestanden haben. Die Frage ist schwer und
mit unsern jetzigen Mitteln nicht ohne weiteres klar zu beantworten[2].
Gegen die Annahme spricht das einleitend angeführte Lemma des
Palatinus, in dem als Einteilung des Kephalas Erotika, Anathematika,
Epitymbia und Epideiktika genannt werden, also die jetzigen Bücher
V, VI, VII und IX; von Prooimien ist nicht die Rede. Aber da die
letzteren weniger ein eigentliches thematisches Gebiet umfassen, als
ein Vorspiel darstellen, besteht die Möglichkeit, daß der Schreiber
dieses als belanglos beiseite gelassen hat. Dagegen spricht ferner das
Epigramm V 1, das sich ausdrücklich als erstes Gedicht der Anthologie
präsentiert; tatsächlich lassen sich die Prooimien in der Gesamtanlage
der Anthologie auch kaum an einer andern Stelle als zu Beginn der
Sammlung denken. Aber hier läßt sich die gleiche Erwägung wie bei
dem vorigen Punkt anstellen. Gegen das Vorhandensein von BuchIV
bei Kephalas spricht letztens die Tatsache, daß der Korrektor c,
der von Buch V ab peinlich genau alle Fehler verbessert, in den
Büchern I–IV nur sehr wenig korrigiert hat; dann müssen, so schließt
man, diese Bücher auch in dem Vergleichsexemplar des Korrektors,
das eine Abschrift der Anthologie des Kephalas war, gefehlt haben.
Doch zieht dieser Grund nicht recht, da der Korrektor, wenn auch
wenig, so immerhin doch auch hier tätig war. – Macht man sich von
diesen Bedenken frei, so spricht die Wahrscheinlichkeit von vorn-

---

[1] Vgl. V. 14, 16, 29ff.   [2] Ausfürlich darüber Preisendanz: Anthologia Palatina, Codex Palatinus et Codex Parisinus photographice editi I p. LI–LV.

herein dafür, daß Kephalas an diesen Gedichten, in denen jeder der
Sammler sein Werk charakterisiert hat, nicht ganz vorbeigegangen
sein kann. Während daher Henrichsen noch die Zugehörigkeit des
Buches IV zur Anthologie des Kephalas grundsätzlich verneinte
und Sternbach sie grundsätzlich bejahte, dürfte Sitzler die heute herrschende Ansicht richtig so formuliert haben, daß Kephalas das Buch IV
„wahrscheinlich" aufgenommen hat.

Ein Titel ist für Buch IV im Palatinus nicht angegeben.

Nachtrag:

Geschrieben sind die Epigramme im Palatinus von Schreiber A.

Wertlos ist das Scholion des Lemmatisten zu IV 2: ἕτερος στέφανος
Φιλίππου Θεσσαλονικέως, ὃν ἐποίησεν κατὰ μίμησιν Μελεάγρου·
συνῆξεν δὲ καὶ αὐτὸς ἀπὸ τῶν ἐμφερομένων ποιητῶν· ἐξ Ἀντιπάτρου,
[Ἀντιπάτρου,] Κριναγόρου, Ἀντιφίλου, Τυλλίου, Φιλοδήμου, Παρ-
μενίωνος, Ἀντιφάνους, Αὐτομέδωντος, Ζωνᾶ, Βιάνορος, Ἀντιγόνου,
Διοδώρου, Εὐήνου καὶ αὐτοῦ Φιλίππου· ἔγραψεν δ' οὗτος ὁ Φίλιππος
τὸν στέφανον πρός τινα Κάμιλλον.

240

Δ. ⟨ΠΡΟΟΙΜΙΑ⟩

1. ΜΕΛΕΑΓΡΟΥ ΣΤΕΦΑΝΟΣ

Μοῦσα φίλα, τίνι τάνδε φέρεις πάγκαρπον ἀοιδὰν
ἢ τίς ὁ καὶ τεύξας ὑμνοθετᾶν στέφανον;
ἄνυσε μὲν Μελέαγρος· ἀριζάλῳ δὲ Διοκλεῖ
μναμόσυνον ταύταν ἐξεπόνησε χάριν·
πολλὰ μὲν ἐμπλέξας Ἀνύτης κρίνα, πολλὰ δὲ Μοιροῦς   5
λείρια, καὶ Σαπφοῦς βαιὰ μέν, ἀλλὰ ῥόδα,
ναρκίσσων τε χορὸν Μελανιππίδου ἔγκυον ὕμνων,
καὶ νέον οἰνάνθης κλῆμα Σιμωνίδεω·
σὺν δ' ἀναμὶξ πλέξας μυρόπνουν εὐάνθεμον Ἴριν
Νοσσίδος, ἧς δέλτοις κηρὸν ἔτηξεν Ἔρως·   10
τῇ δ' ἅμα καὶ σάμψυχον ἀφ' ἡδυπνόοιο Ῥιανοῦ,
καὶ γλυκὺν Ἠρίννης παρθενόχρωτα κρόκον,
Ἀλκαίου τε λάληθρον ἐν ὑμνοπόλοις ὑάκινθον,
καὶ Σαμίου δάφνης κλῶνα μελαμπέταλον·
ἐν δὲ Λεωνίδεω θαλεροὺς κισσοῖο κορύμβους,   15
Μνασάλκου τε κόμας ὀξυτόρου πίτυος·
βλαισήν τε πλατάνιστον ἀπέθρισε Παμφίλου οἴμης,
σύμπλεκτον καρύης ἔρνεσι Παγκράτεος,
Τύμνεώ τ' εὐπέταλον λεύκην, χλοερόν τε σίσυμβρον
Νικίου, Εὐφήμου τ' ἀμμότροφον πάραλον·   20
ἐν δ' ἄρα Δαμάγητον, ἴον μέλαν, ἡδύ τε μύρτον
Καλλιμάχου, στυφελοῦ μεστὸν ἀεὶ μέλιτος,
λυχνίδα τ' Εὐφορίωνος ἰδ' ἐν Μούσῃσιν ἄμωμον,
ὃς Διὸς ἐκ κούρων ἔσχεν ἐπωνυμίην.
τῇσι δ' ἅμ' Ἡγήσιππον ἐνέπλεκε, μαινάδα βότρυν,   25
Πέρσου τ' εὐώδη σχοῖνον ἀμησάμενος,
σὺν δ' ἅμα καὶ γλυκύμηλον ἀπ' ἀκρεμόνων Διοτίμου,
καὶ ῥοιῆς ἄνθη πρῶτα Μενεκράτεος,
σμυρναίους τε κλάδους Νικαινέτου, ἠδὲ Φαέννου
τέρμινθον, βλωθρήν τ' ἀχράδα Σιμίεω·   30

* 10 δέλτοις Reiske -ος 17 οἴμης Graefe οἴνης 19 χλοερόν Gruter χρο- 23 ἄμωμον
Heyne ἄμεινον 27 γλυκύμηλον Stadtm. γλυκὺ μέλος P¹ γ. μῆλον ο 29 σμυρναίους
Salm. μυρρην- 30 βλωθρήν Hecker βρωτήν.

IV. PROOIMIEN

Kranz des Meleagros

Liebe Muse, wem bringst du den Korb voll köstlicher Lieder?
Sprich, wer flocht diese Schar herrlicher Sänger zum Kranz?
Wirker war Meleagros; dem edlen Diokles weihte
er dies traute Geschenk, daß es Erinnerung sei. –
Viel weiße Lilien von Moiro, viel rote von Anyte nahm er,
schlang auch von Sappho, nicht viel, aber doch Rosen hinein.
Von Melanippides brach er Narzissen zum klingenden Strauße
und von Simonides drauf blühendes Rebengerank.
Bunt drein wand er die schöne, holdduftende Iris der Nossis,
deren Täfelchen einst Eros mit Wachs überzog;
band von Rhianos hinzu des Meirans duftende Süße,
Safran, wonnig und keusch, wie ihn Erinna gepflegt,
die Hyazinthe sodann des Alkaios, die redet in Hymnen;
dunkles Lorbeergerank flocht er von Samos darein;
tat von Leonidas dann die strotzenden Trauben des Efeus
und von Mnasalkes das Haar stechender Pinien hinzu;
legte von Pamphilos' Lied die Zweige der breiten Platane
und von dem Walnußbaum Sprossen für Pankrates bei,
Weißpappelblätter von Tymnes, von Nikias grünende Minze,
von Euphemos sodann Wolfsmilch, der Düne Gewächs;
drauf Damagetos, die dunkle Viole; die würzige Myrte
von des Kallimachos stets bitterem Honiggesang;
von Euphorion Lychnis und Sanges-Amomon von jenem,
dem ihren Namen dereinst die Dioskuren geschenkt.
Auch Hegesippos flocht er hinein, die mainadische Traube,
legte von Perses darauf duftende Binsen hinzu;
brach einen Süßapfel ab vom Baum Diotimos' und pflückte
aus des Menekrates Hag erstes Granatengeblüt;
nahm von Nikainetos Myrtengezweig, von Phaënnos Pistazie,
ragenden Birnbaums Zweig tat er von Simias zu.

ἐν δὲ καὶ ἐκ λειμῶνος ἀμωμήτοιο σέλινα,
βαιὰ διακνίζων ἄνθεα, Παρθενίδος,
λείψανά τ᾽ εὐκαρπεῦντα μελιστάκτων ἀπὸ Μουσέων,
ξανθοὺς ἐκ καλάμης Βακχυλίδεω στάχυας·
ἐν δ᾽ ἄρ᾽ Ἀνακρείοντα, τὸ μὲν γλυκὺ κεῖνο μέλισμα		35
νέκταρος, ἐν δ᾽ ἐλέγους ἄσπορον ἀνθέμιον·
ἐν δὲ καὶ ἐκ φορβῆς σκολιότριχος ἄνθος ἀκάνθης
Ἀρχιλόχου, μικρὰς στράγγας ἀπ᾽ ὠκεανοῦ·
τοῖς δ᾽ ἅμ᾽ Ἀλεξάνδροιο νέους ὄρπηκας ἐλαίης
ἠδὲ Πολυκλείτου πορφύρεον κύαμον.		40
ἐν δ᾽ ἄρ᾽ ἀμάρακον ἧκε Πολύστρατον, ἄνθος ἀοιδῶν,
φοίνισσάν τε νέην κύπρον ἀπ᾽ Ἀντιπάτρου·
ναὶ μὴν καὶ Συρίαν σταχυότριχα θήκατο νάρδον
ὑμνοθέταν Ἑρμοῦ δῶρον ἀειδόμενον.
ἐν δὲ Ποσείδιππόν τε καὶ Ἡδύλον, ἄγρι᾽ ἀρούρης,		45
Σικελίδεώ τ᾽ ἀνέμοις ἄνθεα φυόμενα·
ναὶ μὴν καὶ χρύσειον ἀεὶ θείοιο Πλάτωνος
κλῶνα, τὸν ἐξ ἀρετῆς πάντοθι λαμπόμενον.
ἄστρων τ᾽ ἴδριν Ἄρατον ὁμοῦ βάλεν, οὐρανομάκευς
φοίνικος κείρας πρωτογόνους ἕλικας,		50
λωτόν τ᾽ εὐχαίτην Χαιρήμονος, ἐν φλογὶ μίξας
Φαιδίμου, Ἀνταγόρου τ᾽ εὔστροφον ὄμμα βοός,
τάν τε φιλάκρητον Θεοδωρίδεω νεοθαλῆ
ἔρπυλλον, κυάνων τ᾽ ἄνθεα Φανίεω,
ἄλλων τ᾽ ἔρνεα πολλὰ νεόγραφα· τοῖς δ᾽ ἅμα Μούσης		55
καὶ σφετέρης ἔτι που πρώιμα λευκόια. —
ἀλλὰ φίλοις μὲν ἐμοῖσι φέρω χάριν· ἔστι δὲ μύσταις
κοινὸς ὁ τῶν Μουσέων ἡδυεπὴς στέφανος.

33 εὐκαρπνεῦντα P em. Gruter // μουσῶν P em. Jac.   36 ἐν Jac. εἰς   37 ἐν Gruter ἐκ
39 τοῖς δ᾽ Hecker τούσδ᾽ // ὅρπηκας ἐλίης P em. Gruter   40 πορφυρέην P em. Sternbach // κναμον P¹ κύανον c em. Bothe   43 ναὶ Salm. καὶ   53 φιλάκρητον Reiske φαλ-.

2. ΦΙΛΙΠΠΟΥ ΣΤΕΦΑΝΟΣ

Ἄνθεά σοι δρέψας Ἑλικώνια καὶ κλυτοδένδρου
Πιερίης κείρας πρωτοφύτους κάλυκας
καὶ σελίδος νεαρῆς θερίσας στάχυν ἀντανέπλεξα
τοῖς Μελεαγρείοις ὡς ἴκελον στεφάνοις.

Drein auch flocht er ein paar der blühenden Stengel des Eppichs,
    wie sie auf prächtigem Beet Parthenis' Garten gehegt;
Reste der reichlichen Ernte, draus Musen den Honig bereiten:
    blonde Ähren, gerupft auf des Bakchylides Feld.
Von Anakreon wand er die nektarsüßen Gesänge
    und des elegischen Lieds wuchernden Kümmel hinzu;
von des Archilochos Weide die Blüten krausblättriger Disteln,
    wenige Tropfen der Flut, die einen Ozean füllt.
Von Alexandros gesellt' er die jungen Triebe des Ölbaums,
    von Polykleitos sodann purpurne Bohnen hinzu.
Diptam, die Blume der Dichter, Polystratos, nahm er; der Henna
    junger phoinikischer Strauch stellt den Antipatros dar;
pflückte die syrische Narde mit Ährenblättern für jenen
    Sänger, den man im Vers Gabe des Hermes benennt;
schlang Poseidippos und Hedylos drein, die Blumen des Feldes,
    drein für Sikelidas auch Röschen, gewachsen im Wind.
Nicht vergaß er den goldenen Zweig des ewig erhabnen
    Platon, den immer der Glanz höchster Vollendung umgibt;
legte die Erstlingstriebe der himmelerstrebenden Palme
    von Aratos hinzu, der von den Sternen erzählt.
Phaidimos' Phlox, Chairemons schönlockigen Lotos gesellt' er,
    nahm von Antagoras noch biegsame Hauswurz hinzu,
flocht Theodoridas' Blume, frischblühenden Quendel, des Weines
    Freund, und von Phanias dann blaue Zyanen hinein
neben viel anderen Sprossen, die jüngst erst geschrieben. Von eigner
    Muse auch fügte er noch frühe Levkojen hinzu. –
Bring ich die Gabe jedoch dem Freund nur, so ist doch der Musen
    köstlich redender Kranz allen Geweihten bestimmt.

Meleagros

Kranz des Philippos

Blumen, die ich für dich am Helikon pflückte, und Knospen,
    die ich aus herrlichem Hain jüngst in Pierien brach,
Ähren, die ich geerntet aus neuester Dichtung, ich flocht sie
    zu einem ähnlichen Kranz, wie Meleagros ihn wand.

ἀλλὰ παλαιοτέρων εἰδὼς κλέος, ἐσθλὲ Κάμιλλε,   5
γνῶθι καὶ ὁπλοτέρων τὴν ὀλιγοστιχίην.
Ἀντίπατρος πρέψει στεφάνῳ στάχυς· ὡς δὲ κόρυμβος
Κριναγόρας, λάμψει δ' ὡς βότρυς Ἀντίφιλος,
Τύλλιος ὡς μελίλωτον, ἀμάρακον ὡς Φιλόδημος·
μύρτα δ' ὁ Παρμενίων, ὡς ῥόδον Ἀντιφάνης·   10
κισσὸς δ' Αὐτομέδων, Ζωνᾶς κρίνα, δρῦς δὲ Βιάνωρ,
Ἀντίγονος δ' ἐλάη καὶ Διόδωρος ἴον·
Εὐήνῳ δάφνην συνεπίπλεκε· τοὺς δὲ περισσοὺς
εἴκασον οἷς ἐθέλεις ἄνθεσιν ἀρτιφύτοις.

3 νεανῆς P em. Gruter   9 τυλλίας P em. Gruter   12 ἐλαίη P em. Gruter   13 εὐηνώ
P em. Gruter.

3. ΑΓΑΘΙΟΥ ΣΧΟΛΑΣΤΙΚΟΥ ΑΣΙΑΝΟΥ ΜΥΡΙΝΑΙΟΥ

a

Οἶμαι μὲν ὑμᾶς, ἄνδρες, ἐμπεπλησμένους
ἐκ τῆς τοσαύτης τῶν λόγων πανδαισίας,
ἔτι που τὰ σιτία προσκόρως ἐρυγγάνειν·
καὶ δὴ κάθησθε τῇ τρυφῇ σεσαγμένοι.
λόγων γὰρ ἡμῖν πολυτελῶν καὶ ποικίλων   5
πολλοὶ προθέντες παμμιγεῖς εὐωχίας,
περιφρονεῖν πείθουσι τῶν εἰθισμένων.
τί δὲ νῦν ποιήσομεν; τὰ προύξειργασμένα
οὕτως ἐάσω συντετῆχθαι κείμενα,
ἢ καὶ προθῶμαι τῆς ἀγορᾶς ἐν τῷ μέσῳ   10
παλιγκαπήλοις εὐτελῶς ἀπεμπολῶν;
καὶ τίς μετασχεῖν τῶν ἐμῶν ἀνέξεται;
τίς δ' ἂν πρίαιτο τοὺς λόγους τριωβόλου,
εἰ μὴ φέροι πως ὦτα μὴ τετρημένα;
Ἀλλ' ἐστὶν ἐλπὶς εὐμενῶς τῶν δρωμένων   15
ὑμᾶς μεταλαβεῖν, κοὐ κατεβλακευμένως.
ἔθος γὰρ ἡμῖν τῇ προθυμίᾳ μόνῃ

A: συλλογὴ νέων ἐπιγραμμάτων ἐκτεθεῖσα ἐν Κωνσταντίνου πόλει πρὸς Θεόδωρον
δεκουρίωνα [δεοκ- P] τὸν Κοσμᾶ· εἴρηται δὲ τὰ προοίμια μετὰ τὰς συνεχεῖς ἀκροάσεις
τὰς κατ' ἐκεῖνο καιροῦ γενομένας. — 3 ἐρυγκάνειν P em. Visconti   8 δὲ Salm. δαὶ
17 ἡμῖν Desr. ὑμῖν.

Du, der du kennest den Ruhm der Älteren, edler Camillus,
   lern auch die knappere Kunst jüngerer Dichter nunmehr.
Ähren im Kranze geziemen Antipatros; gleich dem Korymbos
   leuchtet Krinagoras, gleich Trauben Antiphilos auf.
Tullius schimmert wie Süßklee, der Dosten mag Philodemos,
   Myrte Parmenion sein, Rosen Antiphanes' Bild.
Zonas ist Lilie, Bianor die Eiche, Automedon Efeu;
   Veilchen stellt Diodor, Ölbaum Antigonos dar.
Flicht für Euenos noch Lorbeer hinzu! Doch die andern vergleiche
   ganz nach eigenem Wunsch Blumen, die eben erblüht.

Philippos

Kyklos des Agathias

An die Leser

Ich glaube, Leute, ihr seid satt und übersatt
von diesem großen literarischen Bankett,
vor Sattheit stoßen euch die Speisen gar schon auf;
nun sitzt ihr da, und eng wird's euch vor Überfluß.
Denn viele setzten uns den reichgemischten Schmaus
köstlicher, bunter Verse vor und lassen uns
verachten, was der Alltag so an Atzung bringt.
Was tu ich nur? Laß ich's, so fertig wie es ist,
nun einfach weg und werf es schweigend untern Tisch?
Oder stell ich's mitten auf dem Markte aus, damit
der Trödelhändler billig es verramschen kann?
Wer hat denn überhaupt Verlangen nach dem Zeug?
Wer gibt nur drei Obolen aus für so 'ne Schrift?
Dem müssen seine Ohren ja verstopft schon sein.
   Ich glaub jedoch, ihr nehmt, was ich gerichtet hab,
noch gnädig, ja sogar mit heller Freude auf.
Den Küchenzettel paß ich nämlich jederzeit

τῇ τῶν καλούντων ἐμμετρεῖν τὰ σιτία.
καὶ πρός γε τοῦτο δεῖπνον ἠρανισμένον
ἥκω προθήσων ἐκ νέων ἡδυσμάτων.   20
ἐπεὶ γὰρ οὐκ ἔνεστιν ἐξ ἐμοῦ μόνου
ὑμᾶς μεταλαβεῖν, ἄνδρες, ἀξίας τροφῆς,
πολλοὺς ἔπεισα συλλαβεῖν μοι τοῦ πόνου
καὶ συγκαταβαλεῖν καὶ συνεστιᾶν πλέον.
καὶ δὴ παρέσχον ἀφθόνως οἱ πλούσιοι,   25
ἐξ ὧν τρυφῶσι, καὶ παραλαβὼν γνησίως
ἐν τοῖς ἐκείνων πέμμασι φρυάττομαι.
τοῦτο δέ τις αὐτῶν προσφόρως, δεικνὺς ἐμέ,
ἴσως ἐρεῖ πρὸς ἄλλον· ,,Ἀρτίως ἐμοῦ
μάζαν μεμαχότος μουσικήν τε καὶ νέαν,   30
οὗτος παρέθηκεν τὴν ὑπ' ἐμοῦ μεμαγμένην."
ταυτὶ μὲν οὖν ἐρεῖ τις, οἶδα, τῶν σοφῶν
τῶν ὀψοποιῶν, ὦν χάριν δοκῶ μόνος
εἶναι τοσαύτης ἡγεμὼν πανδαισίας.
θαρρῶν γὰρ αὐτοῖς λιτὸν οἴκοθεν μέρος   35
καὐτὸς παρέμιξα, τοῦ δοκεῖν μὴ παντελῶς
ξένος τις εἶναι τῶν ὑπ' ἐμοῦ συνηγμένων.
ἀλλ' ἐξ ἑκάστου σμικρὸν ἐξάγω μέρος,
ὅσον ἀπογεῦσαι· τῶν δὲ λοιπῶν εἰ θέλοι
τυχεῖν τις ἁπάντων καὶ μετασχεῖν εἰς κόρον,   40
ἴστω γε ταῦτα κατ' ἀγορὰν ζητητέα.
    Κόσμον δὲ προσθεὶς τοῖς ἐμοῖς πονήμασι,
ἐκ τοῦ Βασιλέως τοὺς προλόγους ποιήσομαι·
ἅπαντα γάρ μοι δεξιῶς προβήσεται.
καί μοι μεγίστων πραγμάτων ὑμνουμένων   45
εὑρεῖν γένοιτο καὶ λόγους ἐπηρμένους.

b. ΤΟΥ ΑΥΤΟΥ

Μή τις ἐπαυχενίοιο λιπὼν ζωστῆρα λεπάδνου
βάρβαρος ἐς Βασιλῆα βιημάχον ὄμμα τανύσσῃ·
μηδ' ἔτι Περσὶς ἄναλκις ἀναστείλασα καλύπτρην

32 οἶδα τ. σοφῶν Jac. οὐδὲ τ. σοφωτάτων   47 ἐπαυχ- Huschke ὑπ-.

dem Gaumen derer, die mich zu sich rufen, an.
Und dann, es ist ein Mahl, wo jedermann sein Teil
selbst beiträgt, und ich komm mit neuen Würzen her.
Denn da ich, Leute, eine Atzung, wie für euch
sie paßt, unmöglich doch alleine schaffen kann,
hab viele ich gewonnen, die mit mir die Müh
und Kosten teilen, daß der Schmaus noch schöner wird.
Da gaben denn die Reichen auch verschwenderisch
von ihrer Labe, und wahrhaftig, stolz bin ich
auf diese Leckerbissen, die sie hergebracht.
Doch ihrer mancher deutet wohl mit Recht auf mich
und raunt dem andern zu: „Da hab ich eben erst
ganz frisch und kunstgerecht den Teig geknetet, und
der trägt nun auf den Tisch, was ich geknetet hab."
So raunt, ich weiß es, mancher von der Künstlerschaft
der Küchenmeister, derenthalben ich allein
der Leiter dieses festlichen Banketts will sein.
Und doch, sie gaben Mut mir, als ich selbst mein Teil
von Haus herbeigebracht; nicht viel war's, nur so viel,
daß ich nicht ganz der Gast der eignen Gäste schien.
Von jedem aber nehm ich nur ein kleines Stück,
Kostproben nur; will einer den gesamten Rest
besitzen und sich völlig sättigen daran,
dann mag er wissen, daß es auf dem Markt ihn gibt.
    Doch Glanz und Schimmer meinem Werke zu verleihn,
heb ich das Vorwort jetzt mit meinem Kaiser an,
dann wird gewiß mir alles schon nach Wunsche gehn.
O möcht ich, um so Hohem lobzusingen, nun
auch Worte finden, die erhaben sind und groß.

Agathias

An den Kaiser

Niemals soll ein Barbar den Nacken vom Riemen des Joches
reißen und gegen den Kaiser mit dräuendem Blicke sich wenden.
Niemals soll Persien mehr den Schleier erheben, den Kaiser

ὄρθιον ἀθρήσειεν· ἐποκλάζουσα δὲ γαίη   50
καὶ λόφον αὐχήεντα καταγνάμπτουσα τενόντων   (5)
Αὐσονίοις ἄκλητος ὑποκλίνοιτο ταλάντοις.
Ἑσπερίη θεράπαινα, σὺ δ' ἐς κρηπῖδα Γαδείρων
καὶ παρὰ πορθμὸν Ἴβηρα καὶ Ὠκεανίτιδα Θούλην
ἤπιον ἀμπνεύσειας, ἀμοιβαίων δὲ τυράννων   55
κράατα μετρήσασα τεῇ κρυφθέντα κονίῃ,   (10)
θαρσαλέαις παλάμῃσι φίλην ἀγκάζεο Ῥώμην.
Καυκασίῳ δὲ τένοντι καὶ ἐν ῥηγμῖνι Κυταίη,
ὁππόθι ταυρείοιο ποδὸς δουπήτορι χαλκῷ
σκληρὰ σιδηρείης ἐλακίζετο νῶτα κονίης,   60
σύννομον Ἀδρυάδεσσιν ἀναπλέξασα χορείην   (15)
Φασιὰς εἱλίσσοιτο φίλῳ σκιρτήματι νύμφη,
καὶ καμάτους μέλψειε πολυσκήπτρου Βασιλῆος,
μόχθον ἀπορρίψασα γιγαντείου τοκετοῖο.
μηδὲ γὰρ αὐχήσειεν Ἰωλκίδος ἔμβολον Ἀργοῦς,   65
ὅττι πόνους ἥρωος ἀγασσαμένη Παγασαίου   (20)
οὐκέτι Κολχὶς ἄρουρα, γονῇ πλησθεῖσα Γιγάντων,
εὐπτολέμοις σταχύεσσι μαχήμονα βῶλον ἀνοίγει.
κεῖνα γὰρ ἢ μῦθός τις ἀνέπλασεν ἢ διὰ τέχνης
οὐχ ὁσίης τετέλεστο, πόθων ὅτε λύσσαν ἑλοῦσα   70
παρθενικὴ δολόεσσα μάγον κίνησεν ἀνάγκην·   (25)
ἀλλὰ δόλων ἔκτοσθε καὶ ὀρφναίου κυκεῶνος
Βάκτριος ἡμετέροισι Γίγας δούπησε βελέμνοις.
οὐκέτι μοι χῶρός τις ἀνέμβατος, ἀλλ' ἐνὶ πόντῳ
Ὑρκανίου κόλποιο καὶ ἐς βυθὸν Αἰθιοπῆα   75
Ἰταλικαῖς νήεσσιν ἐρέσσεται ἥμερον ὕδωρ.   (30)
Ἀλλ' ἴθι νῦν ἀφύλακτος ὅλην ἤπειρον ὁδεύων,
Αὐσόνιε, σκίρτησον, ὁδοιπόρε· Μασσαγέτην δὲ
ἀμφιθέων ἀγκῶνα καὶ ἄξενα τέμπεα Σούσων
Ἰνδῴης ἐπίβηθι κατ' ὀργάδος· ἐν δὲ κελεύθοις   80
εἴ ποτε διψήσειας, ἀρύεο δοῦλον Ὑδάσπην.   (35)
ναὶ μὴν καὶ κυανωπὸν ὑπὲρ δύσιν ἄτρομος ἕρπων
κύρβιας Ἀλκείδαο μετέρχεο, θαρσαλέως δὲ

* 50 γαίη P   54 θούλλην P em. Jac.   56 κονίη P   57 ἀγκάζετο P¹   58 νυκταίη
P em. Salm.   62 νύμφη P   65 ἄργος P em. Visc.   68 εὐπτολέμοις ex -μοιο P
70 ἑλοῦσα Visc. -αν   81 ὕασπιν P em. Visc.

ansehn, Auge in Auge! Schwach sei es! Es knie zur Erde,
beuge den stolzen Helmbusch des starren Nackens, freiwillig
mög es sich fügen dem Los, das ausonische Waage ihm zuwägt.
Du aber, Sklavin Hesperien bis hin zum Gestade von Gades,
bis zur iberischen Furt und dem ozeanischen Thule,
atme in Ruhe und Frieden: Du konntest der folgenden Zwingherrn
Häupter, die heut deine Erde bedeckt hält, richtig bewerten;
nimm nun dein liebes Rom in die starken, mutigen Hände!
Doch an des Kaukasus Bergen und Kytas umbrandeter Küste,
wo der Stiere Gespann mit dröhnendem, ehernem Fuße
einstens den harten Rücken der eisernen Erde zerrissen,
mögen die Nymphen des Phasis mit Hamadryaden gemeinsam
ihre Reigen nun schlingen und tanzen in fröhlichen Sprüngen,
singen die Taten und Werke des szepterumgebenen Kaisers
und auf die Mühe verzichten, Giganten zum Licht zu gebären;
sollen sich rühmen nicht mehr, sie hätten den Schiffsporn der Argo
aus Iolkos gesehen; denn Kolchis, das einst, von der Riesen
Brut erfüllt, ob der Taten des Helden von Pagasai staunte,
öffnet die kriegrische Scholle nicht mehr für Saaten von Kämpen.
Glaubt es, Märchensinn heckte es aus, oder ruchlose Künste
haben's zuwege gebracht, als, ergriffen vom Wahnsinn der Liebe,
jene verschlagene Jungfrau die Macht ihres Zauberns gebrauchte.
Ohne Verschlagenheit aber und ohne ein finsteres Tränklein
krachte der baktrische Riese vor unsern Geschossen zu Boden.
Nun ist kein Ort mehr versperrt; in der Flut des Hyrkanischen Golfes
bis zur Tiefe hinab des Aithiopischen Meeres
schlagen auf friedliches Wasser die Ruder italischer Schiffe.
Auf denn, ausonischer Wandrer, tanz fröhlich! Nun kannst du das
Festland ohne Geleite zu Fuße bereisen. Durchwandre   [ganze
die massagetischen Schluchten und Susas ungastliche Täler,
tritt in die fruchtbaren Marschen von Indien, und kommt auf der Reise
dich der Durst an, dann schöpf aus der Flut des bezwungnen Hydaspes.
Pilgre auch, ohne zu bangen, zum dunklen Auge des Abends,
ziehe zu Herakles' Säulen und habe Vertrauen im Busen,

ἴχνιον ἀμπαύσειας ἐπὶ ψαμάθοισιν Ἰβήρων,
ὁππόθι, καλλιρέεθρον ὑπὲρ βαλβῖδα θαλάσσης,　　　　85
δίζυγος ἠπείροιο συναντήσασα κεραίη　　　　　　　　(40)
ἐλπίδας ἀνθρώποισι βατῆς εὔνησε πορείης.
ἐσχατιὴν δὲ Λίβυσσαν ἐπιστείβων Νασαμώνων
ἔρχεο καὶ παρὰ Σύρτιν, ὅπῃ νοτίῃσι θυέλλαις
ἐς κλίσιν ἀντίπρωρον ἀνακλασθεῖσα Βορῆος　　　　90
καὶ ψαφαρὴν ἄμπωτιν ὕπερ ῥηγμῖνι ἀλίπλῳ　　　　(45)
ἀνδράσι δῖα θάλασσα πόρον χερσαῖον ἀνοίγει.
οὐδὲ γὰρ ὀθνείης σε δεδέξεται ἤθεα γαίης,
ἀλλὰ σοφοῦ κτεάνοισιν ὁμιλήσεις Βασιλῆος,
ἔνθα κεν ἀίξειας, ἐπεὶ κυκλώσατο κόσμον　　　　95
κοιρανίη· Τάναϊς δὲ μάτην ἤπειρον ὁρίζων　　　　(50)
ἐς Σκυθίην πλάζοιτο καὶ ἐς Μαιώτιδα λίμνην.
Τούνεκεν, ὁππότε πάντα φίλης πέπληθε γαλήνης,
ὁππότε καὶ ξείνοιο καὶ ἐνδαπίοιο κυδοιμοῦ
ἐλπίδες ἐθραύσθησαν ὑφ᾽ ἡμετέρῳ Βασιλῆι,　　　　100
δεῦρο, μάκαρ Θεόδωρε, σοφὸν στήσαντες ἀγῶνα　　(55)
παίγνια κινήσωμεν ἀοιδοπόλοιο χορείης.
σοὶ γὰρ ἐγὼ τὸν ἄεθλον ἐμόχθεον· εἰς σὲ δὲ μύθων
ἐργασίην ἤσκησα, μιῇ δ᾽ ὑπὸ σύζυγι βίβλῳ
ἐμπορίην ἤθροισα πολυξείνοιο μελίσσης·　　　　105
καὶ τόσον ἐξ ἐλέγοιο πολυσπερὲς ἄνθος ἀγείρας,　　(60)
στέμμα σοι εὐμύθοιο καθήρμοσα Καλλιοπείης,
ὡς φηγὸν Κρονίωνι καὶ ὁλκάδας Ἐννοσιγαίῳ,
ὡς Ἄρεϊ ζωστῆρα καὶ Ἀπόλλωνι φαρέτρην,
ὡς χέλυν Ἑρμάωνι καὶ ἡμερίδας Διονύσῳ.　　　　110
οἶδα γάρ, ὡς ἄλληκτον ἐμῆς ἱδρῶτι μερίμνης　　　(65)
εὖχος ἐπιστάξειεν ἐπωνυμίη Θεοδώρου.
Πρῶτα δέ σοι λέξαιμι, παλαιγενέεσσιν ἐρίζων,
ὅσσαπερ ἐγράψαντο νέης γενετῆρες ἀοιδῆς
ὡς προτέροις μακάρεσσιν ἀνειμένα· καὶ γὰρ ἐῴκει　　115
γράμματος ἀρχαίοιο σοφὸν μίμημα φυλάξαι.　　　　(70)
ἀλλὰ πάλιν μετ᾽ ἐκεῖνα παλαίτερον εὖχος ἀείρει,

* 93 ὀθνείης σε c -ησε P¹　94 ἄλλα σοφοῦ ex ἄλλας φου P　96 κοιρανίη Visc.-η　99 ξένοιο
P em. Jac.　103 μύθων c μῦθον P¹　107 στέμμα σοι　ex στέμμασι P　111 ἄληκτον
P em. Jac.　113 παλαιγεενέσσιν P　117 παλαίτερον εὖχος P em. Boiss. // ἀρήγει P¹.

ruhst du die Schritte dir aus in Iberiens Dünengelände,
wo ob der strömenden Pracht am Rande des Meeres die Spitzen
beider Erdkontinente einander begegnen und alle
Hoffnung, noch weiter zu kommen, im Herzen der Menschen ersticken.
Wandre zum Saume von Libyen, den Nasamonen bewohnen,
zieh an der Syrte vorbei, wo das göttliche Meer, von des Südwinds
mächtig brausenden Stürmen nach Boreas' Reich hin geschlagen,
mit der brandenden Flut den Menschen bis über der Ebbe
sandige Dünen hinaus die Wege zu Lande eröffnet:
nirgends wird dich ein Haus auf fremder Erde empfangen,
sondern wohin du die Schritte auch lenkst, du wirst in des weisen
Kaisers Besitztum verweilen, der ringsum die Erde mit seiner
Herrschaft umschließt; umsonst gibt Tanaïs Grenzen dem Festland,
wenn er durch Skythien bis hin zum Maiotischen Meere sich schlängelt.
    Nun drum, da alles im Kreis von traulich heiterer Ruhe
voll ist, da alle Erwartung auf Waffengeklirre so außen
wie auch im Inneren selbst unter unserem Kaiser zerschellt ist,
laß, Theodoros, uns denn, Gesegneter, nun den gelehrten
Wettstreit erheben, die Spiele des Sängerchores beginnend.
Hab ich für dich doch den Kampf unternommen, für dich auch der
Werk geschaffen und, alles in einem Buche vereinend,   [Dichtung
diese Ernte der Biene aus vielen Besuchen gesammelt.
Als ich gepflückt nun die vielen zerstreuten elegischen Blüten,
flocht einen Kranz ich für dich aus Kalliopes herrlichen Versen,
wie man Kronion die Eiche, Poseidon Schiffe wohl widmet,
wie man Apollon den Köcher, dem Ares des Schwertes Gehänge,
wie man die Reben Dionysos gibt und Hermes die Leier.
Denn ich weiß es, der Name des Theodoros entbietet
unvergänglichen Ruhm der Frucht meiner Sorgen und Mühen.
    Erstlich möcht ich dir sammeln im Wettstreit mit unseren Alten
sämtliche Weihegedichte, die einst die Väter des neuen
Sanges den früheren Göttern gewidmet haben; denn schicklich
war es, vom einstigen Schrifttum ein weises Abbild zu wahren.
Doch nach diesen erhöht den Ruhm der Älteren wieder

ὅσσαπερ ἢ γραφίδεσσι χαράξαμεν ἤ τινι χώρῳ,
εἴτε καὶ εὐποίητον ἐπὶ βρέτας, εἴτε καὶ ἄλλης
τέχνης ἐργοπόνοιο πολυσπερέεσσιν ἀέθλοις.　　　　　　120
καὶ τριτάτην βαλβῖδα νεήνιδος ἔλλαχε βίβλου,　　　　　(75)
ὅσσα θέμις τύμβοισι· τάπερ Θεὸς ἐν μὲν ἀοιδῇ
ἐκτελέειν νεύσειεν, ἐν ἀτρεκίῃ δὲ διώκειν.
ὅσσα δὲ καὶ βιότοιο πολυσπερέεσσι κελεύθοις
γράψαμεν ἀσταθέος τε τύχης σφαλεροῖσι ταλάντοις,　　125
δέρκεό μοι βίβλοιο παρὰ κρηπῖδα τετάρτην.　　　　　　(80)
ναὶ τάχα καὶ πέμπτοιο χάρις θέλξειεν ἀέθλου,
ὁππόθι κερτομέοντες ἐπεσβόλον ἦχον ἀοιδῆς
γράψαμεν. ἑκταῖον δὲ μέλος κλέπτουσα Κυθήρη
εἰς ὀάρους ἐλέγοιο παρατρέψειε πορείην　　　　　　130
καὶ γλυκεροὺς ἐς ἔρωτας. ἐν ἑβδομάτῃ δὲ μελίσσῃ　　(85)
εὐφροσύνας Βάκχοιο φιλακρήτους τε χορείας
καὶ μέθυ καὶ κρητῆρα καὶ ὄλβια δεῖπνα νοήσεις.

c. ΤΟΥ ΑΥΤΟΥ

Στῆλαι καὶ γραφίδες καὶ κύρβιες εὐφροσύνης μὲν
αἴτια τοῖς ταῦτα κτησαμένοις μεγάλης,　　　　　　135
ἀλλ᾽ ἐς ὅσον ζώουσι· τὰ γὰρ κενὰ κύδεα φωτῶν
ψυχαῖς οἰχομένων οὐ μάλα συμφέρεται.
ἡ δ᾽ ἀρετὴ σοφίης τε χάρις καὶ κεῖθι συνέρπει,　　　(5)
κἀνθάδε μιμνάζει μνῆστιν ἐφελκομένη.
οὕτως οὔτε Πλάτων βρενθύεται οὔτ᾽ ἄρ᾽ Ὅμηρος　　140
χρώμασιν ἢ στήλαις, ἀλλὰ μόνη σοφίη.
ὄλβιοι, ὧν μνήμη πινυτῶν ἐνὶ τεύχεσι βίβλων,
ἀλλ᾽ οὐκ ἐς κενεὰς εἰκόνας ἐνδιάει.　　　　　　　　(10)

* 118 χαράξαμεν ἢ Jac. -μένη　123 διώκοι P em. Vavasseur　131 γλυκεροῖς P em. Vav.　138 adnot. 1: ὅτι μόνη ἀρετὴ καὶ σοφία ἐπακολουθ(οῦσι) τοῖς ἔχουσιν αὐτ(ὰς) ἐντεῦθεν ἀποιχομένοις　139 μνη·στι P em. Gruter　140 οὔτ᾽ ἄρ᾽ Jac. οὔτε 141 μόνη σοφίη P.

alles, was wir gedichtet auf Bilder, auf Orte der Landschaft,
auf eine Statue, trefflich geformt, oder eines der vielen
weitverbreiteten Werke der mühvoll schaffenden Künste.
Und die dritte Abteilung des neuen Buches erlangte,
was man auf Grabmäler schreibt. Geb Gott es, daß wir im Sange
ganz es erfüllen und wahrhaft in unserem Leben ihm nachgehn!
Was wir geschrieben sodann auf die bunten Pfade des Lebens
und auf die schwankende Waage des unstet wandelnden Glückes,
wird in dem vierten Abschnitt des Buches dein Auge bemerken.
Dich aber locken vielleicht die Reize des fünften der Kämpfe,
drin wir den spöttischen Ton des Sanges bissig erhoben.
Doch das sechste Buch errang sich Kythere, die ihren
Schritt zum Herzensgeplauder der Elegie und zu süßen
Liebesgefühlen nun wandte. Im siebenten Beitrag der Biene
endlich wirst du die Freuden des Bakchos, des lauteren Trankes
Chöre, den Wein, den Mischkrug und reiche Bankette gewahren.

Agathias

Wahre Unsterblichkeit

Säulen und Bilder und Schriften gewähren die Fülle der Freuden,
    ward einem Manne das Glück solch eines Lohnes zuteil,
doch nur solange er lebt. Der Sterblichen nichtige Ehren
    folgen der Seele ja nicht bis zu den Schatten hinab.
Gaben des Geistes allein und Tüchtigkeit folgen uns dorthin,
    wie sie ein bleibendes Mal uns auch auf Erden verleihn.
Nicht auf beschriebenen Säulen und Bildern steht des Homeros
    oder des Platon Ruhm, sondern auf Weisheit allein.
Glücklich, wessen Gedächtnis auf Büchern voll sinniger Weisheit,
    nicht auf dem prunkenden Schein leerer Gebilde beruht.

Agathias

BUCH V

Vorwort zu Buch V

Das 5. Buch enthält im Palatinus 311 Epigramme (einschließlich 195 b), die dort auf S. 87–141 stehen.

Planudes bringt diese Gedichte in seinem 7. Buch; lediglich Nr. 161 steht im ersten. Doch hat er, wie er selbst einleitend bemerkt[1], eine größere Anzahl davon, nämlich 117, aus sittlichen Bedenken übergangen. Wir finden daher nur 194 dieser Gedichte bei Planudes wieder.

Von den kleineren Sammlungen bieten E, S und Σ je 1 Gedicht[2], die Appendix Barberino-Vaticana dagegen 31.

In den sonstigen literarischen Überlieferungen werden nur wenige Epigramme zitiert: Diogenes Laërtios hat 3[3], Macrob und Stobaios je 1[4]; 3 weitere werden noch in Scholien angeführt[5]. Im Suidas dagegen finden sich 69, wenn auch bruchstückhaft, in Papyri eins (152).

Die Epigramme sind im Palatinus von Schreiber A geschrieben; nur 1 und 310 stammen vom Lemmatisten.

Auch das erste war zunächst von Schreiber A niedergeschrieben, wurde dann aber bis auf die beiden ersten Worte ausradiert und später vom Lemmatisten erneuert. Da nun Buch I der Anthologie des Kephalas die Erotika enthielt, so betrachtet man gewöhnlich Nr. 1 als ein von Kephalas selbst verfaßtes Motto für seine Sammlung, eine Ansicht, die Jacobs zuerst aussprach und der sich die meisten Gelehrten anschlossen. Andere glauben, was weniger wahrscheinlich ist, die Verse dem Manne zuschreiben zu dürfen, für den der Palatinus hergestellt wurde.

Nr. 310, vom Lemmatisten geschrieben, steht auf S. 141 des Palatinus nach dem Titel des 6. Buches.

Die Dichternamen rühren durchweg von Schreiber A her. Wo dieser jedoch den Autor wegließ, hat der Lemmatist oder der Korrektor den Namen eingetragen bzw. ergänzt.

Der Anteil der Bearbeiter an den Lemmata ist sehr verschieden. Im großen gesehen, reicht die Tätigkeit des Lemmatisten hier von

---

[1] S. 68: Ἐν τῷδε τῷ ἑβδόμῳ τμήματι περιέχεται ἑταιρικά τινα ἀποφθέγματα, τὰ μὲν ὡς ἐγκώμια, τὰ δ' ὡς ἐπιστολαί, τὰ δ' ὡς ἂν ἕκαστον ἔτυχεν, ὅσα μὴ πρὸς τὸ ἀσεμνότερον καὶ αἰσχρότερον ἀποκλίνεται· τὰ γὰρ τοιαῦτα πολλὰ ἐν τῷ ἀντιγράφῳ ὄντα παρελίπομεν. [2] 68, 78, 81. [3] 78 ff. [4] 78 bzw. 6. [5] 42, 83 f.

Nr. 2–121, die des Korrektors von 122–238, während der Rest ohne Lemmata ist. Ihrer Qualität nach sind diese meist wertlos, da sie lediglich aus dem Inhalt geschöpft sind und ihn recht oft noch falsch ausdeuten. Nur die Lemmata von 292 f. geben mehr, als der Inhalt besagt, und sind sicherlich älteres Gut. Die letzteren sowie einige andere, die für den Text oder die Entwicklung der Anthologie von Bedeutung sind, wurden daher hier beigegeben, während die große Masse weggelassen wurde.

Sieht man von Nr. 1 und 310 ab, so setzt sich das Buch aus 5 Teilen zusammen: 1) 2–103, 2) 104–133, 3) 134–215, 4) 216–302, 5) 303–309. Der 2. stammt aus dem Kranz des Philippos, der 3. aus dem Kranz des Meleagros, der 4. aus dem Kyklos des Agathias, der 5. ist eine Appendix aus 3 Anonyma und 4 Epigrammen aus dem Philipposkranz. Unklar ist die Herkunft des 1. Teiles (2–103), dessen Epigramme aus den verschiedensten Sammlungen herrühren, dessen Anordnung jedoch völlig verwirrt erscheint. Einige Gedichte, vor allem die kleinen Reihen 6 ff., 23 f. und 52–57, sind aus dem Kranz des Meleagros geschöpft, andere aus dem des Philippos, so 3 ff., 30–34, wobei Spuren der ursprünglichen alphabetischen Reihenfolge noch erkennbar sind[1]; wieder andere stammen aus der Anthologie des Diogeneianos, so 29, 38 ff., 45, 81; auch hier läßt sich die alphabetische Anordnung noch erkennen. Rufinos gehören etwa 40 Epigramme, und drei weitere stammen aus noch späterer Zeit[2]. Eine plausible Erklärung dieses 1. Teils ist noch nicht gefunden.

Sämtliche Epigramme des Buches sind Liebesgedichte, doch stehen einige nur in etwas losem Zusammenhang mit dem Thema. Acht Epigramme sind ihrem Inhalt nach Weihgedichte und gehören eher ins 6. Buch[3], eines ist ein Grabgedicht[4], und drei, die den Vorbereitungen zu einem Fest gewidmet sind[5], sowie ein Spottepigramm[6] passen mehr ins 11. Buch. Übrigens sind Nr. 8, 28, 117, 122, 142 und 145 Paidika.

Der äußeren Form nach handelt es sich fast überall um elegische Distichen; einmal erscheint der jambische Trimeter[7], einmal der phalaikische Hendekasyllabos[8], mehrmals ist das ganze Gedicht auch nur in Hexametern abgefaßt[9].

Nr. 101 und 259 sind von Richard Meyenschein übersetzt.

<hr />

[1] Vgl. 13, 16, 20, 25, 30 f.   [2] 71 f., 86.   [3] 17, 199–203, 205 f.   [4] 108.   [5] 181, 183, 185.   [6] 71.   [7] 1.   [8] 309.   [9] 72, 77, 86, 305, 310.

258

E. ΕΠΙΓΡΑΜΜΑΤΑ ΕΡΩΤΙΚΑ

ΔΙΑΦΟΡΩΝ ΠΟΙΗΤΩΝ

1

Νέοις ἀνάπτων καρδίας σοφὴν ζέσιν
ἀρχὴν Ἔρωτα τῶν λόγων ποιήσομαι·
πυρσὸν γὰρ οὗτος ἐξανάπτει τοῖς λόγοις.

A: φεύγετε, νέοι, παῖδα Κυθήρης, τοξοβόλον Ἔρωτα. – 3 λόγοις ex νέοις P.

2 (1)*

Τὴν καταφλεξίπολιν Σθενελαΐδα τὴν βαρύμισθον,
τὴν τοῖς βουλομένοις χρυσὸν ἀμεργομένην,
γυμνήν μοι διὰ νυκτὸς ὅλης παρέκλινεν ὄνειρος
ἄχρι φίλης ἠοῦς προῖκα χαριζομένην.
οὐκέτι γουνάσομαι τὴν βάρβαρον οὐδ' ἐπ' ἐμαυτῷ   5
κλαύσομαι ὕπνον ἔχων κεῖνα χαριζόμενον.

* Pl VII 115 f.73ᵛ. – Meleagro trib. Pl 1 πολύμισθον[suprascr. βαρύ] Pl 2 ἀμεργομένην Jac. ἐρευγο- 3 ὄνειρος c Pl ὅμηρος P¹ 5–6 . . .κλαυσ. Suid. s. γουνάσομαι.

3 (2). ΑΝΤΙΠΑΤΡΟΥ ΘΕΣΣΑΛΟΝΙΚΕΩΣ

Ὄρθρος ἔβη, Χρύσιλλα, πάλαι δ' ἠῷος ἀλέκτωρ
κηρύσσων φθονερὴν Ἠριγένειαν ἄγει.
ὀρνίθων ἔρροις φθονερώτατος, ὅς με διώκεις
οἴκοθεν εἰς πολλοὺς ἠιθέων ὀάρους.
γηράσκεις, Τιθωνέ. τί γὰρ σὴν εὐνέτιν Ἠῶ   5
οὕτως ὀρθριδίην ἤλασας ἐκ λεχέων;

Pl VII 162 f. 75ʳ. – 3 φθονερώτατε Pl 6 ὄρθρι δίκην P¹.

---

* Adiecti sunt numeri editionis Hugonis Stadtmüller.

V. LIEBESEPIGRAMME

VERSCHIEDENER DICHTER

Das Fanal

Den jungen Herzen zündend weise Wallungen,
beginn ich mit dem Liebesgotte dieses Werk;
er ist's ja, der die Verse auch mit Flammen füllt.

⟨*Konstantinos Kephalas*⟩

Im Traum

Städte verbrennt Sthenelaïs, die sündhaft teure Hetäre;
jeden, der sie besucht, rupft sie um sämtliches Geld.
Nun aber hat sie ein Traum heut nacht bis zum strahlenden Morgen
hüllenlos zu mir gelegt und sie umsonst mir geschenkt.
Wahrlich, jetzt knie ich nicht mehr vor dem harten Geschöpfe und weine
nicht mehr im stillen: mein Schlaf schenkt mir das alles umsonst.

Anonym

Taglied

Grau schon dämmert's im Ost, schon krähte, Chrysilla, im jungen
Morgen der Hahn und rief Eos, die neidische, her.
Tausendmal sei mir verflucht, du neidischster unter den Vögeln,
der zu der Knaben Geschwätz fort aus dem Hause mich treibt ...
Alt nun wirst du, Tithonos. Denn hättest du sonst deine Gattin
Eos so früh schon am Tag aus deinem Bette gejagt?

Antipatros von Thessalonike

4 (3). ΦΙΛΟΔΗΜΟΥ

Τὸν σιγῶντα, Φιλαινί, συνίστορα τῶν ἀλαλήτων
λύχνον ἐλαιηρῆς ἐκμεθύσασα δρόσου,
ἔξιθι· μαρτυρίην γὰρ "Ερως μόνος οὐκ ἐφίλησεν
ἔμπνουν· καὶ τυκτὴν κλεῖε, Φιλαινί, θύρην.
καὶ σὺ φίλει, Ξανθώ, με· σὺ δ᾽, ὦ φιλεράστρια κοίτη,   5
ἤδη τῆς Παφίης ἴσθι τὰ λειπόμενα.

Pl VII 88 f. 72 ᵛ. – 4 τυκτὴν Pl πυ- P // θύραν Pl 5-6 om. Pl 5 φίλη P¹ // φιλεράστρια κοίτη J. G. Schneider φ. κοίτης P¹ -τρι᾽ ἄκοιτις c.

5 (4). ΣΤΑΤΥΛΛΙΟΥ ΦΛΑΚΚΟΥ

'Αργύρεον νυχίων με συνίστορα πιστὸν ἐρώτων
οὐ πιστῇ λύχνον Φλάκκος ἔδωκε Νάπῃ,
ἧς παρὰ νῦν λεχέεσσι μαραίνομ᾽ ὁ τῆς ἐπιόρκου
παντοπαθῆ κούρης αἴσχεα δερκόμενος,
Φλάκκε, σὲ δ᾽ ἄγρυπνον χαλεπαὶ τείρουσι μέριμναι·   5
ἄμφω δ᾽ ἀλλήλων ἄνδιχα καιόμεθα.

2 ἔδωκε Νάπῃ Salm. -κεν ἄπνη 3 μαραίνομαι τῆς P em. Polak 3-6 bis scripti, et
ab A lacuna post v. 2 rel. et ab J in lac.

6 (5). ΚΑΛΛΙΜΑΧΟΥ

"Ωμοσε Καλλίγνωτος 'Ιωνίδι μήποτ᾽ ἐκείνης
ἕξειν μήτε φίλον κρέσσονα μήτε φίλην.
ὤμοσεν· ἀλλὰ λέγουσιν ἀληθέα, τοὺς ἐν ἔρωτι
ὅρκους μὴ δύνειν οὔατ᾽ ἐς ἀθανάτων.
νῦν δ᾽ ὁ μὲν ἀρσενικῷ θέρεται πυρί, τῆς δὲ ταλαίνης   5
νύμφης ὡς Μεγαρέων οὐ λόγος οὐδ᾽ ἀριθμός.

* Pl VII 165 f.75ʳ. – 1 Καλλίγνωστος P 2 κρείσσονα Pl 3-4 Stob. 28, 9 5 ἀρσενικῷ
P ἄλλης δὴ Pl 5-6 τῆς ... Suid. s. ὑμεῖς.

Heimliche Liebe

Wenn du, Philainis, die Lampe, die schweigende, stille Vertraute
heimlicher Liebe, mit Öl neu wieder trunken gemacht,
geh dann hinaus aus dem Zimmer – denn Eros alleine sieht ungern
lebende Zeugen – und schließ sorglich, Philainis, die Tür . . .
So, nun küsse mich, Xantho; und du, mein Bettchen der Liebe,
ach, du weißt ja, was jetzt Kypris noch weiter sich wünscht.

Philodemos

Die Treulose

Mich, die silberne Lampe, der Liebesnächte getreue
Zeugin, gab Flaccus dereinst Nape, der treulosen, hin.
Heute verzehre ich mich beim Bette des Mädchens, derweil ich
all das Schändliche seh, was diese Falsche hier tut.
Dich aber quälen nun ruhlos in Nächten die schweren Gedanken;
ach, voneinander so fern, Flaccus, verflackern wir still.

Statilius Flaccus

Liebeseide

Ach, wohl schwur Kallignotos der Jonis, nie werde er andre
inniger lieben als sie, nicht eine Freundin noch Freund.
Ach, wohl schwur er. Doch wahr ist das Wort: Es dringen die Eide,
die in der Liebe man schwört, nicht an der Himmlischen Ohr.
Denn nun brennt für den Knaben sein Herz, und das Bräutchen, das [arme,
zählt und rechnet nicht mehr, so wie der Megarer Volk.

Kallimachos

7 (6). ΑΣΚΛΗΠΙΑΔΟΥ

Λύχνε, σὲ γὰρ παρεοῦσα τρὶς ὤμοσεν Ἡράκλεια
ἥξειν κοὐχ ἥκει· λύχνε, σὺ δ᾽, εἰ θεὸς εἶ,
τὴν δολίην ἀπάμυνον· ὅταν φίλον ἔνδον ἔχουσα
παίζῃ, ἀποσβεσθεὶς μηκέτι φῶς πάρεχε.

Pl VII 117 f.73ᵛ. – 1 παρεόντα Platnauer 3 ἐπάμυνον Pl.

8 (7). ΜΕΛΕΑΓΡΟΥ

Νὺξ ἱερὴ καὶ λύχνε, συνίστορας οὔτινας ἄλλους
ὅρκοις, ἀλλ᾽ ὑμέας, εἱλόμεθ᾽ ἀμφότεροι·
χὤ μὲν ἐμὲ στέρξειν, κεῖνον δ᾽ ἐγὼ οὔποτε λείψειν
ὠμόσαμεν· κοινὴν δ᾽ εἴχετε μαρτυρίην.
νῦν δ᾽ ὁ μὲν ὅρκιά φησιν ἐν ὕδατι κεῖνα φέρεσθαι,   5
λύχνε, σὺ δ᾽ ἐν κόλποις αὐτὸν ὁρᾷς ἑτέρων.

1: εἰς ἑταίραν τινά. – Pl VII 89 f. 72 ᵛ. – Philodemo trib. Pl.

9 (8). ΡΟΥΦΙΝΟΥ

Ῥουφῖνος τῇ ᾽μῇ γλυκερωτάτῃ Ἐλπίδι πολλὰ
χαίρειν, εἰ χαίρειν χωρὶς ἐμοῦ δύναται.
οὐκέτι βαστάζω, μὰ τὰ σ᾽ ὄμματα, τὴν φιλέρημον
καὶ τὴν μουνολεχῆ σεῖο διαζυγίην·
ἀλλ᾽ αἰεὶ δακρύοισι πεφυρμένος ἢ ᾽πὶ Κορησσὸν   5
ἔρχομαι ἢ μεγάλης νηὸν ἐς Ἀρτέμιδος.
αὔριον ἀλλὰ πάτρη με δεδέξεται, ἐς δὲ σὸν ὄμμα
πτήσομαι, ἐρρῶσθαι μυρία σ᾽ εὐχόμενος.

Pl VII 137 f. 74ʳ [v. 1–2], 174 f. 75ʳ [v. 3–8]. – 1–2 Rufino, 3–8 anonymo trib. Pl
2 δύνασαι Pl 5 ᾽πὶ Κορησσὸν Hecker ἐπιορκήσων 8 μυρία σ᾽ Lasc. -ίας P¹ Pl -ίος c.

10 (9). ΑΛΚΑΙΟΥ

Ἐχθαίρω τὸν Ἔρωτα. τί γὰρ βαρὺς οὐκ ἐπὶ θῆρας
ὄρνυται, ἀλλ᾽ ἐπ᾽ ἐμὴν ἰοβολεῖ κραδίην;
τί πλέον, εἰ θεὸς ἄνδρα καταφλέγει; ἢ τί τὸ σεμνὸν
δηώσας ἀπ᾽ ἐμῆς ἄθλον ἔχει κεφαλῆς;

Pl VII 166 f. 75ʳ. – Tit.: Ἀλκαίου ex Σικ- Pl 2 ἰοβολεῖ c Pl -ειν (?) P¹.

An die Lampe

Lampe, dreimal beschwor Herakleia bei dir es, sie wollte
  kommen, und kommt nun nicht. Bist du, o Lampe, ein Gott,
o, so strafe die Falsche! Schließt drinnen sie kosend die Arme
  um einen Liebsten, erlisch! Leuchte ihr fürder nicht mehr.

Asklepiades

Ein gleiches

Lampe und heilige Nacht, bei unseren einstigen Schwüren
  haben wir beide nur euch zwei als Vertraute erwählt.
Und wir gelobten es fest: er, stets mich zu lieben, ich aber,
  nie ihn zu lassen; ihr wart Zeugen des zwiefachen Schwurs.
Und nun kündet er mir, im Wasser trieben die Eide,
  ach, und, Lampe, du siehst andern am Busen ihn ruhn.

Meleagros

Brief aus Ephesos

Liebste Elpis, es sendet dein treuer Rufinos dir Süßen
  Freude und Grüße, sofern Freude dir ohne mich winkt.
Ach, ich ertrage nicht mehr, bei deinen Augen, das Fernsein,
  das Getrenntsein von dir, dieses Alleinsein im Bett.
Ob zum Koressos hinauf oder ob ich zum Tempel der großen
  Artemis gehe, ich bin immer von Tränen benetzt.
Morgen, morgen jedoch empfängt mich die Heimat, ich fliege
  zu deinen Augen. Indes grüß ich dich tausendemal.

Rufinos

An Eros

Eros ist mir verhaßt. Warum jagt er nicht Tiere des Waldes?
  Immer schießt er nur mir grausam die Pfeile ins Herz.
Hat denn ein Gott was davon, einen Menschen zu sengen? Und ist das
  so ein erhabener Sieg, wenn er den Kopf mir verdreht?

Alkaios von Messene

11 (10). ΑΔΕΣΠΟΤΟΝ

Εἰ τοὺς ἐν πελάγει σῴζεις, Κύπρι, κἀμὲ τὸν ἐν γᾷ
ναυαγόν, φιλίη, σῶσον ἀπολλύμενον.

Pl VII 199 f. 76ʳ. - 2 ναυηγόν, φιλίης Pl.

12 (11). ΡΟΥΦΙΝΟΥ

Λουσάμενοι, Προδίκη, πυκασώμεθα καὶ τὸν ἄκρατον
ἕλκωμεν κύλικας μείζονας αἰρόμενοι.
βαιὸς ὁ χαιρόντων ἐστὶν βίος· εἶτα τὰ λοιπὰ
γῆρας κωλύσει, καὶ τὸ τέλος θάνατος.

Pl VII 143 f. 74 ʳ. - 1-2 . . . ἕλκ. Suid. s. πυκάζει   1 Προδίκη c Pl -δόκη P¹ Suid.
2 ἀράμενοι Pl.

13 (12). ΦΙΛΟΔΗΜΟΥ

Ἑξήκοντα τελεῖ Χαριτὼ λυκαβαντίδας ὥρας,
   ἀλλ' ἔτι κυανέων σύρμα μένει πλοκάμων,
κἀν στέρνοις ἔτι κεῖνα τὰ λύγδινα κώνια μαστῶν
   ἕστηκεν, μίτρης γυμνὰ περιδρομάδος,
καὶ χρὼς ἀρρυτίδωτος ἔτ' ἀμβροσίην, ἔτι πειθὼ   5
   πᾶσαν, ἔτι στάζει μυριάδας χαρίτων.
ἀλλὰ πόθους ὀργῶντας ὅσοι μὴ φεύγετ', ἐρασταί,
   δεῦρ' ἴτε, τῆς ἐτέων ληθόμενοι δεκάδος.

* Pl VII 93 f.72ᵛ [om. v. 3-4]. - 1 χάριτι P¹ // λυκάβαντος ἐς Pl 3-4 Suid. s. λύγδινα
et κάν... ἕστηκεν s. κωνοειδές 3 κἀν Kaibel κ' ἐν 4 μίτρης Suid. μήτ- P // περιτρομ-
Suid. 6 πᾶσαν P¹ -σιν c πάσας Pl 7 φεύγετ' Salm. φλέγετ'.

14 (13). ΡΟΥΦΙΝΟΥ

Εὐρώπης τὸ φίλημα, καὶ ἢν ἄχρι χείλεος ἔλθῃ,
   ἡδύ γε, κἂν ψαύσῃ μοῦνον ἄκρου στόματος·
ψαύει δ' οὐκ ἄκροις τοῖς χείλεσιν, ἀλλ' ἐρίσασα
   τὸ στόμα τὴν ψυχὴν ἐξ ὀνύχων ἀνάγει.

Pl VII 144 f.74ʳ. - 1 φίλαμα P // ἦν vel ἢν P¹ 2 ἡδύ γε P ἤδει Pl 2 ψαύῃ Pl //
ἄκρου Jac. ἄχρι 3 ἐρίσασα [correpta sec. syllaba] P ἐρύσ- ex ἐρείσ- Pl ἐπιφῦσα
Bury.

Gebet an Kypris

Kypris, rettest du Schiffer im Meer, o rette auch mich hier,
den im Schiffbruch zu Land, Teure, der Tod schon ereilt.

Anonym

Lustreise ins Alter

Prodike, nun wir gebadet, nun laß uns mit Blumen uns kränzen,
laß uns den lauteren Wein schlürfen aus hohem Pokal.
Kurz sind die Jahre der Lust. Den Rest des Lebens verkümmert
uns das Alter, und dann ruft uns am Ende der Tod.

Rufinos

Mai im Herbst

Sechzig Sommer bereits hat Charite eben vollendet,
noch aber flutet ihr schwarz über den Nacken das Haar.
Marmorn stehen ihr noch am Busen die Kegel der Brüste,
und keiner Binde bedarf's, die ihr die Hügel umschließt.
Glatt noch strafft sich die Haut, ambrosisch umschweben sie Düfte,
und myriadenfach spielt Grazie und Lockung um sie.
Kommt, ihr Verliebten, die ihr nicht flieht vor dem Knospen der Liebe,
kommt zu ihr her und vergeßt, wieviel Jahrzehnte sie sah.

Philodemos

Kuß in die Tiefe

Süß ist der Kuß der Europa, auch wenn sie den Mund mir nur anrührt,
ja, und wenn sie auch nur leis auf den Lippen mir spielt.
Aber sie spielt mir nicht nur leis über die Lippen, sie preßt sich
fest auf den Mund mir und zieht tief mir die Seele herauf.

Rufinos

15 (14). ΤΟΥ ΑΥΤΟΥ

Ποῦ νῦν Πραξιτέλης; ποῦ δ' αἱ χέρες αἱ Πολυκλείτου,
    αὐταῖς πρόσθε τέχναις πνεῦμα χαριζόμεναι;
τίς πλοκάμους Μελίτης εὐώδεας ἢ πυρόεντα
    ὄμματα καὶ δειρῆς φέγγος ἀποπλάσεται;
ποῦ πλάσται, ποῦ δ' εἰσὶ λιθοξόοι; ἔπρεπε τῇδε   5
    μορφῇ νηὸν ἔχειν ὡς μακάρων ξοάνῳ.

Pl VII 145 f. 74ʳ. – 2 αὐταῖς P αἱ ταῖς Pl 5 τῇδε Pl τῆ P¹ τοίη c 6 ξοάνῳ
Salm. -ων P ξόανον Pl.

16 (15). ΜΑΡΚΟΥ ΑΡΓΕΝΤΑΡΙΟΥ

Μήνη χρυσόκερως, δέρκη τάδε, καὶ πυριλαμπεῖς
    ἀστέρες, οὓς κόλποις Ὠκεανὸς δέχεται,
ὥς με μόνον προλιποῦσα μυρόπνοος ᾤχετ' Ἀρίστη,
    ἑκταίην δ' εὑρεῖν τὴν μάγον οὐ δύναμαι.
ἀλλ' ἔμπης αὐτὴν ζητήσομεν· ἦ ῥ' ἐπιπέμψω   5
    Κύπριδος ἰχνευτὰς ἀργυρέους σκύλακας.

Pl VII 157 f. 74ᵛ. – 1 δέρκει P // περιλάμπει P 2 ἀστέρας P 3 με Pl γε P // μυρί-
πνοος Pl 5 ἦ ῥ' Jac. ἦν c Pl ἦν P¹ 6 σκύλακας Pl κάλυκας P.

17 (16). ΓΑΙΤΟΥΛΙΚΟΥ

Ἀγχιάλου ῥηγμῖνος ἐπίσκοπε, σοὶ τάδε πέμπω
    ψαιστία καὶ λιτῆς δῶρα θυηπολίης·
αὔριον Ἰονίου γὰρ ἐπὶ πλατὺ κῦμα περήσω,
    σπεύδων ἡμετέρης κόλπον ἐς Εἰδοθέης.
οὔριος ἀλλ' ἐπίλαμψον ἐμῷ καὶ ἔρωτι καὶ ἱστῷ,   5
    δεσπότι καὶ θαλάμων, Κύπρι, καὶ ἠιόνων.

1-2 σοὶ . . . Suid. s. ψαιστά 2 λιτῆς c Suid. λιτις P¹ 3 Ἰωνίου P¹ 4 ἡμετέρης
Heinsius ὑμ- c ὑμετέροις P¹ 5 ἐτίλαμψον P¹.

Schönheitsmodell

Wo ist Praxiteles nun, wo ist sie, die Hand Polykleitos',
    die den Werken dereinst Leben und Atem geschenkt?
Ach, wer bildet mir jetzt der Melite funkelnde Augen
    und ihr duftiges Haar und ihren schimmernden Hals?
Bildner, wo sind sie? Wo sind sie, die Plastiker? Solch eine Schönheit
    müßte im Tempel doch stehn wie von den Göttern ein Bild!

Rufinos

Spürhunde der Liebe

Mond mit dem goldenen Horn und ihr, die Okeanos treulich
    an seinem Busen empfängt, funkelnde Sterne, ihr seht,
wie mich das duftende Kind Ariste so schnöde verlassen.
    Ach, sechs Tage bereits sah ich das Hexchen nicht mehr.
Dennoch! Ich suche sie weiter. O wartet, ich hole der Kypris
    silberne Hunde, und sie hetze ich hinter ihr her.

Marcus Argentarius

Reisegebet

Hort vor Klippen im Meer, dir leg ich den wenigen Kuchen
    und dies schlichte Geschenk meiner Verehrung hierher.
Morgen will ich die Wogen des Jonischen Meeres durchfahren,
    meine Eidothea ruft zu ihrem Busen mich hin.
Fächle mir freundlichen Schimmer aufs Schiff wie über die Liebe,
    Herrin des Ehegemachs, Kypris, und Herrin der See.

Gaetulicus I.

18 (17). ΡΟΥΦΙΝΟΥ

Μᾶλλον τῶν σοβαρῶν τὰς δουλίδας ἐκλεγόμεσθα,
οἱ μὴ τοῖς σπαταλοῖς κλέμμασι τερπόμενοι.
ταῖς μὲν χρὼς ἀπόδωδε μύρου σοβαρόν τε φρύαγμα
καὶ μέχρι κινδύνου πεσσομένη σύνοδος·
ταῖς δὲ χάρις καὶ χρὼς ἴδιος καὶ λέκτρον ἑτοῖμον,   5
δώροι' ἐκ σπατάλης οὐκ ἀλεγιζόμενον.
μιμοῦμαι Πύρρον τὸν 'Αχιλλέος, ὃς προέκρινεν
'Ερμιόνης ἀλόχου τὴν λάτριν 'Ανδρομάχην.

* App. B-V 48; Laur. 31, 28; Ambros. A 161 suppl.; Vatic. 1372. - 1 τὰς: τίς App. M//
ἐκλεγόμεσθα ο -ώμεθα P¹ -όμεθα cet. 2 σπαταλοῖς [-άλοις ο] ο Laur. Ambr. Vat.
-άλων App. ἀπαταλοῖς P¹ 3 ταῖς: τοῖς App. M τῆς App. V 4 ἐσπομένη P App. M
[ἐ-] ἐσσο- cet. 5 τῆσδε App. M 6 om. App. // σπατάλης Laur. -οις cet. 7 'Αχιλλέως
App. 8 αλόχον App. M.

19 (18). ΤΟΥ ΑΥΤΟΥ

Οὐκέτι παιδομανὴς ὡς πρίν ποτε, νῦν δὲ καλοῦμαι
θηλυμανής, καὶ νῦν δίσκος ἐμοὶ κρόταλον,
ἀντὶ δέ μοι παίδων ἀδόλου χροὸς ἤρεσε γύψου
χρώματα καὶ φύκους ἄνθος ἐπεισόδιον·
βοσκήσει δελφῖνας ὁ δενδροκόμης 'Ερύμανθος   5
καὶ πολιὸν πόντου κῦμα θοὰς ἐλάφους.

Pl VII 138 f. 74ʳ. - 1-2 νῦν ... Suid. ε. κρόταλος, 2 καὶ ... ε. δισκεύων,
3-4 ἤρεσε ... ε. ἐπεισόδιον 1 νῦν δὲ: καὶ νῦν Suid. 4 χρώματα P Suid. χρίσμ- Pl.

20 (19). ΟΝΕΣΤΟΥ

Οὔτε με παρθενικῆς τέρπει γάμος οὔτε γεραιῆς·
τὴν μὲν ἐποικτείρω, τὴν δὲ καταιδέομαι.
εἴη μήτ' ὄμφαξ μήτ' ἀσταφίς, ἡ δὲ πέπειρος
ἐς Κύπριδος θαλάμους ὥρια καλλοσύνη.

Pl VII 167 f. 75ʳ. - 1 γηραιῆς P 3 ἀσταφίς ο Pl ω τα- P¹.

Herrin oder Magd

Mehr als die große Dame gefällt mir die kleine Bediente,
  denn eine heimliche Lust ist nicht nach meinem Geschmack.
Jene duftet nach Myrrhen, voll Hochmut ist ihr Gebahren,
  und wer sie liebhält, genießt nur unter vieler Gefahr.
Doch die andre besitzt natürliche Reize, sie bietet
  willig ihr Bettchen und wünscht kein übertriebnes Geschenk.
Mein Ideal ist Pyrrhos, der Sohn des Achill, der für seine
  Gattin Hermione sich Sklavin Andromache nahm.

Rufinos

Wandlung

Tot ist der Knabenverehrer, der sonst ich gewesen, heut bin ich
  Frauenverehrer: es ward Klapper der Diskos von einst.
Statt der Knaben natürlicher Haut ist die Farbe des Puders
  und der geliehene Glanz schimmernder Schminke mir lieb.
O, nun grasen Delphine im Wald erymanthischer Höhen,
  und im schäumenden Meer weidet der flüchtige Hirsch.

Rufinos

Rechte Mitte

Frei' ich ein Weib mir zur Ehe, dann will ich nicht Mädel noch Alte:
  Mitleid ruft jenes mir wach, diese erregt mir nur Scheu.
Nicht einen Herbling begehr ich noch eine Rosine; die reife
  Frau nur in blühender Pracht paßt für der Kypria Bett.

Honestos

21 (20). ΡΟΥΦΙΝΟΥ

Οὐκ ἔλεγον, Προδίκη· „Γηράσκομεν"; οὐ προεφώνουν·
„Ἥξουσιν ταχέως αἱ διαλυσίφιλοι";
νῦν ῥυτίδες καὶ θρὶξ πολιὴ καὶ σῶμα ῥακῶδες,
καὶ στόμα τὰς προτέρας οὐκέτ' ἔχον χάριτας.
μήτις σοι, μετέωρε, προσέρχεται ἢ κολακεύων   5
λίσσεται; ὡς δὲ τάφον νῦν σε παρερχόμεθα.

Pl VII 146 f. 74 ᵛ. – 1 Προδίκη c Pl -δόκη P¹ 5 κολακευτῶν P.

22 (21). ΤΟΥ ΑΥΤΟΥ

Σοί με λάτριν γλυκύδωρος Ἔρως παρέδωκε, Βοῶπι,
ταῦρον ὑποζεύξας εἰς πόθον αὐτόμολον,
αὐτοθελῆ, πάνδουλον, ἑκούσιον, αὐτοκέλευστον,
αἰτήσοντα πικρὴν μήποτ' ἐλευθερίην,
ἄχρι φίλης πολιῆς καὶ γήραος· ὄμμα βάλοι δὲ   5
μήποτ' ἐφ' ἡμετέραις ἐλπίσι βασκανίη.

Pl VII 147 f. 74 ᵛ. – 2 ταῦρον Brunck γαῦρον 5–6 ὄμμα ... Suid. s. Παλαμήδης.

23 (22). ΚΑΛΛΙΜΑΧΟΥ

Οὕτως ὑπνώσαις, Κωνώπιον, ὡς ἐμὲ ποιεῖς
κοιμᾶσθαι ψυχροῖς τοῖσδε παρὰ προθύροις·
οὕτως ὑπνώσαις, ἀδικωτάτη, ὡς τὸν ἐραστὴν
κοιμίζεις, ἐλέου δ' οὐδ' ὄναρ ἠντίασας.
γείτονες οἰκτείρουσι, σὺ δ' οὐδ' ὄναρ· ἡ πολιὴ δὲ   5
αὐτίκ' ἀναμνήσει ταῦτά σε πάντα κόμη.

Pl VII 140 f. 74ʳ. – Rufino trib. Pl 2 ψυχρῶς O. Schneider.

24 (23). ⟨ΜΕΛΕΑΓΡΟΥ⟩

Ψυχή μοι προλέγει φεύγειν πόθον Ἡλιοδώρας,
δάκρυα καὶ ζήλους τοὺς πρὶν ἐπισταμένη.
φησὶ μέν, ἀλλὰ φυγεῖν οὔ μοι σθένος· ἡ γὰρ ἀναιδὴς
αὐτὴ καὶ προλέγει καὶ προλέγουσα φιλεῖ.

Pl VII 91 f. 72 ᵛ. – Philodemo trib. P Pl, Meleagro Jac. 4 αὔτη Pl.

Scheuche geworden

Prodike, sagte ich's nicht: „Wir altern"? Hab ich nicht längst schon
dir prophezeit: „Bald kommt's, was dir die Liebe verwehrt"?
Nun –? Jetzt hast du die Runzeln, grau schimmern die Haare, dein
ist verfallen, und kein Reiz mehr umspielt deinen Mund. [Körper
Redet noch jemand dich an, du Stolze? Schmeichelt dir jemand?
Bittet noch einer . . .? Man flieht wie vor dem Grabe vor dir.

Rufinos

In freier Fron

Eros, der Süßes entbeut, gab dir mich als Sklaven, Boopis,
    spannte in Kyprias Joch als einen Stier mich, der gern,
selbergeheißen, selbstwollend und frei zum Fronen gekommen
    und bis ins Alter hinein nie mehr die Freiheit begehrt,
die ihn nur bitter bedünkt. O werfe kein boshafter Zauber
    seinen giftigen Blick auf meine Hoffnungen hin!

Rufinos

So sei verwünscht

Mögst du selber so ruhn, Konopion, wie du mich bettest
    in der Kälte der Nacht hier vor der Türe am Haus!
Mögst du selber so ruhn, wie, Harte, du mich, den Verliebten,
    herzlos hier bettest! Dir ist Mitleid im Traume noch fremd.
Nachbarn haben Erbarmen, doch du nicht im Traume . . . O warte,
    bald gemahnt dich an dies alles dein bleichendes Haar.

Kallimachos

Dummes Herz

Mahnt auch das Herz mich, die Liebe zu Heliodora zu fliehen,
    da es die Tränen von einst und meine Eifersucht kennt,
ach, es warnt wohl – doch ich? Wer gibt mir die Kraft denn zu fliehen?
    Frechheit, daß es mich warnt. Liebt denn der Warner nicht selbst?

Meleagros

25 (24). ΦΙΛΟΔΗΜΟΥ

Ὁσσάκι Κυδίλλης ὑποκόλπιος, εἴτε κατ' ἦμαρ
εἴτ' ἀποτολμήσας ἤλυθον ἑσπέριος,
οἶδ', ὅτι πὰρ κρημνὸν τέμνω πόρον, οἶδ', ὅτι ῥιπτῶ
πάντα κύβον κεφαλῆς αἰὲν ὕπερθεν ἐμῆς.
ἀλλὰ τί μοι πλέον ἔστ'; ἦ γὰρ θρασὺς ἠδ', ὅταν ἕλκῃ,   5
πάντοτ' Ἔρως ἀρχὴν οὐδ' ὄναρ οἶδε φόβου.

Pl VII 92 f. 72 ᵛ. – 3-4 οἶδ'² ... Suid. s. κύβος 5 πλέον ἔστ'; ἦ γὰρ θρ. Lumb πλέον. ἔστι γὰρ θρ. P πλέον; ἔστι γὰρ οὖν θρ. Pl.

26 (25). ΑΔΕΣΠΟΤΟΝ

Εἴτε σε κυανέῃσιν ἀποστίλβουσαν ἐθείραις,
εἴτε πάλιν ξανθαῖς εἶδον, ἄνασσα, κόμαις,
ἴση ἀπ' ἀμφοτέρων λάμπει χάρις. ἦ ῥά γε ταύταις
θριξὶ συνοικήσει καὶ πολιῇσιν Ἔρως.

Pl VII 175 f. 75ʳ. – 3 ἀπ' Pl ἐπ' P.

27 (26). ΡΟΥΦΙΝΟΥ

Ποῦ σοι κεῖνα, Μέλισσα, τὰ χρύσεα καὶ περίοπτα
τῆς πολυθρυλήτου κάλλεα φαντασίης ;
ποῦ δ' ὀφρύες καὶ γαῦρα φρονήματα καὶ μέγας αὐχὴν
καὶ σοβαρῶν ταρσῶν χρυσοφόρος σπατάλη ;
νῦν πενιχρὴ ψαφαρή τε κόμη, παρὰ ποσσὶ τραχεῖα·   5
ταῦτα τὰ τῶν σπαταλῶν τέρματα παλλακίδων.

Pl VII 176 f. 75 ᵛ. – Anonymum ap. Pl 2 πολυθρυλλήτου P Pl em. Dübn. 5 παρὰ ποσσὶ τρ. P τ' ἐπὶ πᾶσι βραχεῖα Pl.

28 (27). ΤΟΥ ΑΥΤΟΥ

Νῦν μοι ,,Χαῖρε'' λέγεις, ὅτε σου τὸ πρόσωπον ἀπῆλθεν
κεῖνο τὸ τῆς λύγδου, βάσκανε, λειότερον·
νῦν μοι προσπαίζεις, ὅτε τὰς τρίχας ἠφάνικάς σου
τὰς ἐπὶ τοῖς σοβαροῖς αὐχέσι πλαζομένας.
μηκέτι μοι, μετέωρε, προσέρχεο μηδὲ συνάντα·
ἀντὶ ῥόδου γὰρ ἐγὼ τὴν βάτον οὐ δέχομαι.   5

Pl VII 177 f. 75 ᵛ. – Anonymum apud Pl.

Ich setz das Leben ein

Immer, sooft es bei Tag, sooft es zu nächtlicher Stunde
   in den zärtlichen Arm meiner Kydille mich lockt,
weiß ich, es führt mich der Weg am Rande des Abgrunds vorüber,
   weiß ich, ein Würfelspiel ist's, und um den Kopf geht das Spiel.
Mag's denn! Was liegt schon daran . . .? Ein Waghals ist Eros, und
                                  treibt's ihn,
weiß er bei Tage und Nacht auch nicht im Traum was von Furcht.

Philodemos

Blond und schwarz

Ob dir, Herrin, das Haar in tiefem Dunkel erschimmert,
   ob ich blondes Gelock licht auf dem Haupte dir seh',
immer ist Scharm und Schimmer darum. Und bleicht dir das Alter
   einmal die Locken, es wohnt Eros auch dann noch darin.

Anonym

Dirnenende

Sag, Melissa, wo ist die goldne, bewunderte Schönheit
   deiner Erscheinung nun hin, die man so vielfach gerühmt?
Sag, wo ist deine Hoffart, dein eitles Getue, dein Hochmut
   und der goldene Schmuck, der dir am Fuße geprunkt?
Arm ist und glanzlos dein Haar, dick sind deine Knöchel geworden:
   Ja, so findet der Stolz üppiger Dirnen ein End.

Rufinos

Rose und Dorn

Ja, nun grüßest du mich, du Falscher, nachdem dir das glatte,
   einer Marmorfigur ziemende Lärvchen verging.
Schäkern möchtest du jetzt, nachdem du die Locken verloren,
   die dir so hochmütig einst über den Nacken gerollt.
Komm nur nicht näher heran, du Stolzer, und bleib mir vom Leibe:
   Glaubst du, ich nehme vielleicht für eine Rose den Dorn?

Rufinos

274 Anthologia Graeca V

29 (28). ΚΙΛΛΑΚΤΟΡΟΣ

Ἀδὺ τὸ βινεῖν ἐστι. τίς οὐ λέγει; ἀλλ' ὅταν αἰτῇ
χαλκόν, πικρότερον γίνεται ἐλλεβόρου.

Suid. s. βινεῖν. - 2 ἐλλεβ. Suid.

30 (29). ΑΝΤΙΠΑΤΡΟΥ ΘΕΣΣΑΛΟΝΙΚΕΩΣ

Πάντα καλῶς, τό γε μήν, χρυσῆν ὅτι τὴν Ἀφροδίτην,
ἔξοχα καὶ πάντων εἶπεν ὁ Μαιονίδης.
ἢν μὲν γὰρ τὸ χάραγμα φέρῃς, φίλος· οὔτε θυρωρὸς
ἐν ποσὶν οὔτε κύων· ἐν προθύροις δέδεται.
ἢν δ' ἑτέρως ἔλθῃς, καὶ ὁ Κέρβερος. ὦ πλεονέκται   5
οἱ πλούτου, πενίην ὡς ἀδικεῖτε μόνοι.

Pl VII 161 f. 75ʳ. - 1 χρυσὴν P // ὅτι Brunck ἔτι c Pl ἔτι P¹ 2 Μαιωνίδας P Μαι-
νονίδης Pl [errat Stadtm.] 3 ἢν Pl ἢν P // φέρεις P 6 πλοῦτοι P¹.

31 (30). ΤΟΥ ΑΥΤΟΥ

Χρύσεος ἦν γενεὴ καὶ χάλκεος ἀργυρέη τε
πρόσθεν· παντοίη δ' ἡ Κυθέρεια τὰ νῦν·
καὶ χρυσοῦν τίει καὶ χάλκεον ἄνδρ' ἐφίλησεν
καὶ τοὺς ἀργυρέους οὔ ποτ' ἀποστρέφεται.
Νέστωρ ἡ Παφίη. δοκέω δ', ὅτι καὶ Δανάη Ζεὺς   5
οὐ χρυσός, χρυσοῦς δ' ἦλθε φέρων ἑκατόν.

App. B-V 10. - Cillactori trib. App. 2 Κεθέρεια App. M 3 bis καὶ P ἡ App. M ἡ
App. V 4 καὶ: ἡ App. V 5 τῇ Παφίῃ App. // Ζης App. M 6 χρυσοῦς c App. χρυσοῦ P¹.

32 (31). ΜΑΡΚΟΥ ΑΡΓΕΝΤΑΡΙΟΥ

Ποιεῖς πάντα, Μέλισσα, φιλανθέος ἔργα μελίσσης·
οἶδα καὶ ἐς κραδίην τοῦτο, γύναι, τίθεμαι·
καὶ μέλι μὲν στάζεις ὑπὸ χείλεσιν ἡδὺ φιλεῦσα,
ἢν δ' αἰτῇς, κέντρῳ τύμμα φέρεις ἄδικον.

4 ἢν P.

Liebe und Geld

Süß ist's, Liebe genießen. Das leugnet niemand. Doch wenn man
Geld für die Liebe verlangt, wird sie wie Nieswurz so herb.

Killaktor

Die ,,goldene'' Aphrodite

Alles ist trefflich gesagt beim Maioniden, doch daß er
Kypris die goldene nennt, ist wohl das Trefflichste doch.
Kommst du mit Geld, dann bist du ein Freund, und kein Hund und
steht dir im Wege; es liegt alles an Ketten im Flur.   [kein Pförtner
Hast du das nicht, dann wirst du sogar auf den Kerberos stoßen . . .
Habsucht, Habsucht, wie weh tust du der Armut – nur du!

Antipatros von Thessalonike

Die drei Zeitalter

Golden war einstens die Zeit, die nächste aus Silber, die dritte
wurde aus Erz; jetzt sind alle in Kypris vereint:
Golden liebt sie den Mann, sie schätzt auch die ehernen Männer,
aber sie weist auch gewiß silberne Männer nicht ab.
Paphia wurde ein Nestor. Mich dünkt, auch zu Danaë schwang sich
Zeus nicht im Golde, er bracht hundert Dukaten nur mit.

Antipatros von Thessalonike

Die Biene

Alles tust du genau wie die Freundin der Blumen, die Biene,
Binchen; ich weiß es und schrieb's, Mädchen, ins Herz mir hinein:
Küßt du mich süß, dann tropft vom Munde dir Honig, und wenn du
Geld von mir forderst, dann fährt schmerzhaft der Stachel in mich.

Marcus Argentarius

33 (32). ΠΑΡΜΕΝΙΩΝΟΣ

Ἐς Δανάην ἔρρευσας, Ὀλύμπιε, χρυσός, ἵν' ἡ παῖς
ὡς δώρῳ πεισθῇ, μὴ τρέσῃ ὡς Κρονίδην.

Pl VII 163 f. 75ʳ. - 1 εἰς Pl [fort. recte] 2 τρέσῃ c Pl τρέη P¹.

34 (33). ΤΟΥ ΑΥΤΟΥ

Ὁ Ζεὺς τὴν Δανάην χρυσοῦ, κἀγὼ δὲ σὲ χρυσοῦ·
πλείονα γὰρ δοῦναι τοῦ Διὸς οὐ δύναμαι.

Pl VII 164 f. 75ʳ.

35 (34). ΡΟΥΦΙΝΟΥ

Πυγὰς αὐτὸς ἔκρινα τριῶν· εἵλοντο γὰρ αὐταὶ
δείξασαι γυμνὴν ἀστεροπὴν μελέων.
καί ῥ' ἡ μὲν τροχαλοῖς σφραγιζομένη γελασίνοις
λευκῇ ἀπὸ γλουτῶν ἤνθεεν εὐαφίῃ·
τῆς δὲ διαιρομένης φοινίσσετο χιονέη σὰρξ   5
πορφυρέοιο ῥόδου μᾶλλον ἐρυθροτέρη·
ἡ δὲ γαληνιόωσα χαράσσετο κύματι κωφῷ,
αὐτομάτη τρυφερῷ χρωτὶ σαλευομένη.
εἰ ταύτας ὁ κριτὴς ὁ θεῶν ἐθεήσατο πυγάς,
οὐκέτ' ἂν οὐδ' ἐσιδεῖν ἤθελε τὰς προτέρας.   10

* Pl VII 141 f. 74ʳ [om. v. 1-8]; App. B-V 13. - 1 αὗται c App. 3-4 Suid. s. γελασίνοις // τροχαλοῖσι App. // σφραγιζο- P Pl φθεγγο- App. Μ σφιγγο- App. V 4 λευκῇ
App. -ῇ P Suid. // εὐαφίῃ App. V -η App. Μ -ην P Suid. 7 χαράσσατο App. 9 ταύταις App. Μ // ἐθεάσατο Pl // πυγάς: κούρας Pl.

36 (35). ΤΟΥ ΑΥΤΟΥ

Ἦρισαν ἀλλήλαις Ῥοδόπη, Μελίτη, Ῥοδόκλεια,
τῶν τρισσῶν τίς ἔχει κρείσσονα μηριόνην,
καί με κριτὴν εἵλοντο· καὶ ὡς θεαὶ αἱ περίβλεπτοι
ἔστησαν γυμναί, νέκταρι λειβόμεναι.

Danaë

Zeus, du strömtest als Gold auf Danaë nieder; gewinnen
sollte sie dir dein Geschenk, nicht ihre Furcht vor dem Gott.

Parmenion

Ein gleiches

Zeus gab Danaë Gold; so schenke auch ich dir ein Goldstück;
denn ich kann doch gewiß mehr dir nicht geben als Zeus.

Parmenion

Schönheitsurteil

's zeigten drei Mädel mir jüngst ihre blitzende Nacktheit. Wem seien,
fragten als Richter sie mich, schöner die Bäckchen geformt.
Weiß wie schimmernde Blüten und weich und schwellend erhob es
sich bei der einen, und rund lachten die Grübchen darin.
Schneeweiß die Formen der zweiten; doch als sie sich regte, da färbte
purpurn ihr Fleisch sich, so rot, wie auch die Rose nicht blüht.
Ruhig die dritte wie's Meer; von selbst nur flog eine leichte,
schauernde Woge ihr leis über die wonnige Haut.
Hätte der Göttinnen Richter sich je diese Mädel betrachtet,
nie mehr hätte er dann jene zu sehen begehrt.

Rufinos

Ein gleiches

Jüngst stritt Rhodope sich mit Melite und Rhodokleia,
wem wohl das schönste Juwel unter den dreien gehört.
Ich ward als Richter bestellt. Nackt standen sie da wie die hohen,
göttlichen Frauen, ein Duft ging wie von Nektar um sie.

καὶ ‘Ροδόπης μὲν ἔλαμπε μέσος μηρῶν πολύτιμος　　　5
οἷα ῥοδῶν πολλῷ σχιζόμενος ζεφύρῳ . . .
τῆς δὲ ‘Ροδοκλείης ὑάλῳ ἴσος ὑγρομέτωπος
οἷα καὶ ἐν νηῷ πρωτογλυφὲς ξόανον.　　　8
ἀλλὰ σαφῶς, ἃ πέπονθε Πάρις διὰ τὴν κρίσιν, εἰδώς　　　11
τὰς τρεῖς ἀθανάτας εὐθὺ συνεστεφάνουν.

* Pl VII 142 f.74ʳ [om. v. 5-10]. – 2 ἔχει κάλλος ἀρειότερον Pl 4 γυμναί P ῥο-
εάνῳ vel ῥοδίνῳ [ex μούνῳ] Pl // λειβό- Jac. λειπό- 6 πολλῷ Hecker πολιῷ
9-10 falso ex ep. 60,5-6 huc inserti 12 ἀθανάτους Pl // εὐθὺ ex -ὑς P Pl.

37 (36). ΤΟΥ ΑΥΤΟΥ

Μήτ’ ἰσχνὴν λίην περιλάμβανε μήτε παχεῖαν,
τούτων δ’ ἀμφοτέρων τὴν μεσότητα θέλε.
τῇ μὲν γὰρ λείπει σαρκῶν χύσις, ἡ δὲ περισσὴν
κέκτηται· λεῖπον μὴ θέλε μηδὲ πλέον.

1: ὁμοίως [fortasse antecesserat ep. 42]. – App. B-V 19. – 1 παχείην App. 3 σαρκὸς
App. M 4 κέκταται App. M.

38 (37). ΝΙΚΑΡΧΟΥ

Εὐμεγέθης πείθει με καλὴ γυνή, ἄν τε καὶ ἀκμῆς
ἅπτητ’, ἄν τε καὶ ᾖ, Σιμύλε, πρεσβυτέρη.
ἡ μὲν γάρ με νέα περιλήψεται· ἢν δὲ παλαιή,
γραῖά με καὶ ῥυσή, Σιμύλε, λειχάσεται.

2 ἅπτητ’ ἄν ο ἅπτηται Pˡ 3 ἡ Guyet η c in marg. ἢν Pˡ // ἦν Gruter ἦν 4 λειχάσεται Toup δικάσ-.

39 (38). ΤΟΥ ΑΥΤΟΥ

Οὐκ ἀποθνῄσκειν δεῖ με; τί μοι μέλει, ἤν τε ποδαγρὸς
ἤν τε δρομεὺς γεγονὼς εἰς Ἀίδην ὑπάγω;
πολλοὶ γάρ μ’ ἀροῦσιν· ἔα χωλόν με γενέσθαι.
τῶνδ’ ἕνεκεν, Χάρι, σοὺς οὔποτ’ ἐῶ θιάσους.

1: πρὸς ἔρωτα καὶ τοὺς θιάσους.– Pl VII 168 f. 75ʳ. – 3 ἀροῦσιν Meineke αἱρ- P
ἐρέουσιν Pl 4 Χάρι, σοὺς Unger γὰρ ἴσως.

Leuchtend im Mittelpunkt strahlte der Rhodope köstliches Kleinod
wie von Rosen ein Busch, der sich im Windstoß zerteilt...
(Lücke im griechischen Text)
Einem Kristalle war gleich Rhodokleias Geschmeide, so glänzend
wie eine Götterfigur, frisch für den Tempel geschnitzt.
Doch da ward mir bewußt, was Paris sein Urteil gekostet;
rasch drum sprach ich: „Den Kranz, himmlische Frauen, – euch
drei'n!"

Rufinos

Die Taillenweite

Nimm dir kein Mädel zu dünn und keines zu dick in die Arme,
nur in der Mitte der zwei winkt deinen Wünschen das Glück.
Fehlt es der einen an Fülle, die andre quillt über von Masse:
Such nicht zu wenig an Fleisch, aber – such nie auch zu viel.

Rufinos

Liebe nach Maß

Groß muß die Frau sein und hübsch, soll sie wirklich mich, Simylos,
ob sie in Blüte noch steht oder bei Jahren schon ist.   [reizen,
Ist sie noch jung, dann umarmt sie mich süß; und ist's eine Alte,
nun, auch die Runzlige kann, Simylos, eins noch: sie leckt.

Nikarchos

Zusage zum Umtrunk

Muß ich nicht doch einmal sterben? Was kümmert's mich, ob ich
oder als Sieger im Lauf nieder zum Acheron fahr?   [podagrisch
Viele tragen mich dann. Drum laß mich nur hinken, mein Lieber.
Glaubst du, ich fehle deshalb, Charis, bei deinem Bankett?

Nikarchos

40 (39). ΤΟΥ ΑΥΤΟΥ

Τῆς μητρὸς μὴ ἄκουε, Φιλουμένη· ἢν γὰρ ἀπέλθω
καὶ θῶ ἅπαξ ἔξω τὸν πόδα τῆς πόλεως,
τῶν καταπαιζόντων μὴ σχῇς λόγον, ἀλλ' ἐς ἐκείνους
ἐμπαίξασ' ἄρξαι πλεῖον ἐμοῦ τι ποεῖν.
πάντα λίθον κίνει· σαυτὴν τρέφε καὶ γράφε πρός με,   5
εἰς ποίην ἀκτὴν εὐφρόσυνον γέγονας.
εὐτακτεῖν πειρῶ· τὸ δ' ἐνοίκιον, ἤν τι περισσὸν
γίνηται, καὶ ἐμοὶ φρόντισον ἡμάτιον.
ἢν ἐν γαστρὶ λάβῃς, τέκε, ναὶ τέκε· μὴ θορυβηθῇς·
εὑρήσει, πόθεν ἔστ', ἐλθὸν ἐς ἡλικίην.   10

Pl VII 169 f.75ʳ [om. v. 1–4]. – 1 ἢν P 3 ἐς add. Reiske 7 δ' add. Jac. // ἢν Jac.
ἄν 8 ἡμάτιον Lumb ἱμ- Pl ἱμ- P 9 τέκε¹ P λάβε Pl // ναὶ Salm. καὶ.

41 (40). ΡΟΥΦΙΝΟΥ

Τίς γυμνὴν οὕτω σε καὶ ἐξέβαλεν καὶ ἔδειρεν;
τίς ψυχὴν λιθίνην εἶχε καὶ οὐκ ἔβλεπεν;
μοιχὸν ἴσως ηὕρηκεν ἀκαίρως κεῖνος ἐσελθών·
γινόμενον· πᾶσαι τοῦτο ποοῦσι, τέκνον.
πλὴν ἀπὸ νῦν, ὅταν ἐστὶν ἔσω, κεῖνος δ' ὅταν ἔξω,   5
τὸ πρόθυρον σφήνου, μὴ πάλι ταὐτὸ πάθῃς.

Pl VII 148 f.74ᵛ; App.ⱽ (v. 1–2). – 2 ἔβλεπε P App. 3 εὕρηκεν Pl 4 γιγνόμενον
et ποιοῦσι Pl 5 ἐστὶν P Pl [non mutandum].

42 (41). ΤΟΥ ΑΥΤΟΥ

Μισῶ τὴν ἀφελῆ, μισῶ τὴν σώφρονα λίαν·
ἡ μὲν γὰρ βραδέως, ἡ δὲ θέλει ταχέως.

l: εἰς πόρνας [falsum]. – Pl VII 200 f.76ʳ. – Tit. om. Pl 1 Suid. s. ἀφελές et μισῶ;
schol. Ald. ad Aristoph. Equ. 527 // λίην schol.

43 (42). ΤΟΥ ΑΥΤΟΥ

Ἐκβάλλει γυμνήν τις, ἐπὴν εὕρῃ ποτὲ μοιχόν,
ὡς μὴ μοιχεύσας, ὡς ἀπὸ Πυθαγόρου;

Abschied

Laß deine Mutter nur reden, Philumene! Wenn ich jetzt weggeh
    und den Fuß nun einmal hier aus dem Städtchen gesetzt
und sie dann lachen – was tut's? Am besten, lach über die Leute!
    Dann aber – schaff auch mal was, mehr, als ich selber geschafft.
Nur keine Arbeit gescheut! Sieh, daß du dich durchbringst! Und schreib
    wo dich das Schicksal am End glücklich ans Ufer gebracht.   [mal,
Halt deine Groschen zu Rat, und bleibt dir vielleicht mal was übrig,
    denk auch an mich, ich brauch täglich zur Miete was Geld..
Ja, und – spürst du ein Kind, trag's aus! Und nur keine Sorgen!
    Wenn das zu Jahren erst kommt, findt's schon, wohin es gehört.

Nikarchos

Cosi fan tutte

O, wer schlug dich denn so und warf dich so nackt auf die Straße?
    War er denn blind? Oder trägt er einen Stein in der Brust?
Kam er zur Unzeit vielleicht und fand deinen Liebsten im Zimmer...?
    Nun, das kommt vor; das tun sämtliche Frauen, mein Kind.
Nur – wenn's wieder so ist: er geht, und es kommt dein Geliebter,
    riegle die Türe schön zu, daß dir's nicht noch mal passiert.

Rufinos

Temperament

Allzu hemmungslos nicht, noch zu zimperlich will ich das Mädel:
    ziert sich die eine zu lang, sträubt sich die andre zu kurz.

Rufinos

Darf ich dich trösten?

Warf er dich nackt vor die Tür, da er drin deinen Liebsten gefunden,
    er, ein Pythagorasfreund, der keinen Seitensprung macht?

εἶτα, τέκνον, κλαίουσα καταδρύψεις τὸ πρόσωπον
καὶ παραριγώσεις μαινομένου προθύροις;
ἔκμαξαι, μὴ κλαῖε, τέκνον· χεύρήσομεν ἄλλον,   5
τὸν μὴ καὶ τὸ βλέπειν εἰδότα καὶ τὸ δέρειν.

1: ὁμοίως [spectat ad ep. 41, inserto ep. 42? cf. ad ep. 37]. - Pl VII 149 f. 74ᵛ. -
3 κατατρίψεις P 5 κλῃε P¹ 6 τὸν μὴ καὶ τὸ Jac. τὸν μηκέτι P μηκέτι τὸν τὸ Pl.

44 (43). ΤΟΥ ΑΥΤΟΥ

Λέμβιον, ἡ δ' ἑτέρα Κερκούριον, αἱ δύ' ἑταῖραι
αἰὲν ἐφορμοῦσιν τῷ Σαμίων λιμένι.
ἀλλά, νέοι, πανδημὶ τὰ ληστρικὰ τῆς 'Αφροδίτης
φεύγεθ'· ὁ συμμίξας καὶ καταδὺς πίεται.

45 (44). ΚΙΛΛΑΚΤΟΡΟΣ

Παρθενικὰ κούρα τὰ ἃ κέρματα πλείονα ποιεῖ,
οὐκ ἀπὸ τᾶς τέχνας, ἀλλ' ἀπὸ τᾶς φύσιος.

1 ἃ add. Brunck.

46 (45). ΦΙΛΟΔΗΜΟΥ

Χαῖρε σύ. — „Καὶ σύ γε χαῖρε." — Τί δεῖ σε καλεῖν; — „Σὲ δέ;" — Μήπω
τοῦτο· φιλόσπουδος. — „Μηδὲ σύ." — Μή τιν' ἔχεις; —
„Αἰεὶ τὸν φιλέοντα." — Θέλεις ἅμα σήμερον ἡμῖν
δειπνεῖν; — „Εἰ σὺ θέλεις." — Εὖγε· πόσου παρέσῃ; —
„Μηδέν μοι προδίδου . . ." — Τοῦτο ξένον. — „ἀλλ' ὅσον ἄν σοι   5
κοιμηθέντι δοκῇ, τοῦτο δός." — Οὐκ ἀδικεῖς.
ποῦ γίνῃ; πέμψω . . . — „Καταμάνθανε." — Πηνίκα δ' ἥξεις; —
„"Ην σὺ θέλεις ὥρην." — Εὐθὺ θέλω. — „Πρόαγε."

2 μηδὲ Dübn. μήτε 3 αἰεὶ c ἀεὶ P¹.

O, und da weinst du, mein Kind, und willst dir die Bäckchen zer-
und erkältest dich noch hier vor des Wütenden Tor?   [kratzen
Weine nicht, trockne die Tränchen! Wir finden gewiß einen andern,
    der so genau es nicht sieht und auch nicht prügelt, mein Kind.

Rufinos

Hafenhetären

Zwei Hetären, Schalüppchen und Barke geheißen, die haben
    sich in Samos am Kai dauernd vor Anker gelegt.
Flieht in Haufen, ihr Knaben, vor diesen Korsaren der Kypris;
    wer hier anlegt, der sinkt wasserverschluckend hinab.

Rufinos

Kunst und Natur

Ist ein Mädel noch jung, dann erhält sie die beste Bezahlung;
    doch das macht nicht die Kunst, sondern das wirkt die Natur.

Killaktor

Begegnung

'n Abend! – „Schön guten Abend!" – Wie heißt du denn? –
                          „Ja, wie heißt d u denn?" –
Nur nicht so eilig damit! – „Gleichfalls!" – Du bist schon besetzt? –
„Liebhaber gibt es genug." – Sag, ißt du mit mir heut zu Abend? –
„Wenn es dir Spaß macht."–Na schön! Und wieviel kostet's bei dir?–
„Gar nichts im voraus..." – Nanu! – „...sondern wenn wir zusammen
                                                      geschlafen,
schenkst du nach Wunsch mir so viel, wie es dir wert scheint." –
                                                      Nicht schlecht!
Und wo wohnst du? Ich schicke ... – „Krieg's raus!" –
                          Wann willst du denn kommen? –
„Ganz wie du selber es wünschst!" – I c h möchte gleich. –
                                          „Denn man los!"

Philodemos

47 (46). ΡΟΥΦΙΝΟΥ

Πολλάκις ἠρασάμην σε λαβὼν ἐν νυκτί, Θάλεια,
πληρῶσαι θαλερῇ θυμὸν ἐρωμανίῃ·
νῦν δ', ὅτε μοι γυμνὴ γλυκεροῖς μελέεσσι πέπλησαι,
ἔκλυτος ὑπναλέῳ γυῖα κέκμηκα κόπῳ.
θυμὲ τάλας, τί πέπονθας; ἀνέγρεο μηδ' ἀπόκαμνε,			5
ζητήσεις ταύτην τὴν ὑπερευτυχίην.

3 μοι add. Reiske   5 τάλας P [ν supra ς], Cramer An. Par. 4, 287, 15.

48 (47). ΤΟΥ ΑΥΤΟΥ

Ὄμματα μὲν χρύσεια καὶ ὑαλόεσσα παρειὴ
καὶ στόμα πορφυρέης τερπνότερον κάλυκος,
δειρὴ λυγδινέη καὶ στήθεα μαρμαίροντα
καὶ πόδες ἀργυρέης λευκότεροι Θέτιδος·
εἰ δέ τι καὶ πλοκαμῖσι διαστίλβουσιν ἄκανθαι,			5
τῆς λευκῆς καλάμης οὐδὲν ἐπιστρέφομαι.

Pl VII 201 f.76ʳ. - Tit. om. Pl   1 χρύσεα P¹   5 ἀκάνθας P   6 ἐπιστρέφομαι ex
-ομεν P.

49 (48). ΤΟΥΔΙΚΙΟΥ ΓΑΛΛΟΥ

Ἡ τρισὶ λειτουργοῦσα πρὸς ἓν τάχος ἀνδράσι Λύδη,
τῷ μὲν ὑπὲρ νηδύν, τῷ δ' ὑπό, τῷ δ' ὄπιθεν,
εἰσδέχομαι φιλόπαιδα, γυναικομανῆ, φιλυβριστήν.
εἰ σπεύδεις ἐλθὼν σὺν δυσί, μὴ κατέχου.

1: ἐπίγραμμα ἀδικώτατον [titulo allud.]. - Tit.: τοῦ δικαίου Γ. P em. Desr.   2 δ'² add. Salm.

50 (49). ΑΔΕΣΠΟΤΟΝ

Καὶ πενίη καὶ ἔρως δύο μοι κακά· καὶ τὸ μὲν οἴσω
κούφως, πῦρ δὲ φέρειν Κύπριδος οὐ δύναμαι.

App. B-V 46. - Rufino trib. App.   1 μοι add. c.

Das Fleisch ist schwach

Tausendmal sehnte ich mich, dich nachts zu umfangen, Thaleia,
  und mir in blühender Lust endlich zu stillen den Durst.
Nun, da hüllenlos-süß deine Glieder zur Seite mir ruhen,
  ach, nun sinkt mir der Leib kraftlos und müde in Schlaf . . .
Herz, mein armes, was ist? Wach auf! Wirf ab deine Schwere!
Bald, bald suchst du umsonst all dies unendliche Glück.

Rufinos

Jugend ohne Grenzen

Leuchtend ihr Auge wie Gold, kristallklar die strahlende Wange,
  und in purpurner Pracht lacht ihr die Rose am Mund.
Blendend wie Marmor ihr Hals, alabastern blinkt ihr der Busen,
  und in blitzendem Weiß glänzt wie bei Thetis ihr Fuß.
Leise schimmert ihr wohl ein silbernes Fädchen gleich einem
  blassen Hälmchen im Haar, aber – ich sehe es nicht.

Rufinos

Dienst am Kunden

Ich, die Lyde, bediene geschwind drei Männer auf einmal;
  oben und unten und selbst hinten noch nehm ich sie auf:
Knaben- und Frauenverehrer und Freunde wüsten Verlangens.
Bist du in Eile und hast zwei Kameraden – komm 'rein!

Tudicius Gallus

Armut und Liebe

Armut und Liebe, sie bringen mir beide wohl Qualen; doch trag ich
  leicht auch die eine, die Glut Kyprias halt ich nicht aus.

Anonym

51 (50). ΑΔΕΣΠΟΤΟΝ

Ἠράσθην, ἐφίλουν, ἔτυχον, κατέπραξ', ἀγαπῶμαι.
   τίς δὲ καὶ ἧς καὶ πῶς, ἡ θεὸς οἶδε μόνη.

Pl VII 209 f.76ʳ.

52 (51). ΔΙΟΣΚΟΡΙΔΟΥ

Ὅρκον κοινὸν Ἔρωτ' ἀνεθήκαμεν· ὅρκος ὁ πιστὴν
   Ἀρσινόης θέμενος Σωσιπάτρῳ φιλίην.
ἀλλ' ἡ μὲν ψευδής, κενὰ δ' ὅρκια· τῷ δ' ἐφυλάχθη
   ἵμερος· ἡ δὲ θεῶν οὐ φανερὴ δύναμις.
θρήνους, ὦ Ὑμέναιε, παρὰ κλήϊσιν ἀκούσαις   5
   Ἀρσινόης, παστῷ μεμψάμενος προδότῃ.

2 φιλίην c -ης P¹.

53 (52). ΤΟΥ ΑΥΤΟΥ

Ἡ πιθανή μ' ἔτρωσεν Ἀριστονόη, φίλ' Ἄδωνι,
   κοψαμένη τῇ σῇ στήθεα πὰρ καλύβῃ.
εἰ δώσει ταύτην καὶ ἐμοὶ χάριν, ἢν ἀποπνεύσω,
   μὴ προφάσεις, σύμπλουν σύμ με λαβὼν ἀπάγου.

3 εἰ δώσει c εἰδὼς εἰ P¹   4 πρόφασις P em. Desr. // ἀπάγου Reiske ἄπαγον.

54 (53). ΤΟΥ ΑΥΤΟΥ

Μήποτε γαστροβαρῆ πρὸς σὸν λέχος ἀντιπρόσωπον
   παιδογόνῳ κλίνῃς Κύπριδι τερπόμενος.
μεσσόθι γὰρ μέγα κῦμα καὶ οὐκ ὀλίγος πόνος ἔσται
   τῆς μὲν ἐρεσσομένης, σοῦ δὲ σαλευομένου.
ἀλλὰ πάλιν στρέψας ῥοδοειδέι τέρπεο πυγῇ,   5
   τὴν ἄλοχον νομίσας ἀρσενόπαιδα Κύπριν.

2 κλίνῃς c -ης P¹ 3 ὀλίγος πόνος Salm. ὀλίγο ... ος [ex ολιγόνος] 5 πάλιν Salm.
πρίν.

Nur Kypris weiß es

Habe geliebt und geküßt, erreicht und ein Herz mir gewonnen.
Wer aber, wen und wie – Göttin, du weißt es allein.

Anonym

Verräterin

Eros riefen wir an in gemeinsamem Schwure; wir schworen,
   treu für Sosipatros stets schlage Arsinoës Herz.
Ach, sie hat ihn verraten, und leer war der Eidschwur; er aber
   liebt sie auch heut noch. – Und wo zeigt sich der Himmlischen
Hör, Hymenaios, denn du an Arsinoës Türe den Wehruf,   [Macht...?
   o, und schleudre den Fluch auf der Verräterin Bett.

Dioskorides

Dann sterb ich gerne

Reizend verwundete mich Aristonoë, lieber Adonis,
   als sie vor deinem Gelaß neulich den Busen sich schlug.
Will sie mir, wenn ich verscheide, den gleichen Gefallen erweisen:
   ohne Bedenken, dann nimm gleich auf dem Schiffe mich mit.

Dioskorides

Liebesrat

Ist deine Gattin gesegnet, dann freue dich niemals in Liebe,
   die nach Kindern verlangt, Auge in Aug deiner Frau.
Groß ist inmitten die Woge, und klein wird gewiß nicht die Mühe,
   hebt das Rudern erst an und das Geschlinger beginnt.
Umgekehrt mach es, werd froh an den Rosen der anderen Seite;
   träum dir das Märchen, hier sei Kypris in Knabengestalt.

Dioskorides

55 (54). ΤΟΥ ΑΥΤΟΥ

Δωρίδα τὴν ῥοδόπυγον ὑπὲρ λεχέων διατείνας
ἄνθεσιν ἐν χλοεροῖς ἀθάνατος γέγονα.

ἡ γὰρ ὑπερφυέεσσι μέσον διαβᾶσά με ποσσὶν
ἤνυεν ἀκλινέως τὸν Κύπριδος δόλιχον,

ὄμμασι νωθρὰ βλέπουσα· τὰ δ᾽, ἠύτε πνεύματι φύλλα,   5
ἀμφισαλευομένης ἔτρεμε πορφύρεα,

μέχρις ἀπεσπείσθη λευκὸν μένος ἀμφοτέροισιν,
καὶ Δωρὶς παρέτοις ἐξεχύθη μέλεσι.

1 ῥοδόπυγον c -πυον P¹ 3 ἦ c 4 ἤνυεν c -υσεν P¹ 7 ἀπεσπείθη P em. Gruter.

56 (55). ΤΟΥ ΑΥΤΟΥ

Ἐκμαίνει χείλη με ῥοδόχροα, ποικιλόμυθα,
ψυχοτακῆ, στόματος νεκταρέου πρόθυρα,

καὶ γλῆναι λασίαισιν ὑπ᾽ ὀφρύσιν ἀστράπτουσαι,
σπλάγχνων ἡμετέρων δίκτυα καὶ παγίδες,

καὶ μαζοὶ γλαγόεντες, ἐύζυγες, ἱμερόεντες,   5
εὐφυέες, πάσης τερπνότεροι κάλυκος.

ἀλλὰ τί μηνύω κυσὶν ὀστέα; μάρτυρές εἰσι
τῆς ἀθυροστομίης οἱ Μίδεω κάλαμοι.

Pl VII 210 f.76ʳ. – Tit. om. Pl 3 λασίησιν ex -ίαισιν Pl 6 εὐφυέες P¹ Pl ἐκφ- c
7 ὠστέα P 8 Μίδεω Brunck -εοι.

57 (56). ΜΕΛΕΑΓΡΟΥ

Τὴν πυρὶ νηχομένην ψυχὴν ἂν πολλάκι καίῃς,
φεύξετ᾽, Ἔρως· καὐτή, σχέτλι᾽, ἔχει πτέρυγας.

2 ἔχει Reiske -εις.

58 (57). ΑΡΧΙΟΥ

Νήπι᾽ Ἔρως, πορθεῖς με, τὸ κρήγυον· εἷς με κένωσον
πᾶν σὺ βέλος, λοιπὴν μηκέτ᾽ ἀφεὶς γλυφίδα,

ὡς ἂν μοῦνον ἕλοις ἰοῖς ἐμὲ καί τινα χρήζων
ἄλλον ὀιστεῦσαι μηκέτ᾽ ἔχοις ἀκίδα.

1 κρήγυον Bouhier κρίγ- P κήρινον supraser. c 4 ἔχοις Jac. -εις.

Erfüllung

Doris mit rosigen Bäckchen saß jüngst mir im Bett auf dem Schoße,
 und in der blühenden Pracht ward ich beseligt zum Gott.
Fest umpreßte sie mir mit den herrlichen Knien die Hüften,
 während sie Kyprias Bahn rastlosen Laufes durchmaß.
Starr nur ruhte auf mir ihr Blick, und da sie sich regte,
 ging, wie durch Blätter der Wind, zitternd ein Funkeln durch ihn.
Endlich verströmten wir beide die Lust in schäumendem Opfer,
 und mit ermattetem Leib kraftlos sank Doris zurück.

Dioskorides

Verzückung

Rasend machen sie mich, die betörenden, plappernden Lippen,
 diese rosige Tür vor dem nektarischen Mund,
diese Augen, die unter den sprossenden Brauen mit feinen
 Garnen und Schlingen mein Herz funkelnd und sprühend umdrohn,
diese Brüstchen, so weiß, so lockend, so wonniggeschwistert
 und so entzückend und hübsch, wie keine Knospe es ist . . .
Doch – was zeige ich denn den Hunden den Knochen? Was schwatzhaft
 Reden hervorbringt, davon zeugt schon bei Midas das Rohr.

Dioskorides

Seele im Feuer

Sengst du mir, Eros, zu oft das im Feuer schwimmende Seelchen,
 wird es entfliehen: es hat Flügel, du Schlimmer, wie du.

Meleagros

Verschossen

Eros, du tötest mich noch, du Bengel. Doch recht so! Verschieß nur
 sämtliche Rohre auf mich, bis dir kein Rest mehr verbleibt.
Ja, so hast du nur mich als einzige Beute, und nimmst du
 dann einen andern dir vor, fehlt dir zum Schießen der Pfeil.

Aulus Licinius Archias

290 Anthologia Graeca V

59 (58). ΤΟΥ ΑΥΤΟΥ

„Φεύγειν δεῖ τὸν Ἔρωτα·'' κενὸς πόνος· οὐ γὰρ ἀλύξω
πεζὸς ὑπὸ πτηνοῦ πυκνὰ διωκόμενος.

Pl VII 202 f.76ʳ. - Tit. om. Pl 1 δεῖ Pl δὴ P.

60 (59). ΡΟΥΦΙΝΟΥ

Παρθένος ἀργυρόπεζος ἐλούετο, χρύσεα μαζῶν
χρωτὶ γαλακτοπαγεῖ μῆλα διαινομένη·
πυγαὶ δ' ἀλλήλαις περιηγέες εἰλίσσοντο,
ὕδατος ὑγροτέρῳ χρωτὶ σαλευόμεναι·
τὸν δ' ὑπεροιδαίνοντα κατέσκεπε πεπταμένη χεὶρ   5
οὐχ ὅλον Εὐρώταν, ἀλλ' ὅσον ἠδύνατο.

App. B·V 14 et 50. - 1 ἀργυρόπεζα App. // μαζὸν App. 2 γαλακτοπαγῆ App.
3 πυγαὶ c App. V πηγαὶ P¹ App. M 5-6 Suid. s. Εὐρώταν; om. App.; iterav. in
ep. 36, 9-10 P // πταμένη Suid. 6 ἠδύνατο c Suid. ἐδ- P¹.

61 (60). ΤΟΥ ΑΥΤΟΥ

Τῇ κυανοβλεφάρῳ παίζων κόνδακα Φιλίππῃ
ἐξ αὐτῆς κραδίης ἡδὺ γελᾶν ἐπόουν·
„Δώδεκά σοι βέβληκα καὶ αὔριον ἄλλα βαλῶ σοι
ἢ πλέον ἠὲ πάλιν δώδεκ' ἐπιστάμενος.''
εἶτα κελευομένη ἦλθεν· γελάσας δὲ πρὸς αὐτήν·   5
„Εἴθε σε καὶ νύκτωρ ἐρχομένην ἐκάλουν.''

2 γελᾶν ἐπόουν P [nil mutandum].

62 (61). ΤΟΥ ΑΥΤΟΥ

Οὔπω σου τὸ καλὸν χρόνος ἔσβεσεν, ἀλλ' ἔτι πολλὰ
λείψανα τῆς προτέρης σῴζεται ἡλικίης,
καὶ χάριτες μίμνουσιν ἀγήραοι, οὐδὲ τὸ καλὸν
τῶν ἱλαρῶν μήλων ἢ ῥόδον ἐξέφυγεν.
ὢ πόσσους κατέφλεξε τὸ πρὶν θεοείκελον ἄνθος,   5
[ἡνίκα πρωτοβόλος λάμπεν ἀπὸ βλεφάρων].

1 καλὸν ὁ χρ. P em. Salm. 5 ἄνθος Guyet κάλλος // post v. 5 lacunam ex. gr. versu
supra inserto suppl. c, alterum addens: ὁππότε πρωτόπλουν ἔτρεχες ἡλικίην.

Vergebliche Flucht

Eros entfliehn? Ein eitles Bemühn! Wie soll ich entkommen?
Geh ich zu Fuß doch, und er schwingt sich auf Flügeln mir nach.

Aulus Licinius Archias

Schönchen im Bad

Silbern blinkte ihr Fuß, indes sie im Bade die holden
Äpfel des Busens sich wusch, weiß wie geronnene Milch.
Zitternd zuckten zusammen die runden Bäckchen, erschauernd
und wie Wasser so weich bebte darüber die Haut.
Doch mit der Fläche der Hand bedeckte sie scheu des Eurotas
schwellende Form, nicht ganz, aber – so gut es halt ging.

Rufinos

Meisterspieler

Pflöckchen spielt ich mit meinem schwarzäugigen Mädel Philippe,
bis ich aus Herzens Grund fröhlich zu lachen begann:
,,Zwölfmal hab ich getroffen. Komm morgen nur wieder, ich treffe
wiederum zwölfmal ins Ziel oder noch öfter. Ich kann's.''
Pünktlich erschien sie bei mir. Da lacht ich und rief ihr entgegen:
,,Hätt ich dich doch heute nacht, Kind, schon herüberbestellt.''

Rufinos

Patina der Jugend

Noch verlöschte die Zeit dir nicht deine Schönheit, noch hast du
manchen schimmernden Rest einstiger Jugend bewahrt.
Jung noch blieb deine Grazie, und immer noch leuchtet's von deiner
Äpfel entzückendem Paar blühend und rosig herauf.
O wieviel Herzen entflammte dereinst dein göttlicher Liebreiz,
[als er in knospender Lust dir aus den Augen gestrahlt].

Rufinos

63 (62). ΜΑΡΚΟΥ ΑΡΓΕΝΤΑΡΙΟΥ

Ἀντιγόνη, Σικελὴ πάρος ἦσθά μοι· ὡς δ' ἐγενήθης
Αἰτωλή, κἀγὼ Μῆδος ἰδού γέγονα.

64 (63). ΑΣΚΛΗΠΙΑΔΟΥ

Νεῖφε, χαλαζοβόλει, ποίει σκότος, αἶθε, κεραύνου,
πάντα τὰ πορφύροντ' ἐν χθονὶ σεῖε νέφη·
ἢν γάρ με κτείνῃς, τότε παύσομαι· ἢν δέ μ' ἀφῇς ζῆν,
καὶ διαθεὶς τούτων χείρονα, κωμάσομαι.
ἕλκει γάρ μ' ὁ κρατῶν καὶ σοῦ θεός, ᾧ ποτε πεισθείς,   5
Ζεῦ, διὰ χαλκείων χρυσὸς ἔδυς θαλάμων.

Pl VII 118 f. 73ᵛ. – 3 ἀφῇς ζῆν P ἀφείης Pl 3–4 Suid. s. κωμάσομαι 4 διαθεὶς P
-θῆς Pl -θῆς Suid.

65 (64). ΑΔΕΣΠΟΤΟΝ

Αἰετὸς ὁ Ζεὺς ἦλθεν ἐπ' ἀντίθεον Γανυμήδην,
κύκνος ἐπὶ ξανθὴν μητέρα τὴν Ἑλένης.
οὕτως ἀμφότερ' ἐστὶν ἀσύγκριτα· τῶν δύο δ' αὐτῶν
ἄλλοις ἄλλο δοκεῖ κρεῖσσον, ἐμοὶ τὰ δύο.

Pl VII 180 f. 75ᵛ. – 2 τὴν P τῆς Pl.

66 (65). ΡΟΥΦΙΝΟΥ

Εὐκαίρως μονάσασαν ἰδὼν Προδίκην ἱκέτευον,
καὶ τῶν ἀμβροσίων ἁψάμενος γονάτων·
,,Σῶσον“, ἔφην, ,,ἄνθρωπον ἀπολλύμενον παρὰ μικρόν,
καὶ φεῦγον ζωῆς πνεῦμα σύ μοι χάρισαι.“
ταῦτα λέγοντος ἔκλαυσεν· ἀποψήσασα δὲ δάκρυ,   5
ταῖς τρυφεραῖς ἡμᾶς χερσὶν ὑπεξέβαλεν.

Pl VII 151 f. 74ᵛ. – Tit. add. c 6 ἡμᾶς χερσὶν P χ. ἡ. Pl.

Wechsel der Heimat

Früher, Antigone, warst du sizilischer Herkunft; doch da du
heute Bitt-ynierin bist, ward ich spar-tanischen Stamms.

Marcus Argentarius

Im Bann des Eros

Schneie und hagle nur zu, mach Finsternis, donnre und blitze,
  schleudre aus dunklem Gewölk Wetter um Wetter aufs Land:
wenn du mich totschlägst, dann laß ich's; doch bleibe ich weiter am
                                                        [Leben,
  lieb ich und schwärm ich auch dann, wenn du noch furchtbarer tobst.
Denn der Gott, der mich treibt, ist der gleiche, dem du auch erlegen,
  Zeus, als golden du einst eherne Wände durchdrangst.

Asklepiades

Zwei Freuden

Zu Ganymedes, dem hehren, kam Zeus als Adler; zur blonden
  Mutter der Helena dann flog er in Schwanengestalt.
Beide Vergnügen sind schön und nicht zu vergleichen; so mancher
  wünscht sich bald dieses bald das, ich möchte beides zugleich.

Anonym

Da warf sie mit der Rosenhand . . .

Als ich mit Prodike jüngst mich glücklich allein sah, da schlang ich
  um ihr ambrosisches Knie flehend die Arme und rief:
„Rette mich!" bat ich, „ich sterbe! Bald ist es geschehen. Mein Atem
  will schon entfliehen. Sei lieb. Gib mir das Leben zurück . . ."
Also sprach ich. Sie weinte. Dann trocknete sie ihre Tränen,
  und ihre rosige Hand nahm mich und – warf mich hinaus.

Rufinos

67 (66). ΚΑΠΙΤΩΝΟΣ

Κάλλος ἄνευ χαρίτων τέρπει μόνον, οὐ κατέχει δέ,
ὡς ἄτερ ἀγκίστρου νηχόμενον δέλεαρ.

Pl VII 170 f. 75ʳ. - Nicarcho trib. ep. cum 98 iunctum Pl.

68 (67). ΛΟΥΚΙΛΛΙΟΥ, οἱ δὲ ΠΟΛΕΜΩΝΟΣ ΤΟΥ ΠΟΝΤΙΚΟΥ

Ἦ τὸ φιλεῖν περίγραψον, Ἔρως, ὅλον ἢ τὸ φιλεῖσθαι
πρόσθες, ἵν' ἢ λύσῃς τὸν πόθον ἢ κεράσῃς.

Pl VII 123 f. 73ᵛ; E 19. - Tit. om. P¹ E. add. c; Λουκιλλίου Pl   1 περίκαψον E.

69 (68). ΡΟΥΦΙΝΟΥ

Παλλὰς ἐσαθρήσασα καὶ Ἥρη χρυσοπέδιλος
Μαιονίδ' ἐκ κραδίης ἴαχον ἀμφότεραι·
,,Οὐκέτι γυμνούμεσθα· κρίσις μία ποιμένος ἀρκεῖ·
οὐ καλὸν ἡττᾶσθαι δὶς περὶ καλλοσύνης."

Pl VII 124 f. 73ᵛ. - 2 Μαιονὶν Pl   3 γυμνούμεσθα Lasc. -μεθα.

70 (69). ΤΟΥ ΑΥΤΟΥ

Κάλλος ἔχεις Κύπριδος, Πειθοῦς στόμα, σῶμα καὶ ἀκμὴν
εἰαρινῶν Ὡρῶν, φθέγμα δὲ Καλλιόπης,
νοῦν καὶ σωφροσύνην Θέμιδος καὶ χεῖρας Ἀθήνης·
σὺν σοὶ δ' αἱ Χάριτες τέσσαρές εἰσι, Φίλη.

Pl VII 125 f. 73ᵛ. - 2 εἰαριανῶν P   4 Φίλη Grotius φίλαι.

71 (70). ΤΟΥ ΑΥΤΟΥ, οἱ δὲ ΠΑΛΛΑΔΑ ΑΛΕΞΑΝΔΡΕΩΣ

Πρωτομάχου πατρὸς καὶ Νικομάχης γεγαμηκὼς
θυγατέρα, Ζήνων, ἔνδον ἔχεις πόλεμον.
ζήτει Λυσίμαχον μοιχὸν φίλον, ὅς σ' ἐλεήσας
ἐκ τῆς Πρωτομάχου λύσεται Ἀνδρομάχης.

App. B-V 54; Vatic. 1416. - Tit. τοῦ αὐτοῦ P¹, Παλλ. Ἀλ. 1, οἱ δὲ c [qui τοῦ αὐτοῦ erasum restituit]; Palladae trib. App. et adnotator Vaticani   4 ῥύσεται App. Vat.

Schönheit und Grazie

Schönheit, der Grazie gebricht, gefällt wohl, doch kann sie nicht fesseln,
    wie auch ein Köder nicht fängt, wenn ohne Angel er treibt.

Kapiton

Nicht einseitig

Nimm das Lieben mir ganz oder gib mir auch, Eros, Geliebtsein,
    daß meine Sehnsucht erlischt oder Erwidrung erfährt.

Lukillios oder *Polemon von Pontos*

Zweite Aphrodite

Als Athene und Hera, die Göttin mit goldenem Schuhe,
    Maionis sahen, entrang sich ihrem Herzen der Schrei:
„Nein, wir entkleiden uns nicht. Ein Urteil des Hirten genügt uns;
    denn in Schönheit den Preis zweimal verlieren, ist Schmach.“

Rufinos

Vierte Grazie

Kyprias Schönheit besitzt du, den Mund der Peitho, der Horen
    lenzhaft blühenden Leib, Muse Kalliopes Ton,
Themis' Weisheit und sinnenden Geist, und die Hände Athenes:
    wahrlich, Phile, mit dir gibt es der Chariten vier.

Rufinos

Ehekrieg

Hast du Protomachos' und Nikomaches Tochter, o Zenon,
    dir zum Weibe erwählt, tobt dir zu Hause der Krieg.
Nimm dir Lysimachos doch als Hausfreund; der macht dich erbarmend
    von des Protomachos Kind, dieser Andromache, frei.

Rufinos oder *Palladas*

72 (71). ΤΟΥ ΑΥΤΟΥ

Τοῦτο βίος, τοῦτ' αὐτό · τρυφὴ βίος · ἔρρετ', ἀνῖαι.
ζωῆς ἀνθρώποις ὀλίγος χρόνος. ἄρτι Λυαῖος,
ἄρτι χοροὶ στέφανοί τε φιλανθέες, ἄρτι γυναῖκες.
σήμερον ἐσθλὰ πάθω, τὸ γὰρ αὔριον οὐδενὶ δῆλον.

Tit. scrips. l, Palladam significans   1 τρυφὴ Salm. -ῆς.

73 (72). ΡΟΥΦΙΝΟΥ

Δαίμονες, οὐκ ᾔδειν, ὅτι λούεται ἡ Κυθέρεια,
χερσὶ καταυχενίους λυσαμένη πλοκάμους.
ἱλήκοις, δέσποινα, καὶ ὅμμασιν ἡμετέροισι
μήποτε μηνίσῃς θεῖον ἰδοῦσι τύπον.
νῦν ἔγνων · Ῥοδόκλεια καὶ οὐ Κύπρις. εἶτα τὸ κάλλος   5
τοῦτο πόθεν; σύ, δοκῶ, τὴν θεὸν ἐκδέδυκας.

Tit. add. c   4 μηνίσῃς Salm. μνήσῃς P¹ ι inter σ et η suprascr. c // ἰδοῦσι Salm. -σα.

74 (73). ΤΟΥ ΑΥΤΟΥ

Πέμπω σοι, Ῥοδόκλεια, τόδε στέφος, ἄνθεσι καλοῖς
αὐτὸς ὑφ' ἡμετέραις πλεξάμενος παλάμαις.
ἔστι κρίνον ῥοδέη τε κάλυξ νοτερή τ' ἀνεμώνη
καὶ νάρκισσος ὑγρὸς καὶ κυαναυγὲς ἴον.
ταῦτα στεψαμένη, λῆξον μεγάλαυχος ἐοῦσα ·   5
ἀνθεῖς καὶ λήγεις καὶ σὺ καὶ ὁ στέφανος.

Pl VII 126 f. 73 ᵛ. - 1 καλοῖς P πλέξας Pl   2 αὐτὸς c // ὑφ' c Pl ἐφ' P¹ // ἡμετέραις
c Pl υμ- P¹ // δρεψάμενος Pl.

75 (74). ΤΟΥ ΑΥΤΟΥ

Γείτονα παρθένον εἶχον Ἀμυμώνην Ἀφροδίτην,
ἥ μου τὴν ψυχὴν ἔφλεγεν οὐκ ὀλίγον.
αὕτη μοι προσέπαιζε καί, εἴ ποτε καιρός, ἐτόλμων.
ἠρυθρία. τί πλέον; τὸν πόνον ᾐσθάνετο.
ἤνυσα πολλὰ καμών. παρακήκοα νῦν, ὅτι τίκτει.   5
ὥστε τί ποιοῦμεν; φεύγομεν ἢ μένομεν;

Pl VII 127 f.73ᵛ. - 2 ἔφλεξεν P   3 προσέπαιξε P // ἐτόλμα Pl   4 τῶν πονων P¹.

Noch lacht das Leben

Das nur ist Leben, nur das! Genuß ist's. Fort mit den Sorgen!
Kurz sind die Tage den Menschen bemessen. Noch winkt mir Lyaios,
noch die Kränze und Tänze, noch locken mich Blumen und Mädchen;
heut noch will ich genießen; das Morgen ist jedem verborgen.

Palladas

Wie bist du schön

Götter, ich wußte ja nicht, daß hier Kythereia sich badet
und die Locken am Haupt sich mit den Händen gelöst.
Sei mir gnädig, o Herrin, und zürne dem sterblichen Blick nicht,
daß er dein himmlisches Bild, ohne zu wollen, geschaut . . .
Wie –? Das ist ja nicht Kypris, es ist Rhodokleia . . . Woher denn
hast du die Schönheit? Du – sag – hast du die Göttin beraubt?

Rufinos

Memento mori

Nimm, Rhodokleia, den Kranz aus duftenden Blumen des Frühlings,
den ich mit eigener Hand zierlich gewunden für dich.
Lilien und Rosen sind drin, Anemonen voll Tau noch, es haben
feuchte Narzissen sich auch dunklen Violen vereint.
Leg dir die Blumen ins Haar und lerne von ihnen in Demut:
Siehe, das Kränzel und du, Mädchen, ihr blühet und – welkt.

Rufinos

Dilemma

Neben mir wohnte ein Mädel, sie hieß Amymone, und herrlich
war sie wie Kypris, mein Herz flammte in loderndem Brand.
Neckisch sah sie mich an. Gelegenheit fand sich. Ich fragte.
Sie wurde rot . . . Was soll's? Kurz, sie verstand meine Not.
Endlich setzte ich's durch . . . Jetzt hör ich, das Mädel kommt nieder.
Tja, was mache ich nun? Bleibe ich? Lauf ich davon . . .?

Rufinos

76 (75). ΤΟΥ ΑΥΤΟΥ

Αὕτη πρόσθεν ἔην ἐρατόχροος, εἰαρόμασθος,
εὔσφυρος, εὐμήκης, εὔοφρυς, εὐπλόκαμος.
ἠλλάχθη δὲ χρόνῳ καὶ γήραϊ καὶ πολιαῖσι,
καὶ νῦν τῶν προτέρων οὐδ' ὄναρ οὐδὲν ἔχει·
ἀλλοτρίας δὲ τρίχας καὶ ῥυσῶδες ⟨τὸ⟩ πρόσωπον,   5
οἷον γηράσας οὐδὲ πίθηκος ἔχει.

Pl VII 128 f. 73ᵛ. - 3 πολιῆσι Pl 5 ρυτω δὲς P em. Jac. // τὸ add. in P man.
rec. 5-6 om. Pl.

77 (76). ΤΟΥ ΑΥΤΟΥ

Εἰ τοίην χάριν εἶχε γυνὴ μετὰ Κύπριδος εὐνήν,
οὐκ ἄν τοι χρονέεσκεν ἀνὴρ ἀλόχῳ συνομιλῶν.
πᾶσαι γὰρ μετὰ κύπριν ἀτερπέες εἰσὶ γυναῖκες.

App. B-V 23. - Anonymum in App. 1 τοίνυν App. V 2 ἀλόχοισιν ὁμιλῶν P em.
F. W. Schmidt 3 ante v. 2 posuit App.

78 (77). ΠΛΑΤΩΝΟΣ

Τὴν ψυχὴν Ἀγάθωνα φιλῶν ἐπὶ χείλεσιν ἔσχον·
ἦλθε γὰρ ἡ τλήμων ὡς διαβησομένη.

l: εἰς Ἀγάθωνα τὸν μαθητὴν αὐτοῦ. - Diog. L. 3, 1, 32; Gell. 19, 11; Macrob. sat.
2, 2, 15; S 87. - 1 εἶχον Diog. 2 ἡ τλήμων P Diog. Gell. ἡδὺς ἔρως S.

79 (78). ΤΟΥ ΑΥΤΟΥ

Τῷ μήλῳ βάλλω σε· σὺ δ' εἰ μὲν ἑκοῦσα φιλεῖς με,
δεξαμένη τῆς σῆς παρθενίης μετάδος.
εἰ δ' ἄρ', ὃ μὴ γίγνοιτο, νοεῖς, τοῦτ' αὐτὸ λαβοῦσα
σκέψαι τὴν ὥρην ὡς ὀλιγοχρόνιος.

Pl VII 203 f.76ʳ.; Diog. L. 3, 1, 32. - Tit. om. Pl 3 νοεῖς Pl μογεις P¹ μισεῖς c //
βαλοῦσα Kalinka.

Erblichen ist ihr Schimmer

Lockend war einst ihre Haut und schön wie der Frühling ihr Busen,
  hübsch ihre Knöchel, ihr Wuchs, hübsch auch ihr Auge und Haar.
Anders nun schuf es so Zeit wie Alter und Schnee auf dem Haupte,
  von der früheren Pracht blieb nicht im Traum was zurück.
Falsch ist das Haar auf dem Kopf, und ihr Antlitz ist derart verrunzelt,
  wie auch ein Affengesicht selbst nicht im Alter es ist.

Rufinos

Frauenreiz

Wär nach den Freuden der Kypris der Reiz eines Weibes der gleiche,
  nie würde müde der Mann, die eigene Gattin zu kosen.
Doch nach der Süße der Liebe verlocken die Frauen nicht länger.

Rufinos

Flucht der Seele

Auf den Lippen schon schwebte bei Agathons Kuß mir die Seele;
  ach, die Trunkene kam, überzugehen in ihn.

Platon

Fang den Apfel!

Werf ich den Apfel dir zu und bist du geneigt, mich zu lieben,
  o, so fang ihn und schenk mir deine Keuschheit dafür.
Trägst du andres im Sinn – was der Himmel verhüte! – so fang ihn
  doch und bedenke: wie rasch schwindet die Schönheit dahin!

Platon

80 (79). ΤΟΥ ΑΥΤΟΥ

Μῆλον ἐγώ· βάλλει με φιλῶν σέ τις. ἀλλ' ἐπίνευσον,
Ξανθίππη· κἀγὼ καὶ σὺ μαραινόμεθα.

Pl VII 87 f. 72 ᵛ; Diog. L. 3, 1, 32 [iunctum cum ep. 79]. - Philodemo trib. Pl.

81 (80). ΔΙΟΝΥΣΙΟΥ ΣΟΦΙΣΤΟΥ

Ἡ τὰ ῥόδα, ῥοδόεσσαν ἔχεις χάριν. ἀλλὰ τί πωλεῖς;
σαυτὴν ἢ τὰ ῥόδα ἠὲ συναμφότερα;

Pl VII 152 f. 74 ᵛ; Σ 45; Laur. 32, 50. - Tit. om. Σ **2** σ' αὐτὴν Σ.

82 (81). ΑΔΕΣΠΟΤΟΝ

Ὦ σοβαρὴ βαλάνισσα, τί μ' οὕτως ἔκπυρα λούεις;
πρίν μ' ἀποδύσασθαι, τοῦ πυρὸς αἰσθάνομαι.

* Pl VII 112 f.73ʳ; App.ᴹ l2; Vatic. 1416. - Meleagro trib. Pl, Dionyso (!) App.
1 βαλάνισε App. // μ' οὕτως App. Vat. δήποτε Pl om. P // ἔμπυρα App. Vat.
2 ἀπολούσασθαι et αἰθάνομαι App.

83 (82). ΑΔΕΣΠΟΤΟΝ

Εἴθ' ἄνεμος γενόμην, σὺ δὲ δὴ στείχουσα παρ' αὐγὰς
στήθεα γυμνώσαις καί με πνέοντα λάβοις.

Pl VII 153 f. 74 ᵛ [iunct. cum ep. 84]; schol. Dion. Chrys. 2, 65. - Dionysio Sophistae
trib. Pl **1** σὺ δὲ: καὶ σὺ sch. Dion. // δὴ Jac. γε Pl om. P // αὐλᾶς Pl **2** πνείοντα P.

84 (83). ΑΛΛΟ

Εἴθε ῥόδον γενόμην ὑποπόρφυρον, ὄφρα με χερσὶν
ἀρσαμένη χαρίσῃ στήθεσι χιονέοις.

Pl VII 153 f. 74 ᵛ; schol. Dion. Chrys. 2, 65. - **2** ἀραμένη Pl schol. Dion. // χαρίσῃ
στ. χιονέοις P κομίσαις στ. χ. Pl χιονοῖς στ. χαρ- schol. Dion.

Der Apfel mahnt

Wirft man mich Apfel dir zu, ein Liebender tut es. O sage
ja, Xanthippe! Auch du wirst einmal welken – wie ich.

Platon

Rosenmädchen

Du mit den Rosen im Korb, was verkaufst du denn, rosiges Mädchen?
Rosen? Oder dich selbst? Sag – oder beides zugleich?

Dionysios Sophistes

Bad im Feuer

Baderin, prächtiges Kind, sag, willst du im Feuer mich baden?
Eh ich entkleidet noch bin, spür ich das Feuer bereits.

Anonym

Des Knaben Wunsch

Wenn ich ein Lüftchen doch wär, du gingst in den Strahlen der
und an entschleierter Brust nähmst du mich wehendes auf! [Sonne

Anonym

Ein gleiches

Wär ich die purpurne Rose, auf daß deine Hände mich pflückten
und an die schneeige Brust steckten als trautes Geschenk!

Anonym

85 (84). ΑΣΚΛΗΠΙΑΔΟΥ

Φείδη παρθενίης. καὶ τί πλέον; οὐ γὰρ ἐς "Αιδην
ἐλθοῦσ᾽ εὑρήσεις τὸν φιλέοντα, κόρη.
ἐν ζωοῖσι τὰ τερπνὰ τὰ Κύπριδος· ἐν δ᾽ Ἀχέροντι
ὀστέα καὶ σποδιή, παρθένε, κεισόμεθα.

Pl VII 204 f.76ʳ. – Tit. om. Pl　1 παρθενίης; distinx. Lasc.

86 (85). ΚΛΑΥΔΙΑΝΟΥ

"Ιλαθί μοι, φίλε Φοῖβε· σὺ γὰρ θοὰ τόξα τιταίνων
ἐβλήθης ὑπ᾽ "Ερωτος ὑπωκυτέροισιν ὀιστοῖς.

2 ὑπωκυπόδοισιν Pˡ　ὑπ᾽ ὠκυπόροισιν c em. Ludwich.

87 (86). ΡΟΥΦΙΝΟΥ

Ἀρνεῖται τὸν ἔρωτα Μελισσιάς, ἀλλὰ τὸ σῶμα
κέκραγεν ὡς βελέων δεξάμενον φαρέτρην,
καὶ φάσις ἀστατέουσα καὶ ἄστατος ἄσθματος ὁρμὴ
καὶ κοῖλαι βλεφάρων ἰοτυπεῖς βάσιες.
ἀλλά, Πόθοι, πρὸς μητρὸς ἐυστεφάνου Κυθερείης,
φλέξατε τὴν ἀπιθῆ, μέχρις ἐρεῖ· „Φλέγομαι."

Pl VII 129 f.74ʳ. – 1 Μελησιάς P　3 φάσις Desr. βάσις　6 ἀπιθῆ c ἀπειθῆ Pˡ.

88 (87). ΤΟΥ ΑΥΤΟΥ

Εἰ δυσὶν οὐκ ἴσχυσας ἴσην φλόγα, πυρφόρε, καῦσαι,
τὴν ἑνὶ καιομένην ἢ σβέσον ἢ μετάθες.

Pl VII 130 f. 74ʳ. – 2 σβέσον P σάου Pl.

Nutze die Jugend!

Willst du dein Magdtum bewahren? Weswegen? Kommst du zum Hades,
  Mädchen, dann findest du dort nie mehr ein liebendes Herz.
Nur bei den Lebenden lachen die Freuden der Kypris; im Tode
  liegen wir alle, mein Kind, nur noch als Staub und Gebein.

Asklepiades

Gebet an Apollon

Sei mir gnädig, Apoll! Auch dich, der die flüchtigen Pfeile
  oftmals verschossen, hat Eros mit hurtigen Rohren getroffen.

Klaudianos

Geleugnete Liebe

Wenn auch Melissias leugnet, verliebt sich zu fühlen, ihr Körper
  stöhnt, als wären in ihn Pfeile um Pfeile gesaust.
Unsicher tastet ihr Wort, und unstet flattert ihr Atem,
  hohl und blau um das Aug zeichneten Ränder sich ein . . .
Auf, Eroten, ihr Kinder der herrlich bekränzten Kythere,
  setzt die Rebellin in Glut, bis sie uns zugibt: „Es brennt!"

Rufinos

Alternative

Flammender, konntest du nicht zwei Herzen zusammen entzünden,
  lösch das Feuer hier aus oder vertrag es nach dort.

Rufinos

89 (88). ΜΑΡΚΟΥ ΑΡΓΕΝΤΑΡΙΟΥ

Οὐκ ἔσθ' οὗτος ἔρως, εἴ τις καλὸν εἶδος ἔχουσαν
βούλετ' ἔχειν, φρονίμοις ὄμμασι πειθόμενος·
ἀλλ' ὅστις κακόμορφον ἰδών, πεφορημένος ἰοῖς,
στέργει, μαινομένης ἐκ φρενὸς αἰθόμενος,
οὗτος ἔρως, πῦρ τοῦτο. τὰ γὰρ καλὰ πάντας ὁμοίως   5
τέρπει τοὺς κρίνειν εἶδος ἐπισταμένους.

Pl VII 131 f.74ͬ. – Rufino trib. Pl   **3** ἰοῖς P οἴστρῳ Pl ἰῷ [= οἴστρῳ] Keydell
5 πάντα Pl.

90 (89). ΑΔΕΣΠΟΤΟΝ

Πέμπω σοι μύρον ἡδύ, μύρῳ τὸ μύρον θεραπεύων,
ὡς Βρομίῳ σπένδων νᾶμα τὸ τοῦ Βρομίου.

Pl VII 132 f.74ͬ. – Rufino trib. Pl.

91 (90). ΑΔΕΣΠΟΤΟΝ

Πέμπω σοι μύρον ἡδύ, μύρῳ παρέχων χάριν, οὐ σοί.
αὐτὴ γὰρ μυρίσαι καὶ τὸ μύρον δύνασαι.

Pl VII 205 f.76ͬ; Vat. 878 f.27ͬ.

92 (91). ΡΟΥΦΙΝΟΥ

Ὑψοῦται Ῥοδόπη τῷ κάλλεϊ· κἤν ποτε ,,Χαῖρε''
εἴπω, ταῖς σοβαραῖς ὀφρύσιν ἠσπάσατο·
ἤν ποτε καὶ στεφάνους προθύρων ὕπερ ἐκκρεμάσωμαι,
ὀργισθεῖσα πατεῖ τοῖς σοβαροῖς ἴχνεσι.
ὦ ῥυτίδες καὶ γῆρας ἀνηλεές, ἔλθετε θᾶσσον·   5
σπεύσατε, κἂν ὑμεῖς πείσατε τὴν Ῥοδόπην.

Pl VII 133 f.74ͬ. – **1** κἤν ποτὲ P   **3** πρὸ θυρῶν P Pl em. Brunck   **4** ἴχνεσιν Pl.

Wahre Liebe

Das nicht ist Liebe, wünscht einer ein Weib sich zu eigen, das schön ist;
    es beweist nur, sein Aug, das ihm dies eingibt, ist gut.
Nein, eine Häßliche sehen und dann, wie von Pfeilen gestachelt,
    toll sich verlieben und gleich hellicht in Flammen schon stehn,
das erst ist Liebe, ist Glut. Denn Freude am Schönen empfindet
    jedermann unterschiedslos, der nur ein Urteil besitzt.

Marcus Argentarius

Zwei Düfte

Schick ich dir duftiges Öl – der Duftigen spende ich Düfte,
    wie man dem Gotte des Weins Wein auch als Opfer entbeut.

Anonym

Ein gleiches

Schick ich dir duftiges Öl – nicht dich, den Duft will ich ehren,
    da du ja selber dem Duft Duft noch zu geben vermagst.

Anonym

Die Stolze

Schön ist Rhodope zwar, doch auch stolz auf die Schönheit; die Grüße,
    die ich ihr biete, vergilt sie nur mit Hochmut im Blick.
Wenn ich ein Blumengewind an die Türe bisweilen ihr hänge,
    wird sie zornig und tritt stolz mit den Füßen darauf . . .
Alter, so komm denn geschwind mit den unbarmherzigen Runzeln,
    komm und rede denn du endlich der Rhodope zu.

Rufinos

93 (92). ΤΟΥ ΑΥΤΟΥ

Ὥπλισμαι πρὸς Ἔρωτα περὶ στέρνοισι λογισμόν,
οὐδέ με νικήσει, μοῦνος ἐὼν πρὸς ἕνα,
θνατὸς δ' ἀθανάτῳ συστήσομαι. ἢν δὲ βοηθὸν
Βάκχον ἔχῃ, τί μόνος πρὸς δύ' ἐγὼ δύναμαι;

Pl VII 134 f. 74ʳ. - 3 συστήσομαι P συνελεύσομαι Pl.

94 (93). ΤΟΥ ΑΥΤΟΥ

Ὄμματ' ἔχεις Ἥρης, Μελίτη, τὰς χεῖρας Ἀθήνης,
τοὺς μαζοὺς Παφίης, τὰ σφυρὰ τῆς Θέτιδος.
εὐδαίμων ὁ βλέπων σε, τρισόλβιος ὅστις ἀκούει,
ἡμίθεος δ' ὁ φιλῶν, ἀθάνατος δ' ὁ γαμῶν.

Pl VII 136 f. 74ʳ. - 1 αθήνας (?) P¹   4 ἡίθεος P // γαμῶν P συνών Pl.

95 (94). ΑΔΕΣΠΟΤΟΝ

Τέσσαρες αἱ Χάριτες, Παφίαι δύο καὶ δέκα Μοῦσαι·
Δερκυλὶς ἐν πάσαις· Μοῦσα, Χάρις, Παφίη.

Pl VII 135 f. 74ʳ. - Rufino trib. Pl.

96 (95). ΜΕΛΕΑΓΡΟΥ

Ἰξὸν ἔχεις τὸ φίλημα, τὰ δ' ὄμματα, Τιμάριον, πῦρ·
ἢν ἐσίδῃς, καίεις· ἢν δὲ θίγῃς, δέδεκας.

App. B-V 50. - 1 Τιμάριον P μώριον App.   2 ἢν δὲ App. ἢν γε P¹ ἢν γε c.

97 (96). ΡΟΥΦΙΝΟΥ

Εἰ μὲν ἐπ' ἀμφοτέροισιν, Ἔρως, ἴσα τόξα τιταίνεις,
εἰ θεός· εἰ δὲ ῥέπεις πρὸς μέρος, οὐ θεὸς εἶ.

Pl VII 139 f. 74ʳ.

Liebe und Wein

Wahrlich, ich hab wider Eros die Brust mit Vernunft mir gewappnet,
  und er bewältigt mich nicht, steh ich ihm Mann wider Mann.
Ob ich auch Mensch bin, ich biete dem Gotte die Stirne. Doch kommt
  Bakchos zu Hilfe, was kann einer allein gegen zwei?   [ihm

Rufinos

Seligkeit

Augen hast du wie Hera, o Melite, Hände wie Pallas,
  Füße wie Thetis und hast Brüste, wie Kypris sie hat.
Glücklich, wer dich erblickt, o selig, wer lauschend dir zuhört,
  Halbgott, wer küssen dich darf, Gott, wer als Weib dich besitzt.

Rufinos

Summe der Schönheit

Chariten gibt es nun vier, zehn Musen, zwei Paphien: denn Charis,
  Muse und Paphia ist Derkylis alles zugleich.

Anonym

Mit Mund und Auge

Deine Küsse sind Leim, Timarion, Glut deine Augen:
  Fest hängt, wen du berührst, und wen du anblickst, der brennt.

Meleagros

An Eros

Richtest du, Eros, den Bogen auf beide zusammen, dann bist du
  Gott; doch nimmst du Partei, bist du mir nicht mehr ein Gott.

Rufinos

98 (97). ΑΔΗΛΟΝ, οἱ δὲ ΑΡΧΙΟΥ

Ὥμιζευ, Κύπρι, τόξα καὶ εἰς σκοπὸν ἥσυχος ἐλθὲ
ἄλλον· ἐγὼ γὰρ ἔχω τραύματος οὐδὲ τόπον.

Pl VII 170 f.75ʳ. - Nicarcho trib. Pl, ep. cum 67 iungens   1 ὥμιζευ Desr. ὁπλί-
1-2 post ἐλθὲ interpunx. P Pl, post ἄλλον Jac.   2 οὐδὲ P ὧδε Pl.

99 (98). ΑΔΗΛΟΝ

Ἤθελον, ὦ κιθαρῳδέ, παραστάς, ὡς κιθαρίζεις,
τὴν ὑπάτην κροῦσαι τήν τε μέσην χαλάσαι.

A: εἰς γυναῖκα ὀρχ(ηστρίδα). - App. B-V 18. - Meleagro trib. App.

100 (99). ΑΔΗΛΟΝ

Εἴ μοί τις μέμψαιτο δαείς, ὅτι λάτρις Ἔρωτος
   φοιτῶ θηρευτὴν ὄμμασιν ἰξὸν ἔχων,
εἰδείη καὶ Ζῆνα καὶ Ἄϊδα τόν τε θαλάσσης
   σκηπτοῦχον μαλερῶν δοῦλον ἐόντα Πόθων.
εἰ δὲ θεοὶ τοιοίδε, θεοῖς δ' ἐνέπουσιν ἕπεσθαι   5
   ἀνθρώπους, τί θεῶν ἔργα μαθὼν ἀδικῶ;

Pl VII 181 f.75ᵛ. -   1 μέμψοιτο P Pl Lasc.(errat Waltz)   4 δοῦλον c Pl δούλων P¹.

101 (100). ΑΔΕΣΠΟΤΟΝ

Χαῖρε, κόρη. — „Καὶ δὴ σύ.“ — Τίς ἡ προϊοῦσα; — „Τί πρὸς σέ;“ ͘ ͘
   Οὐκ ἀλόγως ζητῶ. — „Δεσπότις ἡμετέρη.“ —
Ἐλπίζειν ἔστιν; — „Ζητεῖς δὲ τί;“— Νύκτα. — „Φέρεις τι;“ —
   Χρυσίον. — „Εὐθύμει.“ — Καὶ τόσον. — „Οὐ δύνασαι.“

Pl VII 182 f.75 ᵛ. - 1 δὴ c Pl δι¹ P¹ // προσιοῦσα P Pl em. Jac.   3 ἔστιν Jac. ἔξεστι//
τι Brunck τί.

Mit Pfeilen gespickt

Schultre den Bogen, Kythere, und such dir nur ruhig ein andres
Ziel zum Schießen: mir fehlt selbst zur Verwundung der Platz.

Anonym oder *Archias*

Die Kitharödin

So wie du auf der Zither, so wünschte auch ich, Kitharödin,
oben die Griffe zu tun und in der Mitte den Strich.

Anonym

Ich folg den Göttern

Tadelt mich einer vielleicht, ich ginge als Diener des Eros
gleich einem Vogler mit Leim in meinen Augen umher,
mag er gedenken, Kronion und Hades und er, der den Meeren
ringsum gebietet, sind auch Sklaven der wilden Begier.
Sind's aber Götter und sollen die Menschen den Ewigen folgen,
kann ich da Sünde begehn, wenn ich so handle wie Gott?

Anonym

Ungenügende Mittel

'n Tag, Kind! – „Ja, guten Tag!" – Wer geht da vorn? – „Kann dir
[egal sein." –
Weiß schon, warum ich so frag. – „Nun, meine Gnädige ist's." –
Ist was zu machen? – „Ja, was denn?" – Heut nacht, mein' ich. –
[„Hast du was bei dir?" –
Goldstücke hab ich. – „Ja dann . . ." – Hier! – „Nee, das reicht
[wohl nicht aus."

Anonym

310   Anthologia Graeca V

102 (101). ΜΑΡΚΟΥ ΑΡΓΕΝΤΑΡΙΟΥ

Τὴν ἰσχνὴν Διόκλειαν ἀσαρκοτέρην 'Αφροδίτην,
   ὄψεαι, ἀλλὰ καλοῖς ἤθεσι τερπομένην.
οὐ πολύ μοι τὸ μεταξὺ γενήσεται, ἀλλ' ἐπὶ λεπτὰ
   στέρνα πεσὼν ψυχῆς κείσομαι ἐγγυτάτω.

Pl VII 158 f. 74 ᵛ. – **1** τ' 'Αφρ. P¹ // 'Αφροδίτης Pl **3** ἀλλ' ἐπὶ λεπτὰ P ἐς δὲ
ποθεινὰ Pl **4** ψυχεῖς P // ἐγγυτάτῳ P.

103 (102). ΡΟΥΦΙΝΟΥ

Μέχρι τίνος, Προδίκη, παρακλαύσομαι; ἄχρι τίνος σε
   γουνάσομαι, στερεή, μηδὲν ἀκουόμενος;
ἤδη καὶ λευκαί σοι ἐπισκιρτῶσιν ἔθειραι,
   καὶ τάχα μοι δώσεις ὡς 'Εκάβη Πριάμῳ.

Pl VII 150 f. 74 ᵛ. – **1** Προδίκη Pl -δόκη P // παρὰ κλ. P.

104 (103). ΜΑΡΚΟΥ ΑΡΓΕΝΤΑΡΙΟΥ

Αἶρε τὰ δίκτυα ταῦτα, κακόσχολε, μηδ' ἐπίτηδες
   ἰσχίον ἐρχομένη σύστρεφε, Λυσιδίκη.
οὔ σε περισφίγγει λεπτὸς στολιδώμασι πέπλος,
   πάντα δέ σου βλέπεται γυμνὰ καὶ οὐ βλέπεται.
εἰ τόδε σοι χαρίεν καταφαίνεται, αὐτὸς ὁμοίως   5
   ὀρθὸν ἔχων βύσσῳ τοῦτο περισκεπάσω.

3 περισφίγγει c -γω P¹ // λεπτοστολιδ- P em. Gruter **4** δέ σου c σοῦ δὲ P¹.

105 (104). ΤΟΥ ΑΥΤΟΥ

Ἄλλος ὁ Μηνοφίλας λέγεται παρὰ μαχλάσι κόσμος,
   ἄλλος, ἐπεὶ πάσης γεύεται ἀκρασίης.
ἀλλ' ἴτε, Χαλδαῖοι, κείνης πέλας· ἢ γὰρ ὁ ταύτης
   οὐρανὸς ἐντὸς ἔχει καὶ κύνα καὶ διδύμους.

Pl VII 183 f. 75 ᵛ. – Anonymum ap. Pl **1** Μινοφίλας P¹ **2** ἀκρασίας P¹ **3** ἴτε P ὄτε Pl.

Hagere Schöne

Sieh, gleich kommt Diokleia, die dünne, eine Kythere,
nur ohne Fleisch, doch nett ist sie von Wesen und Art.
Viel ist es nicht, was zwischen uns steht; denn fall ich an ihre
mageren Brüstchen, dann rühr ich an ihr Seelchen heran.

Marcus Argentarius

Liebe übern langen Weg

Prodike, sage, wie lange noch läßt du mich weinen? Wie lange
läßt du mich, Harte, vor dir ohne Erhörung noch knien?
Weiß schon sprießt dir das Haar hervor an den Schläfen; bald wirst du
das mir geben, was einst Hekabe Priamos gab.

Rufinos

Das durchsichtige Kleid

Laß dies Schleiergewand, Lysidike, weg hier beim Bummel,
wieg nicht und bieg nicht kokett dich in den Hüften beim Gehn.
Denn es verhüllen dich nicht die Falten des dünnen Gewebes,
sondern man sieht dich bald nackt, bald wieder scheinst du bedeckt.
Dünkt dich das neckisch, das Spiel, ich hab da was Hartes und Grades,
gerne decke auch ich mit einem Schleier es zu.

Marcus Argentarius

Der zweite Himmel

Zweimal gibt's einen Himmel. Menophile, sagen die Dirnen,
hat den zweiten: sie frönt sämtlichen Arten der Lust.
Na denn, Chaldäer, heran! Kommt her zu dem Mädel! Tatsächlich
könnt ihr in ihrem Gewölb Zwillinge finden und Hund.

Marcus Argentarius

312   Anthologia Graeca V

106 (105). ΔΙΟΤΙΜΟΥ ΜΙΛΗΣΙΟΥ

Γραῖα, φίλη θρέπτειρα, τί μου προσιόντος ὑλακτεῖς
   καὶ χαλεπὰς βάλλεις δὶς τόσον εἰς ὀδύνας;
παρθενικὴν γὰρ ἄγεις περικαλλέα, τῆς ἐπιβαίνων
   ἴχνεσι, τὴν ἰδικὴν οἶμον ἴδ' ὡς φέρομαι,
εἶδος ἐσαυγάζων μοῦνον γλυκύ. τίς φθόνος ὄσσων,   5
   δύσμορε; καὶ μορφὰς ἀθανάτων βλέπομεν.

Pl VII 179 f.75ᵛ. – Anonymum ap. Pl   4 ἰδικὴν Jac. -ίκην P -ίην Pl.

107 (106). ΦΙΛΟΔΗΜΟΥ

,,Γινώσκω, χαρίεσσα, φιλεῖν πάνυ τὸν φιλέοντα,
   καὶ πάλι γινώσκω τόν με δακόντα δακεῖν·
μὴ λύπει με λίην στέργοντά σε μηδ' ἐρεθίζειν
   τὰς βαρυοργήτους σοι θέλε Πιερίδας.''
τοῦτ' ἐβόων αἰεὶ καὶ προὔλεγον· ἀλλ' ἴσα πόντῳ   5
   Ἰονίῳ μύθων ἔκλυες ἡμετέρων.
τοιγὰρ νῦν σὺ μὲν ὧδε μέγα κλαίουσα βαΰζοις·
   ἡμεῖς δ' ἐν κόλποις ἥμεθα Ναϊάδος.

* Pl VII 184 f.75ᵛ. – Anonym. ap. Pl   1-2 γιγν- Pl   3 ἐρέθιζε Pl   4 σοι P μὴ Pl
5 ταῦτ' Pl   7 βαΰζεις Pl   8 ἥμεθα Ναϊάδος: ἥμ. Νηι- Pl ἥμεραι διαδος P¹ ἡμέραν
ἀιάδος c.

108 (107). ΚΡΙΝΑΓΟΡΟΥ

Δειλαίη, τί σε πρῶτον ἔπος, τί δὲ δεύτατον εἴπω;
   δειλαίη· τοῦτ' ἐν παντὶ κακῷ ἔτυμον.
οἴχεαι, ὦ χαρίεσσα γύναι, καὶ ἐς εἴδεος ὥρην
   ἄκρα καὶ εἰς ψυχῆς ἦθος ἐνεγκαμένη.
Πρώτη σοι ὄνομ' ἔσκεν ἐτήτυμον· ἦν γὰρ ἅπαντα   5
   δεύτερ' ἀμιμήτων τῶν ἐπὶ σοὶ χαρίτων.

3 οἴχεται P¹ em. c // γύναι c νύμφη P¹   5 σοί γ' Hermann, sed cf. XI 42,1.

Das Auge sündigt nicht

Mütterchen, Amme des Mädchens, was schimpfst du so, wenn ich mich
    Warum machst du mir denn doppelt so bitter die Qual?   [nahe?
Wunderbar hübsch ist das Mädchen, das neben dir hergeht, und folge
    ich ihren Spuren, ich geh bloß meinen eigenen Weg;
nur ihr süßes Figürchen betrachte ich. Kann man denn, Törin,
    Augen beneiden? Man sieht doch auch Unsterbliche an!

Diotimos von Milet

Abgedankt

„O, ich versteh es, mein Hübsches, mich Freundlichen freundlich zu
    doch ich verstehe es auch, Biß zu erwidern mit Biß.   [zeigen,
Quäle mich nur nicht zu sehr, mich, der ich dich liebe, und reize
    nicht des piërischen Chors grimmigen Groll wider dich!"
Hab ich's nicht immer gesagt? Nicht immer gepredigt? Du aber
    hast wie das Jonische Meer auf meine Worte gehört.
Recht so! Nun stell dich nur hin und heule und schluchze und plärre;
    ich aber sitze derweil lachend der Naïs im Schoß.

Philodemos

Prote

Arme, wie soll ich zuerst, wie soll ich zum letzten dich nennen?
    Arme! In all diesem Leid ist es das richtige Wort.
Holde, du schiedest dahin, und du hattest in Schönheit der Seele,
    hattest in Schönheit des Leibs wahrlich das Höchste erlost.
Prote hast du geheißen. Mit Recht! Es stand ja vor deinem
    unerreichbaren Reiz alles als zweites zurück.

Krinagoras

109 (108). ΑΝΤΙΠΑΤΡΟΥ

Δραχμῆς Εὐρώπην τὴν 'Ατθίδα μήτε φοβηθεὶς
μηδένα μήτ' ἄλλως ἀντιλέγουσαν ἔχε,
καὶ στρωμνὴν παρέχουσαν ἀμεμφέα, χὤπότε χειμών,
ἄνθρακας. ἤ ῥα μάτην, Ζεῦ φίλε, βοῦς ἐγένου.

1 φοβηθεὶς Valckenaer -θῆς.

110 (109). ΜΑΡΚΟΥ ΑΡΓΕΝΤΑΡΙΟΥ

Ἔγχει Λυσιδίκης κυάθους δέκα, τῆς δὲ ποθεινῆς
Εὐφράντης ἕνα μοι, λάτρι, δίδου κύαθον.
φήσεις Λυσιδίκην με φιλεῖν πλέον· οὐ μὰ τὸν ἡδὺν
Βάκχον, ὃν ἐν ταύτῃ λαβροποτῶ κύλικι,
ἀλλά μοι Εὐφράντη μία πρὸς δέκα· καὶ γὰρ ἀπείρους   5
ἀστέρας ἓν μήνης φέγγος ὑπερτίθεται.

Pl VII 159 f. 74 ᵛ. – 1 Λυσιδίκη P¹   5 Εὐφράντη μία c Pl εὐφραντηρία P¹.

111 (110). ΑΝΤΙΦΙΛΟΥ

Εἶπον ἐγὼ καὶ πρόσθεν, ὅτ' ἦν ἔτι φίλτρα Τερείνης
νήπια· ,,Συμφλέξει πάντας ἀεξομένη.''
οἱ δ' ἐγέλων τὸν μάντιν. ἴδ', ὁ χρόνος, ὃν ποτ' ἐφώνουν,
οὗτος· ἐγὼ δὲ πάλαι τραύματος ᾐσθανόμην.
καὶ τί πάθω; λεύσσειν μέν, ὅλαι φλόγες· ἢν δ' ἀπονεύσω,   5
φροντίδες· ἢν δ' αἰτῶ, παρθένος. οἰχόμεθα.

Pl VII 122 f. 73 ᵛ. – 5 λεύσσειν Pl λεύσειν P.

112 (111). ΦΙΛΟΔΗΜΟΥ

'Ηράσθην· τίς δ' οὐχί; κεκώμακα· τίς δ' ἀμύητος
κώμων; ἀλλ' ἐμάνην· ἐκ τίνος; οὐχὶ θεοῦ;
ἐρρίφθω· πολιὴ γὰρ ἐπείγεται ἀντὶ μελαίνης
θρὶξ ἤδη, συνετῆς ἄγγελος ἡλικίης.

Verwandlung überflüssig

Zahl' eine Drachme, dann hast du das attische Dirnchen Europa.
Völlig gefahrlos! Sie selbst sträubt sich und ziert sich auch nicht,
stellt dir sogar noch ein tadellos Bett und im Winter noch Kohlen . . .
Zeus, mein Lieber, war's wert, daß du zum Stier dich gemacht?

Antipatros von Thessalonike

10 : 1

Gieß auf Lysidike mir zehn Kellen ein, und auf die schöne,
    holde Euphrante, mein Bub, schöpf eine Kelle mir nur . . .
Meinst du, ich liebe Lysidike mehr? O nein, bei des Bakchos
    köstlichem Wein, den ich hier schlürfe aus diesem Pokal:
zehnmal so viel ist Euphrante mir wert, sie alleine; so strahlt auch
    über der Sterne Gewirr sieghaft der eine – der Mond.

Marcus Argentarius

Der Brand bricht aus

Sagt ich nicht damals es schon, als die Reize Tereines noch völlig
    kindlich gewesen: „Sie sengt, wenn sie erst groß wird, uns all"?
Aber man lachte mich aus mit meiner Voraussicht. Nun ist sie
    da, diese Zeit; ich hab längst die Verbrennung gemerkt.
Tja – was tut man? Sie ansehn ist Brand; hinwegsehn – die Hölle.
    Frag ich sie? 's ist noch ein Kind . . . Himmel, mit mir ist es aus!

Antiphilos

Start in die Tugend

Heiß war das Herz mir. Wem nicht . . .? Ich liebte die Ständchen.
                                                    [Wem sind sie
    fremd wohl . . .? Ich habe getollt. Wer hat die Schuld denn? Nicht
                                                    [Gott . . .?
Weg mit dem allen! Fahrt hin! Denn grau schon anstelle des schwarzen
    sproßt mir das Haar und zeigt weiseres Alter mir an:

καὶ παίζειν ὅτε καιρός, ἐπαίξαμεν· ἡνίκα καιρὸς   5
οὐκέτι, λωιτέρης φροντίδος ἀψόμεθα.

Pl VII 94 f. 72 ᵛ. – 1 κεκώμακε Pl 3 πολιὴ c -ῇ P¹ πολλὴ Pl 5 καιρός² Herwerden
καὶ νῦν 6 λωοτέρης Pl.

113 (112). ΜΑΡΚΟΥ ΑΡΓΕΝΤΑΡΙΟΥ

Ἡράσθης πλουτῶν, Σωσίκρατες, ἀλλὰ πένης ὢν
οὐκέτ' ἐρᾷς· λιμὸς φάρμακον οἷον ἔχει.
ἡ δὲ πάρος σε καλεῦσα μύρον καὶ τερπνὸν Ἄδωνιν
Μηνοφίλα νῦν σου τοὔνομα πυνθάνεται·
,,Τίς πόθεν εἰς ἀνδρῶν; πόθι τοι πτόλις;" ἦ μόλις ἔγνως   5
τοῦτ' ἔπος, ὡς οὐδεὶς οὐδὲν ἔχοντι φίλος.

Pl VII 95 f. 72 ᵛ. – Philodemo trib. Pl 4 σου P σοι Pl 5 εἰς Pl ἧς P // πόλις P¹.

114 (113). ΜΑΙΚΙΟΥ

Ἡ χαλεπὴ κατὰ πάντα Φιλίστιον, ἡ τὸν ἐραστὴν
μηδέποτ' ἀργυρίου χωρὶς ἀνασχομένη,
φαίνετ' ἀνεκτοτέρη νῦν ἢ πάρος. οὐ μέγα θαῦμα
φαίνεσθ'· ἠλλάχθαι τὴν φύσιν οὐ δοκέω.
καὶ γὰρ πρηΰτέρη ποτὲ γίνεται ἀσπὶς ἀναιδής,   5
δάκνει δ' οὐκ ἄλλως ἢ θανατηφορίην.

Pl VII 96 f. 72 ᵛ. – Philodemo trib. Pl 1 φιληστιόνη P Φιλήσιον ἡ Pl em. Salm.
4 ἠλλακται P 6 οὐκ ἄλλως Pl οὐ καλῶς P.

115 (114). ΦΙΛΟΔΗΜΟΥ

Ἡράσθην Δημοῦς Παφίης γένος· οὐ μέγα θαῦμα·
καὶ Σαμίης Δημοῦς δεύτερον· οὐχὶ μέγα·
καὶ πάλιν Ὑσιακῆς Δημοῦς τρίτον· οὐκέτι ταῦτα
παίγνια· καὶ Δημοῦς τέτρατον Ἀργολίδος.
αὐταί που Μοῖραί με κατωνόμασαν Φιλόδημον,   5
ὡς αἰεὶ Δημοῦς θερμὸς ἔχοι με πόθος.

Pl VII 97 f. 72 ᵛ. – 3 Ὑσιακῆς Salm. ὑεσ- P¹ ὑτι- c Ἀσ- Pl 6 ἔχει Pl.

Als es noch Zeit war zu tollen, da hab ich getollt und getändelt;
   nun sie vergangen, die Zeit, folg ich dem besseren Sinn.

Philodemos

Armut und Liebe

Als du noch reich warst, da warst du verliebt; doch heut in der Armut
   liebst du, Sosikrates, nicht. Wie doch der Hunger kuriert!
Selbst die Menophile, sie, die einst dich „mein Süßer", „mein Hüb-
                                                         scher"
   und „mein Adonis" genannt, fragt nach dem Namen dich jetzt:
„Wer und von wannen der Männer? Wo ist deine Heimat?" Gemach
   geht das geflügelte Wort „Hablos heißt freundlos" dir ein.   [nun

Marcus Argentarius

Natter

Nie war Philistion früher von freundlichem Wesen, nie ließ sie
   einen Verehrer auch mal ohne Bezahlung herein.
Heut ist sie unverkennbar schon netter als früher. Kein Wunder!
   Nicht, daß ihre Natur anders geworden. I wo!
Denn auch die giftige Natter ist manchmal wohl zahm und gesittet;
   beißt sie aber, dann wird's immer ein tödlicher Biß.

Quintus Mäcius

Nomen est omen

Demo von Paphos, der Insel, hat einst mich begeistert; kein Wunder.
   Demo von Samos sodann; wundert es einen vielleicht?
Demo von Hysiai war ich (kein Scherz ist's) drauf als der dritten
   zärtlich gewogen. Dann trat Demo von Argos mir nah.
Sicherlich haben die Moiren mich einst Philodemos geheißen,
   daß beständig mein Herz für eine Demo erglüht.

Philodemos

116 (115). ΜΑΡΚΟΥ ΑΡΓΕΝΤΑΡΙΟΥ

Θῆλυς ἔρως κάλλιστος ἐνὶ θνητοῖσι τέτυκται,
ὅσσοις ἐς φιλίην σεμνὸς ἔνεστι νόος.
εἰ δὲ καὶ ἀρσενικὸν στέργεις πόθον, οἶδα διδάξαι
φάρμακον, ᾧ παύσεις τὴν δυσέρωτα νόσον.
στρέψας Μηνοφίλαν εὐίσχιον ἐν φρεσὶν ἔλπου   5
αὐτὸν ἔχειν κόλποις ἄρσενα Μηνόφιλον.

117 (116). ΜΑΙΚΙΟΥ

Θερμαίνει μ' ὁ καλὸς Κορνήλιος· ἀλλὰ φοβοῦμαι
τοῦτο τὸ φῶς, ἤδη πῦρ μέγα γινόμενον.

Pl VII 156 f. 74 ᵛ. – 1 μ' Pl με P 2 γιγνόμενον Pl.

118 (117). ΜΑΡΚΟΥ ΑΡΓΕΝΤΑΡΙΟΥ

Ἰσιὰς ἡδύπνευστε, καὶ εἰ δεκάκις μύρον ὄσδεις,
ἔγρεο καὶ δέξαι χερσὶ φίλαις στέφανον,
ὃν νῦν μὲν θάλλοντα, μαραινόμενον δὲ πρὸς ἠῶ
ὄψεαι, ὑμετέρης σύμβολον ἡλικίης.

Pl VII 171 f. 75ʳ. – 1 ἡδύπνοιε Pl // ὄσδεις c εὔδεσι (?) P¹ εὔδεις Pl 4 ἡμετέρης Pl.

119 (118). ΚΡΙΝΑΓΟΡΟΥ

Κἢν ῥίψῃς ἐπὶ λαιὰ καὶ ἢν ἐπὶ δεξιὰ ῥίψῃς,
Κριναγόρη, κενεοῦ σαυτὸν ὕπερθε λέχους,
εἰ μή σοι χαρίεσσα παρακλίνοιτο Γέμελλα,
γνώσῃ κοιμηθεὶς οὐχ ὕπνον, ἀλλὰ κόπον.

Pl VII 172 f. 75ʳ. – 1 ῥίψῃς (bis) c -ης P¹ Pl 3 Γέμιλλα Pl.

Die Illusion

Sehnsucht zum Weibe ist wirklich das Schönste, was Menschen be-
  die in der Liebe sich noch reine Gesinnung bewahrt.   [sitzen,
Lüstet's dich aber nach Knaben, dann kann ich ein Mittel dir sagen,
  das von des irrigen Triebs kranker Verlockung dich heilt:
Dreh die Menophile um – hübsch sind ihre Bäckchen – und träum dir,
  daß, was im Arme du hältst, Knabe Menophilos sei.

Marcus Argentarius

Cornelius

Warm zwar will es mir werden beim schönen Cornelius; bang nur
  macht mich dies Leuchten, aus dem mächtig das Feuer schon dringt.

Quintus Mäcius

Durch die Blume

Isias, Duft ist dein Atem – doch duftest du zehnmal noch süßer,
  Liebste, erwache und nimm, den ich dir bringe, den Kranz.
Jetzt noch blühn seine Blumen, doch hebt sich der Morgen, dann
  welk sie geworden: ein Bild, Kind, deines eigenen Mai.   [siehst du

Marcus Argentarius

Einsam

Ob du, Krinagoras, auch auf leerem, einsamem Lager
  auf die Linke dich wirfst oder zur Rechten dich wälzt:
schmiegt sich, du Armer, dir nicht die holde Gemella zur Seite,
  ach, du findest nicht Schlaf, müde nur wirst du im Bett.

Krinagoras

320 Anthologia Graeca V

120 (119). ΦΙΛΟΔΗΜΟΥ

Καὶ νυκτὸς μεσάτης τὸν ἐμὸν κλέψασα σύνευνον
ἦλθον καὶ πυκινῇ τεγγομένη ψακάδι.
τοὔνεκ' ἐν ἀπρήκτοισι καθήμεθα κοὐχὶ λαλεῦντες
εὕδομεν, ὡς εὕδειν τοῖς φιλέουσι θέμις;

121 (120). ΤΟΥ ΑΥΤΟΥ

Μικκὴ καὶ μελανεῦσα Φιλαίνιον, ἀλλὰ σελίνων
οὐλοτέρη καὶ μνοῦ χρῶτα τερεινοτέρη
καὶ κεστοῦ φωνεῦσα μαγώτερα καὶ παρέχουσα
πάντα καὶ αἰτῆσαι πολλάκι φειδομένη.
τοιαύτην στέργοιμι Φιλαίνιον, ἄχρις ἂν εὕρω   5
ἄλλην, ὦ χρυσέη Κύπρι, τελειοτέρην.

Pl VII 98 f. 72ᵛ. – **1** Φιλέννιον P // σελίνων P¹ Pl σελήν- c **1-3** partes exhib. Suid.
8. μαγώτερα, μνοῦς, κεστός **2** καὶ μνοῦ P Suid. καὶ ἀμνοῦ Pl.

122 (121). ΔΙΟΔΩΡΟΥ

Μὴ σύ γε, μηδ' εἴ τοι πολὺ φέρτερος εἴδεται ὄσσων
ἀμφοτέρων Κλεῖνος, κοῦρε, Μεγιστοκλέους,
κἢν στίλβῃ Χαρίτεσσι λελουμένος, ἀμφιδονοίης
τὸν καλόν· οὐ γὰρ ὁ παῖς ἤπιος οὐδ' ἄκακος,
ἀλλὰ μέλων πολλοῖσι καὶ οὐκ ἀδίδακτος ἐρώτων.   5
τὴν φλόγα ῥιπίζειν δείδιθι, δαιμόνιε.

2 Κλεῖνος Stadtm. κλεινοῦ **3** κ' ἦν P // ἀμφιδοναίης P em. Boiss. **5** γελῶν in
marg. ap. Buh.

123 (122). ΦΙΛΟΔΗΜΟΥ

Νυκτερινή, δίκερως, φιλοπάννυχε, φαῖνε, Σελήνη,
φαῖνε δι' εὐτρήτων βαλλομένη θυρίδων·
αὔγαζε χρυσέην Καλλίστιον· ἐς τὰ φιλεύντων
ἔργα κατοπτεύειν οὐ φθόνος ἀθανάτῃ.
ὀλβίζεις καὶ τήνδε καὶ ἡμέας, οἶδα, Σελήνη·   5
καὶ γὰρ σὴν ψυχὴν ἔφλεγεν Ἐνδυμίων.

4 φθόνος c φόβος P¹ // ἀθανάτῃ Reiske -η.

Der schlafende Liebhaber

Heimlich habe ich mich im nächtlichen Dunkel von meinem
    Gatten gestohlen und kam regenbegossen zu dir.
Und nun liegen wir hier so müßig zusammen und schlafen
    stumm und schweigend, als ob Schlaf für Verliebte sich schickt?

Philodemos

Liebe auf Zeit

Klein ist Philainion nur und schwarz, aber krauser als Eppich
    krollt sich ihr Haar, und zart fühlt ihre Haut sich wie Flaum.
Zaubrischer ist ihre Stimme als Kyprias Gürtel, und alles
    gibt sie mir gerne und will oft nicht mal etwas dafür.
So sei Philainion immer mir lieb, bis, goldene Kypris,
    du eine andre mir bringst, die mir – noch besser gefällt.

Philodemos

Vorsicht! Giftige Schönheit!

Wenn dir Megistokles' Sohn, der schöne Kleinos, auch teurer
    als deine Augen erscheint, wenn er auch strahlender glänzt
als von den Grazien gebadet, dreh, Freund, dich nicht um nach dem
    denn er ist gar nicht so gut, gar nicht so harmlos, der Bub; [Schönen,
vielen verwirrt er den Kopf, und er weiß auch Bescheid schon in Liebe.
    Schür nicht die brennende Glut! Hüte dich! Sei nicht ein Tor!

Diodoros

Schau zu, Selene

Nachtkind, doppeltgehörnt, gernwachende, scheine, Selene,
    scheine durchs Fenster herein, das sich geöffnet dem Licht.
Wirf deinen Strahl auf die goldne Kallistion nieder; der Liebe
    wonnige Werke zu schaun, ist ja der Göttin vergönnt.
Selig preisest du sie und mich, ich weiß es, Selene,
    denn auch dein eigenes Herz ward für Endymion warm.

Philodemos

322 Anthologia Graeca V

124 (123). ΤΟΥ ΑΥΤΟΥ

Οὔπω σοι καλύκων γυμνὸν θέρος, οὐδὲ μελαίνει
βότρυς ὁ παρθενίους πρωτοβολῶν χάριτας.
ἀλλ᾽ ἤδη θοὰ τόξα νέοι θήγουσιν Ἔρωτες,
Λυσιδίκη, καὶ πῦρ τύφεται ἐγκρύφιον.
φεύγωμεν, δυσέρωτες, ἕως βέλος οὐκ ἐπὶ νευρῇ· 5
μάντις ἐγὼ μεγάλης αὐτίκα πυρκαϊῆς.

Pl VII 90 f. 72 ᵛ. - 6 μεγάλης P πολλῆς Pl.

125 (124). ΒΑΣΣΟΥ

Οὐ μέλλω ῥεύσειν χρυσός ποτε· βοῦς δὲ γένοιτο
ἄλλος χὠ μελίθρους κύκνος ἐπηόνιος.
Ζηνὶ φυλασσέσθω τάδε παίγνια· τῇ δὲ Κορίννῃ
τοὺς ὀβολοὺς δώσω τοὺς δύο κοὐ πέτομαι.

Pl VII 173 f. 75 ʳ. - 1 μέλλει P¹ 2 μελόθρους P // ἐπηόνιος P¹ ἐπ᾽ ἠιόνιος c ἐπ᾽
ἠιόνος Pl.

126 (125). ΦΙΛΟΔΗΜΟΥ

Πέντε δίδωσιν ἑνὸς τῇ δεῖνα ὁ δεῖνα τάλαντα,
καὶ βινεῖ φρίσσων καί, μὰ τόν, οὐδὲ καλήν·
πέντε δ᾽ ἐγὼ δραχμὰς τῶν δώδεκα Λυσιανάσσῃ,
καὶ βινῶ πρὸς τῷ κρείσσονα καὶ φανερῶς.
πάντως ἤτοι ἐγὼ φρένας οὐκ ἔχω, ἢ τό γε λοιπὸν 5
τοὺς κείνου πελέκει δεῖ διδύμους ἀφελεῖν.

1 τῇ δεῖνα Reiske τῇ δείνᾳ 3 δραγμὰς P¹ -ᾶς c em. Bouhier // Λυσιανάσσῃ Gruter
τῇ Λ.

127 (126). ΜΑΡΚΟΥ ΑΡΓΕΝΤΑΡΙΟΥ

Παρθένον Ἀλκίππην ἐφίλουν μέγα, καί ποτε πείσας
αὐτὴν λαθριδίως εἶχον ἐπὶ κλισίη.
ἀμφοτέρων δὲ στέρνον ἐπάλλετο, μή τις ἐπέλθῃ,
μή τις ἴδῃ τὰ πόθων κρυπτὰ περισσότερον.
μητέρα δ᾽ οὐκ ἔλαθεν κείνης λάλον· ἀλλ᾽ ἐσιδοῦσα 5
ἐξαπίνης· „Ἑρμῆς κοινός,“ ἔφη, „θύγατερ.“

Pl VII 160 f. 75 ʳ. - 4 ἴδη c Pl ἴδ᾽ ἢ P¹ 5 ἔλαθον Pl.

Junge Knospe

Noch hat der Sommer dir nicht die Knospe entfaltet, noch bräunt sich
   nicht die Traube im Reiz erster jungfräulicher Lust.
Schon aber wetzen die kleinen Eroten die sausenden Pfeile;
   leise, Lysidike, schon schwelt es von heimlicher Glut . . .
Fort, ihr armen Verliebten! Noch liegt nicht der Pfeil auf der Sehne,
   bald – ich seh es voraus – tobt hier ein mächtiger Brand.

Philodemos

Ohne Umschweife

Regnen nicht will ich als Gold, mag ein andrer zum Stier sich verwan-
   oder zum singenden Schwan an dem Gestade des Meers.   [deln
Laß diese Possen dem Zeus! Ich geh zu Korinna und zahl ihr
   zwei Obolen; jedoch fliegen – das muß ich da nicht.

Lollius Bassus

Liebe im Abonnement

Fünf Talente bezahlt so mancher an manche für einmal;
   angstvoll genießt er und hat nicht mal 'ne Schönheit, weiß Gott.
Ich – ich zahle fünf Drachmen fürs Dutzend bei Lysianasse,
   mein ist ein herrliches Weib, und ich genieße es frei.
Entweder bin ich verrückt, oder aber es kommt so, dem andern
   hackt man mit einem Beil schließlich die Zwillinge ab.

Philodemos

Halbpart

Schwer war mein Herz nach Alkippe. Ich schwatzte wohl dieses und
   und so hielt ich am End heimlich die Holde im Arm.   [jenes,
Wild schlug uns beiden die Brust aus Furcht, es käme wohl jemand
   und überraschte uns zwei bei dem verstohlenen Glück.
Plötzlich raunte die Kleine. Das hörte die Mutter. Jäh stand sie
   bei uns im Zimmer: „Ein Fund!" lachte sie. „Halbpart, mein Kind!"

Marcus Argentarius

128 (127). ΤΟΥ ΑΥΤΟΥ

Στέρνα περὶ στέρνοις, μαστῷ δ' ἔπι μαστὸν ἐρείσας
χείλεά τε γλυκεροῖς χείλεσι συμπιέσας
'Αντιγόνης καὶ χρῶτα λαβὼν πρὸς χρῶτα, τὰ λοιπὰ
σιγῶ, μάρτυς ἐφ' οἷς λύχνος ἐπεγράφετο.

App. B–V 17. – 1 μαστὸν δ' ἐπὶ μαστῷ App. // ἔπι Passow ἐπι P ἐπὶ App.

129 (128). ΑΥΤΟΜΕΔΟΝΤΟΣ

Τὴν ἀπὸ τῆς 'Ασίης ὀρχηστρίδα, τὴν κακοτέχνοις
σχήμασιν ἐξ ἁπαλῶν κινυμένην ὀνύχων,
αἰνέω, οὐχ ὅτι πάντα παθαίνεται οὐδ' ὅτι βάλλει
τὰς ἁπαλὰς ἁπαλῶς ὧδε καὶ ὧδε χέρας,
ἀλλ' ὅτι καὶ τρίβακον περὶ πάσσαλον ὀρχήσασθαι   5
οἶδε καὶ οὐ φεύγει γηραλέας ῥυτίδας.
γλωττίζει, κνίζει, περιλαμβάνει· ἢν δ' ἐπιρίψῃ
τὸ σκέλος, ἐξ ᾅδου τὴν κορύνην ἀνάγει.

2 κινυμένην ὀνύχων c ὀν. κιν. P¹ 7 ἢν c ἢν P¹.

130 (129). ΜΑΙΚΙΟΥ

Τί στυγνή; τί δὲ ταῦτα κόμης εἰκαῖα, Φιλαινί,
σκύλματα καὶ νοτερῶν σύγχυσις ὀμματίων;
μὴ τὸν ἐραστὴν εἶδες ἔχονθ' ὑποκόλπιον ἄλλην;
εἶπον ἐμοί· λύπης φάρμακ' ἐπιστάμεθα.
δακρύεις; οὐ φὴς δέ; μάτην ἀρνεῖσθ' ἐπιβάλλῃ·   5
ὀφθαλμοὶ γλώσσης ἀξιοπιστότεροι.

Pl VII 155 f. 74 ᵛ. – Tit.: Μαικίου P¹ Μακκ- c τοῦ αὐτοῦ (sc. Maecii) Pl   1 εἰκαῖα
c Pl ηκ- P¹.

131 (130). ΦΙΛΟΔΗΜΟΥ

Ψαλμὸς καὶ λαλιὴ καὶ κωτίλον ὄμμα καὶ ᾠδὴ
Ξανθίππης καὶ πῦρ ἄρτι καταρχόμενον,
ὦ ψυχή, φλέξει σε· τὸ δ' ἐκ τίνος ἢ πότε καὶ πῶς
οὐκ οἶδα· γνώσῃ, δύσμορε, τυφομένη.

c: εἰς Ξανθίππην · ὁμοίως [ut ep. 124?]. – Pl VII 99 f. 73 ʳ. – 1 λαλιῇ P.

Verschwiegenheit

Busen an Busen gelehnt und Brust an Brüstchen mich drückend,
  Mund auf wonnigem Mund hab ich Antigones Leib
fest mit dem Leibe gepreßt . . . Was sonst noch geschehen ist –
  Nur ein Lämpchen dabei wurde als Zeugin notiert.   [Schweigen!

Marcus Argentarius

Die Tänzerin

O, ich lobe sie sehr, die Tänzerin drüben aus Asien,
  die mit Inbrunst sich müht, kecke Figuren zu drehn,
nicht etwa, weil sie die Stimmung stets meisterlich ausdrückt, nicht
  ihren reizenden Arm reizend zu wirbeln versteht,   [weil sie
sondern weil sie im Tanz um vertrocknete Stümpfe geübt ist
  und vor der runzligen Haut auch eines Greises nicht flieht.
Kosend umarmt sie, sie zwickt, sie küßt mit der Zunge, und drückt sie
  gar ihr Beinchen heran, holt einen Pfahl sie vom Styx.

Automedon

Das Auge sagt's

O, warum so verstört? Warum raufst du, Philainis, so sinnlos
  dir die Locken? Warum schwimmen dir Tränen im Aug?
Hast du vielleicht deinen Liebsten am Busen der andern gesehen?
  Sag es mir ruhig! Ich weiß, wie man solch Wehchen kuriert . . .
Immer noch fließen die Tränen? Nein sagst du? Du leugnest ver-
  Was die Zunge verschweigt, machen die Augen bekannt.   [gebens:

Quintus Mäcius

Kommender Brand

Spiel und Sang der Xanthippe, ihr Plaudern, ihr lockendes Äugeln,
  ach, und die schwelende Glut, die schon zu knistern beginnt,
wird dich, mein Seelchen, verbrennen. Doch wann und wie und weswegen,
  kann ich nicht sagen. Du spürst's, wenn es dich, Ärmste, verzehrt.

Philodemos

132 (131). ΤΟΥ ΑΥΤΟΥ

Ὢ ποδός, ὢ κνήμης, ὢ τῶν (ἀπόλωλα δικαίως)
μηρῶν, ὢ γλουτῶν, ὢ κτενός, ὢ λαγόνων,
ὤμοιν, ὢ μαστῶν, ὢ τοῦ ῥαδινοῖο τραχήλου,
ὢ χειρῶν, ὢ τῶν (μαίνομαι) ὀμματίων,
ὢ κατατεχνοτάτου κινήματος, ὢ περιάλλων   5
γλωττισμῶν, ὢ τῶν (θῦ' ἐμὲ) φωναρίων.
εἰ δ' 'Οπικὴ καὶ Φλῶρα καὶ οὐκ ᾄδουσα τὰ Σαπφοῦς,
καὶ Περσεὺς 'Ινδῆς ἠράσατ' 'Ανδρομέδης.

* Pl VII 100 f.73ʳ. – 1 ὢ… κνήμης et 3 ὢ²… Suid. s. ῥαδινή   3 ὤμοιν [= ὢ ὤμοιν]
P ὢ ὠμῶν Pl   5 κακοτεχν- Pl   6 θύεμε P κλῶμαι Pl em. Ellis.

133 (132). ΜΑΙΚΙΟΥ

Ὢμοσ' ἐγὼ δύο νύκτας ἀφ' 'Ηδυλίου, Κυθέρεια,
σὸν κράτος ἡσυχάσειν. ὡς δοκέω δ', ἐγέλας,
τοὐμὸν ἐπισταμένη τάλανος κακόν· οὐ γὰρ ὑποίσω
τὴν ἑτέρην, ὅρκους δ' εἰς ἀνέμους τίθεμαι.
αἱροῦμαι δ' ἀσεβεῖν κείνης χάριν ἢ τὰ σὰ τηρῶν   5
ὅρκι' ἀποθνῄσκειν, πότνι', ὑπ' εὐσεβίης.

Pl VII 154 f.74 ᵛ. – 2 δὲ γελᾷς Pl   3 τάλανος om. Pl spatio rel.   4 ἑτάρην P   6 ὄργι' P.

134 (133). ΠΟΣΕΙΔΙΠΠΟΥ

Κεκροπί, ῥαῖνε, λάγυνε, πολύδροσον ἰκμάδα Βάκχου,
ῥαῖνε, δροσιζέσθω συμβολικὴ πρόποσις.
σιγάσθω Ζήνων ὁ σοφὸς κύκνος ἅ τε Κλεάνθους
μοῦσα· μέλοι δ' ἡμῖν ὁ γλυκύπικρος Ἔρως.

2 ῥαῖνε Guyet βαῖνε.

Delirium der Liebe

Hach, dieser Fuß, diese Wade, dies Beinchen, das mich noch umbringt,
    hach, diese Bäckchen, der Kamm und diese Hüften dabei,
hach, diese Brust, diese Schultern und diese Feinheit des Nackens,
    hach, diese Hände, dies Aug, ach, das verrückt mich noch macht,
dies raffinierte Sich-Wiegen und Drehn, diese unübertroffnen
    Zungenküsse und dies Stimmchen – ach, schlagt mich doch tot!
Oskerin ist sie und Flora und singt nicht die Lieder der Sappho:
    Hatte in Indien nicht auch Perseus Andromeda lieb?

Philodemos

Meineid oder Tod

Kypris, ich schwur es bei dir, der Starken, ich bliebe zwei Nächte
    der Hedylion fern. Aber du lachtest, so scheint's,
denn du kanntest mich Armen mit all meinen Nöten. Die zweite
    Nacht jetzt halt ich nicht aus. Weg mit dem Eid in den Wind!
Lieber ein Sünder aus Liebe als, Göttin, den Eid dir gehalten
    und aus Frömmigkeitssinn noch in den Tod sich gestürzt.

Quintus Mäcius

Flucht in die Liebe

Spende, kekropische Flasche, die perlenden Tropfen des Bakchos,
    spende sie! Schäumendes Naß netze der Zechenden Bund!
Fort mit Kleanthes' Muse und Zenon, dem Schwane, dem weisen!
    Er, der so bitter und süß, Eros soll Führer mir sein.

Poseidippos

135 (134). ΑΔΗΛΟΝ

Στρογγύλη, εὐτόρνευτε, μονούατε, μακροτράχηλε,
    ὑψαύχην στεινῷ φθεγγομένη στόματι,
Βάκχου καὶ Μουσέων ἱλαρὴ λάτρι καὶ Κυθερείης,
    ἡδύγελως, τερπνὴ συμβολικῶν ταμίη,
τίφθ', ὁπόταν νήφω, μεθύεις σύ μοι, ἢν δὲ μεθυσθῶ,   5
    ἐκνήφεις; ἀδικεῖς συμποτικὴν φιλίην.

App. B·V 16 [om. v. 1–4]. − 5 ὅταν App.

136 (135). ΜΕΛΕΑΓΡΟΥ

Ἔγχει καὶ πάλιν εἰπέ, πάλιν, πάλιν ,,Ἡλιοδώρας‘‘·
    εἰπέ, σὺ δ' ἀκρήτῳ τὸ γλυκὺ μίσγ' ὄνομα·
καί μοι τὸν βρεχθέντα μύροις, καὶ χθιζὸν ἐόντα,
    μναμόσυνον κείνας ἀμφιτίθει στέφανον.
δακρύει φιλέραστον, ἰδού, ῥόδον, οὕνεκα κείναν   5
    ἄλλοθι κοὐ κόλποις ἀμετέροις ἐσορᾷ.

5 κείναν c -νων P¹ 6 ἀμετέροις Graefe ἡμ-.

137 (136). ΤΟΥ ΑΥΤΟΥ

Ἔγχει τᾶς Πειθοῦς καὶ Κύπριδος Ἡλιοδώρας
    καὶ πάλι τᾶς αὐτᾶς ἀδυλόγου Χάριτος.
αὐτὰ γὰρ μί' ἐμοὶ γράφεται θεός, ἇς τὸ ποθεινὸν
    οὔνομ' ἐν ἀκρήτῳ συγκεράσας πίομαι.

2 ἀδὺ λόγου P em. Bouhier // Χάριτος Bentl. -τες 3 ἇς c ἃς P¹.

138 (137). ΔΙΟΣΚΟΡΙΔΟΥ

Ἵππον Ἀθήνιον ᾖσεν ἐμοὶ κακόν· ἐν πυρὶ πᾶσα
    Ἴλιος ἦν, κἀγὼ κείνῃ ἅμ' ἐφλεγόμαν,
οὐ δείσας Δαναῶν δεκέτη πόνον· ἐν δ' ἑνὶ φέγγει
    τῷ τότε καὶ Τρῶες κἀγὼ ἀπωλόμεθα.

3 τείσας Schliack δὺς εἰς Sitzler.

An die Flasche

Runde, Trefflichgedrehte, du Stolzgereckte, Langhälschen,
  Einohr, Plauderin du, ob auch dein Mäulchen nur klein,
fröhliche Dienerin du des Bakchos, der Musen und Kypris,
  Lachsüß, heitere Magd, die uns beim Picknick bedient:
bin ich nüchtern, dann bist du voll Wein, und bin ich voll Weine,
  bist du nüchtern. Warum? Darf man beim Zechen das tun?

Anonym

Weinmischung der Liebe

Füll mir den Becher und sprich: „Auf Heliodora!" Sag's wieder!
  Mische des Namens Klang süß in den lauteren Wein.
Leg mir das Kränzel aufs Haupt, obgleich es von gestern; noch duftet's
  feucht vom Balsam und bringt mir die Erinnrung an sie.
Schau die Rose! Sie weint, die Freundin der Liebe. Weswegen?
  Fern von mir sieht sie mein Lieb an eines anderen Brust.

Meleagros

Ein gleiches

Füll mir den Becher auf Peitho- und Kypris-Heliodora,
  füll ihn zum Wohl auf die hold plaudernde Grazie noch mal.
Sie ist die Göttin für mich, die eine, und süß drum mit diesem
  lauteren Weine gemischt schlürf ich den Namen hinab.

Meleagros

Ein Brand sprang über

Welch ein Unglück! Athenion sang vom hölzernen Pferde:
  Weit stand Troja in Brand, und mit ihm brannte auch ich,
ob ich zehn Jahre auch nicht wie die Danaer kämpfte. Es raffte
  eine einzige Glut mich und die Troer dahin.

Dioskorides

139 (138). ΜΕΛΕΑΓΡΟΥ

Ἁδὺ μέλος, ναὶ Πᾶνα τὸν Ἀρκάδα, πηκτίδι μέλπεις,
Ζηνοφίλα, ναὶ Πᾶν', ἁδὺ κρέκεις τι μέλος.
ποῖ σε φύγω; πάντη με περιστείχουσιν Ἔρωτες,
οὐδ' ὅσον ἀμπνεῦσαι βαιὸν ἐῶσι χρόνον.
ἢ γάρ μοι μορφὰ βάλλει πόθον ἢ πάλι μοῦσα   5
ἢ χάρις ἢ — τί λέγω; πάντα· πυρὶ φλέγομαι.

Pl VII 1 f.68 ᵛ. - 1 Suid. s. πηκτίς, 2 s. κρέκουσα // ἡδὺ et νὴ Pl　2 ναὶ Πᾶν' Graefe λιγίαν P λίγει' Pl λιγὺ Suid. // ἁδὺ om. Suid.　5 πόθεν Pl.

140 (139). ΤΟΥ ΑΥΤΟΥ

Ἡδυμελεῖς Μοῦσαι σὺν πηκτίδι καὶ Λόγος ἔμφρων
σὺν Πειθοῖ καὶ Ἔρως Κάλλος ὑφηνιοχῶν,
Ζηνοφίλα, σοὶ σκῆπτρα Πόθων ἀπένειμαν, ἐπεί σοι
αἱ τρισσαὶ Χάριτες τρεῖς ἔδοσαν χάριτας.

* Pl VII 103 f.73ʳ.- 1 Μούσαις P　2 Κάλλος nos κάλλος Graefe καλὸς P Pl // ὑφηνιοχῶν Graefe εφηνιόχῳ P¹ ἐφ' ἡνιόχῳ c Pl.

141 (140). ΜΕΛΕΑΓΡΟΥ

Ναὶ τὸν Ἔρωτα, θέλω τὸ παρ' οὔασιν Ἡλιοδώρας
φθέγμα κλύειν ἢ τᾶς Λατοΐδεω κιθάρας.

Pl VII 2 f.68 ᵛ. - Tit. om. P　1 ναὶ P νὴ Pl // παρ' οὔασιν Pl παρούας P　2 Λατοΐ-δεω Salm. λατρίδ- P λητοΐδ- Pl.

142 (141). ΑΔΗΛΟΝ

Τίς, ῥόδον ὁ στέφανος Διονυσίου ἢ ῥόδον αὐτὸς
τοῦ στεφάνου; δοκέω, λείπεται ὁ στέφανος.

Pl VII 3 f.68 ᵛ.

143 (142). ΜΕΛΕΑΓΡΟΥ

Ὁ στέφανος περὶ κρατὶ μαραίνεται Ἡλιοδώρας·
αὐτὴ δ' ἐκλάμπει τοῦ στεφάνου στέφανος.

Pl VII 4 f.68 ᵛ. - Tit. om. P.

Es brennt!

Süß, beim arkadischen Pan, Zenophile, spielst du die Harfe,
  süß, wahrhaftig beim Pan, klingt von den Saiten dein Lied.
Kann ich entfliehen? Wohin? Hier drängen und dort mich Eroten,
  und sie gönnen mir kaum auch nur zum Atmen die Ruh.
Jetzt entflammt mich dein Lied und jetzt deine strahlende Schönheit,
  jetzt deine Grazie und jetzt – alles . . . Hilf Himmel, es brennt . . .!

Meleagros

Vom Himmel gesegnet

Musen mit Leier und Lied, Gott Eros, der selber die Schönheit
  hoch zu Wagen gebracht, Peitho mit klugem Verstand
gaben, Zenophile, dir das Szepter im Reiche der Herzen,
  da dir der Holdinnen drei dreifaches Holde geschenkt.

Meleagros

Ins Herz gesungen

Wahrlich bei Eros, mir klingt die Stimme der Heliodora
  tausendmal süßer im Ohr als des Apollon Gesang.

Meleagros

Kranz des Kranzes

Kränzen die Rosen im Kranz Dionysios wohl, oder kränzt er
  selber als Rose den Kranz? Kränzlein, du wirst wohl besiegt.

Anonym

Ein gleiches

Welk schon liegen die Blüten des Kranzes auf Heliodoras
  Haupte, aber sie selbst strahlt ihrem Kranze als Kranz.

Meleagros

144 (143). ΤΟΥ ΑΥΤΟΥ

Ἤδη λευκόιον θάλλει, θάλλει δὲ φίλομβρος
νάρκισσος, θάλλει δ' οὐρεσίφοιτα κρίνα.
ἤδη δ' ἁ φιλέραστος, ἐν ἄνθεσιν ὥριμον ἄνθος,
Ζηνοφίλα Πειθοῦς ἁδὺ τέθηλε ῥόδον.
λειμῶνες, τί μάταια κόμαις ἔπι φαιδρὰ γελᾶτε ;   5
ἁ γὰρ παῖς κρέσσων ἁδυπνόων στεφάνων.

Pl VII 5 f. 68 ᵛ. - 1 λευκὸν ἴον Pl 2 οὑρεσιφυτα Pl 3 ἁ Stadtm. ἡ 4 ἁδὺ Graefe ἡδὺ
5 ἐπὶ P 6 ἡ et κρείσσων Pl.

145 (144). ΑΣΚΛΗΠΙΑΔΟΥ

Αὐτοῦ μοι, στέφανοι, παρὰ δικλίσι ταῖσδε κρεμαστοὶ
μίμνετε, μὴ προπετῶς φύλλα τινασσόμενοι,
οὓς δακρύοις κατέβρεξα· κάτομβρα γὰρ ὄμματ' ἐρώντων.
ἀλλ' ὅταν οἰγομένης αὐτὸν ἴδητε θύρης,
στάξαθ' ὑπὲρ κεφαλῆς ἐμὸν ὑετόν, ὡς ἂν ἄμεινον   5
ἡ ξανθή γε κόμη τἀμὰ πίῃ δάκρυα.

Pl VII 116 f. 73 ᵛ. - 3 ἐρώτων P¹ 4 αὐτὴν c 6 κόμη P¹ Pl κόρη c // πίῃ δάκρυα
P δ. π. Pl.

146 (145). ΚΑΛΛΙΜΑΧΟΥ

Τέσσαρες αἱ Χάριτες· ποτὶ γὰρ μία ταῖς τρισὶ κείναις
ἄρτι ποτεπλάσθη κῆτι μύροισι νοτεῖ.
εὐαίων ἐν πᾶσιν ἀρίζαλος Βερενίκα,
ἇς ἄτερ οὐδ' αὐταὶ ταὶ Χάριτες Χάριτες.

* c: εἰς τὴν γυναῖκα Πτολεμαίου Βερενίκαν. - 3 ἀρίζηλος P em. Brunck 4 τ' αἱ c.

147 (146). ΜΕΛΕΑΓΡΟΥ

Πλέξω λευκόιον, πλέξω δ' ἁπαλὴν ἅμα μύρτοις
νάρκισσον, πλέξω καὶ τὰ γελῶντα κρίνα,
πλέξω καὶ κρόκον ἡδύν· ἐπιπλέξω δ' ὑάκινθον
πορφυρέην, πλέξω καὶ φιλέραστα ῥόδα,
ὡς ἂν ἐπὶ κροτάφοις μυροβοστρύχου Ἡλιοδώρας   5
εὐπλόκαμον χαίτην ἀνθοβολῇ στέφανος.

* Pl VII 6 f.68ᵛ. - 1 ἁπαλοῖς Pl 6 ἀνθοβολῇ P¹ -λεῖ c -λῇ Pl.

Blumen, ihr blüht umsonst

Sieh, schon blühen Levkojen, schon blühen die allzeit dem Regen
    holden Narzissen, es blühn Lilien, die Wohner am Berg,
sieh, und die prangende Blume der Blumen, der Peitho holdselge
    Rose, Zenophile auch, Freundin der Liebe, sie blüht.
Wiesen, was lacht ihr umsonst so strahlend im Schmucke der Locken?
    Wonnig wohl duftet ein Kranz, wonniger duftet – mein Kind.

Meleagros

Kränze an der Tür

Bleibt, ihr Kränze, mir nun an den Flügeln der Türe hier hangen,
    aber reget mir nicht euer Geblätter zu früh,
das ich mit Tränen benetzt – leicht weinen die Augen Verliebter.
    Wenn aber aufgeht die Tür und ihr den Knaben erblickt,
o, dann tropft ihm aufs Haupt den Tau meiner Zähren hernieder,
    daß sein blondes Gelock reichlich mit Tränen sich tränkt.

Asklepiades

Die neue Grazie

Chariten gibt es nun vier, denn zu den bisherigen dreien
    ward eine neue geformt; feucht noch vom duftenden Öl,
strahlt sie vor allen auf Erden in seligem Glück: Berenike.
    Ohne sie wären sogar Chariten Chariten nicht.

Kallimachos

Kranz der Liebe

Flechten will ich Levkojen und flechten zarte Narzissen,
    lächelnde Lilien zugleich flecht ich mit Myrten zum Kranz,
flechte auch lieblichen Krokos sowie Hyazinthen mit purpurn
    strahlendem Schimmer und nun – Rosen, der Liebenden Lust.
Liegt dann der Heliodora das Kränzel im duftenden Haare,
    leis in die lockige Pracht rieseln ihr Blüten aufs Haupt.

Meleagros

148 (147). ΤΟΥ ΑΥΤΟΥ

Φαμί ποτ' ἐν μύθοις τὰν εὔλαλον Ἡλιοδώραν
νικάσειν αὐτὰς τὰς Χάριτας χάρισιν.

Pl VII 7 f. 68ᵛ. – 1 τὰν c Pl τὴν P¹.

149 (148). ΤΟΥ ΑΥΤΟΥ

Τίς μοι Ζηνοφίλαν λαλιὰν παρέδειξεν ἑταίραν;
τίς μίαν ἐκ τρισσῶν ἤγαγέ μοι Χάριτα;
ἆρ' ἐτύμως ἀνὴρ κεχαρισμένον ἄνυσεν ἔργον
δῶρα διδοὺς καὐτὰν τὰν Χάριν ἐν χάριτι.

Pl VII 104 f. 73ʳ. – 1 λαλίην Pl // ἑταίραν Brunck -ην 3 ἆρ' P¹ ἆρ' c ἦ ρ' Pl [ex αἱρ']
// ἐτύμως P¹ Pl ἐτοίμ- c // ἀνὴρ Boiss. ἁ- // ἤνυσεν Pl 4 καὐτὴν τὴν Pl.

150 (149). ΑΣΚΛΗΠΙΑΔΟΥ

'Ωμολόγησ' ἥξειν εἰς νύκτα μοι ἡ 'πιβόητος
Νικὼ καὶ σεμνὴν ὤμοσε Θεσμοφόρον·
κοὐχ ἥκει· φυλακὴ δὲ παροίχεται. ἆρ' ἐπιορκεῖν
ἤθελε; τὸν λύχνον, παῖδες, ἀποσβέσατε.

1-2 Suid. s. θεσμοφόρος (om. Νικὼ) 1 ἡ 'πιβόητος c ἐπι- Suid. ἡπιβότης P¹
2 Θεσμοφόρον om. P¹ add. c.

151 (150). ΜΕΛΕΑΓΡΟΥ

'Οξυβόαι κώνωπες, ἀναιδέες αἵματος ἀνδρῶν
σίφωνες, νυκτὸς κνώδαλα διπτέρυγα,
βαιὸν Ζηνοφίλαν, λίτομαι, πάρεθ' ἥσυχον ὕπνῳ
εὕδειν, τἀμὰ δ', ἰδού, σαρκοφαγεῖτε μέλη.
καίτοι πρὸς τί μάτην αὐδῶ; καὶ θῆρες ἄτεγκτοι   5
τέρπονται τρυφερῷ χρωτὶ χλιαινόμενοι.
ἀλλ' ἔτι νῦν προλέγω, κακὰ θρέμματα, λήγετε τόλμης,
ἢ γνώσεσθε χερῶν ζηλοτύπων δύναμιν.

Pl VII 8 f. 68ᵛ. – 2 νυκτὸς P ἀνδρῶν Pl 3 παράθ' P // ὕπνον Pl 4 σαρκοφαγεῖται P
5 πρὸς τί μάτην Scal. προσῇ κα τὴν P προ ση κατην Pl // ἄτεκνοι P.

Schöner als Grazien

Wahrlich, ich glaube, daß einst in süßem, holdem Geplauder
Heliodora sogar Grazien an Grazie besiegt.

Meleagros

Die Huldin

Wer hat Zenophile mir, die plaudernde Freundin, gezeichnet?
Ei, wer bot von den drei Huldinnen eine mir dar?
Wahrlich, da hat mir der Künstler ein huldreiches Bildchen gewidmet,
der mir als reizend Geschenk huldvoll die Huldin gebracht.

Meleagros

Herz schwur falsch

Niko, die weithinberufne, versprach mir, heut abend zu kommen;
ja, sie schwur es mir hoch bei der Thesmophoros zu.
Und sie kommt nicht.... Schon ging die Wache vorüber.... Ja, wollte
einen Meineid sie tun...? Lösch mir die Lampe, mein Bub!

Asklepiades

An die Mücken

O ihr summenden, frechen, das Blut aussaugenden Mücken,
Ungeheuer der Nacht, doppelt beschwingtes Gezücht,
gönnt der Zenophile doch – ich beschwöre euch – nur für ein Stündchen
ruhigen Schlummer und beißt mir unterdessen ins Fleisch ...
Doch ich rede vergebens. Und ist es ein Wunder? Selbst rohe
Tiere schwelgen im Reiz ihrer entzückenden Haut.
Trotzdem, ich warne noch mal: Nun Schluß, ihr dreistes Geziefer,
oder ihr spürt meine Hand, wenn sie die Eifersucht führt.

Meleagros

152 (151). ΤΟΥ ΑΥΤΟΥ

Πταίης μοι, κώνωψ, ταχὺς ἄγγελος, οὔασι δ' ἄκροις
Ζηνοφίλας ψαύσας προσψιθύριζε τάδε ·
,,Ἄγρυπνος μίμνει σε · σὺ δ', ὦ λήθαργε φιλούντων,
εὕδεις.'' εἶα, πέτευ · ναί, φιλόμουσε, πέτευ ·
ἥσυχα δὲ φθέγξαι, μὴ καὶ σύγκοιτον ἐγείρας   5
κινήσῃς ἐπ' ἐμοὶ ζηλοτύπους ὀδύνας.
ἢν δ' ἀγάγῃς τὴν παῖδα, δορᾷ στέψω σε λέοντος,
κώνωψ, καὶ δώσω χειρὶ φέρειν ῥόπαλον.

Pl VII 9 f.69ʳ; BKT 5, 1, 75. – 1 πταίης Pl Pap. πταίεις P¹ πταῖς c   2 προσψιθύριζεν
(sic) P¹   6 κινήσῃς Pl -εις P   7 δορᾷ Pap. -αῖς P Pl.

153 (152). ΑΣΚΛΗΠΙΑΔΟΥ

Νικαρέτης τὸ πόθοισι βεβλημένον ἡδὺ πρόσωπον,
πυκνὰ δι' ὑψιλόφων φαινόμενον θυρίδων,
αἱ χαροπαὶ Κλεοφῶντος ἐπὶ προθύροισι μάραναν,
Κύπρι φίλη, γλυκεροῦ βλέμματος ἀστεροπαί.

2 ὑψιλόφων Reiske ὑψηλ- P¹ ὑψολ- c   3 προθύροις ἐμάραναν P em. Kaibel.

154 (153). ΜΕΛΕΑΓΡΟΥ

Ναὶ τὰν νηξαμέναν χαροποῖς ἐνὶ κύμασι Κύπριν,
ἔστι καὶ ἐκ μορφᾶς ἁ Τρυφέρα τρυφερά.

Pl VII 10 f.69ʳ. – 1 ναὶ P νὴ Pl   2 Τρυφέρα Jac. τρυφερά.

155 (154). ΤΟΥ ΑΥΤΟΥ

Ἐντὸς ἐμῆς κραδίης τὴν εὔλαλον Ἡλιοδώραν
ψυχὴν τῆς ψυχῆς ἔπλασεν αὐτὸς Ἔρως.

Pl VII 11 f.69ʳ. – 2 ἔπλασεν αὐτὸς Pl αὐτὸς ἔπλ. P.

Die Botin

Schwing dich, mein Mückchen, dahin als flüchtige Botin, setz sachte
  dich auf Zenophiles Ohr nieder und flüstre ihr zu:
„Schlaflos noch wartet er dein; doch du, des Liebsten vergessen,
  liegst hier und schläfst." Nun flieg, Freundin der Musen, flieg hin!
Sprich aber leise zu ihr, weck nicht ihren Lagergenossen,
  daß du ihm ja nicht ob mir Qualen der Eifersucht regst.
Bringst du mir aber das Mädchen, dann kleide ich gern mit des Löwen
  Fell dich, mein Mückchen, und geb gleich dir die Keule zur Hand.

Meleagros

Mädchen am Fenster

Rosig von Sehnsucht umhaucht, sah früher Nikarete droben
  aus dem Fenster so oft holden Gesichtes herab.
Blaß, o teure Kythere, nun ward sie; denn funkelnd am Tore
  blitzten aus zärtlichem Aug Kleophons Blicke hinauf.

Asklepiades

Verlockend

Wahrlich bei Kypris, die einst in azurenen Wogen geschwommen:
  ist meine Traudel nicht traut auch in der äußeren Form?

Meleagros

Seele der Seele

Tief im innersten Herzen als Seele der Seele hat Eros
  selbst mir mein plauderndes Lieb Heliodora geformt.

Meleagros

156 (155). ΤΟΥ ΑΥΤΟΥ

Ἁ φίλερως χαροποῖς Ἀσκληπιὰς οἷα γαλήνης
ὄμμασι συμπείθει πάντας ἐρωτοπλοεῖν.

Pl VII 105 f.73ʳ. - **1** ἀ Pl ἡ c Pl // χαροποῖς Steph. χαλεπ- // γαληνοῖς Pl.

157 (156). ΤΟΥ ΑΥΤΟΥ

Τρηχὺς ὄνυξ ὑπ' Ἔρωτος ἀνέτραφες Ἡλιοδώρας·
ταύτης γὰρ δύνει κνίσμα καὶ ἐς κραδίην.

1 ἀνατραφὲς P em. Reiske **2** ταύτης Brunck -ας.

158 (157). ΑΣΚΛΗΠΙΑΔΟΥ

Ἑρμιόνη πιθανῇ ποτ' ἐγὼ συνέπαιζον ἐχούσῃ
ζωνίον ἐξ ἀνθέων ποικίλον, ὦ Παφίη,
χρύσεα γράμματ' ἔχον· ,,Διόλου,'' δ' ἐγέγραπτο, ,,φίλει με
καὶ μὴ λυπηθῇς, ἤν τις ἔχῃ μ' ἕτερος.''

App. B·Vʼ51. - **2** ἀνθῶν App. **3** διόλου om. App. **4** ἔχῃ μ' c μ' ἔχῃ Pl ἔχει μ' App.

159 (158). [ΣΙΜΩΝΙΔΟΥ]

Βοίδιον ηὐλητρὶς καὶ Πυθιάς, αἵ ποτ' ἐρασταί,
σοί, Κύπρι, τὰς ζώνας τάς τε γραφὰς ἔθεσαν.
ἔμπορε καὶ φορτηγέ, τὸ σὸν βαλλάντιον οἶδεν,
καὶ πόθεν αἱ ζῶναι καὶ πόθεν οἱ πίνακες.

Pl VII 12 f.69ʳ. - **1** ηὐλητρὶς P αὐλ- Pl.

160 (159). ΜΕΛΕΑΓΡΟΥ

Δημὼ λευκοπάρειε, σὲ μέν τις ἔχων ὑπόχρωτα
τέρπεται, ἁ δ' ἐν ἐμοὶ νῦν στενάχει κραδία.
εἰ δέ σε σαββατικὸς κατέχει πόθος, οὐ μέγα θαῦμα·
ἔστι καὶ ἐν ψυχροῖς σάββασι θερμὸς ἔρως.

1 ὑπόχρωτα Hecker ὑπὸ χρῶτα.

Meer der Liebe

Blau wie die ruhige See verlockt uns Asklepias' lichtes
Auge der Liebe zur Fahrt über der Paphia Meer.

Meleagros

Der Nagel

Eros hat dich geschärft, du Nägelchen Heliodoras,
denn ein Kniffchen von ihr dringt bis ins innerste Herz.

Meleagros

Ehrliche Untreue

Als ich, o Paphia, jüngst mit der losen Hermione spielte,
sah ich den Gürtel; der war schimmernd mit Blumen bestickt,
und in Lettern aus Gold stand drauf: „Stets sollst du mich lieben,
aber betrübe dich nicht, wenn mich ein andrer besitzt."

Asklepiades

Die Hetären

Boidion, eine Flötistin, und Pythias, weiland Hetären,
haben dir, Kypris, dahier Gürtel und Bilder geweiht.
Kaufherr und Reeder, ihr zwei, euer Beutel weiß es zu sagen,
wer diese Gürtel und wer diese Gemälde bezahlt.

[Simonides]

Treubruch

Demo, weißwangiges Kind, dich drückt nun ein anderer jauchzend
an seinen Busen, und mir jammert das Herz in der Brust . . .
Doch – daß der Sabbat dich lockt, mich will es nicht sonderlich wun-
Ist der Sabbat auch kalt, warm ist gewißlich die Lust.   [dern:

Meleagros

161 (160). ΗΔΥΛΟΥ [οἱ δὲ ΑΣΚΛΗΠΙΑΔΟΥ]

Εὐφρὼ καὶ Θαῒς καὶ Βοίδιον, αἱ Διομήδους,
Γραῖαι, ναυκλήρων ὁλκάδες εἰκόσοροι,
Ἄγιν καὶ Κλεοφῶντα καὶ Ἀνταγόρην, ἕν’ ἑκάστη,
γυμνούς, ναυηγῶν ἥσσονας, ἐξέβαλον.
ἀλλὰ σὺν αὐταῖς νηυσὶ τὰ ληστρικὰ τῆς Ἀφροδίτης   5
φεύγετε· Σειρήνων αἵδε γὰρ ἐχθρότεραι.

Pl Iᵃ 70,2 f.17ᵛ. – In P hic [Pᵃ] et post XI 9 [Pᵇ]. Simonidi trib. Pᵇ Pl **3** Ἄγιν
Hecker ά- Pᵃ ἄπιν Pᵇ ἄπιν Pl // ἕν’ Steph. ἐν Pᵃ Pl ἐν Pᵇ **6** ἐχθρόταται Pᵃ.

162 (161). ΑΣΚΛΗΠΙΑΔΟΥ

Ἡ λαμυρή μ’ ἔτρωσε Φιλαίνιον· εἰ δὲ τὸ τραῦμα
μὴ σαφές, ἀλλ’ ὁ πόνος δύεται εἰς ὄνυχα.
οἴχομ’, Ἔρωτες, ὄλωλα, διοίχομαι· εἰς γὰρ ἑταίραν
νυστάζων ἐπέβην ἠδ’ ἔθιγον γ’ Ἀΐδα.

4 γ’ Bothe τ’ // ἄϊδαι c.

163 (162). ΜΕΛΕΑΓΡΟΥ

Ἀνθοδίαιτε μέλισσα, τί μοι χροὸς Ἡλιοδώρας
ψαύεις, ἐκπρολιποῦσ’ εἰαρινὰς κάλυκας;
ἦ σύ γε μηνύεις, ὅτι καὶ γλυκὺ καὶ δυσόιστον
πικρὸν ἀεὶ κραδίᾳ κέντρον Ἔρωτος ἔχει;
ναὶ δοκέω, τοῦτ’ εἶπας. ἰώ, φιλέραστε, παλίμπους   5
στεῖχε· πάλαι τὴν σὴν οἴδαμεν ἀγγελίην.

Pl VII 13 f.69ʳ. – **3** δύσπιστον Pl **4** κραδία Pl **5** εἶπας om. Pl // ἰώ P¹ ὤ c Pl.

164 (163). ΑΣΚΛΗΠΙΑΔΟΥ

Νύξ, σὲ γάρ, οὐκ ἄλλην μαρτύρομαι, οἷά μ’ ὑβρίζει
Πυθιὰς ἡ Νικοῦς, οὖσα φιλεξαπάτης.
κληθείς, οὐκ ἄκλητος, ἐλήλυθα· ταὐτὰ παθοῦσα
σοὶ μέμψαιτ’ ἐπ’ ἐμοὶ στᾶσα παρὰ προθύροις.

1 οἵαν ὑβρίζεις P em. Salm. **3** ταὐτὰ Salm. ταῦτα **4** μέμψετ’ P em. Bouhier //
ἐπεμοῖς P em. Gruter // στᾶσα c τᾶσα P¹.

Korsaren der Kypris

Boidion, Euphro und Thaïs, die zwanzigrudrigen Frachter
  für Matrosen, die drei Graien, die Brut Diomeds,
warfen Antagoras, Agis und Kleophon, jede den ihren,
  aus ihrem Hause so nackt wie nach dem Schiffbruch hinaus . . .
Flieht drum, ihr Schiffer und Schiffe, vor diesen Korsaren der Kypris:
  Schlimmer und böser als sie sind die Sirenen auch nicht.

Hedylos [oder *Asklepiades*]

Der Vamp

Wund bin ich worden vom Vampir Philainion; ist auch die Wunde
  nicht zu erkennen, es geht bis in die Nägel der Schmerz.
Tot bin ich, tot, ihr Eroten, ermordet. . . . Ich schmiegte halb schlafend
  mich an ein Dirnchen und hab plötzlich den Hades berührt.

Asklepiades

Die Biene

Biene, Gästchen der Blumen, weswegen verläßt du des Lenzes
  knospende Blust und berührst Heliodoras Gesicht?
Willst du mir etwa verkünden, stets bohre der Stachel der Liebe
  süß und unangenehm bitter ins Herz sich hinein?
Ja, das willst du wohl sagen. Ach, Freundin der Liebe, flieg ruhig
  wieder zurück, denn das wußte ich selber – schon längst.

Meleagros

Gebet an die Nacht

Nacht, ich rufe nur dich; du sollst mir bezeugen, wie Niko's
  Tochter Pythias hier grausam und falsch mich verhöhnt.
Ach, ich kam nicht von selbst, sie hat mich gerufen . . . So stehe
  sie auch bei mir vor der Tür einstens und klage zu dir.

Asklepiades

165 (164). ΜΕΛΕΑΓΡΟΥ

Ἕν τόδε, παμμήτειρα θεῶν, λίτομαί σε, φίλη Νύξ,
ναὶ λίτομαι, κώμων σύμπλανε, πότνια Νύξ·
εἴ τις ὑπὸ χλαίνῃ βεβλημένος Ἡλιοδώρας
θάλπεται, ὑπναπάτῃ χρωτὶ χλιαινόμενος,
κοιμάσθω μὲν λύχνος, ὁ δ᾽ ἐν κόλποισιν ἐκείνης   5
ῥιπτασθεὶς κείσθω δεύτερος Ἐνδυμίων.

1 λίσομαι P   3 βεβλημένος c -ον P¹.

166 (165). ΤΟΥ ΑΥΤΟΥ

Ὦ Νύξ, ὦ φιλάγρυπνος ἐμοὶ πόθος Ἡλιοδώρας,
καὶ σκολιῶν ὄρθρων κνίσματα δακρυχαρῆ,
ἆρα μένει στοργῆς ἐμὰ λείψανα, καί τι φίλημα
μνημόσυνον ψυχρᾷ θάλπετ᾽ ἐν εἰκασίᾳ;
ἆρά γ᾽ ἔχει σύγκοιτα τὰ δάκρυα κἀμὸν ὄνειρον   5
ψυχαπάτην στέρνοις ἀμφιβαλοῦσα φιλεῖ;
ἢ νέος ἄλλος ἔρως, νέα παίγνια; μήποτε, λύχνε,
ταῦτ᾽ ἐσίδῃς, εἴης δ᾽ ἧς παρέδωκα φύλαξ.

2 ὀρθῶν P¹ // δακρυχαρῆ Salm. δακιχ-   3 ἐμὰ c ἐμοὶ P¹ // καί τι Guyet κόττι
4 ψυχρῷ θάλπεται P¹ em. c // ἐνοικισίᾳ P em. Graefe.

167 (166). ΑΣΚΛΗΠΙΑΔΟΥ

Ὑετὸς ἦν καὶ νὺξ καί, τὸ τρίτον ἄλγος ἔρωτι,
οἶνος· καὶ Βορέης ψυχρός, ἐγὼ δὲ μόνος.
„Ἀλλ᾽ ὁ καλὸς Μόσχος πλέον ἴσχυε." Καὶ σὺ γὰρ οὕτως
ἤλυθες οὐδὲ θύρην πρὸς μίαν ἡσύχασας,
τῇδε τοσοῦτ᾽ ἐβόησα βεβρεγμένος. ἄχρι τίνος, Ζεῦ;   5
Ζεῦ φίλε, σίγησον, καὐτὸς ἐρᾶν ἔμαθες.

c: καὶ αὐτὸ ἐρωτικόν. — 1 τὸ add. Brunck   3 Μόσχος Meineke μόσχος.

Ein gleiches

Eines nur, gütige Nacht, Allmutter der Götter, begehr ich,
  eines nur, heilige Nacht, Zeugin von Trunk und Gesang:
Wärmt sich unter der Decke der Heliodora ein Fremder
  an ihrem wonnigen Leib, der von dem Schlummer befreit,
o, so verlösche die Lampe ihr Licht, er selbst aber ruhe
  dem Endymion gleich kraftlos dem Mädchen im Schoß.

Meleagros

Liebe in Sorge

Nacht und du ewig Verlangen nach Heliodora, du Sehnsucht,
  die in zögernder Früh schmerzhaft mir Tränen entlockt,
trägt sie ein Restchen von Liebe im Busen noch? Wahrt sie in kühler
  Phantasie von dem Kuß eine Erinnerung noch?
Gehen Tränen mit ihr zu Bette, und drückt sie im Schlafe
  noch mein leeres Phantom träumend-betrogen ans Herz?
Oder – sucht neu sie nach Liebe? Sucht neu sie ein Tändeln ...? Dann,
                                                                    [Lampe,
  leuchte nicht! Hüte mir die, die ich zum Schutz dir vertraut.

Meleagros

Minnefahrt durch Regen

Nacht und Regen und – Wein, die dritte Plage der Liebe ...
  Eisig von Norden ein Sturm, ach, und ich selber allein ...
„Doch die Schönheit des Moschos blieb Sieger." So gingst du doch
  und du ließest doch auch nie eine Türe in Ruh,   [selber,
rief ich, vom Regen durchnäßt, da aus. Wie lang noch, Kronion?
  Zeus, mein Lieber, hör auf! Hast du nicht auch schon geliebt?

Asklepiades

344 Anthologia Graeca V

168 (167). ΑΔΗΛΟΝ

Καὶ πυρὶ καὶ νιφετῷ με καί, εἰ βούλοιο, κεραυνῷ
βάλλε καὶ εἰς κρημνοὺς ἕλκε καὶ εἰς πελάγη.
τὸν γὰρ ἀπαυδήσαντα πόθοις καὶ Ἔρωτι δαμέντα
οὐδὲ Διὸς τρύχει πῦρ ἐπιβαλλόμενον.

Pl VII 14 f. 69ʳ. – Tit.: Meleagro trib. Lasc.   3 πόθοις c Pl πόνοις Pⁱ.

169 (168). ΑΣΚΛΗΠΙΑΔΟΥ

Ἡδὺ θέρους διψῶντι χιὼν ποτόν, ἡδὺ δὲ ναύταις
ἐκ χειμῶνος ἰδεῖν εἰαρινὸν Στέφανον·
ἥδιον δ᾽, ὁπόταν κρύψῃ μία τοὺς φιλέοντας
χλαῖνα καὶ αἰνῆται Κύπρις ὑπ᾽ ἀμφοτέρων.

Pl VII 206 f. 76ʳ. – Tit. om. Pl   2 Στέφανον Ludwich στ- c Pl στέφος Pⁱ   3 ἥδιον
Jac. ἡδεῖον P ἥδιστον c [in marg.] ἡδὺ Pl // δ᾽ om. Pl [in spatio rel. δὲ καὶ man. rec.]
4 αἰνεῖται P.

170 (169). ΝΟΣΣΙΔΟΣ

Ἅδιον οὐδὲν ἔρωτος· ἃ δ᾽ ὄλβια, δεύτερα πάντα
ἐστίν· ἀπὸ στόματος δ᾽ ἔπτυσα καὶ τὸ μέλι.
τοῦτο λέγει Νοσσίς· τίνα δ᾽ ἁ Κύπρις οὐκ ἐφίλησεν,
οὐκ οἶδεν τήνα γ᾽, ἄνθεα ποῖα ῥόδα.

1 ἃ δ᾽ Gruter τάδ᾽   4 κῆνατ᾽ P em. Guyet et Reitzenstein.

171 (170). ΜΕΛΕΑΓΡΟΥ

Τὸ σκύφος ἁδὺ γέγηθε· λέγει δ᾽, ὅτι τᾶς φιλέρωτος
Ζηνοφίλας ψαύει τοῦ λαλιοῦ στόματος.
ὄλβιον· εἴθ᾽ ὑπ᾽ ἐμοῖς νῦν χείλεσι χείλεα θεῖσα
ἀπνευστὶ ψυχὰν τὰν ἐν ἐμοὶ προπίοι.

Pl VII 15 f. 69ʳ. – 1 ἁδὺ Graefe ἡδὺ // φιλέρωτας Pⁱ   3 νῦν om. Pl.

Abgestumpft

Schleudre nur Feuer und Hagel, ja, triff mich mit Blitzen und stürze
    mich in den Abgrund hinab oder ins Weltmeer hinein:
wer vor Qualen schon stumpf und geduckt ward im Joche des Eros,
    ach, dem tun auch des Zeus zuckende Strahlen nicht weh.

Anonym

Süßigkeiten

Süß ist dem Durst'gen im Sommer ein Schneetrunk, süß ist dem See-
    wenn nach Winter und Sturm lenzend die Krone erscheint.   [mann,
Süßer ist's, schließt sich ein Deckchen vertraut um zwei liebende
    und vom Munde der zwei klingt für Kythere der Preis.   [Leutchen,

Asklepiades

Ein gleiches

„Nichts ist süßer als Liebe, weit hinter ihr stehen die andern
    Freuden, den Honig sogar spei ich vom Munde dafür."
So spricht Nossis. Die Frau, der Kypris nicht Liebe gegeben,
    kennt die Rose noch nicht, weiß nicht, wie prangend sie blüht.

Nossis

Glück des Bechers

Selig lächelt der Becher. Denn sie, die Freundin der Liebe,
    meine Zenophile, küßt ihn mit dem plaudernden Mund.
Glücklicher Becher! – O tränke sie mir jetzt Lippen an Lippen
    in einem einzigen Zug wonnig die Seele hinab!

Meleagros

172 (171). ΤΟΥ ΑΥΤΟΥ

Ὄρθρε, τί μοι, δυσέραστε, ταχὺς περὶ κοῖτον ἐπέστης,
     ἄρτι φίλας Δημοῦς χρωτὶ χλιαινομένῳ;
εἴθε πάλιν στρέψας ταχινὸν δρόμον Ἕσπερος εἴης,
     ὦ γλυκὺ φῶς βάλλων εἰς ἐμὲ πικρότατον.
ἤδη γὰρ καὶ πρόσθεν ἐπ' 'Αλκμήνην Διὸς ἦλθες   5
     ἀντίος· οὐκ ἀδαής ἐσσι παλινδρομίης.

App. B-V 9. – Anonym. in App.   1 παρὰ κοῖτος App.   4 ὦ γλυκὺ φῶς Gruter ὡς
γ. φ. P γ. φάες App. M γ. φάος App. V.

173 (172). ΤΟΥ ΑΥΤΟΥ

Ὄρθρε, τί νῦν, δυσέραστε, βραδὺς περὶ κόσμον ἐλίσσῃ,
     ἄλλος ἐπεὶ Δημοῦς θάλπεθ' ὑπὸ χλανίδι;
ἀλλ' ὅτε τὰν ῥαδινὰν κόλποις ἔχον, ὠκὺς ἐπέστης,
     ὡς βάλλων ἐπ' ἐμοὶ φῶς ἐπιχαιρέκακον.

3 ἀλλότε P // ἔχον c ἔχων P¹   4 ἐπὶ χεῖρε κακόν P em. Brunck.

174 (173). ΤΟΥ ΑΥΤΟΥ

Εὕδεις, Ζηνοφίλα, τρυφερὸν θάλος· εἴθ' ἐπὶ σοὶ νῦν
     ἄπτερος εἰσῄειν Ὕπνος ἐπὶ βλεφάροις,
ὡς ἐπὶ σοὶ μηδ' οὗτος, ὁ καὶ Διὸς ὄμματα θέλγων,
     φοιτήσαι, κάτεχον δ' αὐτὸς ἐγώ σε μόνος.

4 φοιτήσαι Brunck -ῆσαι.

175 (174). ΤΟΥ ΑΥΤΟΥ

Οἶδα. τί μοι κενὸς ὅρκος, ἐπεὶ σέ γε τὴν φιλάσωτον
     μηνύει μυρόπνους ἀρτιβρεχὴς πλόκαμος,
μηνύει δ' ἄγρυπνον, ἰδού, βεβαρημένον ὄμμα
     καὶ σφιγκτὸς στεφάνων ἀμφὶ κόμαισι μίτος;
ἔσκυλται δ' ἀκόλαστα πεφυρμένος ἄρτι κίκιννος,   5
     πάντα δ' ὑπ' ἀκρήτου γυῖα σαλευτὰ φορεῖς.

Verwünschter Morgenstern

Morgenstern, Feind du der Liebe, was kommst du so früh mir ans
    da ich an Demos Leib eben erst wonnig erwarmt?   [Bette,
Flugs! kehr eilig dich um und werde zum Abendstern wieder,
    du, der sein süßes Licht, ach, mir so bitter entbeut.
Gingst du nicht früher schon mal bei Kronions Alkmene der eignen
    Laufbahn entgegen? Du weißt, wie man sich wendet. Kehr um!

Meleagros

Ein gleiches

Morgenstern, Feind du der Liebe, was drehst du so träg dich am Him-
    nun sich bei Demo im Bett wonnig ein anderer wärmt?   [mel,
Als ich die Schlanke umfing, wie bist du so rasch da gekommen,
    ach, und warfest dein Licht grausam und boshaft auf mich.

Meleagros

Ich möcht der Schlafgott sein

Schläfst du, mein wonniges Bäumchen, Zenophile? Dürft ich als
    ohne Fittiche nun still auf den Lidern dir ruhn!   [Schlummer
O, dann könnte auch er, der sogar Zeus' Augen bezaubert,
    nicht dich besuchen, und ich hätte allein dich für mich.

Meleagros

Hinweg, du Dirne!

Falsch ist, ich weiß es, dein Schwur. Was du schamlos getrieben, du
    zeigt dein feuchtes Gelock, das noch die Myrrhe verströmt, [Dirne,
zeigt dein durchnächtigtes Auge, das schwer ist und müd noch vom
                                  [Wachen,
und die Binde vom Kranz, die in den Strähnen dir hängt.
Wild ist das Haar dir zerrauft, und eben erst ist es geschehen,
    sämtliche Glieder am Leib schlottern dir zitternd vom Wein.

ἔρρε, γύναι πάγκοινε· καλεῖ σε γὰρ ἡ φιλόκωμος
πηκτὶς καὶ κροτάλων χειροτυπὴς πάταγος.

1 οἶδα. τί Stadtm. οἶδα ὅτι [α expuncto] P   2 μυρίπνους P¹ em. c   3 δ' ἄγρυπνον
Dübner ἄγρ. μὲν.

176 (175). ΤΟΥ ΑΥΤΟΥ

Δεινὸς Ἔρως, δεινός. τί δὲ τὸ πλέον, ἢν πάλιν εἴπω
καὶ πάλιν οἰμώζων πολλάκι· ,,Δεινὸς Ἔρως";
ἦ γὰρ ὁ παῖς τούτοισι γελᾷ καὶ πυκνὰ κακισθεὶς
ἥδεται· ἢν δ' εἴπω λοίδορα, καὶ τρέφεται.
θαῦμα δέ μοι, πῶς ἄρα διὰ γλαυκοῖο φανεῖσα   5
κύματος ἐξ ὑγροῦ, Κύπρι, σὺ πῦρ τέτοκας.

Pl VII 106 f. 73ʳ. – 5 ἄρα P//γλυκοῖο P   6 Κύπρι σὺ πῦρ P [man. rec.] Pl [post
corr.] Κύπρις ὑπερ P¹ Pl [primo].

177 (176). ΤΟΥ ΑΥΤΟΥ

Κηρύσσω τὸν Ἔρωτα, τὸν ἄγριον· ἄρτι γάρ, ἄρτι
ὀρθρινὸς ἐκ κοίτας ᾤχετ' ἀποπτάμενος.
ἔστι δ' ὁ παῖς γλυκύδακρυς, ἀείλαλος, ὠκύς, ἀθαμβής,
σιμὰ γελῶν πτερόεις νῶτα, φαρετροφόρος.
πατρὸς δ' οὐκέτ' ἔχω φράζειν τίνος· οὔτε γὰρ Αἰθήρ,   5
οὐ Χθών φησι τεκεῖν τὸν θρασύν, οὐ Πέλαγος.
πάντῃ γὰρ καὶ πᾶσιν ἀπέχθεται. ἀλλ' ἐσορᾶτε
μή που νῦν ψυχαῖς ἄλλα τίθησι λίνα.
καίτοι κεῖνος, ἰδού, περὶ φωλεόν. οὔ με λέληθας,
τοξότα, Ζηνοφίλας ὄμμασι κρυπτόμενος.   10

Pl VII 16 f. 69ʳ. – 7 ἐσόραῖτε P.

178 (177). ΤΟΥ ΑΥΤΟΥ

Πωλείσθω, καὶ ματρὸς ἔτ' ἐν κόλποισι καθεύδων·
πωλείσθω. τί δέ μοι τὸ θρασὺ τοῦτο τρέφειν;
καὶ γὰρ σιμὸν ἔφυ καὶ ὑπόπτερον· ἄκρα δ' ὄνυξιν
κνίζει· καὶ κλαῖον πολλὰ μεταξὺ γελᾷ·
πρὸς δ' ἔτι λοιπὸν ἄτρεπτον, ἀείλαλον, ὀξὺ δεδορκός,   5
ἄγριον, οὐδ' αὐτᾷ ματρὶ φίλα τιθασόν·

Weg, du Metze . . .! Da hör! Die Harfe, die Freundin der Orgien,
  und der Klappern Geklirr ruft dich schon wieder . . . Hinweg!

Meleagros

Der furchtbare Eros

„Furchtbar, furchtbar ist Eros . . .!" Doch ob ich auch nochmal es
                                                          [sage,
  ob ich auch stöhne dabei: „Furchtbar ist Eros!" was hilft's?
Lachend hört er's, der Junge, und schelt ich, dann macht er sich lustig,
  und beschimpfe ich ihn, wird er noch frecher davon . . .
Rätselhaft bleibt es mir, Kypris, wie du, eine Tochter des blauen,
  wogenden Meeres, aus Naß Glut zu gebären vermocht.

Meleagros

Steckbrief auf Eros

Kund und zu wissen hiermit: Soeben, soeben am frühen
  Morgen flog mir vom Bett Eros, der Nichtsnutz, hinweg.
Flink ist der Junge und keck, süß weint er, und immerzu schwatzt er,
  schnippisch lacht er und trägt Flügel und Köcher und Pfeil.
Wer sein Vater ist, weiß ich nicht recht; denn weder der Äther
  noch auch Erde und Meer wollen den Bengel als Sohn.
Denn er ist nirgends beliebt, und niemand ist freund ihm. Drum Obacht,
  daß er nicht hier oder da Netze den Seelen nun stellt . . .
Aber – da sieh nur! Da hockt er! O warte nur, meinst du, ich seh nicht,
  Schütze, daß du im Aug meiner Zenophile steckst?

Meleagros

Verkauf des Eros

Fort zum Verkaufe mit ihm, und schlief' er im Schoß seiner Mutter!
  Fort zum Verkauf nur! Warum zieh ich den Bengel mir groß?
Denn eine Stupsnase hat er, der Flatterer, kratzt mit den Nägeln,
  und selbst wenn er mal weint, lacht er sogar zwischendurch.
Störrisch ist er dabei, ein ewiger Schwätzer, ein Späher
  und ein Wildfang, der selbst sich seiner Mutter nicht fügt.

πάντα τέρας. τοιγὰρ πεπράσεται. εἴ τις ἀπόπλους
ἔμπορος ὠνεῖσθαι παῖδα θέλει, προσίτω.
καίτοι λίσσετ᾽, ἰδού, δεδακρυμένος. οὔ σ᾽ ἔτι πωλῶ·
θάρσει· Ζηνοφίλᾳ σύντροφος ὧδε μένε.   10

Pl VII 17 f. 69ʳ. – 3 ὄνυξι Pl 5 ἄτρεπτον Lasc. ἄθρ-// δεδορκώς P¹ 6 αὐτῇ μητρὶ φίλῃ P 7 πεπράσσ- P 9 οὔ σ᾽ ἔτι P οὔ τι σε Pl 10 Ζηνοφίλᾳ Lasc. -α.

179 (178). ΤΟΥ ΑΥΤΟΥ

Ναὶ τὰν Κύπριν, Ἔρως, φλέξω τὰ σὰ πάντα πυρώσας,
τόξα τε καὶ Σκυθικὴν ἰοδόκον φαρέτρην.
φλέξω, ναί. τί μάταια γελᾷς καὶ σιμὰ σεσηρὼς
μυχθίζεις; τάχα που σαρδάνιον γελάσεις. ⸴
ἢ γάρ σευ τὰ ποδηγὰ Πόθων ὠκύπτερα κόψας   5
χαλκόδετον σφίγξω σοῖς περὶ ποσσὶ πέδην.
καίτοι Καδμεῖον κράτος οἴσομεν, εἴ σε πάροικον
ψυχῇ συζεύξω, λύγκα παρ᾽ αἰπολίοις.
ἀλλ᾽ ἴθι, δυσνίκητε, λαβὼν δ᾽ ἔπι κοῦφα πέδιλα
ἐκπέτασον ταχινὰς εἰς ἑτέρους πτέρυγας.   10

Pl VII 107 f.73ʳ. – 3 γελᾷ P 3–4 καὶ… Suid. s. μυχθίζεις 5 ἢ P¹ ἢ c eι Pl
8 λύγκα Jac. λυγρά 9 δυσκίνητε Pl // ἔπι Brunck ἐπί.

180 (179). ΤΟΥ ΑΥΤΟΥ

Τί ξένον, εἰ βροτολοιγὸς Ἔρως τὰ πυρίπνοα τόξα
βάλλει καὶ λαμυροῖς ὄμμασι πικρὰ γελᾷ;
οὐ μάτηρ στέργει μὲν Ἄρη, γαμέτις δὲ τέτυκται
Ἀφαίστου, κοινὰ καὶ πυρὶ καὶ ξίφεσι;
ματρὸς δ᾽ οὐ μάτηρ ἀνέμων μάστιξι Θάλασσα   5
τραχὺ βοᾷ; γενέτας δ᾽ οὔτε τις οὔτε τινός.
τοὔνεκεν Ἀφαίστου μὲν ἔχει φλόγα, κύμασι δ᾽ ὀργὰν
στέρξεν ἴσαν, Ἄρεως δ᾽ αἱματόφυρτα βέλη.

* Pl VII 108 f.73ʳ. – 1–2 βροτολοιγὸς … Suid. s. λαμυρόν 2 πικρὰ: πυκνὰ Pl
3 μήτηρ Pl // γαμετα P¹⁻ 4 Ἡφαίστου κοινή Pl // ξίφεσιν Pl 5 μητρὸς et μήτηρ Pl
6 τρηχὺ Pl // γενέτας c -τις P¹ -της Pl 7 ὀργὴν Pl 8 ἴσην Pl // μέλη P¹.

Kurz, ein Taugenichts ist er. Drum fort! Und wünscht ihn ein Händler
  vor seiner Abfahrt in See etwa zu kaufen, nur her . . .!
Aber was seh ich? Er weint . . . er fleht . . . Sei still nur! Ich will dich
  nicht mehr verkaufen – Du bleibst. Bei der Zenophile hier.

Meleagros

Eros gefangen

Bei der Kypria, Eros, ich werfe dir alles ins Feuer:
  Bogen und Köcher und Pfeil, den du von Skythien besitzt.
Alles ins Feuer! – Du Kindskopf, was lachst du? Was rümpfst du so
                                              [schnippisch
  grinsend die Nase? Gib acht! Bald wird dein Lachen zum Krampf.
Warte, dir stutz ich die Flügel, auf denen die Sehnsüchte kommen,
  und um die Füße herum leg ich dir Fesseln aus Erz . . .
Nein, das wär ein kadmeïscher Sieg, dich im Haus hier zu halten
  meinem Herzen so nah, neben den Zicklein den Luchs –
Na denn, du Eigensinn, geh! Vergiß nicht die Flügelsandalen!
  Fort nur! Und rasch! Doch flieg freundlichst zu anderen hin!

Meleagros

Stammbaum des Eros

Ist es ein Wunder, wenn Eros, der Würger der Menschen, den Brand-
                                                  [pfeil
  sendet und keck und zugleich bös aus den Augen noch lacht?
Ist seine Mutter denn nicht das Liebchen des Ares und Gattin
  des Hephaistos und lebt so zwischen Feuer und Schwert?
Brüllt nicht die Mutter der Mutter, die See, vor der Peitsche der
                                            [Stürme?
  Ist sein Vater denn nicht – Niemand, von Niemand ein Sohn?
Feuer hat er daher von Hephaistos, vom Meere die Wildheit
  und von Ares den Pfeil, den er mit Blut nun befleckt.

Meleagros

352 Anthologia Graeca V

181 (180). ΑΣΚΛΗΠΙΑΔΟΥ

Τῶν καρύων ἡμῖν λάβε ⁺κώλακας (ἀλλά ποθ᾽ ἥξει;)
καὶ πέντε στεφάνους τῶν ῥοδίνων. — ,,Τί, τὸ . . .‟ — Πάξ.
οὐ φὴς κέρματ᾽ ἔχειν; διολώλαμεν. οὐ τροχιεῖ τις
τὸν Λαπίθην; λῃστήν, οὐ θεράποντ᾽ ἔχομεν.
οὐκ ἀδικεῖς; — ,,Οὐδέν.‟ — Φέρε τὸν λόγον· ἐλθὲ λαβοῦσα,   5
Φρύνη, τὰς ψήφους. ὦ μεγάλου κινάδους·
πέντ᾽ οἶνος δραχμῶν, ἀλλᾶς δύο . . .
ὦτα, λαγώς, σκόμβροι, σησαμίδες, σχάδονες.
αὔριον αὐτὰ καλῶς λογιούμεθα. νῦν δὲ πρὸς Αἴσχραν
τὴν μυρόπωλιν ἰὼν πέντε λάβ᾽ ἀργυρέας·   10
εἰπὲ δὲ σημεῖον, Βάκχων ὅτι πέντ᾽ ἐφίλησεν
ἐξῆς, ὧν κλίνη μάρτυς ἐπεγράφετο.

* 1 καρύων Ruhnken καρίων   2 τί Meineke τε 3–4 οὐ . . . λῃστήν Suid. s. τροχαῖον
6 ὡς μ. κιναίδου Suid. s. κίναιδος   7 ἀλλᾶς Meineke ἄλλος // δύο, ⟨πέντε δ᾽ ὕεια⟩
Meineke   8 λαγώς, σκ., σησ. Jac. λέγεις σκόμβροις θέσμυ κες   9 αἰσχρὸν P em.
Brunck   10 μυρόπωλιν P em. Salm.   12 κλίνη Pierson καινή.

182 (181). ΜΕΛΕΑΓΡΟΥ

Ἄγγειλον τάδε, Δορκάς· ἰδού, πάλι δεύτερον αὐτῇ
καὶ τρίτον ἄγγειλον, Δορκάς, ἅπαντα· τρέχε·
μηκέτι μέλλε, πέτου . . . βραχύ μοι, βραχύ, Δορκάς, ἐπίσχες·
Δορκάς, ποῖ σπεύδεις, πρίν σε τὰ πάντα μαθεῖν;
πρόσθες δ᾽, οἷς εἴρηκα πάλαι . . . μᾶλλον δὲ . . . τί ληρῶ;   5
μηδὲν ὅλως εἴπῃς, ἀλλ᾽ ὅτι . . . πάντα λέγε·
μὴ φείδου σὺ τὰ πάντα λέγειν. καίτοι τί σε, Δορκάς,
ἐκπέμπω, σὺν σοὶ καὐτός, ἰδού, προάγων;

1 πάλι Gruter -ιν   3 μέλλεπε τοῦ P¹ -ετε τοῦ c em. Salm.   5 δ᾽ ἔτι P em. Reiske
7 σὺ add. Reiske // λέγειν Reiske -γε // τί σε Salm. τίς   8 σὺν add. c.

183 (182). ΠΟΣΕΙΔΙΠΠΟΥ

Τέσσαρες οἱ πίνοντες, ἐρωμένη ἔρχεθ᾽ ἑκάστῳ·
ὀκτὼ γινομένοις ἐν Χίον οὐχ ἱκανόν.

Einkauf auf Pump

Hol einen Beutel voll Nüsse mir her (na, kommst du nun endlich?),
   bring auch von Rosen mir fünf Kränze... – „Ja, aber..." – Sei still!
Geld hast du keines mehr, meinst du? Das ist ja entsetzlich! Zum Rade
   mit dem Lapithen! Ein Dieb, nicht ein Bedienter ist das.
Stiehlst du bei mir? – „Aber nein!" – Los, zeig mal die Rechnung! He,
                                                              [Phryne,
   bring mal das Rechenbrett her...! Dieser gerissene Fuchs...!
Wein fünf Drachmen, und zwei für Wurst, fünf Öhrchen vom Schweine,
   Hase, Makrelen, dann hier Honig und Sesamgebäck . . .
Laß! Morgen rechn' ich's genau. Jetzt lauf zur Parfümfabrikantin
   Aischra hinüber und hol rasch noch fünf Silberflakons.
Sag ihr als Zeichen: Der Bakchon hab fünfmal hintereinander
   sie umarmt; ihr Bett sei noch als Zeuge notiert.

Asklepiades

Paroxysmus der Liebe

Richt ihr das, Dorkas, nur aus! Ja, richt es ihr, Dorkas, zum zweiten-
   und zum drittenmal aus! Sag ihr nur alles! Na lauf!
Steh doch nicht lange! Hau ab...! Halt, Dorkas, Moment mal, Moment
   Dorkas! Wo rennst du denn hin? Hast du denn alles gehört? [mal!
Füg also weiter hinzu... Hm – 's ist doch wohl besser... Ach, Unsinn!
   Sag überhaupt nichts...! Nur daß... Richt ihr das alles nur aus!
Daß du mir ja nichts vergißt! Du hast alles zu sagen...! Doch – Dorkas,
   warum schick ich dich denn? Laß nur, ich gehe gleich mit.

Meleagros

Festvorbereitung

Vier ist die Anzahl der Zecher, und jeden begleitet sein Mädel:
   macht also acht; da genügt wahrlich ein Chion doch nicht.

παιδάριον, βαδίσας πρὸς ᾿Αρίστιον εἰπὲ τὸ πρῶτον
ἡμιδεὲς πέμψαι· χοῦς γὰρ ἔνεισι δύο
ἀσφαλέως, οἶμαι δ᾿, ὅτι καὶ πλέον. ἀλλὰ τρόχαζε·   5
ὥρας γὰρ πέμπτης πάντες ἀθροιζόμεθα.

4 Suid. s. ἡμιδαής// ἡμιδεὲς Bouhier -δαὲς// δύω Suid.

184 (183). ΜΕΛΕΑΓΡΟΥ

Ἔγνων, οὔ μ᾿ ἔλαθες. τί θεούς; οὐ γάρ με λέληθας·
ἔγνων· μηκέτι νῦν ὄμνυε· πάντ᾿ ἔμαθον.
ταῦτ᾿ ἦν, ταῦτ᾿, ἐπίορκε; μόνη σὺ πάλιν, μόνη ὑπνοῖς;
ὦ τόλμης, καὶ νῦν, νῦν ἔτι φησὶ „μόνη“.
οὐχ ὁ περίβλεπτός σε Κλέων...; κἂν μὴ... τί δ᾿ ἀπειλῶ;   5
ἔρρε, κακὸν κοίτης θηρίον, ἔρρε τάχος.
καίτοι σοι δώσω τερπνὴν χάριν· οἶδ᾿, ὅτι βούλει
κεῖνον ὁρᾶν· αὐτοῦ δέσμιος ὧδε μένε.

1 ἔλαθ᾿ εστι... οθέουσ᾿ P¹ 3 ταύτην P¹// μόνης ὑπαλὶ P¹ 5 σε Κλέων Chardon
ἔκλαιον// ἀπειλῶ Seidler -είδω.

185 (184). ΑΣΚΛΗΠΙΑΔΟΥ

Εἰς ἀγορὰν βαδίσας, Δημήτριε, τρεῖς παρ᾿ ᾿Αμύντου
γλαυκίσκους αἴτει καὶ δέκα φυκίδια
καὶ κυφὰς καρῖδας (ἀριθμήσει δέ σοι αὐτός)
εἴκοσι καὶ τέτορας δεῦρο λαβὼν ἄπιθι.
καὶ παρὰ Θαυβορίου ῥοδίνους ἓξ πρόσλαβε ⟨πλοχμούς⟩   5
καὶ Τρυφέραν ταχέως ἐν παρόδῳ κάλεσον.

3 Suid. s. κυφός 5 post πρόσλαβε supplet πλοχμούς Reiske, πλεκτάς Jac., alii aliud.

186 (185). ΠΟΣΕΙΔΙΠΠΟΥ

Μή με δόκει πιθανῶς ἀπατᾶν δακρύοισι, Φιλαινί.
οἶδα· φιλεῖς γὰρ ὅλως οὐδένα μεῖζον ἐμοῦ,
τοῦτον ὅσον παρ᾿ ἐμοὶ κέκλισαι χρόνον· εἰ δ᾿ ἕτερός σε
εἶχε, φιλεῖν ἂν ἔφης μεῖζον ἐκεῖνον ἐμοῦ.

App. B-V 52. – Tit.: ἄδηλον App. 1 δάκρυσι P App. em. Bothe 4 μεῖζον ἐκ- c
μ. κεῖνον P¹ κεῖνον μ. App.

Geh zu Aristios, Junge, und sag ihm, er schicke zunächst mal
    uns ein Halbes noch her; z w e i Kannen sind wohl darin,
aber vielleicht auch noch mehr. Nun hopp! Und daß du dich sputest!
    Denn so um elfe herum ist die Gesellschaft schon da.

Poseidippos

Sturm mit Flaute

Klar ist's! Dich hab ich durchschaut. Laß die Götter weg! Glaubst du,
                                        du täuschst mich?
    Klar ist's! Laß deinen Schwur! Nun ist mir alles bekannt.
Das also war es, du Falsche. „Allein"? Du schläfst „ganz alleine"?
    Frechheit! Sie sagt es noch mal, sagt es nun nochmal: „Allein"!
Ist nicht das Stutzerchen Kleon... Und wenn... Doch was droh ich
                                        noch lange?
    Pack dich, du Schlange im Bett! Pack dich hinweg hier! Und rasch!
Nein – da täte ich dir gar einen Gefallen. Ich weiß schon:
    möchtest ihn sehen ... Du bleibst! Hier als Gefangne bei mir!

Meleagros

Einladung

Geh zum Markt mal hinüber, Demetrios! Kauf bei Amyntas
    drei Glaukisken und zehn schimmernde Meeräschen ein.
Nimm auch Heuschreckenkrebse, die krummen, zwei Dutzend – gib
                                        Obacht,
    daß er sie vorzählt! – und komm gleich dann mit allem zurück.
Laß bei Thauborios noch sechs Rosenkränze dir geben,
    ja – und – so im vorbei – lad auch die Tryphera ein.

Asklepiades

Komödie der Tränen

Meinst du, Philainis, du könntest mit rührenden Tränen mich täuschen?
    O, ich weiß schon, du liebst niemanden heißer als mich –
nämlich solang du bei mir liegst. Doch wenn dich ein andrer besäße,
    o, dann liebtest du ihn sicherlich – heißer als mich.

Poseidippos

187 (186). ΜΕΛΕΑΓΡΟΥ

Εἰπὲ Λυκαινίδι, Δορκάς· ,,Ἴδ᾽, ὡς ἐπίτηκτα φιλοῦσα
ἥλως· οὐ κρύπτει πλαστὸν ἔρωτα χρόνος.‘‘

Pl VII 18 f.69ʳ; App. B–V 53. – 1 εἰπὲ Jac. εἶπε // ἐπίκτητα P Pl App. em. Brunck
2 ὅλως App.

188 (187). ΛΕΩΝΙΔΟΥ

Οὐκ ἀδικέω τὸν Ἔρωτα, γλυκύς· μαρτύρομαι αὐτὴν
Κύπριν· βέβλημαι δ᾽ ἐκ δολίου κέραος
καὶ πᾶς τεφροῦμαι· θερμὸν δ᾽ ἐπὶ θερμῷ ἰάλλει
ἄτρακτον, λωφᾷ δ᾽ οὐδ᾽. ὅσον ἰοβολῶν.
χὢ θνητὸς τὸν ἀλιτρὸν ἐγώ, κεἰ πτηνὸς ὁ δαίμων,   5
τίσομαι· ἐγκλήμων δ᾽ ἔσσομ᾽ ἀλεξόμενος;

* Pl VII 19 f.69ʳ. – 1 ἀδικῶ Pl   3–4 θερμὸν... ἄτρ. Suid. s. ἄτρακτον   4 ἰοβολῶν
c -βόλων P¹ -βόλ (!) Pl   5 ἐγώ, κεἰ Meineke ἐσώκει   6 ἔσσομ᾽ ἀλεξάμ- Pl.

189 (188). ΑΣΚΛΗΠΙΑΔΟΥ

Νὺξ μακρὴ καὶ χεῖμα, μέσην δ᾽ ἐπὶ Πλειάδα δύνει,
κἀγὼ πὰρ προθύροις νίσσομαι ὑόμενος,
τρωθεὶς τῆς δολίης κείνης πόθῳ· οὐ γὰρ ἔρωτα
Κύπρις, ἀνιηρὸν δ᾽ ἐκ πυρὸς ἧκε βέλος.

Pl VII 20 f. 69ʳ. – Tit.: Μελεάγρου Pl   2 νείσομαι P νείσσ- Pl em. Dübner   3 κείνης
P Ἑλένης Pl.

190 (189). ΜΕΛΕΑΓΡΟΥ

Κῦμα τὸ πικρὸν Ἔρωτος ἀκοίμητοί τε πνέοντες
ζῆλοι καὶ κώμων χειμέριον πέλαγος,
ποῖ φέρομαι; πάντη δὲ φρενῶν οἴακες ἀφεῖνται.
ἢ πάλι τὴν τρυφερὴν Σκύλλαν ἀποψόμεθα;

Pl VII 109 f. 73ʳ. – 2 ζήλων P   3 πάντη... Suid. s. ἀφεῖνται // οἴακες P Pl οἱ Suid.
4 ἢ P ἦ Pl // ἐποψόμεθα c.

Schwindlerin der Liebe

Dorkas, sag der Lykainis: Nur Talmi ist ihre Liebe,
  und einer Heuchlerin Herz wird mit der Zeit schon erkannt.

Meleagros

Fehde mit Eros

Stets bin ich friedlich gewesen, nie hab ich den Eros beleidigt.
  Kypris bezeugt es; und doch traf mich sein tückisch Geschoß.
Asche nun bin ich geworden, und immer noch sendet er Brandpfeil
  über Brandpfeil und schießt rastlos die Rohre auf mich.
Ich, der Sterbliche, werde den Frevler bestrafen, auch wenn er
  Flügel besitzt, dieser Gott. Bringt eine Abwehr mir Schuld?

Leonidas von Tarent

Herz im Regen

Winter ist's, lang ist die Nacht, schon gehn die Plejaden zur Rüste,
  und vom Regen durchnäßt, stehe ich hier an der Tür,
sehnsuchtswund von der Falschen... Ach, Liebe nicht schenkte mir
  nein, einen flammenden Pfeil schoß sie mir quälend ins Herz. [Kypris,

Asklepiades

Die neue Skylla

Bittere Woge des Eros, ihr, ruhlose Eifersuchtsstürme,
  und du, wogendes Meer, das meine Ständchen umbraust:
ach, wo treibt ihr mich hin? Verloren das Steuer des Geistes!
  Soll ich schon wieder einmal Skylla, die lockende, sehn?

Meleagros

191 (190). ΤΟΥ ΑΥΤΟΥ

Άστρα καὶ ἡ φιλέρωσι καλὸν φαίνουσα Σελήνη
καὶ Νὺξ καὶ κώμων σύμπλανον ὀργάνιον,
ἆρά γε τὴν φιλάσωτον ἔτ' ἐν κοίταισιν ἀθρήσω
ἄγρυπνον λύχνῳ πόλλ' ἀποδυρομένην;
ἦ τιν' ἔχει σύγκοιτον; ἐπὶ προθύροισι μαράνας   5
δάκρυσιν ἐκδήσω τοὺς ἱκέτας στεφάνους,
ἐν τόδ' ἐπιγράψας· „Κύπρι, σοὶ Μελέαγρος, ὁ μύστης
σῶν κώμων, στοργῆς σκῦλα τάδ' ἐκρέμασε."

1 ἄστραι P¹ 4 ἀποδαομένην P em. Jac. 6 ἐκδήσω Salm. -σας 8 στοργῆς c -γᾶς P¹.

192 (191). ΤΟΥ ΑΥΤΟΥ

Γυμνὴν ἦν ἐσίδης Καλλίστιον, ὦ ξένε, φήσεις·
„Ἤλλακται διπλοῦν γράμμα Συρηκοσίων."

Pl VII 21 f. 69ʳ. – 1 γυμνὴν P Pl [corr. in -νὸν].

193 (192). ΔΙΟΣΚΟΡΙΔΟΥ

Ἡ τρυφερή μ' ἤγρευσε Κλεὼ τὰ γαλάκτιν', Ἄδωνι,
τῇ σῇ κοψαμένη στήθεα παννυχίδι.
εἰ δώσει κἀμοὶ ταύτην χάριν, ἢν ἀποπνεύσω,
μὴ προφάσεις, σύμπλουν σύν με λαβὼν ἀγέτω.

1 τὰ γαλάκτιν' Reiske ἀγαλ ἀκτίν' P¹ ἀγαλ ακτίν' c 3 ἢν c ἦν P¹.

194 (193). ΠΟΣΕΙΔΙΠΠΟΥ ἢ ΑΣΚΛΗΠΙΑΔΟΥ

Αὐτοὶ τὴν ἀπαλὴν Εἰρήνιον εἶδον Ἔρωτες,
Κύπριδος ἐκ χρυσέων ἐρχόμενοι θαλάμων,
ἐκ τριχὸς ἄχρι ποδῶν ἱερὸν θάλος, οἶά τε λύγδου
γλυπτήν, παρθενίων βριθομένην χαρίτων,
καὶ πολλοὺς τότε χερσὶν ἐπ' ἠιθέοισιν ὀιστοὺς   5
τόξου πορφυρέης ἧκαν ἀφ' ἁρπεδόνης.

Pl VII 22 f. 69ʳ. – 3-4 οἶά τε... Suid s. λύγδινα 4 χαρίτων P Suid. θαλάμων Pl
5-6 Suid. s. ἁρπεδόνες [om. τότε... ἠιθ.] 6 ἧκεν Suid.

Zweifel

Nacht und Sterne und Mond, der strahlend den Liebenden leuchtet,
  du auch, mein kleines Gerät, das sich den Ständchen gesellt,
werd ich mein lockeres Lieb wohl schlaflos im Bette noch finden,
  während sie dieses und das seufzend der Lampe erzählt?
Ruht ihr ein andrer zur Seite...? Dann bind ich im Hausflur die Kränze,
  die meine Tränen verdorrt, als eine Bitte noch an.
Eines nur schreib ich dazu: „Dies, Kypris, hängt Meleagros,
  Myste der Ständchen, als Rest einstiger Liebe dir auf."

Meleagros

Der Doppelbuchstabe

Solltest du, Wandrer, einmal die Kallistion nackt sehn, dann sagst du:
  „Hier ist der doppelte Laut der Syrakuser vertauscht."

Meleagros

Dann sterb ich gerne

Kleo hat mich betört, als das wonnige Mädchen den weißen
  Busen bei deinem Fest nächtlich, Adonis, sich schlug.
Will sie mir, wenn ich verscheide, den gleichen Gefallen erweisen:
  ohne Bedenken, dann nimm gleich auf dem Schiffe mich mit.

Dioskorides

Pfeilregen

Liebesgötter, die Kypris' goldschimmernde Hausung verließen,
  sahen die holde Gestalt dieser Eirenion an,
sie, vom Kopf bis zu Fuß eine heilige Blüte, ein Bildnis
  wie aus Marmor geformt, schwer von jungfräulichem Reiz.
Rasch erfaßten sie da die purpurne Sehne, und sausend
  schwirrte in Wettern ihr Pfeil jählings den Knaben ins Herz.

Poseidippos oder *Asklepiades*

195 (194). ΜΕΛΕΑΓΡΟΥ

Αἱ τρισσαὶ Χάριτες, τρισσὸν στεφάνωμα συνευνᾷ
Ζηνοφίλᾳ, τρισσᾶς σύμβολα καλλοσύνας,
ἃ μὲν ἐπὶ χρωτὸς θεμένα πόθον, ἃ δ' ἐπὶ μορφᾶς
ἵμερον, ἃ δὲ λόγοις τὸ γλυκύμυθον ἔπος.

2 Ζηνοφίλαν c // τρισσᾶς Reiske -ᾶ   3 ἡ μὲν et μορφῆς c   4 ἃ add. Gruter.

195 b

Τρισσάκις εὐδαίμων, ἃς καὶ Κύπρις ὥπλισεν εὐνὰν
καὶ Πειθὼ μύθους καὶ γλυκὺ κάλλος Ἔρως.

Ep. 195 et 195 b, iuncta in P, segregav. Jahn   1 τρισσάκι, σεῦ δὲ μόνας καὶ P em.
Jac. // Κύπρις Jac. -ιν P¹ -ιδος c.

196 (195). ΤΟΥ ΑΥΤΟΥ

Ζηνοφίλᾳ κάλλος μὲν Ἔρως, σύγκοιτα δὲ φίλτρα
Κύπρις ἔδωκεν ἔχειν, αἱ Χάριτες δὲ χάριν.

Pl VII 23 f.69ᵛ . -   1 Ζηνοφίλα P.

197 (196). ΤΟΥ ΑΥΤΟΥ

Ναὶ μὰ τὸν εὐπλοκάμου Τιμοῦς φιλέρωτα κίκιννον,
ναὶ μυρόπνουν Δημοῦς χρῶτα τὸν ὑπναπάτην,
ναὶ πάλιν Ἰλιάδος φίλα παίγνια, ναὶ φιλάγρυπνον
λύχνον ἐμῶν κώμων πόλλ' ἐπιδόντα τέλη,
βαιὸν ἔχω τό γε λειφθέν, Ἔρως, ἐπὶ χείλεσι πνεῦμα·   5
εἰ δ' ἐθέλεις καὶ τοῦτ', εἰπέ, καὶ ἐκπτύσομαι.

Pl VII 24 f.69 ᵛ. -   1 Suid. s. κίκινος // εὐπλοκάμου Stadtm. -όκαμον P̂ Pl εὐέρωτα
Suid. // κίκινον Suid.   2 ναὶ Schäfer καὶ   4 πολλὰ πιόντα μέλη P Pl em. Herwerden
5 πνεῦμα A. Chr. Meinecke τραῦμα   6 δ' P γ' Pl.

Dreifaches Geschenk

Still in Zenophiles Bett in holder dreifacher Schönheit
   schlummern drei Grazien, die ihr dreifache Reize geschenkt:
eine dem Leibe Verlockung, die andre den Formen den Zauber
   und die dritte dem Mund süßes, betörendes Wort.

Meleagros

Ein gleiches

Dreimal selig die Frau, der Kypris das Bette bereitet,
   Peitho die Worte geschenkt, Eros die Schönheit gebracht.

Anonym

Ein gleiches

Meiner Zenophile ward der Zauber des Bettes von Kypris,
   Schönheit von Eros geschenkt und von den Chariten – Charme.

Meleagros

Verliebt in die Liebe

Hach, bei den Locken der Timo, die wonnig zur Liebe begeistern,
   Demos duftendem Leib, der um den Schlummer mich bringt,
hach, bei dem neckischen Spiel der Ilias und bei der Lampe,
   die meine nächtliche Lust wachend so oft schon gesehn:
nur noch ein Restchen von Atem ist mir auf den Lippen geblieben;
   Eros, willst du auch dies, sag's, und ich spei es hinweg.

Meleagros

198 (197). ΤΟΥ ΑΥΤΟΥ

Οὐ πλόκαμον Τιμοῦς, οὐ σάνδαλον Ἡλιοδώρας,
οὐ τὸ μυρόρραντον Δημαρίου πρόθυρον,
οὐ τρυφερὸν μείδημα βοώπιδος Ἀντικλείας,
οὐ τοὺς ἀρτιθαλεῖς Δωροθέας στεφάνους,
οὐκέτι σοὶ φαρέτρη ⟨γλαφυρὴ⟩ πτερόεντας ὀιστοὺς   5
κρύπτει, Ἔρως· ἐν ἐμοὶ πάντα γάρ ἐστι βέλη.

c: εἰς Ἡλιοδώραν, Τιμάριον, Ἀντίκλειαν, Δωροθέαν. – 1 Τιμοῦς P Δημοῦς Brunck
2 Δημαρίου Graefe Τιμαρίου   5 γλαφ. add. Stadtm.   6 κρύπτει Salm. -εις.

199 (198). ΗΔΥΛΟΥ

Οἶνος καὶ προπόσεις κατεκοίμισαν Ἀγλαονίκην
αἱ δόλιαι καὶ ἔρως ἡδὺς ὁ Νικαγόρεω,
ἧς πάρα Κύπριδι ταῦτα μύροις ἔτι πάντα μυδῶντα
κεῖνται παρθενίων ὑγρὰ λάφυρα πόθων,
σάνδαλα καὶ μαλακαί, μαστῶν ἐνδύματα, μίτραι,   5
ὕπνου καὶ σκυλμῶν τῶν τότε μαρτύρια.

3–4 Suid. s. μυδῶντες   3 πάρα Jac. παρά   5 σάνδ.: σάνδυξ Reitzenstein σινδὼν
Stadtm. // ἐνδύμ- Spanheim ἐκδύμ-;

200 (199). ΑΔΗΛΟΝ

Ὁ κρόκος οἵ τε μύροισιν ἔτι πνείοντες Ἀλεξοῦς
σὺν μίτραις κισσοῦ κυάνεοι στέφανοι
τῷ γλυκερῷ καὶ θῆλυ κατιλλώπτοντι Πριήπῳ
κεῖνται τῆς ἱερῆς ξείνια παννυχίδος.

3 Suid. s. ἰλλώπτειν // γλυκερῷ c -ῶν P¹ -ὸν Suid.   4 κεῖται P em. Salm.

201 (200). ΑΔΗΛΟΝ

Ἡγρύπνησε Λεοντὶς ἕως πρὸς καλὸν Ἑῷον
ἀστέρα τῷ χρυσέῳ τερπομένη Σθενίῳ,
ἧς πάρα Κύπριδι τοῦτο τὸ σὺν Μούσαισι μεληθὲν
βάρβιτον ἐκ κείνης κεῖτ' ἔτι παννυχίδος.

Eros ohne Pfeil

Nein, bei der Locke der Timo, beim Schühchen Heliodoras,
  bei Demarions Flur, drinnen von Düften es wallt,
bei dem lächelnden Mund und dem strahlenden Blick Antikleias
  und bei Dorotheas stets frischem und blühendem Kranz:
Eros, dein Köcher verbirgt in seinem Bauche nicht einen
  sausenden Pfeil mehr, du hast alle verschossen an mich.

Meleagros

Beweisstücke

Wein und listiger Zutrunk und, ach, des Nikagoras süße
  Zärtlichkeit wiegten zuletzt Aglaonike in Schlaf.
Und nun brachte sie Kypris die Beute, die man dem jungen
  liebenden Mädchen geraubt, feucht noch von Myrrhe getränkt:
Sohlen und diese zarten, den Busen umhüllenden Bänder
  als die Zeugen des Schlafs und – der Gewalttätigkeit.

Hedylos

Finale der Nachtfeier

Dieses gelbe Gewand, die dunklen Kränze aus Efeu
  samt den Binden, die noch duftend der Balsam erfüllt,
bringt Alexo dem süßen Priap mit den lüsternen Augen
  als ein Erinnrungsgeschenk heiligen nächtlichen Fests.

Anonym

Herz zahlt Steuer

Wonnig verbrachte Leontis beim goldigen Sthenios neulich
  bis zur schimmernden Früh schlaflos die Stunden der Nacht.
Darum brachte sie Kypris dies Barbiton, das mit der Musen
  Hilfe sie spielte, hier dar – eine Erinnrung der Nacht.

Anonym

202 (201). ΑΣΚΛΗΠΙΑΔΟΥ ἢ ΠΟΣΕΙΔΙΠΠΟΥ

Πορφυρέην μάστιγα καὶ ἡνία σιγαλόεντα
Πλαγγὼν εὐίππων θῆκεν ἐπὶ προθύρων,
νικήσασα κέλητι Φιλαινίδα τὴν πολύχαρμον
ἑσπερινῶν πώλων ἄρτι φρυασσομένων.
Κύπρι φίλη, σὺ δὲ τῇδε πόροις νημερτέα νίκης   5
δόξαν, ἀείμνηστον τήνδε τιθεῖσα χάριν.

2 Πλάγγων P¹ Πλαγγὼ ο em. Reiske   6 τήνδ' ἐπιθεῖσα P em. Emperius.

203 (202). ΑΣΚΛΗΠΙΑΔΟΥ

Λυσιδίκη σοί, Κύπρι, τὸν ἱππαστῆρα μύωπα,
χρύσεον εὐκνήμου κέντρον ἔθηκε ποδός,
ᾧ πολὺν ὕπτιον ἵππον ἐγύμνασεν· οὐδέ ποτ' αὐτῆς
μηρὸς ἐφοινίχθη κοῦφα τινασσομένης·
ἦν γὰρ ἀκέντητος τελεοδρόμος· οὔνεκεν ὅπλον   5
σοὶ κατὰ μεσσοπύλης χρύσεον ἐκρέμασεν.

1-2 Suid. s. μύωψ,   3 ... ἐγύμνασε (!) s. ὕπτιος   5 ὅπλον ο -οις P¹.

204 (203). ΜΕΛΕΑΓΡΟΥ

Οὐκέτι Τιμαρίου, τὸ πρὶν γλαφυροῖο κέλητος,
πῆγμα φέρει πλωτὸν Κύπριδος εἰρεσίη,
ἀλλ' ἐπὶ μὲν νώτοισι μετάφρενον, ὡς κέρας ἱστῷ,
κυρτοῦται, πολιὸς δ' ἐκλέλυται πρότονος,
ἱστία δ' αἰωρητὰ χαλᾷ σπαδονίσματα μαστῶν·   5
ἐκ δὲ σάλου στρεπτὰς γαστρὸς ἔχει ῥυτίδας.
νέρθε δὲ πάνθ' ὑπέραντλα νεώς, κοίλη δὲ θάλασσα
πλημμύρει, γόνασιν δ' ἔντρομός ἐστι σάλος.
δύστανος γ', ὃς ζωὸς ἔτ' ὢν Ἀχερουσίδα λίμνην
πλεύσετ' ἄνωθ' ἐπιβὰς γραὸς ἐπ' εἰκοσόρου.   10

1-2 Suid. s. κέλης, 5 s. σπαδών 1 Τιμαρίου J. G. Schneider -άριον 2 εἰρεσίη Desr. -ην
3 νώτοισι Meineke -οιο 5 αἰώρει ταχα λᾷ P¹ 7 κοίλη Graefe -η 8 πλημμύρει ο
9 γ' ὃς Reiske τε // ὢν Salm. ὢν δ' 10 εἰκοσόρου Desr. -ρῳ.

Derby der Liebe

Diese purpurne Peitsche, die schimmernden Zügel hat Plangon
   hier an der Halle im Schmuck herrlicher Rosse geweiht,
da sie die wilde Philainis im feurigen Ritte besiegte,
   just als abends der Schrei wiehernder Füllen erscholl.
Gib ihrem Siege darum helleuchtenden Nachruhm, geliebte
   Kypris, und laß ihren Dank stets in Erinnerung sein.

Asklepiades oder *Poseidippos*

Ein gleiches

Kypris, Lysidike bringt dir den Stachel des Reiters, den goldnen
   Sporn vom schimmernden Fuß; hat sie doch oft schon damit
rücklings liegende Rößlein zum Rennen getrieben. Sie selber
   färbte als Rößlein kein Blut, da sie stets leicht sich gerührt
und bis zum Ziele des Ritts keines Spornes bedurfte. Drum weiht sie
   dir dies goldne Gerät hier an dem mittleren Tor.

Asklepiades

Alte Fregatte

Hübsch war Timarion einst, eine schnittige Jacht; heute rudert
   Kypris umsonst sie, sie macht nicht diesen Kasten mehr flott.
Krumm wie die Gaffel am Mast ist im Rücken ihr Rückgrat geworden,
   grau ist ihr Haar und schlappt gleich einem wackelnden Stag.
Flatternd hangen die Lappen der Brüste, zwei schlotternde Segel,
   und von dem Schlingern bekam Rillen und Risse ihr Bauch.
Leck ist am Kiele das Schiff, im Frachtraum gluckern die Wasser,
   und von dem ewgen Gestampf zittert und bibbert ihr Knie . . .
Wehe dem Armen, der lebend das Deck dieser alten Fregatte
   wagt zu besteigen, sie fährt stracks ihn zum Acheronsee.

Meleagros

205 (204). ΑΔΗΛΟΝ

Ἴυγξ ἡ Νικοῦς, ἡ καὶ διαπόντιον ἕλκειν
ἄνδρα καὶ ἐκ θαλάμων παῖδας ἐπισταμένη,
χρυσῷ ποικιλθεῖσα, διαυγέος ἐξ ἀμεθύστου
γλυπτή, σοὶ κεῖται, Κύπρι, φίλον κτέανον,
πορφυρέης ἀμνοῦ μαλακῇ τριχὶ μέσσα δεθεῖσα,   5
τῆς Λαρισσαίης ξείνια φαρμακίδος.

1-2 Suid. s. Ἴυγξ // Ἴυγξ Suid. ἦυξ P // ἕλκειν Salm. ησακειν c ἤλκαὶ (?) P¹ om. Suid.
3 ποικίλλουσα P em. Guyet 5 μαλακῇ Bouhier -κὶ.

206 (205). ΛΕΩΝΙΔΟΥ

Μηλὼ καὶ Σατύρη τανυήλικες, Ἀντιγενείδεω
παῖδες, ταὶ Μουσέων εὔκολοι ἐργάτιδες,
Μηλὼ μὲν Μούσαις Πιμπληίσι τοὺς ταχυχειλεῖς
αὐλοὺς καὶ ταύτην πύξινον αὐλοδόκην,
ἡ φίλερως Σατύρη δὲ τὸν ἕσπερον οἰνοποτήρων   5
σύγκωμον κηρῷ τευξαμένη δόνακα,
ἡδὺν συριστῆρα, σὺν ᾧ πανεπόρφνιος ἠῶ
ηὔγασεν αὐλείοις οὐ κοτέουσα θύραις.

c : εἰς Μηλὼ καὶ Σατύρην, τὰς αὐλητρίδας. – 1 τανυήλικες P¹ em. c 2 ταὶ Reiske
θ' αἱ // Μουσέων Brunck -σῶν 3 πίμπλησι P em. Gruter 6 τευξαμένη c τε
ξαμ- P¹ 8 θύραις Gruter -ρας.

207 (206). ΑΣΚΛΗΠΙΑΔΟΥ

Αἱ Σάμιαι Βιττὼ καὶ Νάννιον εἰς Ἀφροδίτης
φοιτᾶν τοῖς αὐτῆς οὐκ ἐθέλουσι νόμοις,
εἰς δ' ἕτερ' αὐτομολοῦσιν, ἃ μὴ καλά. δεσπότι Κύπρι,
μίσει τὰς κοίτης τῆς παρὰ σοὶ φυγάδας.

Pl VII 25 f. 69 v. – 1 Ἄννιον Pl 2 αὐτοῖς P 3 ἃ om. P 4 κοίτας τὰς Pl.

Der Zauberkreisel

Dieser Kreisel der Niko, der Männer weit über die Meere
und aus dem Hochzeitsgemach Mädchen zu locken versteht,
herrlich bekleidet mit Gold und leuchtend geschnitten aus lichtem
Amethyste, sei dir, Kypris, ein teurer Besitz.
Purpurn läuft um die Mitte ein weicher Faden aus Wolle;
sieh, aus Larissa, der Stadt, weiht ihn die Zauberin dir.

Anonym

Die beiden Flötistinnen

Melo und Satyre hier, die Töchter des Antigeneidas,
schlanke Mädchen, die stets still für die Musen geschafft,
wollten die Musen verehren. Drum gab ihnen Melo die Flöten,
die sie behende gespielt, samt der Kassette aus Buchs.
Satyre aber entbot als Freundin der Liebe die Syrinx,
wachsverbunden, die nachts oft sich den Schwärmern gesellt,
eine süße Schalmei, mit der sie voll Ruhe die Nächte
vor der verschlossenen Tür bis an den Morgen verbracht.

Leonidas von Tarent

Deserteure

Bitto und Nannion hier in Samos marschieren zu Kypris
nicht nach der Göttin Befehl; schlecht ist und unschön ihr Weg ...
Herrin Kythere, o gieß deinen grimmigen Haß über beide,
denn sie sind von dem Bett, drinnen du herrschst, desertiert.

Asklepiades

208 (207). ΜΕΛΕΑΓΡΟΥ

Οὔ μοι παιδομανὴς κραδία. τί δὲ τερπνόν, Ἔρωτες,
ἀνδροβατεῖν, εἰ μὴ δούς τι λαβεῖν ἐθέλοι;
ἁ χεὶρ γὰρ τὰν χεῖρα· καλά με μένοι παράκοιτις.
ἔρροι πᾶς ἄρσην ἀρσενικαῖς λαβίσιν.

2 εἰ Gruter ἤ vel ἦ P 3 με μένοι nos μένειν // παράκοιτις P [αι supra τι add. c]
4 ἔρροι Graefe εἶν.

209 (208). ΠΟΣΕΙΔΙΠΠΟΥ ἤ ΑΣΚΛΗΠΙΑΔΟΥ

Σήν, Παφίη Κυθέρεια, παρ' ἠιόν' εἶδε Κλέανδρος
Νικοῦν ἐν χαροποῖς κύμασι νηχομένην·
καιόμενος δ' ὑπ' Ἔρωτος ἐνὶ φρεσὶν ἄνθρακας ἀνὴρ
ξηρούς ἐκ νοτερῆς παιδὸς ἐπεσπάσατο.
χὠ μὲν ἐναυάγει γαίης ἔπι, τὴν δὲ θαλάσσης   5
ψαύουσαν πρηεῖς εἴχοσαν αἰγιαλοί.
νῦν δ' ἴσος ἀμφοτέροις φιλίης πόθος· οὐκ ἀτελεῖς γὰρ
εὐχαὶ τὰς κείνης εὗξατ' ἐπ' ἠιόνος.

Pl VII 119 f. 73 v. - Posidippo trib. Pl 1 σήν Jac. ἐν P ἐν Pl // παρήιον εἶδε Pl
παρ' ἠιόνι δὲ P em. Jac. 2 Νικοῦν Jac. -οῦς // νηχομένης Pl 3 καιομένους P Pl em.
J. G. Schneider // ἀνὴρ Pl.

210 (209). ΑΣΚΛΗΠΙΑΔΟΥ

Τῷ θαλλῷ Διδύμη με συνήρπασεν· ὤμοι, ἐγὼ δὲ
τήκομαι ὡς κηρὸς πὰρ πυρί, κάλλος ὁρῶν.
εἰ δὲ μέλαινα, τί τοῦτο; καὶ ἄνθρακες· ἀλλ' ὅτε κείνους
θάλψωμεν, λάμπουσ' ὡς ῥόδεαι κάλυκες.

Pl VII 26 f. 69 v. — 1 δὲ c Pl om. P¹ 3 ἀλλ' ἂν ἐκείνους Pl [τ supra ἂν] ἀλλατὸ
κείνου P¹ ἀλλὰ τὰ κείνης c em. Jac.

Liebe zur Frau

Nicht nach Knaben, Eroten, verlangt mich's im Herzen. Erfreuen
soll mich ein Junge, der wohl nehmen will, nicht aber gibt?
Wäscht eine Hand nicht die andre? Ich will nur ein reizendes Mädel!
Laßt mich mit Männern in Ruh und ihrem männlichen Griff!

Meleagros

Warme Liebe aus kaltem Wasser

Kypris von Paphos, Kleandros erblickte an deinem Gestade
    Niko, wie sie des Meers blaues Gewoge durchschwamm.
Jäh erfaßte sein Herz die Flamme der Liebe; da zog er
    von dem befeuchteten Kind trockene Kohlen sich zu.
Schiffbruch erlitt er zu Land; doch ihr, die in Wogen sich wagte,
    schenkte ein sicherer Strand treulich gelinden Empfang.
Nun aber bindet sie beide die gleiche Sehnsucht: ihm wurde,
    was er am Ufer um sie betend begehrte, erfüllt.

Poseidippos oder *Asklepiades*

Schwarze Rose

Didyme hat mich erhascht mit ihrer Schönheit; ich schmelze
    wie am Feuer das Wachs, seh ich ihr hübsches Gesicht.
Wenn sie auch schwarz ist, was tut's? Schwarz ist auch die Kohle, doch
    leuchtet sie auf und gleicht blühenden Rosen an Pracht.   [brennt sie,

Asklepiades

211 (210). ΠΟΣΕΙΔΙΠΠΟΥ

Δάκρυα καὶ κῶμοι, τί μ' ἐγείρετε, πρὶν πόδας ἄρω
ἐκ πυρός, εἰς ἑτέρην Κύπριδος ἀνθρακιήν;
λήγω δ' οὔποτ' ἔρωτος, ἀεὶ δέ μοι ἐξ 'Αφροδίτης
ἄλγος ὁ μὴ κρίνων καινὸν ἄγει τι Πόθος.

Pl VII 120 f. 73 ᵛ. — 1 δάκρυα μὲν καὶ P // ἄρω Pl ἄιρη P¹ αἴρη c [add. ἄραι]
4 καινὸν ἄγει τι Brunck κοινὸν ἄγοντι.

212 (211). ΜΕΛΕΑΓΡΟΥ

Αἰεί μοι δύνει μὲν ἐν οὔασιν ἦχος Ἔρωτος,
ὄμμα δὲ σῖγα Πόθοις τὸ γλυκὺ δάκρυ φέρει·
οὐδ' ἡ νύξ, οὐ φέγγος ἐκοίμισεν, ἀλλ' ὑπὸ φίλτρων
ἤδη που κραδίᾳ γνωστὸς ἔνεστι τύπος.
ὦ πτανοί, μὴ καί ποτ' ἐφίπτασθαι μέν, Ἔρωτες,   5
οἴδατ', ἀποπτῆναι δ' οὐδ' ὅσον ἰσχύετε;

Pl VII 110 f. 73 ᵣ. — 2 σῖγα Pl σιγᾷ P¹ σίγα c 3 ἐκοίμανεν P 4 κραδίη Pl 5 ἐφίπτασθαι Pl ἐφήπτ- c ἐφίπτασθ' αἰ P¹ 6 οὔθ' Pl.

213 (212). ΠΟΣΕΙΔΙΠΠΟΥ

Πυθιὰς εἰ μὲν ἔχει τιν', ἀπέρχομαι· εἰ δὲ καθεύδει
ὧδε μόνη, μικρόν, πρὸς Διός, ἐκκάλεσαι.
εἰπὲ δὲ σημεῖον, μεθύων ὅτι καὶ διὰ κλωπῶν
ἦλθεν Ἔρωτι θρασεῖ χρώμενος ἡγεμόνι.

1 ἔχεις... καθεύδεις P em. Jac. 3 εἰπε P¹ // κλυπῶν P¹ em. c.

214 (213). ΜΕΛΕΑΓΡΟΥ

Σφαιριστὰν τὸν Ἔρωτα τρέφω· σοὶ δ', 'Ηλιοδώρα,
βάλλει τὰν ἐν ἐμοὶ παλλομέναν κραδίαν.
ἀλλ' ἄγε συμπαίκταν δέξαι Πόθον· εἰ δ' ἀπὸ σεῦ με
ῥίψαις, οὐκ οἴσω τὰν ἀπάλαιστρον ὕβριν.

2 παλλομένην κραδίην P¹ em. c. 4 ἀπαλαιοτέραν P em. Bouhier.

Ruhlose Liebe

Tränen und fröhliche Feste, was stoßt ihr mich, der ich soeben
  erst dem Feuer entschlüpft, wieder in Kyprias Glut?
Nie will die Liebe mich lassen, und ewig streut mir der launisch
  waltende Eros aufs neu Qualen von Kypris ins Herz.

Poseidippos

Laßt mich los

Ewig klingt mir und singt mir die Stimme des Eros im Ohre,
  süß und leise vergießt Tränen der Sehnsucht mein Aug.
Ruhe nicht bringt mir der Tag, nicht bringt sie die Nacht mir, und
  drückte die Liebe bereits mir ihr Gepräge ins Herz.   [sichtbar
Ach, zum Kommen versteht ihr die Flügel zu regen, Eroten:
  fehlt euch denn völlig die Kraft, wieder von hinnen zu gehn?

Meleagros

Liebesanmeldung

Ist schon bei Pythias einer, dann gehe ich wieder; doch schläft sie
  hier alleine, beim Zeus, ruf sie mal eben heraus.
Sag ihr als Zeichen: „Er kommt besäuselt und mitten durch Räuber,
  nur von dem mutigen Gott Eros als Führer betreut."

Poseidippos

Spiel mit!

Ball spielt Eros bei mir. O sieh, nun wirft er mein eignes
  Herz, das im Busen mir schlägt, Heliodora, dir zu.
Nimm den Eros als Partner! Und laß mein Herze nicht fallen!
  Ich ertrag's nicht, – und, Kind, Spielregel wäre das nicht.

Meleagros

215 (214). ΤΟΥ ΑΥΤΟΥ

Λίσσομ', Έρως, τὸν ἄγρυπνον ἐμοὶ πόθον 'Ηλιοδώρας
κοίμισον αἰδεσθεὶς Μοῦσαν ἐμὰν ἱκέτιν.
ναὶ γὰρ δὴ τὰ σὰ τόξα, τὰ μὴ δεδιδαγμένα βάλλειν
ἄλλον, ἀεὶ δ' ἐπ' ἐμοὶ πτανὰ χέοντα βέλη,
εἰ καὶ ἐμὲ κτείναις, λείψω φωνὴν προϊέντα
γράμματ': „Έρωτος ὅρα, ξεῖνε, μιαιφονίαν."

Pl VII 27 f. 69 ᵛ. - In P hic [Pᵃ] et post XII 19 [Pᵇ]. Posidippo trib. Pl 1 'Ηλιο-
δώρου Pᵇ 2 ἐμὰν Pᵃ¹ Pᵇ -ὴν cᵃ Pl // οἰκέτιν Pᵇ 3 ναὶ: νὴ Pl // βάλλειν: ἄλλην
Pᵃ¹ 4 πτηνὰ Pᵇ Pl // βέλη: μέλη Pᵃ¹ 5 ἐμὲ Pᵇ με rel. // κτείνης Pl // φωνὴν προϊέντα cᵃ Pl φ. προσι- Pᵃ¹ φωνεῦντ' ἐπὶ τύμβῳ Pᵇ 6 μιαιφονίαν Pᵃ¹ -ίην cᵃ Pᵇ Pl.

216 (215). ΑΓΑΘΙΟΥ ΣΧΟΛΑΣΤΙΚΟΥ

Εἰ φιλέεις, μὴ πάμπαν ὑποκλασθέντα χαλάσσῃς
θυμὸν ὀλισθηρῆς ἔμπλεον ἱκεσίης·
ἀλλά τι καὶ φρονέοις στεγανώτερον, ὅσσον ἐρύσσαι
ὀφρύας, ὅσσον ἰδεῖν βλέμματι φειδομένῳ.
ἔργον γάρ τι γυναιξὶν ὑπερφιάλους ἀθερίζειν
καὶ κατακαγχάζειν τῶν ἄγαν οἰκτροτάτων.
κεῖνος δ' ἐστὶν ἄριστος ἐρωτικός, ὃς τάδε μίξει
οἶκτον ἔχων ὀλίγῃ ξυνὸν ἀγηνορίῃ.

Pl VII 28 f. 69 ᵛ. - 1 χαλάσῃς P 3 ... στεγ. Suid. s. στεγανώτερον 5 ἀθροί-
ζειν P¹.

217 (216). ΠΑΥΛΟΥ ΣΙΛΕΝΤΙΑΡΙΟΥ

Χρύσεος ἀψαύστοιο διέτμαγεν ἄμμα κορείας
Ζεὺς διαδὺς Δανάας χαλκελάτους θαλάμους.
φαμὶ λέγειν τὸν μῦθον ἐγὼ τάδε· „Χάλκεα νικᾷ
τείχεα καὶ δεσμοὺς χρυσὸς ὁ πανδαμάτωρ."
χρυσὸς ὅλους ῥυτῆρας, ὅλας κληῖδας ἐλέγχει,
χρυσὸς ἐπιγνάμπτει τὰς σοβαροβλεφάρους·
καὶ Δανάας ἐλύγωσεν ὅδε φρένα. μή τις ἐραστὰς
λισσέσθω Παφίαν, ἀργύριον παρέχων.

Pl VII 29 f.69 ᵛ. - 1 Suid. s. κορείας, 1-2 s. ἄμματα et Κάσιον, 5 s. ῥυτῆρες, 7 ... φρένα
s. ἐλύγωσεν et Δανάη 4 τείχεα P ... πεδα Pl 6 ἐπιγνάπτει P 7 Δανάης Suid.

Die Grabschrift

Stille mir, Eros, ich flehe, die Sehnsucht nach Heliodora,
  ehre der Muse Gebet: Gib mir den Schlummer zurück.
Bei deinem Bogen, o Gott, der nie einen andern getroffen,
  der den geflügelten Pfeil immer auf mich nur geschnellt,
wahrlich, auch wenn du mich tötest, dann laß ich aufs Grabmal noch
  „Siehe, o Wandrer, dies hat Eros, der Mörder, getan." [schreiben:

Meleagros

Schule für Freier

Hat dich die Liebe erfaßt, laß niemals im Herzen den Stolz dir
  völlig zerbrechen, gib nie winselndem Flehen dich hin.
Halt mit gemessener Ruhe dein Fühlen am Zügel, trag immer
  hoch deine Stirne und laß sparsam die Blicke ergehn.
Denn es ist Sitte der Frauen, den prahlenden Mund zu verachten
  und zu verspotten den Mann, der zu empfindsam sich zeigt.
Der ist der Beste darum im Lieben, der stets mit empfindsam
  zarter Gesinnung ein Stück männlicher Härte verknüpft.

Agathias Scholastikos

Die Danaëmythe

Gold wurde Zeus; so drang er in Danaës eherne Kammer,
  wo dem jungfräulichen Kind drauf er den Gürtel gelöst.
Diese Mythe besagt, so will mich bedünken: „Auch Ketten
  und einen ehernen Turm zwingt das allmächtige Gold."
Gold macht sämtliche Bande, macht sämtliche Schlösser zuschanden,
  Gold macht selbst eine Frau sprödesten Sinnes gewillt,
hat auch der Danaë Herze gebeugt, und kein Liebender sollte
  drum noch zu Paphia flehn, wenn er nur Geld bieten kann.

Paulos Silentiarios

218 (217). ΑΓΑΘΙΟΥ ΣΧΟΛΑΣΤΙΚΟΥ

Τὸν σοβαρὸν Πολέμωνα, τὸν ἐν θυμέλῃσι Μενάνδρου
κείραντα Γλυκέρας τῆς ἀλόχου πλοκάμους,
ὁπλότερος Πολέμων μιμήσατο, καὶ τὰ 'Ροδάνθης
βόστρυχα παντόλμοις χερσὶν ἐληίσατο,
καὶ τραγικοῖς ἀχέεσσι τὸ κωμικὸν ἔργον ἀμείψας,   5
μάστιξεν ῥαδινῆς ἄψεα θηλυτέρης.
ζηλομανὲς τὸ κόλασμα. τί γὰρ τόσον ἤλιτε κούρη,
εἴ με κατοικτείρειν ἤθελε τειρόμενον;
σχέτλιος· ἀμφοτέρους δὲ διέτμαγε, μέχρι καὶ αὐτοῦ
βλέμματος ἐνστήσας αἴθοπα βασκανίην.   10
ἀλλ' ἔμπης τελέθει ,,Μισούμενος''· αὐτὰρ ἔγωγε
,,Δύσκολος'', οὐχ ὁρόων τὴν ,,Περικειρομένην''.

Pl VII 30 f. 69 ᵛ. – 2 γλυκερᾶς P -ρούς Pl em. Scal. 4 βόστυχα P¹ 9–10 μέχρι...
Suid. s. αἴθοπα 12 Περικειμένην P¹.

219 (218). ΠΑΥΛΟΥ ΣΙΛΕΝΤΙΑΡΙΟΥ

Κλέψωμεν, 'Ροδόπη, τὰ φιλήματα τήν τ' ἐρατεινὴν
καὶ περιδηριτὴν Κύπριδος ἐργασίην.
ἡδὺ λαθεῖν φυλάκων τε πανάγρεα κανθὸν ἀλύξαι·
φώρια δ' ἀμφαδίων λέκτρα μελιχρότερα.

2 περιδηριτὴν Maas -δηρι τὴν P¹ -δήριτον c   4 Suid. s. φώρια.

220 (219). ΑΓΑΘΙΟΥ ΣΧΟΛΑΣΤΙΚΟΥ

Εἰ καὶ νῦν πολιή σε κατεύνασε καὶ τὸ θαλυκρὸν
κεῖνο κατημβλύνθη κέντρον ἐρωμανίης,
ὤφελες, ὦ Κλεόβουλε, πόθους νεότητος ἐπιγνοὺς
νῦν καὶ ἐποικτείρειν ὁπλοτέρων ὀδύνας,
μηδ' ἐπὶ τοῖς ξυνοῖς κοτέειν μέγα μηδὲ κομάων   5
τὴν ῥαδινὴν κούρην πάμπαν ἀπαγλαῖσαι.
,,Ἀντίπατρος'' τῇ παιδὶ πάρος μεμέλησο ταλαίνῃ,
καὶ νῦν ἐξαπίνης ,,Ἀντίπαλος'' γέγονας.

Pl VII 31 f. 69 ᵛ. – 1–2 καὶ²... Suid. s. θαλυκρόν 1 θαλυκρὸν P¹ Suid. -κτρὸν Pl
μελιχρὸν c   3 πόθους ex πότους P 7 ταλαίνη P.

Theaterheld

Keck war Polemon wohl; in dem lustigen Stück des Menandros
  schor er der eigenen Frau Glykera gröblich das Haar.
Jetzt aber ließ sich aufs neu ein Polemon sehen; mit frechen
  Händen schnitt er das Haar meiner Rhodanthe vom Haupt.
Ja, er macht' aus dem Lustspiel sogar eine tragische Szene,
  da er dem zartesten Kind grausam die Glieder gepeitscht.
So straft Eifersuchtswut! Was hat denn das Mädel verbrochen,
  wenn sie sich meiner in Not gütig erbarmen gewollt?
Unmensch! Nun trennte er uns, und damit wir uns nicht einmal sehen,
  stellte er zwischen uns zwei funkelnd die Eifersucht auf.
Wirklich, er spielt den ,,Verhaßten", ich selber aber den ,,Griesgram",
  denn nun kann ich nicht mehr meine ,,Geschorene" sehn.

Agathias Scholastikos

Wir stehlen uns die Liebe

Rhodope, laß sie uns stehlen, die Küsse. Laß es uns stehlen,
  Kyprias köstliches Werk, das nur mit Kämpfen gelingt.
Wonnig, verborgen zu sein vor den spähenden Blicken der Wächter!
  Süßer als offene ist heimlich gestohlene Lust.

Paulos Silentiarios

Der Wüterich

Grau wohl wurde dein Haar, still ward es in dir, und der alte,
  heiße Stachel der Lust stumpfte allmählich sich ab.
Doch, Kleobulos, du solltest, der Jugendsehnsucht gedenkend,
  nun voll Erbarmen die Qual jüngerer Leute auch sehn,
solltest so böse nicht sein ob alltäglichen Dingen: zu Unrecht
  hast du dem zarten Geschöpf all seine Locken geraubt.
Bist du dem armen Kind ein Antipatros einstens gewesen,
  heute stelltest du dich jäh als Antipalos dar.

Agathias Scholastikos

221 (220). ΠΑΥΛΟΥ ΣΙΛΕΝΤΙΑΡΙΟΥ

Μέχρι τίνος φλογόεσσαν ὑποκλέπτοντες ὀπωπὴν
φώριον ἀλλήλων βλέμμα τιτυσκόμεθα;
λεκτέον ἀμφαδίην μελεδήματα, κἤν τις ἐρύξῃ
μαλθακὰ λυσιπόνου πλέγματα συζυγίης,
φάρμακον ἀμφοτέροις ξίφος ἔσσεται· ἥδιον ἡμῖν   5
ξυνὸν ἀεὶ μεθέπειν ἢ βίον ἢ θάνατον.

Pl VII 32 f. 69 ᵛ. - 2 φαρίον P¹ // τιτυσκόμεν[οι?] P¹ 4 λησιπόνου P¹ 4 apud
Pl: δράσας ἢ λέξας ἐχθρὸς ἔρωτος ἀνήρ.

222 (221). ΑΓΑΘΙΟΥ

Εἴ ποτε μὲν κιθάρης ἐπαφήσατο πλῆκτρον ἑλοῦσα
κούρη, Τερψιχόρης ἀντεμέλιζε μίτοις·
εἴ ποτε δὲ τραγικῷ ῥοιζήματι ῥήξατο φωνήν,
αὐτῆς Μελπομένης βόμβον ἀπεπλάσατο.
εἰ δὲ καὶ ἀγλαΐης κρίσις ἵστατο, μᾶλλον ἂν αὐτὴ   5
Κύπρις ἐνικήθη κἀνεδίκαζε Πάρις.
σιγῇ ἐφ' ἡμείων, ἵνα μὴ Διόνυσος ἀκούσας
τῶν Ἀριαδνείων ζῆλον ἔχοι λεχέων.

c: εἰς Ἀριάδνην τραγῳδὸν καὶ κιθαριστρίδα. - Pl VII 33 f. 69 ᵛ. - 1 ἔχουσα P¹
Pl em. c 5 αὐτὴ c -τῇ P¹ Pl 6 κἂν ἐδ. P Pl em. Erfurdt 7 σιγῇ c.

223 (222). ΜΑΚΗΔΟΝΙΟΥ

Φωσφόρε, μὴ τὸν Ἔρωτα βιάζεο μηδὲ διδάσκου,
Ἄρεϊ γειτονέων, νηλεὲς ἦτορ ἔχειν.
ὡς δὲ πάρος Κλυμένης ὁρόων Φαέθοντα μελάθρῳ
οὐ δρόμον ὠκυπόδην εἶχες ἀπ' ἀντολίης,
οὕτω μοι περὶ νύκτα μόγις ποθέοντι φανεῖσαν   5
ἔρχεο δηθύνων ὡς παρὰ Κιμμερίοις.

Pl VII 34 f. 70 ʳ. - Tit.: Μακεδονίου ὑπάτου Pl 5 φανεῖσαν c Pl -σα P¹.

Not der Liebenden

Ach, wielang hehlen wir noch die brennenden Augen und werfen
in verstohlener Glut heimliche Blicke uns zu?
Laß doch die Not unsrer Herzen uns offen bekennen, und wehrt man
dann uns das zärtliche Band, das uns von Qualen erlöst,
helfe uns beiden das Schwert! Viel süßer will's mich bedünken,
sind wir für immer nur eng tot oder lebend vereint.

Paulos Silentiarios

Kitharödin Ariadne

Wenn dieses Mädchen einmal mit dem Plektron die Kithara rührte,
gleich Terpsichores Spiel klang von den Saiten der Laut.
Wenn sie die Stimme mit Macht zu tragischer Fülle gesteigert,
wie von Melpomene selbst scholl ihr vom Munde das Lied.
Wenn in Schönheit jedoch ein Urteil erginge, selbst Kypris
würde ihr weichen, und neu käme von Paris der Spruch ...
Doch ich schweige, sonst möcht es Dionysos hören und plötzlich
als Ariadnes Gemahl Eifersucht fassen auf mich.

Agathias

Mach lang die Nacht

Morgenstern, dränge nicht Eros und nimm von Mars nicht, in dessen
Nähe du weilest, es an, grausam im Herzen zu sein.
Wie du in früherer Zeit, als in Klymenes Zimmer du damals
Phaëthon sahest, nur sehr zögernd im Osten erschienst,
o, so durchwandle auch heute die Nacht, da all mein Verlangen
endlich Gehör fand, so lang wie im kimmerischen Reich.

Makedonios

224 (223). ΤΟΥ ΑΥΤΟΥ

Λῆξον, Ἔρως, κραδίης τε καὶ ἥπατος· εἰ δ' ἐπιθυμεῖς
βάλλειν, ἄλλο τί μου τῶν μελέων μετάβα.

Pl VII 35 f. 70 ʳ. - **2** μελέων c Pl μελῶν P¹.

225 (224). ΤΟΥ ΑΥΤΟΥ

Ἕλκος ἔχω τὸν ἔρωτα· ῥέει δέ μοι ἕλκεος ἰχώρ
δάκρυον, ὠτειλῆς οὔποτε τερσομένης.
εἰμὶ καὶ ἐκ κακότητος ἀμήχανος, οὐδὲ Μαχάων
ἤπιά μοι πάσσει φάρμακα δευομένῳ.
Τήλεφός εἰμι, κόρη, σὺ δὲ γίνεο πιστὸς Ἀχιλλεύς·   5
κάλλεϊ σῷ παῦσον τὸν πόθον, ὡς ἔβαλες.

Pl VII 36 f. 70 ʳ. - **3** εἰμὶ c Pl εἰ μὴ P¹.

226 (225). ΠΑΥΛΟΥ ΣΙΛΕΝΤΙΑΡΙΟΥ

Ὀφθαλμοί, τέο μέχρις ἀφύσσετε νέκταρ Ἐρώτων,
κάλλεος ἀκρήτου ζωροπόται θρασέες;
τῆλε διαθρέξωμεν, ὅπη σθένος· ἐν δὲ γαλήνῃ
νηφάλια σπείσω Κύπριδι Μειλιχίῃ.
εἰ δ' ἄρα που καὶ κεῖθι κατάσχετος ἔσσομαι οἴστρῳ,   5
γίνεσθε κρυεροῖς δάκρυσι μυδαλέοι,
ἔνδικον ὀτλήσοντες ἀεὶ πόνον· ἐξ ὑμέων γάρ,
φεῦ, πυρὸς ἐς τόσσην ἤλθομεν ἐργασίην.

Pl VII 58 f. 71 ʳ. - **3** ὅποι Pl   **7-8** Suid. s. ὀτλήσοντες.

227 (226). ΜΑΚΗΔΟΝΙΟΥ ΥΠΑΤΙΚΟΥ

Ἡμερίδας τρυγόωσιν ἐτήσιον, οὐδέ τις αὐτῶν
τοὺς ἕλικας, κόπτων βότρυν, ἐπιστρέφεται.
ἀλλὰ σέ, τὴν ῥοδόπηχυν, ἐμῆς ἀνάθημα μερίμνης,
ὑγρὸν ἐνιπλέξας ἅμματι δεσμὸν ἔχω

Schone mein Herz

Schieße mir, Eros, nicht immer den Pfeil ins Herz und die Leber.
Willst du schon schießen auf mich, triff doch ein anderes Glied.

Makedonios

Liebestherapie

Liebe trag ich als Wunde, und ruhlos rinnt aus der Wunde
Träne um Träne das Blut; nie heilt die Wunde mir zu.
Ratlos fühle ich selbst dies Leiden, doch auch ein Machaon
hat kein linderndes Kraut, das diese Schmerzen mir stillt.
Telephos bin ich, mein Kind; o sei mir ein treuer Achilles!
Sehnsucht, die Schönheit erregt, wird nur von Schönheit geheilt.

Makedonios

Die Augen sind schuld

Augen, wie lange noch wünscht ihr, den Nektar der Liebe zu trinken,
ihr, die so durstig den Wein lauterer Schönheit ihr schlürft?
Laßt uns fliehen, soweit es nur geht! Dann bring ich ein weinlos
Opfer in friedlicher Ruh Kypris Meilichia dar.
Wenn aber dort auch vielleicht die Stacheln der Wünsche mich quälen,
o, dann werdet vom Tau eisiger Tränen nur feucht,
duldet dann weiter mit Recht und ruhlos die Strafe! Ihr wart es,
die mich zu solch einem Herd flammenden Feuers gemacht.

Paulos Silentiarios

Weinlese der Liebe

Weinlese hält man jahraus und jahrein, doch keiner der Menschen
kehrt an die Rebe sich mehr, wenn er die Traube sich bricht.
Dich aber, rosige Frau, du Heiligtum meiner Gedanken,
hält wie ein rankendes Band zärtlich umschlossen mein Arm.

καὶ τρυγόω τὸν ἔρωτα· καὶ οὐ θέρος, οὐκ ἔαρ ἄλλο   5
οἶδα μένειν, ὅτι μοι πᾶσα γέμεις χαρίτων.
ὧδε καὶ ἡβήσειας, ὅλον χρόνον· εἰ δέ τις ἔλθῃ
λοξὸς ἕλιξ ῥυτίδων, τλήσομαι ὡς φιλέων.

2 ἐπιστρ- Herwerden ἀποστρ-   4 ἑνὶ πλ. P em. Jac. || ἄμμα τι P em. Brunck
6 ὅτι Salm. ἔτι.

228 (227). ΠΑΥΛΟΥ ΣΙΛΕΝΤΙΑΡΙΟΥ

Εἰπέ, τίνι πλέξεις ἔτι βόστρυχον ἢ τίνι χεῖρας
φαιδρυνέεις ὀνύχων ἀμφιτεμὼν ἀκίδα;
ἐς τί δὲ κοσμήσεις ἁλιανθέι φάρεα κόχλῳ,
μηκέτι τῆς καλῆς ἐγγὺς ἰὼν 'Ροδόπης;
ὄμμασιν, οἷς 'Ροδόπην οὐ δέρκομαι, οὐδὲ φαεινῆς   5
φέγγος ἰδεῖν ἐθέλω χρύσεον 'Ηριπόλης.

Pl VII 37 f.70ʳ. – 1 Suid. s. βόστρυχος, 5-6 οὐδὲ... s. 'Ηριπόλη // πλέξης Pl //
ἔτι add. c 2 φαιδρύνεις P -νης Pl em. Brunck // ὀνύχων ex -χῳ P 3 ἐστί P¹
Pl ἐστί c // κοσμήσης Pl // φάρεϊ P¹ 6 ἡ ῥοπόλης P¹.

229 (228). ΜΑΚΗΔΟΝΙΟΥ ΥΠΑΤΙΚΟΥ

Τὴν Νιόβην κλαίουσαν ἰδών ποτε βουκόλος ἀνὴρ
θάμβεεν, εἰ λείβειν δάκρυον οἶδε λίθος.
αὐτὰρ ἐμὲ στενάχοντα τόσης κατὰ νυκτὸς ὁμίχλην
ἔμπνοος Εὐίππης οὐκ ἐλέαιρε λίθος.
αἴτιος ἀμφοτέροισιν ἔρως, ὀχετηγὸς ἀνίης   5
τῇ Νιόβῃ τεκέων, αὐτὰρ ἐμοὶ παθέων.

* Pl VII 38 f.70ʳ. – 2 οἶδε c Pl οὐ δὲ P¹ 3 ὀμιχλης P¹ ὀμίχλην Pl em. c 6 Νιόβη P.

230 (229). ΠΑΥΛΟΥ ΣΙΛΕΝΤΙΑΡΙΟΥ

Χρυσείης ἐρύσασα μίαν τρίχα Δωρὶς ἐθείρης,
οἷα δορικτήτους δῆσεν ἐμεῦ παλάμας.
αὐτὰρ ἐγὼ τὸ πρὶν μὲν ἐκάγχασα, δεσμὰ τινάξαι
Δωρίδος ἱμερτῆς εὐμαρὲς οἰόμενος·

Weinlese hält meine Liebe. Kein anderer Sommer, kein Frühling
   stört meine Träume, nur du bist voller Schönheit für mich . . .
Blühe so weiter für immer! Und findet dereinstens die Ranke
   einer Runzel sich ein, liebend ertrag ich auch sie.

Konsul Makedonios

Was nutzt noch Putz?

Sag, für wen noch flichtst du dein Haar? Für wen noch in Zukunft
   stutzt du die Nägel und treibst sorgsame Pflege der Hand?
Wozu schmückst du dir noch den Mantel mit purpurnen Borten,
   wenn du doch fürder nicht mehr Rhodopes Schönheit dich nahst?
Ach, ich will mit den Augen, die Rhodope ferner nicht schauen,
   auch nicht das goldene Licht strahlender Eos mehr sehn.

Paulos Silentiarios

Herz aus Stein

Als ein Hirte das Bild der klagenden Niobe schaute,
   schien es ihm seltsam, daß Stein Tränen zu weinen vermag.
Ich aber stöhnte des Nachts im langen Dunkel, und dennoch
   rührte Euhippe es nicht: ist sie nicht lebend ein Stein?
Quelle und Träger der Not ist für mich wie für Niobe – Liebe:
   Sind es die Kinder bei ihr, mir bringt die Leidenschaft Qual.

Konsul Makedonios

Um ein Haar

Doris riß sich ein Haar aus den goldenen Locken und wand es
   mir um die Hände, als ob sie mich gefangen im Krieg.
Anfangs lachte ich laut; die Bande der lieblichen Doris
   löste ich, wie mich bedünkt, spielend und leicht wieder ab.

ὡς δὲ διαρρῆξαι σθένος οὐκ ἔχον, ἔστενον ἤδη   5
οἷά τε χαλκείῃ σφιγκτὸς ἀλυκτοπέδῃ·
καὶ νῦν ὁ τρισάποτμος ἀπὸ τριχὸς ἤρτημαι,
δεσπότις ἔνθ' ἐρύσῃ, πυκνὰ μεθελκόμενος.

Pl VII 39 f. 70ʳ. — 1 Suid. s. ἔθειραι, 3-4 s. τινάξαι // χρυσείης Ludwich -σῆς // ἐρύσασα Ludw. εἰρύσσασα Pl εἰρύσασα c Suid. εἰρήσασα P¹ 2 ἐμὰς Pl.

231 (230). ΜΑΚΗΔΟΝΙΟΥ ΥΠΑΤΙΚΟΥ

Τὸ στόμα ταῖς χαρίτεσσι, προσώπατα δ' ἄνθεσι βάλλει,
ὄμματα τῇ παφίῃ, τὼ χέρε τῇ κιθάρῃ.
συλεύεις βλεφάρων φάος ὄμμασιν, οὔας ἀοιδῇ·
πάντοθεν ἀγρεύεις τλήμονας ἠιθέους.

Pl VII 60 f. 71ʳ. — 1 πρόσωπα τάδ' P   2 τὼ χέρε Jac. τὴν χέρα   3 σκυλεύεις Pl.

232 (231). ΠΑΥΛΟΥ ΣΙΛΕΝΤΙΑΡΙΟΥ

Ἱππομένην φιλέουσα νόον προσέρεισα Λεάνδρῳ·
ἐν δὲ Λεανδρείοις χείλεσι πηγνυμένη
εἰκόνα τὴν Ξάνθοιο φέρω φρεσί· πλεξαμένη δὲ
Ξάνθον ἐς Ἱππομένην νόστιμον ἦτορ ἄγω.
πάντα τὸν ἐν παλάμῃσιν ἀναίνομαι· ἄλλοτε δ' ἄλλον   5
αἰὲν ἀμοιβαίοις πήχεσι δεχνυμένη
ἀφνειὴν Κυθέρειαν ὑπέρχομαι. εἰ δέ τις ἡμῖν
μέμφεται, ἐν πενίῃ μιμνέτω οἰογάμῳ.

Pl VII 59 f. 71ʳ; App. B-V 22 [om. 1-6]. — 4 Ἱππομένη P   7 ἀφνειὸν et ὑμῖν App.

233 (232). ΜΑΚΗΔΟΝΙΟΥ ΥΠΑΤΙΚΟΥ

„Αὔριον ἀθρήσω σε." Τὸ δ' οὔ ποτε γίνεται ἡμῖν,
ἠθάδος ἀμβολίης αἰὲν ἀεξομένης.
ταῦτά μοι ἱμείροντι χαρίζεαι· ἄλλα δ' ἐς ἄλλους
δῶρα φέρεις, ἐμέθεν πίστιν ἀπειπαμένη.
„Ὄψομαι ἑσπερίη σε." τί δ' ἕσπερός ἐστι γυναικῶν;   5
γῆρας ἀμετρήτῳ πληθόμενον ῥυτίδι.

2 Suid. s. ἀμβολία   5 ἑσπερίη Toup -ην.

Doch mir fehlte die Kraft, die Fessel zu sprengen; da stöhnt' ich,
    gleich als wären um mich eherne Bande gelegt.
Und nun hang ich am Haar, ich dreimal Armer, und gehe
    überall mit ihr, wohin sie als die Herrin mich zieht.

Paulos Silentiarios

Jägerin der Liebe

Pfeile verschießt du: Dein Mund blitzt Grazie, Blüten dein Antlitz,
    Liebeslockung dein Aug, Kitharaklänge die Hand.
Blind macht dein Auge den Blick, die Ohren betörst du mit Singen:
    Wo auch ein Mann sich nur zeigt, fängst du den Armen dir ein.

Konsul Makedonios

Vagabundin der Liebe

Wenn ich Hippomenes küsse, dann fliegt schon mein Herz zu Leandros;
    hang ich ein anderes Mal meinem Leandros am Mund,
trag ich das Bild des Xanthos im Sinn, und kos' ich den Xanthos,
    o, dann fliegt schon mein Herz wieder Hippomenes zu.
Jeden, der grade zugegen, den will ich nicht haben; in ruhlos
    wechselndem Spiele heut den, morgen den andern im Arm,
schaff ich mir still eine Fülle von Liebe. Und schilt eine Frau mich,
    bleib sie im ärmlichen Reich nur eines einzigen Manns.

Paulos Silentiarios

Wann ist morgen?

„Morgen werd ich dich sehn." Ach, morgen – nie wird es zur Wahrheit;
    endlos – ich kenne es gut – zieht dies Verschieben sich hin.
Ist das der Lohn meiner Liebe? Den anderen Männern gewährst du
    andre Geschenke, bei mir stößt du die Treue zurück.
„Heute! Heut abend!" Am Abend? Was ist denn der Abend der Frauen?
    Alt und voll Runzeln zu sein – das ist der Abend der Frau.

Konsul Makedonios

384   Anthologia Graeca V

234 (233).   ΠΑΥΛΟΥ ΣΙΛΕΝΤΙΑΡΙΟΥ

Ὁ πρὶν ἀμαλθάκτοισιν ὑπὸ φρεσὶν ἡδὺν ἐν ἥβῃ
   οἰστροφόρου Παφίης θεσμὸν ἀπειπάμενος,
γυιοβόροις βελέεσσιν ἀνέμβατος ὁ πρὶν Ἐρώτων
   αὐχένα σοι κλίνω, Κύπρι, μεσαιπόλιος.
δέξο με καγχαλόωσα, σοφὴν ὅτι Παλλάδα νικᾷς   5
   νῦν πλέον ἢ τὸ πάρος μήλῳ ἐφ' Ἑσπερίδων.

Pl VII 40 f.70ʳ. – 1 ὑπὸ P ἐνὶ Pl 3 Suid. s. ἀνέμβατος 5 δέξο με c Pl δέξομαι
P¹ 6 ἐφεσπερίδῳ P¹.

235 (234).   ΜΑΚΗΔΟΝΙΟΥ ΥΠΑΤΙΚΟΥ

Ἦλθες ἐμοὶ ποθέοντι παρ' ἐλπίδα· τὴν δ' ἐνὶ θυμῷ
   ἐξεσάλαξας ὅλην θάμβεϊ φαντασίην
καὶ τρομέω· κραδίη τε βυθῷ πελεμίζεται οἴστρου,
   ψυχῆς πνιγομένης κύματι Κυπριδίῳ.
ἀλλ' ἐμὲ τὸν ναυηγὸν ἐπ' ἠπείροιο φανέντα   5
   σῶε τεῶν λιμένων ἔνδοθι δεξαμένη.

1-2 τὴν... Suid. et Zon. s. ἐξεσάλαξας 3 κραδίη Jac. -η // οἴστρου c -ρῳ P¹
4 πνιγομένης Salm. πνηγ- 6 σῷ ἐτεῶν P¹ em. c.

236 (235).   ΠΑΥΛΟΥ ΣΙΛΕΝΤΙΑΡΙΟΥ

Ναὶ τάχα Τανταλέης Ἀχερόντια πήματα ποινῆς
   ἡμετέρων ἀχέων ἐστὶν ἐλαφρότερα.
οὐ γάρ, ἰδὼν σέο κάλλος, ἀπείργετο χείλεα μῖξαι
   χείλεϊ σῷ ῥοδέων ἁβροτέρῳ καλύκων,
Τάνταλος ἀκριτόδακρυς· ὑπερτέλλοντα δὲ πέτρον   5
   δείδιεν, ἀλλὰ θανεῖν δεύτερον οὐ δύναται.
αὐτὰρ ἐγὼ ζωὸς μὲν ἐὼν κατατήκομαι οἴστρῳ,
   ἐκ δ' ὀλιγοδρανίης καὶ μόρον ἐγγὺς ἔχω.

Pl VII 41 f.70ʳ; Laur. 32,16(om. tit. et v. 3-8). – 1 Τανταλίης Laur. 2 ἔστιν P.

Liebe hat das letzte Wort

Hab ich in Tagen der Jugend mich kühl und gefühllosen Herzens
  Paphias süßem Gebot und ihren Wonnen versagt,
war ich einst niemals erreichbar dem flammenden Pfeil der Eroten,
  heute beuge ich dir, Kypris, halbgrau schon mein Haupt.
Nimm mit Frohlocken mich hin: Heut hast du noch mehr als beim
  der Hesperiden dereinst Pallas, die weise, besiegt.   [Apfel

Paulos Silentiarios

Wunsch ward Wirklichkeit

O, du kamest; ich hab es ersehnt, ich hab's nicht gehofft mehr.
  All mein Denken und Sein ist nun in Aufruhr gebracht.
Zitternd steh ich, mein Herz erschrickt in der Tiefe vor Liebe,
  und meine Seele ertrinkt jählings im Braus des Gefühls.
Schiffbruch hab ich, ich seh es, auf festem Lande erlitten:
  Rette mich, Mädchen, und nimm in deinen Hafen mich auf.

Konsul Makedonios

Der neue Tantalos

Sind nicht des Tantalos Qualen am Ufer des Acherons leichter
  als die Qualen, die mir heute das Schicksal verhängt?
Deine Schönheit zu sehen und doch nicht die Rosen der Lippen
  küssen zu dürfen – dazu ward er von keinem verdammt.
Tantalos klagt ohne Grund. Wohl schreckt ihn der hangende Felsen,
  doch nur ein einziges Mal ist ihm zu sterben bestimmt.
Ich aber muß mich vor Sehnsucht lebendigen Leibes verzehren,
  machtlos steh ich und hab ewig vor Augen den Tod.

Paulos Silentiarios

237 (236). ΑΓΑΘΙΟΥ ΜΥΡΙΝΑΙΟΥ ΣΧΟΛΑΣΤΙΚΟΥ

Πᾶσαν ἐγὼ τὴν νύκτα κινύρομαι· εὖτε δ' ἐπέλθῃ
ὄρθρος ἐλινῦσαι μικρὰ χαριζόμενος,
ἀμφιπεριτρύζουσι χελιδόνες, ἐς δέ με δάκρυ
βάλλουσιν, γλυκερὸν κῶμα παρωσάμεναι.
ὄμματα δ' οὐ λάοντα φυλάσσεται· ἡ δὲ Ῥοδάνθης   5
αὖθις ἐμοῖς στέρνοις φροντὶς ἀναστρέφεται.
ὦ φθονεραὶ παύσασθε λαλητρίδες· οὐ γὰρ ἔγωγε
τὴν Φιλομηλείην γλῶσσαν ἀπεθρισάμην·
ἀλλ' Ἴτυλον κλαίοιτε κατ' οὔρεα καὶ γοάοιτε
εἰς ἔποπος κραναὴν αὖλιν ἐφεζόμεναι,   10
βαιὸν ἵνα κνώσσοιμεν· ἴσως δέ τις ἥξει ὄνειρος,
ὅς με Ῥοδανθείοις πήχεσιν ἀμφιβάλοι.

Pl VII 65 f.71ʳ [om. v. 5-6]. - 1-2 εὖτε... Suid. s. ἐλινύειν   2 ἐλινῦσαι Pl   4 βάλλουσι Pl   10 ἔποπος P αἶπος Pl   11 κνώσομεν P.

238 (237). ΜΑΚΗΔΟΝΙΟΥ ΥΠΑΤΙΚΟΥ

Τὸ ξίφος ἐκ κολεοῖο τί σύρεται; οὐ μὰ σέ, κούρη,
οὐχ ἵνα τι πρήξω Κύπριδος ἀλλότριον,
ἀλλ' ἵνα σοι τὸν Ἄρηα, καὶ ἀζαλέον περ ἐόντα,
δείξω τῇ μαλακῇ Κύπριδι πειθόμενον.
οὗτος ἐμοὶ ποθέοντι συνέμπορος, οὐδὲ κατόπτρου   5
δεύομαι, ἐν δ' αὐτῷ δέρκομαι αὐτὸν ἐγώ,
καὶ καλὸς ὡς ἐν ἔρωτι· σὺ δ' ἢν ἀπ' ἐμεῖο λάθηαι,
τὸ ξίφος ἡμετέρην δύσεται ἐς λαγόνα.

Pl VII 61 f.71ʳ. - 1 κούρη c Pl [ex -ρα] -ρα P¹   5 κάτοπτρον P   7 καλὸς P [ex κάλλος], Pl // λαθῆναι P λυθείης Pl em. O. Schneider.

239 (238). ΠΑΥΛΟΥ ΣΙΛΕΝΤΙΑΡΙΟΥ

Ἐσβέσθη φλογεροῖο πυρὸς μένος· οὐκέτι κάμνω,
ἀλλὰ καταθνήσκω ψυχόμενος Παφίῃ.

Laßt mich träumen

Jammernd verbring ich die Stunden der Nacht, und naht sich der Mor-
  gönnt auch dieser mir nicht, endlich ein wenig zu ruhn.   [gen,
Denn dann kommen die Schwalben, und wenn mir ihr Zwitschern des
  süße Erquickung verscheucht, rinnen die Tränen aufs neu. [Schlafes
Offen dann steht mir das Aug und kann doch nicht sehen; die Sorge
  um Rhodanthe bedrückt wieder mir quälend das Herz.
Schweigt doch, ihr neidischen Schwätzer! Ich bin es gewiß nicht ge-
  der Philomele dereinst frech ihrer Zunge beraubt.   [wesen,
Fliegt in die Berge und setzt auf Felsen bei Wiedehopfs Neste
  euch doch nieder und klagt dort um des Itylos Tod.   [kommt
Gebt mir nur Ruhe und laßt ein wenig mich schlummern; vielleicht
  dann noch ein Traum mir, in dem hold mich Rhodanthe umschlingt.

Agathias Scholastikos von Myrina

Das Schwert der Liebe

Zieh ich das Schwert aus der Scheide, geschieht es gewiß nicht, mein
  etwas zu tun, was nie sich mit Kythere verträgt.   [Mädchen,
Nein, dann will ich den Ares dich sehen lassen und zeigen,
  daß er, so hart er auch ist, Kyprias Sanftmut sich beugt.
Er ist mein Wandergesell auf dem Wege der Liebe, und niemals
  fehlt mir ein Spiegel: in ihm spiegle ich gänzlich mich selbst,
schön, wie die Liebe uns macht; und würdest du je mich vergessen,
  wahrlich, dann senkt sich dies Schwert mir in die eigene Brust.

Konsul Makedonios

Am Eispunkt der Liebe

Tot ist, erloschen mein Feuer; Ruh fand ich vom brennenden Leiden;
  alles erstirbt nun in mir unter der Paphia Eis.

388   Anthologia Graeca V

ἤδη γὰρ μετὰ σάρκα δι' ὀστέα καὶ φρένας ἕρπει
παμφάγον ἀσθμαίνων οὗτος ὁ πικρὸς Ἔρως.
καὶ φλὸξ ἐν τελεταῖς, ὅτε θύματα πάντα λαφύξῃ
φορβῆς ἡπανίη ψύχεται αὐτομάτως.

Pl VII 42 f. 70ʳ. – 5-6 Suid. s. ψύχεται 5 καὶ: ἡ Suid. // λαφύξει Pl Suid.
6 φορβῆς: φθονερῇ Suid. // ἡπανίη Salm. ἡ μανίη P Pl μανίη Suid. // αὐτόματος Pl.

240 (239). ΜΑΚΗΔΟΝΙΟΥ ΥΠΑΤΙΚΟΥ

Τῷ χρυσῷ τὸν ἔρωτα μετέρχομαι· οὐ γὰρ ἀρότρῳ
ἔργα μελισσάων γίνεται ἢ σκαπάνη,
ἀλλ' ἔαρι δροσερῷ· μέλιτός γε μὲν Ἀφρογενείης
ὁ χρυσὸς τελέθει ποικίλος ἐργατίνης.

Pl VII 62 f. 71ʳ. – 2 σκαπάνη Pl -η P.

241 (240). ΠΑΥΛΟΥ ΣΙΛΕΝΤΙΑΡΙΟΥ

„Σώζεό" σοι μέλλων ἐνέπειν, παλίνορσον ἰωὴν
ἂψ ἀνασειράζω καὶ πάλιν ἄγχι μένω·
σὴν γὰρ ἐγὼ δασπλῆτα διάστασιν οἷά τε πικρὴν
νύκτα καταπτήσσω τὴν Ἀχεροντιάδα.
ἤματι γὰρ σέο φέγγος ὁμοίιον· ἀλλὰ τὸ μέν που
ἄφθογγον· σὺ δέ μοι καὶ τὸ λάλημα φέρεις
κεῖνο τὸ Σειρήνων γλυκερώτερον, ᾧ ἔπι πᾶσαι
εἰσὶν ἐμῆς ψυχῆς ἐλπίδες ἐκκρεμέες.

Pl VII 66 f. 71ʳ. – Agathiae trib. Pl 2 Suid. s. ἂψ et ἀνασειράζει, 3-4 s. δασπλῆτα,
6-7 καὶ... γλυκ. s. Σειρῆνας 4 καταπτήσσω P 7 γλυκύτερον Suid.

242 (241). ΕΡΑΤΟΣΘΕΝΟΥΣ ΣΧΟΛΑΣΤΙΚΟΥ

Ὡς εἶδον Μελίτην, ὠχρός μ' ἕλε· καὶ γὰρ ἀκοίτῃ
κείνη ἐφωμάρτει· τοῖα δ' ἔλεξα τρέμων·
„Τοῦ σοῦ ἀνακροῦσαι δύναμαι πυλεῶνος ὀχῆας,
δικλίδος ἡμετέρης τὴν βάλανον χαλάσας,

Nur durch Mark noch und Bein und meine Gedanken geht Eros,
  und mit bitterem Hauch zehrt er das Letzte noch weg.
So auf Altären die Glut: Wenn sie alles vom Opfer verzehrt hat
  und es an Nahrung ihr fehlt, lischt sie von selber dahin.

Paulos Silentiarios

Gold und Liebe

Gold ist mein Werber um Liebe. Den Honig der schaffenden Bienen
  hat uns noch niemals der Pflug oder die Hacke gebracht,
sondern der tauige Lenz. Und der Schaumgeborenen Honig
  schafft am geschicktesten dir immer das funkelnde Gold.

Konsul Makedonios

Ich komm nicht los von dir

„Lebe denn wohl!" will ich sagen; doch kaum nur will ich es sagen,
  kehr ich schon wieder zurück; wiederum bleib ich bei dir.
Ach, ich kann dich nicht lassen. Mir bangt vor der furchtbaren Tren-
  die so entsetzlich mir ist wie bei den Toten die Nacht,   [nung,
du mein strahlender Tag. Und doch, wie stumm ist das Taglicht!
  Du aber bringst zu dem Licht noch deine Stimme, den Klang,
süß wie Sirenengesang. O, was meine Seele an schöner
  Hoffnung auch immer umschließt, Liebste, es hanget an dir.

Paulos Silentiarios

Cave canem

Als ich die Melite sah, da wurde ich blaß, denn ihr Gatte
  war als Begleiter bei ihr. Zitternd nur sprach ich das Wort:
„Ist es nicht möglich, den Balken an deinem Tore zu sprengen?
  Gerne macht ich das Schloß an meiner Doppeltür auf,

καὶ δισσῶν προθύρων πλαδαρὴν κρηπῖδα περῆσαι,   5
ἄκρον ἐπιβλῆτος μεσσόθι πηξάμενος;"
ἡ δὲ λέγει γελάσασα καὶ ἀνέρα λοξὸν ἰδοῦσα·
„Τῶν προθύρων ἀπέχου, μή σε κύων ὀλέσῃ."

App. B.-V 41; Pal. Gr. 128 – Agathiae trib. Pal. 1 . . . ἔλε Suid. s. ὦχρος // μελέτην
App. // ἀκοίτης App. -η Pal. 2 κείνη App.ᵛ // ἐφομάρτει App. 3 δύναμιν App. M
5 περῆσαι c -ήσας P¹ περάσαι App. om. Pal. 8 μή σε κύων Jac. μὴ σκευὴν // ὀλέσῃ
P -ῃς cet.

243 (242). ΜΑΚΗΔΟΝΙΟΥ ΥΠΑΤΙΚΟΥ

Τὴν φιλοπουλυγέλωτα κόρην ἐπὶ νυκτὸς ὀνείρου
εἶχον ἐπισφίγξας πήχεσιν ἡμετέροις.
πείθετό μοι ξύμπαντα καὶ οὐκ ἀλέγιζεν ἐμεῖο
κύπριδι παντοίη σώματος ἁπτομένου.
ἀλλὰ βαρύζηλός τις Ἔρως· καὶ νύκτα λοχήσας   5
ἐξέχεεν φιλίην, ὕπνον ἀποσκεδάσας.
ὧδέ μοι οὐδ' αὐτοῖσιν ἐν ὑπναλέοισιν ὀνείροις
ἄφθονός ἐστιν Ἔρως κέρδεος ἡδυγάμου.

App. B-V 36 [v. 1-5 App. M, 1-6 App.ᵛ]. – Eratostheni trib. App. 1 κούρην App.ᵛ
κούρα App. M 3 ἐμοῖο App. 4 παντοίη c -η P¹ App. 5 νυκταλογήσας App.
6 ἐξέχεε App.ᵛ.

244 (243). ΠΑΥΛΟΥ ΣΙΛΕΝΤΙΑΡΙΟΥ

Μακρὰ φιλεῖ Γαλάτεια καὶ ἔμψοφα, μαλθακὰ Δημώ,
Δωρὶς ὀδακτίζει. τίς πλέον ἐξερέθει;
οὔατα μὴ κρίνωσι φιλήματα· γευσάμενοι δὲ
τρηχαλέων στομάτων ψῆφον ἐποισόμεθα.
ἐπλάγχθης, κραδίη· τὰ φιλήματα μαλθακὰ Δημοῦς   5
ἔγνως καὶ δροσερῶν ἡδὺ μέλι στομάτων·
μίμν' ἐπὶ τοῖς· ἀδέκαστον ἔχει στέφος. εἰ δέ τις ἄλλῃ
τέρπεται, ἐκ Δημοῦς ἡμέας οὐκ ἐρύσει.

App. B-V 21 [v. 1-4]. – Eratostheni trib. App. 2 Δωρὶς: δώροις P¹ // ὀδακτίζει
Ludwich δακτ- P¹ δακτάζει c δ' ἀττικίζει App. 4 τριγαλέων App. 5 ἐπλάγχθης
Heinsius -άχθης 7 μίμν' c μέν' (μειν'?) P¹.

gerne steckt ich den Schlüssel ins Schlüsselloch auch und beträte
deinen Hausflur, so feucht Boden und Wände auch sind."
Sie aber lachte; sie warf einen Blick auf den Gatten und sagte:
„Komm lieber nicht in den Flur, daß nicht der Haushund dich beißt!"

Eratosthenes Scholastikos

Fata Morgana

Nacht war's. Da schien mir im Traum, ich hielte mein Mädchen, das
fröhlich zu lachen begehrt, fest in die Arme gedrückt.   [immer
Alles gewährte sie mir, und als ich ihr zärtlich den Körper
herzte und koste, da ließ still sie auch dieses geschehn.
Doch ein Eros war neidisch. Er lag in der Nacht auf der Lauer,
scheuchte den Schlaf mir und nahm all meine Liebe mir weg ...
Sieh, so mißgönnt mir nun Eros bis tief in die Träume der Nächte,
daß meines Herzens Begehr Freude mir bringe und Lust.

Konsul Makedonios

Konkurrenz der Küsse

Demos Küsse sind weich, lang küßt und laut Galateia,
Doris hinwiederum beißt: Wo ist der größere Reiz?
Ohren steht es nicht zu, über Küsse zu richten. – Und eh ich
rauhen Mund nicht geschmeckt, geb ich mein Urteil nicht ab ...
Herz, du hast dich verirrt! Die weichen Küsse der Demo
kennst du, du weißt auch, es ist süß wie der Honig ihr Mund.
Bleibe dabei! Ihr Kranz ist unbestreitbar. Liebt einer
eine andre, mich bringt's von meiner Demo nicht ab.

Paulos Silentiarios

245 (244). ΜΑΚΗΔΟΝΙΟΥ ΥΠΑΤΙΚΟΥ

Κιχλίζεις, χρεμέτισμα γάμου προκέλευθον ἱεῖσα,
ἥσυχά μοι νεύεις· πάντα μάτην ἐρέθεις.
ὤμοσα τὴν δυσέρωτα κόρην, τρισὶν ὤμοσα πέτραις,
μήποτε μειλιχίοις ὄμμασιν εἰσιδέειν.
παῖζε μόνη τὸ φίλημα· μάτην πόππυζε σεαυτῇ   5
χείλεσι γυμνοτάτοις, οὔ τινι μισγομένοις.
αὐτὰρ ἐγὼν ἑτέρην ὁδὸν ἔρχομαι· εἰσὶ γὰρ ἄλλαι
κρέσσονες εὐλέκτρου Κύπριδος ἐργάτιδες.

Pl VII 63 f. 71ʳ. - 1 Suid. s. κιχλίζειν, 5 s. πόππυζε // κιχλίζων εἰς Suid. 6 μιγνυ-
μένοις Pl 7-8 om. Pl.

246 (245). ΠΑΥΛΟΥ ΣΙΛΕΝΤΙΑΡΙΟΥ

Μαλθακὰ μὲν Σαπφοῦς τὰ φιλήματα, μαλθακὰ γυίων
πλέγματα χιονέων, μαλθακὰ πάντα μέλη,
ψυχὴ δ' ἐξ ἀδάμαντος ἀπειθέος· ἄχρι γὰρ οἴων
ἔστιν ἔρως στομάτων, τἆλλα δὲ παρθενίης.
καὶ τίς ὑποτλαίη; τάχα τις, τάχα τοῦτο ταλάσσας   5
δίψαν Τανταλέην τλήσεται εὐμαρέως.

App. B-V 38. - Eratostheni trib. App. 1 Σαπφοῦς c App. σαιρ (?) P¹ // γυίων
add. c 4 ἐρωστομάτων P¹ 5 ταλάσσαν P¹ 6 δίψος App.

247 (246). ΜΑΚΗΔΟΝΙΟΥ ΥΠΑΤΙΚΟΥ

Παρμενὶς οὐκ ἔργῳ· τὸ μὲν οὔνομα καλὸν ἀκούσας
ᾠσάμην, σὺ δέ μοι πικροτέρη θανάτου.
καὶ φεύγεις φιλέοντα, καὶ οὐ φιλέοντα διώκεις,
ὄφρα πάλιν κεῖνον καὶ φιλέοντα φύγῃς.
κεντρομανὲς δ' ἄγκιστρον ἔφυ στόμα καί με δακόντα   5
εὐθὺς ἔχει ῥοδέου χείλεος ἐκκρεμέα.

Pl VII 64 f. 71ʳ. - 5-6 om. Pl 6 χείλους ἐκκρέμεθα P em. Brunck.

Küß dich selber

Immerfort lachst du mich an und wieherst ein Vorspiel der Hochzeit,
  heimlich nickst du mir zu: alles vergebene Müh!
Wahrlich, ich schwur es bei mir – drei Steine waren die Zeugen –,
  nie einen freundlichen Blick nach dir Verliebten zu tun.
Gib dir allein deine Küsse und schmatz mit verlassenen Lippen
  ferne von anderem Mund selber umsonst dir was vor.
Mein Weg ist niemals der deine. Noch gibt es ja andere Mädel,
  die in der Kypria Bett besser das Handwerk verstehn.

Konsul Makedonios

Dur und Moll

Weich sind die Küsse der Sappho, weich schlingt sie um mich ihre
  schneeigen Arme, und weich ist ihre ganze Gestalt.   [weißen,
Hart aber ist ihr das Herz – wie Stahl; allein bis zum Munde
  dringt ihr die Liebe, und sonst stellt sie als Jungfrau sich dar.
Ach, und wer hielte das aus? Wer so was ertrüge, der hielte
  wohl ohne Mühe den Durst selbst eines Tantalos aus.

Paulos Silentiarios

An der Angel

Parmenis heißt du, „die Treue". Zu Unrecht. Wie klang mir beim Hören
  schön dein Name, und doch bist du mir herb wie der Tod.
Wer dich liebhat, den fliehst du, und wer dich nicht liebhat, den suchst
  bis er von Herzen dich liebt und du dann wieder – ihn fliehst.   [du,
Ist nicht dein Mund eine Angel, die närrisch macht? Siehe, ich schnappte
  nach dieser Angel, und schon hing ich am Rosenmund fest.

Konsul Makedonios

248 (247). ΠΑΥΛΟΥ ΣΙΛΕΝΤΙΑΡΙΟΥ

Ὦ παλάμη πάντολμε, σὺ τὸν παγχρύσεον ἔτλης
ἀπρὶξ δραξαμένη βόστρυχον αὐερύσαι;
ἔτλης; οὐκ ἐμάλαξε τεὸν θράσος αἴλινος αὐδή,
σκύλμα κόμης, αὐχὴν μαλθακὰ κεκλιμένος;
νῦν θαμινοῖς πατάγοισι μάτην τὸ μέτωπον ἀράσσεις·   5
οὐκέτι γὰρ μαζοῖς σὸν θέναρ ἐμπελάσει.
μή, λίτομαι, δέσποινα, τόσην μὴ λάμβανε ποινήν·
μᾶλλον ἐγὼ τλαίην φάσγανον ἀσπασίως.

2 Suid. s. αὖ ἐρύσαι (!),   3 οὐκ... s. αἴλινος,   5 s. ἀρασσόμενα,   7 s. ποινή
5 θαμινοῖς Suid. -οὶ P¹ -οῖ c   7 τόσην P τοίην Suid.

249 (248). ΕΙΡΗΝΑΙΟΥ ΡΕΦΕΡΕΝΔΑΡΙΟΥ

Ὦ σοβαρὴ ʽΡοδόπη, Παφίης εἴξασα βελέμνοις
καὶ τὸν ὑπερφίαλον κόμπον ἀπωσαμένη,
ἀγκὰς ἑλοῦσά μ' ἔχεις παρὰ σὸν λέχος· ἐν δ' ἄρα δεσμοῖς
κεῖμαι ἐλευθερίης οὐκ ἐπιδευόμενος.
οὕτω γὰρ ψυχή τε καὶ ἔκχυτα σώματα φωτῶν   5
συμφέρεται φιλίης ῥεύμασι μιγνύμενα.

250 (249). ΠΑΥΛΟΥ ΣΙΛΕΝΤΙΑΡΙΟΥ

ʽΗδύ, φίλοι, μείδημα τὸ Λαΐδος· ἡδὺ καὶ αὐτῶν
ἠπιοδινήτων δάκρυ χέει βλεφάρων.
χθιζά μοι ἀπροφάσιστον ἐπέστενεν, ἐγκλιδὸν ὤμῳ
ἡμετέρῳ κεφαλὴν δηρὸν ἐρεισαμένη.
μυρομένην δὲ φίλησα· τὰ δ' ὡς δροσερῆς ἀπὸ πηγῆς   5
δάκρυα μιγνυμένων πῖπτε κατὰ στομάτων.
εἶπε δ' ἀνειρομένῳ· ,,Τίνος εἵνεκα δάκρυα λείβεις;'' —
,,Δείδια, μή με λίπῃς· ἐστὲ γὰρ ὁρκαπάται.''

1 φίλοι, μείδημα c φίλημα P¹   3 ἐγκλινοδώμῳ P em. Jac. // post 3 inser. v. 251,3
P¹, del. c   5 φιλήσασα · τὰ P¹.

Verzeih, ich war so grob

Unverschämteste Hand, du hast in die goldenen Locken
  grimmig zu greifen gewagt? Rauh sie nach hinten gezerrt?
Wirklich? Dich Freche hat nicht ihr sanft gebogener Nacken,
  nicht ihr zerzaustes Gelock, auch nicht ihr Jammern gerührt?
Fruchtlos schlägst du mir nun ins Antlitz wieder und wieder,
  nie mehr legst du hinfort dich um die Brüstchen herum ...
Doch – ich bitte dich, Herrin, o setz nicht so furchtbar die Strafe!
  Lieber und gerne dafür duld ich den Tod durch das Schwert.

Paulos Silentiarios

Die Liebe rief

Rhodope, herbe und strenge! Nun bist du der Paphia Pfeilen
  endlich erlegen, du hast all deinem Stolze entsagt
und in den Arm mich genommen in deinem Bette. In Banden
  lieg ich bei dir, und doch sehn' ich nach Freiheit mich nicht.
Sieh, so zerfließen die Seelen und Leiber der Menschen und finden
  sich im brausenden Strom zärtlicher Liebe zu eins.

Eirenaios Referendarios

Mädchenangst

Süß ist das Lächeln der Laïs, ihr Freunde, und süß aus den Augen,
  drum so verlockend es zuckt, rinnt ihr die Träne herab.
Gestern seufzte sie plötzlich, ganz grundlos; sie legte ihr Köpfchen
  ̦ mir auf die Schulter und stand lange so stille bei mir.
Immer noch seufzte sie fort; ich küßte sie, und auf die Lippen
  sank uns wie rieselnder Quell Träne um Träne beim Kuß.
Endlich fragte ich sie: „Warum weinst du?" Da sprach sie: „Ich fürchte,
  du verläßt mich; ihr schwört, ach, und wie falsch ist der Schwur!"

Paulos Silentiarios

251 (250).   ΕΙΡΗΝΑΙΟΥ ΡΕΦΕΡΕΝΔΑΡΙΟΥ

῎Ομματα δινεύεις κρυφίων ἰνδάλματα πυρσῶν,
χείλεα δ' ἀκροβαφῆ λοξὰ παρεκτανύεις,
καὶ πολὺ κιχλίζουσα σοβεῖς εὐβόστρυχον αἴγλην,
ἐκχυμένας δ' ὁρόω τὰς σοβαρὰς παλάμας.
ἀλλ' οὐ σῆς κραδίης ὑψαύχενος ὤκλασεν ὄγκος·   5
οὔπω ἐθηλύνθης, οὐδὲ μαραινομένη.

Pl VII 81 f. 72ʳ. – **3** Suid. s. σοβεῖ // κιχάζουσα σ. ἐς β. Suid. // cf. ad 250, 3
5 ὄγκος c Pl ἀγκὰς P¹ ὀγκάς c in marg. **6** οὔπω P.

252 (251).   ΠΑΥΛΟΥ ΣΙΛΕΝΤΙΑΡΙΟΥ

Ῥίψωμεν, χαρίεσσα, τὰ φάρεα, γυμνὰ δὲ γυμνοῖς
ἐμπελάσῃ γυίοις γυῖα περιπλοκάδην·
μηδὲν ἔοι τὸ μεταξύ· Σεμιράμιδος γὰρ ἐκεῖνο
τεῖχος ἐμοὶ δοκέει λεπτὸν ὕφασμα σέθεν·
στήθεα δ' ἐζεύχθω τά τε χείλεα· τἆλλα δὲ σιγῇ   5
κρυπτέον· ἐχθαίρω τὴν ἀθυροστομίην.

App. B-V 37. – **2** ἐμπελάσῃ Reiske -σει **5** τε add. Guyet **6** κρυπτέον Jac. -έω P
κρύπτεο App.

253 (252).   ΕΙΡΗΝΑΙΟΥ ΡΕΦΕΡΕΝΔΑΡΙΟΥ

Τίπτε πέδον, Χρύσιλλα, κάτω νεύουσα δοκεύεις
καὶ ζώνην παλάμαις οἷά περ ἀκρολυτεῖς;
αἰδὼς νόσφι πέλει τῆς Κύπριδος· εἰ δ' ἄρα σιγᾷς,
νεύματι τὴν Παφίην δεῖξον ὑπερχομένη.

4 τὴν c σὴν P¹.

254 (253).   ΠΑΥΛΟΥ ΣΙΛΕΝΤΙΑΡΙΟΥ

῎Ωμοσα μιμνάζειν σέο τηλόθεν, ἀργέτι κούρη,
ἄχρι δυωδεκάτης, ὦ πόποι, ἠριπόλης·
οὐ δ' ἔτλην ὁ τάλας· τὸ γὰρ αὔριον ἄμμι φαάνθη
τηλοτέρω μήνης, ναὶ μὰ σέ, δωδεκάτης.
ἀλλὰ θεοὺς ἱκέτευε, φίλη, μὴ ταῦτα χαράξαι   5
ὅρκια ποιναίης νῶτον ὑπὲρ σελίδος·

Stolzes Herz

Flink wohl huscht dir das Auge und spricht von verborgenen Gluten
und dein geschminkter Mund zieht an den Rändern sich hoch.
Oft auch flattern beim Lachen die hübschen, schimmernden Locken,
und deine vornehme Hand hebt sich zu artigem Spiel.
Noch aber ist dir im Herzen der Hochmut und Stolz nicht gebrochen,
nein, du wurdest nicht weich – auch im Verwelken noch nicht.

Eirenaios Referendarios

Fort mit den Kleidern!

Fort mit den Kleidern, du Schönste! Laß hüllenlos-nahe, laß Körper
fest an Körper gepreßt, eng aneinander uns sein.
Nichts soll zwischen uns stehn. Wie eine Semiramismauer
fühl ich dein Kleidchen, so dünn dieses Gewebe auch ist.
Drück dich mir Busen an Busen, drück drängend mir Lippen an
[Lippen . . .!
Schweigen das andre! Ich bin aller Geschwätzigkeit feind.

Paulos Silentiarios

Sei nicht so schämig

Sag, warum senkst du die Augen und blickst auf den Boden, Chrysilla,
warum nestelst du denn lösend am Gürtel herum?
Scham ist der Kypria fremd. Und glaubst du schon, schweigen zu
zeige durch Nicken doch an, daß du dich Paphia beugst.   [müssen,

Eirenaios Referendarios

Der Schwur

Ach, ich hab es geschworen, dir ferne zu bleiben, mein schönes,
schimmerndes Mädchen, bis daß zwölfmal der Tag sich erneut.
Doch ich ertrage es nicht. Schon dünkt mir Armem das Morgen
– sei es versichert! – so fern, wie nur zwölf Monde es sind.
O, so bete zum Himmel, mein Liebes, er schreibe den Eidschwur
nicht auf die Blätter des Buchs, das unsre Sünden enthält,

θέλγε δὲ σαῖς χαρίτεσσιν ἐμὴν φρένα· μηδέ με μάστιξ,
πότνα, κατασμύξῃ καὶ σέο καὶ μακάρων.

Pl VII 43 f.70ʳ. - 1 ἀργέτη P // κούρη Pl -ῃ P¹- α c 2 ἠριπόλις P¹ 4 τηλοτέρῳ P
8 σεῖο P.

255 (254). ΤΟΥ ΑΥΤΟΥ

Εἶδον ἐγὼ ποθέοντας· ὑπ' ἀτλήτοιο δὲ λύσσης
  δηρὸν ἐν ἀλλήλοις χείλεα πηξάμενοι,
οὐ κόρον εἶχον ἔρωτος ἀφειδέος· ἱέμενοι δέ,
  εἰ θέμις, ἀλλήλων δύμεναι ἐς κραδίην,
ἀμφασίης ὅσον ὅσσον ὑπεπρήυνον ἀνάγκην   5
  ἀλλήλων μαλακοῖς φάρεσιν ἐσσάμενοι.
καί ῥ' ὁ μὲν ἦν Ἀχιλῆι πανείκελος, οἷος ἐκεῖνος
  τῶν Λυκομηδείων ἔνδον ἔην θαλάμων·
κούρη δ' ἀργυφέης ἐπιγουνίδος ἄχρι χιτῶνα
  ζωσαμένη Φοίβης εἶδος ἀπεπλάσατο.   10
καὶ πάλιν ἠρήρειστο τὰ χείλεα· γυιοβόρον γὰρ
  εἶχον ἀλωφήτου λιμὸν ἐρωμανίης.
ῥεῖά τις ἡμερίδος στελέχη δύο σύμπλοκα λύσει,
  στρεπτά, πολυχρονίῳ πλέγματι συμφυέα,
ἢ κείνους φιλέοντας, ὑπ' ἀντιπόροισί τ' ἀγοστοῖς   15
  ὑγρὰ περιπλέγδην ἄψεα δησαμένους.
τρὶς μάκαρ, ὃς τοίοισι, φίλη, δεσμοῖσιν ἐλίχθη,
  τρὶς μάκαρ· ἀλλ' ἡμεῖς ἄνδιχα καιόμεθα.

App. B-V 24. - 3 ἀφειδέος App. ἀφηδ- P¹ ἀφ' ἠδ- c 4 ἐς P εἰς App. 5 ἀφασίης
App. 6 εἰσάμενοι App. 7-12 om. App. 11 ἠρήριστο P¹ // γυιοβόρον Gruter -ων
13 ῥεῖά τις: ῥεῖ κτῆς App. M 16 ὕψεα App. 18 om. App.

256 (255). ΤΟΥ ΑΥΤΟΥ

Δικλίδας ἀμφετίναξεν ἐμοῖς Γαλάτεια προσώποις
  ἕσπερος, ὑβριστὴν μῦθον ἐπευξαμένη·
„Ὕβρις ἔρωτας ἔλυσε.‟ μάτην ὅδε μῦθος ἀλᾶται·
  ὕβρις ἐμὴν ἐρέθει μᾶλλον ἐρωμανίην.
ὤμοσα γὰρ λυκάβαντα μένειν ἀπάνευθεν ἐκείνης,   5
  ὦ πόποι, ἀλλ' ἱκέτης πρώιος εὐθὺς ἔβην.

Pl VII 44 f. 70ʳ. - 1 Suid. et Zon. s. δικλίς // ἀμφιτίναξεν Zon. 3 ὁ δὲ P.

und beschwichte mein Herz mit deiner Gnade, o Herrin,
daß nicht vom Himmel und dir strafend die Rute mich trifft.

Paulos Silentiarios

In Fesseln der Liebe

Liebende hab ich gesehn. Vor maßloser, brennender Sehnsucht
hielten einander sie sich Lippen auf Lippen gedrückt,
wurden nicht satt vor wilder Begier und hätten sich gerne
eins in des anderen Herz, wenn es nur ginge, gepreßt.
Dann, um ein weniges doch die unsäglichen Qualen zu lindern,
tauschten das weiche Gewand untereinander sie aus.
Sieh, da glich er so ganz dem Helden Achilleus, wie dieser
sich dereinst im Palast des Lykomedes gezeigt,
und das Mädchen, dem jetzt das Männergewand bis zum schönen,
blinkenden Kniee gereicht, war wie die Phoibe zu sehn.
Wiederum preßten sie dann sich Lippen auf Lippen, denn ruhlos
fraß mit verzehrender Wut Hunger nach Liebe ihr Herz.
Leichter löst du zwei Reben, die, lange verwachsen, die Stämme
fest umeinander gedreht, aus den Verflechtungen los
als dies sich küssende Paar, das rings sich in enger Umschlingung
fest verstrickte und doch weich in den Armen sich hielt ...
Dreimal selig, Geliebte, wen solcherlei Bande umwinden,
dreimal selig, doch wir – glühn und verglühen getrennt.

Paulos Silentiarios

Dein Wort geht irre

Abend war es, da warf Galateia die Flügel der Türe
vor den Augen mir zu, während sie höhnend noch rief:
„Hohn ist Arznei gegen Liebe." Wie geht dies Wort in die Irre!
Siehe, bei mir hat der Hohn mehr noch die Liebe entfacht.
Fest wohl schwur ich's bei mir, ein Jahr ihr ferne zu bleiben,
ach, und am Morgen bereits kehrte ich flehend zurück.

Paulos Silentiarios

257 (256). ΠΑΛΛΑΔΑ

Νῦν καταγιγνώσκω καὶ τοῦ Διὸς ὡς ἀνεράστου,
μὴ μεταβαλλομένου τῆς σοβαρᾶς ἕνεκα·
οὔτε γὰρ Εὐρώπης, οὐ τῆς Δανάης περὶ κάλλος
οὔθ᾽ ἁπαλῆς Λήδης ἐστ᾽ ἀπολειπομένη·
εἰ μὴ τὰς πόρνας παραπέμπεται· οἶδα γὰρ αὐτὸν   5
τῶν βασιλευουσῶν παρθενικῶν φθορέα.

Pl VII 82 f. 72ʳ. – 4 οὔτ᾽ ἁπαλῆς P¹ 5 αὐτῶν P¹.

258 (257). ΠΑΥΛΟΥ ΣΙΛΕΝΤΙΑΡΙΟΥ

Πρόκριτός ἐστι, Φίλιννα, τεὴ ῥυτὶς ἢ ὀπὸς ἥβης
πάσης· ἱμείρω δ᾽ ἀμφὶς ἔχειν παλάμαις
μᾶλλον ἐγὼ σέο μῆλα καρηβαρέοντα κορύμβοις
ἢ μαζὸν νεαρῆς ὄρθιον ἡλικίης.
σὸν γὰρ ἔτι φθινόπωρον ὑπέρτερον εἴαρος ἄλλης   5
χεῖμα σὸν ἀλλοτρίου θερμότερον θέρεος.

Pl VII 45 f. 70ʳ [om. v. 1–4]; App. B-V 25. – 1-2 ... πάσης Suid. s. ὀπός, 3–4 s.
κόρυμβοι 2 ἱμείρων P 3 κορύμβοις P App.ⱽ -βας App. Μ -βους Suid. 5 σὸν γὰρ P
App. ἢ σὸν Pl.

259 (258). ΤΟΥ ΑΥΤΟΥ

Ὄμματά σευ βαρύθουσι, πόθου πνείοντα, Χαρικλοῖ,
οἷά περ ἐκ λέκτρων ἄρτι διεγρομένης·
ἔσκυλται δὲ κόμη, ῥοδέης δ᾽ ἀμάρυγμα παρειῆς
ὦχρος ἔχει λευκός, καὶ δέμας ἐκλέλυται.
κεἰ μὲν παννυχίῃσιν ὁμιλήσασα παλαίστραις   5
ταῦτα φέρεις, ὄλβου παντὸς ὑπερπέταται,
ὅς σε περιπλέγδην ἔχε πήχεσιν· εἰ δέ σε τήκει
θερμὸς ἔρως, εἴης εἰς ἐμὲ τηκομένη.

App. B-V 20. – 3 ἔσκυλται P ἔσσυται App.ⱽ ἔσσεται App. Μ // ἀμαρύγματα P
App. em. Heinsius 5 μὲν om. App.ⱽ 6-7 ὄλβου... πήχ. Suid. s. ὄλβος 6 φέρει
App. // ὑπερπέταται c Suid. -τεται P¹ App.ⱽ -πέπαται App. Μ 7 ἔχει App.

Liebe des Zeus

Jetzt erkenn ich es klar, auch Zeus ist zur Liebe nicht fähig,
  denn er verwandelt sich nicht für dieses stolze Geschöpf.
Steht sie an strahlender Schönheit der zarten, herrlichen Leda
  oder Europa vielleicht oder der Danaë nach?
Möglich, er mag nicht Hetären ... Natürlich! Will er verführen,
  muß es 'ne Jungfrau schon sein und ein Prinzeßchen zugleich.

Palladas

Jung wie eh

Deine Falten, Philinna, bedünken mich schöner als alle
  Glätte der Jugend, und mehr lockt's mich, mit spielender Hand
deine Äpfel zu kosen, die schwer ihre Knospen schon senken,
  als die schwellende Brust bei einem blühenden Weib.
Köstlicher scheint mir dein Herbst als der Frühling der andern, und
  als ihr sommernder Tag deucht mir dein Winter zu sein.   [wärmer

Paulos Silentiarios

Begegnung am Morgen

Schwere Schleier verhangen dein schmachtendes Auge, Chariklo,
  so, als ob eben du erst dich aus den Kissen gewühlt.
Wirr fällt das Haar in die Stirn, und über die Rosen der Wangen
  wetterleuchtet es fahl; müde ist Haltung und Gang.
Sind das die Spuren der Nacht, im Zwiekampf der Liebe durchrungen?
  Selig dann preis ich den Mann, der in den Armen dich hielt.
Waren es aber die Gluten der Sehnsucht, die dich verzehrte,
  wünscht' ich, es hätte dein Herz brennend nach meinem verlangt.

Paulos Silentiarios

260 (259). ΤΟΥ ΑΥΤΟΥ

Κεκρύφαλοι σφίγγουσι τεήν τρίχα; τήκομαι οἴστρῳ,
    'Ρείης πυργοφόρου δείκελον εἰσορόων.
ἀσκεπές ἐστι κάρηνον; ἐγὼ ξανθίσμασι χαίτης
    ἔκχυτον ἐκ στέρνων ἐξεσόβησα νόον.
ἀργενναῖς ὀθόνῃσι κατήορα βόστρυχα κεύθεις;   5
    οὐδὲν ἐλαφροτέρη φλὸξ κατέχει κραδίην.
μορφὴν τριχθαδίην Χαρίτων τριὰς ἀμφιπολεύει·
    πᾶσα δέ μοι μορφὴ πῦρ ἴδιον προχέει.

Pl VII 46 f. 70ᵛ. – 1 Suid. s. κεκρύφαλον, 2 s. πυργοφόρος et δείκελον, 4 s. ἐξεσόβησα 2 εἰσοράων Suid. s. δείκ. 3 ξανθίσμτι (!) Pl.

261 (260). ΑΓΑΘΙΟΥ ΣΧΟΛΑΣΤΙΚΟΥ

Εἰμὶ μὲν οὐ φιλόοινος· ὅταν δ' ἐθέλῃς με μεθύσσαι,
    πρῶτα σὺ γευομένη πρόσφερε, καὶ δέχομαι.
εἰ γὰρ ἐπιψαύσεις τοῖς χείλεσιν, οὐκέτι νήφειν
    εὐμαρὲς οὐδὲ φυγεῖν τὸν γλυκὺν οἰνοχόον·
πορθμεύει γὰρ ἔμοιγε κύλιξ παρὰ σοῦ τὸ φίλημα   5
    καί μοι ἀπαγγέλλει τὴν χάριν, ἣν ἔλαβεν.

Pl VII 67 f. 71ʳ. – 1 μεθῦσαι P 5 πορθμος(?) εἰ P¹ 6 ἀπαγγέλει P¹.

262 (261). ΠΑΥΛΟΥ ΣΙΛΕΝΤΙΑΡΙΟΥ

Φεῦ φεῦ, καὶ τὸ λάλημα τὸ μείλιχον ὁ φθόνος εἴργει
    βλέμμα τε λαθριδίως φθεγγομένων βλεφάρων·
ἱσταμένης δ' ἄγχιστα τεθήπαμεν ὄμμα γεραιῆς
    οἷα πολύγληνον βουκόλον Ἰναχίης.
ἵστασο καὶ σκοπίαζε, μάτην δὲ σὸν ἦτορ ἀμύσσου·   5
    οὐ γὰρ ἐπὶ ψυχῆς ὄμμα τεὸν τανύσεις.

Pl VII 47 f. 70ᵛ. – Post 2 inseruit v. 263, 3 P¹ vacua linea dein rel.; corr. c
3 ἱστάμενοι P Pl em. schol. Plan. Bern. 4 Suid. s. πολύγληνον, 5 s. ἀμύξεις
//βουκόλον ex -λου Pl 6 ψυχὴν Pl.

Drei Frisuren

Zwingst du die Locken ins Netz? Ein sehnend Verlangen ergreift mich;
　Rhea, von Türmen gekrönt, glaub ich im Bilde zu sehn.
Frei ist von Hüllen dein Haupt? Vor dem strahlenden Blond deines
　wirbelt der Kopf mir, und wirr flattert mein Denken davon. [Haares
Birgst du die wallenden Strähnen im schneeig schimmernden Schleier?
　Flammen, nicht weniger wild, fassen mir brennend ans Herz.
Sieh, so umspielen die Grazien dir dreifach die Dreiheit der Formen,
　und eine jegliche Form weckt die ihr eigene Glut.

Paulos Silentiarios

Liebespost

Mädchen, ich mag keinen Wein, doch möchtest du trunken mich sehen,
　nippe zuerst, dann bring's, und ich empfange es gern.
Rührt deine Lippe daran, dann kann ich nicht nüchtern mehr bleiben,
　Holde, dann kann ich mich nicht solch einem Schenken entziehn.
Denn dann bringt dieser Becher als Fracht deinen Kuß mir herüber
　und erzählt von der Huld, die er empfangen von dir.

Agathias Scholastikos

In die Seelen siehst du nicht

Ach, es wehrt uns der Neid sogar das süße Geplauder
　und das Zwinkern, womit heimlich wir Zwiesprache tun.
Immer steht spähend und lauernd die Alte uns nahe und schreckt uns
　wie der Hirte, der einst Io vieläugig bewacht . . .
Steh nur und lauere nur, du zermarterst umsonst das Gehirn dir:
　bis in die Seelen hinein bohrt sich ja doch nicht dein Blick.

Paulos Silentiarios

263 (262). ΑΓΑΘΙΟΥ ΣΧΟΛΑΣΤΙΚΟΥ

Μήποτε, λύχνε, μύκητα φέροις μηδ' ὄμβρον ἐγείροις,
μὴ τὸν ἐμὸν παύσῃς νυμφίον ἐρχόμενον.
αἰεὶ σὺ φθονέεις τῇ Κύπριδι, καὶ γὰρ ὅθ' Ἡρὼ
ἥρμοσε Λειάνδρῳ . . . θυμέ, τὸ λοιπὸν ἔα.
Ἡφαίστου τελέθεις, καὶ πείθομαι, ὅττι χαλέπτων　　　　5
Κύπριδα θωπεύεις δεσποτικὴν ὀδύνην.

Pl VII 68 f. 71 ᵛ. – 1 Suid. s. μύκητα, 5-6 s. θωπεύει // ἐγείρῃς P¹　3 cf. ad ep.
262,2　4 ἔαι P　5 ὅττι c ὅτι P¹ Suid.　6 Κύπριδι Pl.

264 (263). ΠΑΥΛΟΥ ΣΙΛΕΝΤΙΑΡΙΟΥ

Βόστρυχον ὠμογέροντα τί μέμφεαι ὄμματά θ' ὑγρὰ
δάκρυσιν; ὑμετέρων παίγνια ταῦτα πόθων,
φροντίδες ἀπρήκτοιο πόθου τάδε, ταῦτα βελέμνων
σύμβολα καὶ δολιχῆς ἔργα νυχεγρεσίης.
καὶ γάρ που λαγόνεσσι ῥυτὶς παναώριος ἤδη,　　　　5
καὶ λαγαρὸν δειρῇ δέρμα περικρέμαται.
ὁππόσον ἡβάσκει φλογὸς ἄνθεα, τόσσον ἐμεῖο
ἅψεα γηράσκει φροντίδι γυιοβόρῳ.
ἀλλὰ κατοικτείρασα δίδου χάριν· αὐτίκα γάρ μοι
χρὼς ἀναθηλήσει κρατὶ μελαινομένῳ.　　　　10

2 ἡμετέρων P¹ ειη. c　5 Suid. s. παναώριος, 6 s. λαγαρόν　10 μελαινομένῳ c -ων P¹.

265 (264). ΚΟΜΗΤΑ ΧΑΡΤΟΥΛΑΡΙΟΥ

Ὄμματα Φυλλὶς ἔπεμπε κατὰ πλόον· ὅρκος ἀλήτης
πλάζετο, Δημοφόων δ' ἦεν ἄπιστος ἀνήρ.
νῦν δέ, φίλη, πιστὸς μὲν ἐγὼ παρὰ θῖνα θαλάσσης
Δημοφόων· σὺ δὲ πῶς, Φυλλίς, ἄπιστος ἔφυς;

1 φυλλὶς P¹ em. c　3 δέ c δή P¹.

Sei nicht tückisch, Lampe

Trag keine Schnuppen, o Lampe, und mach nicht, daß Regen entstehe,
   der meinem Bräutigam gar zu mir zu kommen verwehrt.
Immer warst du der Kypria feind; schon als sie die Hero
   mit Leandros vereint. ... Stille! Schweig stille, mein Herz!
Lampe, du dienst dem Hephaist, und wenn du auf Kypris erzürnt bist,
   tust du, so scheint mir, nur schön vor deinem grollenden Herrn.

Agathias Scholastikos

Verzehrender Liebesgram

Früh ist das Haar mir ergraut, meine Augen sind feucht: und du
                                                    [höhnst noch?
   War's nicht die Liebe zu dir, die diesen Streich mir gespielt?
Sind es nicht Spuren von Pfeilen? die Qualen vergeblicher Sehnsucht?
   Kam es nicht, weil mir des Nachts niemals der Schlummer sich naht?
Falten durchziehen mir schon so zeitig die Seiten am Leibe,
   und an dem Halse schon hangt welk und erschlafft mir die Haut.
Wie sich die Blüten der Flamme im Herzen verjüngen, so altert
   mir der Körper vor Gram, ach, und verzehrt sich gemach ...
Hab Erbarmen mit mir! O schenke mir Liebe! Dann blüht auch
   wieder die Haut mir, und schwarz wird mir gleich wieder das Haar.

Paulos Silentiarios

Phyllis und Demophoon

Einst schaute Phyllis voll Schmerz aufs Meer. Demophoons Eide
   flogen im Winde; er war treulos geworden an ihr.
Heut stehe ich, ein getreuer Demophoon, suchend am Meere:
   Phyllis, Liebste, wie kam's, daß du die Treue verlorst?

Kometas Chartularios

266 (265). ΠΑΥΛΟΥ ΣΙΛΕΝΤΙΑΡΙΟΥ

Ἀνέρα λυσσητῆρι κυνὸς βεβολημένον ἰῷ
ὕδασι θηρείην εἰκόνα φασὶ βλέπειν.
λυσσώων τάχα πικρὸν Ἔρως ἐνέπηξεν ὀδόντα
εἰς ἐμὲ καὶ μανίαις θυμὸν ἐληίσατο.
σὴν γὰρ ἐμοὶ καὶ πόντος ἐπήρατον εἰκόνα φαίνει   5
καὶ ποταμῶν δῖναι καὶ δέπας οἰνοχόον.

Pl VII 48 f. 70 ᵛ. - 3 πικρὸς P¹ 6 οἰνοχόον Pˡ Pl -όων c.

267 (266). ΑΓΑΘΙΟΥ ΣΧΟΛΑΣΤΙΚΟΥ

Τί στενάχεις; — ,,Φιλέω.'' — Τίνα; — ,,Παρθένον.'' — ᾿Η ῥά γε καλήν; —
,,Καλὴν ἡμετέροις ὄμμασι φαινομένην.'' —
Ποῦ δέ μιν εἰσενόησας; — ,,᾿Εκεῖ ποτὶ δεῖπνον ἐπελθὼν
ξυνῇ κεκλιμένην ἔδρακον ἐν στιβάδι.'' —
Ἐλπίζεις δὲ τυχεῖν; — ,,Ναὶ ναί, φίλος· ἀμφαδίην δὲ   5
οὐ ζητῶ φιλίην, ἀλλ' ὑποκλεπτομένην.'' —
Τὸν νόμιμον μᾶλλον φεύγεις γάμον; — ,,᾿Ατρεκὲς ἔγνων,
ὅττι γε τῶν κτεάνων πουλὺ τὸ λειπόμενον.'' —
Ἔγνως; οὐ φιλέεις, ἐψεύσαο. πῶς δύναται γὰρ
ψυχὴ ἐρωμανέειν ὀρθὰ λογιζομένη;   10

Pl VII 69 f. 71 ᵛ. - 1 καλὴ c 5 ἀμφασίην P¹ 8 πολὺ P¹ 9 ἔγνων P.

268 (267). ΠΑΥΛΟΥ ΣΙΛΕΝΤΙΑΡΙΟΥ

Μηκέτι τις πτήξειε πόθου βέλος· ἰοδόκην γὰρ
εἰς ἐμὲ λάβρος Ἔρως ἐξεκένωσεν ὅλην.
μὴ πτερύγων τρομέοι τις ἐπήλυσιν· ἐξότε γάρ μοι
λὰξ ἐπιβὰς στέρνοις πικρὸν ἔπηξε πόδα,
ἀστεμφής, ἀδόνητος ἐνέζεται οὐδὲ μετέστη,   5
εἰς ἐμὲ συζυγίην κειράμενος πτερύγων.

Pl VII 49 f.70.ᵛ - 1 μηκέτι τις c Pl μήκετιες (?) P¹ 2 λαῦρος Pl 3 ... ἐπήλυσιν
Suid. s. ἐπήλυσιν 4 πτέρνοις P¹ 5 ἐνέζεται ex ἐνέξε- Pl.

Der tollwütige Eros

Wird, so sagt man, ein Mensch vom wütigen Hunde gebissen,
  sieht er im Wasser hinfort immer des Tieres Gesicht.
Sicher hat Eros in mich auch die grimmigen Zähne geschlagen
  und seine eigene Wut böse ins Herz mir gesenkt.
Denn mir zeigt sich im Meer, mir zeigt sich im Strudel der Ströme,
  zeigt sich im Becher voll Wein immer – dein liebliches Bild.

Paulos Silentiarios

Der Rechner

Warum seufzt du so schwer? – „Ich liebe." – Und wen wohl? – „Ein
                                                        [Mädchen." –
Ist sie denn hübsch? – „Ich selbst halte gewiß sie für hübsch." –
Und wo sahst du das Mädchen? – „Dort drüben. Ich war da zum Essen
  abends geladen und lag neben dem Mädchen zu Tisch." –
Hoffst du, sie auch zu bekommen? – „Gewiß, Freund. Nur möchte ich
  Liebe, die öffentlich ist: heimliche wünschte ich mehr." –   [keine
Ah, du möchtest nicht gern gesetzlich dich binden? – „Es fehlt ja,
  wie ich als sicher erfuhr, ganz an Vermögen bei ihr." –
So? das ‚erfuhrst' du! Dann lügst du! Du liebst nicht. Wie kann man
                                                        [im Herzen
  sinnlos verliebt sein und doch sinnvoll berechnen dabei?

Agathias Scholastikos

Eros im Ruhestand

Niemand mehr fürchte hinfort die Pfeile der Liebe; denn Eros'
  Köcher ist leer nun, er hat wild sich verschossen auf mich.
Niemand mehr fürchte hinfort seine rauschenden Flügel; denn seit er
  seinen grausamen Fuß hart auf die Brust mir gesetzt,
sitzt er dort fest und rührt sich nicht mehr und wankt nicht und weicht
  und hat eigens für mich noch sich die Flügel gestutzt.   [nicht

Paulos Silentiarios

269(268). ΑΓΑΘΙΟΥ ΣΧΟΛΑΣΤΙΚΟΥ

Δισσῶν θηλυτέρων μοῦνός ποτε μέσσος ἐκείμην,
τῆς μὲν ἐφιμείρων, τῇ δὲ χαριζόμενος.
εἶλκε δέ μ᾽ ἡ φιλέουσα· πάλιν δ᾽ ἐγώ, οἷά τέ τις φώρ,
χείλεϊ φειδομένῳ τὴν ἑτέρην ἐφίλουν,
ζῆλον ὑποκλέπτων τῆς γείτονος, ἧς τὸν ἔλεγχον   5
καὶ τὰς λυσιπόθους ἔτρεμον ἀγγελίας.
ὀχθήσας δ᾽ ἄρ᾽ ἔειπον· Ἐμοὶ τάχα καὶ τὸ φιλεῖσθαι
ὡς τὸ φιλεῖν χαλεπόν, δισσὰ κολαζομένῳ.

Pl VII 70 f. 71ᵛ. - 1 μοῦνος ποτὲ c Pl ποτὲ μοῦνος P¹ // μέσσος ἐκείμην P μέσσα
καθήμην Pl 2 τῇ c Pl τῆς P¹ 3 τις φώρ c Pl τι σφῶν P¹ 7 ὠχθήσας c // ἄρα
εἶπον Pl.

270 (269). ΠΑΥΛΟΥ ΣΙΛΕΝΤΙΑΡΙΟΥ

Οὔτε ῥόδον στεφάνων ἐπιδεύεται οὔτε σὺ πέπλων
οὔτε λιθοβλήτων, πότνια, κεκρυφάλων.
μάργαρα σῆς χροιῆς ἀπολείπεται, οὐδὲ κομίζει
χρυσὸς ἀπεκτήτου σῆς τριχὸς ἀγλαΐην·
Ἰνδώη δ᾽ ὑάκινθος ἔχει χάριν αἴθοπος αἴγλης,   5
ἀλλὰ τεῶν λογάδων πολλὸν ἀφαυροτέρην.
χείλεα δὲ δροσόεντα καὶ ἡ μελίφυρτος ἐκείνη
στήθεος ἁρμονίη κεστὸς ἔφυ Παφίης.
τούτοις πᾶσιν ἐγὼ καταδάμναμαι· ὄμμασι μούνοις
θέλγομαι, οἷς ἐλπὶς μείλιχος ἐνδιάει.   10

Pl VII 50 f. 70ᵛ. - 3-4 οὐδὲ... Suid. s. ἀπεκτήτου, 5-6 s. λογάδες, 7-8 s. κεστός,
9-10 ὄμμασι ... s. ἐνδιάει 4 εὐτήκτου c 6 πολλὸν: πουλύ γ᾽ Suid. 8 στήθεος
Hecker ἠθ- P Suid. ἔνθ- Pl.

271 (270). ΜΑΚΗΔΟΝΙΟΥ ΥΠΑΤΙΚΟΥ

Τήν ποτε βακχεύουσαν ἐν εἴδεϊ θηλυτεράων,
τὴν χρυσέῳ κροτάλῳ σειομένην σπατάλην

Zwischen zwei Feuern

Neulich lag ich bei Tisch als einziger zwischen zwei Frauen;
  rechts die begehrte ich selbst, links die verlangte nach mir.
Öfter zog die Verliebte mich zu sich hinüber; ich wieder,
  heimlich und scheu wie ein Dieb, küßte die erste und trog
so der anderen Neid und Eifersucht; denn ich besorgte,
  säh sie's und schwatzte es aus, wär meine Liebe zu End.
Seufzend gestand ich zuletzt: Wahrhaftig, mir bringt das Geliebtsein
  wie das Verliebtsein nur Qual; ach, ich bin doppelt gestraft.

Agathias Scholastikos

Schöner als Schmuck

Braucht die Rose den Kranz? Brauchst du, meine Herrin, Gewänder
  und auf dem Haare ein Netz, kostbar mit Steinen besetzt?
Perlen verblassen im Glanz deiner Haut, und im leuchtenden Schimmer
  deiner Locken verliert goldnes Geschmeide die Pracht.
Herrlich, voll gleißendem Licht wohl funkelt der indische Saphir,
  doch wie beschämt ihn der Glanz, der aus den Augen dir bricht!
Deine tauigen Lippen, die süße, harmonische Bildung
  deines Busens: mich dünkt's Paphias Gürtel zu sein.
All das bewältigt mich tief, und nur deine Augen entbieten
  schmeichelnde Lockung: hier ist freundliche Hoffnung zu Haus.

Paulos Silentiarios

Eklipse

Toll hat sie früher sich mal im Reiche der Frauen gebärdet,
  keck und prickelnd zum Klang goldener Klappern getanzt.

γῆρας ἔχει καὶ νοῦσος ἀμείλιχος· οἱ δὲ φιληταί,
οἳ ποτε τριλλίστως ἀντίον ἐρχόμενοι,
νῦν μέγα πεφρίκασι· τὸ δ᾽ αὐξοσέληνον ἐκεῖνο   5
ἐξέλιπεν συνόδου μηκέτι γινομένης.

2 χρυσέῳ κροτάλῳ P¹ χρυσεοκρ- c 3-5 οἱ... πεφρίκ. Suid. s. φιληταί 4 τριλλίστως
Suid. τριλίστ- P.

272 (271). ΠΑΥΛΟΥ ΣΙΛΕΝΤΙΑΡΙΟΥ

Μαζοὺς χερσὶν ἔχω, στόματι στόμα, καὶ περὶ δειρὴν
ἄσχετα λυσσώων βόσκομαι ἀργυφέην.
οὔπω δ᾽ ἀφρογένειαν ὅλην ἕλον· ἀλλ᾽ ἔτι κάμνω
παρθένον ἀμφιέπων λέκτρον ἀναινομένην.
ἥμισυ γὰρ Παφίῃ, τὸ δ᾽ ἄρ᾽ ἥμισυ δῶκεν ᾽Αθήνῃ·   5
αὐτὰρ ἐγὼ μέσσος τήκομαι ἀμφοτέρων.

App. B-V 40. - 1 στόματι om. App. V // στόμα om. App. M 2 λυσσάων App. //
ἀργυφαίην App. M 3 κάμνων P 4 om. App. // ἀμφιέπων Reiske -ίεπον 5 Παφίη
et ᾽Αθήνη App. 6 μέσσος om. App. // ἀμφοτέρων App. -εράων P.

273 (272). ΑΓΑΘΙΟΥ ΣΧΟΛΑΣΤΙΚΟΥ

᾽Η πάρος ἀγλαΐῃσι μετάρσιος, ἡ πλοκαμῖδας
σειομένη πλεκτὰς καὶ σοβαρευομένη,
ἡ μεγαλαυχήσασα καθ᾽ ἡμετέρης μελεδώνης
γήραϊ ῥικνώδης τὴν πρὶν ἀφῆκε χάριν.
μαζὸς ὑπεκλίνθη, πέσον ὀφρύες, ὄμμα τέτηκται,   5
χείλεα βαμβαίνει φθέγματι γηραλέῳ.
τὴν πολιὴν καλέω Νέμεσιν πόθου, ὅττι δικάζει
ἔννομα ταῖς σοβαραῖς θᾶσσον ἐπερχομένη.

Pl VII 71 f. 71ᵛ. - 2 πλεκτὰς P παίκτας Pl 4 γήραϊ ῥικνώδης Jac. χείρας
ἐρικνώθη 5 μαζοὺς c.

Heut hat Alter und Krankheit sie grausam gepackt, und die Freier,
   die voll Flehen dereinst zu ihrem Antlitz geeilt,
fahren voll Schauder zurück . . . Es trat der Mond in Eklipse,
   und eine Konjunktion findet nun fürder nicht statt.

Konsul Makedonios

Zwischen Aphrodite und Athene

Ach, ich küsse sie wohl, es umspielt meine Hand ihr den Busen,
   und an dem schimmernden Hals hab ich wie närrisch geschwelgt.
Noch aber hab ich nicht ganz ihre Liebe gefunden, noch werb ich
   um das jungfräuliche Kind, das mir sein Bettchen versagt.
Halb hat sie Paphia sich und halb sich Athene ergeben,
   ich aber, zwischen den zwein, schmachte verdurstend dahin.

Paulos Silentiarios

Rächendes Alter

Sie, die mit prangender Schönheit dereinst sich gebrüstet, die eitel
   ihres Wegs ging und ihr Löckchengeflechte gewiegt,
die nur mit Hochmut und Hohn auf meine Leiden herabsah:
   nun, vom Alter zerfurcht, hat sie der Schönheit entsagt.
Schlaff ist ihr Busen, erloschen ihr Blick, verschwunden die Brauen,
   und aus dem Munde erklingt greisenhaft lallend das Wort . . .
Rächer der Liebe, so nenn ich verblichene Haare: Sie zeigen
   rasch sich den Stolzen, und dann sitzen sie streng zu Gericht.

Agathias Scholastikos

274 (273). ΠΑΥΛΟΥ ΣΙΛΕΝΤΙΑΡΙΟΥ

Τὴν πρὶν ἐνεσφρήγισσεν ῎Ερως θρασὺς εἰκόνα μορφῆς
ἡμετέρης θερμῷ βένθεϊ σῆς κραδίης,
φεῦ φεῦ, νῦν ἀδόκητος ἀπέπτυσας· αὐτὰρ ἐγώ τοι
γραπτὸν ἔχω ψυχῇ σῆς τύπον ἀγλαΐης.
τοῦτον καὶ Φαέθοντι καὶ ῎Αϊδι, βάρβαρε, δείξω,   5
Κρῆσσαν ἐπισπέρχων εἰς σὲ δικασπολίην.

Pl VII 51 f. 70 ᵛ. - **1** ἐνεσφριγησεν P¹ // ἔρως θρασὺς Pl θρασυς vel πραυς [om.
ἔρως] P¹ ἔρως [om. θρασὺς] c **4** τύπων P¹ **5** ῎Αϊδι Scal. αιδοῖ.

275 (274). ΤΟΥ ΑΥΤΟΥ

Δειελινῷ χαρίεσσα Μενεκρατὶς ἔκχυτος ὕπνῳ
κεῖτο περὶ κροτάφους πῆχυν ἐλιξαμένη.
τολμήσας δ' ἐπέβην λεχέων ὕπερ· ὡς δὲ κελεύθου
ἥμισυ κυπριδίης ἤνυον ἀσπασίως,
ἡ παῖς ἐξ ὕπνοιο διέγρετο, χερσὶ δὲ λευκαῖς   5
κράατος ἡμετέρου πᾶσαν ἔτιλλε κόμην·
μαρναμένης δὲ τὸ λοιπὸν ἀνύσσαμεν ἔργον ἔρωτος,
ἡ δ' ὑποπιμπλαμένη δάκρυσιν εἶπε τάδε·
,,Σχέτλιε, νῦν μὲν ἔρεξας, ὅ τοι φίλον, ᾧ ἔπι πουλὺν
πολλάκι σῆς παλάμης χρυσὸν ἀπωμοσάμην·   10
οἰχόμενος δ' ἄλλην ὑποκόλπιον εὐθὺς ἑλίξεις·
ἐστὲ γὰρ ἀπλήστου κύπριδος ἐργατίναι.``

App. B-V 27. - **1** δειελινά App. ᴹ // Μενεκράτης P¹ **2** περὶ P παρά App. // κροτάφοις App. ⱽ **3** κέλευθον P **7** ἀνύσσαμεν App. ⱽ ἀνύσα- c App. ᴹ ἀνύσομεν P¹
9 νῦν P σὺ App. // τοι P τι App. **10** ἀπομοσάμενην App. ᴹ.

276 (275). ΑΓΑΘΙΟΥ ΣΧΟΛΑΣΤΙΚΟΥ

Σοὶ τόδε τὸ κρήδεμνον, ἐμὴ μνήστειρα, κομίζω,
χρυσεοπηνήτῳ λαμπόμενον γραφίδι·
βάλλε δὲ σοῖς πλοκάμοισιν· ἐφεσσαμένη δ' ὑπὲρ ὤμων
στήθεϊ παλλεύκῳ τήνδε δὸς ἀμπεχόνην.
ναὶ ναὶ στήθεϊ μᾶλλον, ὅπως ἐπιμάζιον εἴη   5
ἀμφιπεριπλέγδην εἰς σὲ κεδαννύμενον.

Das Bild im Herzen

Schelmisch hat Eros dereinst das Bild meiner eigenen Züge
   tief dir ins Herze geprägt, als es für mich sich erwärmt.
Ach, und nun rissest du sie dir jäh aus der Tiefe. Ich aber
   trage dein strahlendes Bild fest in der Seele bei mir.
Wahrlich, das will ich, du Harte, dem Hades und Phaëthon zeigen,
   daß der Kreter alsbald rechtens das Urteil dir spricht.

Paulos Silentiarios

Gestörte Siesta

Mittag war es. Die hübsche Menekratis ruhte im Schlummer,
   und um die Schläfen im Rund hatte den Arm sie geschmiegt.
Keck da trat ich hinzu und stieg auf ihr Bette; doch als ich
   eben die wonnige Fahrt Kyprias halb schon vollbracht,
da erwachte das Kind empor aus dem Schlummer, und jählings
   fuhr sie mit schimmernder Hand raufend und wild mir ins Haar.
Doch wie sehr sie auch rang, ich schaffte den Rest meiner Liebe;
   sie aber, tränenbenetzt, sagte die Worte zu mir:
„Böser, nun hast du erreicht, was dein Sinnen begehrte und was ich,
   ob du auch Fülle von Gold oft mir geboten, verschwor.
Ja, nun gehst du von hier und drückst eine andre ans Herze;
   niemals werdet ihr satt, Kyprias Werke zu tun."

Paulos Silentiarios

Brautgeschenk

Bringe ich dir, meine Braut, den Schleier als Gabe, o nimm ihn!
   Goldene Fäden durchziehn leuchtend das schöne Gewirk.
Leg auf die Locken ihn nieder, laß über die Schultern ihn gleiten
   und bedecke mit ihm hüllend die schneeige Brust.
Ja, vor allem die Brust, auf daß er mit seinem Gewebe
   rings dich völlig umschließt und dir den Busen beschützt.

414   Anthologia Graeca V

καὶ τόδε μὲν φορέοις ἅτε παρθένος· ἀλλὰ καὶ εὐνὴν
λεύσσοις καὶ τεκέων εὔσταχυν ἀνθοσύνην,
ὄφρα σοι ἐκτελέσαιμι καὶ ἀργυφέην ἀναδέσμην
καὶ λιθοκολλήτων πλέγματα κεκρυφάλων.   10

5-6 suspectos habet J. G. Schneider   8 λεύσοις P.

277 (276). ΕΡΑΤΟΣΘΕΝΟΥΣ ΣΧΟΛΑΣΤΙΚΟΥ

Ἄρσενας ἄλλος ἔχοι· φιλέειν δ᾽ ἐγὼ οἶδα γυναῖκας,
ἐς χρονίην φιλίην οἶα φυλασσομένας.
οὐ καλὸν ἡβητῆρες· ἀπεχθαίρω γὰρ ἐκείνην
τὴν τρίχα τὴν φθονερήν, τὴν ταχὺ φυομένην.

Pl VII 83 f. 72ʳ. - 3-4 Suid. et. Zon. s. ἡβητήρ [om. τὴν φθ.].

278 (277). ΑΓΑΘΙΟΥ ΣΧΟΛΑΣΤΙΚΟΥ

Αὐτή μοι Κυθέρεια καὶ ἱμερόεντες Ἔρωτες
τήξουσιν κενεὴν ἐχθόμενοι κραδίην,
ἄρσενας εἰ σπεύσω φιλέειν ποτέ. μήτε τυχήσω
μήτ᾽ ἐπολισθήσω μείζοσιν ἀμπλακίαις.
ἄρκια θηλυτέρων ἀλιτήματα· κεῖνα κομίσσω,   5
καλλείψω δὲ νέους ἄφρονι Πιτταλάκῳ.

Pl VII 72 f. 71 ᵛ. - 2 ἀχθόμενοι [ex ἐχθ-] Pl 5 κομήσσω Pl 6 Suid. s. Πιττακός //
καλύψω P¹.

279 (278). ΠΑΥΛΟΥ ΣΙΛΕΝΤΙΑΡΙΟΥ

Δηθύνει Κλεόφαντις· ὁ δὲ τρίτος ἄρχεται ἤδη
λύχνος ὑποκλάζειν ἦκα μαραινόμενος.
αἴθε δὲ καὶ κραδίης πυρσὸς συναπέσβετο λύχνῳ
μηδέ μ᾽ ὑπ᾽ ἀγρύπνοις δηρὸν ἔκαιε πόθοις.
ἃ πόσα τὴν Κυθέρειαν ἐπώμοσεν ἕσπερος ἥξειν·   5
ἀλλ᾽ οὔτ᾽ ἀνθρώπων φείδεται οὔτε θεῶν.

Pl VII 52 f. 70 ᵛ. - 2 ἦκα Pl 3 σὺν ἀπέσβετο c 5 ἥξειν Brunck Ἴξ- c om. P¹
ἐλθεῖν Pl.

Trage als Jungfrau den Schmuck! Doch wünsch ich dir, bald auch die
und einen Ährenkranz blühender Kinder zu sehn.   [Hochzeit
O, dann lasse ich gern eine schimmernde Binde dir schaffen
und ein Haarnetz, darin köstlich von Steinen es glänzt.

Agathias Scholastikos

Der Frauenfreund

Hole sich Knaben, wer will! Ich verstehe mich besser mit Mädchen.
Liebe auf längere Zeit findet man einzig beim Weib.
Jungen sind auch nicht schön. Mir will der Bart nicht gefallen,
und dieser boshafte Bart – ist er nicht plötzlich ersproßt?

Eratosthenes Scholastikos

Ein gleiches

Kypria selbst und die holden Eroten verfolgen die leeren
Herzen; doch mögen sie mich lieber verderben, als daß
je ich nach Knaben verlangte. Nie wünsche ich Glück mir bei ihnen,
wünsche vor allem mir nie schlimmere Sünden dabei.
Was ich an Frauen gefehlt, genügt mir; das will ich auch tragen.
Narrheit, die Knaben verführt, laß ich Pittalakos tun.

Agathias Scholastikos

Vergebliche Erwartung

Kommt Kleophantis denn nicht? Zum drittenmal brennt nun die
schon hernieder und geht leise verdämmernd zur Ruh.   [Lampe
Wenn mit dem Lichte doch auch mein Feuer im Herzen verlohte
und dieses Sehnen doch nicht immerfort glühte in mir!
Wie oft schwur sie mir schon bei Kypris, des Abends zu kommen!
Doch was gilt ihr ein Gott, ach, und was gilt ihr ein Mensch?

Paulos Silentiarios

280 (279). ΑΓΑΘΙΟΥ ΣΧΟΛΑΣΤΙΚΟΥ

Ἦ ῥά γε καὶ σύ, Φίλιννα, φέρεις πόθον; ἦ ῥα καὶ αὐτὴ
κάμνεις αὐαλέοις ὄμμασι τηκομένη;
ἦ σὺ μὲν ὕπνον ἔχεις γλυκερώτατον, ἡμετέρης δὲ
φροντίδος οὔτε λόγος γίνεται οὔτ' ἀριθμός;
εὑρήσεις τάχ' ὅμοια, τεὴν δ', ἀμέγαρτε, παρειὴν   5
ἀθρήσω θαμινοῖς δάκρυσι τεγγομένην.
Κύπρις γὰρ τὰ μὲν ἄλλα παλίγκοτος, ἐν δέ τι καλὸν
ἔλλαχεν, ἐχθαίρειν τὰς σοβαρευομένας.

Pl VII 73 f. 71 ᵛ. - 1 πόνον P 5 τάχ' Jac. τὰ 7-8 Suid. s. παλίγκοτος 8 ἐχθαίρειν
P¹ Suid. -ει c Pl.

281 (280). ΠΑΥΛΟΥ ΣΙΛΕΝΤΙΑΡΙΟΥ

Χθιζά μοι Ἑρμώνασσα φιλακρήτους μετὰ κώμους
στέμμασιν αὐλείας ἀμφιπλέκοντι θύρας
ἐκ κυλίκων ἐπέχευεν ὕδωρ· ἀμάθυνε δὲ χαίτην,
ἣν μόλις ἐς τρισσὴν πλέξαμεν ἀμφιλύκην.
ἐφλέχθην δ' ἔτι μᾶλλον ὑφ' ὕδατος· ἐκ γὰρ ἐκείνης   5
λάθριον εἶχε κύλιξ πῦρ γλυκερῶν στομάτων.

Pl VII 53 f. 70 ᵛ. - 3-4 ἀμάθυνε ... Suid. s. ἀμφιλύκη 4 τρισὶν P¹.

282 (281). ΑΓΑΘΙΟΥ ΣΧΟΛΑΣΤΙΚΟΥ

Ἡ ῥαδινὴ Μελίτη ταναοῦ ἐπὶ γήραος οὐδῷ
τὴν ἀπὸ τῆς ἥβης οὐκ ἀπέθηκε χάριν,
ἀλλ' ἔτι μαρμαίρουσι παρηίδες, ὄμμα δὲ θέλγειν
οὐ λάθε· τῶν δ' ἐτέων ἡ δεκὰς οὐκ ὀλίγη.
μίμνει καὶ τὸ φρύαγμα τὸ παιδικόν· ἐνθάδε δ' ἔγνων,   5
ὅττι φύσιν νικᾶν ὁ χρόνος οὐ δύναται.

Pl VII 74 f. 71 ᵛ. - 1-2 Suid. s. ῥαδινή 3 θέλγον Pl 6 ὅτι P.

Die Spröde

Kennst auch du wohl die Sehnsucht, Philinna? Zermarterst auch du
    in zermürbendem Kampf? Brennen die Augen auch dir?   [dich
Oder schlummerst du still in süßester Ruhe? Und zählt nicht,
    rechnet bei dir nicht die Qual, die mich im Innern verzehrt?
Warte nur, Böse, bald trifft auch dich das gleiche; dann seh ich,
    wie von Tränen ein Strom über die Wangen dir rollt.
Denn mag Kypris auch sonst sich launisch erweisen, das eine
    Schöne besitzt sie: sie haßt grimmig hochmütige Fraun.

Agathias Scholastikos

Brennendes Wasser

Gestern hab ich mit Wein mich fröhlich befeuchtet, und als ich
    drauf Hermonassa die Tür ringsum mit Kränzen umwand,
goß aus dem Becher sie Wasser auf mich und verdarb die Frisur mir,
    die ich so kunstvoll für drei Tage zurecht mir gelegt.
Schlimmer noch brennt mich das Wasser; denn was ihre wonnigen
    heimlich besaßen an Glut, hatte den Becher erfüllt.   [Lippen

Paulos Silentiarios

Mädchenfrisch

Rank steht Melite noch an der Schwelle des zögernden Alters;
    was ihr die Jugend an Reiz einstmals gegeben, es blieb.
Marmorn schimmern die Wangen, und zauberisch locken die Augen,
    ob auch so manches Jahrzehnt ihr schon im Leben verfloß.
Immer noch hat sie den Schelm des Mädchens behalten ... Ich sehe,
    über die mächtige Zeit siegte und siegt – die Natur.

Agathias Scholastikos

283 (282). ΠΑΥΛΟΥ ΣΙΛΕΝΤΙΑΡΙΟΥ

Δάκρυά μοι σπένδουσαν ἐπήρατον οἰκτρὰ Θεανώ
εἶχον ὑπὲρ λέκτρων πάννυχον ἡμετέρων·
ἐξότε γὰρ πρὸς Ὄλυμπον ἀνέδραμεν ἕσπερος ἀστήρ,
μέμφετο μελλούσης ἄγγελον ἠριπόλης.
οὐδὲν ἐφημερίοις καταθύμιον· εἴ τις Ἐρώτων   5
λάτρις, νύκτας ἔχειν ὤφελε Κιμμερίων.

4 ἄγγελον c -ων(?) P¹   5 εἴ c ἢ P¹   6 ὤφελε c ὦ φίλε P¹.

284 (283). ΡΟΥΦΙΝΟΥ ΔΟΜΕΣΤΙΚΟΥ

Πάντα σέθεν φιλέω· μοῦνον δὲ σὸν ἄκριτον ὄμμα
ἐχθαίρω, στυγεροῖς ἀνδράσι τερπόμενον.

Pl VII 121 f. 73ᵛ. – Tit.: 'Ρουφίνου P 'Ρούφου Pl   1 ἀκρῆτον P¹.

285 (284). ΑΓΑΘΙΟΥ ΣΧΟΛΑΣΤΙΚΟΥ

Εἰργομένη φιλέειν με κατὰ στόμα δῖα 'Ροδάνθη
ζώνην παρθενικὴν ἐξετάνυσσε μέσην
καὶ κείνην φιλέεσκεν· ἐγὼ δέ τις ὡς ὀχετηγὸς
ἀρχὴν εἰς ἑτέρην εἷλκον ἔρωτος ὕδωρ,
αὐερύων τὸ φίλημα· περὶ ζωστῆρα δὲ κούρης   5
μάστακι ποππύζων τηλόθεν ἀντεφίλουν.
ἦν δὲ πόνου καὶ τοῦτο παραίφασις· ἡ γλυκερὴ γὰρ
ζώνη πορθμὸς ἔην χείλεος ἀμφοτέρου.

App. B-V 26. – 2 ἐξετάνυσσε App. 3 ὀχεταγὸς App. V -τασγὸς App. M   4 ἕλκον App.   5 αὐερύων Bouhier αὖ ἐρ- P   6 ποππίσδων App.   7 παραίφρασις App. M

286 (285). ΠΑΥΛΟΥ ΣΙΛΕΝΤΙΑΡΙΟΥ

Φράζεό μοι, Κλεόφαντις, ὅση χάρις, ὁππότε δοιοὺς
λάβρον ἐπαιγίζων ἴσος ἔρως κλονέει.
ποῖος ἄρης ἢ τάρβος ἀπείριτον ἠὲ τίς αἰδὼς
τούσδε διακρίνει πλέγματα βαλλομένους;

Kurze Nacht

Tränen um Tränen vergoß die schöne Theano, indes sie
heut in den Stunden der Nacht hold in den Armen mir lag.
Schon als der Stern des Abends hinauf zum Olympos gestiegen,
klagte sie zürnend, daß er Bote des Morgenrots sei . . .
Nichts geht den Menschen nach Wunsch, und wenn einer Eros sich
müßten die Nächte ihm sein wie im kimmerischen Reich. [weihte,

Paulos Silentiarios

Die Kritiklose

Alles an dir hab ich lieb, nur haß ich dein Auge, das wahllos
auch noch an Männern sich freut, die für mich widerlich sind.

Rufinos (oder *Rufos*) *Domestikos*

Der Gürtel

Als mir die hehre Rhodanthe den Mund nicht zu küssen vermochte,
nahm sie den Gürtel und hielt eines der Enden mir hin,
küßte dann selber ein Ende, und ich, wie ein Rinnsale-Zieher,
zog mir zum andern behend Wasser der Liebe herbei.
Durstig trank ich die Küsse, ich drückte die Lippen auf ihren
Gürtel und habe sie so, ob auch von ferne, geküßt.
Und selbst dies war Trost und dämpfte die Qualen; des Mädchens
wonniger Gürtel, er ward Brücke von Munde zu Mund.

Agathias Scholastikos

Liebesrausch

Ach, Kleophantis, was gleicht wohl dem Glück, wenn gemeinsame
mächtig erbrausend ein Paar liebender Leute durchstürmt? [Liebe
Gibt's eine Waffengewalt, gibt's Scham, oder gibt es wohl einen
Schrecken so riesig, daß er ihre Umarmung zerreißt?

εἴη μοι μελέεσσι τὰ Λήμνιος ἥρμοσεν ἄκμων			5
δεσμὰ καὶ Ἡφαίστου πᾶσα δολορραφίη,
μοῦνον ἐγώ, χαρίεσσα, τεὸν δέμας ἀγκὰς ἑλίξας
θελγοίμην ἐπὶ σοῖς ἅψεσι βουλόμενος,
δὴ τότε καὶ ξεῖνός με καὶ ἐνδάπιος καὶ ὁδίτης,
πότνα, καὶ ἀρητὴρ χἠ παράκοιτις ἴδοι.			10

Pl VII 54 f.70ᵛ. – 2 λαῦρον Pl   4 τούσδε Pl τοῖσ- P¹ τοῦσ- c//βαλλομένοις P.

287 (286). ΑΓΑΘΙΟΥ ΣΧΟΛΑΣΤΙΚΟΥ

Σπεύδων εἰ φιλέει με μαθεῖν εὔῶπις Ἐρευθώ,
πείραζον κραδίην πλάσματι κερδαλέῳ·
„Βήσομαι ἐς ξείνην τινά που χθόνα· μίμνε δέ, κούρη,
ἀρτίπος, ἡμετέρου μνῆστιν ἔχουσα πόθου.“
ἡ δὲ μέγα στονάχησε καὶ ἥλατο καὶ τὸ πρόσωπον			5
πλῆξε καὶ εὐπλέκτου βότρυν ἔρηξε κόμης,
καί με μένειν ἱκέτευεν· ἐγὼ δέ τις ὡς βραδυπειθὴς
ὄμματι θρυπτομένῳ συγκατένευσα μόνον.
ὄλβιος ἐς πόθον εἰμί· τὸ γὰρ μενέαινον ἀνύσσαι
πάντως, εἰς μεγάλην τοῦτο δέδωκα χάριν.			10

Pl VII 75 f. 71ᵛ. – 2 σπείραζον P   3 κούρα P   4 ἀρτίπος P om. Pl [spatio rel.]
5 εἵλατο P¹   10 πάντως c -ων P¹ Pl [ex -ως].

288 (287). ΠΑΥΛΟΥ ΣΙΛΕΝΤΙΑΡΙΟΥ

Ἐξότε μοι πίνοντι συνεψιάουσα Χαρικλώ
λάθρῃ τοὺς ἰδίους ἀμφέβαλε στεφάνους,
πῦρ ὀλοὸν δάπτει με· τὸ γὰρ στέφος, ὡς δοκέω, τι
εἶχεν, ὃ καὶ Γλαύκην φλέξε Κρεοντιάδα.

Pl VII 55 f. 70ᵛ. – 1 Suid. s. συνεψιάζουσα // πινοῦντι P¹ // συνεστιάουσα Pl
4 Γλαύκην c Pl γλυκὺν (?) P¹.

Mag man mit sämtlichen Banden, die einst auf dem Amboß zu Lemnos
  schmiedend Hephaistos erdacht, listig mir fesseln den Leib:
wenn ich in jauchzender Lust nur dich mit den Armen umfange,
  du nur, herrliches Weib, fest an den Busen mich drückst,
o, dann mag mich ein Fremder, ein Nachbar, ein Wandrer, du Schönste,
  ja, ein Priester auch sehn und – meine eigene Frau.

Paulos Silentiarios

Liebe in Echtheitsprobe

Um zu erfahren, ob wirklich die schöne Ereutho mich liebe,
  prüfte ich neulich ihr Herz sinnig durch folgende List.
„Mädchen, ich geh in die Fremde," so sprach ich. „Du bleibe zu Hause
  und sei immer im Geist unserer Liebe gedenk."
Laut da begann sie zu klagen, auf sprang sie, sie schlug sich das Antlitz
  und zerraufte sich ihr traubig geflochtenes Haar.
Flehentlich bat sie: „O bleib!" Ich tat, als bedächt ich mich lange,
  blickte verdrießlich und gab schließlich nur nickend mein Ja . . .
Hab ich nicht Glück in der Liebe? Was sehnlichst ich selber mir
  wie eine riesige Gunst hab ich es – gnädigst gewährt.   [wünschte,

Agathias Scholastikos

Unterm magischen Kranz

Seit mir beim festlichen Trunk Chariklo in neckischem Spiele
  heimlich den eigenen Kranz über die Stirne gelegt,
brennt mich verzehrend ein Feuer. Ich weiß nicht, war was im Kranze,
  was auch Kreons Kind Glauke dereinstens verbrannt?

Paulos Silentiarios

422   Anthologia Graeca V

289 (288). ΑΓΑΘΙΟΥ ΣΧΟΛΑΣΤΙΚΟΥ

Ἡ γραῦς ἡ τρικόρωνος, ἡ ἡμετέρους διὰ μόχθους
μοίρης ἀμβολίην πολλάκι δεξαμένη,
ἄγριον ἦτορ ἔχει καὶ θέλγεται οὔτ' ἐπὶ χρυσῷ
οὔτε ζωροτέρῳ μείζονι κισσυβίῳ.
τὴν κούρην δ' αἰεὶ περιδέρκεται· εἰ δέ ποτ' αὐτὴν   5
ἀθρήσει κρυφίοις ὄμμασι ῥεμβομένην,
ἃ μέγα τολμήεσσα, ῥαπίσμασιν ἀμφὶ πρόσωπα
πλήσσει τὴν ἀπαλὴν οἰκτρὰ κινυρομένην.
εἰ δ' ἐτεὸν τὸν Ἄδωνιν ἐφίλαο, Περσεφόνεια,
οἴκτειρον ξυνῆς ἄλγεα τηκεδόνος.   10
ἔστω δ' ἀμφοτέροισι χάρις μία, τῆς δὲ γεραιῆς
ῥύεο τὴν κούρην, πρίν τι κακὸν παθέειν.

App. B-V 39. – 1 ἡ¹: ἁ App. // ἡμετέροις App. M 2–3 ἀμβ. . . . ἄγριον om. App. M //
ἀμφιβολίην App. V 4 οὐδὲ App. 6 ἀθρήσει P¹ -ση c -ση App. 7 ἃ c ἃ P¹ ὣ
App. // πρόσωπον App. 8 πλησει P¹ 9 τὸν om. App. 10 κηδόνος App. M
11–12 χάρις... κούρην om. App. M // ἀμφοτέροις App. V -ρην App. M 12 ποθέειν App.

290 (289). ΠΑΥΛΟΥ ΣΙΛΕΝΤΙΑΡΙΟΥ

Ὄμμα πολυπτοίητον ὑποκλέπτουσα τεκούσης
συζυγίην μήλων δῶκεν ἐμοὶ ῥοδέων
θηλυτέρη χαρίεσσα. μάγον τάχα πυρσὸν ἐρώτων
λαθριδίως μήλοις μῖξεν ἐρευθομένοις·
εἰμὶ γὰρ ὁ τλήμων φλογὶ σύμπλοκος· ἀντὶ δὲ μαζῶν,   5
ὦ πόποι, ἀπρήκτοις μῆλα φέρω παλάμαις.

4 μῖξεν P // ἐρευθομένοις c -νης P¹.

291 (290). ΤΟΥ ΑΥΤΟΥ

Εἰ μὲν ἐμοί, χαρίεσσα, τεῶν τάδε σύμβολα μαζῶν
ὤπασας, ὀλβίζω τὴν χάριν ὡς μεγάλην·
εἰ δ' ἐπὶ τοῖς μίμνεις, ἀδικεῖς, ὅτι λάβρον ἀνῆψας
πυρσὸν ἀποσβέσσαι τοῦτον ἀναινομένη.
Τήλεφον ὁ τρώσας καὶ ἀκέσσατο· μὴ σύ γε, κούρη,   5
εἰς ἐμὲ δυσμενέων γίνεο πικροτέρη.

Laur. 32,16 (om. tit. et v. 1–4.) – 1 εἰ μὲν P [man. rec.] εἶπεν P¹ εἶπον c // σύμολα
P em. Salm. 3 ἀνῆψας Heinsius -ψαι 5 κούρη c -ῃ P¹ μοῦνος Laur. 6 πικρό-
τεοσ Laur.

Vom Tod vergessen

Ist sie nicht alt wie drei Krähen, dies Weib? Nur um mich zu ärgern,
    schob das Verhängnis so oft ihr das Verderben hinaus.
Hart ist und grausam ihr Herz; nicht Gold, nicht riesige Kannen,
    voll von lauterem Wein, machen sie gütig und weich.
Ruhlos umspäht sie das Mädchen mit lauernden Blicken, und sieht sie,
    daß es die Augen einmal heimlich herumgehen läßt,
o dies freche Geschöpf, dann schlägt sie dem feinen und zarten
    Mädchen sofort ins Gesicht, daß zum Erbarmen es weint ...
Hör mich, Persephone, an! Wenn du wirklich Adonis geliebt hast,
    hab doch Mitleid und sieh unser gemeinsames Leid.
Schenke uns beiden in Huld eine einzige Gabe: befreie
    du von der Alten das Kind, ehe ein Schaden geschieht.

Agathias Scholastikos

Symbolik der Äpfel

Scheu vor den Augen der Mutter, die ruhelos huschen und lauern,
    steckte ein reizendes Kind neulich ein rosiges Paar
Äpfel mir zu. Doch ich glaube, hinein in die rosigen Äpfel
    hatte sie heimlich zuvor magisches Feuer gemischt.
Denn ich Ärmster, ich bin von Flammen umflochten und halte
    doch in müßiger Hand, ach – nur ein Äpfelchenpaar.

Paulos Silentiarios

Ein gleiches

Hast du mir dieses Geschenk als Symbol deiner Brüstchen gegeben,
    dann, mein reizendes Kind, dünkt sie mich groß zwar, die Gunst.
Ist das alles jedoch, dann tatest du unrecht – dann hast du
    Flammen entzündet und bist doch nicht zum Löschen bereit.
Der den Telephos schlug, der hat ihm auch Heilung gespendet:
    Sei nicht schlimmer zu mir, Mädchen, als einstens ein Feind.

Paulos Silentiarios

424 Anthologia Graeca V

292 (291). ΑΓΑΘΙΟΥ ΣΧΟΛΑΣΤΙΚΟΥ

Ἐνθάδε μὲν χλοάουσα τεθηλότι βῶλος ὁράμνῳ
φυλλάδος εὐκάρπου πᾶσαν ἔδειξε χάριν·
ἐνθάδε δὲ κλάζουσιν ὑπὸ σκιεραῖς κυπαρίσσοις
ὄρνιθες δροσερῶν μητέρες ὀρταλίχων,
καὶ λιγυρὸν βομβεῦσιν ἀκανθίδες· ἡ δ' ὀλολυγὼν   5
τρύζει, τρηχαλέαις ἐνδιάουσα βάτοις.
ἀλλὰ τί μοι τῶν ἦδος, ἐπεὶ σέο μῦθον ἀκούειν
ἤθελον ἢ κιθάρης κρούσματα Δηλιάδος;
καί μοι δισσὸς ἔρως περικίδναται· εἰσοράαν γὰρ
καὶ σέ, μάκαρ, ποθέω καὶ γλυκερὴν δάμαλιν,   10
ἧς με περισμύχουσι μεληδόνες. ἀλλά με θεσμοὶ
εἴργουσιν ῥαδινῆς τηλόθι δορκαλίδος.

A: πέραν τῆς πόλεως διάγοντος διὰ τὰ λύσιμα τῶν νόμων ὑπομνηστικὸν πεμφθὲν
πρὸς Παῦλον Σιλεντιάριον.- Pl VII 76 f. 71 ᵛ. – 1-2 Suid. s. ὁράμνους, 4 s. ὀρταλίχων
5 ἡ δ': ἡδ' P¹ 8 κρούματα Pl.

293 (292). ΠΑΥΛΟΥ ΣΙΛΕΝΤΙΑΡΙΟΥ

Θεσμὸν Ἔρως οὐκ οἶδε βιημάχος, οὐδέ τις ἄλλη
ἀνέρα νοσφίζει πρῆξις ἐρωμανίης.
εἰ δέ σε θεσμοπόλοιο μεληδόνος ἔργον ἐρύκει,
οὐκ ἄρα σοῖς στέρνοις λάβρος ἔνεστιν ἔρως.
ποῖος ἔρως, ὅτε βαιὸς ἁλὸς πόρος οἶδε μερίζειν   5
σὸν χρόα παρθενικῆς τηλόθεν ὑμετέρης;
νηχόμενος Λείανδρος, ὅσον κράτος ἐστὶν ἐρώτων,
δείκνυεν, ἐννυχίου κύματος οὐκ ἀλέγων·
σοὶ δέ, φίλος, παρέασι καὶ ὁλκάδες· ἀλλὰ θαμίζεις
μᾶλλον Ἀθηναίη, Κύπριν ἀπωσάμενος.   10
θεσμοὺς Παλλὰς ἔχει, Παφίη πόθον. εἰπέ, τίς ἀνὴρ
εἰν ἑνὶ θητεύσει Παλλάδι καὶ Παφίῃ;

A: ἀντίγραφον c: ἐπὶ τῇ αὐτῇ ὑποθέσει πρὸς τὸν φίλον Ἀγαθίαν. Pl: ἀντίγραφα
εἰς αὐτό. – Pl VII 77 f.72ʳ. – 4 σοὶ Pl 6 ἡμετέρης P¹ 9 θαμίζεις Pl -ειν
P¹, quod in -εις, dein rursus in -ειν corr. c.

An Paulos Silentiarios

Hier unter blühenden Zweigen bedeckt sich mit Lenzgrün die Erde,
und in den Blättern gedeiht strotzend vor Fülle die Frucht.
Hier unter dunklen Zypressen singt lärmend das Völklein der Vögel,
um ihre zarte Brut mütterlich waltend besorgt.
Fröhlich zwitschert der Stieglitz sein munteres, klingendes Liedchen,
und im Dornengebüsch sonnt sich der Laubfrosch und quakt.
Mich aber kann es nicht freuen; viel lieber als Klänge, die Phoibos
seiner Zither entlockt, hörte ich Worte von dir.
Ja, eine doppelte Sehnsucht brennt tief mir im Herzen: Wie gern,
sähe ich dich, und wie gern säh ich das wonnige Reh,   [Freund,
das mir das Denken verzehrt. Doch, ach, von der schlanken Gazelle
hält der ruhlose Dienst an den Gesetzen mich fern.

Agathias Scholastikos

Antwort an Agathias

Eros kennt nie ein Gesetz; ein Draufgänger ist er; wenn Männer
närrisch verliebt sind, dann hält keinerlei Sache sie ab.
Sagst du, dir wehre die Arbeit an Recht und Gesetzen das Kommen,
Freund, dann braust in der Brust also die Liebe dir nicht.
Nennst du das Liebe vielleicht, wenn ein schmales Meeresgewässer
von deinem herzigen Kind fern dich zu halten vermag?
Hat nicht Leandros im Schwimmen die Kräfte der Liebe bewiesen?
Hat er in dunkelster Nacht Furcht vor den Wogen gehabt?
Dir aber steht noch, mein Freund, ein Schiff zur Verfügung, doch suchst
lieber Athene und sagst von Aphrodite dich los.   [du
Pallas vertritt die Gesetze, Kythere die Liebe. Ei, sag mir:
wer von den Sterblichen dient Pallas und Kypris zugleich?

Paulos Silentiarios

294 (293). ΑΓΑΘΙΟΥ ΣΧΟΛΑΣΤΙΚΟΥ

Ἡ γραῦς ἡ φθονερὴ παρεκέκλιτο γείτονι κούρῃ,
δόχμιον ἐν λέκτρῳ νῶτον ἐρεισαμένη
προβλὴς ὡς τις ἔπαλξις ἀνέμβατος· οἷα δὲ πύργος
ἔσκεπε τὴν κούρην ἀπλοῖς ἐκταδίη.
καὶ σοβαρὴ θεράπαινα πύλας σφίγξασα μελάθρου   5
κεῖτο χαλικρήτῳ νάματι βριθομένη.
ἔμπης οὔ μ' ἐφόβησαν· ἐπεὶ στρεπτῆρα θυρέτρου
χερσὶν ἀδουπήτοις βαιὸν ἀειράμενος
φρυκτοὺς αἰθαλόεντας ἐμῆς ῥιπίσμασι λώπης
ἔσβεσα, καὶ διαδὺς λέχριος ἐν θαλάμῳ   10
τὴν φύλακα κνώσσουσαν ὑπέκφυγον· ἦκα δὲ λέκτρου
νέρθεν ὑπὸ σχοίνοις γαστέρι συρόμενος,
ὠρθούμην κατὰ βαιόν, ὅπῃ βατὸν ἔπλετο τεῖχος·
ἄγχι δὲ τῆς κούρης στέρνον ἐρεισάμενος
μαζοὺς μὲν κρατέεσκον, ὑπεθρύφθην δὲ προσώπῳ   15
μάστακα πιαίνων χείλεος εὐαφίῃ.
ἦν δ' ἄρα μοι τὰ λάφυρα καλὸν στόμα, καὶ τὸ φίλημα
σύμβολον ἐννυχίης εἶχον ἀεθλοσύνης.
οὔπω δ' ἐξαλάπαξα φίλης πύργωμα κορείης,
ἀλλ' ἔτ' ἀδηρίτῳ σφίγγεται ἀμβολίῃ.   20
ἔμπης ἢν ἑτέροιο μόθου στήσωμεν ἀγῶνα,
ναὶ τάχα πορθήσω τείχεα παρθενίης,
οὐδ' ἔτι με σχήσουσιν ἐπάλξιες· ἢν δὲ τυχήσω,
στέμματα σοὶ πλέξω, Κύπρι τροπαιοφόρε.

Α (!): ἀφηγηματικόν. – App. Β-V 42. – Suid. praeb. 3 . . . ἀνέμβ. s. ἐπάλξεις, 3–4
οἷα . . . s. ἀπλοΐδας, 6 s. χαλίκρητος, 9–10 s. λώπη, 10 καὶ . . . s. λέχριος, 11 . . . ὑπέκφ.
s. κνώσσουσαν 3 ἀνένδοτος et ἀνεύδοντος App. // πύργος App. πυρὶ Ρ Suid.
6 νάματι Ρ Suid. νεύμ- App. 8 ἀδουπήτοις Salm. -τους Ρ -ποίτοις App. // ἀειρό-
μενος App. 9 φρικτοὺς App. 14 τῆς κούρης Ρ κούρης et κουρκούρης App.
15 ὑπερίφθην Ρ¹ ὑπεδρύφθην App. // πρόσωπα App. 18 ἀεθλοσύνην App. Μ
20 ἀδακρύτῳ App. 21 ἕτεροι μύθου App. 23 οὐδέ τι Ρ App. em. Bouhier.

295 (294). ΛΕΟΝΤΙΟΥ

Ψαῦε μελισταγέων στομάτων, δέπας· εὖρες, ἄμελγε·
οὐ φθονέω, τὴν σὴν δ' ἤθελον αἶσαν ἔχειν.

Pl VII 84 f. 72ᵛ. – 2 Suid. s. αἶσα // δ' om. Suid. // ἔχειν : τυχεῖν Ρ¹.

Nächtlicher Handstreich

Neben dem Mädchen im Bett war die neidische Alte; den Rücken
　　gegen die Kleine gekehrt, lag auf der Seite sie da
wie eine mächtige Schanze, schier unübersteigbar; ein langes,
　　schlichtes Gewändlein umschloß gleich einer Mauer mein Kind.
Fest auch hatte die Magd die Türe zur Kammer geschlossen
　　und, vom Weine beschwert, grimmig davor sich gelegt.
Mich aber schreckten sie nicht. Mit leisen, geräuschlosen Händen
　　hob ich ein wenig die Tür aus ihren Angeln herauf,
streifte den Mantel mir ab, ich löschte mit Fächeln die drinnen
　　brennenden Fackeln und glitt seitwärts zur Kammer hinein,
ohne die Wache davor aus dem Schlafe zu wecken. Dann kroch ich
　　unter den Gurten des Betts leis auf dem Bauche hindurch,
um wieder hoch mich zu richten, wo drüben das Bollwerk ersteigbar.
　　Endlich lehnt ich die Brust wider die Mädchenbrust an,
nahm den Busen im Sturm, ich koste ihr trunken die Bäckchen,
　　und an dem herzigen Mund küßte ich zärtlich mich satt.
So ist der köstliche Mund meine Beute geworden; das Handgeld
　　für den nächtlichen Streich sollen die Küsse mir sein.
Noch hab ich nicht sie gebrochen, die Feste der wonnigen Jungfrau,
　　und in der Kampfruhe jetzt steht noch der Gürtel um sie.
Wenn ich von neuem jedoch in Streit und Getümmel mich stürze,
　　wahrlich, dann reiß ich im Sturm auch diese Jungfernburg ein,
und dann hält auch die Schanze mich nicht. Und hab ich gewonnen,
　　Kypris, dann winde ich dir, Siegerin, dankend den Kranz.

Agathias Scholastikos

Ich möcht der Becher sein

Becher, berühre die Lippen! – Du fandest die süßen, nun trinke!
　　Wahrlich, ich gönn dir's, nur ich – wünschte das gleiche für mich.

Leontios

428   Anthologia Graeca V

296 (295). ΑΓΑΘΙΟΥ ΣΧΟΛΑΣΤΙΚΟΥ

Ἐξότε τηλεφίλου πλαταγήματος ἠχέτα βόμβος
γαστέρα μαντῴου μάξατο κισσυβίου,
ἔγνων, ὡς φιλέεις με· τὸ δ' ἀτρεκὲς αὐτίκα πείσεις
εὐνῆς ἡμετέρης πάννυχος ἁπτομένη.
τοῦτό σε γὰρ δείξει παναληθέα· τοὺς δὲ μεθυστὰς   5
καλλείψω λατάγων πλήγμασι τερπομένους.

4 ἁπτομένης P¹ 5-6 τοὺς ... Suid. s. λάταξ 6 πλέγματι P¹ πλέγμασι c [πνεύ ⟨μασι⟩)
superscr.], Suid. em. Salm.

297 (296). ΤΟΥ ΑΥΤΟΥ

Ἠϊθέοις οὐκ ἔστι τόσος πόνος, ὁππόσος ἡμῖν
ταῖς ἀταλοψύχοις ἔχραε θηλυτέραις.
τοῖς μὲν γὰρ παρέασιν ὁμήλικες, οἷς τὰ μερίμνης
ἄλγεα μυθεῦνται φθέγματι θαρσαλέῳ,
παίγνιά τ' ἀμφιέπουσι παρήγορα καὶ κατ' ἀγυιὰς   5
πλάζονται γραφίδων χρώμασι ῥεμβόμενοι·
ἡμῖν δ' οὐδὲ φάος λεύσσειν θέμις, ἀλλὰ μελάθροις
κρυπτόμεθα ζοφεραῖς φροντίσι τηκόμεναι.

Pl VII 78 f. 72ʳ; Laur. 32,16. - Tit. om. Laur. 1-2 Suid. s. ἀταλῇσιν, 1-2 ... ἀταλ.
s. ἤιθεος, 5-6 ... πλάζ. s. παρηγορίας 6 ῥεμβόμεναι P¹ 8 ζοφεροῖς Keydell.

298 (297). ΙΟΥΛΙΑΝΟΥ ΑΠΟ ΥΠΑΡΧΩΝ ΑΙΓΥΠΤΙΟΥ

Ἱμερτὴ Μαρίη μεγαλίζεται· ἀλλὰ μετέλθοις
κείνης, πότνα Δίκη, κόμπον ἀγηνορίης·
μὴ θανάτῳ, βασίλεια· τὸ δ' ἔμπαλιν, ἐς τρίχας ἥξοι
γήραος, ἐς ῥυτίδας σκληρὸν ἵκοιτο ῥέθος·
τίσειαν πολιαὶ τάδε δάκρυα· κάλλος ὑπόσχοι
ψυχῆς ἀμπλακίην, αἴτιον ἀμπλακίης.

Pl VII 85 f. 72 ᵛ. - 4 ῥυτίδας P -δων Pl // ῥέθος c Pl -θας P¹.

Liebesbeweis

Seit im prophetischen Becher der Wein an den Wänden erklatschte
  mit dem hallenden Klang, wie er vom Mohnblatt ertönt,
weiß ich wohl, daß du mich liebst. Doch willst du mich fest überzeugen,
  Mädchen, dann teile mit mir einmal das Bette zur Nacht.
Das ist mir sichrer Beweis. Dann brauch ich kein Klatschen von
  nein, dann mögen sich gern Trunkne vergnügen damit. [Tropfen,

Agathias Scholastikos

Los der Mädchen

So viel Trübes erdulden gewiß nicht die Knaben, wie immer
  uns, den empfindsamen Fraun, böse das Los es beschied.
Ihnen stehen Gefährten getreulich zur Seite, und sorglos
  künden sie diesen die Not, die sie im Herzen bedrückt.
Spiele führen sie aus, die heiter sie stimmen, und schwärmen
  froh auf den Straßen umher, bunt die Gesichter bemalt.
Uns aber wehrt man sogar, die Sonne zu schauen; in dunklem
  Grübeln, verschlossen im Haus, zehren wir müde uns ab.

Agathias

Grau soll sie werden

Eitel und hoffärtig ist die schöne Maria. O straf sie,
  hehre Gerechtigkeit du, für ihren Hochmut und Stolz.
Nicht mit dem Tode, o Herrin. Nein, alt laß sie werden, grauhaarig,
  bis sie runzelig wird und ihr vertrocknet die Haut.
Laß durch ihr Altern sich rächen, daß oft ich geweint hab. Die Schön-
  drob ihre Seele gefehlt, büße ihr auch für den Fehl.   [heit,

Julianos, Präfekt von Ägypten

299 (298). ΑΓΑΘΙΟΥ ΣΧΟΛΑΣΤΙΚΟΥ

„Μηδὲν ἄγαν" σοφὸς εἶπεν· ἐγὼ δέ τις ὡς ἐπέραστος,
ὡς καλός, ἤρθην ταῖς μεγαλοφροσύναις,
καὶ ψυχὴν δοκέεσκον ὅλην ἐπὶ χερσὶν ἐμεῖο
κεῖσθαι τῆς κούρης, τῆς τάχα κερδαλέης·
ἡ δ' ὑπερηέρθη σοβαρήν θ' ὑπερέσχεθεν ὀφρὺν   5
ὥσπερ τοῖς προτέροις ἤθεσι μεμφομένη.
καὶ νῦν ὁ βλοσυρωπός, ὁ χάλκεος, ὁ βραδυπειθής,
ὁ πρὶν ἀερσιπότης, ἤριπον ἐξαπίνης·
πάντα δ' ἔναλλα γένοντο· πεσὼν δ' ἐπὶ γούνασι κούρης
ἴαχον· „Ἰλήκοις, ἤλιτεν ἡ νεότης."   10

Pl VII 79 f. 72ʳ. - 5 ἡδ' Pl // θ' P δ' Pl 7 ὁ³ Pl ἡ P¹ ἦ c 9 ἄναλλα c //
κόρης P 10 ἡλίκοις P¹.

300 (299). ΠΑΥΛΟΥ ΣΙΛΕΝΤΙΑΡΙΟΥ

Ὁ θρασὺς ὑψαύχην τε καὶ ὀφρύας εἰς ἓν ἀγείρων
κεῖται παρθενικῆς παίγνιον ἀδρανέος·
ὁ πρὶν ὑπερβασίῃ δοκέων τὴν παῖδα χαλέπτειν,
αὐτὸς ὑποδμηθεὶς ἐλπίδος ἐκτὸς ἔβη.
καί ῥ' ὁ μὲν ἱκεσίοισι πεσὼν θηλύνεται οἴκτοις·   5
ἡ δὲ κατ' ὀφθαλμῶν ἄρσενα μῆνιν ἔχει.
παρθένε θυμολέαινα, καὶ εἰ χόλον ἔνδικον αἴθες,
σβέσσον ἀγηνορίην, ἐγγὺς ἴδες Νέμεσιν.

Pl VII 56 f. 70ᵛ. - 3 χαλέπτην P¹ 6 ἔχοι P¹ 7 αἴθε P¹ ἔσχες Pl em. c 8 σβέσσον c
Pl μέσσον P¹ // ἴδ' ἐς Pl.

301 (300). ΤΟΥ ΑΥΤΟΥ

Εἰ καὶ τηλοτέρω Μερόης τεὸν ἴχνος ἐρείσεις,
πτηνὸς Ἔρως πτηνῷ κεῖσε νόῳ με φέρει.
εἰ καὶ ἐς ἀντολίην πρὸς ὁμόχροον ἵξεαι Ἠῶ,
πεζὸς ἀμετρήτοις ἕψομαι ἐν σταδίοις.

Gewechselte Rollen

„Alles mit Maßen!" so sprach ein Weiser. Doch ich in vermeßnem
  Stolze vermeinte, ich sei unwiderstehlich und schön.
Ja, ich schmeichelte mir, ich hielte die Seele des Mädchens
  schon in den Händen, und sie – hat sich vielleicht nur verstellt.
Stolzer noch tat sie als ich, hochmütiger hob sie die Brauen,
  gleich als bereute sie selbst jetzt ihr Verhalten von einst.
Ich nun, der Mann mit dem grimmigen Blick und dem eisernen Willen,
  hart, überheblich vordem – stürzte nun plötzlich hinab.
Alles kehrte sich um, ich fiel meinem Mädchen zu Füßen:
  „Gnade!" rief ich. „Vergib, was meine Jugend gefehlt."

Agathias Scholastikos

Ein gleiches

Hoch einst trug ich den Nacken, stolz hab ich die Brauen gerunzelt,
  tief nun lieg ich, ein Ball, ach, für ein schwächliches Weib.
Keck hab ich früher geglaubt, das Mädchen bezähmen zu können,
  und ward selbst nun so zahm, daß keine Hoffnung mir bleibt.
Demütig steh ich, ein Mann, und seufze und winsle wie Frauen;
  ihr, einer Frau, aber blitzt männliches Grollen vom Aug...
Löwenmutiges Mädchen, o, mag dein Zorn auch gerecht sein,
  sänfte die Strenge! Du sahst Nemesis' Walten bei mir.

Paulos Silentiarios

Zu einem Geschenk

Ob dein Fuß dich auch weiter als Meroë trägt, mir beflügelt
  Eros die Sinne und bringt, selber beflügelt, mich hin.
Ob du auch, Rosige, ostwärts zur rosigen Eos gelangtest,
  über den endlosen Weg folg ich zu Fuße dir nach.

432 Anthologia Graeca V

εἰ δέ τί σοι στέλλω βύθιον γέρας, ἵλαθι, κούρη· 5
εἰς σὲ θαλασσαίη τοῦτο φέρει Παφίη,
κάλλεϊ νικηθεῖσα τεοῦ χροὸς ἱμερόεντος,
τὸ πρὶν ἐπ' ἀγλαΐη θάρσος ἀπωσαμένη.

A Pl: πέμψαντος Ἰχθὺν κόρη.– Pl VII 57 f. 71ʳ. – **1** Suid. s. Μερόη // τηλοτέρῳ Μερόεις P¹ **2** πτηνῷ: πτηνὸν c // κεῖσε c Pl κ' εἰς ε P¹ // νόῳ με Desr. μεω με P¹ με ὥστε c τάχει με Pl // φέρειν c **3** ἠώ P¹ **7** ἱμερόεντι Pl.

302 (301). ΑΓΑΘΙΟΥ ΣΧΟΛΑΣΤΙΚΟΥ

Ποίην τις πρὸς ἔρωτας ἴοι τρίβον; ἐν μὲν ἀγυιαῖς
μαχλάδος οἰμώξεις χρυσομανῆ σπατάλην.
εἰ δ' ἐπὶ παρθενικῆς πελάσοις λέχος, ἐς γάμον ἥξεις
ἔννομον ἢ ποινὰς τὰς περὶ τῶν φθορέων.
κουριδίαις δὲ γυναιξὶν ἀτερπέα κύπριν ἐγείρειν 5
τίς κεν ὑποτλαίη, πρὸς χρέος ἑλκόμενος;
μοίχια λέκτρα κάκιστα καὶ ἔκτοθέν εἰσιν ἐρώτων,
ὧν μέτα παιδομανὴς κείσθω ἀλιτροσύνη.
χήρη δ' ἡ μὲν ἄκοσμος ἔχει πάνδημον ἐραστὴν
καὶ πάντα φρονέει δήνεα μαχλοσύνης. 10
ἡ δὲ σαοφρονέουσα μόλις φιλότητι μιγεῖσα
δέχνυται ἀστόργου κέντρα παλιμβολίης
καὶ στυγέει τὸ τελεσθέν· ἔχουσα δὲ λείψανον αἰδοῦς
ἂψ ἐπὶ λυσιγάμους χάζεται ἀγγελίας.
εἰ δὲ μιγῇς ἰδίῃ θεραπαινίδι, τλῆθι καὶ αὐτὸς 15
δοῦλος ἐναλλάγδην δμωίδι γινόμενος.
εἰ δὲ καὶ ὀθνείῃ, τότε σοι νόμος αἶσχος ἀνάψει,
ὕβριν ἀνιχνεύων δώματος ἀλλοτρίου.
πάντ' ἄρα Διογένης ἔφυγεν τάδε, τὸν δ' ὑμέναιον
ἤειδεν παλάμῃ Λαΐδος οὐ χατέων. 20

* Pl VII 80 f.72ʳ. – **2** χρυσομανῆ Pl -ῆν (?) P¹ -εῖ c // σπατάλην Pl -η P¹ -η c **3** πελάσεις Pl **8** μέτα Pl μετα P¹ μετὰ c // παιδομένης P **11** μόγις P¹ **14** ἀγγελίας P¹ ἀμβολ- c Pl **15** εἰ P ἦν Pl **16** γιγνόμ. Pl **17** ὀθνείην P¹ // νόμος c Pl om. P¹ **18** σώματος [ex δώμ-] Pl.

Send ich dir heut aber nur ein Geschenk aus dem Meere, o nimm es:
Kypris, die Göttin der See, bringt es, mein Mädchen, dir dar.
Denn im Liebreiz besiegt von deiner entzückenden Anmut,
hat sie dem früheren Stolz auf ihre Schönheit entsagt.

Paulos Silentiarios

Pessimismus

Welchen der Pfade zur Liebe betritt man wohl? Rings auf den Straßen
quält dich die Dirne durch ihr tolles Gelüste nach Geld.
Nahst du dem Bette der Jungfrau, dann kommst du gesetzlich zur Ehe,
oder aber du büßt wegen Verführung die Schuld.
Seine eigene Gattin in reizlosem Kusse zu kosen,
Liebe zu geben als Pflicht, kann das wohl wirklich ein Mann?
Lust aus Ehbruch ist Frevel und zählt überhaupt nicht zur Liebe,
gleiche Liebe auch ist's, wenn einer Knaben umarmt.
Witwen? Die eine ist frech, sie nimmt sich jedweden zum Liebsten,
kennt auch in sämtlicher List lockender Dirnen sich aus.
Sittsam die andre; indes, kaum hat sie dir Liebe gegeben,
fühlt sie den grausamen Stich bitterer Reue in sich,
haßt, was sie eben getan, und besitzt sie ein Restchen von Scham noch,
bläst sie zum Rückzug und sagt jäh die Verbindung dir auf.
Kost du die eigene Magd, dann sei auch im Herzen gewärtig,
daß du deinerseits selbst Sklave der Sklavin nun wirst.
Kost du die Magd eines Fremden, dann schlägt das Gesetz dich mit
wenn es den Frevel erfährt an einem anderen Haus.   [Schande,
All dem entging ja Diogenes leicht: er sang Hymenaios
sich mit den Händen und hat niemals der Laïs bedurft.

Agathias Scholastikos

434 Anthologia Graeca V

303 (302). ΑΔΗΛΟΝ

Κλαγγῆς πέμπεται ἦχος ἐς οὔατα, καὶ θόρυβος δὲ
ἄσπετος ἐν τριόδοις· οὐδ' ἀλέγεις, Παφίη;
ἐνθάδε γὰρ σέο κοῦρον ὁδοιπορέοντα κατέσχον,
ὅσσοι ἐνὶ κραδίῃ πυρσὸν ἔχουσι πόθου.

2 οὐδ' ἀλέγεις Hecker οὔλα λέεις   4 ἔχουσι πόθου c -σιν ἔρωτος P¹.

304 (303). ΑΔΗΛΟΝ

Ὄμφαξ οὐκ ἐπένευσας· ὅτ' ἦς σταφυλή, παρεπέμψω·
μὴ φθονέσῃς δοῦναι κἂν βραχὺ τῆς σταφίδος.

Pl VII 207 f. 76ʳ. —   1 ὅτ' ἦς P¹ ὅτε ἦς c ὅ τῇ Pl // σταφυλῇ παραπέμψω Pl.

305 (304). ΑΔΗΛΟΝ

Κούρη τίς μ' ἐφίλησεν ὑφέσπερα χείλεσιν ὑγροῖς.
νέκταρ ἔην τὸ φίλημα, τὸ γὰρ στόμα νέκταρος ἔπνει·
καὶ μεθύω τὸ φίλημα, πολὺν τὸν ἔρωτα πεπωκώς.

Pl VII 208 f. 76ʳ; App. B-V 43. — Agathiae trib. App.   1 με φίλησεν App. M
3 πέπωκα Pl.

306 (305). ΦΙΛΟΔΗΜΟΥ

Δακρύεις, ἐλεεινὰ λαλεῖς, περίεργα θεωρεῖς,
ζηλοτυπεῖς, ἅπτῃ πολλάκι, πυκνὰ φιλεῖς.
ταῦτα μέν ἐστιν ἐρῶντος· ὅταν δ' εἴπω· ,,Παράκειμαι.
καὶ σὺ μένεις;'' ἁπλῶς οὐδὲν ἐρῶντος ἔχεις.

Pl VII 86 f. 72ᵛ. —   1 θαλεῖς (?) P¹   3 μέν c Pl μευ P¹   4 μένης Pl.

307 (306). ΑΝΤΙΦΙΛΟΥ

Χεῦμα μὲν Εὐρώταο Λακωνικόν, ἁ δ' ἀκάλυπτος
Λήδα χὠ κύκνῳ κρυπτόμενος Κρονίδας.
οἱ δέ με τὸν δυσέρωτα καταίθετε. καὶ τί γένωμαι;
ὄρνεον. εἰ γὰρ Ζεὺς κύκνος, ἐγὼ κόρυδος.

Pl VII 102 f. 73ʳ. —   2 Κρονίδας c Pl -δης P¹   3 καταίθετε Pl κατέσθ- P.

Überfall auf Eros

Schreie, Stimmengewirr und unermeßliches Lärmen
  dringt vom Kreuzweg hierher. Paphia, wird dir nicht bang?
Hör, da spazierte dein Sohn, und erwischt nun haben ihn Leute,
  denen ins Herz er den Brand flammender Liebe gelegt . . .

Anonym

Die Rosine

Wiest du als Herbling mich ab und ließt du als Traube mich stehen,
  o, so gönne mir nun von der Rosine ein Stück.

Anonym

Liebestrunken

Abend war es, da küßte mit tauigem Mund mich ein Mädchen.
Nektar waren die Küsse, denn Nektar hauchten die Lippen.
Nun bin vom Kuß ich berauscht: ich habe viel Liebe getrunken.

Anonym

Der schwache Liebhaber

Jämmerlich sprichst du, du weinst, und neugierig sind deine Blicke,
  Eifersucht zeigst du, und oft küßt du und faßt du mich an.
Sicher, so tut ein Verliebter. Doch sag ich: „Jetzt gehe ich schlafen.
  Willst du bleiben?" dann hab nie ich verliebt dich gesehn.

Philodemos

Zeus und Leda

Dies ist Eurotas, der Fluß in Lakonien; die nackte Gestalt ist
  Leda, und unter dem Schwan hält sich Kronion versteckt . . .
Heiß wird das Herz mir vor euch. Was soll ich da werden? Ein Vogel!
  Denn ist Kronion ein Schwan, muß ich die Lerche wohl sein.

Antiphilos

308 (307). ΤΟΥ ΑΥΤΟΥ ἢ μᾶλλον ΦΙΛΟΔΗΜΟΥ

'Η κομψή, μεῖνόν με. τί σοι καλὸν οὔνομα; ποῦ σε
ἔστιν ἰδεῖν; ὃ θέλεις, δώσομεν. οὐδὲ λαλεῖς;
ποῦ γίνη; πέμψω μετὰ σοῦ τινα. μή τις ἔχει σε;
ὦ σοβαρή, ὑγίαιν'. οὐδ' ,,Ὑγίαινε'' λέγεις;
καὶ πάλι καὶ πάλι σοι προσελεύσομαι· οἶδα μαλάσσειν   5
καὶ σοῦ σκληροτέρας. νῦν δ' ὑγίαινε, γύναι.

Pl VII 101 f. 73ʳ. – Tit. τοῦ αὐτοῦ Pl reliqua c. Philodemo trib. Pl 1 μεῖνον
ex μῆν- Pl 2 λαλεῖς; Pl -εῖς· P 4 ὑγίαιν' c Pl -νε Pl 5 μαλάσσον Pl.

309 (308). ΔΙΟΦΑΝΟΥΣ ΜΥΡΙΝΑΙΟΥ

Ψιλιστὴς ὁ Ἔρως καλοῖτ' ἂν ὄντως·
ἀγρυπνεῖ, θρασύς ἐστιν, ἐκδιδύσκει.

1 ψιλιστὴς Sternbach ψιλληστὴς.

310 (309)

Εἷς λίθος ἀστράπτει τελετὴν πολύμορφον Ἰάκχου
καὶ πτηνῶν τρυγόωντα χορὸν καθύπερθεν Ἐρώτων.

cf. p. 256.

Anbändelung

Warte mal, Hübsche! Wie ist denn dein netter Name ...? Wo kann
[man
dich mal sehen ...? Du kriegst, was du dir wünschest ... Du
[schweigst?
Sag mal, wo wohnst du? Ich schick jemand mit ... Oder bist du besetzt
[schon ...?
Na denn, du Stolze, leb wohl ...! Auch „lebewohl" sagst du nicht?
Trotzdem, ich komme noch öfter. Noch härtere Herzen als deines
kann ich erweichen, mein Kind. Aber für heut: lebe wohl!

Antiphilos oder eher *Philodemos*

Eros, der Räuber

Räuber mag man mit Recht wohl Eros nennen:
Nächtens wacht er, ist frech und zieht die Leut aus.

Diophanes von Myrina

Gemmenbild

Hier auf dem Steine vereint glänzt vielgestaltig des Bakchos
Feier, weinlesend darüber ein Chor beschwingter Eroten.

Anonym

BUCH VI

Vorwort zu Buch VI

Die Epigramme des 6. Buches sind im Palatinus von S. 141–207 verzeichnet. Im ganzen stehen dort 362 Gedichte, in Wirklichkeit sind es aber nur 358, da der Schreiber versehentlich 4 doppelt geschrieben hat: VI 144 ist nach 213, VI 106 nach 255, VI 146 nach 274, VI 161 nach 344 wiederholt.

Planudes bringt die Weihgedichte ebenfalls in seinem 6. Buch. Doch finden sich von den 358 Epigrammen des Palatinus nur 169 im 6. Buch des Planudes wieder, 15 weitere hat er in seinem 1., 2., 4. und 7. Buch untergebracht; 174 hat er ganz übergangen.

Die kleineren Sammlungen geben nicht viel ab. Σ und Σ$^{\pi}$ liefern je 1[1], E 7 Epigramme[2]. Inschriftlich kennen wir 4[3].

Auch die sonstige literarische Überlieferung ist nicht allzu groß. Aus Herodot sind 5 Epigramme genommen[4], aus den Theokrithandschriften 6[5], bei Plutarch finden sich 4[6], bei Diodor 2[7], je 1 bei Thukydides, Demosthenes, Pausanias, Gellius, Athenaios und Macrobius[8], 10 weitere bei byzantinischen Schriftstellern.

Eine wahre Fundgrube dagegen bildete das 6. Buch für Suidas, in dem ganze 225 Gedichte, z. T. mehrfach[9], zitiert sind.

Die Epigramme sind im Palatinus sämtlich von Schreiber A geschrieben. Das gilt im großen ganzen auch für die Dichternamen; nur hier und da, wo A ein Epigramm anonym gelassen hatte, hat der Korrektor den Namen hinzugefügt.

Die Lemmata stammen durchweg von A, nur wenige von c und l. Sie sind fast alle wertlos, manche sogar irreführend und falsch. Nur 194 und 341 wissen etwas mehr.

Zu Beginn des Buches (S. 141) bringt A die wohl von Kephalas stammende Bemerkung, in der es heißt, der Leser möge das gleiche

---

[1] 331, 256.   [2] 1 f., 4 f., 9, 330 f.   [3] 13, 138, 144, 343.   [4] 6 ff., 341, 343.   [5] 177, 336–340.   [6] 50, 130, 197, 215.   [7] 130, 343.   [8] 197, 130, 164, 49.   [9] 165 zitiert er elfmal, 255 und 306 je neunmal.

Interesse, das er dem 5. Buch gegenüber gezeigt habe, nun auch dem ernsten Stoff gegenüber bewahren[1].

Die Tätigkeit des Korrektors und seine Vorlage werden noch sichtbar in seiner Bemerkung zu VI 269 (S. 193): „(Dieses Gedicht) ist in dem Buch des Herrn Michael (Chartophylax) nicht enthalten; von wo es abgeschrieben ist, weiß ich nicht."[2]

Die Quellen, aus denen der Sammler schöpfte, waren hauptsächlich die Arbeiten des Meleagros, Philippos und Agathias, wovon erhaltene Reihen noch Zeugnis geben[3]. Daneben lagen ihm alte Inschriftensammlungen vor, doch schöpfte er auch aus den Werken bzw. Ausgaben des Herodot, Nikodemos und Leonidas von Alexandria. Bei der Gruppierung der Gedichte ließ er teils die vorgefundene Anordnung bestehen, mehr aber noch suchte er inhaltlich Zusammengehöriges nebeneinanderzustellen[4].

Entsprechend dem Buchtitel handelt es sich fast überall um Weihepigramme. Aber auch andere haben sich hierher verirrt, so Erotika[5], Satirika[6], Scherze[7], auf einen Sieger[8], auf Bilder[9] und sonstige Gegenstände; ebensowenig paßt ein Teil der Anakyklika des Nikodemos[10] hierher. Keine Weihepigramme sind ferner die Begleitgedichte zu einem Geschenk[11], Widmungsgedichte zu einem Buch[12], Geburtstagswünsche[13] u. a. Umgekehrt hätten aus anderen Büchern Epigramme hier eingereiht werden können[14].

Zwar waren viele Gedichte zur inschriftlichen Fixierung bestimmt, einen beträchtlichen Teil jedoch stellen fiktive Weihepigramme dar. Die Grenze ist nicht immer genau zu ziehen. Grundsätzlich verdächtig sind die Dichtungen der christlichen Byzantiner, die wohl Epigramme heidnischen Inhalts schufen, aber kaum öffentlich gravieren ließen. Fiktiv sind auch Epigramme auf mythische Personen[15], solche

---

[1] Ἀρχὴ μὲν ἡμῖν, ὥς φησιν ἡ τῶν ἐρωτικῶν ἐπιγραμμάτων ἔκθεσις, γεγένηται σκοπὸν ἔχουσα τὴν σὴν ἐξάψαι διάνοιαν. εἰ τοίνυν γεγένηται τὸ προτεθέν, ἐπὶ τὴν τῶν ἀναθεματικῶν ἀνάγνωσιν μετάβηθι· εἴη δὲ καὶ ἐπ' αὐτῆς ἡμῖν ἀνυσθῆναι τὸ σπουδαζόμενον. Dazu (besonders zum Wort ἐξάψαι) ist V 1 zu vergleichen.

[2] Εἰς τὸ ἀντιβόλιν οὐ κεῖται τοῦ κυροῦ Μιχαηλοῦ· πόθεν οὖν ἐγράφη, οὐκ οἶδα.

[3] Meleagros: 109–157, 210–226, 262–313, 351–358. Philippos: 88–108, 227–261. Agathias: 25–30, 54–59, 63–86.   [4] Vgl. die Überschriften zu den Epigrammen.

[5] 88, 333.   [6] 283, 291.   [7] 302 ff.   [8] 350.   [9] 348, 353–357.   [10] 314–320, 323.

[11] 227, 229, 249 u. a.   [12] 321 f., 325, 327 ff.   [13] 227, 235.   [14] V 199–203, 205 f., VII 53, viele in der Reihe IX 313–337.   [15] 49, 58, 73, 76 u. a.

mit „sprechenden" Namen[1] oder mit satirischem Einschlag[2]; ferner solche, in denen eine Weberin ihrem Beruf absagt, um Hetäre zu werden[3], oder in denen die Gottheit eine Gabe zurückweist[4]. Fiktiv auch Dichtungen, in denen der Dichter sein Buch weiht[5] und in denen sich unter der Votivform eine Liebeserklärung verbirgt[6]; desgleichen Parodien[7], vor allem die große Zahl der Nachahmungen älterer Epigramme[8].

Die meisten Gedichte haben elegische Form, doch kommen auch reine Hexameter, jambische Trimeter und phaläkische Hendekasyllaben[9] vor.

Einzelne Epigramme nehmen auf geschichtlich bedeutsame Vorgänge Bezug[10]. Die meisten jedoch haben die Liebe und Freude, die Sorgen und Schmerzen von Privatleuten im Auge, besonders die des kleinen Mannes, und lassen den Jäger, den Fischer, den Schmied sowie die Weberin, die Wöchnerin, die Hetäre usw. sprechen. Imgrunde genommen hat das Weihepigramm seine letzte Ausgestaltung schon in der Peloponnesischen Schule bekommen.

Nachtrag:

Zum Scholion zur Beendigung des Buches vgl. Vorwort zu Buch VII (Nachtrag).

Sakolowski glaubt, Nr. 164–166 stammten aus der Anthologie des Diogeneianos.

Es fällt auf, daß in keinem der Weihepigramme ein Sklave zu Wort kommt.

---

[1] 91, 291, 306. [2] 24, 77, 164 u. a. [3] 47f. [4] 82, 163. [5] 80. [6] 71.
[7] 17, 85. [8] Auf 13 gehen zurück: 11f., 14ff., 179–187; auf 1: 18–20; auf 35: 106; auf 47: 48, 285; auf 62: 63–68; auf 151: 195; auf 300: 190f.; auf 206: 207; auf 222: 223 usw. [9] 193. [10] 50, 197, 214f.; 129–132, 236, 332.

ΑΝΑΘΗΜΑΤΙΚΩΝ ΕΠΙΓΡΑΜΜΑΤΩΝ

1. ΠΛΑΤΩΝΟΣ

Ἡ σοβαρὸν γελάσασα καθ᾽ Ἑλλάδος, ἥ τὸν ἐραστῶν
ἐσμὸν ἐνὶ προθύροις Λαῒς ἔχουσα νέων,
τῇ Παφίῃ τὸ κάτοπτρον, ἐπεὶ τοίη μὲν ὁρᾶσθαι
οὐκ ἐθέλω, οἵη δ᾽ ἦν πάρος, οὐ δύναμαι.

Pl VI 49 f. 63 ᵛ; E 16; Olympiod. in Alc. 1, 31. - **1** τὸν: τῶν P // ἐρώντων Pl
4 ἐθέλει et δύναται Ol.

2. ΣΙΜΩΝΙΔΟΥ

Τόξα τάδε πτολέμοιο πεπαυμένα δακρυόεντος
νηῷ Ἀθηναίης κεῖται ὑπωρόφια,
πολλάκι δὴ στονόεντα κατὰ κλόνον ἐν δαῒ φωτῶν
Περσῶν ἱππομάχων αἵματι λουσάμενα.

Pl VI 144 f. 67 ᵛ; E 49. - **2** νηι P¹ // Ἀθηναίης c ὑπ᾽ Ἀθ. Pl Ἀθηναίῳ P¹ E //
ὑπορρόφια PE **3** φυτῶν P¹.

3. ΔΙΟΝΥΣΙΟΥ

Ἡράκλεες, Τρηχῖνα πολύλλιθον ὅς τε καὶ Οἴτην
καὶ βαθὺν εὐδένδρου πρῶνα πατεῖς Φολόης,
τοῦτό σοι ἀγροτέρης Διονύσιος αὐτὸς ἐλαίης
χλωρὸν ἀπὸ δρεπάνῳ θῆκε ταμὼν ῥόπαλον.

Cram. An. Par. 4, 89, 26. - **1-2** ὅς... Suid. s. πρῶνες, **3** s. ἀγροτέρας.

VI. Anfang der

WEIH-EPIGRAMME

Hetäre Laïs

Ich, die Laïs, die stolz auf Hellas herabsah, an deren
  Türe ein drängender Schwarm schmachtender Jünglinge lag,
bringe den Spiegel der Kypris: ich will nicht sehn, wie ich jetzt bin,
  und wie dereinsten ich war, kann ich zur Stunde nicht mehr.

Platon

Pfeile für Athene

Rastend vom tränenerregenden Krieg, nun kamen die Pfeile
  unter dem Dache im Heim Pallas Athenes zur Ruh.
Einst, wenn im Kampfe der Männer aufstöhnte das wilde Getümmel,
  fanden sie oftmals im Blut reisiger Perser ein Bad.

Simonides

Keule für Herakles

Herakles, der du die Tiefen der Wälder auf Pholoës Bergen,
  Trachis' felsiges Land wie auch den Oita besuchst,
Dionysios schnitzte dir selbst mit der Hippe aus wildem
  Ölbaum die Keule und bringt grün dir als Gabe sie dar.

Dionysios

4. ΛΕΩΝΙΔΟΥ

Εὐκαπὲς ἄγκιστρον καὶ δούρατα δουλιχόεντα
χώρμειὴν καὶ τὰς ἰχθυδόκους σπυρίδας
καὶ τοῦτον νηκτοῖσιν ἐπ' ἰχθύσι τεχνασθέντα
κύρτον, ἀλιπλάγκτων εὕρεμα δικτυβόλων,
τρηχύν τε τριόδοντα, Ποσειδαώνιον ἔγχος,   5
καὶ τοὺς ἐξ ἀκάτων διχθαδίους ἐρέτας
ὁ γριπεὺς Διόφαντος ἀνάκτορι θήκατο τέχνας,
ὡς θέμις, ἀρχαίας λείψανα τεχνοσύνας.

* A: ἀνάθημα τῷ Ποσειδῶνι παρὰ ἀλιέων. – Pl VI 8 f.61ᵛ; E 50. – **1** κέντρου
Desr. ἄγκιστρον // δολιχ- E **2** ἰχθυοδ- E **3** τεχνηθ- Pl E **4** κυρτῶν Γ¹ // ἄρεμα
E **8** ἀρχαίας c E -αῖα P¹ -αίης Pl // τεχνοσύνης Pl.

5. ΦΙΛΙΠΠΟΥ ΘΕΣΣΑΛΟΝΙΚΕΩΣ

Δούνακας ἀκροδέτους καὶ τὴν ἀλινηχέα κώπην
γυρῶν τ' ἀγκίστρων λαιμοδακεῖς ἀκίδας
καὶ λίνον ἀκρομόλιβδον ἀπαγγελτῆρά τε κύρτου
φελλὸν καὶ δισσὰς σχοινοτενεῖς σπυρίδας
καὶ τὸν ἐγερσιφαῆ, πυρὸς ἔγκυον, ἔμφλογα πέτρον   5
ἄγκυράν τε, νεῶν πλαζομένων παγίδα,
Πείσων ὁ γριπεὺς Ἑρμῇ πόρεν, ἔντρομον ἤδη
δεξιτερὴν πολλοῖς αἰσθόμενος καμάτοις.

* Pl VI 9 f.62ʳ; E 51. – **1** ἀλινηχέα E **2** Suid. s. γυρῶν **3** ἀπεγγελτ. et κύρτος
E **4** σχοινοπλεκεῖς E **5** ἐγερσιδαῇ E // ἔγγυον ἔμφογα Pl **6** om. E **7** Πίσων P
8 ἀχθόμ- Scal. αἰθ-.

6

Ἀμφιτρύων μ' ἀνέθηκε νέων ἀπὸ Τηλεβοάων.

A et l: εἰς τὸν ἐν Πυθοῖ λέβητα. – Herodot. V 59; schol. Dion. Thrac. in Bekker
an. 2, 784, 29; Cram. an. Ox. 4, 320, 5. – ἀνέθηκεν ἐὼν P Her. em. Bentl.

7

Σκαῖος πυγμαχέων με ἑκηβόλῳ Ἀπόλλωνι
νικήσας ἀνέθηκε τεῖν περικαλλὲς ἄγαλμα.

A: εἰς τὸν αὐτόν. – Herodot. V 60. – **2** Suid. s. τεῖν // τέιν P¹.

Fischer Diophantos

Weithin reichende Ruten, die leicht verschluckbare Angel,
  eine Leine, den Korb, drin man die Fische bewahrt,
diese Reuse, gefertigt für schwimmende Tiere, erfunden
  von einem Manne, der fern über die Meere hin fischt,
diesen Dreizack, den harten Gesell, die Waffe Poseidons,
  und von den Rudern das Paar, das sich im Kahne befand,
gab Diophantos, der Fischer, dem Gotte seines Gewerbes,
  wie sich gebührte: so will's Brauch eines alten Berufs.

Leonidas von Tarent

Fischer Piso

Endenverbundene Ruten, das meerdurchschneidende Ruder,
  krumme Angeln, die gern spitz in den Schlund sich gebohrt,
Garn, mit Blei noch besetzt, den Kork, der die Reuse verkündet,
  auch von Körben ein Paar, binsengeflochten, den Stein,
trächtig von Feuer und Glut und funken- und flammenerweckend,
  und einen Anker, den Halt schwankender Schiffe im Meer,
brachte Piso, der Fischer, dem Hermes; er merkte, die Rechte
  zittert bereits ihm und ward matt von der Fülle der Müh.

Philippos von Thessalonike

Heimgekehrt

Von Teleboern zurück, hat Amphitryon hier mich gestiftet.

Anonym

Boxer Skaios

Skaios, der Sieger im Faustkampf, hat hier mich gestiftet, auf daß ich
herrlich als Kleinod erstrahle dem trefflichen Schützen Apollon.

Anonym

8

Λαοδάμας τρίποδ' αὐτὸν ἐυσκόπῳ 'Απόλλωνι
μουναρχέων ἀνέθηκε τεῖν περικαλλὲς ἄγαλμα.

A: εἰς τὸν αὐτόν. – Herodot. V 61. – 2 τέιν P¹.

9. ΜΝΑΣΑΛΚΟΥ

Σοὶ μὲν καμπύλα τόξα καὶ ἰοχέαιρα φαρέτρα,
  δῶρα παρὰ Προμάχου, Φοῖβε, τάδε κρέμαται·
ἰοὺς δὲ πτερόεντας ἀνὰ κλόνον ἄνδρες ἔχουσιν
  ἐν κραδίαις ὁλοὰ ξείνια δυσμενέων.

Pl VI 145 f. 67 ᵛ; E 69. – Tit.: Μνησάρχου Pl 1-2 Suid. s. ἰοχέαιρα // φαρέτρη
c E 2 τάδ' ἐκκρ- E 3 ἔχουσι P¹.

10. ΑΝΤΙΠΑΤΡΟΥ

Τριτογενές, Σώτειρα, Διὸς φυγοδέμνιε κούρα,
  Παλλάς, ἀπειροτόκου δεσπότι παρθενίης,
βωμόν τοι κεραοῦχον ἐδείματο τόνδε Σέλευκος,
  Φοιβείαν ἰαχὰν φθεγγομένου στόματος.

1 Σώτειρα... Suid. s. φυγοδέμνιος 3 τόνδε c τοῖσδε P¹

11. ΣΑΤΡΙΟΥ

Θηρευτὴς δολιχὸν τόδε δίκτυον ἄνθετο Δᾶμις,
  Πίγρης δ' ὀρνίθων λεπτόμιτον νεφέλην,
τριγλοφόρους δὲ χιτῶνας ὁ νυκτερέτης θέτο Κλείτωρ
  τῷ Πανὶ τρισσῶν ἐργασίην καμάτων·
ἵλαος εὐσεβέεσσιν ἀδελφειοῖς ἐπίνευσον   5
  πτηνὰ καὶ ἀγροτέρων κέρδεα καὶ νεπόδων.

Pl VI 92 f. 65 ᵛ. – Tit: Σατυρίου Pl 2 Πίγρις P¹ 3 Κλείτων P¹ 4 ἐργατίην P
5 ἀδελφοῖς P 6 Suid. s. νέποδες.

König Laodamas

König Laodamas hat dem trefflichen Schützen Apollon
diesen Dreifuß geweiht zum herrlichstrahlenden Kleinod.

Anonym

Krieger Promachos

Hier diesen krummen Bogen, Apoll, und den pfeilfrohen Köcher
hängte als frommes Geschenk Promachos weihend dir auf.
Doch die beflügelten Pfeile, versendet in tobender Feldschlacht,
trugen als tödlich Geschenk Feinde im Herzen davon.

Mnasalkes

Priester Seleukos

Retterin Tritogeneia, du sittsame Tochter Kronions,
    Pallas, der Jungfrauen Hort, die keine Liebe gekannt,
diesen gehörnten Altar hat dir Seleukos geschaffen,
    während sein Mund einen Ruf gottesbegeistert entsandt.

Antipatros von Sidon

Drei Jäger

Hier dieses mächtige Netz hat Damis, der Weidmann, gestiftet –
Pigres das feine Gespinst, Tiere zu fangen der Luft –
Fäden, um Barben zu fischen, der nächtliche Ruderer Kleitor.
Werkzeuge sind es aus drei schweren Berufen für Pan.
Sei ihnen gnädig, den Brüdern, und segne die frommen mit reicher
Beute an Vögeln und Wild wie auch an Fischen des Meers.

Satrios

12. ΙΟΥΛΙΑΝΟΥ ΑΠΟ ΥΠΑΡΧΩΝ ΑΙΓΥΠΤΙΟΥ

Γνωτῶν τρισσατίων ἐκ τρισσατίης λίνα θήρης
δέχνυσο, Πάν· Πίγρης σοὶ γὰρ ἀπὸ πτερύγων
ταῦτα φέρει, θηρῶν Δᾶμις, Κλείτωρ δὲ θαλάσσης·
καί σφι δὸς εὐαγρεῖν ἤέρα, γαῖαν, ὕδωρ.

Pl VI 93 f. 65 ᵛ. – 1–2 . . . Πάν Suid. s. γνωτός   2 Πίγρις P¹.

13. ΛΕΩΝΙΔΟΥ

Οἱ τρισσοί τοι ταῦτα τὰ δίκτυα θῆκαν ὅμαιμοι,
ἀγρότα Πάν, ἄλλης ἄλλος ἀπ’ ἀγρεσίης·
ὧν ἀπὸ μὲν πτανῶν Πίγρης τάδε, ταῦτα δὲ Δᾶμις
τετραπόδων, Κλείτωρ δ’ ὁ τρίτος εἰναλίων.
ἀνθ’ ὧν τῷ μὲν πέμπε δι’ ἤέρος εὔστοχον ἄγρην,   5
τῷ δὲ διὰ δρυμῶν, τῷ δὲ δι’ ἠιόνων.

* Pl VI 94 f.65ᵛ. – 1 Suid. s. ὅμαιμος,   1–2 s. ἀγρεσία   1 οἱ ... ταῦτα Wilcken
Gr. Ostr. 2, 1488 // τὰ om. P¹   3 πτηνῶν Pl // Πίγρις P¹   4 εναλίων P¹
5 εὔστοχος P¹.

14. ΑΝΤΙΠΑΤΡΟΥ ΣΙΔΩΝΙΟΥ

Πανὶ τάδ’ αὔθαιμοι τρισσοὶ θέσαν ἄρμενα τέχνας·
Δᾶμις μὲν θηρῶν ἄρκυν ὀρειονόμων,
Κλείτωρ δὲ πλωτῶν τάδε δίκτυα, τὰν δὲ πετηνῶν
ἄρρηκτον Πίγρης τάνδε δεραιοπέδαν.
τὸν μὲν γὰρ ξυλόχων, τὸν δ’ ἤέρος, ὃν δ’ ἀπὸ λίμνας   5
οὔ ποτε σὺν κενεοῖς οἶκος ἔδεκτο λίνοις.

* Pl VI 95 f.65ᵛ. – 1 θῆκαν Suid. s. ὀρειονόμων // τέχνης Pl Suid. s. αὔθαιμοι
3 τὰν: τῶν Pl   4 Πίγρις P¹ // δεραιοπέδαν Brunck -δην   5 λίμνης P¹ -ναις c.

15. ΤΟΥ ΑΥΤΟΥ, οἱ δὲ ΖΩΣΙΜΟΥ

Εἰναλίων Κλείτωρ τάδε δίκτυα, τετραπόδων δὲ
Δᾶμις καὶ Πίγρης θῆκεν ὑπηερίων
Πανί, κασιγνήτων ἱερὴ τριάς· ἀλλὰ σὺ θήρην
ἤέρι κὴν πόντῳ κὴν χθονὶ τοῖσδε νέμε.

Pl VI 96 f. 65 ᵛ. – Tit.: Ζωσίμου tantum Pl   2 Πίγρις P¹   4 ἠέρι κ’ἢν P ἠερίην Pl.

Ein gleiches

Nimm von drei Brüdern drei Netze, o Pan, aus verschiedenem Weid-
Pigres weiht dir ein Netz, das er für Vögel gebraucht,   [werk:
Damis ein zweites vom Wald und Kleitor ein drittes vom Meere.
Gib ihnen Beute aus Luft, Erde und Wasser dafür.

Julianos, Präfekt von Ägypten

Ein gleiches

Pan, du mächtiger Weidmann, dir haben drei leibliche Brüder
diese Netze geweiht, jeder von anderer Jagd:
Pigres das eine vom Finkeln und Damis ein zweites vom Bergwild,
Kleitor dagegen hier dies dritte von Tieren der See.
Schenke dem einen dafür erfolgreiche Jagd in den Lüften,
jenem dasselbe im Wald, gleiches dem dritten im Meer.

Leonidas von Tarent

Ein gleiches

Pan überreichen drei Brüder die Werkzeuge ihres Berufes:
Damis weiht ihm das Garn, Wild zu erjagen im Wald,
Kleitor ein Netz für die Fische und Pigres die Dohne, darin er
Vögel gefangen und die nie einen Riß noch erlitt.
Streiften umher sie durch Wälder, durch Lüfte und Wasser, es waren
stets ihre Fäden gefüllt, wenn sie nach Hause gelangt.

Antipatros von Sidon

Ein gleiches

Kleitor weihte dies Netz für Fische im Meere und Damis
dieses für Tiere im Wald, Pigres für die in der Luft.
Pan, so gib denn auch du, daß den frommen drei Brüdern das Jagen
auf dem Lande und Meer und in den Lüften sich lohnt.

Antipatros von Sidon oder Zosimos

16. ΑΡΧΙΟΥ

Σοὶ τάδε, Πὰν σκοπιῆτα, παναίολα δῶρα σύναιμοι
τρίζυγες ἐκ τρισσῆς θέντο λινοστασίης·
δίκτυα μὲν Δᾶμις θηρῶν, Πίγρης δὲ πετηνῶν
λαιμοπέδας, Κλείτωρ δ' εἰναλίφοιτα λίνα·
ὧν τὸν μὲν καὶ ἐσαῦθις ἐν ἠέρι, τὸν δ' ἔτι θείης   5
εὔστοχον ἐν πόντῳ, τὸν δὲ κατὰ δρυόχους.

Pl VI 97 f. 65 ᵛ. - 1-2 Suid. s. σοκπιήτης, 5-6 τὸν δ' s. δρύοχοι // σοὶ δὲ τάδε
Suid. 2 τρισσᾶς P 3 πετεινῶν Pl 6 πότῳ Suid.

17. ΛΟΥΚΙΑΝΟΥ

Αἱ τρισσαί τοι ταῦτα τὰ παίγνια θῆκαν ἑταῖραι,
Κύπρι μάκαιρ', ἄλλης ἄλλη ἀπ' ἐργασίης·
ὧν ἀπὸ μὲν πυγῆς Εὐφρὼ τάδε, ταῦτα δὲ Κλειὼ
ὡς θέμις, ἡ τριτάτη δ' 'Ατθὶς ἀπ' οὐρανίων.
ἀνθ' ὧν τῇ μὲν πέμπε τὰ παιδικά, δεσπότι, κέρδη,   5
τῇ δὲ τὰ θηλείης, τῇ δὲ τὰ μηδετέρης.

2 ἄλλη ἄλλης P¹ 6 μὴ δ' ἑτέρης P.

18. ΙΟΥΛΙΑΝΟΥ ΑΠΟ ΥΠΑΡΧΩΝ ΑΙΓΥΠΤΙΟΥ

Λαῒς ἀμαλδυνθεῖσα χρόνῳ περικαλλέα μορφὴν
γηραλέων στυγέει μαρτυρίην ῥυτίδων·
ἔνθεν πικρὸν ἔλεγχον ἀπεχθήρασα κατόπτρου
ἄνθετο δεσποίνῃ τῆς πάρος ἀγλαΐης.
,,'Αλλὰ σύ μοι, Κυθέρεια, δέχου νεότητος ἑταῖρον   5
δίσκον, ἐπεὶ μορφὴ σὴ χρόνον οὐ τρομέει.''

Pl VI 50 f. 63 ᵛ. - 1-3 falsum ordinem versuum [3, 2, 1] corr. c 2 γηραλέην Pl
3 ἀπεκθείρ- P¹ ἀπεχθείρ- c em. Pl.

Ein gleiches

Pan, Bewohner der Berge, aus dreifachem Jagen mit Netzen
  brachten drei Brüder dir hier Gaben verschieden von Art:
Damis die Fäden für Bergwild und Pigres die Dohne für Vögel,
  Kleitor dagegen das Garn, Tiere zu fangen im Meer.
Gib ihnen fürder darum auch Glück: dem einen in Lüften
  und dem andern im Meer, aber dem dritten im Wald.

Aulus Licinius Archias

Drei Freudenmädchen

Diese Figürchen hier haben drei Freudenmädchen gestiftet,
  selige Kypris, für dich, jede von andrem Verdienst:
Euphro vom Werk der Pygé, von natürlichem Wirken die Kleio,
  Atthis hinwiederum dies dritte von höherem Tun.
Schenk denn der einen dafür, o Herrin, der Knaben Gewinne,
  Kleio vom Weibtum Verdienst, Atthis vom andren den Lohn.

Lukianos

Hetäre Laïs

Laïs, der heute die Zeit ihre schimmernde Schönheit verbleicht hat,
  schrickt vor den Falten zurück, tun sie ihr Alter doch kund.
Grollend erblickt sie des Spiegels qualbringendes Zeugnis und weiht
  drum der Göttin, die ihr solch eine Schönheit geschenkt.   [ihn
„Nimm denn, Kythere, den Spiegel, der treu meine Jugend begleitet:
  deine Schönheit allein schreckt keine drohende Zeit."

Julianos, Präfekt von Ägypten

19. ΤΟΥ ΑΥΤΟΥ

Κάλλος μέν, Κυθέρεια, χαρίζεαι, ἀλλὰ μαραίνει
ὁ χρόνος ἐρπύζων σήν, βασίλεια, χάριν·
δώρου δ' ὑμετέροιο παραπταμένου με, Κυθήρη,
δέχνυσο καὶ δώρου, πότνια, μαρτυρίην.

Pl VI 51 f.63ᵛ. - 1 Κυθέρεια ex -ρα Pl [man.²].

20. ΤΟΥ ΑΥΤΟΥ

Ἑλλάδα νικήσασαν ὑπέρβιον ἀσπίδα Μήδων
Λαῒς θῆκεν ἑῷ κάλλεϊ ληιδίην·
μούνῳ ἐνικήθη δ' ὑπὸ γήραϊ, καὶ τὸν ἔλεγχον
ἄνθετό σοι, Παφίη, τὸν νεότητι φίλον·
ἧς γὰρ ἰδεῖν στυγέει πολιῆς παναληθέα μορφήν,   5
τῆσδε συνεχθαίρει καὶ σκιόεντα τύπον.

Pl VI 52 f.63ᵛ. - Tit.: Λουκιανοῦ Pl 3 μούνῳ δ' P // δ' ὑπὸ Jac. ὑπὸ.

21

Σκάπτειραν κήποιο φιλυδρήλοιο δίκελλαν
καὶ δρεπάνην καυλῶν ἄσκυλον ἐκτομίδα
τήν τ' ἐπινωτίδιον βροχετῶν ῥακόεσσαν ἀρωγὸν
καὶ τὰς ἀρρήκτους ἐμβάδας ὠμοβοεῖς
τόν τε δι' εὐτρήτοιο πέδου δύνοντα κατ' ἰθὺ   5
ἀρτιφυοῦς κράμβης πάσσαλον ἐμβολέα
καὶ σκάφος ἐξ ὀχετῶν πρασιὴν διψεῦσαν ἐγείρειν
αὐχμηροῖο θέρευς οὔ ποτε παυσάμενον,
σοὶ τῷ κηπουρῷ Ποτάμων ἀνέθηκε, Πρίηπε,
κτησάμενος ταύτης ὄλβον ἀπ' ἐργασίης.   10

A: ἀνάθημα τῷ Πανὶ παρὰ κηπουροῦ.— Pl VI 88 f. 65ʳ. - 3 τόν P 6 ἀρτιφυοῦς c
-φανοῦς c superscr., Pl -φαοῦς P¹ // κράμμης P 7 διψῶσαν c Pl 9 σοί τοι Pl //
κηπουρὸς P κηπωρὸς Pl em. Jac. 10 ὄλβον ταύτης P¹.

Ein gleiches

Kypris, wohl schenkest du Schönheit, doch was du gegeben, o Herrin,
  trägt die schleichende Zeit wieder zerstörend hinweg.
Nun mir dein schönes Geschenk, Kythere, von dannen geflogen,
  nimm auch den Zeugen der Huld, himmlische Göttin, zurück.

Julianos von Ägypten

Ein gleiches

Hatte auch Hellas die Waffen der trotzigen Meder bezwungen,
  Laïs' Schönheit jedoch fiel es als Opfer anheim;
Diese bezwang nur das Alter. Nun weiht sie dir, Paphia, diesen,
  der ihre Jugend geliebt, ach, und ihr Alter verrät.
Ist es abscheulich für sie, leibhaftig die Greisin zu sehen,
  ebenso haßt sie von sich auch schon im Spiegel das Bild.

Julianos von Ägypten

Gärtner Potamon

Eine Hacke zum Graben im gerne berieselten Garten,
  eine Hippe, die stets sauber die Pflanzen geputzt,
einen zerschlissenen Mantel, der trefflich vor Regen behütet,
  unzerreißbare Schuh, roh aus dem Leder gewirkt,
auch ein Steckholz zum Setzen der jungen Pflänzchen des Kohles,
  das in den lockeren Grund grade hernieder sich senkt,
und einen Wasserbehälter, der immer durch Rinnen in Tagen
  dörrenden Sommers mit Naß durstige Beete erfrischt:
Potamon stiftet sie dir, Priapos, du Schirmer der Gärten,
  da ihm die Arbeit und Müh herrlichen Segen gebracht.

Anonym

22. ΖΩΝΑ

'Αρτιχανῆ ῥοιάν τε καὶ ἀρτίχνουν τόδε μῆλον
καὶ ῥυτιδόφλοιον σῦκον ἐπομφάλιον
πορφύρεόν τε βότρυν μεθυπίδακα, πυκνόρρωγα,
καὶ κάρυον χλωρῆς ἀντίδορον λεπίδος
ἀγροιώτῃ τῷδε μονοστόρθυγγι Πριήπῳ   5
θῆκεν ὁ καρποφύλαξ, δενδριακὴν θυσίην.

Pl VI 89 f. 65ʳ.; totum ep. ap. Suid. s. ἀρτιχανῆ, ῥυτίς, πίδαξ, ἀντίδορον,
ἀγροιώτης, Πρίαπος. – Tit. om. P   3 πορφυρίαν P Suid. s. πίδ. // μεθυπήδ- P //
πυκνόρωγον Pl -ρρᾶγα Suid. s. πίδ.   4 χλωρῆς c Suid. s. ἀντίδ., σχλ- P¹ λεπτῆς Pl
5 ἀγροιῶτα P -ώτᾳ Suid. s. ἀγρ. et Πρ.

23

'Ερμείη, σήραγγος ἁλικτύπου ὃς τόδε ναίεις
εὐστιβὲς αἰθυίαις ἰχθυβόλοισι λέπας,
δέξο σαγηναίοιο λίνου τετριμμένον ἅλμῃ
λείψανον, αὐχμηρόν, ξανθὲν ἐπ᾽ ἠιόνων,
γρίπους τε πλωτῶν τε πάγην, περιδινέα κύρτον,   5
καὶ φελλὸν κρυφίων σῆμα λαχόντα βόλων
καὶ βαθὺν ἱππείης πεπεδημένον ἅμματι χαίτης,
οὐκ ἄτερ ἀγκίστρων, λιμνοφυῆ δόνακα.

*Pl VI 10 f. 62ʳ. – 1 'Ερμείη P // ἁλικτύπου Waltz -ον   3 λίνου Brodaeus -ον
4 αὐχμηρῶν P¹ Pl // ξανθὲν Toup -θῶν P -θόν Pl   5 περιδηνέα P   6 φελλὸν
Suid. [s. βολίς] -ῶν cet. // λαβόντα Pl // βόλων Suid. -ον cet.   7 ἱππείην P¹
8 λιμνορυῆ P.

24

Δαίμονι τῇ Συρίῃ τὸ μάτην τριβὲν Ἡλιόδωρος
δίκτυον ἐν νηοῦ τοῦδ᾽ ἔθετο προπύλοις.
ἀγνὸν ἀπ᾽ ἰχθυβόλου θήρας τόδε, πολλὰ δ᾽ ἐν αὐτῷ
φυκί᾽ ἀπ᾽ εὐόρμων εἵλκυσεν αἰγιαλῶν.

Pl VI 11 f. 62ʳ. – 1 'Ηλιοδώρας P¹   3 θήρης Pl.

Der Obstwächter

Diese halboffne Granate und diesen frischflaumigen Pfirsich,
　　diese Feige dazu, runzlig und nabelgeschmückt,
auch eine purpurne Traube, vielbeerig, die Quelle des Weines,
　　und eine Walnuß dabei, frei schon vom grünen Gewand,
weihte der Wächter der Früchte dem bäurisch schlichten, aus einem
　　Pflocke geschnitzten Priap hier als ein Opfer vom Baum.

Diodoros Zonas

Der Fischer

Der du im rauschenden Meer, o Hermes, des felsigen Eilands
　　Grotte bewohnst, wo die Schar fischender Taucher verweilt,
nimm hier die Reste vom Schleppnetz, das salzige Wogen zernagten,
　　das am Gestade gedörrt und auf dem Kiese zerriß,
nimm die rundliche Reuse zum Fischefangen, das Wurfgarn,
　　diesen Korken, der zeigt, wo sich das Fangnetz verbirgt,
nimm auch die Rute, die lange, im Sumpfe entsprossen, mit Rosses
　　festen Haaren verknüpft, und diese Angeln dazu.

Anonym

Fischer Heliodoros

Heliodoros entbeut der syrischen Göttin in ihres
　　Tempels Vorhof das Netz, das er vergebens gebraucht.
Keusch noch ist es vom Fischfang, doch zog er am Strande, wo Schiffe
　　trefflich ankern, in ihm reichlichen — Seetang herauf.

Anonym

25. ΙΟΥΛΙΑΝΟΥ ΑΠΟ ΥΠΑΡΧΩΝ ΑΙΓΥΠΤΙΟΥ

Κεκμηὼς χρονίης πεπονηκότα δίκτυα θήρης
ἄνθετο ταῖς Νύμφαις ταῦτα γέρων Κινύρης·
οὐ γὰρ ἔτι τρομερῇ παλάμῃ περιηγέα κόλπον
εἶχεν ἀκοντίζειν οἰγομένοιο λίνου.
εἰ δ' ὀλίγου δώρου τελέθει δόσις, οὐ τόδε, Νύμφαι,   5
μέμψις, ἐπεὶ Κινύρου ταῦθ' ὅλος ἔσκε βίος.

Pl VI 12 f. 62ʳ. – 1 κεκμηκὼς Pl // χρονίης. . . θήρης P Pl em. Stadtm. 5 Νύμφαις P¹.

26. ΤΟΥ ΑΥΤΟΥ

Ταῖς Νύμφαις Κινύρης τόδε δίκτυον· οὐ γὰρ ἀείρει
γῆρας ἀκοντιστὴν μόχθον ἐκηβολίης.
ἰχθύες, ἀλλὰ νέμοισθε γεγηθότες, ὅττι θαλάσσῃ
δῶκεν ἔχειν Κινύρου γῆρας ἐλευθερίην.

Pl VI 13 f. 62ʳ. – 1 Κινύροις P¹ -ρας et (suprascr.) -ρης c.

27. ΘΕΑΙΤΗΤΟΥ ΣΧΟΛΑΣΤΙΚΟΥ

Ἰχθυβόλον πολυωπὲς ἀπ' εὐθήρου λίνον ἄγρης
τῶν τ' ἀγκιστροδέτων συζυγίην δονάκων
καὶ πιστὸν βυθίων παγίδων σημάντορα φελλὸν
καὶ λίθον ἀντιτύπῳ κρούσματι πυρσοτόκον
ἄγκυράν τ' ἐπὶ τοῖς ἐχενηίδα, δεσμὸν ἀέλλης,   5
στρεπτῶν τ' ἀγκίστρων ἰχθυπαγῆ στόματα,
δαίμοσιν ἀγροδότῃσι θαλασσοπόρος πόρε Βαίτων
γήραϊ νουσοφόρῳ βριθομένης παλάμης.

Pl VI 14 f. 62ʳ. – 1 Ἰχθυβόλων P¹ // πολυωπὸν Pl 3 πιστῶν c 4 κρούματι Pl
Suid. s. ἀντιτυπῆσαι 5 δεσμῶν P 7 θαλασσοπόροις Pl.

28. ΙΟΥΛΙΑΝΟΥ ΑΠΟ ΥΠΑΡΧΩΝ ΑΙΓΥΠΤΙΟΥ

Καμπτομένους δόνακας κώπην θ' ἅμα, νηὸς ἱμάσθλην,
γυρῶν τ' ἀγκίστρων καμπυλόεσσαν ἴτυν
εὐκόλπου τε λίνοιο περίπλεα κύκλα μολίβδῳ
καὶ φελλοὺς κύρτων μάρτυρας εἰναλίων

Fischer Kinyres

Müde von Jahren der Jagd und Alter hat Kinyres dieses
    Netz, das so vieles geschafft, dankbar den Nymphen geweiht.
Denn seine zitternde Hand kann nimmer die Maschen im Kreise
    kraftvoll mehr schleudern, so daß sich ihr Gefältel erschließt.
Ist sie auch klein, seine Gabe, o scheltet sie nimmer, ihr Nymphen:
    fand doch in diesem so ganz Kinyres' Dasein den Grund.

Julianos, Präfekt von Ägypten

Ein gleiches

Kinyres schenkt dieses Netz den Nymphen; sein Alter hat nimmer
    Kräfte genug mehr zum Wurf wie eine Lanze so weit.
Freut euch, ihr Fische im Wasser! Jetzt wandert getrost auf die Weide!
    Kinyres' alternde Kraft macht nun das Meer wieder frei.

Julianos von Ägypten

Fischer Baiton

Dieses maschige Netz, das die Fülle von Beute gefangen,
    ferner von Ruten ein Paar, noch mit den Angeln versehn,
einen Kork, der getreu die Schlingen am Grunde verkündet,
    einen Stein auch, aus dem Funken entzündet ein Schlag,
einen Anker zum Halten des Schiffs und zum Zähmen des Sturmwinds,
    Schnäbel von Angeln, gekrümmt, daß man die Fische dran fängt:
Seemann Baiton entbot es den beuteverleihenden Göttern,
    da ihm vor Alter und Not steif nun geworden die Hand.

Theaitetos Scholastikos

Ein gleiches

Biegsame Angelruten, ein Ruder, die Peitsche des Schiffes,
    einen gebogenen Ring rundlicher Angeln dazu,
ferner ein Wurfgarn, gewölbt und rings mit dem Blei noch versehen,
    Korke, die Zeugen, wo man Reusen im Meere versenkt,

ζεῦγός τ' εὐπλεκέων σπυρίδων καὶ μητέρα πυρσῶν   5
τήνδε λίθον νηῶν θ' ἕδρανον ἀσταθέων
ἄγκυραν, γριπεύς, 'Εριούνιε, σοὶ τάδε Βαίτων
δῶρα φέρει, τρομεροῦ γήραος ἀντιάσας.

Pl VI 15 f. 62ʳ. - **3** τὶ Pl // μολύβδῳ c **5** εὐπλοκέων P **6** δ' P¹ // ἀστατέων P¹.

29. ΤΟΥ ΑΥΤΟΥ

'Ερμείῃ Βαίτων ἀλινηχέος ὄργανα τέχνης
ἄνθετο δειμαίνων γήραος ἀδρανίην·
ἄγκυραν γυρόν τε λίθον σπυρίδας θ' ἅμα φελλῷ,
ἄγκιστρον, κώπην καὶ λίνα καὶ δόνακας.

1-2 ἀλινηχέος . . . ἄνθετο Suid. s. ἀλινηχέος, 2 s. ἀδρανές // τέχνας P **3** θ'
om. P¹.

30. ΜΑΚΗΔΟΝΙΟΥ ΥΠΑΤΟΥ

Δίκτυον ἀκρομόλυβδον 'Αμύντιχος ἀμφὶ τριαίνῃ
δῆσε γέρων, ἀλίων παυσάμενος καμάτων,
ἐς δὲ Ποσειδάωνα καὶ ἁλμυρὸν οἶδμα θαλάσσης
εἶπεν ἀποσπένδων δάκρυον ἐκ βλεφάρων·
„Οἶσθα, μάκαρ, κέκμηκα· κακοῦ δ' ἐπὶ γήραος ἡμῖν   5
ἄλλυτος ἡβάσκει γυιοτακὴς πενίη.
θρέψον ἔτι σπαῖρον τὸ γερόντιον, ἀλλ' ἀπὸ γαίης,
ὡς ἐθέλεις, μεδέων καὶ χθονὶ καὶ πελάγει."

Pl VI 16 f. 62ʳ. - **1** -μόλιβδον Pl **5-6** κακοῦ. . . Suid. s. ἄλλυτος, 7-8 . . .
ἐθέλεις s. σπαίρει.

31. ΑΔΗΛΟΝ, οἱ δὲ ΝΙΚΑΡΧΟΥ

Αἰγιβάτῃ τόδε Πανὶ καὶ εὐκάρπῳ Διονύσῳ
καὶ Δηοῖ Χθονίῃ ξυνὸν ἔθηκα γέρας·
αἰτέομαι δ' αὐτοὺς καλὰ πώεα καὶ καλὸν οἶνον
καὶ καλὸν ἀμῆσαι καρπὸν ἀπ' ἀσταχύων.

Tit.: οἱ δὲ Ν. add. c **1** αἰγιβάτῃ c -τῳ P¹.

trefflich geflochtener Körbe ein Paar, den Stein hier, der Funken
  Vater, den Anker, den Halt schlingernder Schiffe im Meer:
all dies bietet als Gaben dir, Bringer des Nutzens, der Fischer
  Baiton, da er das Ziel zittrigen Alters erreicht.

Julianos, Präfekt von Ägypten

Ein gleiches

Baiton weihte dem Hermes dies Werkzeug des Fischerberufes,
  da vor der Schwäche und Not nahenden Alters ihm bangt:
einen Anker, den rundlichen Stein, die Reusen mit Korken,
  Angel, Ruder und Netz und auch die Ruten dazu.

Julianos von Ägypten

Fischer Amyntichos

Ruhend von Mühen im Meer, umhüllte Amyntichos seinen
  Speer mit dem Netze, das rings Blei an den Rändern noch trug;
und, eine Träne im Auge, sprach drauf zu Poseidon und seines
  Meeres salziger Flut flehend der Alte das Wort:
„Müde bin ich, mein Gott; du weißt es; und bitteres Alter
  schickt nun verzehrende Not unwiderstehlich mir zu.
Nähre den Alten, der eben noch zuckt, nun mit Früchten der Erde,
  denn du gebietest nach Wunsch rings über Lande und Meer.“

Konsul Makedonios

Der Bauer

Pan, der die Ziegen besteigt, der irdischen Deo und Bakchos,
  der die Früchte beschirmt, biet ich gemeinsam Geschenk.
Mögen sie trefflichen Wein und treffliche Herden mir geben
  und mir gewähren, des Halms treffliche Früchte zu mähn.

Anonym oder Nikarchos I.

32. ΑΓΑΘΙΟΥ ΣΧΟΛΑΣΤΙΚΟΥ

Δικραίρῳ δικέρωτα, δασυκνάμῳ δασυχαίταν,
ἴξαλον εὐσκάρθμῳ, λόχμιον ὑλοβάτᾳ,
Πανὶ φιλοσκοπέλῳ λάσιον παρὰ πρῶνα Χαρικλῆς
κνακὸν ὑπηνήταν τόνδ᾽ ἀνέθηκε τράγον.

Pl VI 138 f. 67ʳ; totum ep. ap. Suid. s. δίκραιρος, ἴξαλος, λόχμιος, πανικῷ, πρῶνες,
κνακόν. — **1** δικρέρῳ P **2** ὑλοβάτᾳ Pl Suid. s. Ἰξ. et λόχ. -τα P **4** κνᾶκον
Suid. s. v.

33. ΜΑΙΚΙΟΥ

Αἰγιαλῖτα Πρίηπε, σαγηνευτῆρες ἔθηκαν
δῶρα παρακταίης σοὶ τάδ᾽ ἐπωφελίης,
θύννων εὐκλώστοιο λίνου βυσσώμασι ῥόμβον
φράξαντες γλαυκαῖς ἐν παρόδοις πελάγευς·
φηγίνεον κρητῆρα καὶ αὐτούργητον ἐρείκης   5
βάθρον ἰδ᾽ ὑαλέην οἰνοδόκον κύλικα,
ὡς ἂν ὑπ᾽ ὀρχησμῶν λελυγισμένον ἔγκοπον ἴχνος
ἀμπαύσῃς ξηρὴν δίψαν ἐλαυνόμενος.

A: ἀνάθημα τῷ Πανὶ παρὰ ἁλιέων. – Pl VI 17 f. 62ʳ. – Tit.: Μακκίου c **3** βυσσώ-
ματι P¹ **5** ἐρίκης P **7** ὀρχησμῶν [corr. in -ηθμῶν] Pl ὀρχισμῶν P **8** ἀμπαύσῃ P.

34. PIANOY

Τὸ ῥόπαλον τῷ Πανὶ καὶ ἰοβόλον Πολύαινος
τόξον καὶ κάπρου τούσδε καθᾶψε πόδας
καὶ ταύταν γωρυτὸν ἐπαυχένιόν τε κυνακτὰν
θῆκεν ὀρειάρχᾳ δῶρα συαγρεσίης.
ἀλλ᾽, ὦ Πὰν σκοπιῆτα, καὶ εἰς ὀπίσω Πολύαινον   5
εὔαγρον πέμποις, υἱέα Σημύλεω.

A: ἀνάθημα Πολυαίνου κυνηγοῦ τῷ Πανί. – **3** υπαυχενιόν P¹ **5–6** add. c **6** Ση-
μύλεο P Σιμύλεω Salm.

Hirt Charikles

Ihm, dem Zwiehorn, das Zwiehorn, dem Haarbein das Haartier, dem
[guten
Springer den Klettrer, des Buschs Wohner dem Gänger im Wald,
Pan, dem Freunde der Felsen, gibt Charikles opfernd in Berges
Strauchwerk den falben Gesell: hier diesen bärtigen Bock.

Agathias Scholastikos

Die Fischer

Dir, o Gott des Gestades, Priapos, brachten die Fischer
   für deine Hilfe am Strand diese Geschenke hier dar,
als sie dem Schwarme der Thune mit trefflich gesponnenem Zugnetz
   in des bläulichen Meers Straße die Sperre gelegt:
einen eichenen Mischkrug, die Bank hier, die aus des Heidbaums
   Holze sie selber geschnitzt, nebst einem Glase für Wein.
Du aber gib ihrem Fuß, der müd ward vom Drehen beim Tanze,
   nun Erholung und lösch ihnen den brennenden Durst.

Quintus Mäcius

Jäger Polyainos

Diese Füße des Ebers, den pfeilversendenden Bogen
   und die Keule dazu weiht Polyainos dem Pan,
auch den Köcher sowie die Leine vom Nacken der Hunde,
   Gaben der Saujagd, für dich, Herrscher der Höhen, bestimmt.
O geleite auch fürder, bergwandelnder Pan, Polyainos,
   Sohn des Semylas, stets beutebeladen nach Haus.

Rhianos

35. ΛΕΩΝΙΔΟΥ

Τοῦτο χιμαιροβάτᾳ Τελέσων αἰγώνυχι Πανὶ
τὸ σκύλος ἀγρείης τεῖνε κατὰ πλατάνου
καὶ τὰν ῥαιβόκρανον ἐυστόρθυγγα κορύναν,
ἃ πάρος αἱμωπούς ἐστυφέλιξε λύκους,
γαυλούς τε γλαγοπῆγας ἀγωγαῖόν τε κυνάγχαν   5
καὶ τῶν εὐρίνων λαιμοπέδαν σκυλάκων.

Pl VI 139 f. 67ʳ. - **2** σκύτος ἀ. τ' εἶνε Suid. **s.** ἀγρεία **5** ἀγωγαῖον Lasc.
ἀγωαῖον **6** τὰν εὐρῖνον Suid. **s.** λαιμοπέδη // λαιμοπέδων P¹.

36. ΦΙΛΙΠΠΟΥ ΘΕΣΣΑΛΟΝΙΚΕΩΣ

Δράγματά σοι χώρου μικραύλακος, ὦ φιλόπυρε
Δηοῖ, Σωσικλέης θῆκεν ἀρουροπόνος,
εὔσταχυν ἀμήσας τὸν νῦν σπόρον· ἀλλὰ καὶ αὖτις
ἐκ καλαμητομίης ἀμβλὺ φέροι δρέπανον.

Pl VI 35 f. 63ᵣ. - **3-4** ἀλλά κτλ. Suid. **s.** ἀμβλύ et καλαμητομίης // αὖθις
Suid.² **4** φέροι Pl Suid. **s.** ἀμβ. -ρει P Suid. **s.** καλ.

37. ΑΔΗΛΟΝ

Γήραϊ δὴ καὶ τόνδε κεκυφότα φήγινον ὄζον
οὔρεσιν ἀγρῶσται βουκόλοι ἐξέταμον·
Πανὶ δέ μιν ξέσσαντες ὁδῷ ἔπι καλὸν ἄθυρμα
κάτθεσαν, ὡραίων ῥύτορι βουκολίων.

3 ξέσαντες P.

38. ΦΙΛΙΠΠΟΥ

Δίκτυά σοι μολίβῳ στεφανούμενα δυσιθάλασσα
καὶ κώπην ἅλμης τὴν μεθύουσαν ἔτι
κητοφόνον τε τρίαιναν, ἐν ὕδασι καρτερὸν ἔγχος,
καὶ τὸν ἀεὶ φελλοῖς κύρτον ἐλεγχόμενον

Hirt Teleson

Teleson weihte dem Pan, dem ziegenbesteigenden Bocksfuß,
  dieses Fell an dem Ast einer Platane im Feld,
auch den Wurfstock, am Ende gekrümmt, aus härtestem Holze,
  der bis heute des Wolfs blutigen Blicken gewehrt,
Satten für dicke Milch, ein Halsband, um Hunde zu führen,
  und eine Koppel, mit der Bracken am Nacken er hielt.

Leonidas von Tarent

Bauer Sosikles

Weizenliebende Deo, der Ackerer Sosikles weiht dir
  Garben vom kleinen Feld, nun er der heurigen Saat
prächtige Ähren gemäht. O höre sein Beten, dann kehrt ihm
  auch in Zukunft vom Schnitt stumpf seine Sichel nach Haus.

Philippos von Thessalonike

Die Hirten

Diesen Ast einer Eiche, den Zeit und Alter gekrümmt hat,
  hieben auf bergiger Höh ländliche Hirten einst ab,
glätteten ihn und stellten ihn drauf an den Weg hier, dem Schirmer
  blühender Herden, dem Pan, hübsche Ergötzung zu sein.

Anonym

Fischer Amyntichos

Dieses mit Blei noch umkränzte, ins Meer eintauchende Fischnetz,
  dieses Ruder, noch jetzt trunken vom salzigen Naß,
nebst der Thunfischharpune, der mächtigen Waffe im Wasser,
  und der Reuse, die stets sich durch die Korken verrät,

ἄγκυράν τε, νεῶν στιβαρὴν χέρα, καὶ φιλοναύτην 5
σπέρμα πυρὸς σῴζειν πέτρον ἐπιστάμενον,
ἀρχιθάλασσε Πόσειδον, 'Αμύντιχος ὕστατα δῶρα
θῆκατ', ἐπεὶ μογερῆς παύσαθ' ἁλιπλανίης.

Pl VI 18 f. 02 ʳ. - 1 μολύβδῳ P 5 φιλόναυτιν P 6 σπέρματα P.

39. ΑΡΧΙΟΥ

Αἱ τρισσαί, Σατύρη τε καὶ 'Ηράκλεια καὶ Εὐφρώ,
θυγατέρες Ζούθου καὶ Μελίτης, Σάμιαι·
ἁ μὲν ἀραχναίοιο μίτου πολυδινέα λάτριν,
ἄτρακτον, δολιχᾶς οὐκ ἄτερ ἀλακάτας,
ἁ δὲ πολυσπαθέων μελεδήμονα κερκίδα πέπλων 5
εὔθροον, ἁ τριτάτα δ' εἰροχαρῆ τάλαρον,
οἷς ἔσχον χερνῆτα βίον δηναιόν, 'Αθάνα
πότνια, ταῦθ' αἱ σαὶ σοὶ θέσαν ἐργάτιδες.

Pl VI 58 f. 63 ᵛ. - 1 'Ηράκλεια c Pl Εὔκλεια P¹ 2 Ξάνθου c 4 ἀλακάτης P¹
6 τριτάτη P // εἰχοχαρή P¹ 8 σοὶ om. P¹.

40. ΜΑΚΗΔΟΝΙΟΥ ΥΠΑΤΟΥ

Τὼ βόε μοι· σῖτον δὲ τετεύχατον, ἵλαθι, Δηοῖ,
δέχνυσο δ' ἐκ μάζης, οὐκ ἀπὸ βουκολίων·
δὸς δὲ βόε ζώειν ἐτύμω καὶ πλῆσον ἀρούρας
δράγματος, ὀλβίστην ἀντιδιδοῦσα χάριν.
σῷ γὰρ ἀρουροπόνῳ Φιλαλήθεϊ τέτρατος ἤδη 5
ὀκτάδος ἑνδεκάτης ἐστὶ φίλος λυκάβας,
οὐδέποτ' ἀμήσαντι Κορινθικόν, οὔ ποτε πικρᾶς
τῆς ἀφιλοσταχύου γευσαμένῳ πενίης.

3 ἐτύμω o -μῳ P¹ 5 Φιλ- Preger φιλ-.

diesen Anker, der Schiffe gewaltige Hand, und den Stein hier,
    der, dem Seemann zur Lust, Keime vom Feuer bewahrt,
schenkt dir Amyntichos nun, Meerwalter Poseidon, als Letztes,
    da er dem harten Beruf unsteter Fischer entsagt.

Philippos

Drei Weberinnen

Satyre nebst Herakleia und Euphro von Samos, die Töchter
    Xuthos' und Melites, weihn hier ein gemeinsam Geschenk.
Eine die wirbelnde Spindel, des spinnwebfeinen Gewebes
    Schaffnerin, legt auch des Rads ragende Kunkel dazu,
diese das singende Schiffchen, den Wirker des dichten Gespinstes,
    endlich die dritte den Korb, drin sie die Wolle bewahrt.
Nährten sie lange damit ihr kärgliches Leben, dir bringen
    nun die geschäftigen Drei, hehre Athene, sie dar.

Aulus Licinius Archias

Bauer Philalethes

Nimm von den Ochsen dies Paar, das Brot mir beschafft hat! Sei gnädig,
    Deo, und nimm es aus Teig, nicht wie vom Stalle es kommt.
Laß meine wirklichen Ochsen noch leben und fülle mit Schwaden
    meine Felder: so wird dir auch gesegneter Dank.
Siehe, das vierte Jahr vom neunten Dezennium hat nun
    Philalethes, dein Knecht, ackernd und schaffend erreicht.
Fand er auch niemals korinthischen Herbst, er schmeckte auch niemals
    bittere Armut, die schlecht sich mit dem Korne verträgt.

Konsul Makedonios

41. ΑΓΑΘΙΟΥ ΣΧΟΛΑΣΤΙΚΟΥ

Χαλκὸν ἀροτρητὴν κλασιβώλακα νειοτομῆα
καὶ τὴν ταυροδέτιν βύρσαν ἐπαυχενίην
καὶ βούπληκτρον ἄκαιναν ἐχετλήεντά τε γόμφον
Δηοῖ Καλλιμένης ἄνθετο γειοπόνος,
τμήξας εὐαρότου ῥάχιν ὀργάδος· εἰ δ' ἐπινεύσεις   5
τὸν στάχυν ἀμῆσαι, καὶ δρεπάνην κομίσω.

Pl VI 36 f. 63ʳ. – 2 ἐπαυχενίην Pl ἀπ- P¹ ὑπ- c 3 βούπληκτον Pl 5 εὐαρότου Pl
Suid. [s. ὀργάς] -τρου P 6 ἀμῆσαι P κομίσαι Pl.

42. ΑΔΕΣΠΟΤΟΝ

'Αλκιμένης ὁ πενιχρὸς ἐπὶ σμικρῷ τινι κήπῳ
τοῦ φιλοκαρποφόρου γευσάμενος θέρεος
ἰσχάδα καὶ μῆλον καὶ ὕδωρ γέρα Πανὶ κομίζων
εἶπε· ,,Σύ μοι βιότου τῶν ἀγαθῶν ταμίας,
ὧν τὰ μὲν ἐκ κήποιο, τὰ δ' ὑμετέρης ἀπὸ πέτρης   5
δέξο, καὶ ἀντιδιδοὺς δὸς πλέον, ὧν ἔλαβες."

Pl VI 90 f. 65ʳ [iunctum cum ep. 22]. – 1 πενηχρὸς P 3 κομίζω Pl 4 εἶπε P
ὅττι Pl 5 τὰ δ' c Pl τὸ δ' (?) P¹.

43. ΠΛΑΤΩΝΟΣ

Τὸν Νυμφῶν θεράποντα, φιλόμβριον, ὑγρὸν ἀοιδόν,
τὸν λιβάσιν κούφαις τερπόμενον βάτραχον
χαλκῷ μορφώσας τις ὁδοιπόρος εὖχος ἔθηκε,
καύματος ἐχθροτάτην δίψαν ἀκεσσάμενος.
πλαζομένῳ γὰρ ἔδειξεν ὕδωρ, εὔκαιρον ἀείσας   5
κοιλάδος ἐκ δροσερῆς ἀμφιβίῳ στόματι·
φωνὴν δ' ἡγήτειραν ὁδοιπόρος οὐκ ἀπολείπων
εὗρε πόσιν γλυκερῶν, ὧν ἐπόθει, λιβάδων.

Pl VI 123 f. 66ᵛ. – Tit.: ἄδηλον Pl 2 λιβάσιν om. Pl 3 μορφώσας c τυπώ- P¹
στηλώ- Pl // ἔθηκεν Pl 4 ἀκεσσάμενον Pl 8 om. P¹ Pl, add. c // ἐπόθει Salm.
-θη // λιβάδων Brunck ναμάτων.

Bauer Kallimenes

Diese eherne Pflugschar zum Brechen der Schollen und Blachfelds
  Lockern, den Riemen, der einst Stieren den Nacken bezwang,
diesen Stachel zum Treiben des Viehs und den Bolzen vom Pflugsterz:
  Bauer Kallimenes hat alles Demeter geweiht,
da er die Trift auf der Alp vortrefflich geackert. Und gibst du
  mir auch, zu ernten das Korn, bring ich die Sichel dir dar.

Agathias Scholastikos

Gärtner Alkimenes

Als im bescheidenen Garten der arme Alkimenes fröhlich
  sich an den Früchten gelabt, die ihm der Sommer geschenkt,
brachte er Pan eine Feige nebst Apfel und Wasser und bat ihn:
  „Pan, du schenkst mir das Gut, das mir das Leben erhält,
nimm hier das eine vom Garten, das andre von dem dir geweihten
  Felsen, und gib mir dafür reicheren Segen zurück!"

Anonym

Errettung vom Verdursten

Diesen Diener der Nymphen, den Sänger im Teiche, des Regens
  frohen Gefährten, den Freund leichten Getröpfels, den Frosch,
formte ein Wandrer aus Erz und stellte ihn weihend hier nieder,
  da er in furchtbarer Glut ihn vor Verdursten bewahrt.
Wasser tat er dem Irrenden kund, indem er beizeiten
  mit amphibischem Mund quakte aus tauigem Tal.
Ununterbrochen verfolgte der Wandrer die leitende Stimme,
  bis er den köstlichen Trank, den er ersehnte, auch fand.

Platon

44. ΑΔΗΛΟΝ ΤΙΝΟΣ, οἱ δὲ ΛΕΩΝΙΔΟΥ ΤΑΡΑΝΤΙΝΟΥ

Γλευκοπόταις Σατύροισι καὶ ἀμπελοφύτορι Βάκχῳ
'Ηρῶναξ πρώτης δράγματα φυταλιῆς
τρισσῶν οἰνοπέδων τρισσοὺς ἱερώσατο τούσδε
ἐμπλήσας οἴνου πρωτοχύτοιο κάδους·
ὧν ἡμεῖς σπείσαντες, ὅσον θέμις, οἴνοπι Βάκχῳ   5
καὶ Σατύροις, Σατύρων πλείονα πιόμεθα.

Pl VI 37 f. 63ʳ. - Tit.: Λεωνίδου tantum Pl   1 γλαικοπ- Pl   2 'Ηρῶναξ Passow
'Ηρώ- // πρῶτα Suid. s. δράγματα.

45

'Οξέσι λαχνήεντα δέμας κέντροισιν ἐχῖνον,
ῥαγολόγον γλυκερῶν σίντορα θειλοπέδων,
σφαιρηδὸν σταφυλῇσιν ἐπιτροχάοντα δοκεύσας
Κώμαυλος Βρομίῳ ζωὸν ἀνεκρέμασεν.

Pl VI 38 f. 63ʳ. - 2 θειλοπ- Suid. [s. θειλόπεδον] θηλ- P Pl.

46. ΑΝΤΙΠΑΤΡΟΥ ΣΙΔΩΝΙΟΥ

Τὰν πρὶν 'Ενυαλίοιο καὶ Εἰράνας ὑποφᾶτιν,
μέλπουσαν κλαγγὰν βάρβαρον ἐκ στομάτων,
χαλκοπαγῆ σάλπιγγα γέρας Φερένικος 'Αθάνᾳ,
λήξας καὶ πολέμου καὶ θυμέλας, ἔθετο.

Pl VI 146 f. 67ᵛ. - 1 τὸν et ὑποφάτην P¹   4 πτολέμου Pl.

47. ΑΝΤΙΠΑΤΡΟΥ [ΣΙΔΩΝΙΟΥ]

Κερκίδα τὴν φιλαοιδὸν 'Αθηναίη θέτο Βιττὼ
ἄνθεμα, λιμηρῆς ἄρμενον ἐργασίης,
εἶπε δέ· „Χαῖρε, θεά, καὶ τήνδ' ἔχε· χήρη ἐγὼ γὰρ
τέσσαρας εἰς ἐτέων ἐρχομένη δεκάδας
ἀρνεῦμαι τὰ σὰ δῶρα, τὰ δ' ἔμπαλι Κύπριδος ἔργων   5
ἅπτομαι· ὥρης γὰρ κρεῖσσον ὁρῶ τὸ θέλειν."

Pl VI 53 f. 63ᵛ. - 2-3 ... ἔχε Suid. s. λιμηρῆς.

Winzer Heronax

Bakchos, dem Pflanzer des Weins, und den Satyrn, den Schlürfern des
  weihte Heronax dahier erstlich gewachsene Frucht: [Mostes,
diese drei Krüge, gefüllt mit erstmals rinnendem Weine,
den ihm heuer die drei Gärten mit Reben gebracht.
Hab ich geopfert nach Brauch dem weinlaubumwundenen Bakchos
und den Satyrn, dann trink mehr als die Satyrn – ich selbst.

Anonym oder *Leonidas von Tarent*

Winzer Komaulos

Hier diesen Igel, der spitz den Leib mit Stacheln bewehrt hat,
  der an dem sonnigen Platz dörrende Trauben stibitzt
und über Beeren als Kugel sich rollte, ihn paßte Komaulos
  ab und hängte ihn gleich lebend für Bromios auf.

Anonym

Trompeter Pherenikos

Sie, die in früherer Zeit den Krieg und den Frieden verkündet,
  die barbarischen Klang aus ihrem Munde gehaucht,
diese Trompete aus Erz: Pherenikos gab sie Athene,
  da er dem Kriege sowohl wie dem Theater entsagt.

Antipatros von Sidon

Weberin wird Hetäre

Bitto brachte Athene als Gabe ihr Webschiff, des Sanges
  treuen Gefährten, doch auch Werkzeug des Hungerberufs;
und sie sagte zu ihr: „Fahr wohl, o Göttin, nimm dies noch!
  Kam auch mein viertes Jahrzehnt, bin ich auch Witwe, ich schlag
doch deine Gnade nun aus und gehe zum Werke Kytheres;
  denn ich sehe, es ist stärker als Jahre der Wunsch."

Antipatros von Thessalonike

472 Anthologia Graeca VI

48. ΑΔΗΛΟΝ

Κερκίδα τὴν φιλοεργὸν 'Αθηναίη θέτο Βιττώ
ἄνθεμα, λιμηρῆς ἄρμενον ἐργασίης,
πάντας ἀποστύξασα γυνὴ τότε τοὺς ἐν ἐρίθοις
μόχθους καὶ στυγερὰς φροντίδας ἱστοπόνων.
εἶπε δ' 'Αθηναίη· ,,Τῶν Κύπριδος ἄψομαι ἔργων,   5
τὴν Πάριδος κατὰ σοῦ ψῆφον ἐνεγκαμένη.''

Pl VI 54 f. 63 ᵛ. - 3 ἐνερίθους P¹.

49

Χάλκεός εἰμι τρίπους, Πυθοῖ δ' ἀνάκειμαι ἄγαλμα,
καί μ' ἐπὶ Πατρόκλῳ θῆκεν πόδας ὠκὺς 'Αχιλλεύς,
Τυδείδης δ' ἀνέθηκε βοὴν ἀγαθὸς Διομήδης,
νικήσας ἵπποισιν ἐπὶ πλατὺν 'Ελλήσποντον.

Athen. VI 232 D; Eustath. 1313, 44 [Il. 23, 510]. - 2 θῆκε Ath. Eust. 3 δ' om. P
4 ἵπποισι παρὰ Ath. Eust.

50. ΣΙΜΩΝΙΔΟΥ

Τόνδε ποθ' "Ελληνες ῥώμη χερὸς ἔργῳ "Αρηος,
εὐτόλμῳ ψυχῆς λήματι πειθόμενοι,
Πέρσας ἐξελάσαντες, ἐλεύθερον 'Ελλάδι κόσμον
ἱδρύσαντο Διὸς βωμὸν 'Ελευθερίου.

A: εἰς ναὸν ἀνατεθέντα τῷ Διί. - Pl VI 127 f. 67ʳ.; Plut. Arist. 19; de mal. Herod.
42. - 1 "Ελλανες P // ῥώμη χ.: νίκης κράτει Plut. // ἔργον Pl 2 om. Plut.
Arist. // λάματι P 3 ἐλευθέρᾳ Plut. mal. // κοινὸν Plut.

51

Μῆτερ ἐμή, Γαίη, Φρυγίων θρέπτειρα λεόντων,
Δίνδυμον ἧς μύσταις οὐκ ἀπάτητον ὄρος,
σοὶ τάδε θῆλυς "Αλεξις ἑῆς οἰστρήματα λύσσης
ἄνθετο, χαλκοτύπου παυσάμενος μανίης,

Ein gleiches

Bitto weihte Athene als Gabe ihr fleißiges Webschiff,
  das eines Hungerberufs schaffend Geräte ihr war.
All die Arbeit am Spinnrad, die widerwärtige Mühsal,
  wie sie der Webstuhl erheischt, war ihr aufs tiefste verhaßt.
Und sie sprach zu Athene: „Nun üb ich die Werke der Kypris;
  wie es schon Paris getan, stimme auch ich gegen dich."

Anonym

Achills Dreifuß

Dreifuß bin ich aus Erz, in Delphi steh ich als Weihung.
Hat bei Patroklos' Bestattung der schnelle Achill mich gestiftet,
bracht Diomedes mich her, der Tydide, der treffliche Rufer,
da Hellespontos, der breite, ihn siegreich zu Wagen erblickte.

Anonym

Schlacht bei Platää

Als das hellenische Volk mit der Kraft seiner Hände in Ares'
  Feldschlacht, im festen Vertraun auf seinen Willen und Mut,
einst die Perser vertrieben, da baute es für die befreite
  Hellas zum Schmuck den Altar Zeus dem Befreier hier auf.

Simonides

Kybelepriester Alexis

Erde, du meine Mutter, du Amme der phrygischen Löwen,
  du, deren Mysten so gern schwärmen auf Dindymons Höhn,
Hämling Alexis entsagte dem Rasen beim Klingen des Erzes,
  darum weihte er dir, was sein Verzücktsein entfacht:

κύμβαλά τ' ὀξύφθογγα βαρυφθόγγων τ' ἀλαλητὸν   5
αὐλῶν, οὓς μόσχου λοξὸν ἔκαμψε κέρας,
τύμπανά τ' ἠχήεντα καὶ αἵματι φοινιχθέντα
φάσγανα καὶ ξανθάς, τὰς πρὶν ἔσεισε, κόμας.
ἵλαος, ὦ δέσποινα, τὸν ἐν νεότητι μανέντα,
γηραλέον προτέρης παῦσον ἀγρειοσύνης.   10

Pl VI 29 f. 62ᵛ. - **2** Δίνδυμον ἧς Scal. δινδυ μόνης P¹ δινδυμίνης c ... μόνης
Pl **3** τόδε Pl **5** ἀλαλήτων P **6** γέρας P¹ **10** ἀγριωσ- P¹ ἀγριοσ- c em. Pl.

52. ΣΙΜΩΝΙΔΟΥ

Οὕτω τοι, μελία ταναά, ποτὶ κίονα μακρὸν
ἧσο, Πανομφαίῳ Ζηνὶ μένουσ' ἱερά·
ἤδη γὰρ χαλκός τε γέρων αὐτά τε τέτρυσαι
πυκνὰ κραδαινομένα δαΐῳ ἐν πολέμῳ.

Pl VI 147 f. 67ᵛ; Ir. 95. - **1** μελίη ταναή Pl **3** αὐτά Schneidewin αὐτή
4 κραδαινομένη Pl // δαΐῳ c δηΐῳ P¹ Pl.

53. ΒΑΚΧΥΛΙΔΟΥ

Εὔδημος τὸν νηὸν ἐπ' ἀγροῦ τόνδ' ἀνέθηκε
τῷ πάντων ἀνέμων πιοτάτῳ Ζεφύρῳ·
εὐξαμένῳ γάρ οἱ ἦλθε βοαθόος, ὄφρα τάχιστα
λικμήσῃ πεπόνων καρπὸν ἀπ' ἀσταχύων.

Pl VI 39 f. 63ʳ; Matr. XXIV (Ir. 91). - **1** ἀνέθηκεν P¹ **3** βοηθόος Pl.

54. ΠΑΥΛΟΥ ΣΙΛΕΝΤΙΑΡΙΟΥ

Τὸν χαλκοῦν τέττιγα Λυκωρέι Λοκρὸς ἀνάπτει
Εὔνομος ἀθλοσύνας μνᾶμα φιλοστεφάνου.
ἦν γὰρ ἀγὼν φόρμιγγος· ὁ δ' ἀντίος ἵστατο Πάρθης.
ἀλλ' ὅκα δὴ πλάκτρῳ Λοκρὶς ἔκρεξε χέλυς,

gellendklingende Zymbeln, das dumpfe Geschmetter des Hornes,
  das der gebogene Schmuck kraftvollen Rindes einst war,
mächtig dröhnende Pauken, vom Blut gerötete Messer
  und das blonde Gelock, das er geschüttelt dereinst.
Sei ihm gnädig, o Herrin! Er raste in Tagen der Jugend,
  nun aber, da er schon alt, dämpf ihm die Wildheit von einst.

Anonym

Der Krieger

Ruh denn an ragender Säule, du mächtige Lanze. und bleibe
  so als Weihung für Zeus, der die Orakel uns schickt.
Alt schon wurde dein Erz, und morsch nun bist du geworden,
  da dich in blutiger Schlacht ruhlos geschwungen mein Arm.

Simonides

Bauer Eudemos

Bauer Eudemos hat hier dem nützlichsten sämtlicher Winde
  Zephyros mitten im Feld diese Kapelle erbaut.
Auf sein Gebet hin erschien er als Helfer und riß ihm aus reifem
  Ährengehäuse das Korn stürmisch beim Worfeln heraus.

Bakchylides

Musiker Eunomos

Lokrer Eunomos weiht Lykoreus die eherne Grille,
  daß sie vom Wettstreit erzählt, der einen Kranz ihm erbracht.
Galt's doch den Kampf mit der Phorminx; als Gegner stellte sich Par-
Wie nun dem Lokrer das Spiel unter dem Plektron erklang,   [thes.

476 Anthologia Graeca VI

βραγχὸν τετριγυῖα λύρας ἀπεκόμπασε χορδά. 5
πρὶν δὲ μέλος σκάζειν εὔποδος ἁρμονίας,
ἁβρὸν ἐπιτρύζων κιθάρας ὕπερ ἕζετο τέττιξ
καὶ τὸν ἀποιχομένου φθόγγον ὑπῆλθε μίτου·
τὰν δὲ πάρος λαλαγεῦσαν ἐν ἄλσεσιν ἀγρότιν ἀχὼ
πρὸς νόμον ἀμετέρας τρέψε λυροκτυπίας. 10
τῷ σε, μάκαρ Λητῷε, τεῷ τέττιγι γεραίρει,
χάλκεον ἱδρύσας ᾠδὸν ὑπὲρ κιθάρας.

Pl VI 120 f. 66 ᵛ. - 2 ἀθλοσύνα P¹ // μνάμας P 3 Suid. s. Πάρθη, 4 s. κρέκω,
5 s. ἀπεκόμπασεν, 7 s. ἁβρός, 9–10 s. λαλαγεῦσαν, 12 s. ᾠδόν // Πάρθυς Pl
Σπάρτας c 4 πλήκτρῳ Pl // ἔκραξε P¹ 5 βρόγχον Suid. // τετρηχυῖα P¹ -ηγυῖα
c 6 ἁρμωνίας P¹ ἁρμονίης Pl 9 ἠχὼ Pl 10 -κτυπίης Pl 11 τώ σε P¹.

55. ΙΩΑΝΝΟΥ ΤΟΥ ΒΑΡΒΟΚΑΛΛΟΥ

Πειθοῖ καὶ Παφίᾳ πακτὰν καὶ κηρία σίμβλων
τᾶς καλυκοστεφάνου νυμφίος Εὐρυνόμας
Ἑρμοφίλας ἀνέθηκεν ὁ βωκόλος· ἀλλὰ δέχεσθε
ἀντ' αὐτᾶς πακτάν, ἀντ' ἐμέθεν τὸ μέλι.

Pl VI 140 f. 67 ʳ. - Tit.: Βαρβουκ- Pl 1 Παφίη c 2 τῆς et Εὐρυνόμης Pl
3 βουκόλος Pl Suid. s. πηκτή et σίμβλοι // δέχοισθε Pl.

56. ΜΑΚΗΔΟΝΙΟΥ ΥΠΑΤΙΚΟΥ

Κισσοκόμαν Βρομίῳ Σάτυρον σεσαλαγμένον οἴνῳ
ἀμπελοεργὸς ἀνὴρ ἄνθετο Ληναγόρας.
τῷ δὲ καρηβαρέοντι δορήν, τρίχα, κισσόν, ὀπώρην,
πάντα λέγεις μεθύειν, πάντα συνεκλέλυται·
καὶ φύσιν ἀφθόγγοισι τύποις μιμήσατο τέχνη, 5
ὕλης ἀντιλέγειν μηδὲν ἀνασχομένης.

Pl VI 30 f. 62 ᵛ. - 1 κισσοκόμα Pl 2 Ληναγόρας Pl [ex Λιν-] Λιν- P 5 τέχνη P.

siehe, da sprang an der Leier mit schwirrendem Knack eine Saite.
 Eh das harmonische Lied aber noch hinkte im Takt,
kam eine Grille, nahm Platz mit ihrem Gezirp auf der Zither
 und ersetzte den Ton für den geborstenen Strang.
Also paßte sie fein den Sang, den sie früher in Hainen
 ländlich zirpend geübt, meinem Musikstück nun an.
Darum brachte er dir, o hehrer Apollon, die Sängrin,
 deine Grille, aus Erz hier auf der Leier nun dar.

Paulos Silentiarios

Bräutigam Hermophilas

Seht, der knospenbekränzten Eurynoma frommer Verlobte,
 Hirte Hermophilas, bringt Peitho und Paphia hier
weißen Käse und Waben. Empfanget denn gnädig die Gaben:
 nehmet den Käse für sie, nehmet den Honig für mich.

Johannes Barbukallos

Winzer Lenagoras

Winzer Lenagoras weihte dem Bromios hier einen Satyr,
 der, mit Efeu bekränzt, schwankt vom genossenen Wein.
Alles, so meint man wohl, wäre am Taumelnden trunken; das Tierfell,
 Efeu, Früchte und Haar drehten sich alle an ihm.
Siehe, hier formte die Kunst die Natur nach im stummen Gebilde,
 und der formlose Stoff wagte nicht ein mal ein Nein.

Konsul Makedonios

57. ΠΑΥΛΟΥ ΣΙΛΕΝΤΙΑΡΙΟΥ

Σοὶ τόδε πενταίχμοισι ποδῶν ὡπλισμένον ἀκμαῖς
ἀκροχανὲς φοινῷ κρατὶ συνεξερύσας
ἄνθετο δέρμα λέοντος ὑπὲρ πίτυν, αἰγιπόδη Πάν,
Τεῦκρος "Αραψ καύτὰν ἀγρότιν αἰγανέαν.
αἰχμῇ δ' ἡμιβρῶτι τύποι μίμνουσιν ὀδόντων,   5
ᾇ ἔπι βρυχητὰν θὴρ ἐκένωσε χόλον.
Ὑδριάδες Νύμφαι δὲ σὺν ὑλονόμοισι χορείαν
στᾶσαν, ἐπεὶ καύτὰς πολλάκις ἐξεφόβει.

Pl VI 108 f. 66ᵣ. - 2 φονίη Pl 4 καύτὴν et αἰγανέην Pl 6 ᾇ Salm. ᾦ P ᾗ
Pl // βρυχητὴν Pl 7 χορείην Pl 8 στῆσαν Pl.

58. ΙΣΙΔΩΡΟΥ ΣΧΟΛΑΣΤΙΚΟΥ ΒΟΛΒΥΘΙΩΤΟΥ

Λέκτρα μάτην μίμνοντα καὶ ἀπρήκτου σκέπας εὐνῆς
ἄνθετο σοί, Μήνη, σὸς φίλος Ἐνδυμίων,
αἰδόμενος· πολιὴ γὰρ ὅλου κρατέουσα καρήνου
οὐ σῴζει προτέρης ἴχνιον ἀγλαΐης.

Pl VI 33 f. 62 ᵛ. - Tit.: Βολβ. om. Pl 2 σὸς P σοὶ Pl.

59. ΑΓΑΘΙΟΥ ΣΧΟΛΑΣΤΙΚΟΥ

Τῇ Παφίῃ στεφάνους, τῇ Παλλάδι τὴν πλοκαμῖδα,
Ἀρτέμιδι ζώνην ἄνθετο Καλλιρόη·
εὕρετο γὰρ μνηστῆρα, τὸν ἤθελε, καὶ λάχεν ἥβην
σώφρονα καὶ τεκέων ἄρσεν ἔτικτε γένος.

Pl VI 59 f. 64ᵣ.

60. ΠΑΛΛΑΔΑ

Ἀντὶ βοὸς χρυσέου τ' ἀναθήματος Ἴσιδι τούσδε
θήκατο τοὺς λιπαροὺς Παμφίλιον πλοκάμους.
ἡ δὲ θεὸς τούτοις γάνυται πλέον ἤπερ Ἀπόλλων
χρυσῷ, ὃν ἐκ Λυδῶν Κροῖσος ἔπεμπε θεῷ.

Pl VI 60 f. 64ᵣ. - 2 τοὺς om. P¹ // -λίου πλοκάμης P¹ 3 γάννυται P 4 ὃν ἐκ
Λυδῶν P τὸν Λυδὸς [ex -δῶν] Pl.

Löwensieger Teukros

Dieses blutige Fell mit dem gähnenden Rachen des Löwen
 und den Tatzen, dran fünf reißende Krallen zu sehn,
hat dir, bockfüßiger Pan, der Araber Teukros als Gabe
 neben den ländlichen Speer hier an die Pinie gehängt.
Halbzerbissen schon zeigt der Speer die Spuren der Zähne,
 dran das Raubtier umsonst brüllend sein Wüten geübt.
Reigen schlingen nun wieder die Nymphen der Wasser und Wälder,
 hat doch das Untier auch sie oftmals von dannen gescheucht.

Paulos Silentiarios

Endymion

Mene, dir weihte dein Freund Endymion hier dies vergeblich
 wartende Lager und dies Decktuch zum unnützen Bett:
nur noch – voll Ehrfurcht vor dir; denn grau nun ward ganz ihm der
 und von dem früheren Glanz blieb keine Spur mehr zurück. [Scheitel

Isidoros Scholastikos von Bolbythia

Hausmutter Kallirrhoë

Siehe, Kallirrhoë weiht den Kranz Aphrodite, die Locken
 Pallas, und Artemis bringt sie ihren Gürtel hier dar.
Denn sie gewann einen Gatten, so wie sie sich's wünschte, verlebte
 sittsam die Jugend und hat Söhnen das Leben geschenkt.

Agathias Scholastikos

Braut Pamphilion

Statt eines Rindes als Opfer und statt eines goldnen Geschenkes
 weihte Pamphilion hier Isis ihr duftendes Haar.
Und es freut sich die Göttin mehr über die Gabe als Phoibos
 über das Gold, das ihm Kroisos von Lydien gesandt.

Palladas

61. ΤΟΥ ΑΥΤΟΥ

Ὤ ξυρὸν οὐράνιον, ξυρὸν ὄλβιον, ᾧ πλοκαμῖδας
κειραμένη πλεκτὰς ἄνθετο Παμφίλιον,
οὖ σέ τις ἀνθρώπων χαλκεύσατο, πὰρ δὲ καμίνῳ
Ἡφαίστου χρυσέην σφῦραν ἀειραμένη
ἡ λιπαροκρήδεμνος, ἵν' εἴπωμεν καθ' Ὅμηρον,   5
χερσί σε ταῖς ἰδίαις ἐξεπόνησε Χάρις.

Pl VI 61 f. 64ʳ. – 5–6 Suid. s. λιπαροκρήδεμνος.

62. ΦΙΛΙΠΠΟΥ ΘΕΣΣΑΛΟΝΙΚΕΩΣ

Κυκλοτερῆ μόλιβον, σελίδων σημάντορα πλευρῆς,
καὶ σμίλαν, δονάκων ἀκροβελῶν γλυφίδα,
καὶ κανόν' ἰθυβάτην καὶ τὴν παρὰ θῖνα κίσηριν,
αὐχμηρὸν πόντου τρηματόεντα λίθον,
Καλλιμένης Μούσαις ἀποπαυσάμενος καμάτοιο   5
θῆκεν, ἐπεὶ γήρᾳ κανθὸς ἐπεσκέπετο.

A: ἀνάθημα ταῖς Μούσαις παρὰ Καλλιμένους καλλιγράφου. – Pl VI 161 f. 68ʳ. –
3 κανονῖδ' ὑπάτην P Pl em. Stadtm. 4 τριματ- P¹.

63. ΔΑΜΟΧΑΡΙΔΟΣ

Γραμμοτόκῳ πλήθοντα μελάσματι κυκλομόλυβδον
καὶ κανόνα, γραφίδων ἰθύτατον φύλακα,
καὶ γραφικοῖο δοχεῖα κελαινοτάτοιο ῥεέθρου
ἄκρα τε μεσσοτόμους εὐγλυφέας καλάμους
τρηχαλέην τε λίθον, δονάκων εὐθηγέα κόσμον,   5
ἔνθα περιτριβέων ὀξὺ χάραγμα πέλει,
καὶ γλύφανον καλάμου, πλατέος γλωχῖνα σιδήρου,
ὅπλα σοὶ ἐμπορίης ἄνθετο τῆς ἰδίης
κεκμηὼς Μενέδημος ὑπ' ἀχλύος ὄμμα παλαιόν,
Ἑρμεία· σὺ δ' ἀεὶ φέρβε σὸν ἐργατίνην.   10

* Pl VI 162 f. 68ʳ. – 1 -τόκον P¹ // κύκλα μόλ. P κυκλομόλιβδον Pl 2 ἰθυτάτων
P Pl em. Bothe 3 ῥέεθρα P 5 λίθων P¹ // κόσμου Pl 7 γλυφανοῦ P Pl em.
Brunck // σιδάρου P 9 κεκμηκὼς Pl // ὄμματα λαιὸν P¹ 10 Ἑρμείᾳ P.

Ein gleiches

Himmlischer, seliger Stahl, du Messer, mit dem ihre Flechten
  sich Pamphilion schnitt, die sie hier weihend entbot,
o, es war nicht ein Mensch, ein Sterblicher, der dich geschmiedet,
  nein, den Hammer aus Gold schwang an der Esse Hephaists
Charis im glänzenden Schleier – so darf mit Homeros ich sagen –,
  und mit eigener Hand hat sie dich schaffend geformt.

Palladas

Schreiber Kallimenes

Rundliches Plättchen aus Blei, die Seiten der Blätter zu zeichnen,
  und ein Messer, des Rohrs Spitze zu schneiden damit,
ferner ein Richtlineal und den trockenen, porendurchzognen
  Bimsstein, den an des Meers Strande man einstens geholt,
weihte Kallimenes hier den Musen, da er der Arbeit
  heute entsagte; denn trüb wurde vor Alter sein Blick.

Philippos von Thessalonike

Schreiber Menedemos

Ein mit Schwärze gefülltes und Linien erzeugendes Rundblei,
  ein Lineal, das scharf über den Bleistift gewacht,
ferner Behälter, voll dunkelstem Saft zum Schreiben, und Rohre,
  trefflich geglättet, am End mittlings gespalten durch Schnitt,
auch einen rauhen Stein, der die Rohre prächtig gespitzt hält,
  der ihnen, wurden sie stumpf, wiederum Schärfe verleiht,
und ein Federmesser mit breiter Klinge und Spitze,
  Werkzeuge seines Berufs, bracht Menedemos nun dir,
Hermes, zur Weihe; denn alt ist und nebelverhangen sein Auge.
  Du aber sorge, daß stets Nahrung dein Diener erhält.

Damocharis

64. ΠΑΥΛΟΥ ΣΙΛΕΝΤΙΑΡΙΟΥ

Γυρὸν κυανέης μόλιβον σημάντορα γραμμῆς
καὶ σκληρῶν ἀκόνην τρηχαλέην καλάμων
καὶ πλατὺν ὀξυντῆρα μεσοσχιδέων δονακήων
καὶ κανόνα γραμμῆς ἰθυπόρου ταμίην
καὶ χρόνιον γλυπτοῖσι μέλαν πεφυλαγμένον ἄντροις   5
καὶ γλυφίδας καλάμων ἄκρα μελαινομένων
Ἑρμείῃ Φιλόδημος, ἐπεὶ χρόνῳ ἐκκρεμὲς ἤδη
ἦλθε κατ' ὀφθαλμῶν ῥυσὸν ἐπισκύνιον.

Pl VI 163 f. 68ʳ. - 2 σκληρὰν P¹ 4 ταμίης P 7 χρόνου Pl 8 ῥυσσὸν Pl.

65. ΤΟΥ ΑΥΤΟΥ

Τὸν τροχόεντα μόλυβδον, ὃς ἀτραπὸν οἶδε χαράσσειν
ὀρθὰ παραξύων ἰθυτενῆ κανόνα,
καὶ χάλυβα σκληρὸν καλαμηφάγον, ἀλλὰ καὶ αὐτὸν
ἡγεμόνα γραμμῆς ἀπλανέος κανόνα
καὶ λίθον ὀκριόεντα, δόναξ ὅθι δισσὸν ὀδόντα   5
θήγεται ἀμβλυνθεὶς ἐκ δολιχογραφίης,
καὶ βυθίην Τρίτωνος ἀλιπλάγκτοιο χαμεύνην,
σπόγγον, ἀκεστορίην πλαζομένης γραφίδος,
καὶ κίστην πολύωπα μελανδόκον, εἰν ἑνὶ πάντα
εὐγραφέος τέχνης ὄργανα ῥυομένην,   10
Ἑρμῇ Καλλιμένης, τρομερὴν ὑπὸ γήραος ὄκνῳ
χεῖρα καθαρμόζων ἐκ δολιχῶν καμάτων.

Pl VI 164 f.68ʳ. - Tit. om. Pl 1 μόλιβδον Pl 3 καλαμογλύφον Stadtm. 8 ἀκεστορίης P¹ 9 εἰν οἱ ἅπαντα W. Schulze.

66. ΤΟΥ ΑΥΤΟΥ

Ἄβροχον ἀπλανέος μόλιβον γραπτῆρα κελεύθου,
ἧς ἔπι ῥιζοῦται γράμματος ἁρμονίη,
καὶ κανόνα, τροχαλοῖο κυβερνητῆρα μολύβδου,
καὶ λίθακα τρητήν, σπόγγῳ ἐειδομένην,

Schreiber Philodemos

Rundliches Blei zum Ziehen der dunklen Linien, den rauhen
  Stein, der trefflich das stumpf werdende Rohr wieder spitzt,
ferner den breiten Stahl, der es schärft und mittlings es spaltet,
  ein Lineal, den Herrn grade-verlaufender Schrift,
Tinte, lange bewahrt in herrlich gehöhlter Behausung,
  Messer zum Schneiden des Rohrs, das an der Spitze geschwärzt:
gab Philodemos dem Hermes; denn schlaff nun wurde das Auglid
  ihm vor Alter und hangt über sein Auge herab.

Paulos Silentiarios

Schreiber Kallimenes

Dieses Rädchen aus Blei, das stets auf dem grade-gestreckten
  Lineale vorbei ebene Pfade beschreibt,
diesen gehärteten Stahl, den Verzehrer der Rohre, jedoch auch
  das Lineal, das stets sicher die Zeilen bestimmt,
und einen rauhen Stein, auf dem das Rohr seine beiden
  Zähne sich wetzt, wenn viel Schreiben sie stumpf ihm gemacht,
diesen Schwamm, der Triton, dem Gotte des Meeres, als Bette
  drunten gedient hat und heilt, wenn sich die Feder geirrt,
endlich mit zahlreichen Fächern ein Kästchen, das neben der Tinte
  alles Geräte vereint, wie es die Schreibkunst verlangt:
weihte Kallimenes hier dem Hermes; nach Jahren der Arbeit
  gönnt er den Händen, die ihm zittern vor Alter, nun Ruh.

Paulos Silentiarios

Ein gleiches

Blei, das ohne die Tinte geradeste Pfade bezeichnet,
  drauf als Basis der Schrift sichres Gefüge beruht,
ferner ein Richtlineal, den Lotsen des bleiernen Rädchens,
  einen porösen Stein, der sich dem Schwamme vergleicht,

καὶ μέλανος σταθεροῖο δοχήιον, ἀλλὰ καὶ αὐτῶν   5
εὐγραφέων καλάμων ἀκροβαφεῖς ἀκίδας,
σπόγγον, ἀλὸς βλάστημα, χυτῆς λειμῶνα θαλάσσης,
καὶ χαλκὸν δονάκων τέκτονα λεπταλέων
ἐνθάδε Καλλιμένης φιλομειδέσιν ἄνθετο Μούσαις,
γήραϊ κεκμηὼς ὄμματα καὶ παλάμην.   10

* Pl VI 165 f.68ʳ. - 1 ἀπλανεως (-ευς?) P¹ 2 ἀρμονίη P 3 μολίβδου Pl 9 φιλο-
μήδ- Suid. s. κεκμηκώς 10 κεκμηκὼς Pl Suid. // παλάμας Suid.

67. ΙΟΥΛΙΑΝΟΥ ΑΠΟ ΥΠΑΡΧΩΝ ΑΙΓΥΠΤΙΟΥ

Ἀκλινέας γραφίδεσσιν ἀπιθύνοντα πορείας
τόνδε μόλυβδον ἄγων καὶ μολίβου κανόνα
σύνδρομον ἡνιοχῆα πολυτρήτου τ' ἀπὸ πέτρης
λᾶαν, ὃς ἀμβλεῖαν θῆγε γένυν καλάμου,
σὺν δ' αὐτοῖς καλάμοισι μέλαν, μυστήρια φωνῆς   5
ἀνδρομέης, σμίλης τ' ὀξυτόμου κοπίδα
Ἑρμείη Φιλόδημος, ἐπεὶ χρόνος ὄμματος αὐγὴν
ἀμβλύνας παλάμῃ δῶκεν ἐλευθερίην.

Pl VI 166 f. 68 ᵛ. - 2 μόλιβδον Pl 4 θῆκε Pl 6 ὀξύτομον P.

68. ΤΟΥ ΑΥΤΟΥ

Αὔλακας ἰθυπόρων γραφίδων κύκλοισι χαράσσων
ἄνθεμά σοι τροχόεις οὗτος ἐμὸς μόλιβος
καὶ μολίβῳ χρωστῆρι κανὼν τύπον ὀρθὸν ὀπάζων
καὶ λίθος εὐσχιδέων θηγαλέη καλάμων
σὺν καλάμοις ἄγγος τε μελανδόκον, οἷσι φυλάσσει   5
αἰὼν ἐσσομένοις γῆρυν ἀποιχομένων·
δέχνυσο καὶ γλυπτῆρα σιδήρεον, ᾧ θρασὺς Ἄρης
σὺν Μούσαις ἰδίην δῶκε διακτορίην,
Ἑρμείῃ· σὰ γὰρ ὅπλα· σὺ δ' ἀδρανέος Φιλοδήμου
ἴθυνε ζωὴν λειπομένοιο βίου.   10

Pl VI 167 f. 68 ᵛ. - 2 τροχόεις c τροχθεὶς P¹ τρωχθεὶς Pl 4 θηγαλέος Pl.

einen Behälter voll Tinte, die niemals erlischt, auch die Rohre,
    spitz und am Ende geschwärzt, passend für prächtige Schrift,
dann den Sprößling der See, den Schwamm, die Pflanze des Meeres,
    und eine Klinge, die leicht-wiegendes Rohr wieder schärft:
weihte Kallimenes hier den freundlich lächelnden Musen,
    da ihm das Alter die Hand wie auch das Auge geschwächt.

Paulos Silentiarios

Schreiber Philodemos

Dieses Blei, das den Linien die sicheren Pfade bezeichnet,
    ein Lineal, des Bleis Führer und Lenker im Lauf,
einen Stein, gebrochen vom vieldurchlöcherten Blocke,
    der den Schnabel des stumpf werdenden Rohres gewetzt,
auch die Rohre, die Tinte, die Wahrerin menschlicher Stimme,
    und mit diesen des Stahls scharfen und schneidenden Kneif:
gab Philodemos dem Hermes; matt hat ihm das Alter des Auges
    Glanz nun gemacht und so Freiheit gegeben der Hand.

Julianos, Präfekt von Ägypten

Ein gleiches

Dies mein rundliches Plättchen aus Blei, das rollend der Linien
    grade Furchen mir zog, bring ich als Gabe dir dar,
ein Lineal, das Richtung dem färbenden Bleie gegeben,
    einen wetzenden Stein für das gespaltene Rohr,
und ein Fäßchen voll Tinte samt Rohren, mit denen der Äon
    künftigen Menschen getreu Worte Vergangner bewahrt.
Nimm auch das eiserne Messer, dem Ares, der mutige Kämpfer,
    und die Musen das Reich ihrer Personen vertraut,
Hermes, denn dein sind die Dinge. Du schirm Philodemos, der heute
    nichts mehr zum Leben besitzt und auch die Kraft noch verlor.

Julianos von Ägypten

486   Anthologia Graeca VI

69. ΜΑΚΗΔΟΝΙΟΥ ΥΠΑΤΟΥ

Νῆα Ποσειδάωνι πολύπλανος ἄνθετο Κράντας
ἔμπεδον ἐς νηοῦ πέζαν ἐρεισάμενος,
αὔρης οὐκ ἀλέγουσαν ἐπὶ χθονός, ἧς ἔπι Κράντας
εὐρὺς ἀνακλινθεὶς ἄτρομον ὕπνον ἔχει.

Pl VI 128 f. 67ʳ. - 1 Κράντος Pl   2 νηοῦ: κείνου Suid. s. πέζα   3 Κράντος Pl.

70. ΤΟΥ ΑΥΤΟΥ

Νῆά σοι, ὦ πόντου βασιλεῦ καὶ κοίρανε γαίης,
ἀντίθεμαι Κράντας, μηκέτι τεγγομένην,
νῆα, πολυπλανέων ἀνέμων πτερόν, ἧς ἔπι δειλὸς
πολλάκις ὠισάμην εἰσελάαν Ἀίδῃ·
πάντα δ᾽ ἀπειπάμενος, φόβον, ἐλπίδα, πόντον, ἀέλλας,   5
πιστὸν ὑπὲρ γαίης ἴχνιον ἡδρασάμην.

Pl VI 129 f. 67ʳ. - 2 Κράντος Pl   4 Ἀίδην Pl   5 πόντον Pl πόρον P // ἀέλλης
P¹   6 ἡδρασάμην Pl ἰδ- P¹ ἰδ- c.

71. ΠΑΥΛΟΥ ΣΙΛΕΝΤΙΑΡΙΟΥ

Σοὶ τὰ λιποστεφάνων διατίλματα μυρία φύλλων,
σοὶ τὰ νοοπλήκτου κλαστὰ κύπελλα μέθης,
βόστρυχα σοὶ τὰ μύροισι δεδευμένα, τῇδε κονίῃ
σκῦλα ποθοβλήτου κεῖται Ἀναξαγόρα,
σοὶ τάδε, Λαΐς, ἅπαντα· παρὰ προθύροις γὰρ ὁ δειλὸς   5
τοῖσδε, σὺν ἀκρήβαις πολλάκι παννυχίσας,
οὐκ ἔπος, οὐ χαρίεσσαν ὑπόσχεσιν, οὐδὲ μελιχρῆς
ἐλπίδος ὑβριστὴν μῦθον ἐπεσπάσατο,
φεῦ φεῦ, γυιοτακὴς δὲ λιπὼν τάδε σύμβολα κώμων
μέμφεται ἀστρέπτου κάλλεϊ θηλυτέρης.   10

A: ἀνάθημα Λαΐδος. - Pl VI 55 f. 63ᵛ. - 2 κλαστὰ c πλακτὰ P¹ πλαστὰ
Pl   4 Ἀναξαγόρου [ex -ρα] Pl   5 ante Λαΐς suprascr. ὦ Pl 9-10 Suid. s. γῦα
[om. φεῦ φεῦ]   10 ἀστρέπτου P¹ Pl [post] Suid. -τῳ c Pl [primo] // θηλυτέραις Pl.

Seemann Krantas

Krantas weihte sein Boot nach der Fülle der Fahrten Poseidon;
auf des Heiligtums Grund stellte er sicher es auf.
Land nun fand es und kennt keine Furcht mehr vor Stürmen, und
findet bequem nun gestreckt hier einen sorglosen Schlaf.   [Krantas

Konsul Makedonios

Ein gleiches

Herr und Gebieter des Meers, du König des Festlands, dir weih ich,
    ich, der Krantas, den Kahn, den keine Woge mehr näßt,
den gleichwie eine Feder die Winde gejagt und auf dem ich
    oftmals glaubte, die Fahrt ginge zum Hades hinab.
Allem hab ich entsagt, Furcht, Hoffnung, Wellen und Wetter,
    nun ich vertrauend den Fuß fest auf die Erde gesetzt.

Konsul Makedonios

Anaxagoras an Laïs

Dir hier die tausend Stücke entblätterter Kränze, dir diese
    Scherben der Becher, daran trunken mein Sinn sich verwirrt,
dir diese Locken, durchfeuchtet vom Öl: dir, Laïs, zur Beute
    liegt es hier alles im Staub von Anaxagoras' Hand,
der dich voll Sehnsucht geliebt; denn oft hat der Arme mit seinen
    jungen Gefährten am Tor hier seine Nächte verbracht
und entriß dir – kein Wort, kein liebes Verheißen, kein Rufen,
    das auch mit Spott nur bedacht, was er so süß sich erhofft.
Ach, ihm versagen die Kräfte; hier läßt er die Zeugen der Ständchen,
    zürnend dem strahlenden Reiz einer gefühllosen Frau.

Paulos Silentiarios

72. ΑΓΑΘΙΟΥ ΣΧΟΛΑΣΤΙΚΟΥ

Εἶδον ἐγὼ τὸν πτῶκα καθήμενον ἐγγὺς ὀπώρης
βακχιάδος, πουλὺν βότρυν ἀμεργόμενον.
ἀγρονόμῳ δ' ἀγόρευσα, καὶ ἔδρακεν· ἀπροϊδὴς δὲ
ἐγκέφαλον πλήξας ἐξεκύλισε λίθῳ.
εἶπε δὲ καγχαλόων ὁ γεωπόνος· ,,Ἆ τάχα Βάκχῳ   5
λοιβῆς καὶ θυέων μικτὸν ἔδωκα γέρας.''

Pl VI 40 f. 63ʳ. – 2 ἀμελγ- Suid. s. πτώξ 4 -κύλισσε P 5 καγχαλόων Maas καὶ
χαίρων P Pl, fort. καγχαίρων.

73. ΜΑΚΗΔΟΝΙΟΥ ΥΠΑΤΟΥ

Δάφνις ὁ συρικτὰς τρομερῷ περὶ γήραϊ κάμνων,
χειρὸς ἀεργηλᾶς τάνδε βαρυνομένας
Πανὶ φιλαγραύλῳ νομίαν ἀνέθηκε κορύναν,
γήραϊ ποιμενίων παυσάμενος καμάτων.
εἰσέτι γὰρ σύριγγι μελίσδομαι, εἰσέτι φωνὰ   5
ἄτρομος ἐν τρομερῷ σώματι ναιετάει,
ἀλλὰ λύκοις σίντησιν ἀν' οὔρεα μή τις ἐμεῖο
αἰπόλος ἀγγείλῃ γήραος ἀδρανίην.

Pl VI 141 f. 67ᵛ. – 2 -νομέναν Pl [ex -ας] 4 ποιμαίνων P¹ 5 μελίσδεται Pl.

74. ΑΓΑΘΙΟΥ ΣΧΟΛΑΣΤΙΚΟΥ

Βασσαρὶς Εὐρυνόμη σκοπελοδρόμος, ἥ ποτε ταύρων
πολλὰ τανυκραίρων στέρνα χαραξαμένη,
ἡ μέγα καγχάζουσα λεοντοφόνοις ἐπὶ νίκαις,
παίγνιον ἀτλήτου θηρὸς ἔχουσα κάρη,
ἱλήκοις, Διόνυσε, τεῆς ἀμέλησα χορείης,   5
Κύπριδι βακχεύειν μᾶλλον ἐπειγομένη.
θῆκα δέ σοι τάδε ῥόπτρα, παραρρίψασα δὲ κισσὸν
χεῖρα περισφίγξω χρυσοδέτῳ σπατάλῃ.

Pl VI 31 f. 62ᵛ. – 1 ταῦρος P¹ 5 ἱλίκοις Διόνυσσε P 7 τάδε: τὰ γε P¹.

Hase als Opfer

Nah bei den Früchten des Bakchos sah jüngst einen Hasen ich sitzen,
  Trauben kelterte er immerzu in sich hinein.
Als ich dem Landmann es sagte und dieser es merkte, da griff er
  nach einem Steine und warf jäh ihm das Hirn aus dem Kopf.
Spöttisch dann lachte der Bauer. „Da hab ich auf einmal", so rief er,
  „Trank und Speise zugleich Bakchos als Opfer gebracht."

Agathias Scholastikos

Der alte Daphnis

Daphnis, der Syrinxbläser, ermüdet und zitternd vor Alter,
  das seine Hände befiel und sie zur Ruhe verdammt,
weiht seinen hirtlichen Stab dem Pan, dem Schützer der Fluren,
  da ihm das Alter die Müh, Schafe zu weiden, versagt.
Noch aber spiel ich die Syrinx, und immer noch wohnt eine Stimme,
  die nicht zittert und bebt, mir in dem zitternden Leib.
Laßt keinen Geißhirt darum den räubrischen Wölfen auf Bergen
  droben verkünden, ich sei alt nun geworden und schwach.

Konsul Makedonios

Bakchin Eurynome

Ich, die Eurynome, sprang als Bakchin auf Bergen; oft hab ich
  Stieren mit mächtigem Horn rasend die Rippen zermalmt;
jauchzend hab ich gelacht, wenn ich siegreich den Löwen gemordet
  und des gewaltigen Tiers Haupt mir als Spielzeug geholt.
O verzeih mir nun, Bakchos: ich hab deine Chöre verlassen,
  Kypris' mänadisches Fest zog mich verlockender an.
Dir aber bracht ich die Pauken, fort warf ich den Efeu: am Arme
  trage ich über der Hand fürder ein goldenes Band.

Agathias Scholastikos

75. ΠΑΥΛΟΥ ΣΙΛΕΝΤΙΑΡΙΟΥ

Ἄνδροκλος, ὤπολλον, τόδε σοὶ κέρας, ᾧ ἐπὶ πουλὺν
θῆρα βαλὼν ἄγρας εὔσκοπον εἶχε τύχην.
οὔποτε γὰρ πλαγκτὸς γυρᾶς ἐξᾶλτο κεραίας
ἰὸς ἐπ' ἠλεμάτῳ χειρὸς ἐκηβολίᾳ.
ὁσσάκι γὰρ τόξοιο παναγρέτις ἴαχε νευρά,   5
τοσσάκις ἦν ἀγρεὺς ἥέρος ἢ ξυλόχου.
ἀνθ' ὧν σοὶ τόδε, Φοῖβε, τὸ Λύκτιον ὅπλον ἀγινεῖ
χρυσείαις πλέξας μείλιον ἀμφιδέαις.

1 ἐπὶ Waltz επι P¹ ἔπι c   3 γυρὰς ἔξάλτο P em. Brunck   5 παναγρέτις Jac.
-άγρετος   8 ἀμφὶ δέαις c.

76. ΑΓΑΘΙΟΥ ΣΧΟΛΑΣΤΙΚΟΥ

Σὸς πόσις 'Αγχίσης, τοῦ εἴνεκα πολλάκι, Κύπρι,
τὸ πρὶν ἐς 'Ιδαίην ἔτρεχες ἠιόνα,
νῦν μόλις εὗρε μέλαιναν ἀπὸ κροτάφων τρίχα κόψαι,
θῆκε δὲ σοὶ προτέρης λείψανον ἡλικίης.
ἀλλά, θεά, δύνασαι γάρ, ἢ ἡβητῆρά με τεῦξον   5
ἢ καὶ τὴν πολιὴν ὡς νεότητα δέχου.

Pl VI 34 f. 63ʳ. -   1 Κύπρις vel -ρος P¹   2 ἔτρεχεν P¹   3 κόψας P¹.

77. ΕΡΑΤΟΣΘΕΝΟΥΣ ΣΧΟΛΑΣΤΙΚΟΥ

Οἰνοπότας Ξενοφῶν κενεὸν πίθον ἄνθετο, Βάκχε·
δέχνυσο δ' εὐμενέως· ἄλλο γὰρ οὐδὲν ἔχει.

Pl VI 126 f. 67ʳ. -   1 Βάκχῳ Pl.

78. ΤΟΥ ΑΥΤΟΥ

Τὼς τρητὼς δόνακας, τὸ νάκος, τὰν σεῖο κορύναν
ἄνθεσο Πανὶ φίλῳ, Δάφνι γυναικοφίλα.
ὦ Πάν, δέχνυσο δῶρα τὰ Δάφνιδος· ἴσα γὰρ αὐτῷ
καὶ μολπὰν φιλέεις καὶ δύσερως τελέθεις.

1 τὸ νάκος τὰν σεῖο Waltz τὸν ἄκο σταν σεῖο P¹ τὸ νάκος τόδε τᾶν τε c καὶ
ἀκοστὰν σεῖο Suid. s. ἀκοστήσας   2 ἄνθεσο Salm. -ετο // Δάφνις γυναικοφίλας c.

Jäger Androklos

Androklos weiht dir, Apollon, den Bogen, mit dem er so manches
Tier schon geschossen und viel Glück schon als Weidmann gehabt.
Niemals verirrte ein Pfeil sich, sobald von der hürnenen, krummen
Waffe er sauste, und nie flog er vergeblich ihm fort.
Jedesmal, wenn an dem Bogen verderbend die Sehne erklungen,
jedesmal war ihm ein Fang sicher in Luft oder Wald.
Darum bringt er dir nun als Gabe die Waffe aus Lyktos,
die er mit Ringen von Gold, Phoibos, umschlossen für dich.

Paulos Silentiarios

Anchises

Kypris, dein Gatte Anchises, um dessentwillen du früher
zum Idaiischen Strand wieder und wieder geeilt,
findet nun kaum an den Schläfen ein dunkles Haar noch zu schneiden,
darum bringt er den Rest einstiger Jugend dir dar.
Entweder gib mir – du kannst es – die Jugend zurück oder nimm auch,
Göttin, mein Alter nun hin, wie du mein Jungsein gehabt.

Agathias Scholastikos

Trinker Xenophon

Weiht dir die leere Amphore der Trinker Xenophon, Bakchos,
nimm sie in Gnaden denn an: weiter besitzt er nichts mehr.

Eratosthenes Scholastikos

Daphnis

Deine durchlöcherten Rohre, den hirtlichen Stab und das Schaffell,
weih sie dem Pan, deinem Freund, Daphnis, verliebter Gesell.
Pan, nimm an die Geschenke, die Daphnis dir bietet; du liebst ja
auch die Gesänge und hast Unglück in Liebe – wie er.

Eratosthenes Scholastikos

79. ΑΓΑΘΙΟΥ ΣΧΟΛΑΣΤΙΚΟΥ

Ἄσπορα, Πὰν λοφιῆτα, τάδε Στρατόνικος ἀροτρεύς
ἀντ' εὐεργεσίης ἄνθετό σοι τεμένη.
„Βόσκε", δ' ἔφη, „χαίρων τὰ σὰ ποίμνια καὶ σέο χώρην
δέρκεο τὴν χαλκῷ μηκέτι τεμνομένην.
αἴσιον εὑρήσεις τόδ' ἐπαύλιον· ἐνθάδε γάρ σοι   5
Ἠχὼ τερπομένη καὶ γάμον ἐκτελέσει."

Pl VI 41 f. 63ʳ. - **2** τεμένη ο -νει Pl κημένη P¹ **5** τόδ' Brunck τὸ.

80. ΤΟΥ ΑΥΤΟΥ

Δαφνιακῶν βίβλων 'Αγαθιὰς ἐννεάς εἰμι·
ἀλλά μ' ὁ τεκτήνας ἄνθετο σοί, Παφίη.
οὐ γὰρ Πιερίδεσσι τόσον μέλω ὅσσον Ἔρωτι,
ὄργια τοσσατίων ἀμφιέπουσα πόθων.
αἰτεῖ δ' ἀντὶ πόνων, ἵνα οἱ διὰ σεῖο παρείη   5
ἤ τινα μὴ φιλέειν ἤ ταχὺ πειθομένην.

Pl VI 69 f. 64ᵛ. - **1** 'Αγαθιὰς c -θιὰς P¹ -θίου Pl **3** schol. Theocr. 3,52 // τόσσον P
4 πόθῳ Suid. s. Πιερία.

81. ΠΑΥΛΟΥ ΣΙΛΕΝΤΙΑΡΙΟΥ

'Ασπίδα ταυρείην, ἔρυμα χροός, ἀντιβίων τε
πολλάκις ἐγχείην γευσαμένην χολάδων
καὶ τὸν ἀλεξιβέλεμνον ἀπὸ στέρνοιο χιτῶνα
καὶ κόρυν ἱππείαις θριξὶ δασυνομένην
ἄνθετο Λυσίμαχος γέρας Ἄρεϊ, γηραλέον νῦν   5
ἀντὶ πανοπλίης βάκτρον ἀμειψάμενος.

Pl VI 148 f. 67ᵛ. - **2** ἐγχείειν P¹.

82. ΤΟΥ ΑΥΤΟΥ

Αὐλοὺς Πανὶ Μελίσκος· ὁ δ' ἔννεπε μὴ γέρας αἴρειν
τούτοις· „Ἐκ καλάμων οἶστρον ἐπεσπασάμην."

Pl VI 142 f. 67ᵛ; Laur. 31, 28. - Tit. om. Pl 'Ανύτης Laur. [errore].

Bauer Stratonikos

Saatlos bleibt dies Gefild. Stratonikos, der Bauersmann, weiht es
   dir, Pan, dem Freunde des Bergs, dankbar als heilgen Bezirk.
Hüte hier, spricht er, die Herden voll Lust und betrachte die Erde,
   die ein eherner Pflug nie mehr durchschneidet, als dein.
Glückhaft wirst du es finden, dies kleine Gütchen; auch Echo
   freut sich darüber und schließt gerne die Hochzeit mit dir.

Agathias Scholastikos

Agathias an Paphia

Wir, die **Daphniaka**, sind Agathias' Schöpfung, neun Bücher;
   er aber, der uns erschuf, bracht uns dir, Paphia, dar.
Denn nicht die Musen so sehr wie Eros liegt uns am Herzen,
   Liebesmysterien sind's, die wir in Fülle begehn.
Doch für die Mühen begehrt er: Vergönn ihm, kein Mädchen zu lieben
   oder ein Mädchen, das rasch auch seine Liebe erhört.

Agathias Scholastikos

Krieger Lysimachos

Diesen Schlachtschild aus Stierhaut, die Schutzwehr des Leibes, die
   die seines Gegners Gedärm oftmals gekostet, auch dies   [Lanze,
Stahlhemd, das von der Brust so viele Geschosse schon wehrte,
   und diesen ehernen Helm, den noch der Roßschweif bedeckt,
bringt Lysimachos nun dem Ares zur Weihe: statt aller
   Waffen nimmt heute der Greis lieber den stützenden Stab.

Paulos Silentiarios

Musiker Meliskos

Flöten weihte Meliskos dem Pan; da wehrte der Gott ihm
   dieses Geschenk: „Aus Rohr ward mir nur Wahnsinn zuteil."

Paulos Silentiarios

83. ΜΑΚΗΔΟΝΙΟΥ ΥΠΑΤΟΥ

Τὴν κιθάρην Εὔμολπος ἐπὶ τριπόδων ποτὲ Φοίβῳ
ἄνθετο, γηραλέην χεῖρ' ἐπιμεμφόμενος,
εἶπε δέ· „Μὴ ψαύσαιμι λύρης ἔτι μηδ' ἐθελήσω
τῆς πάρος ἁρμονίης ἐμμελέτημα φέρειν.
ἠιθέοις μελέτω κιθάρης μίτος· ἀντὶ δὲ πλήκτρου   5
σκηπανίῳ τρομερὰς χεῖρας ἐρεισάμεθα."

Pl VI 121 f. 66 ᵛ. - 1 κίθαριν P¹   4 φέρων P¹   6 -σόμεθα (!) Pl.

84. ΠΑΥΛΟΥ ΣΙΛΕΝΤΙΑΡΙΟΥ

Ζηνὶ τόδ' ὀμφάλιον σάκεος τρύφος, ᾧ ἔπι λαιὰν
ἔσχεν ἀριστεύων, ἄνθετο Νικαγόρας·
πᾶν δὲ τὸ λοιπὸν ἄκοντες ἰσάριθμός τε χαλάζῃ
χερμὰς καὶ ξιφέων ἐξεκόλαψε γένυς.
ἀλλὰ καὶ ἀμφίδρυπτον ἐὸν τόδε χειρὶ μεναίχμα   5
σῷζετο Νικαγόρα, σῷζε δὲ Νικαγόραν.
θεσμὸν τὸν Σπάρτας μενεφύλοπιν ἀμφὶ βοείᾳ
τῇδέ τις ἀθρήσει πάντα φυλασσόμενον.

Pl VI 149 f.67ᵛ. - 1-2 Suid. s. ὀμφάλιον   1 ᾧ ἔνι Barber // λαιὴν Pl   3 ἰσήριθμός
Pl   5 μεναίχμᾳ c -μα cet.   6 Νικαγόρα Pl -ρᾳ P.

85. ΠΑΛΛΑΔΑ

Τὸν θῶ καὶ τὰς κνῆ τάν τ' ἀσπίδα καὶ δόρυ καὶ κρᾶ
Γορδιοπριλάριος ἄνθετο Τιμοθέῳ.

Pl VI 150 f. 67 v. - 2 Τιμοθέῳ P -έου ex -έῳ Pl.

86. ΕΥΤΟΛΜΙΟΥ ΣΧΟΛΑΣΤΙΚΟΥ ΙΛΛΟΥΣΤΡΙΟΥ

Κνημῖδας, θώρηκα, σάκος, κόρυν, ἔγχος ᾿Αθήνῃ
῾Ροῦφος Μεμμιάδης Γέλλιος ἐκρέμασεν.

A: εἰς τὸ παιχθὲν ὑπὸ Παλλαδᾶ. - Pl VI 151 f. 67 ᵛ. - 1 κόρυς P   2 Μεμβιάδης
P Pl em. Huet.

Musiker Eumolpos

Weihend legte dereinst Eumolpos dem Phoibos die Zither
auf den Dreifuß; voll Zorn über die alternde Hand
sprach er: „Ich will meine Leier – gelobe ich – nie mehr berühren,
nie mehr üb ich fortan mich in der früheren Kunst.
Jünglinge mögen sich sorgen um Kitharaspiel; statt des Plektrons
faßt meine zitternde Hand nur noch den stützenden Stab."

Konsul Makedonios

Krieger Nikagoras

Dieses Schildstück, den Nabel, den während der Schlachten die linke
Hand des Nikagoras hielt, weihte er dankbar dem Zeus.
Alles übrige fegten die Lanzen, die Schärfe der Schwerter
und die wie Hagel so dicht prasselnden Steine hinweg.
Mags auch ein Teil sein, es hat Nikagoras kraftvollen Armes,
wie es ihn selber bewahrt, so auch es selber bewahrt.
Spartas Gebot vom Stehen im Kampf, man mag es an diesem
Schilde in jeglichem Stück treulich beobachtet sehn.

Paulos Silentiarios

Krieger Gordioprilarios

Seinen Pa und die Schie, den He, den Schild und die Lanze:
Gordjoprilarios bracht alles Timotheos dar.

Palladas

Krieger Gellius

Schienen, Panzer und Schild und Helm und Lanze hat Rufus
Gellius, Memmius' Sohn, hier der Athene geweiht.

Eutolmios Scholastikos Illustrios

87

Ἄνθετό σοι κορύνην καὶ νεβρίδας ὑμέτερος Πάν,
Εὔιε, καλλείψας σὸν χορὸν ἐκ Παφίης.
Ἠχὼ γὰρ φιλέει καὶ πλάζεται· ἀλλὰ σύ, Βάκχε,
ἵλαθι τῷ ξυνὴν ἀμφιέποντι τύχην.

Pl VI 70 f.64ᵛ. – Agathiae trib. Pl 1 κορύναν Suid. s. νεβρίς // ἡμέτερος Pl 4 τύχην
P τέχνην Pl.

88. ΑΝΤΙΦΑΝΟΥΣ ΜΑΚΕΔΟΝΟΣ

Αὐτή σοι Κυθέρεια τὸν ἱμερόεντ' ἀπὸ μαστῶν,
Ἰνώ, λυσαμένη κεστὸν ἔδωκεν ἔχειν,
ὡς ἂν θελξινόοισιν ἀεὶ φίλτροισι δαμάζῃς
ἀνέρας· ἐχρήσω δ' εἰς ἐμὲ πᾶσι μόνον.

A: ἀνάθημα τῇ Ἀφροδίτῃ παρὰ Ἡνοῦς [c, Ἀννοῦς P¹]. – Pl VI 71 f.64ᵛ –
2 Ἡνώ P // λουσαμένη P¹ Pl λυσ- c [qui tamen ου suprascr.].

89. ΜΑΙΚΙΟΥ ΚΟΙΝΤΟΥ

Ἀκταίης νησῖδος ἁλιξάντοισι, Πρίηπε,
χοιράσι καὶ τρηχεῖ τερπόμενε σκοπέλῳ
σοὶ Πάρις ὀστρακόδερμον ὑπ' εὐθήροισι δαμέντα
ὁ γριπεὺς καλάμοις κάραβον ἐκρέμασεν,
σάρκα μὲν ἔμπυρον αὐτὸς ὑφ' ἡμίβρωτον ὀδόντα   5
θείς, μάκαρ, αὐτὸ δὲ σοὶ τοῦτο πόρε σκύβαλον.
τῷ σὺ δίδου μὴ πολλά, δι' εὐάγρου δὲ λίνοιο,
δαῖμον, ὑλακτούσης νηδύος ἡσυχίην.

Pl VI 19 f.62ʳ. – 1 ἁλιξ- P¹ ἀλεξ- Pl 2 τερπόμενε Brunck -ναι P -νος Pl
6 αὐτὸς P 7 μὴ P Suid. [s. ὑλακτούσης] μοι Pl.

90. ΦΙΛΙΠΠΟΥ ΘΕΣΣΑΛΟΝΙΚΕΩΣ

Ἄγκυραν ἐμβρύοικον, ἐρυσινηίδα,
κώπας τε δισσὰς τὰς ἀπωσικυμάτους
καὶ δικτύοις μόλυβδον ἠψιδωμένον
κύρτοις τε φελλοὺς τοὺς ἐπεσφραγισμένους

Der verliebte Pan

Euios, Keule und Hirschfell hat Pan, dein Freund, dir gewidmet
und sich von deinem Verein Kypris zuliebe entfernt.
Echo liebt er und sucht sie auf irrenden Wegen. O Bakchos,
zürne ihm nimmer: er trägt gleiches Verhängnis wie du.

Anonym

Ino

Kypris löste sich selbst den sehnsuchtweckenden Gürtel
von ihrem Busen und gab, Ino, ihn dir zum Geschenk,
daß du für immer die Männer mit zaubrischen Reizen bezwängest.
Und nun hast du bei mir all diese Reize verbraucht.

Antiphanes von Makedonien

Fischer Paris

Dir, dem die blinkenden Klippen des Inselchens hier an dem Ufer
und des zackigen Riffs Felsen gefallen, Priap,
weihte Paris, der Fischer, die schildbedeckte Languste,
die ihm das treffliche Rohr glücklich beim Fischen gebracht.
Schob er sich auch deren Fleisch geröstet schon zwischen die eignen
schartigen Zähne, den Schild widmet er, Seliger, dir.
Gib ihm nur wenig dafür, so viel nur an Beute im Netze,
daß er das Knurren im Leib, Ewger, beschwichtigen kann.

Quintus Mäcius

Fischer Archikles

Den Anker, der in Algen haust und Schiffe hält,
das Paar von Rudern, das die Wasser von sich stößt,
das Blei, das rings an Netzes Rand befestigt ist,
die Korke, die der Fischerreusen Siegel sind,

καὶ πῖλον ἀμφίκρηνον ὕδασι στέγην   5
λίθον τε ναύταις ἑσπέρης πυρσητόκον,
ἁλὸς τύραννε, σοί, Πόσειδον, Ἀρχικλῆς
ἔθηκε λήξας τῆς ἀπ' ἠιόνων ἅλης.

* A: ἀνάθημα τῷ Ποσειδῶνι παρὰ Χαρικλέους. **3** ἡψιδ- Guyet ἡ ψηδ- **4** κύρτοις Dear. -ους // φελλοῖς c // τοὺς φελλοῖς P transpos. Reiske **5** ὑδασιτεγῆ P[1] -τεγγῆ c em. Salm. **6** πυρητ- P em. Hecker **7** ποσὶ δοναιχι κλῆς P[1].

91. ΘΑΛΛΟΥ ΜΙΛΗΣΙΟΥ

Ἀσπίδα μὲν Πρόμαχος, τὰ δὲ δούρατα θῆκεν Ἀκοντεύς,
τὸ ξίφος Εὐμήδης, τόξα δὲ ταῦτα Κύδων,
Ἱππομέδων τὰ χαλινά, κόρυν δ' ἀνέθηκε Μελάντας,
κνημῖδας Νίκων, κοντὸν Ἀριστόμαχος,
τὸν θώρηκα Φιλῖνος· ἀεὶ δ', Ἄρες βροτολοιγέ,   5
σκῦλα φέρειν δῴης πᾶσιν ἀπ' ἀντιπάλων.

Tit.: Θαλοῦ P **3** Ἱππομέδων τὰ c -δοντα P[1] **5** Ἄρες Guyet Ἄρες.

92. ΦΙΛΙΠΠΟΥ ΘΕΣΣΑΛΟΝΙΚΕΩΣ

Αὐλὸν καμινευτῆρα τὸν φιλήνεμον
ῥίνην τε κνησίχρυσον ὠκυδήκτορα
καὶ τὸν δίχηλον καρκίνον πυραγρέτην
πτωκὸς πόδας τε τούσδε λειψανηλόγους
ὁ χρυσοτέκτων Δημοφῶν Κυλληνίῳ   5
ἔθηκε, γήρᾳ κανθὸν ἐξοφωμένος.

A: ἀνάθημα τῷ Ἑρμῇ παρὰ Δημοφῶντος χρυσοχόου. — Pl VI 168 f. 68 v. — **1** αὐλοῦ Pl **3** δίχειλον P **4** λειψανολ- P.

93. ΑΝΤΙΠΑΤΡΟΥ [ΣΙΔΩΝΙΟΥ]

Ἁρπαλίων ὁ πρέσβυς, ὁ πᾶς ῥυτίς, οὑπιλινευτής,
τόνδε παρ' Ἡρακλεῖ θῆκέ με τὸν σιβύνην,
ἐκ πολλοῦ πλειῶνος ἐπεὶ βάρος οὐκέτι χεῖρες
ἔσθενον, ἐς κεφαλὴν δ' ἤλυθε λευκοτέρην.

Tit.: Σιδωνίου add. c **2** σιγύνην Suid. s. v. **4** εἰς c.

den Hut, der auf dem Kopf sitzt und vor Regen schützt,
und diesen Stein, der Schiffern abends Feuer gibt:
dir, Herr des Meers, Poseidon, bracht es Archikles,
da er verzichtet auf die Irrfahrt fern vom Strand.

Philippos von Thessalonike

Neun Söldner

Promachos weihte den Schild, Akonteus brachte die Lanzen,
    Kydon den Bogen, das Schwert legte Eumedes hinzu,
Nikon die Schienen, Melantas den Helm, Hippomedon diese
    Pferdegebisse, den Spieß gab Aristomachos hin
und Philinos den Panzer. Schenk', Ares, du Menschenvertilger,
    stets ihnen allen darum reichliche Beute vom Feind.

Thallos von Milet

Goldschmied Demophon

Den Balg, der auf dem Schmiedeherd das Feuer facht,
die Feile, die mit raschem Biß das Gold zerreibt,
der Zange Doppelkralle, die ins Feuer faßt,
und Hasenfüße hier, womit man Späne fegt,
bracht Demophon, der Goldschmied, dem Kyllenier dar
nun, da das Alter ihm das Augenlicht getrübt.

Philippos von Thessalonike

Jäger Harpalion

Nun bei dem Jagen mit Netzen Harpalion runzlig geworden,
    brachte er mich, seinen Spieß, weihend dem Herakles dar.
Denn vor der Fülle der Jahre vermocht seine Hand nicht die Bürde
    fürder zu tragen, es ward weiß ihm vor Alter das Haupt.

Antipatros von Thessalonike

94. ΦΙΛΙΠΠΟΥ ΘΕΣΣΑΛΟΝΙΚΕΩΣ

Ἀραξίχειρα ταῦτά σοι τὰ τύμπανα
καὶ κύμβαλ' ὀξύδουπα κοιλοχείλεα
διδύμους τε λωτοὺς κεροβόας, ἐφ' οἷς ποτε
ἐπωλόλυξεν αὐχένα στροβιλίσας,
λυσιφλεβῆ τε σάγαριν ἀμφιθηγέα,   5
λεοντόδιφρε, σοί, Ῥέη, Κλυτοσθένης
ἔθηκε, λυσσητῆρα γηράσας πόδα.

1 ἀραξάχ- P Suid. s. τύμπανον em. apogr. 4 στροβηλ- P em. Reiske 6-7 Ῥείη
θῆκε Suid (om. Κλυτ.).

95. ΑΝΤΙΦΙΛΟΥ

Βουστρόφον, ἀκροσίδαρον, ἀπειλητῆρα μύωπα
καὶ πήραν μέτρου σιτοδόκον σπορίμου
γαμψόν τε δρέπανον, σταχυητόμον ὅπλον ἀρούρης,
καὶ παλιουροφόρον, χεῖρα θέρευς, τρίνακα
καὶ τρητοὺς ποδεῶνας ὁ γατόμος ἄνθετο Δηοῖ   5
Πάρμις, ἀνιηρῶν παυσάμενος καμάτων.

Totum ep. ap. Suid. s. μύωψ, πήρα, γαμψόν, θρῖναξ, ποδεῶνας. – 2 μέτρον
Suid. s. πήρα   4 θέρους c // τρίνακα Hecker θρ-.

96. ΕΡΥΚΙΟΥ

Γλαύκων καὶ Κορύδων, οἱ ἐν οὔρεσι βουκολέοντες,
Ἀρκάδες ἀμφότεροι, τὸν κεραὸν δαμάλην
Πανὶ φιλωρείτᾳ Κυλληνίῳ αὐερύσαντες
ἔρρεξαν καί οἱ δωδεκάδωρα κέρα
ἄλῳ μακροτένοντι ποτὶ πλατάνιστον ἔπαξαν   5
εὐρεῖαν, νομίῳ καλὸν ἄγαλμα θεῷ.

2 τὴν κεραὴν c   3 Κυλληνίων Suid. s. δωδεκαδώρῳ // αὐερ- c Suid. αὖ ἐρ-
P¹   5 ἄλῳ Salm. ἄλλω P¹ ἄλλῳ c Suid. // ἐπάξαι Suid.

Kybelepriester Klytosthenes

Die Pauken hier, die seine Hand so oftmals schlug,
die Zymbeln mit dem hohlen Rand und grellen Klang,
die Doppelflöte mit dem Hornruf, drauf er einst
voll frohem Jauchzen, mit dem Kopfe wirbelnd, blies,
und dieses doppelschneid'ge Beil, das ihn entmannt:
dir gab's, o Rhea, die im Löwenwagen fährt,
Klytosthenes; alt ward nach wildem Tanz sein Fuß.

Philippos von Thessalonike

Bauer Parmis

Diesen rindlenkenden Stachel mit eiserner, drohender Spitze,
  einen Beutel, der Korn faßte zum Säen der Saat,
diese gebogene Sichel, die Ähren des Feldes zu schneiden,
  eine Gabel aus Dorn, gleichsam zur Ernte die Hand,
und die Stiefel mit Ösen bracht Bauer Parmis der Deo,
  da er der quälenden Müh nun zu entsagen beschloß.

Antiphilos

Zwei Hirten

Glaukos und Korydon hier, die Hüter der Rinder auf Bergen,
  beide arkadischen Stamms, opferten Pan heut, dem Freund
der kyllenischen Alm, den Stier mit dem Horn; sie durchschnitten
  jäh ihm die Kehle, und dann hefteten beide das zwölf
Handbreiten messende Horn an die breite Platane mit langem
  Nagel zur Freude für Pan, der ihre Herden beschirmt.

Erykios

97. ΑΝΤΙΦΙΛΟΥ ΒΥΖΑΝΤΙΟΥ

Δοῦρας 'Αλεξάνδροιο· λέγει δέ σε γράμματ' ἐκεῖνον
ἐκ πολέμου θέσθαι σύμβολον 'Αρτέμιδι
ὅπλον ἀνικήτοιο βραχίονος. ἃ καλὸν ἔγχος,
ᾧ πόντος καὶ χθὼν εἶκε κραδαινομένῳ.
ἵλαθι, δοῦρας ἀταρβές, ἀεὶ δέ σε πᾶς τις ἀθρήσας 　　　5
ταρβήσει, μεγάλης μνησάμενος παλάμης.

Pl VI 152 f. 67ᵛ. - 1 δούρατ' c // ἐκείνου P Pl em. Lasc. 4 ἧκε P.

98. ΖΩΝΑ

Δηοῖ λικμαίη καὶ ἐναυλακοφοίτισιν Ὥραις
'Ηρῶναξ πενιχρῆς ἐξ ὀλιγηροσίης
μοῖραν ἀλωείταις στάχυας πάνσπερμά τε ταῦτα
ὄσπρι' ἐπὶ πλακίνου τοῦδ' ἔθετο τρίποδος·
ἐκ μικρῶν ὀλίγιστα· πέπατο γὰρ οὐ μέγα τοῦτο 　　　5
κληρίον ἐν λυπρῇ τῇδε γεωλοφίῃ.

1 ὥρης P¹ 2 πενιχρῶν καὶ ἐξ Suid. s. λικμᾶν 3 ἀλωεῖται P ἀλοεῖται Suid. em.
Desr. // στάχυος P Suid. 4 ὄσπρι' Reiske ὃς πρὶν 5 πέπαυτο et πέπαστο c.

99. ΦΙΛΙΠΠΟΥ ΘΕΣΣΑΛΟΝΙΚΕΩΣ

Κόψας ἐκ φηγοῦ σε τὸν αὐτόφλοιον ἔθηκε
Πᾶνα Φιλοξενίδης, ὁ κλυτὸς αἰγελάτης,
θύσας αἰγιβάτην πολιὸν τράγον ἔν τε γάλακτι
πρωτογόνῳ βωμοὺς τοὺς ἱεροὺς μεθύσας.
ἀνθ' ὧν ἐν σηκοῖς διδυμητόκοι αἶγες ἔσονται 　　　5
γαστέρα φεύγουσαι τρηχὺν ὀδόντα λύκου.

5 ἔσονται om. P¹ add. c.

Alexanders Speer

Speer Alexanders! Mit Inschrift! Sie weiß zu berichten, er stellte
   als ein Zeichen vom Krieg Artemis weihend dich auf,
Wehr eines sieghaften Arms. Du herrliche Lanze, vor der sich,
   als dich der Mächtige schwang, Lande und Meere gebeugt!
Gnade! Nie kanntest du Furcht, o Speer; stets Furcht nur empfindet,
   wer dich betrachtet und denkt jener gewaltigen Faust.

Antiphilos von Byzanz

Bauer Heronax

Deo, der Göttin des Worfelns, und furchendurchwandelnden Horen
   hat Heronax vom Herbst seines armseligen Lands
Ähren als Anteil geschenkt und hat auf den hölzernen Dreifuß
   auch von der Hülsenfrucht noch mancherlei Arten gelegt:
dürftige Gabe von dürftigem Gut; er hat ja von dieses
   Hügels magerem Grund nur ein bescheidenes Los.

Diodoros Zonas

Hirt Philoxenides

Philoxenides stellte, der ehrsame Hüter der Ziegen,
   dich, Pan, aus Eiche geschnitzt, noch mit der Rinde hier auf,
gab dir den schneeigen Bock als Opfer und tränkte den heilgen
   Tisch mit der Milch einer Geiß, die ihm nur einmal gelammt.
Laß denn im Stalle dafür die Ziegen ihm Zwillinge werfen
   und sie alle des Wolfs grimmigem Zahne entgehn.

Philippos von Thessalonike

504   Anthologia Graeca VI

100. ΚΡΙΝΑΓΟΡΟΥ

Λαμπάδα, τὴν κούροις ἱερὴν ἔριν, ὠκὺς ἐνέγκας,
    οἷα Προμηθείης μνῆμα πυρικλοπίης,
νίκης κλεινὸν ἄεθλον ἔτ' ἐκ χερὸς ἔμπυρον Ἑρμῇ
    θῆκ' ἐν ὁμωνυμίῃ παῖς πατρὸς Ἀντιφάνης.

1 λαμπάδι P¹ // εναγκάς P¹ ἐν αγκάς c em. Bouhier 2 πυροκ- c 3 ἔτ' add.
apogr. // χειρὸς P em. Dorville 4 θῆκεν P sciunx. Boiss.

101. ΦΙΛΙΠΠΟΥ

Ξίφη τὰ πολλῶν κνωδάλων λαιμητόμα
πυριτρόφους τε ῥιπίδας φυσηνέμους
ἠθμόν τε πουλύτρητον ἠδὲ τετράπουν
πυρὸς γέφυραν, ἐσχάρην κρεηδόκον,
ζωμήρυσίν τε τὴν λίπους ἀφρηλόγον   5
ὁμοῦ κρεάγρῃ τῇ σιδηροδακτύλῳ,
βραδυσκελὴς Ἥφαιστε, σοὶ Τιμασίων
ἔθηκεν, ἀκμῆς γυῖον ὠρφανωμένος.

Pl VI 124 f. 66 ᵛ. – 2 φυση- Hecker πυρη- 3 ἰθμόν Pl 4 ἐσχάραν Pl 5 ζωμη
ροῖσίν P 6 κρεάγρη P -ρᾳ Suid. s. v. 7 σοῦ P 8 ὠρφανισμ- Pl.

102. ΦΙΛΙΠΠΟΥ

Ῥοιὴν ξανθοχίτωνα γεραιόφλοιά τε σῦκα
    καὶ ῥοδέας σταφυλῆς ὠμὸν ἀποσπάδιον
μῆλόν θ' ἡδύπνουν λεπτῇ πεποκωμένον ἄχνῃ
    καὶ κάρυον χλωρῶν ἐκφανὲς ἐκ λεπίδων
καὶ σίκυον χλοάοντα, τὸν ἐν φύλλοις πεδοκοίτην,   5
    καὶ πέρκην ἤδη χρυσοχίτων' ἐλάην
σοί, φιλοδῖτα Πρίηπε, φυτοσκάφος ἄνθετο Λάμων,
    δένδρεσι καὶ γυίοις εὐξάμενος θαλέθειν.

Pl VI 91 f. 65 ᵛ. – 4 add. c // κάρυα . . . ἐκφανέ' Pl 5 χλοάωντα P¹ χνοάωντα
c χνοάοντα Suid. s. σίκυον, em. Pl 6 ἐλάῃ P 7 φιλοδῆτα P.

Wettläufer Antiphanes

Rasch ward im heiligen Streit der Knaben die Fackel getragen,
als man Prometheus' gedacht, wie er das Feuer geraubt.
Und des Antiphanes Sohn Antiphanes hat sie als schönen
Siegpreis mit eigener Hand brennend dem Hermes gebracht.

Krinagoras

Koch Timasion

Das Messer, das so manchem Tier den Hals durchschnitt,
die Bälge, deren Hauch das Feuer angefacht,
ein Seihblech, vieldurchlöchert, einen Vierfuß, der
des Feuers Brücke bildet, einen Rost fürs Fleisch,
den Löffel, der den Schaum vom Fett herunternimmt,
zum Fleisch die Gabel, die die Eisenfinger hat:
dir, Hinkefuß Hephaist, weiht sie Timasion,
nun er der Beine Jugendkraft verloren hat.

Philippos

Gärtner Lamon

Diese Granate im roten Gewand, die runzligen Feigen
und ein frisches Stück rosiger Traube dazu,
eine duftende Quitte, von zartem Flaume umflogen,
eine dem hüllenden Grün eben entschlüpfende Nuß,
diese noch unreife Gurke, die unter den Blättern im Gras liegt,
und die Olive im Gold eines schon dunkeln Gewands
stiftete Lamon, der Gärtner, dir, Schirmer der Wandrer, Priapos.
Laß denn, so fleht er, dafür Bäume ihm blühen und Leib.

Philippos

103. ΤΟΥ ΑΥΤΟΥ ΦΙΛΙΠΠΟΥ

Στάθμην ἰθυτενῆ μολιβαχθέα δουριτυπῆ τε
σφῦραν καὶ γυρὰς ἀμφιδέτους ἀρίδας
καὶ στιβαρὸν πέλεκυν στελεχητόμον ἰθύδρομόν τε
πρίονα, μιλτείῳ στάγματι πειθόμενον,
τρύπανα θ' ἑλκεσίχειρα τέρετρά τε μιλτοφυρῆ τε   5
σχοῖνον, ὑπ' ἀκρονύχῳ ψαλλομένην κανόνι,
σοί, κούρη γλαυκῶπι, Λεόντιχος ὤπασε δῶρον,
ἄνθος ἐπεὶ γυίων πᾶν ἀπέδυσε χρόνος.

A: ἀνάθημα τῇ Ἀθηνᾷ παρὰ Λεοντίχου τέκτονος. – Pl VI 170 f. 68 ᵛ. – 1 μολυβ- P
2 ἀμφαδ- Suid. s. ἀρίδες   4 βάμματι Suid. s. πρίων   5 τέλετρα P // μιλτοφυρῆ P
Suid. s. ψαλλομένης, -φυῆ s. μίλτος, -θυρῆ   Pl.

104. ΤΟΥ ΑΥΤΟΥ

Σπερμοφόρον πήρην ὠμαχθέα κωλεσίβωλον
σφῦραν καὶ γαμψὰς πυρολόγους δρεπάνας
καὶ τριβόλους ὀξεῖς ἀχυρότριβας ἱστοβόην τε
σὺν γυροῖς ἀρότροις καὶ φιλόγαιον ὕνιν
κέντρα τ' ὀπισθονυγῆ καὶ βουστρόφα δεσμὰ τενόντων   5
καὶ τρίνακας ξυλίνας, χεῖρας ἀρουροπόνων,
γυῖα γε πηρωθεὶς Λυσίξενος αὔλακι πολλῇ
ἐκρέμασεν Δηοῖ τῇ σταχυοστεφάνῳ.

Pl VI 42 f. 63 ʳ. – 2 σφύρην Pl   4 ὕνην P   6 ἀρουροπόνου Pl   7 γε πηρ. Salm.
πεπηρ-.

105. ΑΠΟΛΛΩΝΙΔΟΥ

Τρίγλαν ἀπ' ἀνθρακιῆς καὶ φυκίδα σοί, λιμενῖτι
    Ἄρτεμι, δωρεῦμαι Μῆνις ὁ δικτυβόλος
καὶ ζωρὸν κεράσας ἰσοχειλέα καὶ τρύφος ἄρτου
    αὖον ἐπιθραύσας, τὴν πενιχρὴν θυσίην·
ἀνθ' ἧς μοι πλησθέντα δίδου θηράμασιν αἰὲν   5
    δίκτυα· σοὶ δέδοται πάντα, μάκαιρα, λίνα.

Pl VI 20 f.62ʳ. – 1 λιμενῖτι Jac. -νῖτιν Pl -νῆτιν P Suid. s. ἀνθρακιά   4 θυσίαν
Suid. s. αὖον   6 πάντα μάκ.: παμμάκ. P¹.

Tischler Leontichos

Senkschnur, gestrafft durch lastendes Blei, für Holz einen Hammer,
  Bohrer, rundlich gedreht, doppelt mit Griffen versehn,
eine mächtige Axt, die Stämme zu spalten, die Säge,
  die den gerötelten Strich scharf und gerade verfolgt,
Bohrer, mit Händen zu kurbeln, Zwickbohrer, mit Rötel bestrichnes
  Farbband, das schwingt, sobald leis es das Richtscheit berührt,
brachte Leontichos dir, blauäugige Jungfrau, als Gabe,
  da seinen Gliedern die Zeit all seine Kräfte benahm.

Philippos

Bauer Lysixenos

Einen Beutel zum Sä'n, an den Schultern zu tragen, den Hammer,
  der die Schollen zerschlägt, Sicheln zur Ernte, gekrümmt,
ferner zum Dreschen die Egge mit Zinken, den Pflugbaum mit
                                                    krummer
  Pflugschar, das Kolter sodann, das in den Boden sich drängt,
Stacheln, die hinterrücks stechen, die rinderlenkenden Zügel
  und diese Gabeln aus Holz, Hände fürs ländliche Volk,
weihte Lysixenos hier der ährenbekränzten Demeter;
  vieles Ackern im Feld hat ihm die Glieder gelähmt.

Philippos

Fischer Menis

Diese Barbe, von Kohlen noch heiß, und die Äsche entbiete
  ich, Fischer Menis, hier dir, Artemis, Göttin des Ports,
samt einem Becher mit Wein, bis zum Rande gefüllt, und vom
  Brot ein gebrochenes Stück: wie es ein Armer dir weiht. [trocknen
Laß meine Netze dafür beständig von Beute nun voll sein;
  siehe, du waltest ja doch, Sel'ge, ob sämtlichem Garn.

Apollonidas

106. ΖΩΝΑ

Τοῦτό τοι, ὑλειῶτα, κατ' ἀγριάδος πλατάνοιο
δέρμα λυκορραίστης ἐκρέμασεν Τελέσων
καὶ τὰν ἐκ κοτίνοιο καλαύροπα, τάν ποκα τῆνος
πολλάκι ῥομβητὰν ἐκ χερὸς ἠκροβόλει.
ἀλλὰ τύ, Πὰν βουνῖτα, τὰ μὴ πολύολβά τε δέξαι　　　　5
δῶρα καὶ εὐαγρὲς τῷδε πέτασσον ὄρος.

* Pl VI 109 f.66ʳ. – In P hic [Pᵃ] et post VI 255 [Pᵇ]   **1** τοι Pᵇ σοι cet. //
ἀγρειάδος Pᵃ   **2** Τελέβων Suid. s. λυκορραίστης   **4** χειρὸς Pᵃ   **5** βουνεῖτα P
6 εὐαγρὲς Desr. -ρεῖ Pᵃ Pl -άγρη Pᵇ // τῷδ' ἐπίνευσον ὄρει Pl.

107. ΦΙΛΙΠΠΟΥ

Ὑλησκόπῳ με Πανὶ θηρευτὴς Γέλων
ἔθηκε λόγχην, ἧς ἀπέθρισε χρόνος
ἀκμὴν ἐν ἔργῳ, καὶ λίνων πολυστρόφων
γεραιὰ τρύχη καὶ πάγας δεραγχέας
νευροπλεκεῖς τε κνωδάλων ἐπισφύρους　　　　5
ὠκεῖς ποδίστρας καὶ τραχηλοδεσμότας
κλοιοὺς κυνούχους· γυῖα γὰρ δαμεὶς χρόνῳ
ἀπεῖπεν ἤδη τὴν ὀρεινόμον πλάνην.

1 ὑλησκ- Guyet ὑλισκ-   **2** χρόνον P¹   **3** λίνῳ πολυστρόφῳ P em. Alberti   **6** τραχηλ-
P [defend. Wackernagel, Idg. Anz. 1926, 51, 1].

108. ΜΥΡΙΝΟΥ

Ὑψηλῶν ὀρέων ἔφοροι, κεραοὶ χοροπαῖκται,
　·　Πᾶνες, βουχίλου κράντορες Ἀρκαδίης,
εὔαρνον θείητε καὶ εὐχίμαρον Διότιμον
δεξάμενοι λαμπρῆς δῶρα θυηπολίης.

1 χοροπαῖκται Bouhier χαρ-   **2** βουχίλου Suid. s. v. -χείλου P.

Jäger Teleson

Hier an die wilde Platane hat Teleson, er, der die Wölfe
  tötet, dir, Wohner im Wald, weihend das Wolfsfell gehängt
und von wilder Olive das Wurfholz, das er so oftmals
  einstens gewirbelt und weit weg aus den Händen verschoß.
Du aber, Pan auf den Hügeln, o nimm die bescheidenen Gaben
  und erschließ ihm zur Jagd einen gesegneten Berg.

Diodoros Zonas

Jäger Gelon

Der Jäger Gelon gab dem Gott der Wälder Pan
mich, eine Lanze, deren Spitze stumpf durch Zeit
und Arbeit ihm geworden, alte Fetzen viel
geschlungner Netze, Dohnen, die den Hals bedrohn,
und darmgeflochtne Schlingen, die das Wild behend
am Fuße packen, schließlich Bänder, um den Hund
am Hals zu fesseln; denn bewältigt von der Zeit,
hat er dem Streifen nun in Wald und Berg entsagt.

Philippos

Hirt Diotimos

Walter der hohen Gebirge, ihr Reigentänzer, gehörnte
  Herrn der arkadischen Flur, welche die Rinder ernährt,
Pane, o macht Diotimos gesegnet an Lämmern und Ziegen,
  nun er als Opfer euch so glänzende Gaben geweiht.

Myrinos

109. ΑΝΤΙΠΑΤΡΟΥ

Γηραλέον νεφέλας τρῦχος τόδε καὶ τριέλικτον
ἰχνοπέδαν καὶ τὰς νευροτενεῖς παγίδας
κλωβούς τ᾽ ἀμφιρρῶγας ἀνασπαστούς τε δεράγχας
καὶ πυρὶ θηγαλέους ὀξυπαγεῖς στάλικας
καὶ τὰν εὔκολλον δρυὸς ἰκμάδα τόν τε πετηνῶν   5
ἀγρευτὰν ἰξῷ μυδαλέον δόνακα
καὶ κρυφίου τρίκλωστον ἐπισπαστῆρα βόλοιο
ἄρκυν τε κλαγερῶν λαιμοπέδαν γεράνων,
σοί, Πὰν ὦ σκοπιῆτα, γέρας θέτο παῖς Νεολάδα
Κραῦβις ὁ θηρευτάς, ᾽Αρκὰς ἀπ᾽ ᾽Ορχομενοῦ.   10

Pl VI 110 f. 66ʳ. - 2 ἰσχνοπέδαν P¹ Pl 5 εὖ κωλον P¹ // τῶν P // πετεινῶν
P¹ Pl 7 τρυφίου P Pl em. Lasc. 8 γλαγερῶν P¹ Pl Suid. [s. γλάγος] em. c
10 Κράμβις ὁ θηρευτής Pl.

110. ΛΕΩΝΙΔΑ, οἱ δὲ ΜΝΑΣΑΛΚΟΥ

Τὰν ἔλαφον Κλεόλαος ὑπὸ κναμοῖσι λοχήσας
ἔκτανε Μαιάνδρου πὰρ τριέλικτον ὕδωρ
θηκτῷ σαυρωτῆρι· τὰ δ᾽ ὀκτάρριζα μετώπων
φράγμαθ᾽ ὑπὲρ κρανααὰν ἅλος ἔπαξε πίτυν.

Pl VI 111 f. 66ʳ. - Tit. scrips. P¹ Pl [Μνασ- ex Μνησάρχου] Μνασάλκου iter.
c in marg. 1 Κλεολαου c -οβούλου P¹ 3 ὀκτάριζα P 4 ἅλος Jac. ἁλὸς P ἄλλος Pl.

111. ΑΝΤΙΠΑΤΡΟΥ

Τὰν ἔλαφον Λάδωνα καὶ ἀμφ᾽ ᾽Ερυμάνθιον ὕδωρ
νῶτά τε θηρονόμου φερβομέναν Φολόας
παῖς ὁ Θεαρίδεω Λασιώνιος εἷλε Λυκόρμας
πλήξας ῥομβωτῷ δούρατος οὐριάχῳ·
δέρμα δὲ καὶ δικέραιον ἀπὸ στόρθυγγα μετώπων   5
σπασσάμενος κούρᾳ θῆκε παρ᾽ ἀγρότιδι.

Pl VI 112 f. 66ʳ. - 1 τὸν P¹ 2 φερβομενων P¹ 4 Suid. s. οὐρίαχος et ῥομβεῖν,
5-6 s. δικέραιον 6 σπασάμενος κ. θέτο Suid. // παρακρότιδα P¹ παρ᾽ ἀγρώτιδι
Suid.

Jäger Kraubis

Dieses Netzes zerschlissenes Wrack, die dreifachgeflochtne
    Fußschlinge, Fallen sodann, die man aus Sehnen gedreht,
Bauer mit doppelter Tür, die halsumschnürenden Dohnen,
    Stellholz, am Ende gespitzt und in der Flamme geschärft,
zähen, der Eiche entzogenen Saft, das mit Leim noch bestrichne
    Bündel von Ruten, womit flatternde Vögel man tupft,
diese dreifach gesponnene Schnur des verborgenen Sprenkels
    und die Fäden zum Fang schreiender Kraniche noch:
nimm sie, bergwandelnder Pan, vom Arkadier Kraubis, dem
    den in Orchomenos' Stadt einst Neoladas gezeugt.   [Weidmann.

Antipatros von Sidon

Jäger Kleolaos

Diesen Rothirsch erlegte am Rand des verschlungnen Maiandros
    mit der Schärfe des Speers einst Kleolaos, nachdem
er ihn erlauert am Hang; dann schlug er an borkiger Pinie
    das achtend'ge Geweih mit einem Nagel hier fest.

Leonidas von Tarent oder *Mnasalkes*

Jäger Lykormas

Diesen Hirsch, der am Strom Erymanthos und Ladon geweidet,
    der auf den wildreichen Höhn Pholoës Futter gesucht,
schoß Lykormas, der Sohn des Thearidas, Lasions Bürger,
    der den Leib mit des Speers rautiger Spitze ihm traf.
Doch das Doppelgehörn der Stirn und das Fell, die er beide
    abnahm, brachte er dir, züchtige Göttin der Jagd.

Antipatros von Sidon

512   Anthologia Graeca VI

112. ΠΕΡΣΟΥ

Τρεῖς ἄφατοι κεράεσσιν ὑπ' αἰθούσαις τοι, Ἄπολλον,
ἄγκεινται κεφαλαὶ Μαιναλίων ἐλάφων,
ἃς ἕλον ἐξ ἵππων ⁺γυγερῷ χέρε Δαΐλοχός τε
καὶ Προμένης, ἀγαθοῦ τέκνα Λεοντιάδου.

* 1-2 Suid. s. ἄφατοι,   2 s. Μαιναλίων   2 ἄγκεινται Suid. ἐγκ- P // Μαιναδίων
Suid. s. ἀφ.   3 Γύγεω Jac. // χερε c χαῖρε P¹ χερί Salm.

113. ΣΙΜΙΟΥ ΓΡΑΜΜΑΤΙΚΟΥ

Πρόσθε μὲν ἀγραύλοιο δασύτριχος ἰξάλου αἰγὸς
δοιὸν ὅπλον χλωροῖς ἐστεφόμαν πετάλοις·
νῦν δέ με Νικομάχῳ κεραοξόος ἥρμοσε τέκτων,
ἐντανύσας ἕλικος καρτερὰ νεῦρα βοός.

Pl IVᵇ 20,4 f. 100ʳ. - Tit.: Σιμμίου P Pl   1 δασύτριχος Reiske διατριχὸς
2 δοιω Pl δοῖον Suid. s. Ιξαλος // ὅπλον Geist ἐπὶ // χώροις Suid. // -φόμην
Pl Suid.   4 ἕλκος P ἔνδον c in marg.

114. [ΤΟΥ ΑΥΤΟΥ]

Δέρμα καὶ ὀργυιαῖα κέρα βοὸς ἐκ βασιλῆος
Ἀμφιτρυωνιάδᾳ κείμεθ' ἀνὰ πρόπυλον
τεσσαρακαιδεκάδωρα, τὸν αὐχήεντα Φιλίππῳ
ἀντόμενον κατὰ γᾶς ἤλασε δεινὸς ἄκων
βούβοτον Ὀρβηλοῖο παρὰ σφυρόν. ἃ πολύολβος   5
Ἠμαθία· τοίῳ κραίνεται ἀγεμόνι.

Pl VI 113 f. 66ʳ. - Tit.: Φιλίππου Θεσσαλονικέως c Σιμμίου Pl   2 -νιάδᾳ Reiske
-νίδᾳ P -νιάδα Pl   3 Φιλίππου Fränkel   6 Ἠμαθία c Pl -ιῳ P¹, distinx. Fränkel //
τοιαύτῳ P¹.

115. ΑΝΤΙΠΑΤΡΟΥ

Τὸν πάρος Ὀρβηλοῖο μεμυκότα δειράσι ταῦρον,
τὸν πρὶν ἐρημωτὰν θῆρα Μακεδονίας,
Δαρδανέων ὀλετὴρ ὁ κεραύνιος εἷλε Φίλιππος
πλήξας αἰγανέᾳ βρέγμα κυναγέτιδι·

Zwei Jäger

Drei gewaltige Köpfe von Hirschen aus Mainalons Höhen
sind mit Geweihen, Apoll, dir in der Halle geweiht.
Des Leontiadas Sohn Daïlochos samt seinem Bruder
Promenes haben zu Pferd stürmischer Hand sie erjagt.

Perses

Jäger Nikomachos

Früher das Doppelgehörn eines wilden, zottigen Steinbocks,
trug ich, da kletternd er sprang, grünes Geblätter als Kranz.
Doch für Nikomachos fügte mich heute ein Drechsler und spannte
eines gehörnten Rinds kräftige Sehne daran.

Grammatiker Simias

König Philipp als Jäger

Wir, das Fell eines Stiers und die klaftermessenden Hörner,
liegen als Königsgeschenk für des Amphitryon Sohn
vierzehn Handbreiten lang in der Halle. Den frech gegen Philipp
Rennenden warf auf den Grund nieder der furchtbare Speer
hier am Fuß des Orbelos, der Trift für die Rinder... Wie glücklich
ist doch Emathia, dem solch ein Gebieter befiehlt.

[Simias]

Ein gleiches

Diesen Wildstier, der einst im Orbelosgebirge gebrüllt hat
und Makedoniens Land damals entsetzlich verheert,
hat Philippos erlegt, der die Dardaner blitzend vernichtet
und in die Stirne hinein schmetternd den Jagdspieß ihm schoß.

καὶ τάδε σοὶ βριαρᾶς, Ἡράκλεες, οὐ δίχα βύρσας   5
θῆκεν, ἀμαιμακέτου κρατὸς ἔρεισμα, κέρα.
σᾶς τοι ὅδ᾽ ἐκ ῥίζας ἀναδέδρομεν· οὔ τοι ἀεικὲς
πατρῴου ζαλοῦν ἔργα βοοκτασίας.

Pl VI 114 f. 66ʳ. - 2 ἐρημωταὶ P¹ 4 βρέχμα c 7 τοι² P¹ τι cet. 8 πατρῴας Pl.

116. ΣΑΜΟΥ

Σοὶ γέρας, Ἀλκείδα Μινυαμάχε, τοῦτο Φίλιππος
δέρμα τανψαμύκου λευρὸν ἔθηκε βοὸς
αὐτοῖς σὺν κεράεσσι, τὸν ὕβρεϊ κυδιόωντα
ἔσβεσεν Ὀρβηλοῦ τρηχὺν ὑπὸ πρόποδα.
ὁ φθόνος αὐαίνοιτο, τεὸν δ᾽ ἔτι κῦδος ἀέξοι   5
ῥίζα Βεροιαίου κράντορος Ἡμαθίας.

Pl VI 115 f. 66ᵛ. - Tit.: Σιμμίου Pl 3 τὸν ὕβρεϊ Salm. τό νυ βρεχμῶ (βρεγμῷ c) P τὸν βρεχμῷ Pl // κυδιάωντα P¹ -ιῶντα c 5 αὐαίνοιτο Pl Suid. s. v., -νυτο P // ἀέξει P¹.

117. ΠΑΓΚΡΑΤΟΥΣ

Ἐκ πυρὸς ὁ ῥαιστὴρ καὶ ὁ καρκίνος ἥ τε πυράγρη
ἄγκεινθ᾽ Ἡφαίστῳ δῶρα Πολυκράτεος,
ᾧ πυκνὸν κροτέων ὑπὲρ ἄκμονος εὕρετο παισὶν
ὄλβον, ὀιζυρὴν ὠσάμενος πενίην.

A: ἀνάθημα τῷ Ἡφαίστῳ παρὰ Πολυκράτους χαλκέως. - Pl VI 169 f. 68ᵛ. - Tit.: Παγκρατίου Pl 2 ἄγκειθ᾽ Pl // Πολυκρατέως P¹ 3 βροτέων P¹.

118. ΑΝΤΙΠΑΤΡΟΥ

Ἁ φόρμιγξ τά τε τόξα καὶ ἀγκύλα δίκτυα Φοίβῳ
Σώσιδος ἔκ τε Φίλας ἔκ τε Πολυκράτεος,
χὠ μὲν ὀιστευτὴρ κεραὸν βιόν, ἁ δὲ λυρῳδὸς
τὰν χέλυν, ὠγρευτὴς ὤπασε πλεκτὰ λίνα.
ἀλλ᾽ ὁ μὲν ὠκυβόλων ἰῶν κράτος, ἁ δὲ φέροιτο   5
ἄκρα λύρας, ὁ δ᾽ ἔχοι πρῶτα κυναγεσίας.

Pl VI 116 f. 66ᵛ. - 2 Πολυκρατεως P¹ 3 βίον P¹ 4 ὠγρευτὴρ Pl 6 πρατὰ P¹.

Dir aber, Herakles, hat er des unwiderstehlichen Schädels
Waffen, die Hörner, geweiht und das gewaltige Fell.
Bist du doch selber die Wurzel, daraus er ersprossen; drum ziemte,
daß er den Bullen gefällt, wie es sein Ahne getan.

Antipatros von Sidon

Ein gleiches

Dir, Alkide, dem Feinde der Minyer, weihte Philippos
hier eines brüllenden Stiers trefflich geglättetes Fell
samt dem Gehörn; er hat den Wildverwegnen erschlagen
an des Orbelosgebirgs rauhem, zerklüftetem Fuß.
Möge verdorren der Neid und wachsen dein Ruhm noch, da Wurzel
du des Beroiers, des Herrn über Emathia, bist.

Samos

Schmied Polykrates

Hammer, Zange und Greifer, im Feuer geschmiedete Gaben,
hat Polykrates hier für den Hephaistos geweiht.
Ruhlos dröhnte davon sein Amboß, und also vertrieb er
Kummer und Armut und fand für seine Kinder das Glück.

Pankrates

Soldat, Sängerin und Jäger

Leier und biegsames Netz und Bogen, sie wurden von Phile,
Sosis, Polykrates hier Phoibos Apollon geweiht.
Brachte der Schütze den Bogen aus Horn, die Sängerin schenkte
ihre Leier, das Netz legte der Jäger hinzu.
Sieg sei jenem beim sausenden Pfeil, der zweiten auf ihrer
Leier, dem anderen sei herrlichster Jagdpreis beschert.

Antipatros von Sidon

119. ΜΟΙΡΟΥΣ ΒΥΖΑΝΤΙΑΣ

Κεῖσαι δὴ χρυσέαν ὑπὸ παστάδα τὰν 'Αφροδίτας,
βότρυ, Διωνύσου πληθόμενος σταγόνι,
οὐδ' ἔτι τοι μάτηρ ἐρατὸν περὶ κλῆμα βαλοῦσα
φύσει ὑπὲρ κρατὸς νεκτάρεον πέταλον.

2 σταγόνι Reiske -γῶνι   3 οὐ δέ τι et κνῆμα P¹ em. c.

120. ΛΕΩΝΙΔΑ

Οὐ μόνον ὑψηλοῖς ἐπὶ δένδρεσιν οἶδα καθίζων
ἀείδειν, ζαθερεῖ καύματι θαλπόμενος,
προίκιος ἀνθρώποισι κελευθήτησιν ἀοιδός,
θηλείης ἔρσης ἰκμάδα γευόμενος,
ἀλλὰ καὶ εὐπήληκος 'Αθηναίης ἐπὶ δουρὶ   5
τὸν τέττιγ' ὄψει μ', ὦνερ, ἐφεζόμενον.
ὅσσον γὰρ Μούσαις ἐστέργμεθα, τόσσον 'Αθήνη
ἐξ ἡμέων· ἡ γὰρ παρθένος αὐλοθέτει.

Pl VI 122 f. 66ᵛ. - 1-6 Suid. s. ζαθέρει, κελευθήτησι, προίκιος, ἔρση, εὐπήληκος,
ὦνερ   1 ἐπὶ P ὑπὸ Pl   6 ὄψῃ P¹   7 'Αθήνη P   8 αὐλοθετεῖ c Pl.

121. ΚΑΛΛΙΜΑΧΟΥ

Κυνθιάδες, θαρσεῖτε· τὰ γὰρ τοῦ Κρητὸς 'Εχέμμα
κεῖται ἐν 'Ορτυγίῃ τόξα παρ' 'Αρτέμιδι,
οἷς ὑμέων ἐκένωσεν ὄρος μέγα, νῦν δὲ πέπαυται,
αἶγες, ἐπεὶ σπονδὰς ἡ θεὸς εἰργάσατο.

Pl VI 117 f. 66ᵛ. - Tit.: ἄδηλον Pl   1-2 Suid. s. Κυνθιάδες // Κυνθιάδες Suid.
-θίδες P Pl // 'Εχέμμου c   3 πέπαυνται c.

122. ΝΙΚΙΟΥ

Μαινὰς 'Ενυαλίου, πολεμαδόκε, θοῦρι κράνεια,
τίς νύ σε θῆκε θεᾷ δῶρον ἐγερσιμάχᾳ; —
„Μήνιος· ἡ γὰρ τοῦ παλάμας ἄπο ῥίμφα θοροῦσα
ἐν προμάχοις 'Οδρύσας δήιον ἂμ πεδίον.''

A: ἀνάθημα τῇ 'Αθηνᾷ. - 1 θοῦρι Salm. -ρε c θούρεα P¹   2 θεαὶ P¹   3 ἢ Salm. ἡ
P¹ ἦ c   4 'Οδρύσας Meineke Ιδ- // ἀμπέλιον P¹.

Traube für Aphrodite

Nun, so liege denn hier in Kyprias goldener Halle,
  holde Traube, geschwellt von dionysischem Saft.
Nicht mehr umfängt dich die Mutter mit zärtlichen Ranken, und nicht
  sproßt ihr nektarisches Blatt fürder dir über dem Haupt. [mehr

Moiro von Byzanz

Grille auf Athenes Lanze

Nicht bloß vermag ich zu singen, wenn hoch ich im Wipfel der Bäume
  sitze und sengende Glut wärmend den Leib mir durchdringt,
wenn ich den wandernden Pilger entgeltlos mit Liedern entzücke
  und nur des nährenden Taus tropfende Feuchte mich labt,
nein, Freund, auch auf der Lanze der schönbehelmten Athene
  kannst du mich sehen, auch hier ist für die Grille ein Platz.
Denn wie die Musen mich lieben, so liebe ich selber Athene.
  War's die Jungfräuliche nicht, die uns die Flöte erfand?

Leonidas von Tarent

Jäger Echemmas

Ziegen vom Kynthos, Glück auf! Der Bogen des Kreters Echemmas
  ward in Ortygia nun Artemis weihend gebracht,
er, der euch tilgte im hohen Gebirg. Nun waltet hier Ruhe,
  seit die Göttin für euch, Ziegen, den Frieden erwirkt.

Kallimachos

Krieger Menios

Stürmische Lanze, kriegswilde, Mänade des Ares, wer weihte
  dich der Göttin, die gern Männer zum Kampfe entflammt?
„Menios. Flog ich doch flink auf dem Felde im vordersten Treffen
  ihm von der Hand und hab manchen Odrysen erlegt."

Nikias

123. ΑΝΥΤΗΣ

Ἔσταθι τᾷδε, κράνεια βροτοκτόνε, μηδ' ἔτι λυγρὸν
χάλκεον ἀμφ' ὄνυχα οτάζε φόνον δαΐων·
ἀλλ' ἀνὰ μαρμάρεον δόμον ἡμένα αἰπὺν Ἀθάνας,
ἄγγελλ' ἀνορέαν Κρητὸς Ἐχεκρατίδα.

1 τᾷδε Meineke τῆδε P Suid. s. κράνεια 2 δηΐων P δαΐδων Suid. em. Küster
3 εἱμένα P em. Salm. 4 ἠνορέην Suid. s. v., Cramer an. Par. IV 140, 16.

124. ΗΓΗΣΙΠΠΟΥ

Ἀσπὶς ἀπὸ βροτέων ὤμων Τιμάνορος ἧμαι
ναῷ ὑπωροφία Παλλάδος ἀλκιμάχας,
πολλὰ σιδαρείου κεκονιμένα ἐκ πολέμοιο,
τόν με φέροντ' αἰεὶ ῥυομένα θανάτου.

Pl VI 153 f. 67 v. – 1 Τιμάνορος ἄημαι P Suid. s. ἄημαι 2 νηὸν Suid. s.
ἀλκιμάχη // ὑπωροφία Brodaeus -ίας P [ὑπορρ-], Pl ὑπορροφίας Suid. 3 ἀλλὰ
σιδηρ- Suid. s. κεκονιμένος // κεκονημένα P 4 ἀεὶ Pl.

125. ΜΝΑΣΑΛΚΟΥ

Ἤδη τᾷδε μένω πολέμου δίχα, καλὸν ἄνακτος
στέρνον ἐμῷ νώτῳ πολλάκι ῥυσαμένα.
καίπερ τηλεβόλους ἰοὺς καὶ χερμάδι' αἰνὰ
μυρία καὶ δολιχὰς δεξαμένα κάμακας,
οὐδέποτε Κλείτοιο λιπεῖν περιμάκεα πᾶχυν   5
φαμὶ κατὰ βλοσυρὸν φλοῖσβον Ἐνυαλίου.

* Pl VI 154 f. 67ᵛ .– Tit. om. Pl   1 τᾷδε Meineke τῆδε   4 κάμ- δεξ- P¹ // δεξαμένη
P Suid. s. κάμαξ   5 πῆχυν Pl   6 φημὶ Pl // Ἐνυαλίοιο P¹.

126. ΔΙΟΣΚΟΡΙΔΟΥ

Σᾶμα τόδ' οὐχὶ μάταιον ἐπ' ἀσπίδι παῖς ὁ Πολύττου
Ὕλλος ἀπὸ Κρήτας θοῦρος ἀνὴρ ἔθετο,

Krieger Echekratidas

Steh hier in Frieden, o Speer, du Mörder der Männer, und netze
nie mehr die Spitze aus Erz gräßlich mit feindlichem Blut.
Ruhe im marmornen, hohen Gemache Athenes und künde
von Echekratidas' Kraft, die ihm in Kreta erwuchs.

Anyte

Krieger Timanor

Schützte ich einstens als Schild die sterblichen Schultern Timanors,
ruh ich nun unter dem Dach Pallas', der Kämpferin, aus.
Staub bedeckte mich oft in eiserner Feldschlacht, doch hab ich
ihn, der am Arme mich trug, stets vor dem Tode bewahrt.

Hegesippos

Krieger Kleitos

Endlich wird Ruhe mir hier vom Krieg; oft hab ich mit meinem
Rücken die herrliche Brust meines Gebieters geschützt.
Zahllos schwirrten von fern die Pfeile und furchtbaren Steine
und die schmetternde Wucht mächtiger Speere auf mich.
Aber glaubt mir, ich ließ in der grausigen Feldschlacht des Ares
niemals den sehnigen Arm Kleitos' erbärmlich im Stich.

Mnasalkes

Krieger Hyllos

Nicht ohne Gründe verlieh hier Hyllos, der Sohn des Polyttas,
Krieger von kretischem Blut, solch ein Gewappen dem Schild:

Γοργόνα τὰν λιθοεργὸν ὁμοῦ καὶ τριπλόα γοῦνα
γραψάμενος· δῃοις τοῦτο δ' ἔοικε λέγειν·
„'Ασπίδος ὦ κατ' ἐμᾶς πάλλων δόρυ, μὴ κατίδῃς με,   5
ἢ φεῦγε τρισσοῖς τὸν ταχὺν ἄνδρα ποσίν."

2 Suid. s. θοῦρον // ῞Υλλος Heyne ἄλλος   **4** δῃοις Tyrwhitt δήεις   **6** ἢ P.

127. ΝΙΚΙΟΥ

Μέλλον ἄρα στυγερὰν κἀγώ ποτε δῆριν ῎Αρηι
ἐκπρολιποῦσα χορῶν παρθενίων ἀίειν
'Αρτέμιδος περὶ ναόν, 'Επίξενος ἔνθα μ' ἔθηκεν,
λευκὸν ἐπεὶ κείνου γῆρας ἔτειρε μέλη.

1-2 Suid. s. δῆριν.

128. ΜΝΑΣΑΛΚΟΥ

῟Ησο κατ' ἡγάθεον τόδ' ἀνάκτορον, ἀσπὶ φαεννά,
ἄνθεμα Λατῴᾳ δῆιον 'Αρτέμιδι·
πολλάκι γὰρ κατὰ δῆριν 'Αλεξάνδρου μετὰ χερσὶν
μαρναμένα χρυσέαν οὐκ ἐκόνισσας ἴτυν.

1 Suid. s. ἧσο   **4** μαρναμένου et -σσε γέννυ P [defend. Lumb] em. Salm.
[cf. 264,3].

129. ΛΕΩΝΙΔΟΥ

'Οκτὼ τοι θυρεούς, ὀκτὼ κράνη, ὀκτὼ ὑφαντοὺς
θώρηκας, τόσσας δ' αἱμαλέας κοπίδας,
ταῦτ' ἀπὸ Λευκανῶν Κορυφασίᾳ ἔντε' 'Αθάνα
῞Αγνων Εὐάνθευς θῆχ' ὁ βιαιομάχος.

* A: ἀνάθημα τῇ 'Αθηνᾷ παρὰ Εὐανθέως. – Pl VI 155 f.67ᵛ . – **1-2** Suid. s.
θυρεός et αἱμαλέας   **2** θ': δ' Suid.   **3** ταῦτ': τόσσ' c // Κορυφασίᾳ Brunck -άσια
4 ῞Αγνων Meineke 'Αγνῶν P¹ ῞Αγνων c Pl // εὐανθὲς P¹.

dieses dreifache Knie und das Haupt der versteinernden Gorgo.
Künden möchte das Bild jedem, der feindlich ihm naht:
„Du, der gegen den Schild seinen Speer schwingt, wende die Blicke
oder mit dreifachem Knie flieh vor dem Stürmer hinweg!"

Dioskorides

Krieger Epixenos

Ich auch mußte nun also das grause Getümmel verlassen,
    dran sich Ares erfreut, muß an der Artemis Haus
Mädchengesängen nun lauschen. Epixenos, der mich hier weihte,
    wurde vor Alter ja weiß und seine Glieder ihm schwach.

Nikias

Krieger Alexandros

Ruhe, du schimmernder Schild, als Gabe vom Kriege im heilgen
    Tempel der Artemis hier, Tochter der Leto, nun aus.
Oftmals strittest du wohl am Arm Alexanders in Schlachten,
    doch deinen goldenen Rand hast du mit Staub nicht befleckt.

Mnasalkes

Krieger Hagnon

Acht gewaltige Schilde, acht Helme, acht linnene Panzer,
    Schwerter, ebensoviel, rot noch vom Blute, sie bracht
Hagnon, der Sohn des Euanthes, der Held, als lukanische Beute
    der Athene, der Frau von Koryphasion, dar.

Leonidas von Tarent

130. ⟨ΤΟΥ ΑΥΤΟΥ⟩

Τοὺς θυρεοὺς ὁ Μολοσσὸς Ἰτωνίδι δῶρον Ἀθάνᾳ
Πύρρος ἀπὸ θρασέων ἐκρέμασεν Γαλατᾶν,
πάντα τὸν Ἀντιγόνου καθελὼν στρατόν· οὐ μέγα θαῦμα·
αἰχμηταὶ καὶ νῦν καὶ πάρος Αἰακίδαι.

Pl VI 156 f. 67ᵛ; Plut. Pyrrh. 26, 8; Diodor. excerpt. Vat. 1, 22, 3; Paus. 1, 13, 2. –
Cum ep. 129 iunx. P. Tit.: Leonidae trib. Pl, om. cet. **1** Μολοττὸς Τριτωνίδι Diod.
2 ἐκρέμασε Γαλατῶν Diod. **3** οὐ: ὦ Diod.

131. ΛΕΩΝΙΔΑ

Αἵδ' ἀπὸ Λευκανῶν θυρεάσπιδες, οἵδε χαλινοὶ
στοιχηδὸν ξεσταί τ' ἀμφίβολοι κάμακες
δέδμηνται, ποθέουσαι ὁμῶς ἵππους τε καὶ ἄνδρας,
Παλλάδι· τοὺς δ' ὁ μέλας ἀμφέχανεν θάνατος.

Pl VI 157 f. 68ʳ. – **1** αἵδ' Meineke οἵδ' P οἷδ' Pl **2** ξεσταί Brunck -τοί [cf. IX 322, 4]
4 Παλλάδι: -αδίου Suid. s. δεδμημένοι.

132. ΝΟΣΣΙΔΟΣ

Ἔντεα Βρέττιοι ἄνδρες ἀπ' αἰνομόρων βάλον ὤμων
θεινόμενοι Λοκρῶν χερσὶν ὕπ' ὠκυμάχων,
ὧν ἀρετὰν ὑμνεῦντα θεῶν ὕπ' ἀνάκτορα κεῖνται,
οὐδὲ ποθεῦντι κακῶν πάχεας, οὓς ἔλιπον.

1 βρείτιοι P em. Salm. **2** ὕπ' Meineke ὑπ' **3** ὑμνευτὰν P¹.

133. ΑΡΧΙΛΟΧΟΥ

Ἀλκιβίη πλοκάμων ἱερὴν ἀνέθηκε καλύπτρην
Ἥρῃ, κουριδίων εὖτ' ἐκύρησε γάμων.

König Pyrrhos

Trotziger Galater Schilde! Erbeutet! Sie hängt der Molosser
    Pyrrhos als Weihegeschenk, Pallas Itonis, dir auf,
da er Antigonos' Heer nun völlig vernichtet. Kein Wunder!
    Heute noch schwingen den Speer Aiakos' Enkel wie einst.

Leonidas von Tarent

Lukanerbeute

Reihen von mächtigen Schilden lukanischer Männer und Speere,
    glatt und mit doppelter Wehr, neben der Pferde Gebiß
liegen der Pallas geweiht und verlangen nach Männern und Rossen,
    doch im Kampfe verschlang beide der finstere Tod.

Leonidas von Tarent

Bruttierbeute

Männer von Bruttium warfen von kläglichen Schultern die Panzer
    unter den Schlägen der rasch stürmenden Lokrer hinweg.
Preisend die Kräfte der Sieger im Tempel der Götter, begehren
    sie der Feiglinge Arm, den sie verlassen, nicht mehr.

Nossis

Braut Alkibia

Diesen Schleier hier hat Alkibia treulich von ihrem
    Haare der Hera geweiht, als sie zur Hochzeit gelangt.

Archilochos

134. ΑΝΑΚΡΕΟΝΤΟΣ

Ἡ τὸν θύρσον ἔχουσ' Ἑλικωνιὰς ἥ τε παρ' αὐτὴν
Ξανθίππη Γλαύκη τ' εἰς χορὸν ἐρχόμεναι
ἐξ ὄρεος χωρεῦσι, Διωνύσῳ δὲ φέρουσι
κισσὸν καὶ σταφυλήν, πίονα καὶ χίμαρον.

Pl IV^b 5,1 f.97^v; Ir. p. 91. - 1 τε: δὲ Pl // αὐτὴν ex αὐτὰν Pl 2 τ' εἰς χ. ἐ.:
δ' ἡ σχεδὸν ἐρχομένη Pl.

135. ΤΟΥ ΑΥΤΟΥ

Οὗτος Φειδόλα ἵππος ἀπ' εὐρυχόροιο Κορίνθου
ἄγκειται Κρονίδᾳ μνᾶμα ποδῶν ἀρετᾶς.

136. ΤΟΥ ΑΥΤΟΥ

Πρηξιδίκη μὲν ἔρεξεν, ἐβούλευσεν δὲ Δύσηρις
εἷμα τόδε· ξυνὴ δ' ἀμφοτέρων σοφίη.

Suid. s. εἷμα. - 1 Πραξι- Suid. // δὲ om. P¹.

137. ΤΟΥ ΑΥΤΟΥ

Πρόφρων, Ἀργυρότοξε, δίδου χάριν Αἰσχύλου υἱῷ
Ναυκράτει, εὐχωλὰς τάσδ' ὑποδεξάμενος.

A: ἀνάθημα τῷ Ἀπόλλωνι παρὰ Ναυκράτους. - Tit. add. c 1 Αἰσχίλου P¹.

138. ΤΟΥ ΑΥΤΟΥ

Πρὶν μὲν Καλλιτέλης μ' ἰδρύσατο· τόνδε δ' ἐκείνου
ἔκγονοι ἐστήσανθ', οἷς χάριν ἀντιδίδου.

c: ὁμοίως. - Friedländer 107. - 1 πρὶμ lapis // μ' om. lap. 2 ἔγγονοι lap. //
ἐστασάν θ' P ἐστησαν[.. lap. em. Kirchhoff.

Drei Bakchen

Sie, die den Thyrsos gefaßt, Helikonias, bei ihr Xanthippe
wie auch Glauke ergehn hier sich im Tanze; sie sind
her von den Bergen gekehrt und bringen für Bakchos als Gaben
einen gemästeten Bock, Traube und Efeu herbei.

Anakreon

Rennreiter Pheidolas

Dies ist Pheidolas' Pferd vom weiten Korinth; zum Gedächtnis
seines stürmenden Laufs ward es Kronion geweiht.

Anakreon

Weberin

Stellte dieses Gewand Prexidike fertig, Dyseris
hat es entworfen; so war beiden gemeinsam – die Kunst.

Anakreon

Naukrates an Apollon

Silberbogner, o nimm von Naukrates, Aischylos' Sohne,
was er gelobt hat, und schenk ihm deine Gnade dafür.

Anakreon

Die Bildhauerenkel

Dies ist das einstige Werk des Kalliteles; doch seine Enkel
haben das Mal hier erstellt. Sei ihnen gnädig dafür!

Anakreon

139. ΤΟΥ ΑΥΤΟΥ

Πραξαγόρας τάδε δῶρα θεοῖς ἀνέθηκε, Λυκαίου
υἱός· ἐποίησεν δ' ἔργον Ἀναξαγόρας.

140. ΤΟΥ ΑΥΤΟΥ

Παιδὶ φιλοστεφάνῳ Σεμέλας ἀνέθηκε Μέλανθος
μνᾶμα χοροῦ νίκας, υἱὸς Ἀρηιφίλου.

A: ἀνάθημα παρὰ Μελάνθου τῇ Σεμέλῃ. - 1 -στεφάνῳ Barnes -νου.

141. ΤΟΥ ΑΥΤΟΥ

Ῥυσαμένα Πύθωνα δυσαχέος ἐκ πολέμοιο
ἀσπὶς Ἀθηναίης ἐν τεμένει κρέμαται.

Suid. s. δυσηχής. - 1 ῥυσαμένη ... δυσηχέος Suid. // ἐκ om. P¹.

142. ΤΟΥ ΑΥΤΟΥ

Σάν τε χάριν, Διόνυσε, καὶ ἀγλαὸν ἄστεϊ κόσμον
Θεσσαλίας μ' ἀνέθηκ' ἀρχὸς Ἐχεκρατίδας.

143. ΤΟΥ ΑΥΤΟΥ

Εὔχεο Τιμώνακτι θεῶν κήρυκα γενέσθαι
ἤπιον, ὅς μ' ἐρατοῖς ἀγλαΐην προθύροις
Ἑρμῇ τε κρείοντι καθέσσατο· τὸν δ' ἐθέλοντα
ἀστῶν καὶ ξείνων γυμνασίῳ δέχομαι.

3 κρείοντι Valckenaer κρειόεντι. - Post ep. 143 exstat lac. sex versuum.

Werk des Anaxagoras

Diese Gaben entbot Praxagoras, Sohn des Lykaios,
  weihend den Göttern; das Werk schuf Anaxagoras' Hand.

Anakreon

Chorsieger Melanthos

Des Areïphilos Sohn Melanthos stellte beim Chorsieg
  Semeles kranzfrohem Kind dies zur Erinnerung auf.

Anakreon

Krieger Python

Dieser Schild hat den Python aus tobendem Kriege gerettet.
  Nun für Athene geweiht, hängt er im heiligen Hain.

Anakreon

König Echekratidas

Dich, o Bakchos, zu ehren und herrlich die Stadt hier zu schmücken,
  stellt' mich Thessaliens Herr, Fürst Echekratidas, auf.

Anakreon

Timonax an Hermes

Bitte den Boten der Götter um freundliche Huld für Timonax,
  der das herrliche Tor prächtig geschmückt hat mit mir
und auch den mächtigen Hermes geehrt. Im Gymnasion aber
  nehme ich jeden, der kommt, Fremden wie Heimischen, auf.

Anakreon

144. [ΤΟΥ ΑΥΤΟΥ]

Στροίβου παῖ, τόδ' ἄγαλμα, Λεώκρατες, εὖτ' ἀνέθηκας
'Ερμῇ, καλλικόμους οὐκ ἔλαθες Χάριτας
οὐδ' 'Ακαδήμειαν πολυγαθέα, τῆς ἐν ἀγοστῷ
σὴν εὐεργεσίην τῷ προσιόντι λέγω.

In P hic [Pᵃ] et post VI 213 [Pᵇ]; Friedl. 119 (om. v. 3–4). – Tit.: τοῦ αὐτοῦ
[Pᵃ] post 6 versuum lac. inane est; Simonidi trib. Pᵇ 1 .τροι. lap. Στοί- Pᵃ Στρόμβ-
Pᵇ 2–4 οὐκ... Suid. s. ἀγοστῷ 2 -κομως lap. 4 σὴν εὐεργεσίην Pᵃ cᵇ Suid.
-ίαν Pᵇ¹ συνευεργεσιῶν Cram. an. Par. 4, 87, 1.

145. [ΤΟΥ ΑΥΤΟΥ]

Βωμοὺς τούσδε θεοῖς Σοφοκλῆς ἱδρύσατο πρῶτος,
ὃς πλεῖστον Μούσης εἷλε κλέος τραγικῆς.

1 πρῶτος c πόρου [πόνοῦ?] P¹ 2 εἷλε c εἶδε P¹.

146. ΚΑΛΛΙΜΑΧΟΥ

Καὶ πάλιν, Εἰλήθυια, Λυκαινίδος ἐλθὲ καλεύσης
εὔλοχος ὠδίνων ὧδε σὺν εὐτοκίῃ·
ὡς τόδε νῦν μέν, ἄνασσα, κόρης ὕπερ· ἀντὶ δὲ παιδὸς
ὕστερον εὐώδης ἄλλο τι νηὸς ἔχοι.

In P hic [Pᵃ] et post VI 274 [Pᵇ] 1 καλούσης Pᵇ 2 εὐτοκίη Pᵃ -τυχίη Pᵇ
3 τόδε Pᵇ τοι Pᵃ.

147. ΤΟΥ ΑΥΤΟΥ

Τὸ χρέος ὡς ἀπέχεις, 'Ασκληπιέ, τὸ πρὸ γυναικὸς
Δημοδίκης 'Ακέσων ὤφελεν εὐξάμενος,
γινώσκειν· ἢν δ' ἄρα λάθῃ καὶ ⟨δίς⟩ μιν ἀπαιτῇς,
φησὶ παρέξεσθαι μαρτυρίην ὁ πίναξ.

1-2 ... Δημοδίκης Suid. s. ἀπέχω 1 πρὸς P¹ 2 αὐξόμ- P¹ 3 γινώσκειν Guyet
γιγν- // δίς add. Stadtm. // ἀσπαιτῆς P.

Leokrates an Hermes

Als du, o Sprößling des Stroibos, Leokrates, Hermes die Statue
  weihtest, da fiel diese Tat lockigen Chariten auf,
und es freute sich sehr die Akademeia, auf deren
  Hand ich dein gütiges Herz jedem vermelde, der kommt.

[Anakreon]

Sophokles

Sophokles weihte als erster den Himmlischen diese Altäre,
  er, der in tragischer Kunst strahlendsten Ruhm sich erwarb.

[Anakreon]

Wöchnerin Lykainis

Einmal noch, Eilethyia, komm, wenn dich Lykainis herbeiruft,
  hilf ihr noch einmal bei Wehn und dem Gebären wie jüngst.
Wenn diese Gabe, o Herrin, dir dankt für ein Mädchen, zum Knaben
  winkt deinem duftenden Haus später ein andres Geschenk.

Kallimachos

Gatte Akeson

Sieh, das fromme Gelübde, das Akeson einstens für seine
  Gattin Demodike dir betend, Asklepios, gab,
ist nun erfüllt. Vergißt du's und forderst du abermals Zahlung,
  hier diese Tafel erklärt, daß sie die Tilgung bezeugt.

Kallimachos

148. ΤΟΥ ΑΥΤΟΥ

Τῷ με Κανωπίτᾳ Καλλίστιον εἴκοσι μύξαις
πλούσιον, ἁ Κριτίου, λύχνον ἔθηκε θεῷ,
εὐξαμένα περὶ παιδὸς Ἀπελλίδος. ἐς δ' ἐμὰ φέγγη
ἀθρήσας φάσεις· ,,Ἕσπερε, πῶς ἔπεσες;"

Suid. s. μύξα [om. v. 3 εὔξ. π. π. 'Α.]. – 2 ἁ Meineke ἡ // λύχνιον P¹ Suid.
4 φάσεις Wil. φήσεις.

149. ΤΟΥ ΑΥΤΟΥ

Φησὶν ὅ με στήσας Εὐαίνετος (οὐ γὰρ ἔγωγε
γινώσκω) νίκης ἀντί με τῆς ἰδίης
ἀγκεῖσθαι χάλκειον ἀλέκτορα Τυνδαρίδησι·
πιστεύω Φαίδρου παιδὶ Φιλοξενίδεω.

2 γινώσκω Gruter γιγν- 3 χαλκείων P¹.

150. ΤΟΥ ΑΥΤΟΥ

Ἰναχίης ἕστηκεν ἐν Ἴσιδος ἡ Θάλεω παῖς
Αἰσχυλὶς Εἰρήνης μητρὸς ὑποσχεσίῃ.

151. ΤΥΜΝΕΩ

Μίκκος ὁ Παλλαναῖος Ἐνυαλίου βαρὺν αὐλὸν
τόνδ' ἐς Ἀθαναίας ἐκρέμασ' Ἰλιάδος,
Τυρσηνὸν μελέδαμα, δι' οὗ ποκα πόλλ' ἐβόασεν
ὡνὴρ εἰράνας σύμβολα καὶ πολέμου.

1 Παλλαναῖος Valckenaer Πελ- 2 Ἀθαναίης P¹ 3 ἐβόησεν P¹ 4 ὡνὴρ P.

152. ΑΓΙΔΟΣ

Καὶ στάλικας καὶ πτηνὰ λαγωβόλα σοὶ τάδε Μείδων,
Φοῖβε, σὺν ἰξευταῖς ἐκρέμασεν καλάμοις,
ἔργων ἐξ ὀλίγων ὀλίγην δόσιν· ἢν δέ τι μεῖζον
δωρήσῃ, τίσει τῶνδε πολυπλάσια.

Pl VI 118 f. 66ᵛ. – 1 Μήδων Pl 3 δ' ἔτι P 4 τίσῃ P¹.

Mutter Kallistion

Mich, die mit zwanzig Dochten versehene Lampe, gab Kritias'
Tochter Kallistion hier dem kanopeïschen Gott,
betend zu ihm für Apellis, ihr Kindlein. O siehst du die Lampe
brennen, dann rufst du gewiß: „Hesperos, fielst du herab?"

Kallimachos

Boxer Euainetos

Hier hat Euainetos mich zur Weihe gebracht und behauptet
– selber weiß ich's ja nicht –, ich, dieser eherne Hahn,
sei als Dank seines Siegs Tyndareos' Söhnen gewidmet.
Und ich glaube dem Kind Phaidros', Philoxenos' Sohns.

Kallimachos

Mutter Eirene

Aischylis, Tochter des Thales, steht hier in dem Tempel der Isis,
Inachos' Tochter, so wie Mutter Eirene gelobt.

Kallimachos

Trompeter Mikkos

Für die ilische Göttin Athene bracht hier der Pallener
Mikkos das dröhnende Horn des Enyalios dar.
Oftmals stieß er dereinst in dieses Tyrrhenergeräte
gellend hinein und gab Zeichen im Frieden und Krieg.

Tymnes

Jäger Meidon

Meidon hängte dir, Phoibos, die Stangen und fliegenden Stöcke,
wie man auf Hasen sie wirft, samt diesen Leimruten auf:
kärgliche Gabe aus kärglichem Gut; doch zahlt er, sobald du
mehr zu verdienen ihm gibst, vielfach dir mehr noch an Zins.

Agis

153. ΑΝΥΤΗΣ

Βουχανδὴς ὁ λέβης· ὁ δὲ θεὶς Ἐριασπίδα υἱός,
Κλεύβοτος· ἁ πάτρα δ᾽ εὐρύχορος Τεγέα·
τἀθάνᾳ δὲ τὸ δῶρον· Ἀριστοτέλης δ᾽ ἐπόησεν
Κλειτόριος, γενέτᾳ ταὐτὸ λαχὼν ὄνομα.

1-2 Ἐραππίδαυλος Κεύβοτος Suid. s. βουχανδής   4 γενέτᾳ Salm. -τῳ.

154. ΛΕΩΝΙΔΑ ΤΑΡΑΝΤΙΝΟΥ, οἱ δὲ ΓΑΙΤΟΥΛΙΚΟΥ

Ἀγρονόμῳ τάδε Πανὶ καὶ εὐαστῆρι Λυαίῳ
πρέσβυς καὶ Νύμφαις Ἀρκὰς ἔθηκε Βίτων·
Πανὶ μὲν ἀρτίτοκον χίμαρον συμπαίστορα ματρός,
κισσοῦ δὲ Βρομίῳ κλῶνα πολυπλανέος,
Νύμφαις δὲ σκιερῆς εὐποίκιλον ἄνθος ὀπώρης   5
φύλλα τε πεπταμένων αἱματόεντα ῥόδων.
ἀνθ᾽ ὧν εὔυδρον, Νύμφαι, τόδε δῶμα γέροντος
αὔξετε· Πάν, γλαγερόν· Βάκχε, πολυστάφυλον.

Pl VI 43 f. 63ʳ. – Tit.: Λεωνίδου tantum Pl   1-4 Suid. s. εὐαστήρ, συμπαίστορα,
κισσύβιον   3 μητρός Pl   8 γλαγ.: γλυκερόν suprascr. c.

155. ΘΕΟΔΩΡΙΔΑ

Ἅλικες αἵ τε κόμαι καὶ ὁ Κρωβύλος, ἃς ἀπὸ Φοίβῳ
πέξατο μολπαστᾷ κῶρος ὁ τετραετής·
αἰχμητὰν δ᾽ ἐπέθυσεν ἀλέκτορα καὶ πλακόεντα
παῖς Ἡγησιδίκου πίονα τυροφόρον.
Ὤπολλον, θείης τὸν Κρωβύλον εἰς τέλος ἄνδρα   5
οἴκου καὶ κτεάνων χεῖρας ὕπερθεν ἔχειν.

Pl VI 132 f. 67ʳ. – 1-4 Suid. s. κρωβύλος, τυροφόρον, πλακόεις, 6 s. ὕπερθεν
2 πέξατο Pl Suid. (s. κρωβύλος), παίξατο (πλέξ· in marg.) P // κῶρος Scal. κῶμος.

Kleobotos an Athene

Groß wie ein Stier ist der Kessel; ihn stellte Kleobotos, Sprößling
   des Eriaspidas, auf, räumiger Tegea Kind,
um ihn Athene zu weihn. Aristoteles hat ihn geschaffen,
   Bürger von Kleitor, genannt, wie sein Erzeuger schon hieß.

Anyte

Gutsbesitzer Biton

Biton, der alte Arkader, gab dies dem Gotte der Orgien
   Bakchos und Nymphen und Pan, der die Gefilde beschirmt.
Pan entbot er ein Böckchen, das jung mit der Mutter noch spielte,
   Bromios bracht er den Zweig rankenden Efeus herbei,
doch für die Nymphen die Blätter entfalteter purpurner Rosen
   und des schattigen Herbsts schillernde Blume dazu.
Gebt denn, ihr Nymphen, dafür stets Wasser dem Gute des Alten,
   du, Pan, Milch und du, Bakchos, die Fülle von Wein.

Leonidas von Tarent (oder *Gätulicus*)

Krobylos' Haaropfer

Gleichen Alters wie Krobylos ist das Haar, das im vierten
   Jahr für den Sänger Apoll er, Hegesidikos' Sohn,
sich vom Haupte geschnitten; ihm weihte er ferner den Kampfhahn
   und einen Kuchen, recht fett, reichlich mit Käse bedeckt.
Laß den Krobylos drum zum wahren Manne erwachsen,
   Phoibos, und halte die Hand ob seinem Hause und Gut.

Theodoridas

156. ΤΟΥ ΑΥΤΟΥ

Καλλώ σὺν τέττιγι Χαρισθένεος τρίχα τήνδε
κουρόσυνον κούραις θῆκ' 'Αμαρυνθιάσι
σὺν βοῒ χερνιφθέντα· πάις δ' ἴσον ἀστέρι λάμπει,
πωλικὸν ὡς ἵππος χνοῦν ἀποσεισάμενος.

Pl VI 133 f. 67ʳ; totum ep. ap. Suid. s. κουρόσυνον, χερνιφθέντα, πωλικῆς.
1 Καλλώ Wilam. καλῷ // Χρισθ- Suid. s. κουρ.

157. ΤΟΥ ΑΥΤΟΥ

"Αρτεμις, ἡ Γόργοιο φύλαξ κτεάνων τε καὶ ἀγροῦ,
τόξῳ μὲν κλῶπας βάλλε, σάου δὲ φίλους·
καί σοι ἐπιρρέξει Γόργος χιμάροιο νομαίης
αἷμα καὶ ὡραίους ἄρνας ἐπὶ προθύροις.

*.Pl IVᵇ 10, 10 f. 98ʳ. - Tit. om. Pl   1-4 Suid. s. σάου, κλώψ, ἐπιρρέξει, νομαία
1 "Αρτεμι Suid. s. σάου   2 σάω [ex σάου] Pl   3 νομείης P¹. Post 4 sequitur
lacuna 7 linearum in P.

158. ΣΑΒΙΝΟΥ ΓΡΑΜΜΑΤΙΚΟΥ

Πανὶ Βίτων χίμαρον, Νύμφαις ῥόδα, θύρσα Λυαίῳ,
τρισσὸν ὑπ' εὐπετάλοις δῶρον ἔθηκε φόβαις.
δαίμονες ἀλλὰ δέχοισθε κεχαρμένοι, αὔξετε δ' αἰεὶ
Πὰν ἀγέλην, Νύμφαι πίδακα, Βάκχε γάνος.

Pl VI 44 f. 63ʳ. - 1-2 Suid s. θύρσος, φοίβη, 4 s. γάνος   2 Φοίβῳ P¹ φοίβαις c
Suid. s. φοίβη   4 πήδακα P.

159. ΑΝΤΙΠΑΤΡΟΥ ΣΙΔΩΝΙΟΥ

'Α πάρος αἱματόεν πολέμου μέλος ἐν δαῒ σάλπιγξ
καὶ γλυκὺν εἰράνας ἐκπροχέουσα νόμον
ἄγκειμαι, Φερένικε, τεὸν Τριτωνίδι κούρᾳ
δῶρον, ἐριβρύχων παυσαμένα κελάδων.

Suid. [om. Φερ. τεὸν] s. δαῒ, κελαδοῦσιν, ἐριβρύχων   2 εὐράνας Suid. s. δαῒ.

Charisthenes' Haaropfer

Den Amarynthos-Fräulein des jungen Charisthenes Locken
hat hier Kallo mitsamt Rind und Zikade gebracht;
Weihwasser läuterte alles. Nun schimmert der Knabe so sternhell
wie ein Füllen, bei dem grad sich das Flaumkleid verlor.

Theodoridas

Gutsbesitzer Gorgos

Artemis, Hüterin du von Gorgos' Besitztum und Acker,
schirm ihm die Freunde, doch triff immer mit Pfeilen den Dieb.
Sieh, dann opfert dir Gorgos im Vorflur ein Zicklein der Herde,
und es verströmen ihr Blut blühende Lämmer für dich.

Theodoridas

Gutsbesitzer Biton

Pan ein Böckchen, den Nymphen die Rosen und Bakchos die Thyrsen
bracht unter laubigem Grün Biton als dreifach Geschenk.
Nehmt es in Freude denn an, ihr Hohen, und mehret ihm immer:
Pan die Herde, den Quell Nymphen und Bakchos den Wein.

Grammatiker Tullius Sabinus

Trompeter Pherenikos

Ich, die Trompete, die einst im Kriege ihr blutiges Schmettern
und im Frieden ihr hold klingendes Liedlein verströmt,
wurde von dir, Pherenikos, der Jungfrau Tritonis gewidmet,
und von Geschmetter und Braus ruh ich gemächlich nun aus.

Antipatros von Sidon

160. ΤΟΥ ΑΥΤΟΥ

Κερκίδα τὰν ὀρθρινὰ χελιδονίδων ἅμα φωνᾷ
μελπομέναν, ἱστῶν Παλλάδος ἀλκυόνα,
τόν τε καρηβαρέοντα πολυρροίβδητον ἄτρακτον,
κλωστῆρα στρεπτᾶς εὔδρομον ἀρπεδόνας,
καὶ πήνας καὶ τόνδε φιληλάκατον καλαθίσκον,   5
στάμονος ἀσκητοῦ καὶ τολύπας φύλακα,
παῖς ἀγαθοῦ Τελέσιλλα Διοκλέος ἁ φιλοεργὸς
εἰροκόμων κούρᾳ θήκατο δεσπότιδι.

Pl VI 62 f. 64ʳ.   **1** -νᾷ χελιδόνων Pl   **2** ἱστὸν P¹   **3** πολυρροίβητον P Pl
Suid. s. ἄτρακτον, em. Suid. B   **5** πηνίας P   **7** φιλαεργὸς P.

161. ΚΡΙΝΑΓΟΡΟΥ

Ἑσπερίου Μάρκελλος ἀνερχόμενος πολέμοιο
σκυλοφόρος κραναῆς τέλσα παρ' Ἰταλίης,
ξανθὴν πρῶτον ἔκειρε γενειάδα· βούλετο πατρὶς
οὕτως, καὶ πέμψαι παῖδα καὶ ἄνδρα λαβεῖν.

Aᵃ: ἀνάθημα παρὰ Μαρκέλλου (ὑπάτου add. c). – Pl VI 134 f. 67ʳ. – In P hic [Pᵃ]
et post VI 344 [Pᵇ]   **2** τέλσα Pᵇ τέρμα Pᵃ Pl Suid. s. σκῦλα.

162. ΜΕΛΕΑΓΡΟΥ

Ἄνθεμά σοι Μελέαγρος ἑὸν συμπαίστορα λύχνον,
Κύπρι φίλη, μύστην σῶν θέτο παννυχίδων.

1 ἑὸν Bouhier ἑόν.

163. ΤΟΥ ΑΥΤΟΥ

Τίς τάδε μοι θνητῶν τὰ περὶ θριγκοῖσιν ἀνῆψεν
σκῦλα, παναισχίστην τέρψιν Ἐνυαλίου;
οὔτε γὰρ αἰγανέαι περιαγέες οὔτε τι πήληξ
ἄλλοφος οὔτε φόνῳ χρανθὲν ἄηρε σάκος,
ἀλλ' αὕτως γανόωντα καὶ ἀστυφέλικτα σιδάρῳ,   5
οἷά περ οὐκ ἐνοπᾶς, ἀλλὰ χορῶν ἔναρα.

Weberin Telesilla

Dieses Schiffchen, das früh mit dem Schwalbenlied zwitschert, das Pal-
Webstuhl so fröhlich umsingt gleich einem Eisvögelein,   [las'
diese schwirrende Spindel mit schwerem Köpfchen, die wirbelnd
    und behende des Wergs Fasern zu Garnen verspinnt,
Fäden vom Einschlag und endlich das Körbchen, die Freundin des
    die das treffliche Garn wie auch das Knäuel bewahrt,   [Rockens,
hat Telesilla, die flinke, des ehrsamen Diokles Tochter,
    hier der Jungfrau, dem Schirm webender Frauen, geweiht.

Antipatros von Sidon

Prinz Marcellus

Als mit Beute beladen Marcellus vom Kriege im Westen
    zu des italischen Lands bergigen Grenzen gekehrt,
schor er sich erstmals den Bart, den blonden. So wünscht' es die Hei-
fort zu entsenden das Kind und zu empfangen – den Mann.   [mat:

Krinagoras

Meleagros an Kypris

Kypris, dir weiht Meleagros die Lampe, der Scherze Genossin,
    die ihm, o Liebe, des Nachts deine Mysterien belauscht.

Meleagros

Empörung des Ares

Wer von den Sterblichen hat an den Sims meines Tempels mir solche
    schnöde Trophäen gehängt, die Enyalios haßt?
Keine der Waffen zerschlagen, kein Busch fehlt über den Helmen,
    nirgends ein einziger Schild voll von befleckendem Blut.
Alles nur glitzernde Rüstung, von keinem Eisen verstümmelt,
    Waffen, wie nie eine Schlacht, nur das Theater sie kennt.

οἷς θάλαμον κοσμεῖτε γαμήλιον, ὅπλα δὲ λύθρῳ
λειβόμενα βροτέῳ σηκὸς "Αρηος ἔχοι.

Pl VI 158 f. 68ʳ. - **1** τὰ inser. Lobeck // θριγκ- Suid. (s. θριγκός) θρηγκ- P
θριγγ- Pl // ἀνῆψε Pl Suid. **4** εὔλοφος et ἀνῆρε Pl **5** αὔτως Waltz -ῶσι P
-ῷ Pl // σιδήρῳ Pl **6—8** Suid s. ἔναρα, ἐνοπή, λύθρος **7** κοσμεῖται P¹.

164. ⟨ΛΟΥΚΙΛΛΙΟΥ⟩

Γλαύκῳ καὶ Νηρῆι καὶ Ἰνοῖ καὶ Μελικέρτῃ
καὶ βυθίῳ Κρονίδῃ καὶ Σαμόθρᾳξι θεοῖς
σωθεὶς ἐκ πελάγους Λουκίλλιος ὧδε κέκαρμαι
τὰς τρίχας ἐκ κεφαλῆς· ἄλλο γὰρ οὐδὲν ἔχω.

* A: ἀνάθημα Λουκίλλου. - Pl VI 130 f. 67ʳ. - **1** Gell. 13, 27, 1; Macrob. sat.
5, 17, 17 // Νηρῆι Scal. Νιρεῖ P Νηρεῖ cet. // Ἰνοῖ καὶ: Ἰνώῳ Macr. εἰναλίῳ
Gell. **2** Σαμόθρῃξι Pl.

165. ΦΑΛΑΙΚΟΥ

Στρεπτὸν βασσαρικοῦ ῥόμβον θιάσοιο μύωπα
καὶ σκύλος ἀμφιδόρου στικτὸν ἀχαιίνεω
καὶ κορυβαντείων ἰαχήματα χάλκεα ῥόπτρων
καὶ θύρσου χλοερὸν κωνοφόρου κάμακα
καὶ κούφοιο βαρὺν τυπάνου βρόμον ἠδὲ φορηθὲν   5
πολλάκι μιτροδέτου λῖκνον ὕπερθε κόμης
Εὐάνθη Βάκχῳ, τὴν ἔντρομον ἀνίκα θύρσοις
ἄτρομον εἰς προπόσεις χεῖρα μετημφίασεν.

Tit.: Φαλάκκου P em. Bouhier **1—6** Suid. s. βασσαρικά, θίασος, ῥόμβος, στρεπτός,
ἀμφίδορον, ἀχαιίνη, ἰαχήματα, Κορυβαντείων, κωνοφόροι, θύρσος, βρόμον, λεῖκνον
2 σκύτος Suid. (s. ἀμφίδορον et ἀχαιίνη) **4** -ρὸν κωνοφόρον Suid. (s. κωνοφόροι)
-ρῶν -ρου P **6** λεῖκνον P¹ Suid. s. v. **7** ἀνῆκα P¹.

166. ΛΟΥΚΙΛΛΙΟΥ

Εἰκόνα τῆς κήλης Διονύσιος ὧδ' ἀνέθηκεν
σωθεὶς ἐκ ναυτῶν τεσσαράκοντα μόνος·
τοῖς μηροῖς αὐτὴν γὰρ ὑπερδήσας ἐκολύμβα.
ἔστω καὶ κήλης ἔν τισιν εὐτυχίη.

Pl VI 131 f. 67ʳ. - **1-2** Suid. s. ναύτης // ἀνέθηκε Pl Suid.

Schmückt euch die Hochzeitskammer damit! Die Halle des Ares
wünscht, vom menschlichen Blut schmutzige Waffen zu sehn.

Meleagros

Des Gescheiterten Haaropfer

Glaukos und Nereus zugleich, zugleich Melikertes und Ino
    wie dem Kroniden im Meer und Samothrakiens Chor
weih ich, Lukillios, hier, aus dem Meere gerettet, die Haare,
    die ich vom Haupte mir schnitt: Weiter besitz ich nichts mehr.

Lukillios

Bakchin Euanthe

Diese drehbare Trommel, den Chor der Mänaden zu stacheln,
    das gesprenkelte Fell eines enthäuteten Hirschs,
korybantische Zymbeln aus Erz mit rasselndem Klange,
    Thyrsos' saftigen Stab, pinienzapfen-gekrönt,
leichtes Tympanon auch von schwerem Ton und das Körbchen,
    das auf bebändertem Haar früher so oftmals sie trug:
weiht Euanthe dem Bakchos; einst trug sie furchtsam den Thyrsos,
    heute hält ihre Hand furchtlos den Becher gefaßt.

Phalaikos

Des Gescheiterten Bruch

Da Dionysios nun allein sich gerettet von vierzig
    Mann auf dem Schiffe, so weiht hier er das Bild seines Bruchs.
Denn er band sich ihn fest auf die Schenkel und schwamm so von dannen.
    Manchmal, so muß man gestehn, ist auch ein Bruch noch ein Glück.

Lukillios

167. ΑΓΑΘΙΟΥ ΣΧΟΛΑΣΤΙΚΟΥ

Σοί, μάκαρ αἰγίκναμε, παράκτιον ἐς περιωπὰν
τὸν τράγον, ὦ δισσᾶς ἀγέτα θηροσύνας·
σοὶ γὰρ καστορίδων ὑλακὰ καὶ τρίστομος αἰχμὴ
εὖαδε καὶ ταχινῆς ἔργα λαγωσφαγίης
δίκτυά τ' ἐν ῥοθίοις ἀπλούμενα καὶ καλαμευτὰς   5
κάμνων καὶ μογερῶν πεῖσμα σαγηνοβόλων.
ἄνθετο δὲ Κλεόνικος, ἐπεὶ καὶ πόντιον ἄγραν
ἄνυε καὶ πτῶκας πολλάκις ἐξεσόβει.

Pl VI 119 f. 66ᵛ. – 2–4 Suid. s. ἡγέτης, τρίστομος, καστορίδων, 8 s. ἐξεσόβησα
2 ὡδὶς σᾶς P Pl ὦ δισσαὶ Suid. (s. ἡγέτης) em. Scal. // ἀγέτα θηροσύναι Suid.
ἀγετ' ἀθηροσύνας P Pl   3 αἰχμὰ Pl   4 λαγοσφ- Pl.

168. ΠΑΥΛΟΥ ΣΙΛΕΝΤΙΑΡΙΟΥ

Βοτρυῖων ἀκάμαντα φυτῶν λωβήτορα κάπρον,
τὸν θρασὺν ὑψικόμων ἐνναέταν δονάκων,
πολλάκις ἐξερύσαντα θοῶν ἀκμαῖσιν ὀδόντων
δένδρεα καὶ νομίους τρεψάμενον σκύλακας,
ἀντήσας ποταμοῖο πέλας, πεφρικότα χαίτας,   5
ἄρτι καὶ ἐξ ὕλας πάγχυ λιπόντα βάθος,
χαλκῷ Ξεινόφιλος κατενήρατο, καὶ παρὰ φηγῷ
θηρὸς ἀθωπεύτου Πανὶ καθῆψε δέρας.

1 Suid. s. ἀκάμαντα, λωβητῆρα // βοτρυῖων Jac. -ύων   2 ἐνναέτην Suid. s. v.
7 Ξενό- P¹.

169. ΑΔΗΛΟΝ

Κώμαυλος τὸν ἐχῖνον ἰδὼν ἐπὶ νῶτα φέροντα
ῥᾶγας ἀπέκτεινεν τῷδ' ἐπὶ θειλοπέδῳ·
αὐήνας δ' ἀνέθηκε φιλακρήτῳ Διονύσῳ
τὸν τὰ Διωνύσου δῶρα λεϊζόμενον.

Pl VI 45 f. 63ʳ; Suid. s. ἐχῖνος, Κώμαυλος, αὐήνας. – 2 θηλοπ- P Pl   3 φιλακράτῳ c
4 Διον- P¹ Suid. s. αὐήνας.

Jäger Kleonikos

Dir, geißfüßiger Pan, du Schützer von zwiefachem Weidwerk,
    ward auf dem Hügel am Strand blutig ein Böckchen geweiht.
Dir ist das Bellen der Hunde, die dreifach gezackte Harpune,
    dir an den Hasen das Werk hurtigen Schlachtens zur Lust,
Garne, gebreitet im Wasser, der Fischer, der müd ist vom Angeln,
    und das Zugseil, an dem mühsam die Netze er zieht.
Kleonikos entbietet den Bock; denn er tat einen guten
    Fang in dem Meere und hat oft auch die Hasen gescheucht.

Agathias Scholastikos

Jäger Xenophilos

Diesen Verwüster der Reben, den unermüdlichen, frechen
    Eber, der in des Schilfs ragenden Rohren gehaust,
der mit der Schärfe der Hauer die Bäume im Walde entwurzelt
    und von der Weide so oft Herde und Hunde gescheucht,
traf am Ufer des Flusses, wohin mit der Borsten gesträubtem
    Kamme er tief aus dem Wald eben herübergelangt,
tödlich Xenophilos' Speer. Nun hat er des wütenden Tieres
    borstiges Fell für den Pan hier an die Eiche gehängt.

Paulos Silentiarios

Winzer Komaulos

Diesen Igel erblickte mit Beeren des Weins auf dem Rücken
    einst Komaulos und schlug tot ihn am sonnigen Platz,
ließ ihn dann trocknen und hängte den Räuber der Bakchosgeschenke
    schließlich für Bakchos, den Freund lauteren Trunkes, hier auf.

Anonym

542   Anthologia Graeca VI

170. ΘΥΙΛΛΟΥ

Αἱ πτελέαι τῷ Πανὶ καὶ αἱ τανυμήκεες αὗται
ἰτέαι ἢ θ' ἱερὰ κάμφιλαφὴς πλάτανος
καὶ λιβάδες καὶ ταῦτα βοτηρικὰ Πανὶ κύπελλα
ἄγκειται, δίψης φάρμακ' ἀλεξίκακα.

Tit.: Θυίλλου Reiske Θυηλάου. − Totum ep. [om. 1 αἱ ... Πανὶ] ap. Suid. s.
τανυμήκεες, ἀμφιλαφῆ, λιβάδα, βοτηρικά, κύπελλον.

171

Αὐτῷ σοὶ πρὸς Ὄλυμπον ἐμακύναντο κολοσσὸν
τόνδε 'Ρόδου ναέται Δωρίδος, 'Αέλιε,
χάλκεον, ἀνίκα κῦμα κατευνάσαντες 'Ενυοῦς
ἔστεψαν πάτραν δυσμενέων ἐνάροις.
οὐ γὰρ ὑπὲρ πελάγους μόνον ἄνθεσαν, ἀλλὰ καὶ ἐν γᾷ   5
ἁβρὸν ἀδουλώτου φέγγος ἐλευθερίας·
τοῖς γὰρ ἀφ' 'Ηρακλῆος ἀεξηθεῖσι γενέθλας
πάτριος ἐν πόντῳ κἠν χθονὶ κοιρανία.

Pl VI 1 f. 61ᵛ; Ir. 264 (v. 1–4); Suid. s. κολοσσαεῖς (v. 1–4). − 3 κατευνάσσ- Pl
5 κάτθεσαν P   6 ἐλευθερίας Brunck -ίης   7 γενέθλης P¹ Pl   8 κοιρανία Brunck
-ίᾳ P -ίη Pl.

172

Πορφυρὶς ἡ Κνιδίη τὰ στέμματα καὶ τὸ δίθυρσον
τοῦτο τὸ λογχωτὸν καὶ τὸ περισφύριον,
οἷς ἀνέδην βάκχευεν, ὅτ' ἐς Διόνυσον ἐφοίτα
κισσωτὴν στέρνοις νεβρίδ' ἀναπτομένη,
αὐτῷ σοί, Διόνυσε, πρὸ παστάδος ἠώρησε   5
ταῦτα τὰ καὶ κάλλευς κόσμια καὶ μανίης.

Pl VI 32 f. 62ᵛ; Suid. (om. Πορφυρὶς ... στέμμ.) s. περισφύριον, ἀνέδην, νεβρίς,
ἠωρημένῳ. − 1 διθύρεον Suid. s. περισφύριον   3 βάκχευε P¹ ἐβάκχευε Suid.
s. ἀνέδην   5 αὐτῷ σοί P ἁβροκόμη Pl 6 καὶ¹ Jac. τοῦ Pl om. P // κάλλους Pl.

Pansplätzchen

Pan gehören die Ulmen, die schlanken Weiden und diese
   heilge Platane, die rings breit ihre Krone erhebt;
Pan auch wurden geweiht der Quell und die ländlichen Becher:
   in den Qualen des Dursts bringen sie beste Arznei.

Thyillos

Koloß von Rhodos

Bis zum Olympos empor, o Helios, türmte dir preisend
   Rhodos' dorisches Volk diesen Koloß hier aus Erz,
als es endlich die Wogen des grimmigen Krieges beschwichtigt
   und das heimische Land prächtig mit Beute geschmückt.
Fest auf der Erde erbaute es ihn und hoch überm Meere,
   daß er ein herrliches Licht fronloser Freiheit ihm sei.
Ist es das Recht doch der Männer vom Blute des Herakles, daß sie
   herrschen zu Lande und Meer, wie es die Väter getan.

Anonym

Bakchin Porphyris

Porphyris, knidischen Stamms, weiht Bänder, den doppeltgespitzten
   Thyrsos und schließlich den Ring, der ihre Knöchel umschlang.
Wild hat damit sie geschwärmt, wenn zu Bakchos sie eilte und ihre
   Brust mit dem Fell einer Kitz, efeuumwunden, bedeckt.
Dir aber hängte sie nun an die Tür deines Tempels, o Bakchos,
   was ihre Schönheit sowohl wie ihre Wildheit geschmückt.

Anonym

544 Anthologia Graeca VI

173. PIANOY

'Αχρυλίς, ἡ Φρυγίη θαλαμηπόλος, ἡ περὶ πεύκας
πολλάκι τοὺς ἱεροὺς χευαμένη πλοκάμους,
γαλλαίῳ Κυβέλης ὀλολύγματι πολλάκι δοῦσα
τὸν βαρὺν εἰς ἀκοὰς ἦχον ἀπὸ στομάτων,
τάσδε θεῆ χαίτας περὶ δικλίδι θῆκεν ὀρείη,   5
θερμὸν ἐπεὶ λύσσης ὧδ' ἀνέπαυσε πόδα.

Suid. s. θαλαμηπόλος, Κυβελίοις, γαλλαίῳ, ὀρεία. 1 'Αρχυλίς Holstein 5 περικλεῖδι
Suid. s. ὀρ. // ὀρείη Powell ὀρείᾳ.

174. ANTIΠATPOY

Παλλάδι ταὶ τρισσαὶ θέσαν ἅλικες, ἴσον ἀράχνᾳ
τεῦξαι λεπταλέον στάμον' ἐπιστάμεναι·
Δημὼ μὲν ταλαρίσκον εὔπλοκον, 'Αρσινόα δὲ
ἐργάτιν εὐκλώστου νήματος ἠλακάταν,
κερκίδα δ' εὐποίητον, ἀηδόνα τὰν ἐν ἐρίθοις,   5
Βακχυλίς, εὐκρέκτους ᾇ διέκρινε μίτους·
ζώειν γὰρ δίχα παντὸς ὀνείδεος εἵλεθ' ἑκάστα,
ξεῖνε, τὸν ἐκ χειρῶν ἀρνυμένα βίοτον.

Pl VI 63 f. 64ʳ. - Sidonio trib. Pl. Totum fere ep. ap. Suid. s. ἀράχνη, τάλαρος,
ἠλακάτη, κερκίς, μίτος, ἀρνυμένη, ὄνειδος 2 τεῦξε P¹ // στήμον' Pl μῖτον Suid.
s. ἀράχ. 3 εὔπλοκον Pl Suid. (s. ἀράχ.) -ος c -καμος P¹ // 'Αρσινόᾳ P 5 δ': τ'
Suid. s. μίτ. 6 ᾇ Pl εὖ P Suid. s. μίτ. 7 εἵλεθ' Pl εἵλεθ' P¹ ἤθελ' c Suid. s. ἀρν.
et ὄν. // ἑκάστῃ Pl 8 τῶν P¹.

175. MAKHΔONIOY YΠATOY

Τὸν κύνα, τὸν πάσης κρατερῆς ἐπιίδμονα θήρης,
ἔξεσε μὲν Λεύκων, ἄνθετο δ' 'Αλκιμένης.
'Αλκιμένης δ' οὐχ εὗρε, τί μέμψεται· ὡς δ' ἴδ' ὁμοίην
εἰκόνα παντοίῳ σχήματι φαινομένην,
κλοιὸν ἔχων πέλας ἦλθε, λέγων Λεύκωνι κελεύειν   5
τῷ κυνὶ καὶ βαίνειν· πεῖθε γὰρ ὡς ὑλάων.

Pl VI 2 f. 61ᵛ. - Tit.: Μακεδ- Pl 1 Suid. s. ἴδμονα, 3—6 s. κλοιός 5 λέγων om.
P¹ // Λεύκωνα Pl.

Kybelepriesterin Achrylis

Achrylis, phrygischen Stamms, die Priesterin, die ihre heilgen
  Locken so oftmal beim Schein flammender Fackeln geschwenkt
und aus dem Munde so oft das schallende Schreien gestoßen,
  wie es zu Kybeles Ruhm heulend der Galle erhebt,
weihte der Göttin des Berges ihr Haar am Tore des Tempels,
  da sie dem brennenden Fuß Einhalt im Rasen gebot.

Rhianos

Drei Weberinnen

Gaben bringen der Pallas drei Frauen, die gleich sind an Jahren
  und wie die Spinnen so fein webend zu wirken verstehn:
Demo den Korb aus schönem Geflecht, Arsinoë diese
  fleißige Spindel, die stets fehllose Fäden ihr spann,
Bakchylis weiht ihr das Schiffchen, das trefflich gebaute, des Webers
  Nachtigall, das ihr das Garn treulich am Einschlag geteilt.
Alle ja haben den Wunsch, ein ehrbares Dasein zu führen,
  um von der Hände Erwerb sittsam zu leben, o Freund.

Antipatros von Sidon

Jäger Alkimenes

Diesen Jagdhund, in jedem kraftheischenden Weidwerk erfahren,
  meißelte Leukon; geweiht hat ihn Alkimenes hier.
Nichts zu tadeln sah dieser; denn als er die Statue betrachtet
  und sie in Haltung und Wuchs gleich dem Lebendigen fand,
trat er an Leukon heran mit dem Halsband in Händen und sagte:
  „Laß ihn auch laufen, den Hund! Weiß ich doch, daß er auch bellt."

Konsul Makedonios

176. ΤΟΥ ΑΥΤΟΥ

Τὸν κύνα τὰν πήραν τε καὶ ἀγκυλόδοντα σιγύναν
Πανί τε καὶ Νύμφαις ἀντίθεμαι Δρυάσιν·
τὸν κύνα δὲ ζώοντα πάλιν ποτὶ τωΰλιον ἄξω
ξηρὰς εἰς ἀκόλους ξυνὸν ἔχειν ἔταρον.

1 σίγυνον P Suid. s. σιγύνη em. Stadtm.   3 δὲ P δ' ὡς Suid. s. ἄκολος // τώλιον
P¹ ταΰλιον Suid.

177

Δάφνις ὁ λευκόχρως, ὁ καλᾷ σύριγγι μελίσδων
βουκολικοὺς ὕμνους, ἄνθετο Πανὶ τάδε·
τοὺς τρητοὺς δόνακας, τὸ λαγωβόλον, ὀξὺν ἄκοντα,
νεβρίδα, τὰν πήραν, ᾇ ποτ' ἐμαλοφόρει.

Theocr. Ep. 2 (Gallavotti). - 1 καλῇ P Suid. s. λευκόχρως   3 ὀξὺν om. K 4 τὴν
et ποκ' ἐμαλλο- K.

178. ΗΓΗΣΙΠΠΟΥ

Δέξαι μ', 'Ηράκλεις, 'Αρχεστράτου ἱερὸν ὅπλον,
ὄφρα ποτὶ ξεστὰν παστάδα κεκλιμένα
γηραλέα τελέθοιμι χορῶν ἀίουσα καὶ ὕμνων·
ἀρκείτω στυγερὰ δῆρις 'Ενναλίου.

179. ΑΡΧΙΟΥ

'Αγραύλῳ τάδε Πανὶ βιαρκέος ἄλλος ἀπ' ἄλλης
αὔθαιμοι τρισσοὶ δῶρα λινοστασίης,
Πίγρης μὲν δειραχθὲς ἐύβροχον ἄμμα πετηνῶν,
Δᾶμις δ' ὑλονόμων δίκτυα τετραπόδων,
ἄρκυν δ' εἰναλίων Κλείτωρ πόρεν· οἷς σὺ δι' αἴθρας   5
καὶ πελάγευς καὶ γᾶς εὔστοχα πέμπε λίνα.

Pl VI 98 f. 65ᵛ. - 1-2 Suid. s. βιαρκέος 3 Πίγρις P¹ // πετηνῶν Pl [primo]
πεταν- P πετειν- Pl [post] Suid. s. δειραχθές 4 ὑλαν- P 5 αἴθρης Pl 6 καὶ γᾶς
καὶ πελάγευς Pl.

Ränzel, Hund und Spieß

Dieses Ränzel, den Hund und den Spieß mit gebogenem Ende
  häng ich als Gaben dem Pan und den Dryaden hier auf.
Aber es lebt noch der Hund, drum führ ich ihn wieder zum Hofe,
  daß er beim trockenen Brot treuer Gefährte mir sei.

Konsul Makedonios

Daphnis

Daphnis mit schimmernder Haut, der hold auf der schönen Syringe
  hirtliche Weisen erhebt, brachte als Gaben dem Pan:
diese durchlöcherten Rohre, den Krummstab, die spitzige Lanze,
  dieses Ränzel, in dem Äpfel er trug, und das Fell.

Anonym

Krieger Archestratos

Nimm mich denn, Herakles, an, des Archestratos Waffe! Er lehnt mich
  an die geglättete Wand hier in der Vorhalle hin,
daß ich beim Klange von Chören und Liedern mein Alter verbringe.
  Beide sind wir ihn satt, Ares' unseligen Krieg.

Hegesippos

Drei Weidmänner

Dieses weihten dem ländlichen Pan drei Brüder, ein jeder
  aus einer anderen Jagd, die ihm die Notdurft verbürgt:
Pigres die Fäden für Vögel, halsdrückend und trefflich geschlungen,
  Damis brachte ein Netz, Tiere zu fangen im Wald,
Kleitor ein Wurfgarn für Fische des Meers. O schenke du ihnen
  Weidmannsheil in der Luft wie auch zu Lande und Meer.

Aulus Licinius Archias

180. ΤΟΥ ΑΥΤΟΥ

Ταῦτά σοι ἔκ τ' ὀρέων ἔκ τ' αἰθέρος ἔκ τε θαλάσσας
τρεῖς γνωτοὶ τέχνας σύμβολα, Πάν, ἔθεσαν·
ταῦτα μὲν εἰναλίων Κλείτωρ λίνα, κεῖνα δὲ Πίγρης
οἰωνῶν, Δᾶμις τὰ τρίτα τετραπόδων·
οἷς ἅμα χερσαίαισιν, ἅμ' ἠερίῃσιν ἐν ἄγραις,   5
'Αγρεῦ, ἅμ' ἐν πλωταῖς, ὡς πρίν, ἀρωγὸς ἴθι.

Pl VI 99 f. 65ᵛ. – 1 θαλάσσης P¹ Pl [errat Waltz] 2 τέχνης Pl 3 Πίγρις P¹
5 χερσαίῃσιν Pl 6 ἄγρευ· P // πλωτοῖς Pl.

181. ΤΟΥ ΑΥΤΟΥ

Τρίζυγες, οὐρεσίοικε, κασίγνητοι τάδε τέχνας
ἄλλος ἀπ' ἀλλοίας σοὶ λίνα, Πάν, ἔθεσαν,
καὶ τὰ μὲν ὀρνίθων Πίγρης, τὰ δὲ δίκτυα θηρῶν
Δᾶμις, ὁ δὲ Κλείτωρ εἰναλίων ἔπορεν·
τῶν ὁ μὲν ἐν ξυλόχοισιν, ὁ δ' ἠερίῃσιν ἐν ἄγραις   5
αἰέν, ὁ δ' ἐν πελάγει εὔστοχον ἄρκυν ἔχοι.

Pl VI 100 f. 65ᵛ. – 1 οὐρεσίοι καὶ P 2 λίνα Reinach τὰ δὲ 3 Πίγρις P¹
5 ἠερίοισιν P 6 εἶεν P // εὔστοχον ἄρκυν c Pl [ex εὔ. ἄγραν] ἄ. εὔ. P¹.

182. ΑΛΕΞΑΝΔΡΟΥ ΜΑΓΝΗΤΟΥ

Πίγρης ὀρνίθων ἄπο δίκτυα, Δᾶμις ὀρείων,
Κλείτωρ δ' ἐκ βυθίων σοὶ τάδε, Πάν, ἔθεσαν,
ξυνὸν ἀδελφειοὶ θήρης γέρας, ἄλλος ἀπ' ἄλλης,
ἴδρι τὰ καὶ γαίης, ἴδρι τὰ καὶ πελάγευς.
ἀνθ' ὧν τῷ μὲν ἁλός, τῷ δ' ἠέρος, ᾧ δ' ἀπὸ δρυμῶν   5
πέμπε κράτος ταύτῃ, δαῖμον, ἐπ' εὐσεβίῃ.

Pl VI 101 f. 65ᵛ. – Tit.: gent. om. Pl 1 Πίγρις P¹ 4 ἰδρίτα bis P Suid. s. ἴδριας,
ἰδρυτὰ Pl em. Hecker // καὶ¹ om. Pl 5 ᾧ Pl τῷ P.

Ein gleiches

Pan, dir haben drei Brüder die Sinnbilder ihres Berufes
  aus den Lüften, aus Meer und von den Bergen geweiht:
Kleitor brachte das Netz für Tiere des Meeres, und Pigres
  das für Vögel, zuletzt Damis die Garne für Wild.
Komm, und halfest du früher, so hilf uns auch fürder auf Jagden,
  Jäger, zu Lande und Meer und in den Lüften zugleich.

Aulus Licinius Archias

Ein gleiches

Bergbewohnender Pan, drei Brüder weihten dir diese
  Netze aus ihrem Gewerb, jeder aus anderem Zweig:
Pigres die Garne für Vögel und Damis die Fäden für Bergwild,
  Kleitor brachte das Netz, Tiere zu fangen im Meer.
Gib ihnen immer denn Jagdglück und schenk es dem einen in Lüften
  und dem andern im Meer, aber dem dritten im Wald.

Aulus Licinius Archias

Ein gleiches

Pan, es weihte dir Pigres dies Netz für die Vögel, und Damis
  dies für das Bergwild, und dies Kleitor für Tiere der Flut.
Brüder brachten's zugleich, doch jeder von anderem Weidwerk,
  dir, dem Kenner zu Land, dir, einem Kenner im Meer.
Bringe du ihnen dafür aus Meer, aus Lüften und Wäldern
  Fülle von Beute, o Gott, ob ihres frommen Gemüts.

Alexandros von Magnesia

183. ΖΩΣΙΜΟΥ ΘΑΣΙΟΥ

Σοὶ τάδε, Πάν, θηρευταὶ ἀνηρτήσαντο σύναιμοι
δίκτυα, τριχθαδίης δῶρα κυναγεσίης·
Πίγρης μὲν πτανῶν, Κλείτωρ ἀλός, ὃς δ' ἀπὸ χέρσου,
Δᾶμις, τετραπόδων ἀγκύλος ἰχνελάτης.
ἀλλὰ σὺ κήν δρυμοῖσι καὶ εἰν ἀλὶ καὶ διὰ μέσσης   5
ἠέρος εὔαγρον τοῖσδε δίδου κάματον.

Pl VI 102 f. 65 ᵛ. - 1 θηρευταὶ Hecker -τά   2 κυνηγ- Pl   3 πτηνῶν Pl   5–6 καὶ²...
Suid. s. ἠέρος.

184. ΤΟΥ ΑΥΤΟΥ

Τρισσὰ τάδε τρισσοὶ θηραγρέται, ἄλλος ἀπ' ἄλλης
τέχνης, πρὸς νηῷ Πανὸς ἔθεντο λίνα,
Πίγρης μὲν πτανοῖσιν ἐφεὶς βόλον, ἐν δ' ἁλίοισι
Κλείτωρ, ἐν θηρσὶν Δᾶμις ἐρημονόμοις.
τοὔνεκα, Πάν, τὸν μὲν τὰ δι' αἰθέρος, ὃν δ' ἀπὸ λόχμης,   5
τὸν δὲ δι' αἰγιαλῶν θὲς πολυαγρότερον.

Pl VI 103 f. 65 ᵛ. - 2 τέχνας P   3–4 Suid. s. βολίς   3 πτηνοῖσιν Pl   5 τὰ Lumb
τε P τι Pl.

185. ΤΟΥ ΑΥΤΟΥ

Βριθὺ μὲν ἀγραύλων τόδε δίκτυον ἄνθετο θηρῶν
Δᾶμις καὶ Πίγρης πτηνολέτιν νεφέλην,
ἁπλωτὸν δ' ἁλὶ τοῦτο μιτορραφὲς ἀμφίβληστρον
Κλείτωρ, εὐθήρῳ Πανὶ προσευξάμενοι.
τοὔνεκα, Πάν, κρατερῷ πόρε Δάμιδι ληΐδα θηρῶν,   5
Πίγρῃ δ' οἰωνῶν, Κλείτορι δ' εἰναλίων.

Pl VI 104 f. 66 ʳ. - 3 ἁπλωτὸν Lobeck ἁπλότατον   6 δ'¹: τ' c // Κλείτορ P¹.

Ein gleiches

Pan, dir haben drei Brüder, die sämtlich dem Weidwerk obliegen,
  diese Netze gebracht, Gaben von dreifacher Jagd:
Pigres dies von den Vögeln, ein anderes Kleitor vom Meere,
  Damis, der Spuren des Wilds listig verfolgt, dies vom Wald.
O, so gewähre auch du ihnen allen in Forsten und Fluten
  und inmitten der Luft Glück bei dem mühsamen Fang.

Zosimos von Thasos

Ein gleiches

Dreifache Gaben hier weihten drei Jäger dir, Pan, an dem Tempel,
  jeder schenkte ein Netz, jeder von anderem Tun:
Pigres das eine für Vögel und Kleitor ein zweites für Fische,
  und für der Wildnis Getier brachte dir Damis das Garn.
Gib denn dem einen in Lüften, o Pan, dem andern im Busche
  und dem dritten am Strand einen noch reicheren Fang.

Zosimos

Ein gleiches

Damis weihte dies Netz, das schwere, für Tiere der Wildbahn,
  Pigres brachte das Garn für das beschwingte Getier,
Kleitor das tüchergenähte, **im Meer gebreitete Zugnetz**,
  und sie flehten zum Herrn über die Jagden, zu Pan:
Pan, gib allen denn Beute: dem sehnigen Damis an Bergwild,
  Pigres an Vögeln der Luft, Kleitor an Fischen im Meer.

Zosimos

186. ΙΟΥΛΙΟΥ ΔΙΟΚΛΕΟΥΣ

Δίκτυα σοὶ τάδε, Πάν, ἀνεθήκαμεν οἶκος ἀδελφῶν
οἱ τρεῖς, ἐξ ὀρέων, ἤερος, ἐκ πελάγευς.
+δικτυβόλει τούτῳ δὲ παρ' ἠιόνων κροκάλαισιν,
δικτυβόλει τούτῳ δ' ἄγκεσι θηροτόκοις,
τὸ τρίτον ἐν πτηνοῖσιν ἐπίβλεπε· τῆς γὰρ ἁπάντων,　　　　5
δαῖμον, ἔχεις ἡμέων δῶρα λινοστασίης.

Pl VI 105 f. 66ʳ. – Tit.: 'Ιουλιανοῦ Δ. Pl 2 πελάγους P 3 add. c om. P¹ Pl
4 θηροβολεῖ Suid. s. ἄγκεσι 5 τὸ Desr. τόν.

187. ΑΛΦΕΙΟΥ ΜΙΤΥΛΗΝΑΙΟΥ

Πανὶ κασιγνήτων ἱερὴ τριάς, ἄλλος ἀπ' ἄλλης,
ἄνθετ' ἀπ' οἰκείης σύμβολον ἐργασίης,
Πίγρης ὀρνίθων, ἀλίων ἀπομοίρια Κλείτωρ,
ἔμπαλιν ἰθυτόνων Δᾶμις ἀπὸ σταλίκων.
ἀνθ' ὧν εὐαγρίην τῷ μὲν χθονός, ᾧ δὲ διδοίης　　　　5
ἐξ ἁλός, ᾧ δὲ νέμοις ἤερος ὠφελίην.

Pl VI 106 f. 66ʳ. – Tit.: 'Αλφειοῦ Pl 'Αλφίου P¹ 'Αλκαίου c 1 ἄλλος Pl ἄλλης P
4 ἰθυτόνων c Suid. (s. στάλικας) -τονῶν P¹ -τενῶν Pl 5 τῷ P ᾧ Pl 6 Suid.
s. ὠφελείας.

188. ΛΕΩΝΙΔΑ ΤΑΡΑΝΤΙΝΟΥ

'Ο Κρὴς Θηρίμαχος τὰ λαγωβόλα Πανὶ Λυκαίῳ
ταῦτα πρὸς 'Αρκαδικοῖς ἐκρέμασε σκοπέλοις.
ἀλλὰ σὺ Θηριμάχῳ δώρων χάριν, ἀγρότα δαῖμον,
χεῖρα κατιθύνοις τοξότιν ἐν πολέμῳ
ἔν τε συναγκείαισι παρίστασο δεξιτερῆφι,　　　　5
πρῶτα διδοὺς ἄγρης δῶρα καὶ ἀντιπάλων.

* Pl VI 107 f. 66ʳ. – 1 Θηρόμ- P¹ 3 δαίμων P¹ 5 τε συναγκείαισι Pl τε ἀναγ-
καίησι c [in marg.] ταῖς ἀγκείαισι P // δεξιτερῆφι Jac. -ῇσι.

Ein gleiches

Wir drei Brüder im Haus entboten, o Pan, dir zur Weihe
  diese Netze vom Berg wie aus der Luft und der See.
Wirf das eine nach Fischen am kiesigen Strande des Meeres,
  wirf das andre nach Wild, das in den Tälern sich birgt,
und betreue das dritte beim Fang von Vögeln; dir wurden,
  Gott, ja die Garne von uns allen als Gabe geweiht.

Julius Diokles

Ein gleiches

Diese Symbole aus eignem Beruf, ein jeder aus andrem,
  haben drei Brüder dem Pan fromm als Geschenke geweiht:
Pigres den Anteil an Vögeln und Kleitor an Fischen, doch Damis
  Wild, das im ragenden Netz zwischen den Gaffeln sich fing.
Schenke drum Beute: dem einen zu Land, dem andern im Meere,
  und dem dritten gewähr glückhafte Jagd in der Luft.

Alpheios von Mytilene

Jäger Therimachos

Kreter Therimachos hängte die Stöcke zum Werfen auf Hasen
  an den arkadischen Fels für den lykaiischen Pan.
Du aber, ländlicher Gott, o lenke ob dieser Geschenke
  des Therimachos Hand, führt er den Bogen im Krieg,
und in den Gründen des Tals steh hold ihm zur Seite: Gewähr ihm
  besten Erfolg auf der Jagd und vor den Feinden den Preis.

Leonidas von Tarent

189. ΜΟΙΡΟΥΣ ΒΥΖΑΝΤΙΑΣ

Νύμφαι 'Ανιγριάδες, ποταμοῦ κόραι, αἳ τάδε βένθη
ἀμβρόσιαι ῥοδέοις στείβετε ποσσὶν ἀεί,
χαίρετε καὶ σῴζοιτε Κλεώνυμον, ὃς τάδε καλὰ
εἷσαθ' ὑπαὶ πιτύων ὔμμι, θεαί, ξόανα.

* Α: ἀνάθημα παρὰ Κλεωνύμου [Λεωνίδου Ρ¹] ταῖς Μούσαις. – Pl VI 3 f.61ᵛ. –
Tit.: Μυροῦς tantum Pl 2 αἰεὶ Pl 3-4 ὅς... Suid. s. εἷσατο 4 ὔμμι Ρ.

190. ΓΑΙΤΟΥΛΙΚΟΥ

Λάζεο, τιμήεσσα Κυθηριάς, ὑμνοπόλοιο
λιτὰ τάδ' ἐκ λιτοῦ δῶρα Λεωνίδεω·
πεντάδα τὴν σταφυλῆς εὐρώγεα καὶ μελιηδὲς
πρώιον εὐφύλλων σῦκον ἀπ' ἀκρεμόνων
καὶ ταύτην ἀπέτηλον ἁλινήκτειραν ἐλαίην   5
καὶ ψαιστῶν ὀλίγων δρᾶγμα πενιχραλέον
καὶ σταγόνα σπονδῖτιν, ἀεὶ θυέεσσιν ὀπηδόν,
τὴν κύλικος βαιῷ πυθμένι κευθομένην.
εἰ δ', ὡς μευ βαρύγυιον ἀπώσαο νοῦσον, ἐλάσσεις
καὶ πενίην, δώσω πιαλέον χίμαρον.   10

Α: ἀνάθημα παρὰ Λεωνίδου. – Pl VI 46 f. 63ᵛ. – 1-2 Suid. s. αἶψα, 5 s. ἁλι-
νήκτειραν, 6 s. ψαιστά et πενιχραλέον, 7 s. σπονδή, 7-8 s. κύλιξ 2 λιτὰ Jac.
αἶψα // τάδε κλυτοῦ P Suid. τάδε κλειτοῦ Pl em. Jac. 3 τῆς Pl 4 εὐφύλλων
Badius εὔφυλλον 5 ἀπετιλλον Ρ¹ 6 ψεστῶν Ρ¹ ψαιστῷ Suid. s. πεν. // ὀλίγον
Ρ¹ Suid. 7 σπονδίτην Ρ // θέεσσιν Suid. s. κύλ. 8 τῆς κ. βωμῷ Pl 10 δώσω
Pl δώσει c δάσει Ρ¹.

191. ΚΟΡΝΗΛΙΟΥ ΛΟΓΓΟΥ

'Εκ πενίης, ὡς οἶσθ', ἀκραιφνέος, ἀλλὰ δικαίης,
Κύπρις, ταῦτα δέχευ δῶρα Λεωνίδεω·
πορφυρέην ταύτην ἐπιφυλλίδα τήν θ' ἁλίπαστον
δρύπεπα καὶ ψαιστῶν τὴν νομίμην θυσίην

Kleonymos an die Nymphen

Nymphen, Anigriaden, ambrosische Töchter des Flusses,
  die ihr mit rosigem Fuß ruhlos die Tiefen durchwallt,
seid mir gegrüßt! Beschützt den Kleonymos, der euch die schönen
  Bilder, ihr Göttlichen, hier unter den Föhren geweiht.

Moiro von Byzanz

Der arme Leonidas

Nimm diese armen Geschenke des armen Sängers der Hymnen,
  des Leonidas hier, Kypris, du Herrliche, hin:
eine Traube mit fünf schönschwellenden Beeren, die Feige,
  die am beblätterten Ast frühreif und honigsüß hing,
eine Olive, die blattlos in salziger Lake geschwommen,
  kärglichen Kuchengebäcks dürftiges Stück und vom Wein,
der die Spende des Opfers stets treulich begleitet, den Tropfen,
  wie er in kleinem Gefäß spärlich am Boden sich birgt.
Wehrest du, wie du mir jüngst aus lähmender Krankheit geholfen,
  nun auch der Armut, dann wird dein auch der fetteste Bock.

Gätulicus I.

Ein gleiches

Nimm von Leonidas denn, o Kypris, die Gaben hier, wie sie
  nackte Armut — du weißt's —, doch eine ehrsame, schenkt:
diese purpurne Traube, die reife, gesalzne Olive,
  heiligen Kuchen so viel, wie es ein Opfer erheischt,

σπονδήν θ', ἥν ἀσάλευτον ἀφύλισα, καὶ τὰ μελιχρὰ 5
σῦκα. σὺ δ', ὡς νούσου, ῥύεο καὶ πενίης,
καὶ τότε βουθυτέοντά μ' ἐσόψεαι· ἀλλὰ σύ, δαῖμον,
σπεύδοις ἀντιλαβεῖν τὴν ἀπ' ἐμεῦ χάριτα.

Pl VI 47 f. 63 ᵛ. - Tit.: Λογγίνου Pl 1—4 Suid. s. ἀκραιφνοῦς, δρυπέπης 1 οἶσθ'
Jac. -θα 2 δέχου Pl 4 νομίην P¹ 5 θ' ἥν Brunck τὴν // ἀσύλευτον P¹ 6 νοῦσον P¹
7 ἐσόψεται P 8 σπεύδεις Pl.

192. ΑΡΧΙΟΥ

Ταῦτα σαγηναίοιο λίνου δηναιὰ Πριήπῳ
λείψανα καὶ κύρτους Φιντύλος ἐκρέμασεν
καὶ γαμψὸν χαίτησιν ἐφ' ἱππείῃσι πεδηθὲν
ἄγκιστρον, κρυφίην εἰναλίοισι πάγην,
καὶ δόνακα τριτάνυστον ἀβάπτιστόν τε καθ' ὕδωρ 5
φελλὸν ἀεί, κρυφίων σῆμα λαχόντα βόλων·
οὐ γὰρ ἔτι στείβει ποσὶ χοιράδας οὐδ' ἐπιαύει
ἠιόσιν, μογερῷ γήραϊ τειρόμενος.

A: ἀνάθημα τῷ Πριήπῳ παρὰ Φιντύλου. — 1 δηναιὰ Salm. δίναια // Πριάπῳ c
2 Φυλτιλοῦς (?) P¹ 3—8 Suid. s. γαμψόν, τριτάνυστον, φελλός, ἰαυθμοί 8 πειρό-
μενος P¹.

193. [ΦΛΑΚΚΟΥ]

Πρίηπ' αἰγιαλῖτα, φυκόγειτον,
Δαμοίτας ἁλιεύς, ὁ βυσσομέτρης,
τὸ πέτρης ἁλιπλῆγος ἐκμαγεῖον,
ἡ βδέλλα σπιλάδων, ὁ ποντοθήρης,
σοὶ τὰ δίκτυα τἀμφίβληστρα ταῦτα, 5
δαῖμον, εἴσατο· τοῦ σὺ θάλπε γῆρας.

Tit.: Φλακκίου (?) P¹ 1 αἰγιαλῖτα Salm. -λῆτα 2 βυσσο- Reiske κυ- 4 βδέλλα
May -αν 5 παμφί- P¹ 6 τοῦ σὺ θά- Desr. τοῖς ἔθα-.

194. ΑΔΕΣΠΟΤΟΝ

Σῷζε, θεὰ Τριτοῖ, τὰ τεθέντα τε τόν τ' ἀναθέντα.

A: εἰς σάλπιγγα· εἴρηται [ἴρευται?] δὲ εἰς μέρος σαλπιστικόν. - Tit.: 'Αρχίου
γραμματικοῦ c [in marg.] // τε inser. Bouhier.

süße Feigen und Wein, den, ohne zu schütteln, ich abzog.
Wie die Krankheit, so nimm jetzt auch die Armut mir weg,
und dann siehst du mich gleich eine Kalbe dir opfern. O eile,
Göttliche, daß du den Dank für die Erfüllung empfängst.

Cornelius Long(in)us

Fischer Phintylos

Phintylos hängte Priapos die altgewordenen Reste,
    die er vom Netze noch hat, und seine Reusen hier auf,
eine gebogene Angel, die trefflich mit Roßhaar geknüpft ist
    und den Fischen im Meer heimlich zur Falle gereicht,
eine dreiteilige Rute, den Korken, der, ohne zu sinken,
    stets in der Flut ist und zeigt, wo sich das Fangnetz verbirgt.
Denn nun betritt er nicht mehr die Klippen am Strande und schläft
    mehr am Gestade: ihn hat drückendes Alter erschöpft.   [nicht

Aulus Licinius Archias

Fischer Damoitas

Strandbewohner Priapos, Gast des Tanges,
    sieh, der Fischer Damoitas, Tiefenspürer,
    der wie Wachs an umwogtem Fels, an Klippen
    wie ein Blutegel hing, der Meeresweidmann,
    hat dies mächtige Wurfnetz dir gewidmet,
    Gott. O wärme ihm selbst dafür das Alter!

[Statilius Flaccus]

Der Trompeter

Schirme, o Trito, du Göttin, die Gabe sowohl wie den Geber.

Anonym

195. ΑΡΧΙΟΥ

Τρωάδι Παλλαναῖος ἀνηέρτησεν Ἀθάνᾳ
αὐλὸν ἐριβρεμέταν Μίκκος Ἐνναλίου,
ᾧ ποτε καὶ θυμέλῃσι καὶ ἐν πολέμοισιν ἔμελψεν
πρόσθε τὸ μὲν στοναχᾶς σῆμα, τὸ δ' εὐνομίης.

2 Μίκκος Guyet σμικρὸν   3 ᾧ Reiske ᾇ.

196. ΣΤΑΤΥΛΛΙΟΥ ΦΛΑΚΚΟΥ

Ῥαιβοσκελῆ, δίχαλον, ἀμμοδυέταν,
ὀπισθοβάμον', ἀτράχηλον, ὀκτάπουν,
νήκταν, τερεμνόνωτον, ὀστρακόχροον
τῷ Πανὶ τὸν πάγουρον ὁρμιηβόλος,
ἄγρας ἀπαρχάν, ἀντίθησι Κώπασος.   5

Pl VI 21 f. 62 ᵛ. — 1 ῥοιβο- P¹ // δίχηλ- Pl // -δυέταν Dindorf -δυόταν 2 -να
τράχηλον P -να τρίχηλον Suid. s. ὀπισθοβ. em. Pl.   3 τερεμ- Meineke τ' ἐρυμ- //
ὀστρακόχροον P¹ -οα c Pl.

197. ΣΙΜΩΝΙΔΟΥ

Ἑλλάνων ἀρχαγὸς ἐπεὶ στρατὸν ὤλεσα Μήδων
Παυσανίας, Φοίβῳ μνᾶμ' ἀνέθηκα τόδε.

Thuc. 1, 132; Demosth. Neaer. 97; Plut. Herod. mal. 42; Aristodem. 4, 1; Apostol.
7, 9 d; Suid. s. Παυσανίας. – Tit. hab. P Paus. 3, 8, 2, om. cet. // Ἑλλήνων ἀρχη-
γός . . . ὤλεσε . . . μνῆμ' ἀνέθηκε omnes praeter P.

198. ΑΝΤΙΠΑΤΡΟΥ ΘΕΣΣΑΛΟΝΙΚΕΩΣ

Ὥριον ἀνθήσαντας ὑπὸ κροτάφοισιν ἰούλους
κειράμενος, γενύων ἄρσενας ἀγγελίας,
Φοίβῳ θῆκε Λύκων πρῶτον γέρας· εὔξατο δ' οὕτως
καὶ πολιὴν λευκῶν κεῖραι ἀπὸ κροτάφων.
τοίην ἀλλ' ἐπίνευε· τίθει δέ μιν, ὡς πρό γε τοῖον,   5
ὡς αὖτις πολιῷ γήραϊ νιφόμενον.

Pl VI 135 f. 67 ʳ. (v. 1–4). – Tit.: ἄδηλον Pl 1 ὥριον c αὔριον P¹ ὅριον Suid. s.
Ἰουλος 2 ἄρσενος Suid. 5 τοίην P τοῖιν [= σοι] Suid. s. v. 6 ὡς Jac. ὡς.

Trompeter Mikkos

Für die troïsche Göttin Athene bracht hier der Pallener
    Mikkos das schmetternde Horn des Enyalios dar.
Einstmals hat er darauf gespielt in Krieg und Theater,
    Zeichen für Schlachtengestöhn und für des Friedens Gesetz.

Aulus Licinius Archias

Fischer Kopasos

Das Krummbein mit dem Scherenpaar, den Steckimsand,
    den Rückwärtswanderer, den Achtfuß, Ohnehals,
den Schwimmer, Rückenpanzermann, die Schalenhaut,
    den Taschenkrebs bringt Kopasos, der Angler, heut
als erste Beute seiner Jagd dem Pan hier dar.

Statilius Flaccus

Herzog Pausanias

Dies hat Pausanias hier, der Herzog von Hellas, nachdem er
    Mediens Heere vertilgt, Phoibos zum Male gesetzt.

Simonides

Lykons Haaropfer

Dieses Flaumhaar, das reif auf den Wangen ersproßte, den Boten
    kommender Mannheit am Kinn, scherte sich Lykon, er gab's
Phoibos als Erstlingsgeschenk und bat ihn, das Haar sich genau so
    scheren zu dürfen, wenn einst silbern die Schläfe ihm wird.
O gewähre ihm dies und lasse ihn, wie in der Jugend,
    also im Alter auch sein, wenn es mit Schnee ihn bestreut.

Antipatros von Thessalonike

199. ΑΝΤΙΦΙΛΟΥ ΒΥΖΑΝΤΙΟΥ

Εἰνοδίη, σοὶ τόνδε φίλης ἀνεθήκατο κόρσης
πῖλον, ὁδοιπορίης σύμβολον, ᾿Αντίφιλος·
ἦσθα γὰρ εὐχωλῇσι κατήκοος, ἦσθα κελεύθοις
ἵλαος· οὐ πολλὴ δ᾽ ἡ χάρις, ἀλλ᾽ ὁσίη.
μὴ δέ τις ἡμετέρου μάρψῃ χερὶ μάργος ὁδίτης
ἀνθέματος· συλᾶν ἀσφαλὲς οὐδ᾽ ὀλίγα.

1–4 Suid. s. πιλήσεσι, ἦσθα, ὁσίη   **1** φιληῖ P¹ φίλη c Suid. s. πιλήσεσι   **3** ἦσθα²
Jac. ἔνθα.

200. ΛΕΩΝΙΔΟΥ

᾿Εκ τόκου, Εἰλήθυια, πικρὰν ὠδῖνα φυγοῦσα
᾿Αμβροσίη κλεινῶν θήκατό σοι πρὸ ποδῶν
δεσμὰ κόμας καὶ πέπλον, ἐν ᾧ δεκάτῳ ἐπὶ μηνὶ
δισσὸν ἀπὸ ζώνης κῦμ᾽ ἐλόχευσε τέκνων.

1 Εἰλείθυια c   **3** ἔπι c.

201. ΜΑΡΚΟΥ ΑΡΓΕΝΤΑΡΙΟΥ

Σάνδαλα καὶ μίτρην περικαλλέα τόν τε μυρόπνουν
βόστρυχον ὡραίων οὖλον ἀπὸ πλοκάμων
καὶ ζώνην καὶ λεπτὸν ὑπένδυμα τοῦτο χιτῶνος
καὶ τὰ περὶ στέρνοις ἀγλαὰ μαστόδετα,
ἔμβρυον εὐώδινος ἐπεὶ φύγε νηδύος ὄγκον,
Εὐφράντη νηῷ θῆκεν ὑπ᾽ ᾿Αρτέμιδος.

1 μυροπτην P¹   **5** ἔμβρυον Hermann ἄμβροτον   **6** ἐυφράντη P em. Meineke.

202. ΛΕΩΝΙΔΟΥ ΤΑΡΑΝΤΙΝΟΥ

Εὐθύσανον ζώνην τοι ὁμοῦ καὶ τόνδε κύπασσιν
᾿Ατθὶς παρθενίων θῆκεν ὕπερθε θυρῶν,
ἐκ τόκου, ὦ Λητωί, βαρυνομένης ὅτι νηδὺν
ζωὸν ἀπ᾽ ὠδίνων λύσαο τῆσδε βρέφος.

Α: ἀνάθημα τῇ Λητοῖ παρὰ ᾿Ατθίδος. — **1–2** Suid. s. θυσάνοις, κύπασσις   **3** Λητωί
Graefe Λητοῖ.

Antiphilos' Hutopfer

Dir, Einodia, brachte Antiphilos hier seinen Hut dar,
    der ihm das eigene Haupt während der Reise beschirmt.
Schenktest du gnädig ihm doch deinen Schutz auf den Wegen und
    seinen Gebeten ein Ohr. Klein ist die Gabe, doch fromm. [schenktest
Strecke nach meinem Geschenk kein gieriger Wandrer die Hände!
Göttern zu rauben ist schlimm, mag's auch Geringes nur sein.

Antiphilos von Byzanz

Wöchnerin Ambrosia

Da sich Ambrosia nun der Niederkunft bitteren Wehen
    glücklich entwunden, so legt, Eilethyia, sie dir
ihre Binden vom Haar und das Kleid, Gepriesne, zu Füßen,
    drin sie im zehnten Mond Zwillinge brachte zum Licht.

Leonidas von Tarent

Wöchnerin Euphrante

Diese herrliche Binde, Sandalen, die Locke von ihrem
    jugendlich schimmernden Haar, kraus noch und duftend vom Öl,
Gürtel, das feine Hemd, das unterm Chiton sie getragen,
    und das glänzende Band, das ihren Busen umfing,
legte Euphrante im Tempel der Artemis nieder, nachdem sie
    glücklich in Wehen die Last aus ihrem Schoße gebar.

Marcus Argentarius

Wöchnerin Atthis

Dieses Untergewand sowie einen Gürtel mit Fransen
    hat am jungfräulichen Tor Atthis dir nach der Geburt,
Tochter der Leto, geweiht; denn du hast ihr die Bürde genommen
    und ohne Schmerzen ein Kind lebend vom Schoß ihr gelöst.

Leonidas von Tarent

203. ΛΑΚΩΝΟΣ, οἱ δὲ ΦΙΛΙΠΠΟΥ ΘΕΣΣΑΛΟΝΙΚΕΩΣ

Ἡ γρῆυς ἡ χερνῆτις, ἡ γυιὴ πόδας,
πύστιν κατ' ἐσθλὴν ὕδατος παιωνίου
ἦλθέν ποθ' ἑρπύζουσα σὺν δρυὸς ξύλῳ,
τό μιν διεσκήριπτε τὴν τετρωμένην.
οἶκτος δὲ Νύμφας εἷλεν, αἷτ' ἐριβρόμου   5
Αἴτνης παρωρείῃσι Συμαίθου πατρὸς
ἔχουσι δινήεντος ὑγρὸν οἰκίον.
καὶ τῆς μὲν ἀμφίχωλον ἀρτεμὲς σκέλος
θερμὴ διεστήριζεν Αἰτναίη λιβάς·
Νύμφαις δ' ἔλειπε βάκτρον· αἱ δ' ἐπήνεσαν   10
πέμπειν μιν ἀστήρικτον ἠσθεῖσαι δόσει.

1-7 Suid. s. γραῦς, πύστεις, παιώνιον, διεσκήριπτεν, οἶκτος   1 γυιὴ Emperius
γυρὴ   5 ἐριβρόμου Hemsterhuis ἐρινόμου   6 Συμαίθου Salm. Εὐμέθου.

204. ΛΕΩΝΙΔΟΥ ΤΑΡΑΝΤΙΝΟΥ

Θῆρις ὁ δαιδαλόχειρ τᾷ Παλλάδι πῆχυν ἀκαμπῆ
καὶ τετανὸν νώτῳ καμπτόμενον πρίονα
καὶ πέλεκυν ῥυκάναν τ' εὐαγέα καὶ περιαγὲς
τρύπανον ἐκ τέχνας ἄνθετο παυσάμενος.

A: ἀνάθημα τῇ Ἀθηνᾷ παρὰ Θήριδος λεπτουργοῦ. – Pl VI 171 f. 68ᵛ. – 1-4...
τρύπανον Suid. s. δαιδαλόχειρ, πρίων, ῥυκάνα   1 Δῆρις Suid. s. δαιδαλ.

205. ΛΕΩΝΙΔΑ ΤΑΡΑΝΤΙΝΟΥ

Τέκτονος ἄρμενα ταῦτα Λεοντίχου· αἵ τε χαρακταὶ
ῥῖναι καὶ κάλων οἱ ταχινοὶ βορέες,
στάθμαι καὶ μιλτεῖα καὶ αἱ σχεδὸν ἀμφιπλῆγες
σφῦραι καὶ μίλτῳ φυρόμενοι κανόνες
αἵ τ' ἀρίδες ξυστήρ τε καὶ ἐστελεωμένος οὗτος   5
ἐμβριθής, τέχνας ὁ πρύτανις, πέλεκυς,

Der Alten Wunderheilung

Die alte Tagelöhnerin, an Füßen lahm,
kam auf die gute Kunde von des Wassers Kraft
dereinst hierher gehumpelt mit dem Eichenstock,
der treulich der Verkrüppelten die Stütze war.
Mitleid ergriff die Nymphenschar, die an dem Hang
des donnerreichen Ätnas in dem feuchten Haus
des wirbelnden Symaithos, ihres Vaters, wohnt.
Und plötzlich hatten ihre beiden Beine sich
durch Ätnas warmen Quell gestärkt und waren heil.
Da ließ den Nymphen sie den Stock; der Gabe froh,
gewährten diese ihr, stablos nach Haus zu gehn.

Lakon oder *Philippos von Thessalonike*

Tischler Theris

Theris, der Künstler, gab Pallas ein grades Richtscheit und eine
straffe Säge, bei der schwingend der Rücken sich krümmt,
Axt und rundlichen Hobel und Bohrer, der kreisend sich windet,
Werkzeuge seines Berufs, dem er nun endlich entsagt.

Leonidas von Tarent

Tischler Leontichos

Dies des Leontichos Werkzeug, des Tischlers: Raspeln mit scharfen
Zähnen, Hobel, die flink über dem Holz sich ergehn,
Richtscheit, Töpfe mit Rötel und Doppelhämmer daneben,
ferner die Richtschnur, an der netzend der Rötel noch klebt,
Bohrer, ein Eisen zum Schaben und dann die Fürstin ob allem
Werkzeug, die wuchtige Axt, mit einem Stiele versehn,

τρύπανά τ' εὐδίνητα καὶ ὠκήεντα τέρετρα
καὶ γόμφων οὗτοι τοὶ πίσυρες τορέες
ἀμφίξουν τε σκέπαρνον· ἃ δὴ χαριεργῷ 'Αθάνᾳ
ἀνὴρ ἐκ τέχνας θήκατο παυόμενος.   10

A: ἀνάθημα τῇ 'Αθηνᾷ παρὰ Λεοντίχου λεπτουργοῦ. — 2 βορέες Meineke -έει P¹
-έη c 8 τορέες c τόρσες P¹ 9 χαριεργᾷ Suid. s. v. 10 ἀνὴρ P.

206. ΑΝΤΙΠΑΤΡΟΥ ΣΙΔΩΝΙΟΥ

Σάνδαλα μὲν τὰ ποδῶν θαλπτήρια ταῦτα Βίτιννα,
εὐτέχνων ἐρατὸν σκυτοτόμων κάματον·
τὸν δὲ φιλοπλέκτοιο κόμας σφιγκτῆρα Φιλαινίς,
βαπτὸν ἁλὸς πολιῆς ἄνθεσι κεκρύφαλον·
ῥιπίδα δ' 'Αντίκλεια· καλύπτειραν δὲ προσώπου,   5
ἔργον ἀραχναίοις νήμασιν ἰσόμορον,
ἁ καλὰ 'Ηράκλεια· τὸν εὐσπειρῆ δὲ δράκοντα,
χρύσειον ῥαδινῶν κόσμον ἐπισφυρίων,
πατρὸς 'Αριστοτέλους συνομώνυμος· αἱ συνομήθεις
ἄλικες Οὐρανίῃ δῶρα Κυθηριάδι.   10

Pl VI 64 f. 64ʳ. — 1 Βίττι- P 2 ἐρατῶν c Suid. s. Βίτιννα // καμάτων P Suid.
5 δ' Pl τ' P 8 ῥαδινὸν P¹.

207. ΑΡΧΙΟΥ

Σάνδαλα ταῦτα Βίτιννα· πολυπλέκτου δὲ Φιλαινὶς
πορφύρεον χαίτας ῥύτορα κεκρύφαλον·
ξανθὰ δ' 'Αντίκλεια νόθον κεύθουσαν ἄημα
ῥιπίδα, τὰν μαλερὸν θάλπος ἀμυνομέναν·
λεπτὸν δ' 'Ηράκλεια τόδε προκάλυμμα προσώπου,   5
τευχθὲν ἀραχναίης εἴκελον ἀρπεδόσιν·
ἁ δὲ καλὸν σπείραμα περισφυρίοιο δράκοντος
οὔνομ' 'Αριστοτέλεω πατρὸς ἐνεγκαμένα·
ἄλικες ἀγλαὰ δῶρα, γαμοστόλε, σοὶ τάδε, Κύπρι,
ὤπασαν αἱ γυάλων Ναυκράτιδος ναέται.   10

1 πολύπλεγκτόν P em. Toup // δὲ Jac. τε 3-5 νόθον... 'Ηράκλεια om. P¹
3 κεύθουσα νόημα P em. Toup 4 μαλερὰν... ἀμυνομένην P em. Suid. s. μαλερόν
7 σπείρημα P em. Bouhier. 10 Ναυκρατίδες P em. Bouhier.

Bohrer, die hurtig sich drehn, Zwickbohrer, die rasch sich bewegen,
  ferner vier Bohrer, womit Löcher für Zapfen man wirkt,
schließlich ein glättendes Schlichtbeil. All dieses entbot er Athene,
  die sein Schaffen geschirmt, nun er der Arbeit entsagt.

Leonidas von Tarent

Fünf Mädchen

Diese hübschen Sandalen, das Werk eines trefflichen Schusters,
  die ihr die Füße gewärmt, sind der Bitinna Geschenk.
Dieses Haarband, gefärbt mit den Blumen des schäumenden Meeres,
  Halt für die Flechten des Haars, hängte Philainis hier auf.
Antikleia den Fächer. Der antlitzhüllende Schleier,
  eine Arbeit, gewirkt zart wie ein Spinnengeweb,
von Herakleia, der feinen. Die goldne, gewundene Schlange,
  schmalen Fesseln ein Schmuck, von Aristoteles' Kind,
die nach dem Vater sich nennt. Sie brachten, in Freundschaft vergleich auch an Jahren, es fromm Kypris Urania dar.   [bunden,

Antipatros von Sidon

Ein gleiches

Diese Sandalen hier weihte Bitinna, es brachte Philainis
  ihres geflochtenen Haars purpurnen Schützer, das Netz,
Antikleia, die blonde, den Fächer, der künstlichen Windhauch
  in sich verbirgt und der glühende Hitze vertreibt,
Herakleia den zarten, das Antlitz hüllenden Schleier,
  dessen Fäden gewirkt fein wie ein Spinnengeweb,
und die nach Aristoteles sich, dem Vater, benannte,
  köstliches Schlangengewind, das ihre Fesseln umfing.
Altersgenossen und Wohner in Naukratis' Talen, entboten,
  Kypris, dir, Göttin der Eh, sie es als schönes Geschenk.

Aulus Licinius Archias

208. ΑΝΤΙΠΑΤΡΟΥ ΘΕΣΣΑΛΟΝΙΚΕΩΣ

'Η τὰ πέδιλα φέρουσα, Μενεκράτις· ἡ δὲ τὸ φᾶρος,
Φημονόη· Πρηξὼ δ', ἦ τὸ κύπελλον ἔχει.
τῆς Παφίης ὁ νεὼς καὶ τὸ βρέτας· ἄνθεμα δ' αὐτῶν
ξυνόν· Στρυμονίου δ' ἔργον 'Αριστομάχου.
πᾶσαι δ' ἀσταὶ ἔσαν καὶ ἑταιρίδες, ἀλλὰ τυχοῦσαι   5
Κύπριδος εὐκρήτου, νῦν ἑνός εἰσι μία.

Pl VI 4 f. 61 ᵛ. - In P hic [Pᵃ] et post IX 365 [Pᵇ] 1 ἁ δὲ Pᵇ 3 ὁ: δ' ὁ cᵇ Pl
4 'Αριστομενους Pᵇ 5 πᾶσαι δ': αἱ τρεῖς Pᵇ 6 εὐκρίτου Pᵃ εὐκταίης Pᵇ.

209. ΤΟΥ ΑΥΤΟΥ

Βιθυνὶς Κυθέρη με τεῆς ἀνεθήκατο, Κύπρι,
μορφᾶς εἴδωλον λύγδινον, εὐξαμένα.
ἀλλὰ σὺ τῇ μικκῇ μεγάλην χάριν ἀντιμερίζου,
ὡς ἔθος· ἀρκεῖται δ' ἀνδρὸς ὁμοφροσύνᾳ.

1 Βιθυνῆς P¹.

210. ΦΙΛΙΤΑ ΣΑΜΙΟΥ

Πεντηκονταέτις καὶ ἐπὶ πλέον ἡ φιλέραστος
Νικιὰς εἰς νηὸν Κύπριδος ἐκρέμασεν
σάνδαλα καὶ χαίτης ἀνελίγματα, τὸν δὲ διαυγῆ
χαλκόν, ἀκριβείης οὐκ ἀπολειπόμενον,
καὶ ζώνην πολύτιμον, ἅ τ' οὐ φωνητὰ πρὸς ἀνδρός,   5
ἀλλ' ἐσορῇς πάσης Κύπριδος ὀπτασίην.

1 πεντηκονταέτης P em. Reiske 6 ἐς ὁρῇ P em. Jac. // ὁπλισίην Lobeck.

211. ΛΕΩΝΙΔΟΥ ΤΑΡΑΝΤΙΝΟΥ

Τὸν ἀργυροῦν "Ερωτα καὶ περίσφυρον
πέζαν τὸ πορφυρεῦν τε Λεσβίδος κόμης
ἔλιγμα καὶ μηλοῦχον ὑαλόχροα

Drei Hetären

Die mit Sandalen am Fuß ist Menekratis, die mit dem Becher
Prexo, Phemonoë stellt hier in dem Mantel sich dar.
Statue und Tempel sind Kypris. Der Mädchen gemeinsame Weihung
schuf Aristomachos einst, Landsmann vom Strymon. Die drei
waren Hetären der Stadt; doch da sie die Göttin der Liebe
gnädig gefunden, gehört jede nur einem noch an.

Antipatros von Thessalonike

Gattin Kythere

Mich, eine marmorne Statue, ein Bild deiner Schönheit, o Kypris,
weiht die bithynische Frau Kythere, wie sie gelobt.
Laß du, wie stets, für das kleine ein großes Geschenk sie empfangen:
doch wenn ihr Gatte sie liebt, ist es an Segen genug.

Antipatros von Thessalonike

Hetäre Nikias

Nikias, die sich der Liebe geweiht, war über die fünfzig,
als sie ins heilige Heim der Aphrodite gehängt
diese Sandalen, die Locken dés Haars, den Spiegel aus blankem
Erze, der heute wie stets treulich die Bilder noch zeigt,
diesen kostbaren Gürtel und, was man vor Männern nicht ausspricht,
was in der Kypria-Schau hier aber alles du siehst.

Philitas von Samos

Hetäre Kallikleia

Den Eros hier aus Silber, ihrer Fesseln Ring,
das purpurne Geringel ihres lesbischen
Gelocks, den Busenhalter auch, blaugrün wie Glas,

τὸ χάλκεόν τ' ἔσοπτρον ἠδὲ τὸν πλατὺν
τριχῶν σαγηνευτῆρα, πύξινον κτένα,   5
ὧν ἤθελεν τυχοῦσα, γνησία Κύπρι,
ἐν σαῖς τίθησι Καλλίκλεια παστάσιν.

3 μηλοῦχον Toup μελ-   4 τὸν: τῶν Suid. s. κτένα   7 Καλλίκλεια Toup -κρια.

212. ΣΙΜΩΝΙΔΟΥ

Εὖχεό τοι δώροισι, Κύτων, θεὸν ὧδε χαρῆναι
Λητοΐδην ἀγορῆς καλλιχόρου πρύτανιν,
ὥσπερ ὑπὸ ξείνων τε καὶ οἳ ναίουσι Κόρινθον
αἶνον ἔχεις χαρίτων, δέσποτα, τοῖς στεφάνοις.

3 οἱ Brunck οἱ // Κόρινθον P em. Salm.

213. ΤΟΥ ΑΥΤΟΥ

Ἕξ ἐπὶ πεντήκοντα, Σιμωνίδη, ἤραο ταύρους
καὶ τρίποδας, πρὶν τόνδ' ἀνθέμεναι πίνακα.
τοσσάκι δ' ἱμερόεντα διδαξάμενος χορὸν ἀνδρῶν
εὐδόξου Νίκας ἀγλαὸν ἅρμ' ἐπέβης.

1 Σιμωνίδη Tzetz. Chil. I 636 -ης P // ταύρους P νίκας Tzetz.

214. ΤΟΥ ΑΥΤΟΥ ΣΙΜΩΝΙΔΟΥ

Φημὶ Γέλων', Ἱέρωνα, Πολύζηλον, Θρασύβουλον,
παῖδας Δεινομένευς, τοὺς τρίποδας θέμεναι
ἐξ ἑκατὸν λιτρῶν καὶ πεντήκοντα ταλάντων
δαρεικοῦ χρυσοῦ, τᾶς δεκάτας δεκάταν.

Schol. Pind. Py 1, 152. - 2-4 τὸν τρίποδ' . . . Suid. s. Δαρετίου // Διομένευς P //
τὸν τρίποδ' ἀνθέμ- P Suid. em. Schol.   4 δαρεικοῦ O. Müller Δαρετίου P Suid.
3-4 om. Schol. exhibens:
         βάρβαρα νικήσαντας ἔθνη· πολλὴν δὲ παρασχεῖν
            σύμμαχον Ἕλλησιν χεῖρ' ἐς ἐλευθερίην.

den erznen Spiegel und den breiten Kamm aus Buchs,
der ihre Haare wie ein Netz zusammenhielt,
weiht, Kypris, Hort der Ehe, Kallikleia dir
in Tempels Flur, da ihre Wünsche sich erfüllt.

Leonidas von Tarent

Sportler Kyton

Bete, o Kyton, zu Gott, dem Sohne der Leto, dem Walter
räumigen Marktes, daß ihn deine Geschenke so freun,
wie man im Volke Korinths und selbst unter Fremden noch jubelt
und für die Kränze dir dankt, die du errungen, o Herr.

Simonides

Simonides' Dichtersiege

Stiere und Dreifüße hattest du sechsundfünfzig gewonnen,
ehe, Simonides, du dieses Gemälde geweiht.
Ebensooftmal bestiegst du der ruhmvollen Nike erlauchten
Wagen, da Männer im Chor schön du zu singen gelehrt.

Simonides

Schlacht bei Himera

Des Deinomenes Söhne (ihr hört's) Polyzelos und Gelon,
Hieron und Thrasybul, brachten die Dreifüße dar.
Diese, der Zehnte vom Zehnten, umfaßten fünfzig Talente,
hundert Pfund an Gewicht, gutes dareiisches Gold.

Simonides

215. ΤΟΥ ΑΥΤΟΥ

Ταῦτ' ἀπὸ δυσμενέων Μήδων ναῦται Διοδώρου
ὅπλ' ἀνέθεν Λατοῖ μνάματα ναυμαχίας.

Plut. Herod. mal. 39, 10. - Tit. om. Plut. **1** ἀποδυσαμένων P¹ ἀπὸ δ- c em.
Plut. **2** ἀνέθεν Blomfield -θεντο // ναυμαχίης Plut.

216. ΤΟΥ ΑΥΤΟΥ

Σῶσος καὶ Σωσώ, σῶτερ, σοὶ τόνδ' ἀνέθηκαν·
Σῶσος μὲν σωθείς, Σωσὼ δ', ὅτι Σῶσος ἐσώθη.

1 σῶτερ σοὶ Salm. σωτῆρι.

217. [ΤΟΥ ΑΥΤΟΥ]

Χειμερίην νιφετοῖο κατήλυσιν ἡνίκ' ἀλύξας
Γάλλος ἐρημαίην ἤλυθ' ὑπὸ σπιλάδα,
ὑετὸν ἄρτι κόμης ἀπομόρξατο, τοῦ δὲ κατ' ἴχνος
βουφάγος εἰς κοίλην ἀτραπὸν ἴκτο λέων·
αὐτὰρ ὁ πεπταμένῃ μέγα τύμπανον, ὃ σχέθε, χειρὶ   5
ἤραξεν, καναχῇ δ' ἴαχεν ἄντρον ἅπαν·
οὐδ' ἔτλη Κυβέλης ἱερὸν βρόμον ὑλονόμος θὴρ
μεῖναι, ἀν' ὑλῆεν δ' ὠκὺς ἔθυνεν ὄρος,
δείσας ἡμιγύναικα θεῆς λάτριν, ὃς τάδε 'Ρείᾳ
ἐνδυτὰ καὶ ξανθοὺς ἐκρέμασε πλοκάμους.   10

*1... κατήλυσιν, 2 ἐρημαίην ... Suid. s. κατήλυσιν, 3-4 s. ἀπεμορξάμην et
βουφάγος, 5-6 s. ἤρασσον 2 ἤλθεν Suid. 5 πεπταμένῃ Suid. -νῃ P // ἔσχεθε [ὃ
σχέθε in marg.] c ἔσχεν P¹ ἔσχετο Suid. 6 καναχῇ P¹ 9-10 Suid. s. λάτρης;
ὃς... s. ὀρείᾳ, 10 s. ἐνδυτά // τάδ' ὄρεια P¹ Suid. τάδε 'Ρείᾳ c em. Stadtm.

218. ΑΛΚΑΙΟΥ

Κειράμενος γονίμην τις ἄπο φλέβα Μητρὸς ἀγύρτης
Ἴδης εὐδένδρου πρῶνας ἐβουνοβάτει·
τῷ δὲ λέων ἤντησε πελώριος, ὡς ἐπὶ θοίναν
χάσμα φέρων χαλεπὸν πειναλέου φάρυγος.

Schlacht bei Salamis

Diese den feindlichen Medern im Seekampf entrissenen Waffen
  weihte dahier Diodors Schiffsvolk der Leto als Mal.

Simonides

Sosos und Soso

Sosos und Soso besorgten dir solches, Erretter, als Gabe,
Sosos ob eigener Rettung und Soso ob Sosos' Errettung.

Simonides

Kybelepriester und Löwe

In eine einsame Höhle trat einstens ein Galle; er suchte
  Zuflucht gegen des Schnees stürmisch erbrausenden Fall.
Kaum war sein triefendes Haar getrocknet, stand plötzlich ein Stiere
  schlagender Löwe am Fels, der seinen Spuren gefolgt.
Doch der Priester ergriff das Tympanon, schlug mit erhobnen
  Händen darauf, und dumpf dröhnte die Höhle vom Schall.
Nicht vermochte das Untier, der Kybele heilige Klänge
  zu ertragen, es floh rasch in des Berges Gebüsch,
fürchtend den Diener der Göttin, den Halbmann. Der brachte die   [blonden
  Locken und dieses Gewand dankbar der Rhea hier dar.

[Simonides]

Ein gleiches

Kybeles Priester, der einst sich selbst das zeugende Mannsglied
  weggeschnitten, durchschritt Idas bewaldete Höhn.
Plötzlich begegnete ihm ein Löwe, ein Untier; das gähnte
  wild mit dem Rachen ihn an, hungrig, zum Fraße bereit.

δείσας δ' ὠμηστέω θηρὸς μόρον ὡς ἀυδάξαι,   5
τύμπανον ἐξ ἱερᾶς ἐπλατάγησ' ἐνοπῆς.
χὠ μὲν ἐνέκλεισεν φονίαν γένυν, ἐκ δὲ τενόντων
ἔνθους ῥομβητὴν ἐστροφάλιζε φόβην·
κεῖνος δ' ἐκπροφυγὼν ὀλοὸν μόρον εἴσατο 'Ρείη
θῆρα, τὸν ὀρχησμῶν αὐτομαθῆ Κυβέλης.   10

Pl I b 19, 6 f. 83 v; Ir. 90. − Tit.: Μιτυληναίου add. c   1 Suid. s. ἀγύρτης, 2 s.
πρῶνες, 3−4 ὡς . . . s. θοινή; τῷ . . . χαλεπὸν s. πελώριος, 5−6 s. ὠμησταί,
7−8 s. γένυσι, ἐκ . . . s. τένοντας   2 Ἴδης εὐδ- J. G. Schneider ὕλης εὐδ- c σοῦδ-
[ex '.δ. σοῦ-] P¹ βησσήεντας ἀνὰ Pl // ἐβουνοπάτει Pl   3 τῷ: ὡς Suid. 5 αὔδαξε Pl
ἂν δόξαι Suid.   6 -σε νάπης c Pl Suid. -σεν ἅπης P¹ em. Hecker   8 ἐστροφάλιζε
P¹ Pl Suid. s. γεν., -ιξε c Suid. s. τέν.   9 εἴσατο ῥείην c -ατ' ὀρείην P¹   10 ὀρχησμὸν
P¹ -ηθμῶν Pl.

219. ΑΝΤΙΠΑΤΡΟΥ

Ἔκ ποτέ τις φρικτοῖο θεᾶς σεσοβημένος οἴστρῳ
ῥομβητοὺς δονέων λυσσομανεῖς πλοκάμους,
θηλυχίτων, ἀσκητὸς ἐυσπείροισι κορύμβοις
ἁβρῷ τε στρεπτῶν ἅμματι κεκρυφάλων,
ἴθρις ἀνὴρ κοιλῶπιν ὀρειάδα δύσατο πέτραν,   5
Ζανὸς ἐλαστρηθεὶς γυιοπαγεῖ νιφάδι.
τὸν δὲ μέτ' ἀρρίγητος ἐπείσθορε ταυροφόνος θὴρ
εἰς τὸν ἑὸν προμολὼν φωλεὸν ἑσπέριος·
ἀθρήσας δ' εἰς φῶτα καὶ εὐτρήτοισιν ἀυτμὰν
μυκτῆρσιν βροτέας σαρκὸς ἐρυσσάμενος   10
ἔστα μὲν βριαροῖσιν ἐπ' ἴχνεσιν, ὄμμα δ' ἑλίξας
βρυχᾶτο σφεδανῶν ὄβριμον ἐκ γενύων.
ἀμφὶ δέ οἱ σμαράγει μὲν ἐναλιστήριον ἄντρον,
ἄχει δ' ὑλάεις ἀγχινεφὴς σκόπελος.
αὐτὰρ ὃ θαμβήσας φθόγγον βαρύν, ἐκ μὲν ἅπαντα   15
ἐν στέρνοις ἐάγη θυμὸν ὀρινόμενον,
ἀλλ' ἔμπας ἐρίμυκον ἀπὸ στομάτων ὀλολυγὰν
ἧκεν, ἐδίνησεν δ' εὐστροφάλιγγα κόμαν·
χειρὶ δ' ἀνασχόμενος μέγα τύμπανον ἐπλατάγησε,
δινωτὸν 'Ρείας ὅπλον 'Ολυμπιάδος·   20

Doch in der tödlichen Angst vor dem Raubtier begann er zu schreien,
und auf göttlichen Ruf schlug er aufs Tympanon drein.
Siehe, da schloß das Tier den blutigen Rachen; am Nacken
schwang es, der Göttin voll, schüttelnd die Mähne im Tanz.
Also entfloh er dem Tod und weihte der Rhea das wilde
Raubtier, welches von selbst Kybeles Tänze gelernt.

Alkaios von Messene

Ein gleiches

Trunken vom Zauber der Göttin, der furchtbaren, wandert der
in ekstatischer Lust flattert im Kreise sein Haar.   [Priester;
Weibisch die Kleidung; zum Knoten sind zierlich die Locken gewun-
die ein geflochtenes Netz, zärtlich beschützend, umfaßt   [den,
ihm, dem Mann ohne Mannheit. Gepeitscht vom Schneesturm Kroni-
flieht er, an Gliedern erstarrt, unter ein Felsengewölb.   [ons,
Hinter ihm drein ein Löwe, ein Stierezerreißer, ein Untier,
das, da die Sonne versinkt, sich seiner Höhle genaht.
Plötzlich sieht er den Mann; mit weitgeöffneten Nüstern
sucht er den neuen Geruch: Menschenfleisch wittert das Wild.
Reglos die mächtigen Pranken; er steht. Nun rollen die Augen,
und aus dem furchtbaren Maul bricht ein gewaltig Gebrüll.
Dröhnend hallt's in der Höhle, der Hausung des Löwen, und draußen
hallt's am bewaldeten Fels, der zu den Wolken sich hebt.
Angstvoll vernimmt der Priester das dumpfe Brüllen des Tieres,
grausend zittert das Herz ihm in dem Busen, es stockt.
Doch seinem Munde entfährt ein langer, heulender Notschrei,
das gekräuselte Haar schwingt er zu wirbelndem Tanz,
greift nach der mächtigen Pauke, hebt hoch der olympischen Rhea
rundes Geräte und schlägt jäh mit den Fäusten darauf.

τὸ ζωᾶς ἐπαρωγόν· ἀήθεα γὰρ τότε βύρσης
ταυρείου κενεὸν δοῦπον ἔδεισε λέων,
ἐκ δὲ φυγὼν ὤρουσεν. ἴδ', ὡς ἐδίδαξεν ἀνάγκα
πάνσοφος ἐξευρεῖν ἔκλυσιν 'Αίδεω.

* Pl VI 76 f.64ᵛ. - 1 Suid. s. σήκαθεν, 2 s. λυσσομανεῖς, 3 s. ἀσκητός, 4 s. ἄμματα,
5 s. κοιλῶπις, 6 s. ἐλαστρηθείς, 11-12 ὄμμα ... s. σφεδανῶν, 23-24 ἴδ' ... s. ἀνάγκη //
θεῆς Pl   4 ἀβρῷ Brunck -ῶν   5 ἴθρις Huschke ἴδρις // πέτρην P¹ Pl   6 Ζηνὸς P¹ Pl
7 τῷ Pl // μέτ' Mein. κεν // ἀρρήγ- P // ἐπένθορε Pl   9 εὐγρήτ- P   10 μυκτῆρσι Pl
12 σφεδανὸν c   15 ἐκ Jac. ἐν   19 ἐπλατάγησεν Pl   21 τὸν P // βύρσην P¹.

220. ΔΙΟΣΚΟΡΙΔΟΥ

Σάρδις Πεσσινόεντος ἀπὸ Φρυγὸς ἤθελ' ἱκέσθαι,
    ἔκφρων μαινομένην δοὺς ἀνέμοισι τρίχα,
ἁγνὸς "Ατυς, Κυβέλης θαλαμηπόλος· ἄγρια δ' αὐτοῦ
    ἐψύχθη χαλεπῆς πνεύματα θευφορίης
ἑσπέριον στείχοντος ἀνὰ κνέφας· εἰς δὲ κάταντες   5
    ἄντρον ἔδυ νεύσας βαιὸν ἄπωθεν ὁδοῦ.
τοῦ δὲ λέων ὤρουσε κατὰ στίβον, ἀνδράσι δεῖμα
    θαρσαλέοις, Γάλλῳ δ' οὐδ' ὀνομαστὸν ἄχος,
ὃς τότ' ἄναυδος ἔμεινε δέους ὕπο καί τινος αὔρη
    δαίμονος ἐς τονόεν τύμπανον ἧκε χέρας·   10
οὗ βαρὺ μυκήσαντος ὁ θαρσαλεώτερος ἄλλων
    τετραπόδων ἐλάφων ἔδραμεν ὀξύτερον,
τὸν βαρὺν οὐ μείνας ἀκοῆς ψόφον· ἐκ δ' ἐβόησεν·
    „Μῆτερ, Σαγγαρίου χείλεσι πὰρ ποταμοῦ,
ἱρήν σοι θαλάμην ζωάγρια καὶ λαλάγημα   15
    τοῦτο τὸ θηρὶ φυγῆς αἴτιον ἀντίθεμαι."

1 Πεσσι- Guyet Πισσι-   3 "Ατις P¹   3-4 ἄγρια ... Suid. s. ἐψύχθη et θεοφορία,
7-8 s. ὀνομαστός, 9-10 καί ... s. τύμπανος, 11-12 s. μυκήσαντος, 15-16 s.
θαλάμη et λαλάγημα 5 στείχοντας P¹   9 ἔμει P¹   10 τονόεν Sternbach τὸν ἐὸν
13 δ' ἐβόησεν Jac. δὲ βονῆς c δὲ φωνης (?) P¹   14 μητέρα P em. Salm.
16 θηροφυγῆς P em. Suid.

Das war die Rettung für ihn. Des Stierfells nichtiges, aber
  ungewohntes Getös jagte den Löwen in Angst.
Mit einem Sprunge entfloh er. – Sieh, Not ist erfinderisch; diesem
  wies sie voll Weisheit den Weg, drauf er dem Tode entrann.

Antipatros von Sidon

Ein gleiches

Atys, der keusche Priester der Kybele, wallte vom phryg'schen
  Pessinus fort; er wollt Sardes erreichen und gab,
trunken der Gottheit, den Winden sein Haar. Doch der wilden Ver-
  gottgegebener Rausch kühlte sich abends, sobald   [zückung
durch das Dunkel er schritt. Da sah er nicht fern eine Höhle,
  die in die Erde hinab führte, und trat darin ein.
Doch seine Spuren verfolgte ein Löwe, ein Schreck schon für mut'ge
  Männer, dem Gallen daher Grund zu unsagbarem Graun.
Sprachlos blieb er vor Angst; dann, getrieben vom Hauch einer Gott-
  schlug auf des Tympanons straff ruhendes Fell seine Hand.   [heit,
Und bei dem dumpfen Getöse lief plötzlich der Löwe, das kühnste
  sämtlicher Tiere, so schnell wie eine Hinde davon,
da er das dumpfe Gedröhn nicht ertrug. Da scholl's von dem Priester:
  „Mutter, die drüben du wohnst an des Sangarios Strand,
nimm als Geschenk für die Rettung ein heilges Gemach denn und
  tönend Geräte, das jetzt gar einen Löwen verscheucht." [dieses

Dioskorides

221. ΛΕΩΝΙΔΟΥ

Χειμερίην διὰ νύκτα χαλαζήεντά τε συρμὸν
καὶ νιφετὸν φεύγων καὶ κρυόεντα πάγον
μουνολέων καὶ δὴ κεκακωμένος ἀθρόα γυῖα
ἦλθε φιλοκρήμνων αὖλιν ἐς αἰγινόμων.
οἱ δ' οὐκ ἀμφ' αἰγῶν μεμελημένοι, ἀλλὰ περὶ σφέων,				5
εἵατο σωτῆρα Ζῆν' ἐπικεκλόμενοι.
χεῖμα δὲ δὴ μείνας θὴρ νύκτιος, οὔτε τιν' ἀνδρῶν
οὔτε βοτῶν βλάψας, οἴχετ' ἐπ' ἄλλο σίνος.
οἱ δὲ πάθης ἔργον τόδ' ἐυγραφὲς ἀκρολοφῖται
Ζανὶ παρ' εὐπρέμνῳ τᾷδ' ἀνέθεντο δρυΐ.				10

* Pl Ib 19,7 f.83ᵛ. – 3 ἀθρόα c   4 αἰγον- Pl 6 εἵατο c   7 δὴ Pl θὴρ P
7–8 οὔτε . . . Suid. s. ἔπαυλις 8 βροτῶν P Suid. // ᾤχετ' Pl // ἔπαυλ- P Suid.
9 οἱ Jac. εὖ // πάθης ἔργον P παθόντες ἄγαλμα Pl // -λοφεῖται P 10 τῷδ' P.

222. ΘΕΟΔΩΡΙΔΑ

Μυριόπουν σκολόπενδραν ὑπ' 'Ωρίωνι κυκηθεὶς
πόντος 'Ιαπύγων ἔβρασ' ἐπὶ σκοπέλους·
καὶ τόδ' ἀπὸ βλοσυροῦ σελάχευς μέγα πλευρὸν ἀνῆψαν
δαίμοσι βουφόρτων κοίρανοι εἰκοσόρων.

Tit.: Θεωρίδα P em. J. G. Schneider 1–4 (om. 3 . . . σελάχ.) Suid. s. κυκᾷ, ἔβρασεν,
βουφόρτων 3 σελάγευς P em. Brunck.

223. ΑΝΤΙΠΑΤΡΟΥ

Λείψανον ἀμφίκλαστον ἁλιπλανέος σκολοπένδρης
τοῦτο κατ' εὐψαμάθου κείμενον ἠιόνος,
δισσάκι τετρόργυιον, ὑπαὶ πεφορυγμένον ἀφρῷ,
πολλὰ θαλασσαίῃ ξανθὲν ὑπὸ σπιλάδι,
'Ερμῶναξ ἐκίχανεν, ὅτε γριπηίδι τέχνῃ				5
εἷλκε τὸν ἐκ πελάγευς ἰχθυόεντα βόλον·
εὑρὼν δ' ἤρτησε Παλαίμονι παιδὶ καὶ 'Ινοῖ,
δαίμοσιν εἰναλίοις δοὺς τέρας εἰνάλιον.

Totum ep. ap. Suid. s. ἀμφίκλαστον, ὀργυιά, πεφορυγμένον, ξαίνειν, γριπεύς,
'Ερμώναξ. – 3 τετρόγ. Suid. s. πεφ. // ὑπαὶ: πολλῷ Suid. s. πεφ. // πεφορυγμ. P¹
5 'Ερμώναξ P Suid. s. γριπ. et 'Ερμ. // δ' ἐκίχ. P Suid. s. γριπ. et 'Ερμ. em. Salm.
6 εἷλε et πελάγους Suid. s. 'Ερμ.

Abenteuer mit dem Löwen

Nachts im Winter. Durch Schnee, durch Hagelschauer und Kälte,
  die erstarren ließ, schlich einsam ein Löwe dahin.
Lahm schon waren die Glieder ihm all; da endlich gelangte
  er zu Geißhirten hin hoch in ihr Felsengehöft.
Diese dachten nicht mehr an die Ziegen, sondern an sich nur,
  saßen und riefen des Zeus Hilfe an gegen das Tier.
Das aber blieb in der Nacht, abwartend das Wetter; dann, ohne
  Schaden für Mensch oder Vieh, ging es, sonst Böses zu tun.
Dafür haben die Männer des Berges am mächtigen Eichbaum
  Zeus das prächtige Bild dieser Geschichte geweiht.

Leonidas von Tarent

Seeungeheuer

Tausendfuß Skolopender ward, während Orion im Meere
  der Iapyger wühlt, an das Gestade geschwemmt.
Hier aber haben die Herren des Ochsenfrachters die große
  Rippe des Riesengetüms fromm für die Götter geweiht.

Theodoridas

Ein gleiches

Dieser verstümmelte Rest eines Meerskolopenders, der weite
  Wellen und Wogen durchkreuzt, lag in der Düne am Strand,
zweimalvier Klafter noch lang, bedeckt vom Unrat des Meeres
  und von den Riffen der See vielfach in Stücke zerfetzt.
Ihn hat Hermonax entdeckt, als einst er die Wellen durchfischte
  und aus den Fluten sein Netz, wimmelnd von Fischen, erhob.
Dann aber bracht er ihn Ino und ihrem Sohne Palaimon,
  ihn, das Wunder des Meers, Göttern des Meeres hier dar.

Antipatros von Sidon

224. ΘΕΟΔΩΡΙΔΑ

Εἰνάλι' ὦ λαβύρινθε, τύ μοι λέγε, τίς σ' ἀνέθηκεν
ἀγρέμιον πολιᾶς ἐξ ἁλὸς εὑρόμενος.
,,Παίγνιον ἀντριάσιν Διονύσιος ἄνθετο Νύμφαις
— δῶρον δ' ἐξ ἱερᾶς εἰμι Πελωριάδος —
υἱὸς Πρωτάρχου· σκολιὸς δ' ἐξέπτυσε πορθμός,   5
ὄφρ' εἴην λιπαρῶν παίγνιον 'Αντριάδων."

Totum ep. [om. v. 3 et 5] ap. Suid. s. λαβύρινθος, ἀγρέμιος, πελώριος, 'Αντριάσι. –
1 εἰνάλι' ὦ Guyet εἰν ἁλὶ   2 εὐράμ- Suid. s. λαβ. et ἀγρ.

225. ΝΙΚΑΙΝΕΤΟΥ

'Ηρῷσσαι, Λιβύων ὄρος ἄκριτον αἵτε νέμεσθε
αἰγίδι καὶ στρεπτοῖς ζωσάμεναι θυσάνοις,
τέκνα θεῶν, δέξασθε Φιλήτιδος ἱερὰ ταῦτα
δράγματα καὶ χλωροὺς ἐκ καλάμης στεφάνους,
ἆσσ' ἀπὸ λικμητοῦ δεκατεύεται· ἀλλὰ καὶ οὕτως,
ἡρῷσσαι, Λιβύων χαίρετε δεσπότιδες.

5 ἆσσ' c ὡς P¹.

226. ΛΕΩΝΙΔΑ

Τοῦτ' ὀλίγον Κλείτωνος ἐπαύλιον ἤ τ' ὀλιγαῦλαξ
σπείρεσθαι λειτός θ' ὁ σχεδὸν ἀμπελεὼν
τοῦτό τε ῥωπεύειν ὀλιγόξυλον· ἀλλ' ἐπὶ τούτοις
Κλείτων ὀγδώκοντ' ἐξεπέρησ' ἔτεα.

Totum ep. (om. 1 τοῦτ' ὁ. Κ. ἐπ.) ap. Suid. s. ὀλιγαῦλαξ, λιτός, ἀμπελεών,
ῥῶπες, ὀγδοήκοντα. – 1 τοῦτ' ὀλίγον Jac. τοῦτο // ολιγόλαυξ P   2 δ' ὁ σχεδὼν
P em. Suid. s. λιτ. et ἀμπ.   3 falsum ord. versuum [3, 2] corr. P¹ // τοι ῥωπεύειν
Suid. (s. ῥῶπ.) τε ρωπαίειν P   4 ἐξεπλήρωσ' Suid. s. ὀγδ.

227. ΚΡΙΝΑΓΟΡΟΥ ΜΥΤΙΛΗΝΑΙΟΥ

'Αργύρεόν σοι τόνδε γενέθλιον ἐς τεὸν ἦμαρ,
Πρόκλε, νεόσμηκτον δουνακίην κάλαμον,
εὖ μὲν ἐυσχίστοισι διάγλυπτον κεράεσσιν,
εὖ δὲ ταχυνομένην εὔροον εἰς σελίδα,

Die Meerschnecke

Meeresschnecke, o sprich, wer hat dich als Beute im grauen
  Meere gefunden und hat hier dich zur Weihe gebracht?
„Dionysios war's, der Sohn des Protarchos; der Grotte
  Nymphen weihte er mich, mich, die der heilige Strand
der Peloris ihm schenkte. Aus spie die gewundene Furt mich,
  Spielzeug der Schönen zu sein, die in der Grotte hier sind."

Theodoridas

Bäuerin Philetis

Die ihr das Kettengebirg in Libyen bewohnt und mit Geißfell
  und dem Fransengeflecht euch, Heroïnen, umhüllt,
Götterkinder, empfangt, was Philetis euch weiht: die Schwaden
  und der Kränze Gewind, gelb aus den Halmen gedreht,
als den Zehnten vom Worfeln. O laßt euch mit diesem genügen,
  Heroïnen, die ihr Libyens Marken beherrscht.

Nikainetos

Bauer Kleiton

Alles, was Kleiton besitzt, ist das kärgliche Höfchen, das Feldchen,
  das er besät, der Busch, draus er sich Reisig besorgt,
und das Wingertchen noch, das nahe dabei liegt. Und doch hat
  achtzig Jahre hindurch Kleiton von ihnen gelebt.

Leonidas von Tarent

Die silberne Schreibfeder

Deines Geburtstags gedenkend, o Proklos, sendet dir heute
  dieses silberne Rohr, das in der Neue erglänzt
und, vortrefflich geschnitten, mit trefflich gespaltenem Schnabel
  in vortrefflichem Lauf trefflich die Blätter durcheilt,

πέμπει Κριναγόρης, ὀλίγην δόσιν, ἀλλ' ἀπὸ θυμοῦ					5
πλείονος, ἀρτιδαεῖ σύμπνοον εὐμαθίη.

1 ἀργύριον Suid. s. ἀρτιδαεῖ   2 δουρατίην P em. Pezopulos   5 πέμπω Suid.
6 ἀρτιδαεῖ Suid. -αῆ P // εὐμαθίη P ἐργασίη Suid.

228. ΑΔΑΙΟΥ ΜΑΚΕΔΟΝΟΣ

Αὔλακι καὶ γήρᾳ τετρυμένον ἐργατίνην βοῦν
   Ἄλκων οὐ φονίην ἤγαγε πρὸς κοπίδα,
αἰδεσθεὶς ἔργων· ὁ δέ που βαθέῃ ἐνὶ ποίῃ
   μυκηθμοῖς ἀρότρου τέρπετ' ἐλευθερίῃ.

Pl VI 48 f. 63ᵛ - Tit.: 'Αδδαίου Pl   1-3 . . . ἔργων Suid. s. τετρυμμένον, κοπίς
1 ἐργατίην P   2 Ἕλκων Pl c [ἔ-]   3 ἔργον Suid. s. κοπ.   4 ἀρότου Pl.

229. ΚΡΙΝΑΓΟΡΟΥ

Αἰετοῦ ἀγκυλοχείλου ἀκρόπτερον ὀξὺ σιδήρῳ
   γλυφθὲν καὶ βαπτῇ πορφύρεον κυάνῳ,
ἥν τι λάθῃ μίμνον μεταδόρπιον ἐντὸς ὀδόντων,
   κινῆσαι πρηεῖ κέντρῳ ἐπιστάμενον,
βαιὸν ἀπ' οὐκ ὀλίγης πέμπει φρενὸς οἷα δὲ δαιτὸς					5
   δῶρον ὁ πᾶς ἐπὶ σοί, Λεύκιε, Κριναγόρης.

1 ἀγκυλοχείλου Salm. -ος   3 ἐντὸς Hecker ἐγγὺς   5 φρενὸς c φρένας P¹ // δὲ
δαιτὸς Salm. δεδαπὸς   6 ὁ πᾶς Hecker ὅπασσ'.

230. ΚΟΙΝΤΟΥ

Ἀκρείτᾳ Φοίβῳ, Βιθυνίδος ὃς τόδε χώρης
   κράσπεδον αἰγιαλοῖς γειτονέον συνέχεις,
Δᾶμις ὁ κυρτευτής, ψάμμῳ κέρας αἰὲν ἐρείδων,
   φρουρητὸν κήρυκ' αὐτοφυεῖ σκόλοπι
θῆκε γέρας, λιτὸν μέν, ἐπ' εὐσεβίῃ δ', ὁ γεραιὸς
   εὐχόμενος νούσων ἐκτὸς ἰδεῖν 'Αίδην.

1 ἀρίτα P em. Valois   2 γειτονέοισιν ἔχοις P¹ -έουσιν ἔχεις c em. Jac.

dein Krinagoras zu: bescheidne, doch herzliche Gabe,
Helferin trefflicher Kunst, die du soeben gelernt.

Krinagoras von Mytilene

Der alte Pflugstier

Seinen Pflugstier, der müd ward von Alter und rastloser Arbeit,
führte Alkon dereinst nicht vor das mordende Beil
ob der Verdienste des Tieres. Nun wandert er frei von der Pflugschar
immer mit frohem Gebrüll tief durch das üppige Gras.

Adaios von Makedonien

Der Zahnstocher

Nimm die Feder vom Flügel des krummgeschnäbelten Adlers;
scharf hat der Stahl sie gespitzt, dunkel sie Purpur gefärbt.
Hält nach dem Mahl wohl ein Restchen versteckt sich noch zwischen
den Zähnen,
stößt sie es sanft und geschickt mit ihrer Spitze hinweg.
Klein ist die Gabe zum Mahl, die Herzlichkeit groß, denn es schickt sie,
Lucius, einer, der stets ganz dein Krinagoras ist.

Krinagoras

Fischer Damis

Der du, o Phoibos Akreitas, dies Eckchen bithynischen Landes
hier nicht fern von des Meers flachem Gestade bewohnst,
Damis der Reusenfischer, der stets das Horn auf dem Sand hält,
weiht dir den Herold mitsamt seinem natürlichen Schutz,
seiner Muschel. Bescheiden, doch fromm ist die Gabe des Alten,
der ohne Krankheit den Styx einstens zu sehen sich wünscht.

Quintus (Mäcius?)

582 Anthologia Graeca VI

231. ΦΙΛΙΠΠΟΥ

Αἰγύπτου μεδέουσα μελαμβώλου, λινόπεπλε
δαῖμον, ἐπ' εὐιέρους βῆθι θυηπολίας·
σοὶ γὰρ ὑπὲρ σχιδάκων λαγαρὸν ποπάνευμα πρόκειται
καὶ πολιῶν χηνῶν ζεῦγος ἐνυδροβίων
καὶ νάρδος ψαφαρὴ κεγχρίτισιν ἰσχάσιν ἀμφὶ   5
καὶ σταφυλὴ γραίη χὼ μελίπνους λίβανος.
εἰ δ' ὡς ἐκ πελάγους ἐρρύσαο Δᾶμιν, ἄνασσα,
κἠκ πενίης, θύσει χρυσόκερων κεμάδα.

Totum ep. [exc. 2 ἐπ' ...] ap. Suid. s. μελάμβωλος, λαγαρόν, ἐνυδροβίων, ψαφαρῇ,
κεγχρήτισι, ἀσταφίς, κεμάς 1 μελάμβωλε Suid. s. μελ. 3 πρόκειμαι P¹ 4 πολιὸν c
5 νάρδος Salm. -δῳ // ψαφαρῇ Suid. s. ν. 6 σταφυλῇ P¹ 8 θύσε Suid. s. κεμάς.

232. ΚΡΙΝΑΓΟΡΟΥ

Βότρυες οἰνοπέπαντοι ἐυσχίστοιό τε ῥοιῆς
θρύμματα καὶ ξανθοὶ μυελοὶ ἐκ στροβίλων
καὶ δειλαὶ δάκνεσθαι ἀμυγδάλαι ἥ τε μελισσῶν
ἀμβροσίη πυκναί τ' ἰτρίνεαι ποπάδες
καὶ πότιμοι γέλγιθες ἰδ' ὑελοκικκάδες ὄγχναι,   5
δαψιλῆ οἰνοπόταις γαστρὸς ἐπεισόδια·
Πανὶ φιλοσκήπωνι καὶ εὐστόρθυγγι Πριάπῳ
ἀντίθεται λιτὴν δαῖτα Φιλοξενίδης.

3 ἥ τε: ἡ δὲ Suid. s. ποπάδες 5 γέλγηθες c // ἰδ' ὑελακυκάδες δ. P ἠδέ τε δ.
Suid. (s. γέλγιθες) κ' ὄγχναι καὶ ῥοιαὶ καὶ σταφυλαί Suid. (s. ἐπεισόδια) em. Hecker
7 φιλοσκίπ- c.

233. ΜΑΙΚΙΟΥ

Γομφιόδουπα χαλινὰ καὶ ἀμφίτρητον ὑπεικτὰν
κημὸν καὶ γενύων σφίγκτορ' εὐρραφέα
τάνδε τ' ἐπιπλήκτειραν ἀπορρύτοιο διωγμοῦ
μάστιγα, σκαιοῦ δῆγμά τ' ἐπιψελίου,
κέντρα τ' ἐναιμήεντα διωξίπποιο μύωπος   5
καὶ πριστὸν ψήκτρης κνῆσμα σιδηρόδετον,

Der arme Damis

Die du die dunkle Scholle Ägyptens umwaltest, o komm nun,
  Göttin im Linnengewand, her zu dem heiligen Dienst.
Sieh, auf den Brettchen für dich liegt flachgebreitet ein Kuchen,
  weißlicher Gänse ein Paar, das die Gewässer bewohnt,
trockene, körnige Feigen, daneben zerriebene Narde,
  ferner Rosinen und süß duftender Weihrauch dabei.
Wenn du den Damis der Armut wie kürzlich dem Meere entreißest,
  opfert er dir eine Kitz, Herrin, mit goldenem Horn.

Philippos

Bauer Philoxenides

Kerne von blonden Pignolen, Teilstückchen vom Punischen Apfel
  mit geborstener Haut, Trauben, zur Lese schon reif,
Mandeln, die leicht man zerbeißt, der Bienen ambrosische Tropfen,
  Kuchen mit kräftigem Teig, sesam- und honiggefüllt,
Knoblauch, trefflich beim Zechen, kristallklar umhäutete Birnen,
  die nach dem Essen beim Trunk nochmals den Magen erfreun:
Pan, dem Freunde des Stabs, und dem prächtiggeschnitzten Priapos
  schenkt Philoxenides dies als ein bescheidenes Mahl.

Krinagoras

Rennfahrer Stratios

Trensen, die zähneumknirschten, der rings von Löchern durchbrochne,
  weiche Maulkorb, der Zaum, trefflich zusammengenäht,
diese Geißel, die peitschend zu rasendem Rennen dahintreibt,
  eine Kette fürs Kinn mit ihrem linkischen Biß,
spitze, noch blutige Stacheln, den Lauf der Rosse zu spornen,
  und ein Striegel, der kratzt mit seinem eisernen Zahn,

διπλοῖς ἀϊόνων ὠρύγμασιν, Ἴσθμιε, τερφθείς,
δῶρα, Πόσειδον, ἔχεις ταῦτα παρὰ Στρατίου.

1–2 Suid. s. γομφίοις, κημός, μάστιξ, 4–6 s. μάστιξ, μύωψ, ψήκτρα 2 νεκύων P
Suid. (s. μάστιξ) em. Guyet 4 δήγματ' P em. Bouhier 6 πρηστὸν P¹ 7 ἀϊόνων
P em. Hecker.

234. ΕΡΥΚΙΟΥ

Γάλλος ὁ χαιτάεις, ὁ νεήτομος, ὡπὸ Τυμώλου
Λύδιος ὀρχηστὰς μάκρ' ὀλολυζόμενος,
τᾷ παρὰ Σαγγαρίῳ τάδε Ματέρι τύμπαν' ἀγαυᾷ
θήκατο καὶ μάστιν τὰν πολυαστράγαλον
ταῦτά τ' ὀρειχάλκου λάλα κύμβαλα καὶ μυρόεντα   5
βόστρυχον, ἐκ λύσσας ἄρτ' ἀναπαυσάμενος.

1 χαιτήεις c Suid. s. Γάλλος // ὦ ποτυ μώλου P ὅς ποτε Τμῶ Suid. em. Holsten
3 λαπάρα σαιταρίῳ P em. Reiske, Lacroze // τύμπανα ταῦτα P em. Piccolos
5–6 Suid. s. ὀρείχαλκος 6 ἄρτ' Gruter ἄρτι.

235. ΘΑΛΛΟΥ

Ἑσπερίοις μέγα χάρμα καὶ ἠῴοις περάτεσσιν,
Καῖσαρ, ἀνικάτων ἔκγονε Ῥωμυλιδῶν,
αἰθερίην γένεσιν σέο μέλπομεν, ἀμφὶ δὲ βωμοῖς
γηθοσύνους λοιβὰς σπένδομεν ἀθανάτοις.
ἀλλὰ σὺ παππῴοις ἐπὶ βήμασιν ἴχνος ἐρείδων   5
εὐχομένοις ἡμῖν πουλὺ μένοις ἐπ' ἔτος.

1 περάτεσσι c 5 παππῶος P¹ 6 μέλοις P¹.

236. ΦΙΛΙΠΠΟΥ

Ἔμβολα χαλκογένεια, φιλόπλοα τεύχεα νηῶν,
Ἀκτιακοῦ πολέμου κείμεθα μαρτύρια·
ἠνίδε σιμβλεύει κηρότροφα δῶρα μελισσῶν
ἑσμῷ βομβητῇ κυκλόσε βριθόμενα.
Καίσαρος εὐνομίης χρηστῆς χάρις· ὅπλα γὰρ ἐχθρῶν   5
καρποὺς εἰρήνης ἀντεδίδαξε τρέφειν.

Pl VI 159 f. 68ʳ. – 1–4 Suid. s. ἔμβολα, ἠνί, σίμβλοι 1 τεύχεα Stanley τείχεα
5 χρηστῆ Pl.

sind die Geschenke, Poseidon, du Isthmischer, der du am Tosen
doppelten Meeres dich freust, die du von Stratios hast.

Quintus Mäcius

Der Kybelepriester

Er, der jung schon Verschnittne, der lockige Lyder vom Tmolos,
    der, ein Galle, sich laut heulend im Tanze gedreht,
gab der erhabenen Mutter am Strand des Sangarios diese
    Pauken, die Geißel, die noch reichlich mit Knöcheln versehn,
diese plappernden Zymbeln aus Messing und eine von Myrrhen
    duftende Locke, denn nun setzt er dem Rasen ein Ziel.

Erykios

An Cäsar

Cäsar, herrliche Lust der Marken im Osten und Westen,
    Sproß des Romulusvolks, das noch kein Gegner besiegt,
deiner hohen Geburt, der himmlischen, gilt unser Singen,
    und um der Götter Altar spenden wir jauchzend den Guß.
O du, tritt in die Spuren, die einst Altvater geschritten,
    und – so flehn wir – o bleib Jahre um Jahre uns noch.

Antonios Thallos

Beute von Aktium

Wir, die Schnäbel aus Erz, die seefrohen Waffen der Schiffe,
    Zeugen des Aktischen Kriegs, ruhen hier göttergeweiht.
Sieh, schon drängt sich in uns die wächserne Gabe der Bienen,
    und im Kreise umher wimmelt's vom summenden Schwarm.
Danken wollen wir Cäsars vortrefflicher Staatskunst: es bringen
    feindliche Waffen sogar Früchte des Friedens hervor.

Philippos

237. ΑΝΤΙΣΤΙΟΥ

Ἐνδυτὰ καὶ πλοκάμους τούτους θέτο Γάλλος ὀρείῃ
Μητρὶ θεῶν τοίης εἵνεκα συντυχίης.
μούνῳ οἱ στείχοντι λέων ἄντασε καθ' ὕλαν
ἀργαλέος, ζωᾶς δ' ἄθλος ἐπεκρέματο.
ἀλλὰ θεῇ Γάλλῳ μὲν ἐπὶ φρενὸς ἧκεν ἀράξαι   5
τύμπανον, ὠμηστὰν δ' ἔτραπε φυζαλέον
φθόγγον ὑποδδείσαντα πελώριον. εἵνεκα τοῦδε
πλοχμοὶ συρικτᾶν κεῖνται ἀπ' ἀκρεμόνων.

4 ἄθλον c // ἀπεκρ- P em. Salm. 6 ἔτρα πεφύζα λέων P em. Suid. s. φύζα
7 ἡνίκα P em. Salm. 8 συρικτὰν P.

238. ΑΠΟΛΛΩΝΙΔΟΥ

Εὔφρων οὐ πεδίου πολυαύλακός εἰμ' ὁ γεραιὸς
οὐδὲ πολυγλεύκου γειομόρος βότρυος,
ἀλλ' ἀρότρῳ βραχύβωλον ἐπικνίζοντι χαράσσω
χέρσον καὶ βαιοῦ πίδακα ῥωγὸς ἔχω.
εἰ μήδ' ἐξ ὀλίγων, ὀλίγη χάρις· εἰ δὲ διδοίης   5
πλείονα, καὶ πολλῶν, δαῖμον, ἀπαρξόμεθα.

1-3 Suid. s. πολυαύλακος, πολυγλεύκου, κνίζων, 5-6 s. ἀπάρχεσθαι 3 χαράσσων
Suid. s. κνίζ. 4 πίδακα Guyet πήδ- // ῥαγὸς c 5 εἰ μὴ δ' Suid. εἰ μι δ' P.

239. ΤΟΥ ΑΥΤΟΥ

Σμήνεος ἔκ με ταμὼν γλυκερὸν θέρος ἀντὶ νομαίων
γηραιὸς Κλείτων σπεῖσε μελισσοπόνος,
ἀμβροσίων ἔαρος κηρῶν μέλι πολλὸν ἀμέλξας,
δῶρον ἀποιμάντου τηλοπέτευς ἀγέλης.
θείης δ' ἐσμοτόκον χορὸν ἄπλετον, εὖ δὲ μελιχροῦ   5
νέκταρος ἐμπλήσαις κηροπαγεῖς θαλάμας.

* Suid. s. σμήνη, τηλοπέτευς, θεσμοτόκον, θαλάμη. – 1 ἀντὶ νομαίων Suid. (s. σμ.)
ἀμφινομέων P¹ -νομαίων c 5 δ' ἐσμο- Reiske θεσμο- // εὖ P ἐκ Suid. s. θαλ.

Kybelepriester und Löwe

Weihend schenkte ein Galle der Göttermutter des Berges
    hier so Locke wie Kleid, da sich ihm dieses begab:
Einsam ging er im Wald, da trat ein furchtbarer Löwe
    ihm entgegen; ein Kampf drohte auf Leben und Tod.
Doch da flößte die Göttin dem Gallen ins Herz, seine Pauke
    schmetternd zu schlagen, und so trieb sie das reißende Tier,
dem vor dem tosenden Lärme es bangte, zur Flucht hin. Deswegen
    ist hier das Haar an des Baums rauschende Zweige gehängt.

Antistios

Bauer Euphron

Euphron bin ich, der Alte. Viel Furchen besitzt nicht mein Acker,
    auch eine Fülle von Most liefern die Trauben mir nicht.
Wenig Schollen nur ritzt in meinem Ländchen die Pflugschar,
    die ich führe, und karg rinnt aus den Beeren der Wein.
Klein wär die Gabe, wär groß der Gewinn. Doch läßt du die Früchte
    reicher mir wachsen, dann wächst, Gott, auch mein Erstlingsgeschenk.

Apollonidas

Zeidler Kleiton

Zeidler Kleiton, der Alte, entnahm seinem Stocke die süße
    Ernte und gab mich anstatt üblicher Spende dem Gott.
Reichlichen Honig, die Gabe fernfliegender hirtloser Herde,
    tropfte die Wabe ihm zu, Lenzes ambrosisches Kind.
Laß ihm den Chor seiner Schwärme unendlich sich mehren, und gold-
    Nektar träufle das Wachs zahlreicher Zellen ihm voll.   [ner

Apollonidas

240. ΦΙΛΙΠΠΟΥ

Ζηνὸς καὶ Λητοῦς θηροσκόπε τοξότι κούρη,
Ἄρτεμις, ἢ θαλάμους τοὺς ὀρέων ἔλαχες,
νοῦσον τὴν στυγερὴν αὐθημερὸν ἐκ βασιλῆος
ἐσθλοτάτου πέμψαις ἄχρις Ὑπερβορέων·
σοὶ γὰρ ὑπὲρ βωμῶν ἀτμὸν λιβάνοιο Φίλιππος   5
ῥέξει καλλιθυτῶν κάπρον ὀρειονόμον.

Pl VI 73 f. 64ᵛ. – 1 κούρα c 3-4 Suid. s. ὑπερβορέων 6 ταῦρον ὀρειονόμαν Pl.

241. ΑΝΤΙΠΑΤΡΟΥ

Ἡ κόρυς ἀμφοτέρην ἔλαχον χάριν, εἰμὶ δ' ὁρᾶσθαι
καὶ τερπνὴ φιλίοις καὶ φόβος ἀντιπάλοις.
ἐκ δὲ Πυλαιμένεος Πείσων μ' ἔχει· ἔπρεπεν ἄλλαις
οὔτε κόρυς χαίταις οὔτε κόμαι κόρυθι.

In P hic [Pᵃ] et post IX 754 [Pᵇ]; Pl VI 160 f. 68ʳ [Plᵃ] et IVᵃ 26, 2 f. 56ʳ
[Plᵇ]. – 3 ἔπρεπεν Pᵃ Plᵃ -πε δ' Pᵇ Plᵇ 4 χαίτας Pᵃ¹ // κόμη Pᵇ Plᵇ.

242. ΚΡΙΝΑΓΟΡΟΥ

Ἠοῖ ἐπ' εὐκταίη τάδε ῥέζομεν ἱρὰ τελείῳ
Ζηνὶ καὶ ὠδίνων μειλίχῳ Ἀρτέμιδι.
τοῖσι γὰρ οὑμὸς ὅμαιμος ἔτ' ἄχνοος εὔξατο θήσειν
τὸ πρῶτον γενύων ἠιθέοισιν ἔαρ.
δαίμονες ἀλλὰ δέχοισθε καὶ αὐτίκα τῶνδ' ἀπ' Ἰούλων   5
Εὐκλείδην πολιῆς ἄχρις ἄγοιτε τριχός.

2 μελίσχῳ P 3 θήσεις P¹ 6 τριγχός P¹ em. c.

243. ΔΙΟΔΩΡΟΥ

„Ἥ τε Σάμου μεδέουσα καὶ ἢ λάχες Ἴμβρασον Ἥρη,
δέξο γενεθλιδίους, πότνα, θυηπολίας
μόσχων ἱερὰ ταῦτα, τά σοι πολὺ φίλτατα πάντων
ἴσμεν, ὅσοι μακάρων θεσμὸν ἐπιστάμεθα.“
εὔχετ' ἐπισπένδων τάδε Μάξιμος· ἡ δ' ἐπένευσεν   5
ἔμπεδα· Μοιράων δ' οὐκ ἐμέγηρε λίνα.

Pl VI 74 f. 64ᵛ. – 2 θυηπολίης P¹ 4 ἴσμεν Pl εἴη P.

Gebet für den Kaiser

Tochter des Zeus und der Leto, du Jägerin, bogengerüstet,
  Artemis, die des Gebirgs Hausung zum Lose erlangt,
scheuche die häßliche Krankheit des edelsten Herrschers noch heute
  gnädig von dannen zum Land hyperboreïschen Volks.
Sieh, dann läßt dir Philippos den Weihrauch dampfen und opfert
  dir einen Eber des Bergs dankbar auf deinem Altar.

Philippos

Helm für Piso

Sturmhelm bin ich; mir ward ein doppelter Vorzug gegeben:
  sieht mich voll Freude der Freund, scheut mich der Gegner voll
Nach dem Pylaimenes eigne ich heute dem Piso; sonst paßten [Angst.
  keinem die Haare zum Helm, keinem der Helm zu dem Haar.

Antipatros von Thessalonike

Eukleides' Haaropfer

Zeus dem Vollender und ihr, der Artemis, welche die Wehen
  lindert, opfern wir dies morgens, so wie wir gelobt.
Hatte mein Bruder ja doch noch bartlos versprochen, der jungen
  Wangen frühesten Lenz ihnen als Gabe zu weihn.
Nehmt es, ihr Götter, denn hin und führet Eukleides von diesen
  heutigen Tagen des Flaums, bis ihm die Locke verbleicht.

Krinagoras

Geburtstagsopfer

„Die du in Samos gebeutst und am Imbrasos waltest, o Hera,
  nimm zum Geburtstag denn, Herrin, das Opfer hier an,
diese Weihe von Kälbern; sie ist dir die liebste von allen,
  wissen's doch alle, die wir Brauchtum der Götter verstehn."
Also des Maximos Flehn beim Spenden. Da nickte die Göttin
  unverbrüchlich; und hold war auch der Moiren Gespinst.

Diodoros (von Sardes?)

244. ΚΡΙΝΑΓΟΡΟΥ

Ἥρη, Ἐλῃθυιῶν μήτηρ, Ἥρη τε τελείη
καὶ Ζεῦ, γινομένοις ξυνὸς ἅπασι πάτερ,
ὠδῖνας νεύσαιτ᾽ Ἀντωνίῃ ἵλαοι ἐλθεῖν
πρηείας μαλακαῖς χερσὶ σὺν Ἠπιόνης,
ὄφρα κε γηθήσειε πόσις μήτηρ θ᾽ ἑκυρή τε·					5
ἡ νηδὺς οἴκων αἷμα φέρει μεγάλων.

1 Ἐλῃθυιῶν Bouhier Εἰληθ- P¹ Εἰλειθ- c // τελέσει P¹ 5 ἑκυρή Geist -ρά P
6 ἦν ἡδύς P¹.

245. ΔΙΟΔΩΡΟΥ

Καρπαθίην ὅτε νυκτὸς ἅλα στέψαντος ἀήτου
λαίλαπι Βορραίῃ κλασθὲν ἐσεῖδε κέρας,
εὔξατο κῆρα φυγών, Βοιώτιε, σοί με, Κάβειρε
δέσποτα, χειμερίης ἄνθεμα ναυτιλίης,
ἀρτήσειν ἁγίοις τόδε λώπιον ἐν προπυλαίοις					5
Διογένης· ἁλέκοις δ᾽ ἀνέρι καὶ πενίην.

1 Suid. s. ἀήτης, 2 s. Βορᾶς, λαῖλαψ, 4–5 s. λώπιον, 6 s. ἀλέγοις // στρέψ-
Suid. 2 Βορέῃ P¹ // ἐπεῖδε κέρας Suid. (s. λαῖλ.) ἐπέλεκε Suid. s. Βορ. 3 με Salm. μι
6 ἀλέκοις Salm. ἀλέγοις.

246. ΦΙΛΟΔΗΜΟΥ, οἱ δὲ ΑΡΓΕΝΤΑΡΙΟΥ

Κέντρα διωξικέλευθα φιλορρώθωνά τε κημὸν
τόν τε περὶ στέρνοις κόσμον ὀδοντοφόρον
καὶ ψήκτρην ἵππων ἐρυσίτριχα τήν τ᾽ ἐπὶ νώτων					5
μάστιγα ῥοίζου μητέρα θαρσαλέην					6
κοἰσυΐνην τὴν ῥάβδον ἐπὶ προθύροισι, Πόσειδον,					3
ἄνθετό σοι νίκης Χάρμος ἀπ᾽ Ἰσθμιάδος.					4
ἀλλὰ σύ, Κυανοχαῖτα, δέχευ τάδε, τὸν δὲ Λυκίνου
υἷα καὶ εἰς μεγάλην στέψον Ὀλυμπιάδα.

Pl VI 5 f. 61ᵛ. - Tit.: Φιλοδήμου tantum Pl 3-6 iustum ord. restit. Stadtm.
5-6 Suid. s. ψήκτρα 6 ῥοίζης Suid. 3 κοἰσυΐνην Brodaeus καὶ συίνην // τὴν
nos om. P Pl 7 Λυκείνου P.

Gebet für Antonia

Mutter der Eilethyien, o Hera, Hera, die freundlich
Ehen du schließest, und Zeus, Vater der Werdenden all,
gebet in Gnaden, daß leicht die Wehen Antonia nahen,
während Epione sanft sie mit den Händen berührt,
daß der Gatte sich freut und sich freuen so Mutter wie Schwieger.
Siehe, sie trägt in dem Schoß Blut aus dem mächtigsten Haus.

Krinagoras

Schiffer Diogenes

Nacht war's. Um Karpathos hüllte ein Wetter die Wogen. Zerbrochen
von des Boreas Sturm hing auf Diogenes' Schiff
plötzlich die Rah. Er sah's. Da gelobte er, käm er vom Tode,
weihte er mich, ein Gewand, dir, dem boiotischen Herrn,
dem Kabeiros, im Vorflur des Tempels zum Male für jene
stürmische Fahrt. – O du, scheuch auch die Armut ihm weg.

Diodoros (von Sardes?)

Rennfahrer Charmos

Schrittefördernde Stacheln, der nüsternliebende Maulkorb,
zähnetragender Schmuck, Pferden die Zierde der Brust,
dieser Striegel zum Strählen des Fells, eine Peitsche, die kecken
Knall gebärend dem Pferd über den Rücken sich stürzt,
und diese weidene Gerte: das ist es, Poseidon, was Charmos
dir im Vorflur geweiht, da er am Isthmos gesiegt.
Du aber, Dunkelgelockter, o nimm es und setz auch zur großen
Olympiade Lykins Sohne den Kranz auf das Haupt.

Philodemos oder *Marcus Argentarius*

247. ΦΙΛΙΠΠΟΥ

Κερκίδας ὀρθρολάλοισι χελιδόσιν εἰκελοφώνους,
    Παλλάδος ἱστοπόνου λειομίτους κάμακας
καὶ κτένα κοσμοκόμην καὶ δακτυλότριπτον ἄτρακτον
    σφονδυλοδινήτῳ νήματι νηχόμενον
καὶ τάλαρον σχοίνοις ὑφασμένον, ὃν ποτ' ὀδόντι   5
    ἐπλήρου τολύπη πᾶσα καθαιρομένη,
σοί, φιλέριθε κόρη Παλλαντιάς, ἡ βαθύγηρως
    Αἰσιόνη πενίης δῶρον ἀνεκρέμασεν.

Pl VI 65 f. 64ʳ. – 1-6 Suid. s. ὀρθρογόη, λειομίτου, κτείς, ἄτρακτον, τάλαρος
1 ὀρθριλ- P   2 λειομίτου κάμακος P Suid. s. λειομ.   3 δακτυλότριβον P¹   4 σπον-
δυλο- Suid. s. τάλ.   5 σχοίνοισιν Pl // ὀδόντι c Suid. (s. τάλ.) -τας P¹ -των Pl.

248. ΑΡΓΕΝΤΑΡΙΟΥ

Κύπριδι κεῖσο, λάγυνε μεθυσφαλές, αὐτίκα δῶρον
    κεῖσο, κασιγνήτη νεκταρέης κύλικος·
βακχιὰς ὑγρόφθογγε, συνέστιε δαιτὸς ἐίσης,
    στειναύχην ψήφου συμβολικῆς θύγατερ,
θνητοῖς αὐτοδίδακτε διήκονε, μύστι φιλούντων   5
    ἡδίστη, δείπνων ὅπλον ἑτοιμότατον,
εἴης ἐκ Μάρκου γέρας ἀγλαόν, ὅς σε, φίλοινε,
    ἤνεσεν ἀρχαίην σύμπλανον ἀνθέμενος.

1-6 Suid. s. λάγυνος   3 βακχειὰς c Suid. [-είας]   6 δεῖπνον P¹.

249. ΑΝΤΙΠΑΤΡΟΥ

Λαμπάδα, κηροχίτωνα, Κρόνου τυφήρεα λύχνον,
    σχοίνῳ καὶ λεπτῇ σφιγγομένην παπύρῳ,
'Αντίπατρος Πείσωνι φέρει γέρας· ἢν δέ μ' ἀνάψας
    εὔξηται, λάμψω φέγγος ἀκουσίθεον.

Pl VI 75 f. 64ᵛ; Suid. s. τυφήρεα, πάπυρος, ἀκουσίθεον [om. 3 . . . γέρας]. –
2 σφιγγόμενον Pl   4 εὔχηται Suid. s. ἀκ. // ἀκουσόθεον Pl.

Weberin Aisione

Schiffchen mit Stimmen wie Schwalben, wenn morgens sie zwitschern,
 Fäden zu spannen, wie sie Pallas, die Weberin, braucht, [und Stäbe,
haarezerteilenden Kamm, die Spindel, die, schaffend verscheuert,
 sich in den Fäden bewegt, die ihr die Wirtel geweift,
einen aus Binsen geflochtenen Korb, den sämtliche Knäuel,
 die der Zahn ihr gekämmt, einstens so reichlich gefüllt:
dir, wolliebende Jungfrau Pallantias, hängt es die alte,
 greise Aisione auf, Gaben, die Armut dir beut.

Philippos

An die Flasche

Bleib denn für Kypris geweiht, o Flasche, du Mutter des Taumelns,
 bleib denn hier gleich als Geschenk, Schwester des Bechers voll Wein.
Bakchin, die glucksend sich gießt, du Gästchen des festlichen Mahles,
 Picknicks Töchterchen du, Mädchen mit schmächtigem Hals,
Menschheitsdienerin du aus eigener Schule, der Liebe
 reizende Priesterin, Ding, immer zum Schmause bereit,
sei denn des Marcus schönes Geschenk, der als alte Gefährtin
 dich, du Freundin des Weins, gerne beim Weihen noch pries.

Marcus Argentarius

Kerze für Piso

Kronos' brennende Leuchte, ich wachsumkleidete Kerze,
 die man aus Binse und aus leichtem Papyros gedreht,
bin des Antipatros Gabe für Piso; und brenn ich bei seinem
 Beten, dann zeigt ihm mein Glanz, daß ihn die Gottheit erhört.

Antipatros von Thessalonike

594	Anthologia Graeca VI

250. ΑΝΤΙΦΙΛΟΥ

Λιτὸς ἐγὼ τὰ τύχης, ὦ δεσπότι, φημὶ δὲ πολλῶν
ὄλβον ὑπερκύπτειν τὸν σὸν ἀπὸ κραδίης.
ἀλλὰ δέχευ μνιαροῖο βαθυρρήνοιο τάπητος
ἐνδυτὸν εὐανθεῖ πορφύρῃ εἰδόμενον
εἰριά τε ῥοδόεντα καὶ ἐς κυανότριχα χαίτην   5
νάρδον ὑπὸ γλαυκῆς κλειομένην ὑάλου,
ὄφρα χιτὼν μὲν χρῶτα περισκέπῃ, ἔργα δ' ἐλέγχῃ
χεῖρας, ὁ δ' εὐώδης ἀτμὸς ἔχῃ πλοκάμους.

Suid. s. λιτός, μνιαρόν, εἴρια, νάρδος, ἐλέγχομεν [om. 7 ... περισκέπῃ]. –
1 τ' ἀτυχής P Suid. s. λιτ. em. Reiske   3 βαθυρρήνοιο Küster -ραίνοιο   7-8 δὲ
χεῖρας ἐλέγχει Suid. s. ἐλ.   8 εὐειδῆς [-ῆς c] ἀ. ἔχει P em. Guyet.

251. ΦΙΛΙΠΠΟΥ

Λευκάδος αἰπὺν ἔχων ναύταις τηλέσκοπον ὄχθον,
Φοῖβε, τὸν Ἰονίῳ λουόμενον πελάγει,
δέξαι πλωτήρων μάζης χεριφυρέα δαῖτα
καὶ σπονδὴν ὀλίγῃ κιρναμένην κύλικι
καὶ βραχυφεγγίτου λύχνου σέλας ἐκ βιοφειδοῦς   5
ὄλπης ἡμιμεθεῖ πινόμενον στόματι·
ἀνθ' ὧν ἱλήκοις, ἐπὶ δ' ἱστία πέμψον ἀήτην
οὔριον Ἀκτιακοὺς σύνδρομον εἰς λιμένας.

1-5 Suid. s. αἰπύ, δαῖτας, χεριφυρέα, ὀλίγον, βραχυφεγγίτης   2 ἠιονίῳ P em. Salm.
4 κρεμαμένην P¹   6 ὄλπης Salm. οἰν γῆς.

252. ΑΝΤΙΦΙΛΟΥ

Μῆλον ἐγὼ στρούθειον ἀπὸ προτέρης ἔτι ποίης
ὥριον ἐν νεαρῷ χρωτὶ φυλασσόμενον,
ἄσπιλον, ἀρρυτίδωτον, ἰσόχνοον ἀρτιγόνοισιν,
ἀκμὴν εὐπετάλοις συμφυὲς ἀκρεμόσιν,
ὥρης χειμερίης σπάνιον γέρας· εἰς σὲ δ', ἄνασσα,   5
τοίην χὠ νιφόεις κρυμὸς ὀπωροφορεῖ.

Pl Ib 14,8 f. 83ʳ; Suid. s. ποίη, ἄσπιλον, μῆλον, ἀκμή, ἀκρεμόνες, σπάνις, νιφετός,
κρυμός. – 1 στρουθίον P Suid. s. ποίη // ἀφ' ὁπλοτέρης Pl   2 νιαρῷ P¹   4 ἐν
πετάλοις ἐμφ- Suid. s. μῆλ.   5 εἰς δέ σ' P Suid. s. νιφ.

An eine hohe Frau

Dürftig ist, Herrin, mein Los, doch da ich dir herzlich ergeben,
  bleiben gewiß hinter mir viele an Reichtum zurück.
Nimm denn dieses Gewand, das dem blütenschimmernden Purpur
  eines dichten, wie Moos molligen Teppichs sich gleicht,
nimm diese rosige Wolle und für das Dunkel der Locken
  diese Narde, verwahrt in einem blauen Kristall.
Hülle das Kleid dir den Leib, die Arbeit bezeuge das Können
  deiner Hände, und süß ströme der Duft dir ums Haar.

Antiphilos

Gebet zur Seefahrt

Phoibos, der du die hohe, weitsichtbare Schroffe von Leukas,
  die des Jonischen Meers Wogen umrauschen, beherrschst,
nimm deinen Teil von dem Brot, das die Hände des Seemanns gekne-
  nimm diese Spende, gemischt hier in dem kleinen Gefäß,   [tet,
und die Lampe mit spärlichem Schein, die von der Phiole
  kärglichem Öle mit halb trunkenem Munde sich nährt.
Sei uns gnädig dafür und sende uns günstiges Wehen,
  das bis Aktiums Port freundlich die Segel uns schwellt.

Philippos

Zum Geschenk

Birnquitte bin ich vom vorigen Jahr; da hat man in meiner
  Schale mich, jung wie sie war, eingelegt frisch noch und reif.
Flecken- und runzellos bin ich, so flaumig wie eben gewachsen,
  und am beblätterten Zweig hange ich immer noch fest:
seltene Gabe in Zeiten, da Winter gebietet. Doch bringen,
  Fürstin, selbst Kälte und Schnee solch eine Ernte − für dich.

Antiphilos

253. ΚΡΙΝΑΓΟΡΟΥ

Σπήλυγγες Νυμφῶν ἐυπίδακες, αἱ τόσον ὕδωρ
εἴβουσαι σκολιοῦ τοῦδε κατὰ πρεόνος,
Πανός τ' ἠχήεσσα πιτυστέπτοιο καλιή,
τὴν ὑπὸ Βασσαίης ποσσὶ λέλογχε πέτρης,
ἱερά τ' ἀγρευταῖσι γερανδρύου ἀρκεύθοιο   5
πρέμνα λιθηλογέες θ' Ἑρμέω ἱδρύσιες,
αὐταί θ' ἱλήκοιτε καὶ εὐθήροιο δέχοισθε
Σωσάνδρου ταχινῆς σκῦλ' ἐλαφοσσοίης.

1–3 Suid. s. εἴβεσθαι, σπήλυγγες, πρῶνες, πρεών, πίτυς, καλιά   2 πρεόνος: φρέατος
Suid. s. εἴβεσθαι   3 τ' ἠχ.: τειχήεσσα Suid. s. πίτυς   4 Βασσαίης Hecker Κα-   6 λιθολ-
P em. Bouhier   7 αὐται P¹ // δέχεσθε c.

254. ΜΥΡΙΝΟΥ

Τὴν μαλακὴν Παφίης, Στατύλλιον ἀνδρόγυνον, δρῦν
ἕλκειν εἰς ᾿Αίδην ἡνίκ' ἔμελλε χρόνος,
τὰκ κόκκου βαφθέντα καὶ ὑσγίνοιο θέριστρα
καὶ τοὺς ἀδρολιπεῖς ἀλλοτρίους πλοκάμους
φαικάδα τ' εὐτάρσοισιν ἐπ' ἀστραγάλοισι γελῶσαν   5
καὶ τὴν γρυτοδόκην κοιτίδα παμβακίδων
αὐλούς θ' ἡδὺ πνέοντας ἑταιρείοις ἐνὶ κώμοις
δῶρα Πριηπείων θῆκεν ἐπὶ προθύρων.

3–4 Suid. s. τὰκ κόκκου, ὕστινος, θέριστρον, 6 s. τρυτοδόκη, πάμβαξ, βάμβαξ
3 τάκόκκοιο Suid. s. ὕστινος // ὑστίν- P¹ Suid.   4 ἀδρολ- Pezopulos ἀνδρολ-
6 γρυτοδ- Toup τρυ-   7 αὐλούς Gruter ἄλλους // ἑταιρείοις Guyet -ρίοις.

255. ΕΡΥΚΙΟΥ

Τοῦτο Σάων τὸ δίπαχυ κόλον κέρας ῾Ωμβρακιώτας
βουμολγὸς ταύρου κλάσσεν ἀτιμαγέλου,
ὁππότε μιν κνημούς τε κατὰ λασίους τε χαράδρας
ἐξερέων ποταμοῦ φράσσατ' ἐπ' ἀιόνι

Jäger Sosandros

Nymphengrotten, die ihr aus herrlichen Quellen so reichlich
  euer Wasser am Fuß dieser Gebirgswand ergießt,
hallende Hausung, die Pan mit dem Pinienkranze im Haare
  drunten am stotzigen Fels Bassas zu eigen gewann,
Stümpfe vom alten Wacholder, ihr Stämme, heilig dem Weidmann,
  und ihr Male, die man Hermes aus Steinen gehäuft,
o seid gnädig und nehmt vom glücklichen Jäger Sosandros
  dieses Fell hier, das ihm stürmische Hirschhatz erbracht.

Krinagoras

Kinäde Statilius

Als es die Zeit unternahm, der Kypris entkräftete Eiche,
  Zwitter Statilius, nun fort in den Hades zu ziehn:
hat er die Sommergewänder, gefärbt in Scharlach und Kermes,
  seine Perücke, auf der strahlend das Öl noch erglänzt,
seinen schimmernden Schuh, der am zierlichen Knöchel ihm lachte,
  eine Truhe, worin seidene Kleider er barg,
sowie Flöten, die süß beim Umzug mit Freunden erklangen,
  an dem Tempel Priaps neben der Türe geweiht.

Myrinos

Kampf mit dem Bullen

Dieses Stück eines Horns, zwei Ellen lang, schlug der Ambrakier
  Saon, ein Hirte, dem Stier, der von der Herde ging, ab.
Als er im Waldesgebirg und im Buschwerk der Schluchten ihn suchte,
  ward er ihn endlich am Rand eines Gewässers gewahr,

ψυχόμενον χηλάς τε καὶ ἰξύας· αὐτὰρ ὁ βούτεω   5
ἀντίος ἐκ πλαγίων ἵεθ'· ὁ δὲ ῥοπάλῳ
γυρὸν ἀπεκράνιξε βοὸς κέρας, ἐκ δέ μιν αὐτᾶς
ἀχράδος εὐμύκῳ πᾶξε παρὰ κλισίᾳ.

1-2 Suid. s. κόλον; Ὤμβρ. β. τ. s. οὐμβρακιώτης, 2 s. βουμολγός et ἀτιμαγέλου,
3 s. κνημοί, 3-4 s. χαράδρα, 4-5 ἐπ'... ἰξύας s. ἰξύν, 5-7 αὐτὰρ... κέρας
s. βούτας, 6-7 ὁ... ἀπεκράνιξε s. ἀπεκρ. // Ὤμβρακ. Hecker οὐμβρ. 2 β.
κύρου Suid. s. οὐμβρ. // κλάσσας Suid. s. κόλ. // ἀτιμεγάλου P¹ 4 ἐξ ὀρέων P Suid.
s. χαρ. em. Hecker // ἠιόνων Suid. s. χαρ. 6 ἐκ πλαγίων Suid. ἐκπλαγέων P¹
ἐκπαγέων c // ἵειθ' Suid. 7 ἀπεκράνιζε P¹ Suid. s. βούτ.

256. ΑΝΤΙΠΑΤΡΟΥ

Ταύρου βαθὺν τένοντα καὶ σιδαρέους
Ἄτλαντος ὤμους καὶ κόμαν Ἡρακλέους
σεμνάν θ' ὑπήναν καὶ λέοντος ὄμματα
Μιλησίου γίγαντος οὐδ' Ὀλύμπιος
Ζεὺς ἀτρόμητος εἶδεν, ἄνδρας ἡνίκα   5
πυγμὰν ἐνίκα Νικοφῶν Ὀλύμπια.

Pl VI 6 f. 61ᵛ [Pl ᵃ], Iᵇ 1, 1 f. 82ʳ [Plᵇ], Σ π ζ' 2. - Tit.: Ζωνᾶ Plᵃ 1-5 Suid.
s. τένοντας, Ἄτλας, σιδηρέαν, ἀτρόμητος 3 σεμάν P 6 πυγμήν Plᵇ.

257. ΑΝΤΙΦΙΛΟΥ

Τίς με, Διωνύσῳ πεπλασμένον ἀμφιφορῆα,
τίς με, τὸν Ἀδριακοῦ νέκταρος οἰνοδόκον,
Δηοῦς ἐπλήρωσε; τίς ἢ φθόνος εἰς ἐμὲ Βάκχου
ἢ σπάνις οἰκείου τεύχεος ἀσταχύων
ἀμφοτέρους ᾔσχυνε; σεσύληται μὲν ὁ Βάκχος,   5
Δημήτηρ δὲ Μέθην σύντροφον οὐ δέχεται.

Suid. s. ἀμφιφορῆα. - 3 ἢ Desr. ὁ 4 τεύχους P¹.

wo er die Klauen und Flanken sich kühlte. Da nahm von der Seite
plötzlich der Bulle ihn an; jäh aber hieb ihm der Hirt
mit dem Knüppel das Horn, das krumme, vom Schädel. Das hängte
er an dem Birnbaum beim Stall brüllender Rinder nun auf.

Erykios

Boxer Nikophon

Den feisten Nacken eines Stiers, die eisernen
Schultern des Atlas, Haar und majestät'schen Bart
des Herakles sowie des Löwen Augenpaar
sah der olymp'sche Zeus sogar nicht ohne Furcht
an Nikophon, dem Riesen von Milet, als er
im Faustkampf zu Olympia die Männer schlug.

Antipatros von Thessalonike

Korn im Weinkrug

Sagt mir, wer hat mich Amphore, wiewohl ich für Bakchos geschaffen,
    mich, die des Hadriaweins Nektar bewahrt, mit der Frucht
der Demeter gefüllt? Wer hat mich um Bakchos beneidet?
    Oder mangelt's im Haus ganz an Gefäßen für Korn?
Beide hat er geschändet: betrogen ist Bakchos, und Deo
    nimmt zur Gefährtin gewiß niemals die Trunkenheit an.

Antiphilos

258. ΑΔΑΙΟΥ

Τὰν δῖν, ὦ Δάματερ ἐπόγμιε, τάν τ' ἀκέρωτον
μόσχον καὶ τροχιὰν ἐν κανέῳ φθοΐδα
σοὶ ταύτας ἐφ' ἅλωος, ἐφ' ᾧ πολὺν ἔβρασεν ἄντλον
Κρήθων καὶ λιπαρὰν εἶδε γεωμορίαν,
ἱρεύει, πολύσωρε· σὺ δὲ Κρήθωνος ἄρουραν				5
πᾶν ἔτος εὔκριθον καὶ πολύπυρον ἄνοις.

1–4 Suid. s. δῖν, ὄγμος, φθοΐς, ἀντλία, γεωμόριον   3 ᾧ: αἷς Suid. s. γεωμόριον //
ἄντρον P¹   4 κριθῶν Suid. Κρίθων Salm., sed cf. VII 740, 2   5 ἱρεύει Guyet ἱερ-
6 ἄνοις Passow ἄγοις.

259. ΦΙΛΙΠΠΟΥ

Τίς τὸν ἄχνουν ῾Ερμῆν σε παρ' ὑσπλήγεσσιν ἔθηκεν; —
„῾Ερμογένης." — Τίνος ὤν; — „Δαϊμένευς."— Ποδαπός; —
„᾿Αντιοχεύς." — Τιμῶν σε χάριν τίνος; — „῾Ως συναρωγὸν
ἐν σταδίοις." — Ποίοις; — „᾿Ισθμόθι κήν Νεμέᾳ." —
῎Ετρεχε γάρ; — „Καὶ πρῶτος." — ῾Ελὼν τίνας; — „᾿Εννέα παῖδας·		5
ἔπτη δ' ὡς ἂν ἔχων τοὺς πόδας ἡμετέρους."

Pl VI 7 f. 61ᵛ. - 1 Suid. s. ἄχνους, ὕσπληξ, 4 s. στάδιον   1 ὑσπλήγγ- Pl
2 Δαιμονέως o δαῖ μον ἐνς P¹ Δαϊμονεῦς Pl em. Meineke   4 ἰσθμὸ τι κήν εμέσι P¹
᾿Ισθμοθήκην Νεμέᾳ Suid. s. στάδιον   5 ἐλὼν Brunck ἔχων   6 ἠερίους Pl.

260. ΓΕΜΙΝΟΥ

Φρύνη τὸν πτερόεντα, τὸν εὐτέχνητον, ῎Ερωτα
μισθὸν ὑπὲρ τεχνῶν ἄνθετο Θεσπιέσιν.
Κύπριδος ἡ τέχνη ζηλούμενον, οὐκ ἐπιμεμφὲς
δῶρον· ἐς ἀμφοτέρους δ' ἔπρεπε μισθὸς ῎Ερως.
δοιῆς ἐκ τέχνης αἰνέω βροτόν, ὅς γε καὶ ἄλλοις				5
δοὺς θεὸν ἐν σπλάγχνοις εἶχε τελειότερον.

Pl VI 72 f. 64ᵛ. - Tit. om. Pl   2 τεχνῶν Jahn τέκνων // Θεσπιέσι Suid. s. v.,
-ιάσι Pl   3 ζητούμενον P   5 δοίης et αἰνόβροτον P.

Bauer Krethon

Göttin der Furchen, Demeter, dies Schaf, dies hornlose Kälbchen
    und diesen Kuchen, der rund hier in dem Korb liegt, es weiht
Krethon sie dir auf der Tenne, worauf er die Fülle des Kornes
    immer gedroschen und wo wuchernde Ernten er sah,
dir, die der Gaben sich freut. O segne alljährlich den Acker,
    daß er in reichlichem Maß Gerste und Weizen ihm bringt.

Adaios

Wettläufer Hermogenes

Hermes, Unbärtiger du, wer stellte dich hier an das Startseil? –
    „Der Hermogenes." – Sohn? – „Daimenes' Sprößling." – Woher? –
„Antiocheier." – Der Grund zu solch einer Ehre? – „Ich half ihm
    während des Wettlaufs." – Der Ort? – „Isthmos und Nemea sind's."–
Also er lief? – „An der Spitze." – Wen schlug er? – „Neun Knaben. Er
    gleichsam als hätte ich selbst ihm meine Füße geliehn." [flog ja,

Philippos

Praxiteles' Eros

Diesen geflügelten Eros, von Kunst geschaffen, für Künste
    eine Bezahlung, ihn stellt' Phryne in Thespiä auf.
Kyprias Künste sind Gaben, die jeder beneidet und niemand
    tadelt; für beide daher ziemte sich Eros als Lohn.
Ihn aber lob ich, der andern den Eros geschenkt hat, den beide
    Künste erzeugten und den schöner noch kannte – sein Herz.

Tullius Geminus

261. ΚΡΙΝΑΓΟΡΟΥ

Χάλκεον ἀργυρέῳ με πανείκελον, Ἰνδικὸν ἔργον,
ὄλπην, ἡδίστου ξείνιον εἰς ἑτάρου,
ἦμαρ ἐπεὶ τόδε σεῖο γενέθλιον, υἱὲ Σίμωνος,
πέμπει γηθομένη σὺν φρενὶ Κριναγόρης.

Suid. s. ὄλπη. - 1 εἰδικὸν P¹ Ἐνδίκου Waltz 3 υἱὲ Σ. om. Suid.

262. ΛΕΩΝΙΔΑ

Τὸν νομίην καὶ ἔπαυλα βοῶν καὶ βώτορας ἄνδρας
σινόμενον κλαγγάν τ᾽ οὐχὶ τρέσαντα κυνῶν
Εὐάλκης ὁ Κρὴς ἐπινύκτια μῆλα νομεύων
πέφνε καὶ ἐκ ταύτης ἐκρέμασεν πίτυος.

Suid. s. βώτορες [om. v. 3] - 3 νομεύειν P¹.

263. ΤΟΥ ΑΥΤΟΥ

Πυρσῷ τοῦτο λέοντος ἀποφλοιώσατο δέρμα
Σῶσος ὁ βουπάμων, δουρὶ φονευσάμενος
ἄρτι καταβρύκοντα τὸν εὐθηλήμονα μόσχον·
οὐδ᾽ ἵκετ᾽ ἐκ μάνδρας αὖτις ἐπὶ ξύλοχον,
μοσχείῳ δ᾽ ἀπέτισεν ὁ θὴρ ἀνθ᾽ αἵματος αἷμα   5
βληθείς· ἀχθεινὰν δ᾽ εἶδε βοοκτασίαν.

Pl VI 77 f. 64ᵛ. - Tit. om. Pl 1 πυρσῷ Meineke -ῷ P -οῦ Pl // ἀπεφλ- ex
ἀποφλ- Pl ἀποφλ- P 2 βουπάμων Valckenaer -αλίων 3 Suid. s. βρύκοντα, 4 s.
ξύλοχος, 5 s. ἀπέτισεν, 6 s. ἀχθεινή // καταβρύκοντα Suid. -ύχοντα P Pl // εὐθ. μ.
om. Pl 4 μάνδρης αὖθις P Suid. // ξυλόχους Pl 5 μοσχείῳ Meineke -ῳ P -ου Pl.

264. ΜΝΑΣΑΛΚΟΥ

Ἀσπὶς Ἀλεξάνδρου τοῦ Φυλέος ἱερὸν ἅδε
δῶρον Ἀπόλλωνι χρυσοκόμῳ δέδομαι,
γηραλέα μὲν ἴτυν πολέμων ὕπο, γηραλέα δὲ
ὀμφαλόν· ἀλλ᾽ ἀρετᾷ λάμπομαι, ἃς ἔκιχον
ἀνδρὶ κορυσσαμένα σὺν ἀριστεῖ, ὅς μ᾽ ἀνέθηκε.   5
ἐμμὶ δ᾽ ἀήσσατος πάμπαν, ἀφ᾽ οὗ γενόμαν.

1 Φυλέος cf. VII 283,4   4 ἀρεᾷ P¹ // αἷς P Suid. s. ἴτυς   9 Suid. s. ἀήσσατος.

Geburtstagsgeschenk

Ich, ein Fläschchen aus Erz, das ganz einem silbernen ähnelt,
    Arbeit indischer Art, bin, mein geliebtester Freund,
Simons Sohn, ein Geschenk zum Feste deines Geburtstags,
    das mit freundlichem Gruß dir dein Krinagoras schickt.

Krinagoras

Hirt Eualkes

Ihn, der Triften und Stall und Hirten sogar überfallen,
    den auch der Hunde Gebell nimmer erschreckte, ihn hat
nachts Eualkes aus Kreta, indes er die Schafe bewachte,
    tödlich getroffen und drauf hier an die Pinie gehängt.

Leonidas von Tarent

Sosos als Löwenjäger

Dieses rötliche Fell zog Sosos, der Herdenbesitzer,
    einem Löwen einst ab, den seine Lanze erlegt,
als das Raubtier gerade ein kräftiges Kälbchen zermalmte.
    Aber es kam aus dem Pferch nicht mehr zum Busche zurück,
sondern büßte getroffen des Kälbchens Blut mit dem Blute
    und erkannte: gerächt wird auch am Rinde der Mord.

Leonidas von Tarent

Krieger Alexandros

Phyleus' Sohn Alexandros gab mich, diesen Schlachtschild, dem ho-
    goldgelockten Apoll als ein geheiligt Geschenk.   [hen,
Ward mein Rand auch zerbeult, zerbeult auch mein Buckel im Kriege,
    leuchtend strahl ich im Ruhm, den ich erworben, als einst
ich mit dem tapferen Mann, der hier mich geweiht hat, gestritten;
    nie seit meiner Geburt ward ich im Kampfe besiegt.

Mnasalkes

265. ΝΟΣΣΙΔΟΣ

Ἥρα τιμήεσσα, Λακίνιον ἃ τὸ θυῶδες
πολλάκις οὐρανόθεν νεισομένα καθορῇς,
δέξαι βύσσινον εἷμα, τό τοι μετὰ παιδὸς ἀγαυὰ
Νοσσίδος ὕφανεν Θευφιλὶς ἁ Κλεόχας.

1-2 Suid. s. θυῶδες, 3 s. βύσσινον // Λακώνιον Suid. 3 ἀγαυὰ Wil. -ᾶς 4 Θευφιλὶς Bentl. -λὴς.

266. ΗΓΗΣΙΠΠΟΥ

Τάνδε παρὰ τριόδοις τὰν Ἄρτεμιν Ἀγελόχεια,
ἔτ' ἐν πατρὸς μένουσα παρθένος δόμοις,
ἕσσατο, Δαμαρέτου θυγάτηρ· ἐφάνη γάρ οἱ αὐτὰ
ἱστοῦ παρὰ κρόκαισιν ὡς αὐγὰ πυρός.

3-4 Suid. s. ἕσσατο, λύγα. 4 αὐγὰ Ruhnken λύγα.

267. ΔΙΟΤΙΜΟΥ

Φωσφόρος, ὦ σώτειρ', ἐπὶ Πόλλιδος ἔσταθι κλήρων,
Ἄρτεμι, καὶ χαρίεν φῶς ἑὸν ἀνδρὶ δίδου,
αὐτῷ καὶ γενεῇ, τό περ εὐμαρές· οὐ γὰρ ἀφαυρῶς
ἐκ Διὸς ἰθείης οἶδε τάλαντα δίκης.
ἄλσος δ', Ἄρτεμι, τοῦτο καὶ ἂν Χαρίτεσσι θεούσαις   5
εἴη ἐπ' ἀνθεμίδων σάμβαλα κοῦφα βαλεῖν.

Suid. (om. v. 3 . . . εὐμαρές) s. κλῆρος, σωτήρ, ἰθεῖα, ἀφαυροτέροις, ἀνθεμίδων. −
1 Πόλλιδος Reiske Παλλάδ- 3 περ Meineke πορ' // ἀφαυρὸς Suid. s. ἀφ. 4 ἰθείης
Suid. (s. ἰθ. et ἀφ.) εἰθ- P // οἱ δὲ P¹ 6 σάμβαλα Salm. σύμβολα.

268. ΜΝΑΣΑΛΚΟΥ

Τοῦτό τοι, Ἄρτεμι δῖα, Κλεώνυμος εἷσατ' ἄγαλμα·
τοῦτο σὺ δ' εὐθήρου τοῦδ' ὑπέρισχε ῥίου,
ἦτε κατ' εἰνοσίφυλλον ὄρος ποσί, πότνια, βαίνεις,
δεινὸν μαιμώσαις ἐγκονέουσα κυσίν.

Suid. s. εἷσατο, ὑπέρισχε, εἰνοσίφυλλον, μαιμώσσα, ἐγκονέουσα. − 1 σοι c 2 τοῦδ'
Suid. (s. ὑπέρ.) ταῦθ' c τοῦθ' P¹ // ῥίου Jac. βίου 3 ἦτε Suid. (s. εἰν.) P¹ (?)
εἴτε c // βαίνει Suid. s. εἰν.

Nossis und Mutter

Hera, die du, Geehrte, so oft um Lakinions Tempel
  Wolken von Düften erblickst, wenn du vom Himmel dich senkst,
nimm dies Byssosgewand, das die edle Theophilis, Tochter
  Kleocha's, mit ihrem Kind Nossis gewebt hat für dich.

Nossis

Erscheinung der Artemis

Hagelocheia, das Kind des Damaretos, schmückte am Kreuzweg
  die Artemis mit diesem Kleid; im Vaterhaus
weilte als Mädchen sie noch; da war ihr am Garne des Webstuhls
  die Herrin selbst erschienen als ein Feuerschein.

Hegesippos

Gutsbesitzer Pollis

Artemis, Herrin des Lichts, du Retterin, steh auf des Pollis
  Äckern und spende dem Mann gnädig dein freundliches Licht,
ihm und der ganzen Familie. Es kann dir nicht schwer sein; denn treff-
  wägt er das ehrliche Recht, wie von Kronion es kommt.   [lich
Gönne den Chariten auch, o Artemis, hier in dem Haine
  über das Blumengefild schwebenden Fußes zu ziehn.

Diotimos von Adramyttion

Jäger Kleonymos

Siehe, Kleonymos setzte dir, Artemis, Göttin, das Standbild;
  schirme es hier auf den Höhn, daß sie sich füllen mit Wild.
Gern ja schreitest du, Hehre, im raschelnden Laube des Berges,
  wenn deinen eilenden Lauf stürmisch die Meute umgibt.

Mnasalkes

269. ΩΣ ΣΑΠΦΟΥΣ

Παῖδες, ἄφωνος ἐοῖσα τότ' ἐννέπω, αἴ τις ἔρηται,
φωνὰν ἀκαμάταν κατθεμένα πρὸ ποδῶν·
,,Αἰθοπίᾳ με κόρᾳ Λατοῦς ἀνέθηκεν 'Αρίστα
'Ερμοκλειδαία τῶ Σαϋναϊάδα,
σὰ πρόπολος, δέσποινα γυναικῶν· ᾇ σὺ χαρεῖσα　　　　　5
πρόφρων ἀμετέραν εὐκλέϊσον γενεάν.''

1 τότ' Meineke τετ' P τορ' Paton // αἴ: ἦν Brunck // ἔρηται Bouhier ἐρητα
4 'Ερμοκλεῖταο P em. Bergk // τὼς ἀῦν ἀιάδα P em. Keil.

270. ΝΙΚΙΟΥ

'Αμφαρέτας κρήδεμνα καὶ ὑδατόεσσα καλύπτρα,
Εἰλήθυια, τεᾶς κεῖται ὑπὲρ κεφαλᾶς,
ὥς σε μετ' εὐχωλαῖς ἐκαλέσσατο λευγαλέας οἱ
κῆρας ἀπ' ὠδίνων τῆλε βαλεῖν λοχίων.

1 'Αμφαρέτας Meineke -τις P¹ -τρις c // καλύπτρα Jac. -ρη 3–4 Suid. s. λευγαλέας 3 οἱ Reiske τοι.

271. ΦΑΙΔΙΜΟΥ

"Αρτεμι, σοὶ τὰ πέδιλα Κιχησίου εἴσατο υἱὸς
καὶ πέπλων ὀλίγον πτύγμα Θεμιστοδίκη,
οὔνεκά οἱ πρηεῖα λεχοῖ δισσὰς ὑπερέσχες
χεῖρας ἄτερ τόξου, πότνια, νισσομένη.
"Αρτεμι, νηπίαχον δὲ καὶ εἰσέτι παῖδα Λέοντος　　　　　5
νεῦσον ἰδεῖν κοῦρον γυῖ' ἐπαεξόμενον.

2–4 Suid. s. πτύγμα, λεχώ 2 Θεμιστοδόκη P¹ 3 πρηεία λέχοι P em. Suid. s.
λεχώ 6 υἱέ' ἀεξ- P em. Meineke.

272. ΠΕΡΣΟΥ

Ζῶμά τοι, ὦ Λατωί, καὶ ἀνθεμόεντα κύπασσιν
καὶ μίτραν μαστοῖς σφιγκτὰ περιπλομέναν
θήκατο Τιμάεσσα, δυσωδίνοιο γενέθλας
ἀργαλέον δεκάτῳ μηνὶ φυγοῦσα βάρος.

1 Λατοῖ P em. Graefe 2 μαστοῖς Salm. -οῖο 3 διωδίνοιο P¹.

Priesterin Arista

Stumm zwar bin ich, ihr Mädchen, doch sprech ich, sobald ihr mich
denn eine Stimme, die nie müde wird, steht mir am Fuß: [fraget,
„Letos schimmernder Tochter, der lichten, entbot mich Arista,
von Hermokleides ein Kind, den Saonaos erzeugt.
Deine Priesterin ist's, o Herrin der Frauen. So freu dich
ihrer und gib unserm Haus gnädiglich Ehre und Ruhm."

Nach Art der Sappho

Wöchnerin Ampharete

Eilethyia, dir hat Ampharete Kopftuch und ihren
feinen, verschleiernden Flor über den Scheitel gelegt.
Betend rief sie zu dir, du mögest die grausamen Keren,
wenn sich die Wehen ihr nahn, ferne ihr scheuchen vom Bett.

Nikias

Wöchnerin Themistodike

Artemis, diese Sandalen entbot dir Kichesias' Sprößling
und Themistódike dies kurze, doch doppelte Kleid.
Gütig und waffenlos kamst du zu ihr an das Kindbett, und beide
Hände, erhabene Frau, hieltest du über sie hin.
Artemis, winke Erfüllung, daß Leon sehe, es wachse
sein noch stammelnder Sohn kraftvollen Leibes heran.

Phaidimos

Wöchnerin Timaëssa

Tochter der Leto, dies Kleid, bestickt mit Blumen, den Gürtel
und die Binde, mit der straff sie den Busen umschnürt,
bracht Timaëssa dir dar, nachdem sie im zehnten der Monde
sich von der drückenden Last schmerzender Kindschaft befreit.

Perses

273. ΩΣ ΝΟΣΣΙΔΟΣ

Ἄρτεμι, Δᾶλον ἔχουσα καὶ Ὀρτυγίαν ἐρόεσσαν,
τόξα μὲν εἰς κόλπους ἄγν' ἀπόθου Χαρίτων,
λοῦσαι δ' Ἰνωπῷ καθαρὸν χρόα, βᾶθι δ' ἐς οἴκους
λύσουσ' ὠδίνων Ἀλκέτιν ἐκ χαλεπῶν.

2 ἀγνὰ πόθου P em. Guyet   3 οἴκους Suid. (s. Ἰνωπός et χροός) δικος P.

274. ΠΕΡΣΟΥ

Πότνια κουροσόος, ταύταν ἐπιπορπίδα νυμφᾶν
καὶ στεφάναν λιπαρῶν ἐκ κεφαλᾶς πλοκάμων,
ὀλβία Εἰλήθυια, πολυμνάστοιο φύλασσε
Τισίδος ὠδίνων ῥύσια δεξαμένα.

1 κοῦρος ὁ τ. ἐπιποντίδα P em. Jac. // νύμφην P¹   2 ἐκ Reiske τ' ἐκ   3 Εἰλείθ- c
4 τὶ εἶδος ... δεξαμένη Suid. s. ῥυτῆρα.

275. ΝΟΣΣΙΔΟΣ

Χαίροισάν τοι ἔοικε κομᾶν ἄπο τὰν Ἀφροδίταν
ἄνθεμα κεκρύφαλον τόνδε λαβεῖν Σαμύθας·
δαιδάλεός τε γάρ ἐστι καὶ ἁδύ τι νέκταρος ὄσδει
τοῦ, τῷ καὶ τήνα καλὸν Ἄδωνα χρίει.

3 ὄσδει Jac. ὄζει P [δ supra ζ] Suid. (s. Σαμύθας et δαιδάλεον)   4 τοῦ τῷ
Reiske τού τῳ.

276. ΑΝΤΙΠΑΤΡΟΥ

Ἡ πολύθριξ οὔλας ἀνεδήσατο παρθένος Ἵππη
χαίτας, εὐώδη σμηχομένα κρόταφον·
ἤδη γάρ οἱ ἐπῆλθε γάμου τέλος· αἱ δ' ἐπὶ κουρῇ
μίτραι παρθενίας αἰτέομεν χάριτας.
Ἄρτεμι, σῇ δ' ἰότητι γάμος θ' ἅμα καὶ γένος εἴη   5
τῇ Λυκομηδείδου παιδὶ φιλαστραγάλῃ.

2 εὐώδη Salm. -δει   3 οἱ Reiske τοι   5—6 Suid. s. ἰότητι, Λυκομήδειος   6 Λυκομηδείδου Meineke -είου // φιλοστρ- c.

Wöchnerin Alketis

Du, die Ortygias Auen und Delos zum Heime erkoren,
  leg einer Grazie den Pfeil, Artemis, nun in den Schoß.
Bade den Leib im Inopos und eile nach unserem Hause,
  daß du von schmerzenden Wehn Alketis gütig erlöst.

Nach Art der Nossis

Wöchnerin Tisis

Göttin, Hort der Geburt, dies Spangengewand hier der Frauen
  und ihres duftenden Haars kränzende Binde vom Haupt,
selige Eilethyia, o nimm sie als Opfer von Tisis,
  die sie zur Rettung von Wehn dankbaren Herzens dir weiht.

Perses

Samytha an Aphrodite

Freudig, so möchte mich dünken, empfing Aphrodite hier dieses
  Kopfnetz von Samythas Haar; denn es ist kunstvoll geknüpft,
und es duftet von Nektar so süß wie die Düfte, mit denen
  Kypris den herrlichen Leib ihres Adonis gesalbt.

Nossis

Braut Hippe

Fülle von krausem Gelock hat Hippe gewidmet; das Mädchen
  hat mit duftendem Öl feucht sich die Schläfe genetzt,
da ihr die Hochzeit nun nahte. Doch ihre jungfräulichen Reize
  fordern wir Binden am Haar, das sie sich abschnitt, für uns.
Artemis, gib, daß der Tochter des Lykomedeides, die gerne
  Würfel noch spielt, zugleich Hochzeit und Mutterschaft kommt.

Antipatros von Sidon

277. ΔΑΜΑΓΗΤΟΥ

Ἄρτεμι, τόξα λαχοῦσα καὶ ἀλκήεντας ὀιστούς,
    σοὶ πλόκον οἰκείας τόνδε λέλοιπε κόμης
Ἀρσινόη θυόεν παρ' ἀνάκτορον, ἡ Πτολεμαίου
    παρθένος, ἱμερτοῦ κειραμένη πλοκάμου.

1 Suid. s. ἀλκήεντας, 2 et 4 s. πλόκον   2 τόνδ' ἀνέθηκε κ. Suid.

278. ΡΙΑΝΟΥ

Παῖς Ἀσκληπιάδεω καλῷ καλὸν εἵσατο Φοίβῳ
    Γόργος ἀφ' ἱμερτᾶς τοῦτο γέρας κεφαλᾶς.
Φοῖβε, σὺ δ' ἵλαος, Δελφίνιε, κοῦρον ἀέξοις
    εὔμοιρον λευκὴν ἄχρις ἐφ' ἡλικίην.

1 εἵσατο P   2 γοργὸς P em. Reiske   3 ἀέξεις P¹ em. c.

279. ΕΥΦΟΡΙΩΝΟΣ

Πρώτας ὁππότ' ἔπεξε καλὰς Εὔδοξος ἐθείρας,
    Φοίβῳ παιδείην ὤπασεν ἀγλαΐην.
ἀντὶ δέ οἱ πλοκαμῖδος, Ἑκηβόλε, κάλλος ἐπείη
    ὠχαρνῆθεν ἀεὶ κισσὸς ἀεξόμενος.

1 Suid. s. ἔθειραι, 3 s. πλοκαμίς   1 ἔπεξε Suid. ἔπλεξε P   3 οἱ Toup τοι P σοι Suid.   4 δεξομένος P¹.

280. ΑΔΗΛΟΝ

Τιμαρέτα πρὸ γάμοιο τὰ τύμπανα τάν τ' ἐρατεινὰν
    σφαῖραν τόν τε κόμας ῥύτορα κεκρύφαλον
τάς τε κόρας Λιμνάτι, κόρα κόρα, ὡς ἐπιεικές,
    ἄνθετο καὶ τὰ κορᾶν ἐνδύματ' Ἀρτέμιδι.
Λητῴα, τὺ δὲ παιδὸς ὑπὲρ χέρα Τιμαρετείας   5
    θηκαμένα σῴζοις τὰν ὁσίαν ὁσίως.

* 1 τὴν τ' ἐρατεινὴν P em. Guyet   3 κόρας Salm. κόμας   4 καὶ τὰ κ. Pierson κατακόραν   5 χέρα Salm. χεῖρα   6 θή κα μὲν ἄ ... ὁσίῳ P em. Salm.

Arsinoë

Artemis, Herrin des Bogens, du Göttin der furchtbaren Pfeile,
  hier in dem duftenden Haus hat dir Arsinoë heut,
des Ptolemaios jungfräuliches Kind, eine Locke gewidmet,
  die von des eigenen Haupts lieblichem Haare sie schnitt.

Damagetos

Gorgos' Haaropfer

Gorgos spendete hier vom lieblichen Haupte für Phoibos'
  Schönheit dies schöne Geschenk, er, Asklepiades' Sohn.
Phoibos, Delphinier du, laß gnädig ihn wachsen, den Knaben,
  bis ihn als glücklichen Greis silbern das Alter bekränzt.

Rhianos

Eudoxos' Haaropfer

Als Eudoxos sein herrliches Haar sich erstmals geschoren,
  weihte er Phoibos die Pracht, die seine Kindheit geschmückt.
Gib ihm anstelle der Locken, Ferntreffer, als Zierde den Efeu,
  der seit ewiger Zeit stets in Acharnai ergrünt.

Euphorion

Braut Timarete

Vor ihrer Hochzeit brachte Timarete hier diese Pauken,
  diesen entzückenden Ball, auch von den Locken das Netz
und die Puppen mitsamt den Puppengewändern als Jungfrau
  Jungfrau Artemis dar, ihr, der Limnatis, wie's ziemt.
Kind der Leto, o du, halt über Timaretos' Tochter
  gnädig die Hände und sei, Reine, der Reinen ein Schirm.

Anonym

281. ΛΕΩΝΙΔΟΥ

Δίνδυμα καὶ Φρυγίης πυρικαιέος ἀμφιπολεῦσα
πρῶνας τὴν μικρήν, Μῆτερ, ᾿Αριστοδίκην,
κούρην Σειλήνης, παμπότνια, κεῖς ὑμέναιον
κεῖς γάμον ἀδρύναις, πείρατα κουροσύνας·
ἀνθ᾿ ὧν σοι κατὰ πολλὰ προνήϊα καὶ παρὰ βωμῷ   5
παρθενικὴν ἐτίναξ᾿ ἔνθα καὶ ἔνθα κόμην.

2 ᾿Αριστοδόκην P¹ 4 ἀδρύναις Meineke ἀβρ- 5 κατὰ Passow καὶ.

282. ΘΕΟΔΩΡΟΥ

Σοὶ τὸν πιληθέντα δι᾿ εὐξάντου τριχὸς ἀμνοῦ,
῾Ερμᾶ, Καλλιτέλης ἐκρέμασεν πέτασον
καὶ δίβολον περόναν καὶ στλεγγίδα καὶ τὸ τανυσθὲν
τόξον καὶ τριβάκην γλοιοπότιν χλαμύδα
καὶ σχίζας καὶ σφαῖραν ἀείβολον· ἀλλὰ σὺ δέξαι   5
δῶρα, φιλευτάκτου δῶτορ ἐφηβοσύνας.

1–5 Suid. s. πιληθέντα, πετάλοις, περόνη, σφαῖρα 1 εὐξάνθου P em. Suid. s.
πιληθέντα et πετάλοις 2 πέτασον Salm. -αλον 3 στεγγίδα P em. Salm. 6 δῶτορ
Stadtm. δῶρον // ἐφημοσ- P em. Bouhier.

283. ΑΔΗΛΟΝ

῾Η τὸ πρὶν αὐχήσασα πολυχρύσοις ἐπ᾿ ἐρασταῖς,
ἡ Νέμεσιν δεινὴν οὐχὶ κύσασα θεόν,
μίσθια νῦν σπαθίοις πενιχροῖς πηνίσματα κρούει.
ὀψέ γ᾿ ᾿Αθηναίη Κύπριν ἐλήϊσατο.

Pl VI 56 f. 63ᵛ et I♭ 2, 5 f. 86ʳ. – 2 θεῶν c 3 μισθία P 4 ᾿Αθηναίην P¹.

284. ΑΔΗΛΟΝ

Λάθρη κοιμηθεῖσα Φιλαίνιον εἰς ᾿Αγαμήδους
κόλπους τὴν φαιὴν εἰργάσατο χλανίδα.
αὐτὴ Κύπρις ἔριθος· εὔκλωστον δὲ γυναικῶν
νῆμα καὶ ἠλακάτην ἀργὸς ἔχοι τάλαρος.

1 ᾿Αγαμήλους P em. Salm. 4 ἠλ- ἀργὸς P¹.

Mädchen Aristodike

Mutter, die Dindymons Berg und die Hügel des sonnenverbrannten
    Phrygiens umwandelt, o laß Aristodike, das Kind,
Tochter Seilenes, du Hehre, erwachsen, bis sie zur Hochzeit
    und zur Ehe, dem Ziel jeglicher Magdschaft, gelangt.
Oft ja schwang sie dafür am Altar und im Vorhof des Tempels
    ihr jungfräuliches Haar wirbelnd im Kreise für dich.

Leonidas von Tarent

Ephebe Kalliteles

Hermes, Kalliteles brachte den Petasos hier, einen Filzhut,
    den aus der Wolle des Lamms gut man gekrempelt, dir dar,
auch eine Nadel, zweispitzig, gespannten Bogen, den Striegel,
    eine Chlamys, verbraucht und noch vom Öle getränkt,
Speere und Ball, der immerzu fliegt. O nimm die Geschenke,
    du, der Ordnung und Zucht jungen Epheben verleiht.

Theodoros

Hetäre wird Weberin

Sie, die mit reichen Verehrern sich früher gebrüstet und niemals
    Nemesis' furchtbarer Macht fromme Gedanken geweiht,
schlägt nun mit ärmlicher Spatel um Taglohn die Fäden am Einschlag:
    Pallas hat, ist es auch spät, doch Aphrodite besiegt.

Anonym

Weberin wird Hetäre

Während Philainion heimlich im Arm Agamedes' geschlafen,
    hat sie in leuchtendem Grau sich dieses Prachtkleid „erschafft".
Kypris steht selber am Webstuhl! So lieg' denn der Rocken der Frauen
    und ihr schönes Gespinst ruhig und müßig im Korb.

Anonym

285. ΝΙΚΑΡΧΟΥ δοκεῖ

Ἡ πρὶν Ἀθηναίης ὑπὸ κερκίσι καὶ τὰ καθ' ἱστῶν
νήματα Νικαρέτη πολλὰ μιτωσαμένη
Κύπριδι τὸν κάλαθον τά τε πηνία καὶ τὰ σὺν αὐτοῖς
ἄρμεν' ἐπὶ προδόμου πάντα πυρῆς ἔθετο,
,,Ἔρρετε,'' φωνήσασα, ,,κακῶν λιμηρὰ γυναικῶν   5
ἔργα, νέον τήκειν ἄνθος ἐπιστάμενα.''
εἵλετο δὲ στεφάνους καὶ πηκτίδα καὶ μετὰ κώμων
ἦ παῖς τερπνὸν ἔχειν ἐν θαλίαις βίοτον,
εἶπε δέ· ,,Παντός σοι δεκάτην ἀπὸ λήμματος οἴσω,
Κύπρι, σὺ δ' ἐργασίην καὶ λάβε καὶ μετάδος.''   10

Pl VI 57 f. 63ᵛ. - Tit.: Νικάρχου tantum Γl **3** τά τε Meineke τε τὰ // τὰ² om.
Pl **6** νέων Pl // ἐπισταμέναι P¹ **8** ἐνθαδίαις P¹.

286. ΛΕΩΝΙΔΟΥ

Τῆς πέζης τὰ μὲν ἄκρα τὰ δεξιὰ μέχρι παλαιστῆς
καὶ σπιθαμῆς οὔλης Βίττιον εἰργάσατο·
θάτερα δ' Ἀντιάνειρα προσήρμοσε· τὸν δὲ μεταξὺ
Μαίανδρον καὶ τὰς παρθενικὰς Βιτίη.
κουρᾶν καλλίστη Διός, Ἄρτεμι, τοῦτο τὸ νῆμα   5
πρὸς ψυχῆς θείης, τὴν τριπόνητον ἔριν.

Pl VI 66 f. 64ʳ. - **1-2** Suid. s. πέζα, Βιττίον **1** μέχρι om. P¹ **2** σπαθαμῆς P¹
5 κούρη [ex -ρα] Pl.

287. ΑΝΤΙΠΑΤΡΟΥ

Ἄρτεμι, σοὶ ταύταν, ἐυπάρθενε, πότνα γυναικῶν,
τὰν μίαν αἱ τρισσαὶ πέζαν ὑφηνάμεθα.
καὶ Βιτίη μὲν τάσδε χοροιθαλέας κάμε κούρας
λοξά τε Μαιάνδρου ῥεῖθρα πολυπλανέος·
ξανθὰ δ' Ἀντιάνειρα τὸν ἀγχόθι μήσατο κόσμον   5
πρὸς λαιᾷ ποταμοῦ κεκλιμένον λαγόνι·
τὸν δέ νυ δεξιτερῶν νασμῶν πέλας ἰσοπάλαιστον
τοῦτον ἐπὶ σπιθαμὴν Βίττιον ἤνυσατο.

* Pl VI 67 f.64ʳ. - 1-2 Suid. s. πέζα **1** ταύταν: τὰν ταῦ P¹ **2** ὑφηνόμενα P¹ **4** παλιμ-
πλανέος c **6** λαγόνα P¹ **7** νῦν P // ἰσόπλαστα P¹ ἰσοπάλαιστον Pl **8** σπιθαμῇ Pl.

Ein gleiches

Einst hat Nikarete wohl das Schiffchen Athenes geschwungen
und am Webegerät ruhlos die Fäden gespannt.
Nun aber warf sie zur Weihe für Kypris im Flure des Tempels
alles ins Feuer: den Korb, Spulen und sämtliches Zeug.
„Fort mir dir, Hungergewerbe erbärmlicher Frauen," so rief sie,
„das du Jugend und Schmelz nur zu zerstören verstehst."
Dann aber wählte das Mädchen sich Kränze und Harfe und suchte
fröhliches Leben bei Fest, nächtlichen Zügen und Schmaus.
„Kypris," sprach sie, „empfange den Zehnten von meinem Verdienste,
nimm von dem Lohne und schaff neuen Erwerb mir herbei."

Anscheinend Nikarchos II.

Drei Stickerinnen

Bittion hat von dem Schmuckband das rechte Ende in Länge
einer Handbreit gestickt und eine Spanne dazu,
Antianeira das andere Teil. Die Mädchen der Mitte
und den maiandrischen Strom wirkte der Bitia Hand.
Schönste der Töchter des Zeus, o Artemis, nimm denn in Gnaden
dieses Gewebe, an dem dreifache Mühe geschafft.

Leonidas von Tarent

Ein gleiches

Artemis, ruhmreiche Jungfrau, du Herrin der Frauen, drei Mädchen
haben ein Schmuckband für dich, Göttin, gemeinsam gewirkt.
Bitia stickte darin den Reigen der tanzenden Mädchen
und des maiandrischen Stroms schlängelnd sich windenden Lauf.
Antianeira, die blonde, entwarf den Schmuck, der daneben
links an dem Flusse entlang ihm an die Seite sich legt.
Schließlich, was hier bei dem Strom am rechten Ufer sich hinzieht,
spannen- und handbreitlang, fertigte Bittion an.

Antipatros von Sidon

288. ΛΕΩΝΙΔΟΥ

Αἱ Λυκομήδευς παῖδες, Ἀθηνὼ καὶ Μελίτεια
καὶ Φιντὼ Γληνίς θ', αἱ φιλοεργόταται,
ἔργων ἐκ δεκάτας ποτιθύμια τόν τε πρόσεργον
ἄτρακτον καὶ τὰν ἄτρια κριναμέναν
κερκίδα, τὰν ἱστῶν μολπάτιδα, καὶ τὰ τροχαῖα   5
πανία κήργασίας τούσδε ποτιρροπέας
καὶ σπάθας εὐβριθεῖς, πολυάργυρα τῶσδε πενιχραῖς,
ἐξ ὀλίγων ὀλίγαν μοῖραν ἀπαρχόμεθα.
τῶν χέρας αἰέν, Ἀθάνα, ἐπιπλήσαις μὲν ὀπίσσω,
θείης δ' εὐσιπύους ἐξ ὀλιγησιπύων.   10

* 1 Λυκαμήδης c Λακα- P¹ em. Meineke   3-5 τόν ... μολπάτιδα Suid. s. ἤτρια,
5-7 καὶ ... πολυάργυρα s. πηνίον   4 τὰ νατρία et τὰ νητρία c   5 μόλπιδα P¹
6 κήργασίας Desr. κερταστὰς // ποτιρροπέας Desr. -όγεας   7 πενιχραῖς Desr. -ρὰ
P¹ -ραῖ c   8 ὀλίγαν Meineke -γην   9-10 om. P¹ add c // ζῶν χέρας αἴ σοι c em.
Meineke // ἐπὶ πλήσαιο c em. Toup // ὀπίσσω Jac. ἴσως.

289. ΤΟΥ ΑΥΤΟΥ

Αὐτονόμα, Μελίτεια, Βοΐσκιον, αἱ Φιλολάδεω
καὶ Νικοῦς Κρῆσσαι τρεῖς, ξένε, θυγατέρες,
ἁ μὲν τὸν μιτόεργον ἀειδίνητον ἄτρακτον,
ἁ δὲ τὸν ὀρφνίταν εἰροκόμον τάλαρον,
ἁ δ' ἅμα τὰν πέπλων εὐάτριον ἐργάτιν, ἱστῶν   5
κερκίδα, τὰν λεχέων Πανελόπας φύλακα,
δῶρον Ἀθαναίᾳ Πανίτιδι τῷδ' ἐνὶ ναῷ
θῆκαν, Ἀθαναίας παυσάμεναι καμάτων.

3 μισοεργὸν c   4 ὀρφνίταν Gruter -νείταν   7 Πανάτιδι P em. Meineke.

290. ΔΙΟΣΚΟΡΙΔΟΥ

Ῥιπίδα τὴν μαλακοῖσιν ἀεὶ πρηεῖαν ἀήταις
Παρμενὶς ἡδίστη θῆκε παρ' Οὐρανίῃ,
ἐξ εὐνῆς δεκάτευμα· τὸ δ' ἡελίου βαρὺ θάλπος
ἡ 'ταίρη μαλακοῖς ἐκτρέπεται Ζεφύροις.

1 Suid. s. ῥιπῆς   2 ἡδίστη Salm. -η // θῆκε Guyet θῆθε   4 'ταίρη Bouhier ταιρ // ἐκτρ-
Salm. ἐκπρ-.

Die Weberinnen

Wir, Lykomedes' Töchter, Atheno, Phinto und Glenis
   und Meliteia, die stets froh ihre Arbeit getan,
bringen als Zehnten der Arbeit ihr Liebstes: die schaffende Spindel,
   dieses Schiffchen, das treu Kette und Einschlag getrennt
und auf dem Webbaum gezwitschert, die Fäden, die auf der Spule
   liefen, Gewichte sodann, Helfer bei ihrem Geschäft,
und die gewichtigen Spateln: ein Reichtum für solch eine Armut
   und ein bescheidenes Teil aus dem bescheidenen Gut.
O, so fülle, Athene, in Zukunft stets ihre Hände
   und, der karg nur versehn, fülle den Kasten mit Brot.

Leonidas von Tarent

Ein gleiches

Freund, Philolaïdas' Töchter mit Niko – Autonoma, Boiskion
   und Meliteia – die drei Mädchen aus kretischem Land,
weihten hier: eine die stets mit dem Faden sich drehende Spindel,
   eine für Wolle den Korb, ihren Gefährten der Nacht,
eine das Schiffchen des Webstuhls, den trefflichen Wirker der Kleider,
   der schon Penelopes Bett treulich dereinstens bewacht:
Gaben, die sie am Tempel geweiht für Athene Penitis,
   als von Athenes Beruf sie sich zur Ruhe gesetzt.

Leonidas von Tarent

Hetäre Parmenis

Parmenis brachte der süßen Urania hier diesen Fächer,
   der mit schmeichelndem Wehn immer gelinde erfrischt,
als den Zehnten des Bettes. Den drückenden Gluthauch der Sonne
   scheucht die Hetäre mit sanft schmeichelndem Zephir nun fort.

Dioskorides

291. ΑΔΕΣΠΟΤΟΝ

Βακχυλίς, ἡ Βάκχου κυλίκων σποδός, ἔκ ποτε νούσω
κεκλιμένα Δηοῖ τοῖον ἔλεξεν ἔπος·
,,Ἢν ὀλοοῦ διὰ κῦμα φύγω πυρός, εἰς ἑκατόν σοι
ἡελίους δροσερᾶν πίομαι ἐκ λιβάδων,
ἀβρόμιος καὶ ἄοινος." ἐπεὶ δ' ὑπάλυξεν ἀνίην,   5
αὔτῆμαρ τοῖον μῆχος ἐπεφράσατο·
τρητὸν γὰρ θεμένα χερὶ κόσκινον εὖ διὰ πυκνῶν
σχοίνων ἡελίους πλείονας ηὐγάσατο.

* Pl IIᵃ 34, 2 f. 26ʳ. – In P hic [Pᵃ] et post IX 164 [Pᵇ]. Tit.: 'Αντιπάτρου Pᵃ
1-2... κεκλιμένη Suid. s. σποδός, 3-5... ἄοινος s. ἀβρόμιος, 6-8 s. μῆχος //
Βακχυλίς Pᵃ Suid. ἡ γραῦς cet. // ἐκ Pᵃ Suid ἔν cet. 2 κεκλιμένα cᵃ -ᾳ Pᵃ¹ -η
cet. // Διὶ Pᵇ Pl // ἔλεξε λόγον Pᵃ 3 καυμα Pl 4 ἠελίου P¹ // δροσερᾶς Pᵇ Pl
5 ἀνίην Pᵃ ἀνάγκην cet. 7 τρητὸν: λεπτοῦ Pᵇ // θεμένα Pᵃ -νη cet. // χειρὶ Pᵇ //
ποικνῶν Pᵃ πυκνὴν Pᵇ.

292. ΗΔΥΛΟΥ

Αἱ μίτραι τό θ' ἁλουργὲς ὑπένδυμα τοί τε Λάκωνες
πέπλοι καὶ ληρῶν οἱ χρύσεοι κάλαμοι,
πάνθ' ἅμα Νικονόη συνεπήιεν· ἦν γὰρ Ἐρώτων
καὶ Χαρίτων ἡ παῖς ἀμβρόσιόν τι θάλος.
τοιγὰρ τῷ κρίναντι τὰ καλλιστεῖα Πριάπῳ   5
νεβρίδα καὶ χρυσέην τήνδ' ἔθετο προχόην.

Pl VI 68 f. 64ʳ; Suid. s. ἁλουργά, μίτρα, Λακωνικαί, ληρεῖς ἔχων, ἀμβρόσιον,
θαλέεσσι, καλλιστεῖα, προχόῳ. – 1 ἁ μίτρα Pl // οἵ τε Suid. s. ἁλ. 2 εὔπεπλοι Suid.
s. ληρ. 3 Νικονόη σὺν ἔκπιε P -η συνεπέκπιεν Pl Suid. s. μίτ. em. Stadtm.
5 κρίνοντι P¹ // Πριήπῳ ex Πριάπῳ Pl 6 νευρίδα Pl Suid. s. καλλ. // τήνδε θ.
Suid. s. προχ.

293. ΛΕΩΝΙΔΟΥ

Ὁ σκίπων καὶ ταῦτα τὰ βλαυτία, πότνια Κύπρι,
ἄγκειται κυνικοῦ σκῦλ' ἀπὸ Σωχάρεος
ὄλπη τε ῥυπόεσσα πολυτρήτοιό τε πήρας
λείψανον, ἀρχαίης πληθόμενον σοφίης·
σοὶ δὲ 'Ρόδων ὁ καλός, τὸν πάνσοφον ἡνίκα πρέσβυν   5
ἤγρευσεν, στεπτοῖς θῆκατ' ἐπὶ προθύροις.

1 σκήπων Suid. s. βλαύτη 2 σκῦλα ποσωχάρεος P Suid. em. Meineke 6 στρεπτοῖς
P em. Salm.

Trinkerin Bakchylis

Immer war Bakchylis schon die Freundin der Becher des Bakchos;
 als aber krank sie nun lag, hat sie der Deo gelobt:
„Wenn ich der tödlichen Welle des Fiebers entrinne, dann trink ich
 hundert Sonnen hindurch lauteres Wasser; vom Wein
kommt mir kein Tröpfchen hinein." Kaum war sie der Plage enthoben,
 als sie am nämlichen Tag auf einen Ausweg verfiel:
Rasch ergriff sie ein Sieb, und klar durch das Binsengeflechte
 wurde an Sonnen sie da hundert und mehr noch gewahr.

Anonym

Hetäre Nikonoë

Diese lakonischen Kleider, das purpurne Leibhemd, die Binden
 und die Röhrchen aus Gold, glitzernden Schmuck fürs Gewand,
alles verdiente Nikonoë sich. Sie war ja der Grazien
 und des Erotenschwarms göttlich-ambrosischer Sproß,
und ihr gewährte Priapos den Preis in der Schönheit. Drum brachte
 sie ihren Hirschpelz und dies goldene Kännchen ihm dar.

Hedylos

Kyniker Sochares

Beute, gewonnen dereinst beim Kyniker Sochares, ward dir,
 hehre Kythere, geweiht: diese Pantoffeln, der Stab,
hier das schmutzige Fläschchen und endlich die Reste des Ranzens,
 der viele Löcher und viel alte Gelahrtheit besitzt.
Rhodon bringt sie, der Schöne, nachdem er den übergescheiten
 Alten gekapert, und weiht dir sie bei Kränzen im Flur.

Leonidas von Tarent

620   Anthologia Graeca VI

294. ΦΑΝΙΟΥ

Σκίπωνα προποδαγὸν ἱμάντα τε καὶ πυρικοίταν
νάρθηκα, κροτάφων πλάκτορα νηπιάχων,
κίρκον τ' εὔολκον φιλοκαμπέα καὶ μονόπελμον
συγχίδα καὶ στεγάναν κρατὸς ἐρημοκόμου
Κάλλων Ἑρμείᾳ θέτ' ἀνάκτορι, σύμβολ' ἀγωγᾶς   5
παιδείου, πολιῷ γυῖα δεθεὶς καμάτῳ.

1-2 καὶ... Suid. s. νάρθηξ, 3... φιλοκ. s. κίρκον, 3-4 καὶ... s. συγχίδα,
5-6 σύμβολον... s. παίδειος // σκήπωνα c // παρακειται P¹ -κείταν c πανακείταν
Suid. em. Gruter 3 εὔολκον Bouhier -όλπαν 4 συκχίδα Salm. συγχ- // στεγανὰν
Suid. στεναγὰν P em. Reiske 5 σύμβολον ἀγωγῆς Suid.

295. ΤΟΥ ΑΥΤΟΥ

Σμῖλαν Ἀκεστώνδας δονακογλύφον ὃν τ' ἐπὶ μισθῷ
σπόγγον ἔχεν καλάμων ψαίστορ' ἀπὸ Κνιδίων
καὶ σελίδων κανόνισμα φιλόρθιον ἔργμα τε λείας
σαμοθέτω καὶ τὰν εὐμέλανον βροχίδα
κάρκινά τε σπειροῦχα λεάντειράν τε κίσηριν   5
καὶ τὰν ἀδυφαῆ πλινθίδα καλλαίναν,
μάζας ἀνίκ' ἔκυρσε τελωνιάδος φιλολίχνω,
Πιερίσιν πενίας ἄρμεν' ἀνεκρέμασεν.

1 ὃν τ' c ὃν ποτ' (?) P¹ 2-3 Suid. s. σπόγγος, ψαίστορα, σελίς, 5 s. λεάντειραν
3 ἔργα P¹ // τε λείας Lobeck τελ- 4 εὐμέλανον βρ. Salm. ἐν .μελαίνω βρ. P¹ ἐν
μελανοβρ- c 7 φιλολίχνω Hecker -νου.

296. ΛΕΩΝΙΔΟΥ

Ἀστεμφῆ ποδάγρην καὶ δούνακας ἀντυκτῆρας
καὶ λίνα καὶ γυρὸν τοῦτο λαγωοβόλον,
ἰοδόκην καὶ τοῦτον ἐπ' ὄρτυγι τετρανθέντα
αὐλὸν καὶ πλωτῶν εὐπλεκὲς ἀμφίβολον
Ἑρμείῃ Σώσιππος, ἐπεὶ παρενήξατο τὸ πλεῦν   5
ἥβης, ἐκ γήρως δ' ἀδρανίη δέδεται.

1 Suid. s. ἀστεμφέα, 3-6 s. τετρανθέντα, ἀδρανές 3 'π' ὄρτυγιν Suid. s. τετρανθέντα
4 αὐλὸν c Suid. αὐλῶν P¹.

Lehrer Kallon

Seinen Stab für den Weg, den Riemen, den Stecken, der innen
  Feuer behütet und oft Buben die Köpfe geklopft,
einen Zirkel, der mühlos sich dreht, den Schuh mit der einen
  Sohle, die Mütze sodann, die ihm die Kahlheit verhüllt,
Zeichen des Lehrerberufs, gab Kallon dem mächtigen Hermes,
  nun er vor Alter ergraut und ihn die Arbeit erschöpft.

Phanias

Schreiber Akestondas

Von Akestondas ein Messer zum Federschneiden, ein Schwämmchen,
  das des knidischen Rohrs Schriftzug ihm lohnend gelöscht,
dies Lineal zum Richten des Blatts, der Stein zum Beschweren
  und zur Markierung, ein Glas, trefflicher Tinte noch voll,
kreiseinhaltende Zirkel, den glättenden Bimsstein und dieses
  Blättchen aus blauem Türkis, das ihm die Sonne gedämpft.
Nun er am leckeren Kuchen des Zolls ein Plätzchen gefunden,
  hat er sein Armutsgerät den Piëriden geweiht.

Phanias

Jäger Sosippos

Runde Ruten für Vögel, die unzerreißbare Falle,
  Netze, gebogenen Stock, wie man nach Hasen ihn wirft,
einen Köcher, das Pfeifchen, das hohle, um Wachteln zu locken,
  und ein treffliches Garn, Fische zu fangen im Meer,
weihte Sosippos dem Hermes, nachdem er die Grenze der Blüte
  nun übersegelt und schwach wurde vor Alter die Kraft.

Leonidas von Tarent

297. ΦΑΝΙΟΥ

᾿Άλκιμος ἀγρεῖφναν κενοδοντίδα καὶ φιλοδούπου
	φάρσος ἅμας στελεοῦ χῆρον ἐλαΐνέου,
ἀρθροπέδαν φιμόν τε, καὶ ὠλεσίβωλον ἀρούρης
	σφῦραν καὶ δαπέδων μουνορυχὰν ὄρυγα
καὶ κτένας ἐλκητῆρας ἀνὰ προπύλαιον ᾿Αθάνας			5
	θήκατο καὶ ῥαπτὰς γειοφόρους σκαφίδας,
θησαυρῶν ὅτ᾿ ἔκυρσεν, ἐπεὶ τάχ᾿ ἂν ἁ πολυκαμπὴς
	ἱξὺς κεῖς ᾿Αίδαν ᾧχετο κυφαλέα.

1–3 Suid. s. ἀγρεῖφνα, φάρσος, ἀρθροπέδαν, 7–8 s. κυφαλέα   **1** ἀγρεῖφναν Suid. s.
v. -εῖφαν c -φνὰν P[1] // φιλοδούπου Suid. -δάπου P   **2** ἅμας Toup ἅμα   **3** φιμόν
nos στῆμον P στῆμον (στεῖμον et στείραν) Suid. s. ἀρθροπέδαν   **8** ἱξος P[1].

298. ΛΕΩΝΙΔΑ

Πήρην κάδέψητον ἀπεσκληρυμμένον αἰγὸς
	στέρφος καὶ βάκτρον τοῦτό γ᾿ ὁδοιπορικὸν
κώλπαν ἀστλέγγιστον ἀχάλκωτόν τε κυνοῦχον
	καὶ πῖλον κεφαλᾶς οὐχ ὁσίας σκέπανον·
ταῦτα καταφθιμένοιο μυρικίνεον περὶ θάμνον			5
	σκῦλ᾿ ἀπὸ Σωχάρεος Λιμὸς ἀνεκρέμασεν.

* 1 κάδέψητον Suid. (s. στέρφος) καδδ- P   **2** γ᾿ ὁδοιπορικὸν Geist τὸ λοιπόρινον
3 κώλπαν c Suid. (s. κυνοῦχος) κόλπαν P[1] // ἀστέγγιστον P em. Suid.   **4** οὐχ
ὁσίας P em. Herwerden   **6** σκῦλα ποσωχ- P em. Meineke.

299. ΦΑΝΙΟΥ

Φάρσος σοὶ γεραροῦ τόδε βότρυος, εἰνόδι᾿ Ἑρμᾶ,
	καὶ τρύφος ἱπνεύτα πιαλέου φθόιος
πάρκειται σῦκόν τε μελαντραγὲς ἅ τε φιλουλὶς
	δρύππα καὶ τυρῶν δρύψια κυκλιάδων
ἀκτά τε Κρηταιὶς ἐυτριβέος τε ῥ᾿ ὀπεία			5
	θωμὸς καὶ Βάκχου πῶμ᾿ ἐπιδορπίδιον·
τοῖσιν ἅδοι καὶ Κύπρις, ἐμὰ θεός, ὕμμι δὲ ῥέξειν
	φημὶ παρὰ κροκάλαις ἀργιπόδαν χίμαρον.

* Tit.: Φαινίου P   **2-6** Suid. s. ἱπνός, σῦκον, δρύππα, θωμούς   **2** ἱπνεύτα Bouhier
ἱπνέστα   **3** τε φιλουλὶς Boiss. τ᾿ ἐφιουλκὶς   **4** τυρῶν Jac. τυροῦ   **5** Κρηταιὴς P[1] //
τεροειπ Suid. s. θωμούς   **6** θωμοῦ Suid.   **8** αἰγίποδαν P[1].

Bauer Alkimos

Alkimos spendete hier die zahnlose Harke, ein Stückchen
  polternder Hacke, verwaist von dem olivenen Stiel,
einen fesselnden Kappzaum, den schollenzermalmenden Schlägel,
  die mit dem einzigen Zahn grabende Picke des Felds
und die verziehenden Eggen im Vorflur vom Tempel Athenes
  samt dem geflickten Korb, drin er die Erde geschleppt.
Schätze hat er gefunden; sonst wär seine Hüfte verbogen,
  und er wäre verkrümmt schließlich zum Hades gelangt.

Phanias

Kyniker Sochares

Dieser Ranzen, das Fell einer Geiß, das niemals gegerbt war
  und verhärtet schon ist, und dieser Stab für den Weg,
ferner die Flasche, die niemals geputzt, eine geldlose Börse
  und ein Filzhut, der einst deckte ein unheilig Haupt,
ist die errungene Beute, die jetzt nach des Sochares Tode
  ans Tamariskengebüsch weihend der Hunger gehängt.

Leonidas von Tarent

Des Bauers Opfer

Hermes, Schirmer der Wege, dies Endchen der herrlichen Traube,
  fetten Kuchens ein Stück, treffliches Opfergebäck,
bring ich dir samt einer Feige, schon dunkel und eßreif, und Gaumens
  Lust, die Olive, den Rand rundlichen Käses, das Mehl
kretischer Herkunft, ein Häuflein Hartkäse, bestens gerieben,
  und einen bakchischen Trunk, der dich beim Nachtisch erquickt.
Auch meine Göttin Kythere mag dran sich erfreuen! Doch eine
  Ziege mit schimmerndem Fuß weih ich euch später am Strand.

Phanias

624 Anthologia Graeca VI

300. ΛΕΩΝΙΔΟΥ

Λαθρίη, ἐκ πλάνιος ταύτην χάριν ἔκ τε πενέστεω
κήξ ὀλιγησιπύου δέξο Λεωνίδεω,
ψαιστά τε πιήεντα καὶ εὐθήσαυρον ἐλαίην
καὶ τοῦτο χλωρὸν σῦκον ἀποκράδιον
κεὐοίνου σταφυλῆς ἔχ' ἀποσπάδα πεντάρρωγον,   5
πότνια, καὶ σπονδὴν τήνδ' ὑποπυθμίδιον.
ἦν δέ μ' ἔθ', ὡς ἐκ νούσου ἀνειρύσω, ὧδε καὶ ἐχθρῆς
ἐκ πενίης ῥύσῃ, δέξο χιμαιροθύτην.

1 Λαφρίη Reiske Λαθρ- // πλάνιος Wil. -νης   2 ὀλίγης σιπ. P em. Reiske   3 Suid. s.
ψαιστά, πιήεντα, 5 s. ὑποπυθμίδιον, 7–8 s. ἀνειρύσω   4 ἀπὸ κρίδ. P em. Salm.
5 πεντάρραγον Suid.   7 μ' ἔθ' Meineke μεχ' // ἐχθρῶν P -ρᾶς Suid. em. Jac.

301. ΚΑΛΛΙΜΑΧΟΥ

Τὴν ἀλίην Εὔδημος, ἐφ' ἧς ἅλα λιτὸν ἐπέσθων
χειμῶνας μεγάλους ἐξέφυγεν δανέων,
θῆκε θεοῖς Σαμόθρηξι λέγων, ὅτι τήνδε κατ' εὐχήν,
ὦ ἅλιοι, σωθεὶς ἐξ ἁλὸς ὧδε θέτο.

1–3 Suid. s. ἐπέσθων   2 δανέων om. Suid.   3 Σαμόθρηξι Wil. -ραξι   4 ἅλιοι Desr.
λαοί [defend. Kern: ‚laïci'].

302. ΛΕΩΝΙΔΟΥ

Φεύγεθ' ὑπὲκ καλύβης, σκότιοι μύες· οὔτι πενιχρῇ
μῦς σιπύῃ βόσκειν οἶδε Λεωνίδεω.
αὐτάρκης ὁ πρέσβυς ἔχειν ἅλα καὶ δύο κρῖμνα·
ἐκ πατέρων ταύτην ἠνέσαμεν βιοτήν.
τῷ τί μεταλλεύεις τοῦτον μυχόν, ὦ φιλόλιχνε,   5
οὐδ' ἀποδειπνιδίου γευόμενος σκυβάλου;
σπεύδων εἰς ἄλλους οἴκους ἴθι (τἀμὰ δὲ λειτά),
ὧν ἀπο πλειοτέρην οἴσεαι ἁρμαλιήν.

Pl Iᵇ 19, 3 f. 83ᵛ; Suid. s. σκότιος, κρίμνον, ἠνέσαμεν, μεταλλεύει, σκυβαλίζε-
ται, ἁρμαλιά [om. 7 τἀμὰ δὲ λ.]. – 2 μυσιπίη P¹ μοὶ σιπύη c em. Suid. s. σκότ.
3 ἔχων Suid. s. κρίμ.   5 τῶν Suid. s. μετ. // φιλόλυχνε Pl   6 γευσό- Pl   7 λιτά c Pl.

Der arme Leonidas

Nimm von Leonidas denn, dem fahrenden armen Gesellen,
  der am Hungertuch nagt, Lathria, dies als Geschenk:
Kuchen, gebacken in Öl, eine trefflich bewahrte Olive
  und eine Feige, die grün eben am Baume noch hing.
Nimm auch fünf Beeren hinzu, das Stück einer schwellenden Traube,
  und diese Neige, die noch, Göttin, im Becher verblieb.
Wenn du mich, wie du mich jüngst der Krankheit entrissen, der Armut
  nun noch entreißest, dann bring ich eine Ziege dir dar.

Leonidas von Tarent

Der arme Eudemos

Dieses Salzfaß, mit dem Eudemos von kärglichem Salze
  lebte und also dem Sturm furchtbarer Schulden entrann,
schenkte er, wie er gelobt, den samothrakischen Göttern.
  Hehre, ihr habt auf dem Meer Rettung im Sturm ihm gebracht.

Kallimachos

An die Mäuse

Geht nur zur Hütte hinaus, ihr nächtlichen Mäuse! Der Brotsack
  des Leonidas macht wirklich kein Mäuschen mehr satt.
Glücklich schon ist er, der Alte, sobald er zwei Krusten und Salz hat;
  von seinen Vätern schon her ist er dies Leben gewohnt.
Was durchstöberst du drum, du Leckermaul, drüben die Ecke?
  Meinst du, da wär von dem Mahl auch nur ein Krümelchen drin?
Hsch! Geh in andere Häuser! Das meine ist viel zu armselig.
  Dort aber winkt dir gewiß reicheres Essen als hier.

Leonidas von Tarent

303. ΑΡΙΣΤΩΝΟΣ

Ὦ μύες, εἰ μὲν ἐπ' ἄρτον ἐληλύθατ', ἐς μυχὸν ἄλλον
στείχετ' (ἐπεὶ λειτὴν οἰκέομεν καλύβην),
οὗ καὶ πίονα τυρὸν ἀποδρέψεσθε καὶ αὔην
ἰσχάδα καὶ δεῖπνον συχνὸν ἀπὸ σκυβάλων·
εἰ δ' ἐν ἐμαῖς βύβλοισι πάλιν καταθήξετ' ὀδόντα,   5
κλαύσεσθ' οὐκ ἀγαθὸν κῶμον ἐπερχόμενοι.

Pl I^b 19, 4 f. 83 ᵛ; Vind. th. 203. – 1 ἄρτων P // ἐς μυχὸν: ἐσμον P¹ 2 λιτὴν c Pl
3–4 Suid. s. ἀποδρέψεσθε, ἰσχάς, συχνόν 3 τυροῦ P // ἀποδρέψασθαι P¹ 5 ἐμοῖς
Vind. // βίβλ. Pl.

304. ΦΑΝΙΟΥ

Ἀκτῖτ' ὦ καλαμευτά, ποτὶ ξερὸν ἔλθ' ἀπὸ πέτρας
καί με λάβ' εὔαρχαν πρώιον ἐμπολέα·
αἴτε σύ γ' ἐν κύρτῳ μελανουρίδας αἴτε τιν' ἀγρεῖς
μορμύρον ἢ κίχλην ἢ σπάρον ἢ σμαρίδα,
αἴσιον αὐδάσεις με τὸν οὐ κρέας, ἀλλὰ θάλασσαν   5
τιμῶντα ψαφαροῦ κλάσματος εἰς ἀπάταν.
χαλκίδας ἢν δὲ φέρῃς φιλακανθίδας ἤ τινα θρίσσαν,
εὐάγρει·ˉλιθίναν οὐ γὰρ ἔχω φάρυγα.

* Pl I^b 24, 1 f. 84ᵛ. – 1 ἀκτῖτ' ὦ Passow -ίτα P -ῖτα Pl 2 λάβευ ἀρχὰν P Pl em.
Meineke 5 αἴσιον Stadtm. αυτὸν ex ἐσαυτὸν P αὐτὸν τ' Pl // αὐγάσσεις Pl 6 ἀπάτην Pl 7 φιλοκ- P φίλ' ἀκ- Pl em. Meineke // θρίσσον Pl -ὸν P¹ 8 φάρυγγα Pl.

305. ΛΕΩΝΙΔΑ

Λαβροσύνᾳ τάδε δῶρα φιλευχύλῳ τε Λαφυγμῷ
θήκατο δεισόζου Δωριέος κεφαλά,
τὼς Λαρισαίως κυτογάστορας ἐψητῆρας
καὶ χύτρως καὶ τὰν εὐρυχαδῆ κύλικα
καὶ τὰν εὐχάλκωτον ἐύγναμπτόν τε κρεάγραν   5
καὶ κνῆστιν καὶ τὰν ἐτνοδόνον τορύναν.
Λαβροσύνα, σὺ δὲ ταῦτα κακοῦ κακὰ δωρητῆρος
δεξαμένα νεύσαις μή ποκα σωφροσύναν.

1 φιλευχείλῳ P em. Hecker 3 Λαρεισαίως P em. Meineke // κυάστορας P em. Toup
5 ἐύγναπτόν Suid. s. κνῆστις // πυράγραν P¹ 6 Suid. s. ἐτνήρυσις et τάν //
κνήστην P 7 κακὰ c κακῷ P¹.

Ein gleiches

Seid ihr nach Brot nur gekommen, ihr Mäuse, dann sucht ihr euch
andere Häuser – das Loch, das ich bewohne, ist kahl –, [besser
Häuser, wo fettesten Käse und trockene Feigen ihr knabbert
und wo der Kehricht sogar reichlich noch Essen euch gibt.
Wetzt ihr die Zähne noch mal an den Büchern mir, spürt ihr voll Reue:
hier ist wahrhaftig die Kost, die ihr euch suchtet, nicht gut.

Ariston

Der Fischkäufer

Angler am Meeresgestade, steig nieder vom Felsen ans Festland,
komm, dein Glück ist's, verkauf heute zuerst mal an mich.
Hast du den Mormyr, den Schwarzschwanz, die Drossel des Meeres
hast du den Goldkopf vielleicht oder die Smaris im Korb: [gefangen,
sagst du, ich brächte dir Glück; denn ich liebe nicht Fleisch, sondern
Fische,
wenn es das trockene Brot schmackhaft zu machen mich drängt.
Bringst du Sardellen jedoch oder hast du den grätigen Hering,
dann guten Fang! Ich hab, Freund, keinen steinernen Schlund.

Phanias

Schlemmer Dorieus

Göttin Genußsucht und Schlemmsucht, der Freundin leckerer Bissen,
weihte der stinkende Kerl Dorieus hier als Geschenk
diese Kessel mit weitem, gewölbtem Bauch aus Larissa,
Töpfe zum Kochen, zum Trunk dieses geräum'ge Gefäß,
ferner ein Messer zum Käse, den Löffel zum Rühren des Breies
und eine Gabel für Fleisch, krumm und aus Bronze gemacht.
Nimm diese üblen Geschenke vom üblen Schenker, Genußsucht,
daß er – gewähr es ihm mild – niemals die Mäßigkeit kennt.

Leonidas von Tarent

628 Anthologia Graeca VI

306. ΑΡΙΣΤΩΝΟΣ

Χύτρον τοι ταύτην τε κρεαγρίδα καὶ βαθυκαμπῆ
κλεῖδα συῶν καὶ τὰν ἐτνοδόνον τορύναν
καὶ πτερίναν ῥιπῖδα ταναίχαλκόν τε λέβητα
σὺν πελέκει καὶ τὰν λαιμοτόμον σφαγίδα
ζωμοῦ τ᾽ ἀμφ᾽ ὀβελοῖσιν ἀρυστρίδα τόν τε μαγῆα   5
σπόγγον ὑπὸ στιβαρᾷ κεκλιμένον κοπίδι
καὶ τοῦτον δικάρανον ἀλοτρίβα, σὺν δὲ θυείαν
εὔπετρον καὶ τὰν κρειοδόκον σκαφίδα,
οὐψοπόνος Σπίνθηρ Ἑρμῇ τάδε σύμβολα τέχνας
θήκατο δουλοσύνας ἄχθος ἀπωσάμενος.   10

Pl VI 125 f. 66ᵛ; Suid. [om. 4 καὶ...] s. χύτρον, βαθυκαμπῆ, τορύνη, πτερίνη, τανάχαλκος, ἀρυστρίς, μαγῆα, ἀλετρίβανος, θυία, ὠψοπόνος. — 2 ἐτνοδόνον P¹ -δότον c -δόκον Pl ἐπιοδόνον Suid. s. τορ. 3 ταναίχαλκόν Hecker τὰν ἀχ- P τὸν εὔχ- Pl τανάχ- Suid. s. v. 5 μαγῆα Suid. s. v., -γεῖα P -γείαν Pl 7 ἀλλο- τριβα P¹ 9 ὠψοπ- Suid. s. v.

307. ΦΑΝΙΟΥ

Εὐγάθης Λαπιθανὸς ἐσοπτρίδα καὶ φιλέθειρον
σινδόνα καὶ πετάσου φάρσος ὑποξύριον
καὶ ψήκτραν δονακῖτιν ἀπέπτυσε καὶ λιποκώπους
φασγανίδας καὶ τοὺς συλόνυχας στόνυχας·
ἔπτυσε δὲ ψαλίδας, ξυρὰ καὶ θρόνον, εἰς δ᾽ Ἐπικούρου,   5
κουρεῖον προλιπών, ἅλατο κηπολόγος,
ἔνθα λύρας ἤκουεν ὅπως ὄνος. ὤλετο δ᾽ ἄν που
λιμώσσων, εἰ μὴ στέρξε παλινδρομίαν.

2 φάρσος Toup φᾶρος 3—4 Suid. s. ἄκιτιν, ψῆκτρα, φάσγανον, συλόνυχας 3 δονα- κῆτιν c ἄκιτιν Suid. s. v. // λιποκόπτους P -πους et -πρους Suid. s. συλ. et φάσγ., em. Toup 4 στόν- Salm. ὄν- 5 δὲ ψαλίδας Jac. δ᾽ Ἰταλίας 6 κηπολόγους c.

308. ΑΣΚΛΗΠΙΑΔΟΥ

Νικήσας τοὺς παῖδας, ἐπεὶ καλὰ γράμματ᾽ ἔγραψεν,
Κόνναρος ὀγδώκοντ᾽ ἀστραγάλους ἔλαβεν·
κἀμὲ χάριν Μούσαις τὸν κωμικὸν ὧδε Χάρητα,
πρεσβύτην θορύβῳ θῆκέ με παιδαρίων.

Pl VI 137 f. 67ʳ. — 1 ἔγραψε Pl 2 Κώναρος Pl 3 Μούσης Pl.

Koch Spinther

Kochtopf, die Zange fürs Fleisch, den großen, gebogenen Haken,
    dran man die Schinken hängt, Löffel zum Rühren des Breis,
einen gefiederten Fächer, das Messer zum Kehledurchschneiden,
    den in gediegenem Erz blinkenden Kessel, die Axt,
eine Kelle, um Saft vom Fleisch an dem Bratspieß zu schöpfen,
    einen wischenden Schwamm unter der Hacke Gewicht,
diesen Stampfer mit doppeltem Kopf zum Zerstoßen des Salzes
    samt dem Mörser aus Stein und eine Schüssel für Fleisch
weihte hier Spinther, der Koch, dem Hermes als Zeichen des Handwerks,
    da er sich endlich vom Los drückender Knechtschaft befreit.

Ariston

Barbier Eugathes

Lapithes Bürger Eugathes wies Spiegel zurück und Rasiertuch,
    auch den Streifen von Filz, drauf er die Messer gewetzt,
seinen Schaber aus Rohr, die griffentbehrenden Klingen
    und die Messer, womit fein er die Nägel gestutzt.
Scheren, Messer und Stuhl verschmähte er, ließ seine Bude,
    lief, und es sah Epikurs Garten ihn plötzlich als Gast.
Dort aber lauschte er dann wie ein Esel der Lyra ... Vor Hunger
    wär er gestorben, jedoch – fand er nach Hause zurück.

Phanias

Schüler Konnaros

Achtzig Knöchel zum Spiel hat Konnaros neulich bekommen,
    weil er in trefflicher Schrift über die Klasse gesiegt.
Mich drum, die Maske des Chares, des komischen Alten, entbot er
    unter der Jungen Applaus hier nun den Musen als Dank.

Asklepiades

309. ΛΕΩΝΙΔΟΥ

Εὔφιμόν τοι σφαῖραν ἐυκρόταλόν τε Φιλοκλῆς
'Ερμείῃ ταύτην πυξινέην πλατάγην
ἀστραγάλας θ', αἷς πόλλ' ἐπεμήνατο, καὶ τὸν ἑλικτὸν
ῥόμβον, κουροσύνης παίγνι', ἀνεκρέμασεν.

Pl VI 136 f.67ʳ. - Tit. om. P 1-2 om. P¹ add. c // εὔφιμον Geffcken εὔφημον
3 ἀστραγάλας θ' Jac. -ους θ' Pl στραγγάλας P // οἷς Pl.

310. ΚΑΛΛΙΜΑΧΟΥ

Εὐμαθίην ᾐτεῖτο διδούς ἐμὲ Σῖμος ὁ Μίκκου
ταῖς Μούσαις· αἱ δέ, Γλαῦκος ὅκως, ἔδοσαν
ἀντ' ὀλίγου μέγα δῶρον. ἐγὼ δ' ἀνὰ τῇδε κεχηνώς
κεῖμαι τοῦ Σαμίου διπλόον, ὁ τραγικὸς
παιδαρίων Διόνυσος ἐπήκοος· οἱ δὲ λέγουσιν·   5
„'Ιερὸς ὁ πλόκαμος", τοὐμὸν ὄνειαρ ἐμοί.

1 ... ἐμέ Apoll. Dysc. synt. 4, 12 // δίδου P // σημὸς c 2 γλεῦκος P em. Bentley
3 τῇδε Bergk τήνδε 6 τοῦ μόνον εἶαρ P em. Scal.

311. ΤΟΥ ΑΥΤΟΥ

Τῆς 'Αγοράνακτός με λέγε, ξένε, κωμικὸν ὄντως
ἀγκεῖσθαι νίκης μάρτυρα τοῦ 'Ροδίου
Πάμφιλον, οὐ μὲν ἔρωτι δεδαγμένον, ἥμισυ δ' ὀπτῇ
ἰσχάδι καὶ λύχνοις 'Ίσιδος εἰδόμενον.

3 οὐ μὲν Wil. οὐκ ἐν // ὀπτῇ Mein. ὄπται.

312. ΑΝΥΤΗΣ

'Ηνία δή τοι παῖδες ἐνί, τράγε, φοινικόεντα
θέντες καὶ λασίῳ φιμὰ περὶ στόματι
ἵππια παιδεύουσι θεοῦ περὶ ναὸν ἄεθλα,
ὄφρ' αὐτοὺς φορέῃς ἥπια τερπομένους.

Pl Iᵇ 19, 5 f. 83ᵛ. - 4 φ' ὀρέῃς c // ἥπια Pl.

Ephebe Philokles

Philokles brachte dem Hermes als Weihegeschenke die trefflich
  lärmende Klapper aus Buchs, hier diesen nahtfesten Ball,
Würfel, die er so herzlich geliebt, und endlich den Kreisel,
  den er so oftmal gedreht, Spielzeug aus kindlicher Zeit.

Leonidas von Tarent

Schüler Simos

Simos, das Söhnchen des Mikkos, gab einst mich den Musen und bat
  leichtes Lernen, und bald boten wie Glaukos sie ihm   [um
für sein kleines ein großes Geschenk. Nun lieg ich, des Bakchos
  Maske, dahier, den Mund reiße ich doppelt so weit
auf wie in Samos der Gott, und ich höre die Kinder, die leiern:
  „Dies mein Haar ist geweiht." Ach, und ich kenn's noch im Traum...

Kallimachos

Schauspieler Agoranax

Wandrer, gesteh, ich bin wirklich der „komische Zeuge" des Sieges,
  den Agoranax, der Sohn rhodischer Erde, errang.
Pamphilos bin ich; mich sengte nicht Liebe, ich sehe wie halb schon
  schrumpflige Feigen und wie Lampen der Isis nur aus.

Kallimachos

Knaben und Bock

Knaben haben dich, Bock, mit purpurnen Zügeln versehen
  und in das zottige Maul dir eine Trense gelegt,
spielen nun Pferderennen am Tempel des Gottes und wollen,
  daß du die fröhliche Schar sanft und gelinde auch trägst.

Anyte

313. ΒΑΚΧΥΛΙΔΟΥ

Κούρα Πάλλαντος πολυώνυμε, πότνια Νίκα,
πρόφρων Κρανναίων ἱμερόεντα χορὸν
αἰὲν ἐποπτεύοις, πολέας δ᾽ ἐν ἀθύρμασι Μουσᾶν
Κηίῳ ἀμφιτίθει Βακχυλίδη στεφάνους.

3 Μουσᾶν Reiske μοῦσαν 4 Κηίῳ Brunck κηόρω // Βακχυλίδη P¹ -δης c.

314. ΝΙΚΟΔΗΜΟΥ ΗΡΑΚΛΕΩΤΟΥ

Πηνελόπη, τόδε σοὶ φᾶρος καὶ χλαῖναν Ὀδυσσεὺς
ἤνεγκεν δολιχὴν ἐξανύσας ἀτραπόν.

A: ἀναστρέφοντα. – Pl VI 22 f. 62 ᵛ.

315. ΤΟΥ ΑΥΤΟΥ

Τὸν τραγόπουν ἐμὲ Πᾶνα, φίλον Βρομίοιο καὶ υἱὸν
Ἀρκάδος, ἀντ᾽ ἀλκᾶς ἔγραφεν Ὠφελίων.

Pl VI 23 f.62ᵛ . - Tit. om. Pl.

316. ΤΟΥ ΑΥΤΟΥ

Ἀερόπης δάκρυον διερῆς καὶ λείψανα δείπνων
δύσνομα καὶ ποινὴν ἔγραφεν Ὠφελίων.

Pl VI 24 f.62ᵛ. - 1 ἱερῆς Pl.

317. ΤΟΥ ΑΥΤΟΥ

Πραξιτέλης ἔπλασε Δανάην καὶ φάρεα Νυμφῶν
λύγδινα καὶ πέτρης Πᾶν᾽ ἐμὲ Πεντελικῆς.

Pl VI 25 f. 62ᵛ. - 1 ἔπλασε c Pl [primo] -εν P¹ Pl [post] 2 Πᾶν᾽ ἐμὲ Brunck Πᾶνά με // Παντελίκης P.

318. ΤΟΥ ΑΥΤΟΥ

Κύπριδι κουροτρόφῳ δάμαλιν ῥέξαντες ἔφηβοι
χαίροντες νύμφας ἐκ θαλάμων ἄγομεν.

Pl VI 26 f.62 ᵛ.

Dichter Bakchylides

Schau, du Tochter des Pallas, vielnamige, göttliche Nike,
  auf des kranaïschen Volks liebliche Chöre voll Huld
immer hernieder und schlinge dem Keer Bakchylides vielmals
  bei dem musischen Spiel Kränze des Sieges ins Haar.

Bakchylides

Odysseus

Dieses Gewand und den Mantel, Penelope, hat dir Odysseus,
  nun er die riesige Fahrt endlich geschafft hat, gebracht.

Nikodemos von Heraklea

Maler Ophelion

Mich, des Bromios Freund, den Sohn des Arkaders, den Bocksfuß
  Pan, hat Ophelion hier ob meiner Hilfe gemalt.

Nikodemos von Heraklea

Ein gleiches

Sieh hier Aëropes Tränen, die Reste des ruchlosen Mahles
  und die Strafe im Bild, Werk von Ophelions Hand.

Nikodemos von Heraklea

Praxiteles

Dieses Danaëstandbild, mich Pan und die Nymphen in Kleidern
  schuf aus pentelischem Stein kunstvoll Praxiteles' Hand.

Nikodemos von Heraklea

Bild eines Brautzugs

Nun wir der Göttin der Kinder Kythere ein Kälbchen geopfert,
  führen wir jugendlich Volk froh aus dem Hause die Braut.

Nikodemos von Heraklea

319. ΤΟΥ ΑΥΤΟΥ

Αἰθομέναις ὑπὸ δασὶν ἐν εὐρυχόρῳ πατρὸς οἴκῳ
παρθένον ἐκ χειρῶν ἠγαγόμην Κύπριδος.

Pl VI 27 f. 62ᵛ. — 1 αἰθομένας ο // δασὶν P.

320. ΤΟΥ ΑΥΤΟΥ

'Ασκανίη μέγα χαῖρε καλὴ καὶ χρύσεα Βάκχου
ὄργια καὶ μύσται πρόκριτοι Εὐίεω.

Pl VI 28 f. 62ᵛ.

321. ΛΕΩΝΙΔΟΥ ΑΛΕΞΑΝΔΡΕΩΣ

Θύει σοι τόδε γράμμα γενεθλιακαῖσιν ἐν ὥραις,
Καῖσαρ, Νειλαίη Μοῦσα Λεωνίδεω·
Καλλιόπης γὰρ ἄκαπνον ἀεὶ θύος. εἰς δὲ νέωτα,
ἢν ἐθέλῃς, θύσει τοῦδε περισσότερα.

A: Ἰσόψηφα. — Pl VI 79 f. 65ʳ. — 1 γενεθλιακοῖσιν P¹ 3 δεῖπνον P¹ 4 ἐθέλεις P¹.

322. ΤΟΥ ΑΥΤΟΥ

Τήνδε Λεωνίδεω θαλερὴν πάλι δέρκεο Μοῦσαν,
δίστιχον εὐθίκτου παίγνιον εὐεπίης.
ἔσται δ' ἐν Κρονίοις Μάρκῳ περικαλλὲς ἄθυρμα
τοῦτο, καὶ ἐν δείπνοις καὶ παρὰ μουσοπόλοις.

Pl VI 80 f. 65 r.

323. ⟨ΝΙΚΟΔΗΜΟΥ ΗΡΑΚΛΕΩΤΟΥ⟩

Οἰδιπόδης κάσις ἦν τεκέων, καὶ μητέρι πόσσις
γίνετο, καὶ παλάμης ἦν τυφλὸς ἐκ σφετέρης.

Tit.: τοῦ αὐτοῦ P em. Stadtm. 2 γίνετο Brunck γείνετο.

Ein gleiches

Unter Fackelgeleucht im räumigen Haus ihres Vaters
hab ich aus Kyprias Hand nun mir das Mädchen geholt.

Nikodemos von Heraklea

Abschied von Askanien

Schönes Askanien, leb wohl, ihr goldenen Feiern des Bakchos
und ihr Mysten, die euch Euios liebhat, lebt wohl!

Nikodemos von Heraklea

An den Kaiser

Des Leonidas Muse entbietet vom Nilstrom dir diese
Verse zum Tag der Geburt, Cäsar, als Weihegeschenk.
Rauchlos ist immer der Weihrauch Kalliopes; wünschst du es aber,
weiht sie dir kommendes Jahr längere Verse als jetzt.

Leonidas von Alexandria

An Marcus

Sieh hier das neue Geschenk von Leonidas' fruchtbarer Muse,
Distichen, Spiele, darin Geist und Talent sich vereint.
Sicher wird Marcus damit an den Kronien sich schönstens vergnügen,
ob er beim festlichen Mahl oder bei Dichtern verweilt.

Leonidas von Alexandria

Oidipus

Oidipus war seinen Kindern ein Bruder, der Gatte der Mutter,
und seine eigene Hand hat ihn des Auges beraubt.

⟨*Nikodemos von Heraklea*⟩

324. ⟨ΛΕΩΝΙΔΟΥ ΑΛΕΞΑΝΔΡΕΩΣ⟩

Πέμματα τίς λιπόωντα, τίς "Αρεϊ τῷ πτολιπόρθῳ
βότρυς, τίς δὲ ῥόδων θῆκεν ἐμοὶ κάλυκας;
Νύμφαις ταῦτα φέροι τις· ἀναιμάκτους δὲ θυηλὰς
οὐ δέχομαι βωμοῖς ὁ θρασύμητις "Αρης.

Pl VI 81 f. 65ʳ. – Tit. om. P τοῦ αὐτοῦ [i. e. Leonidae Al.] Pl 2 θῆκεν P θ. ἐν Pl 3 τίς P.

325. ΤΟΥ ΑΥΤΟΥ

"Αλλος ἀπὸ σταλίκων, ὁ δ' ἀπ' ἠέρος, ὃς δ' ἀπὸ πόντου,
Εὔπολι, σοὶ πέμπει δῶρα γενεθλίδια.
ἀλλ' ἐμέθεν δέξαι Μουσῶν στίχον, ὅστις ἐς αἰεὶ
μίμνει καὶ φιλίης σῆμα καὶ εὐμαθίης.

Pl VI 82 f. 65ʳ.

326. ΤΟΥ ΑΥΤΟΥ

Λύκτιον ἰοδόκην καὶ καμπύλον, "Αρτεμι, τόξον
Νῖκις ὁ Λυσιμάχου παῖς ἀνέθηκε Λίβυς.
ἰοὺς γὰρ πλήθοντας ἀεὶ λαγόνεσσι φαρέτρης
δορκάσι καὶ βαλίαις ἐξεκένωσ' ἐλάφοις.

Pl VI 83 f. 65ʳ. – 2 Νίκης P¹ 4 βαλίης P¹.

327. ΤΟΥ ΑΥΤΟΥ

Εἷς πρὸς ἕνα ψήφοισιν ἰσάζεται, οὐ δύο δοιοῖς·
οὐ γὰρ ἔτι στέργω τὴν δολιχογραφίην.

Pl VI 84 f. 65ʳ.

328. ΤΟΥ ΑΥΤΟΥ

Τὴν τριτάτην Χαρίτων ἀπ' ἐμεῦ πάλι λάμβανε βύβλον,
Καῖσαρ, ἰσηρίθμου σύμβολον εὐεπίης,
Νεῖλος ὅπως καὶ τήνδε δι' Ἑλλάδος ἰθύνουσαν
τῇ χθονίῃ πέμψει δῶρον ἀοιδότατον.

Pl VI 85 f. 65ʳ. – 1 βίβλον P¹ Pl 4 πέμψῃ c Pl.

Entrüstung des Ares

Wer hat das fette Gebäck, wer Trauben und knospende Rosen
  mir, dem Ares, geweiht, mir, der die Städte zerstört?
Bringt diese Gaben den Nymphen! Ich, Ares, der Mut hat im Herzen,
  nehme auf meinem Altar blutige Opfer nur an.

Leonidas von Alexandria

An Eupolis

Dieser bietet dir Wild, ein anderer Vögel, ein dritter
  sendet dir, Eupolis, Fisch als ein Geburtstagsgeschenk.
Ich aber spende dir Verse, und Gaben der Musen verbleiben
  ewig: für das Talent und für die Freundschaft ein Mal.

Leonidas von Alexandria

Jäger Nikis

Artemis, siehe, es hängt den Köcher von Lyktos und krummen
  Bogen ein Libyer dir auf: Nikis, Lysimachos' Sohn.
Denn seine Pfeile, die stets die Höhlung des Köchers ihm füllten,
  hat er auf fleckigen Hirsch und auf Gazellen entleert.

Leonidas von Alexandria

Neue Gedichtform

Eins gegen eins, nicht zwei gegen zwei, ist gleich nun an Werte;
  ist doch ein langes Gedicht nicht mehr nach meinem Geschmack.

Leonidas von Alexandria

An den Kaiser

Nimm noch zum dritten von mir ein Charitenbüchlein, o Cäsar;
  zeigt's doch, ich dichte voll Kunst Verse, an Zahlwert sich gleich.
Siehe, es sendet der Nil auch dies als poetische Gabe
  quer durch Hellas hindurch über die Lande zu dir.

Leonidas von Alexandria

329. ΤΟΥ ΑΥΤΟΥ

Ἄλλος μὲν κρύσταλλον, ὁ δ' ἄργυρον, οἱ δὲ τοπάζους
πέμψουσιν, πλούτου δῶρα, γενεθλίδια.
ἀλλ' ἴδ' 'Αγριππείνη δύο δίστιχα μοῦνον ἰσώσας
ἀρκοῦμαι δώροις, ἃ φθόνος οὐ δαμάσει.

Pl VI 86 f.65ʳ. - **1** οἱ P ὃς Pl // τοπάζοις P¹ **2** πέμψουσι P¹ Pl // πλοῦτον P¹
3 'Αγριππείνη Stadtm. -πίνη.

330. ΑΙΣΧΙΝΟΥ ΡΗΤΟΡΟΣ

Θνητῶν μὲν τέχναις ἀπορούμενος, εἰς δὲ τὸ θεῖον
ἐλπίδα πᾶσαν ἔχων, προλιπὼν εὔπαιδας 'Αθήνας,
ἰάθην ἐλθών, 'Ασκληπιέ, πρὸς τὸ σὸν ἄλσος,
ἕλκος ἔχων κεφαλῆς ἐνιαύσιον, ἐν τρισὶ μησίν.

E 4. - **3** ἄλγος P¹ **4** μησίν PE νυξίν Stadtm.

331. ΓΑΙΤΟΥΛΙΚΟΥ

Παῖδα πατὴρ Ἄλκων ὀλοῷ σφιγχθέντα δράκοντι
ἀθρήσας δειλῇ τόξον ἔκαμψε χερί·
θηρὸς δ' οὐκ ἀφάμαρτε· διὰ στόματος γὰρ ὀιστὸς
ἦιξεν, τυτθοῦ βαιὸν ὕπερθε βρέφους.
παυσάμενος δὲ φόνοιο παρὰ δρυῒ τῇδε φαρέτρην   5
σῆμα καὶ εὐτυχίης θῆκε καὶ εὐστοχίης.

Pl VI 78 f.64ᵛ; E 60; Σ 48 - Tit.: Γαιτουλικοῦ c EFP Γαιτολ- P¹ Γαίτου PlΣ
om. Eᴿ **1** σφιγθ- P¹ σφιχθ- Σ **4** τυτθὸν et βρέφος P¹.

332. ΑΔΡΙΑΝΟΥ

Ζηνὶ τόδ' Αἰνεάδης Κασίῳ Τραϊανὸς ἄγαλμα,
κοίρανος ἀνθρώπων κοιράνῳ ἀθανάτων,
ἄνθετο, δοιὰ δέπα πολυδαίδαλα καὶ βοὸς οὔρου
ἀσκητὸν χρυσῷ παμφανόωντι κέρας,
ἔξαιτα προτέρης ἀπὸ ληίδος, ἦμος ἀτειρὴς   5
πέρσεν ὑπερθύμους ᾧ ὑπὸ δουρὶ Γέτας.
ἀλλὰ σύ οἱ καὶ τήνδε, Κελαινεφές, ἐγγυάλιξον
κρῆναι εὐκλειῶς δῆριν 'Αχαιμενίην,

An Agrippina

Dieser sendet Kristall, der Silber, ein dritter Topase,
  Gaben, die Reichtum entbeut, als ein Geburtstagsgeschenk.
Mir, Agrippina, genügen bereits zwei Distichen gleichen
  Zahlwerts für dich, ein Geschenk, das auch der Neid nicht erreicht.

Leonidas von Alexandria

Wunderheilung

Nichts mehr erwartete ich von menschlichen Künsten, ich setzte
all meine Hoffnung auf Gott. Von den kinderbeglückten Athenern
kam ich, Asklepios, drum zum Hain hier; da heilten drei Monde
mir die Wunde am Kopf, an der ich ein Jahr schon erkrankt war.

Rhetor Aischines

Ein Tellschuß

Tödlich umstrickt von der Schlange sah Vater Alkon sein Söhnchen;
  bang, mit zitternder Hand spannt' er den Bogen auf sie
und verfehlte sie nicht: knapp, eben nur über des Kindes
  Haupte hin schwirrte der Pfeil tief in den Rachen des Tiers.
Dies war sein letzter Schuß: an die Eiche hier hängt' er den Köcher,
  Zeugen von Schicksals Gunst wie von der eigenen Kunst.

Gätulicus I.

Kaiser Trajan

Dir, Zeus Kasios, weihte der Aineade Trajanus,
  er, der Sterblichen Fürst, dir, der Unsterblichen Herrn,
zweier Pokale getriebenes Werk und das Horn eines Auers,
  das, aufs feinste geziert, überall funkelt von Gold.
Beststücke sind es von früher errungener Beute, als hart er
  mit dem Speere das Volk trotziger Geten bezwang.
Du aber, Dunkelumwölkter, gewähre ihm, daß er den Feldzug
  gegen Achaimenes' Land ruhmvoll zu Ende nun führt,

ὄφρα τοι εἰσορόωντι διάνδιχα θυμὸν ἰαίνῃ
δοιά, τὰ μὲν Γετέων σκῦλα, τὰ δ' Ἀρσακιδέων.　　　10

A: ἐν τοῖς 'Ἀναθήμασι [Τραϊανοῦ Καίσαρος add. c]. - 1-8 [om. 6 ᾧ ὑ. δ., 7 σύ
οι] Suid. s. Κάσιον ὄρος, λῖτα, οὖρος, ἔξαιτον, κρῆναι 1 τάδ' Suid. s. Κάσ. 3 δέπα
Jac. λῖτα // οὖρου Salm. οὖρων Ρ¹ οὖρον cet. 4 ἀσκητῶν Ρ¹ 5 ἀτειρής Ρ¹
-ρεῖς cet. 9 ἰαίνῃ Salm. -νει.

333. ΜΑΡΚΟΥ ΑΡΓΕΝΤΑΡΙΟΥ

Ἤδη, φίλτατε λύχνε, τρὶς ἔπταρες. ἢ τάχα τερπνὴν
ἐς θαλάμους ἥξειν Ἀντιγόνην προλέγεις;
εἰ γάρ, ἄναξ, εἴη τόδ' ἐτήτυμον, οἷος Ἀπόλλων
θνητοῖς μάντις ἔσῃ καὶ σὺ παρὰ τρίποδι.

Pl VII 178 f. 75ᵛ. - Tit.: ἄδηλον Pl 2 εἰς P [cf. V 32, 116].

334. ΛΕΩΝΙΔΑ ΤΑΡΑΝΤΙΝΟΥ

Αὔλια καὶ Νυμφέων ἱερὸς πάγος αἵ θ' ὑπὸ πέτρῃ
πίδακες ἥ θ' ὕδασιν γειτονέουσα πίτυς
καὶ σὺ τετραγλώχιν, μηλοσσόε, Μαιάδος Ἑρμᾶ,
ὅς τε τὸν αἰγιβότην, Πάν, κατέχεις σκόπελον,
ἵλαοι τὰ ψαιστὰ τό τε σκύφος ἔμπλεον οἴνης　　　5
δέξασθ', Αἰακίδεω δῶρα Νεοπτολέμου.

cᵇ: ἀνάθημα ἐπὶ θυσίᾳ Πύρρου Νεοπτολέμου, υἱοῦ Ἀχιλλέως. - Pl Iᵃ 3, 5
f. 2ʳ. - In P hic [Pᵃ] et post IX 328 [Pᵇ]. Tit.: gent. add. cᵇ Λεωνίδου Pl 1-4 Suid.
s. πάγοι, Μαία, γλωχῖνας 2 ὕδασι Pᵃ 3 πέτρα γλ- Pᵇ Suid. (s. Μαία et γλωχ.)
πέτραι γλ- Pᵃ 5 τό: ὁ P // τε om. Pᵃ¹.

335. ΑΝΤΙΠΑΤΡΟΥ

Καυσίη, ἡ τὸ πάροιθε Μακηδόσιν εὔκολον ὅπλον,
καὶ σκέπας ἐν νιφετῷ καὶ κόρυς ἐν πολέμῳ,
ἱδρῶ διψήσασα πιεῖν τεόν, ἄλκιμε Πείσων,
Ἠμαθὶς Αὐσονίους ἦλθον ἐπὶ κροτάφους.
ἀλλὰ φίλος δέξαι με· τάχα κρόκες αἵ ποτε Πέρσας　　　5
τρεψάμεναι καὶ σοὶ Θρῆκας ὑπαξόμεθα.

Thessalonicensi trib. Etym. M. 1-2 Suid. s. καυσία et σκέπανον, Et. M. s. καυσία 1 ἡ τὸ P ἤτοι Et. τὸ Suid s. σκέπ. 2 πτολέμῳ Ρ¹ 3 ἱδρῶ Guyet -ῷ 4 Ἠμαθὶς
Bouhier -ιὰ Ρ¹ -ίας c.

daß dein Herze sich freut beim Anblick der doppelten Beute,
von den Geten sowohl wie von des Arsakes Volk.

Kaiser Hadrian

Eris mihi magnus Apollo

Dreimal schon hast du geniest, liebes Lämpchen. Soll das wohl heißen,
daß in mein Kämmerchen bald hold die Antigone kommt?
Wird das, Gebieterin, wahr, dann bist du den Menschen Prophetin
ganz wie Apoll und bekommst auch einen Dreifuß – wie er.

Marcus Argentarius

Neoptolemos

Heiliger Hügel der Nymphen, ihr Grotten, ihr Bächlein am Berge,
Pinie, Genossin des Quells, Hermes, den Maja gebar,
Gott auf dem Vierkant des Sockels, du treuer Schirmer der Schafe,
Pan, du, der du den Fels weidender Ziegen bewohnst:
nehmet in Gnaden den Krug, gefüllt mit dem Wein, und den Kuchen,
den Neoptolemos hier, Aiakos' Nachfahr, euch weiht.

Leonidas von Tarent

Hut für Piso

War ich, die Kausia, einst Makedonern bequeme Bedeckung,
während des Schneiens ein Hut, während des Krieges ein Helm,
heute komm ich zu dir von Emathia, tapferer Piso,
dir vom ausonischen Haupt durstig zu schlürfen den Schweiß.
Darum empfang mich als Freund. Hat diese Bedeckung den Perser
einstmals geschlagen, sie macht dir auch den Thraker zum Knecht.

Antipatros von Thessalonike

336. ΘΕΟΚΡΙΤΟΥ

Τὰ ῥόδα τὰ δροσόεντα καὶ ἁ κατάπυκνος ἐκείνα
ἕρπυλλος κεῖται ταῖς Ἑλικωνιάσιν,
ταὶ δὲ μελάμφυλλοι δάφναι τίν, Πύθιε Παιάν,
Δελφὶς ἐπεὶ πέτρα τοῦτό τοι ἀγλάισε·
βωμὸν δ' αἱμάξει κεραὸς τράγος, οὗτος ὁ μᾶλος,
τερμίνθου τρώγων ἔσχατον ἀκρεμόνα.

A: εἰς Δελφίδος ἀναθήματα. — Theocr. Ep. 1 (Gallavotti). - 1 ἁ P ἡ K // ἐκῆνο
P¹ -ήνα c 2 ἕρπυλος K // κῆται P 4 ἐπὶ πέτρᾳ P // οἱ ἀγλάισεν K // 5 μᾶλος P
μανός K 6 περμί- P¹.

337. ΤΟΥ ΑΥΤΟΥ

Ἦλθε καὶ ἐς Μίλατον ὁ τῶ Παιήονος υἱὸς
ἰητῆρι νόσων ἀνδρὶ συνοισόμενος
Νικίᾳ, ὅς μιν ἐπ' ἆμαρ ἀεὶ θυέεσσιν ἱκνεῖται
καὶ τόδ' ἀπ' εὐώδους γλύψατ' ἄγαλμα κέδρου,
Ἠετίωνι χάριν γλαφυρᾶς χερὸς ἄκρον ὑποστὰς
μισθόν· ὁ δ' εἰς ἔργον πᾶσαν ἀφῆκε τέχναν.

Theocr. Ep. 8 (G). - 1 τῶ Schäfer τῷ P τοῦ K 2 νοῦσον P¹ 3 ὅς K ὅσα P.

338. ΤΟΥ ΑΥΤΟΥ

Ὑμῖν τοῦτο, θεαί, κεχαρισμένον ἄνθετο πάσαις
τὤγαλμα Ξενοκλῆς, τοῦτο τὸ μαρμάρινον,
μουσικός· οὐχ ἑτέρως τις ἐρεῖ. σοφίᾳ δ' ἐπὶ τᾷδε
αἶνον ἔχων Μουσέων οὐκ ἐπιλανθάνεται.

Theocr. Ep. 10 (G). - 1-2 ἄνθετο... τοῦτο P ἐννέα... θῆκε K 3 σοφία P¹ -ίη K
1 Μουσάων K.

339. [ΤΟΥ ΑΥΤΟΥ]

Δαμομένης ὁ χοραγός, ὁ τὸν τρίποδ', ὦ Διόνυσε,
καὶ σὲ τὸν ἅδιστον θεῶν μακάρων ἀναθείς,
μέτριος ἦν ἐν πᾶσι· χορῷ δ' ἐκτάσατο νίκαν
ἀνδρῶν, καὶ τὸ καλὸν καὶ τὸ προσῆκον ὁρῶν.

A: Δημομέδων οὗτος ἀνέθηκε Διονύσῳ ξόανον καὶ τρίποδα. — Theocr. Ep. 12 (G). -
Δαμομένης P -μένης, -μέλης, -γένης, -τέλης codd. Th. 2 ἥδιστον c K 3 ἐκτάσ-
Iall. ἐκτήσ- // νίκην P.

An Musen und Apollon

Diese tauigen Rosen und drüben der buschige Quendel
  sind als frommes Geschenk Helikons Musen geweiht,
dir aber, pythischer Paian, der dunkelblättrige Lorbeer,
  denn auf dem delphischen Fels wuchs er zur Zierde für dich.
Doch auf dem Altar verblutet dies weiße Böckchen mit Hörnern,
  das hier die Spitze des Zweigs an der Pistazie benagt.

Theokrit von Syrakus

Arzt Nikias

Selbst der Sohn des Paieon kam einst nach Miletos herüber,
  um zu dem Manne zu gehn, der von den Krankheiten heilt.
Nikias ist es, der täglich ihm Opfer entbietet und ihm auch
  diese Statue vom Holz duftender Zeder geweiht.
Hohe Belohnung versprach er den Künstlerhänden Eetions,
  siehe, und dieser verwandt' all seine Kunst auf das Werk.

Theokrit von Syrakus

Musenfreund Xenokles

Euch, ihr göttlichen Neun, euch allen hat Xenokles heute
  dieses marmorne Werk dankbaren Herzens geweiht,
er, der Musen Genoß. Das bestreitet ihm keiner. Und weil ihm
  Ruhm dieses Können gebracht, denkt auch der Musen er selbst.

Theokrit von Syrakus

Dichter Damomenes

Bakchos, du mildester Gott, der Chorege Damomenes stellte
  dir dein eigenes Bild und einen Dreifuß hier auf.
Maßvoll war er in allem; er siegte in Chören der Männer,
  denn auf die Schicklichkeit ging wie auf die Schönheit sein Blick.

[Theokrit von Syrakus]

340. ΤΟΥ ΑΥΤΟΥ

'Α Κύπρις οὐ πάνδαμος· ἱλάσκεο τὰν θεὸν εἰπὼν
Οὐρανίαν, ἁγνᾶς ἄνθεμα Χρυσογόνας
οἴκῳ ἐν 'Αμφικλέους, ᾧ καὶ τέκνα καὶ βίον ἔσχε
ξυνόν· ἀεὶ δέ σφιν λώιον εἰς ἔτος ἦν
ἐκ σέθεν ἀρχομένοις, ὦ πότνια· κηδόμενοι γὰρ   5
ἀθανάτων αὐτοὶ πλεῖον ἔχουσι βροτοί.

Pl Iᵃ 27, 2 f. 7ᵛ [om. v. 1-2]; Theocr. Ep. 13 (G). - 1-2 hic in P, 3-6 adhaer.
ep. IX 433 1 ἱλάσκετο K 2 ἄνθεα K 3 'Αμφιλ- P // ἔσχεν P εἶχε K.

341

Βόσπορον ἰχθυόεντα γεφυρώσας ἀνέθηκε
Μανδροκλέης "Ηρῃ μνημόσυνον σχεδίης,
αὐτῷ μὲν στέφανον περιθείς, Σαμίοισι δὲ κῦδος,
Δαρείου βασιλέος ἐκτελέσας κατὰ νοῦν.

A: εἰς τῆς "Ηρας τὸν ναὸν ἀνάθημα παρὰ Μανδόκρεω. - Herod. 4, 88; Simeonis
chron. [Par. 1702 f. 73]. - 1 ἀνέθηκεν P¹ 2 Μανδροκλέης Her. -δόκρεως P Σμαρδο-
κλέης Sim. //σχεδίας P 3 αὐτῷ μὲν: τῷ μὲν δὴ P 4 om. P // Δαρείῳ βασιλεῖ Sim.

342

"Αθρησον Χαρίτων ὑπὸ παστάδι τᾷδε τριήρους
στυλίδα, τᾶς πρώτας τοῦθ' ὑπόδειγμα τέχνας·
ταύταν γὰρ πρώταν ποτ' ἐμήσατο Παλλὰς 'Αθάνα,
τάνδε πόλει καλὰν ἀντιδιδοῦσα χάριν,
οὔνεκεν ὑψίστᾳ Τριτωνίδι ναὸν ἔτευξεν   5
Κύζικος ἁδ' ἱρᾷ πρῶτον ἐν 'Ασιάδι.
δεῖγμα δὲ καὶ πλίνθων χρυσήλατον ἤγαγεν ἄχθος
Δελφίδα γᾶν, Φοίβῳ τάνδ' ἐνέπουσα χάριν.

2 στυλίδα τᾶς Hecker -δος τάς 3 ταύτην et 'Αθήνη P em. Heck. 4 πόλισταλαν
P em. Heck. 5 οὔνεκεν Heck. τούν- // ναὸν Heck. νηὸν 6 ἔνασι P em. Buttm.
7 δὲ add. Jac. 8 δελφὶ δ' ἄγαν P em. Jac.

Hausmutter Chrysogone

Nenn diese Kypris nicht irdisch; nein, wünschst du die Göttin dir gnä-
  nenne sie himmlisch. Sieh, keusch weihte Chrysogone sie   [dig,
in des Amphikles Haus, mit dem sie Kinder und Dasein
  treulich geteilt hat; da ward schöner alljährlich ihr Los,
denn sie begannen mit dir, du Hohe: es fördern die Menschen
  mit der Unsterblichen Dienst immer ihr eigenes Glück.

Theokrit von Syrakus

Die Bosporosbrücke

Mandrokles schlug eine Brücke auf Bosporos' fischreichen Wassern,
  und zum Gedenken daran weihte er Hera dies Bild.
Ward ihm schon selber ein Kranz, Ruhm hat er auch Samos gegeben,
  da er das Werk nach dem Sinn König Dareios' vollbracht.

Anonym

Die Kyzikener

Sieh in der Halle der Grazien den niedrigen Stock für den Wimpel
  einer Triëre; er ist Denkmal der frühesten Kunst.
Ihn hat Pallas Athene als ersten sinnend geschaffen
  und als prächtigen Dank unserer Stadt ihn geschenkt.
Denn unser Kyzikos hatte der hohen Tritonis im ganzen
  heiligen Asien zuerst einst einen Tempel erbaut.
Dann aber hat es hinwieder zum delphischen Land eine goldne
  Fracht von Barren gesandt, auch für den Phoibos ein Dank.

Anonym

646 Anthologia Graeca VI

343. ΑΔΗΛΟΝ

Ἔθνεα Βοιωτῶν καὶ Χαλκιδέων δαμάσαντες
παῖδες Ἀθηναίων ἔργμασιν ἐν πολέμου,
δεσμῷ ἐν ἀχνυόεντι σιδηρέῳ ἔσβεσαν ὕβριν·
τῶν ἵππους δεκάτην Παλλάδι τάσδ᾽ ἔθεσαν.

Herod. 5, 77; Diodor. 10, 24; Schol. Aristid. 49, 380 [1-2... Ἀθηναίων]. - 2 ἐκ
πολέμου P ἐκ π. et ἐν π. codd. Her. ἐν πολέμῳ Diod. 3 ἀχνυνθέντι P ἀχλυό-
εντι Diod. Her. em. Hecker // ἔσβεσεν P 4 ὧν Diod. // δεκάτη P¹.

344

Θεσπιαὶ εὐρύχοροι πέμψαν ποτὲ τούσδε συνόπλους
τιμωροὺς προγόνων βάρβαρον εἰς Ἀσίην,
οἳ μετ᾽ Ἀλεξάνδρου Περσῶν ἄστη καθελόντες
στῆσαν Ἐριβρεμέτῃ δαιδάλεον τρίποδα.

Α: ἐπὶ τῷ ἐν Θεσπιαῖς βωμῷ. - 1 ποτὲ c τόδε P¹ // σὺν ὅπλοις c 3 Ἀλέξαν-
δρον P em. Huschke 4 ἐριβρεμέα P em. Hecker.

345. ΚΡΙΝΑΓΟΡΟΥ

Εἴαρος ἤνθει μὲν τὸ πρὶν ῥόδα, νῦν δ᾽ ἐνὶ μέσσῳ
χείματι πορφυρέας ἐσχάσαμεν κάλυκας
σῇ ἐπιμειδήσαντα γενεθλίῃ ἄσμενα τῇδε
ἠοῖ, νυμφιδίων ἀσσοτάτη λεχέων.
Καλλίστης στεφθῆναι ἐπὶ κροτάφοισι γυναικὸς   5
λώιον ἢ μίμνειν ἠρινὸν ἠέλιον.

3 γενέθλη P em. Reiske 4 ἀσσοτάτη P 5 καλλίστης Reiske -τη.

346. ΑΝΑΚΡΕΟΝΤΟΣ

Τελλίᾳ ἱμερόεντα βίον πόρε, Μαιάδος υἱέ,
ἀντ᾽ ἐρατῶν δώρων τῶνδε χάριν θέμενος.
δὸς δέ μιν εὐθυδίκων Εὐωνυμέων ἐνὶ δήμῳ
ναίειν αἰῶνος μοῖραν ἔχοντ᾽ ἀγαθήν.

1 Τελλίαι ἡμερ- P em. Reiske.

Athens Sieg über Theben und Chalkis

Als die Söhne Athens im grimmigen Werke des Krieges
    das boiotische Volk und die Chalkider besiegt,
löschten sie finster den Trotz durch eiserne Bande und brachten
    dieses Rossegespann Pallas als Zehnten hier dar.

Anonym

Thespier unter Alexander

In das barbarische Asien hat Thespiäs weites Gefilde
    einst diese Krieger entsandt, Rächer der Ahnen zu sein.
Mit Alexander zerstörten sie Städte der Perser, um diesen
    herrlichen Dreifuß darauf tosendem Gotte zu weihn.

Anonym

Zum Geburtstag

Lenz nur entfaltete früher die Blüten der Rosen; wir aber
    schlossen in winternder Zeit purpurn die Knospen schon auf.
Lächeln möchten wir gerne just diesmal an deinem Geburtstag,
    der dich im Bette so bald deinem Gemahle vereint.
Schöner ist's wahrlich, wir schmücken die Stirne des herrlichsten
    als wir warten, bis daß maiend die Sonne erscheint.   [Weibes,

Krinagoras

Tellias an Hermes

Sohn der Maja, o führe zum Guten des Tellias Leben;
    gib für dies schöne Geschenk ihm deine Gnade und Huld.
Laß im Euonymer-Gau, wo klare Gerechtigkeit waltet,
    fürder ihn wohnen und dort glücklichen Loses sich freun.

Anakreon

347. ΚΑΛΛΙΜΑΧΟΥ

Ἄρτεμι, τὶν τόδ' ἄγαλμα Φιληρατὶς εἴσατο τῇδε·
ἀλλὰ σὺ μὲν δέξαι, πότνια, τὴν δὲ σάω.

1 τὶν Salm. τὴν//εἴσατο P 2 σάω A. Fabri σάου.

348. ΔΙΟΔΩΡΟΥ

Αἴλινον ὠκυμόρῳ με λεχωΐδι τοῦτο κεκόφθαι
τῆς Διοδωρείου γράμμα λέγει σοφίης,
κοῦρον ἐπεὶ τίκτουσα κατέφθιτο· παῖδα δὲ Μήλας
δεξάμενος θαλερὴν κλαῖεν Ἀθηναΐδα,
Λεσβιάδεσσιν ἄχος καὶ Ἰήσονι πατρὶ λιποῦσαν.   5
Ἄρτεμι, σοὶ δὲ κυνῶν θηροφόνων ἔμελεν.

1-2 Suid. s. αἴλινον 2 σοφίας c 3 καταφθίτο P¹ 4 κλαίει Weisshäupl κλαῖεν.

349. ΦΙΛΟΔΗΜΟΥ

Ἰνοῦς ὦ Μελικέρτα σύ τε γλαυκὴ μεδέουσα
Λευκοθέη πόντου, δαῖμον ἀλεξίκακε,
Νηρήδων τε χοροὶ καὶ κύματα καὶ σύ, Πόσειδον,
καὶ Θρήϊξ, ἀνέμων πρηΰτατε, Ζέφυρε,
ἵλαοί με φέροιτε, διὰ πλατὺ κῦμα φυγόντα,   5
σῷον ἐπὶ γλυκερὴν ἠόνα Πειραέως.

1 γλαυκὴ Jac. γλαύκη 3 Νηρήδ- Dorville Νηρηΐδ- 6 γλυκὺν P em. Kaibel //
ἴον ἀπειραεος P¹.

350. ΚΡΙΝΑΓΟΡΟΥ

Τυρσηνῆς κελάδημα διαπρύσιον σάλπιγγος
πολλάκι Πισαίων στρηνὲς ὑπὲρ πεδίων
φθεγξαμένης ὁ πρὶν μὲν ἔχει χρόνος ἐν δυσὶ νίκαις·
εἰ δὲ σὺ καὶ τρισσοὺς ἤγαγες εἰς στεφάνους
ἀστοὺς Μιλήτου, Δημόσθενες, οὔ ποτε κώδων   5
χάλκεος ἤχησεν πλειοτέρῳ στόματι.

4 εἰς Brunck εἰ 5 ἀστοὺς Stadtm. -ὸς 6 ἤχειον (?) P¹.

Phileratis an Artemis

Dir, o Artemis, setzte Phileratis weihend das Standbild.
Nimm es denn an, das Geschenk, Hehre, und schirme sie selbst.

Kallimachos

Wöchnerin Athenaïs

Dieses klagende Bild erzählt: Diodoros hat kunstvoll
   für eine Frau mich geformt, die eines Söhnchens genas
und im Kindbett zu frühe verstarb. Das Kindlein nahm Melas,
   um sein blühendes Weib, um Athenaïs, betrübt.
Kummer ließ sie den lesbischen Fraun und Vater Iason.
   Artemis, dachtest du denn einzig an Hunde und Jagd?

Diodoros (von Tarsos?)

Reisegebet

Inos Sohn Melikertes, Leukothea, Göttin mit blauen
   Augen, Herrin der See, die du aus Nöten uns hilfst,
Chöre der Töchter des Nereus, ihr wallenden Wogen, Poseidon,
   du auch, gelindester Wind, thrakischer Zephyr, o bringt
gütig mich Fliehenden jetzt fort über die Wüste des Meeres,
   bis mich Piräus' Gestad freundlich und rettend empfängt.

Philodemos

Der dreifache Sieger Demosthenes

Daß der Tyrrhenertrompete durchdringend Fanfarengeschmetter
   für einen doppelten Sieg oft schon bei Pisa so scharf
über die Ebne gegellt, das kennen vergangene Zeiten.
   Wenn du den Bürgern Milets aber die Ehre von drei
Kränzen, Demosthenes, siegend geschenkt, das Erz der Trompete
   scholl bis zum heutigen Tag niemals mit vollerem Mund.

Krinagoras

351. ΚΑΛΛΙΜΑΧΟΥ

Τίν με, λεοντάγχ' ὦνα συοκτόνε, φήγινον ὄζον
θῆκε — „Τίς;" — 'Αρχῖνος. — „Ποῖος;" — 'Ο Κρής. — „Δέχομαι."

1 λεοντάγχωνε P em. Lobeck.

352. ΗΡΙΝΝΗΣ

'Εξ ἀταλᾶν χειρῶν τάδε γράμματα· λῷστε Προμαθεῦ,
ἔντι καὶ ἄνθρωποι τὶν ὁμαλοὶ σοφίαν·
ταύταν γοῦν ἐτύμως τὰν παρθένον ὅστις ἔγραψεν,
αἰ καὐδὰν ποτέθηκ', ἦς κ' 'Αγαθαρχὶς ὅλα.

Pl IV b 5, 3 f. 97 v. — 1 ἐξ ατ. P¹ δέξατάλαν c ἐξ ἀπαλῶν Pl // Προμηθεῦ Pl
2 τὴν Pl 4 αἶκ' αὐγὰν P Pl em. Weiske // κ' om. Pl.

353. ΝΟΣΣΙΔΟΣ

Αὐτομέλιννα τέτυκται· ἴδ', ὡς ἀγανὸν τὸ πρόσωπον
ἀμὲ ποτοπτάζειν μειλιχίως δοκέει·
ὡς ἐτύμως θυγάτηρ τᾷ ματέρι πάντα ποτῴκει.
ἦ καλόν, ὅκκα πέλη τέκνα γονεῦσιν ἴσα.

3 ποτῴκει Bentley προσῴκει 4 πέλη Schäfer πέλοι.

354. ΤΗΣ ΑΥΤΗΣ

Γνωτὰ καὶ τηνῶθε Σαβαιθίδος εἴδεται ἔμμεν
ἅδ' εἰκὼν μορφᾷ καὶ μεγαλοφροσύνα.
θάεο· τὰν πινυτὰν τό τε μείλιχον αὐτόθι τήνας
ἔλπομ' ὁρῆν· χαίροις πολλά, μάκαιρα γύναι.

1 εἶδε τε μὲν P em. Meineke 2 μεγαλωσύναι P em. Olearius 4 ὁρῆν Brunck ὁρᾶν.

Archinos an Herakles

Mich, eine Keule aus Eiche, weiht, Würger des Löwen und Ebers –
„Wer?" – Archinos. – „Woher?" – Kretischer Abkunft. – „Gib her!"

Kallimachos

Das Bild

Zarte Hände erschufen dies Bildnis. Bester Prometheus,
   unter den Sterblichen auch gibt es noch Künstler wie du;
so auch der Maler, der treu und wahr dies Mädchen gebildet;
   hätt er ihr Stimme verliehn, wär Agatharchis es ganz.

Erinna

Ein gleiches

Dies ist Melinna. Leibhaftig. Sieh, wie mir das holde Gesichtchen
   zärtlich und liebeerfüllt scheint in die Augen zu sehn,
wie die Tochter so treffend der Mutter ähnelt in allem.
   Welch ein köstliches Glück, gleicht seinen Eltern ein Kind!

Nossis

Ein gleiches

Auch von dem dortigen Standort erkennt man im Bilde Sabaithis
   an ihrer schönen Gestalt und an dem adligen Zug.
Schau sie nur an! Mich deucht, ich sehe ihr kluges und liebes
   Wesen darin. Recht schön grüß ich dich, seliges Weib.

Nossis

355. ΛΕΩΝΙΔΑ

Ἁ μάτηρ ζῷον τὸν Μίκυθον, οἷα πενιχρά,
Βάκχῳ δωρεῖται ῥωπικὰ γραψαμένα.
Βάκχε, σὺ δ' ὑψῴης τὸν Μίκυθον· αἱ δὲ τὸ δῶρον
ῥωπικόν, ἃ λειτὰ ταῦτα φέρει πενία.

1-2 Suid. s. ῥωπικά   3 αἱ P[1] εἰ c   4 λειτὰ nos [cf. VI 226, 2; 302, 7] λιτά.

356. ΠΑΓΚΡΑΤΟΥΣ

Κλειοῦς αἱ δύο παῖδες, 'Αριστοδίκη καὶ 'Αμεινώ,
Κρῆσσαι, πότνια σῆς "Αρτεμι νεικόρου
τετραετεῖς ἀπὸ μητρός· ἴδοις, ὤνασσα, τὰ τῆσδε
εὔτεκνα κἀντὶ μιῆς θὲς δύο νειοκόρους.

1 κλείουσα P[1] -σαι c em. Salm. // 'Αριστοδόκη P[1]   3 τετραετεῖς Salm. -έτης.

357. ΘΕΑΙΤΗΤΟΥ

"Ολβια τέκνα γένοισθε. τίνος γένος ἐστέ; τί δ' ὑμῖν
ὧδε καλοῖς χαρίεν κείμενόν ἐστ' ὄνομα; —
,Νικάνωρ ἐγώ εἰμι, πατὴρ δέ μοι Αἰπιόρητος,
μήτηρ δ' 'Ηγησώ, κεἰμὶ γένος Μακεδών.' —
,,Καὶ μὲν ἐγὼ Φίλα εἰμί, καὶ ἐστί μοι οὗτος ἀδελφός·   5
ἐκ δ' εὐχῆς τοκέων ἔσταμες ἀμφότεροι."

3 μοι Αἰπιόρητος Dorville πτοίητος ἐμοὶ αἱ πιόρητος   6 τοκέων Salm. τεκ-.

358. ΔΙΟΤΙΜΟΥ

Χαῖρέ μοι, ἁβρὲ κύπασσι, τὸν 'Ομφάλη ἤ ποτε Λυδὴ
λυσαμένη φιλότητ' ἦλθεν ἐς 'Ηρακλέους·
ὄλβιος ἦσθα, κύπασσι, καὶ ὡς τότε καὶ πάλιν ὡς νῦν
χρύσεον 'Αρτέμιδος τοῦτ' ἐπέβης μέλαθρον.

1 ἁβρέ Salm. -έα // 'Ομφάλη ἤ Reiske -λίη.

Ein gleiches

Arm ist die Mutter; doch bringt sie von Mikythos hier ein Gemälde
Bakchos als Gabe; es ist einfach und kunstlos gemalt.
Bakchos, laß Mikythos wachsen! Und ist meine Gabe auch kunstlos,
sieh, die Armut und Not legt sie als Opfer dir hin.

Leonidas von Tarent

Ein gleiches

Kleio, die Mutter aus Kreta, des Tempels Hüterin, bringt dir
ihre zwei Töchter von vier Jahren, o Artemis, dar,
hier Ameino und dort Aristodike. Sieh diese schönen
Kinder, o Herrin, und nimm zwei statt der einen als Hut.

Pankrates

Ein gleiches

Alles Gute euch, Kinder! Wer sind eure Eltern? Welch hübschen
Namen hat man euch denn, reizendes Pärchen, geschenkt? –
,Ich bin Nikanor; mein Vater heißt Aipioretos; die Mutter
nennt sich Hegeso; ich bin von makedonischem Stamm.' –
,,Ich heiße Phila; und der ist mein Bruder; und weil ein Gelübde
unsere Eltern getan, stehn wir hier beide im Bild.''

Theaitetos von Kyrene

Gewand der Omphale

Heil dir, du zartes Gewand, das Omphale einstens in Lydien
von sich getan hat, als sie Herakles' Liebe genoß.
Glücklich warst du, Gewand, wie damals, als Artemis' goldnem
Tempel du nahtest, so auch, als du ihn heute betratst.

Diotimos von Adramyttion

ERLÄUTERUNGEN ZU BUCH I

(Fette Ziffern = Nummern der Epigramme)

Titel (S. 121 Anm. 1): Zur Bedeutung Hellenen = Heiden vgl. noch VII 311 Lemma, 406 Lemma, IX 316 Lemma, X 82, 90 und zu IV 3, 52.

1. Ciborium: ein auf 4 Säulen stehender, mit Vorhängen versehener Baldachin über dem Altar. - Gemeint sind die Bilderstürmer. Basileios I. (867–886) stellte die Bilder als Mosaiks wieder her.

2. Blachernai: Vorort von Konstantinopel. - Justinos II. (565–578) ließ die beiden Apsiden der Blachernenkirche wiederherstellen (Zonaras Annal. 14, 10). - Zum Ausdruck „Gatte Sophias" vgl. 11.

3. Nicht Justinos I. (518–527), sondern Kaiserin Verina hat die Kirche 457 gebaut.

4. Vorläufer: Johannes der Täufer. Studion: Akoimetenkloster bei Konstantinopel, von dem Patrizier Studios 462/63 gegründet. - Konsuljahr unbekannt.

5. Amantios: entweder Kammerherr Eudokias (s. 10) oder wahrscheinlicher Kammerherr (praepositus sacri cubiculi) unter Anastasios (491–518); s. 96. - Hier scheint die Thomaskirche, die gar nicht am Meer lag, mit der Thomasmole verwechselt zu sein. - Neues Rom: Konstantinopel (s. I 10, 43); noch heute nennt sich der dortige griechisch-orthodoxe Patriarch offiziell „Erzbischof von Konstantinopel, dem Neuen Rom".

6. Sphorakios: Konsul 452. Theodoros von Euchaita: † 303.

7. Anatolios: Patriarch von Konstantinopel, † 458.

8. Sergios von Antiochia: † um 300 als Märtyrer. - Hormisdas: persischer Fürst, der unter Konstantius II. (337–361) nach Konstantinopel flüchtete. - Justinian hatte südlich bzw. südöstlich vom Hippodrom zwei Kirchen, eine für Petrus und Paulus und eine für Sergios und Bakchos, errichten lassen. - Nonnianischer Stil (Keydell).

9. Gennadios: Patriarch von Konstantinopel, 458–471.

10. Athenaïs (401–460), Tochter des Philosophen Leontios, wird 421 Christin, heißt seitdem Eudokia, Gemahlin Kaiser Theodosios' II. (408–450), lebt, bei diesem verleumdet, seit 444 in Jerusalem. 7f. Juliane Anicia (um 456–527), Tochter von Anicius Olybrius (Kaiser 472) und Plakidia; letztere, Tochter von Valentinian III. (425–455) und Licinia Eudoxia; letztere, Tochter von Theodosios II. und Eudokia. 19. Märtyrer; vgl. VIII 102. - 29. Die Werke „sind noch heute, nach 500 Jahren erhalten, mein Bester" (Scholiast). 30. „Das ist rings im Innern der Kirche verzeichnet" (Scholion). 32. Eine Inschrift in der Kirche zählte die Werke auf (Scholion). 39. Juliane, Frau des Ariovindus, hatte 2 Söhne: Flavius Anicius Olybrius Junior und Dagalaïfus. Welcher gemeint, ist unklar. 43. Konstantin d. Gr. 306–337. Rom = Konstantinopel. 46f. In 3 Jahren (Scholion). 54. Phaëthon = Sonne. 57. Sie hatte die Decke tatsächlich mit Goldplatten bekleiden lassen. 60f. Wohl Mosaikbild auf goldenem und silbernem Hintergrund. 65. Vier Inschriften zu je 5-6 Versen, deren

letzte rechts vom Eingang war, gaben diese Stelle wieder (Scholion); nach Stadtmüller die Verse 47/50, 51/56, 57/61, 62/65. 69 spielt wohl auf eine oben umlaufende
Galerie an. 71. s. 43. – Nonnianischer Stil (Keydell). – Zu dem kunsthistorisch bedeutsamen Gedicht vgl. A. v. Premerstein in Jb. d. kunsthist. Samml. 24, 1903,
105; P. Friedländer: Johannes von Gaza und Paulus Sil., Lpz. 1912, 59; S. G. Mercati: Sull' Ἀνικηώρων γένος dell' acrostico di Giuliana Anicia in Riv. stud. orient.
8, 1920, 424, P. Maas: Gnomon 7, 1931, 578. – In Wortwahl ähnlich ist IX 656.
Beide vom gleichen Dichter?

11. Kosmas und Damianus, Märtyrer († 303), genannt Anargyroi (Geldlose), weil
sie ihren Arztberuf kostenlos ausübten; vgl. XVI 272. – Basiliskos: Präfekt der Leibwache unter Leon I. (457–471). – 1. Sophia: Gattin Justins II., der seine 4 letzten
Jahre (574–78) in geistiger Dunkelheit verlebte; vgl. I 2 und Georg. Pis. carm. 9
(Wien. St. 13, 16).

12. Anicius Olybrius und Eudoxia s. zu I 10, 7f. Euphemia: Märtyrerin, † 303
5. Gatte: Olybrius. 8. Zu Ἰουλιάνη s. I 10, 7; 14–17; vgl. zu I 91, 1, IX 655, 3, XVI 69.

14. „Ein anderes" nämlich Epigramm auf denselben Gegenstand. – Jacobs u.a.
wollen 13 und 14 zusammenfassen.

15–17. Wohl „Buchepigramme".

16. Märtyrerin: Euphemia.

18. Baë und Agathonike: unbekannt. – Trophimos: Begleiter des Paulus (Ap.-
Gesch. 20, 4; 21, 29). Es fehlen 4 Verse.

19. 7. Assyrisch: jüdisch. – In Wortwahl stark von Nonnos beeinflußt.

19–22 stammen nach Stadtmüller aus einem Gedicht, nach Keydell sind es
Bruchstücke eines Hymnus von Klaudianos.

23. Einleitungsgedicht zu einer rhetorischen Schrift. Nr. 28 Schlußgedicht dazu.
Von Marinos vielleicht auch 24–27. Zu ihm vgl. XVI 319.

30. Vgl. X 108. – 2. Nachahmung von Theokrit 7, 127.

32. 1. Dahier: in einer Michaelkirche.

34. Plate: eine der Prinzeninseln im östl. Marmarameer. – Vgl. Cougny 3, 413.

35. Sosthenion: am Westufer des Bosporus im Golf von Leosthenes. 4. Gewöhnlich machte man nach 3 Studienjahren sein Examen. – Wirkliche Aufschrift (Keydell).

36. Theodoros (Verfasser von VII 556?): Ihm widmete Agathias seinen Kyklos;
s. I 97. – Illustrios (lat. illustris): Titel für Senatoren 1. Klasse, etwa unser „Ex-
zellenz". – Ephesos: in der Kirche des Evang. Johannes (Scholion). 3. Kanzler:
magister officiorum, Oberster der kaiserl. Hofbeamten. 6. Der Erzengel reichte ihm
also einen (goldenen oder silbernen) Gürtel und für das zweimalige Prokonsulat
2 Purpurbänder. – Wirkliche Aufschrift (Keydell). – Vgl. G. Roulliard Byzantion 2,
1925, 141.

37–39. Vgl. Friedländer (s. zu 10) S. 55f.

40. Vgl. 38.

42. Vgl. Matth. 2, 5f.; Mich. 5, 1.

43. Vgl. Matth. 2, 18.

44. Vgl. Luk. 1, 28–35

45. Prophet: Johannes der Täufer (Luk. 1, 41f.). Mutter: Elisabeth.

46. Begegnung: mit Simeon, bei uns Darstellung Christi oder Mariä Lichtmeß
(Luk. 2, 25–35); s. I 113.

48. Lücke für einen 2. Vers.

49. Anfang nach Ilias 18,392. Vers 2 nach Nonnos Dionys. 25, 530–34.

50. Ephesos: s. 91.

52. Vgl. Matth. 21,5.

55. 1. Er: Christus.–Reinen: Johannes (Joh.-Ev. 19,26f.); vgl. AG I 86, XV 28,4.– 2. Angeredet ist Christus.

56. Zu Christi Hadesfahrt vgl. Nikodemus-Ev. 17ff.

57. Doppelter Vergleich: 1. mit Christus („Lamm Gottes", Joh.-Ev. 1,29), 2. mit den Juden in Ägypten, die sich bei den verhängten Plagen durch Kennzeichnung ihrer Häuser mit Blut vor dem Verderber (Teufel) sicherten (2 Mos. 12,7, 13,23).

58. Auf Gideons Wunsch ließ Gott zuerst das Fell naß werden und die Erde trocken bleiben, später umgekehrt (Richter 6,36–40). Dies auf dem Bild in 2 Abteilungen dargestellt.

59. Anspielung auf symbol. Beziehungen zwischen Moses und Christus; vgl. 2 Mos. 2,5f.

60. Vgl. 2 Mos. 17, 8–13. Der 2. Amalek: Teufel.

61. Braut: Zippora (2 Mos. 2, 16–21). 2. Vgl. 70, 2.

62. Vgl. Josua 4, 10–24. – 2. Vgl. 72, 2.

63. Hagar, Kebsweib Abrahams, von dessen Frau Sara verstoßen, traf an einem Quell („Taufe") einen Engel (Genes. 16,7).

64. Vgl. 2 Mos. 15, 27. – Vgl. Friedländer (s. zu 10) S. 55f.

65. Vgl. 1 Mos. 22, 5–8.

66. Vgl. Genes. 14.

67. Vgl. 1 Mos. 18.

68. Jakob bekam dadurch den Segen seines blinden (Vers 2) Vaters, daß er durch Umwicklung von Hals und Armen mit Fellen Esau vortäuschte; so roch Isaak auch den Esau an ihm (1 Mos. 27,16–29).

69. Isaak, einziger Sohn von Abraham und Sara. Tier: Kamel, das als unrein galt (1 Mos. 24, 64). – Vgl. Friedländer (s. zu 10) S. 55f.

70. Vgl. 1 Mos. 24, 11ff.

71. Die alte Sunamitin gebar auf Elisas Gebet einen Sohn. Nach dessen Tod erweckte ihn Elisas Gebet wieder zum Leben (2 Kön. 4,17 u. 35).

72. Als Elias sein Schaffell ins Wasser des Jordans schlug, teilte dieses sich, so daß man hindurchgehen konnte (2 Kön. 2,8). Lamm Gottes: s. 53.

73. Vater: von Jesus, dem „Sohn Davids". – Vgl. Friedländer (s. zu 10) S. 55f.

74. Mit dem Wasser der Quelle Siloa (= „Gesandter") heilte Christus einen Blinden (Joh.-Ev. 9, 7); vgl. I 117.

75. Christus verlangt von der Samariterin zu trinken und verspricht ihr dafür das rettende Wasser der Taufe (Joh.-Ev. 4,5–14).

76. Vgl. Joh.-Ev. 2,1–10.

77. Vgl. 1 Kön. 17,10–16.

78. Vgl. Matth. 16,17.

79. Vgl. Apost.-Gesch. 9,3; 26,13.

80. Joh.-Ev. 1,1. – Auf Johannes' Beinamen Theologos wird in 80–82 wiederholt angespielt: θεηγόρος, ἐκ θεοῦ εἶπεν, θεὸς ... λόγος.   2. Vgl. 81, 2; 82, 2; IX 800, 2.

83. Vgl. Matth. 9, 9. – 83f. standen wohl in Evangelien.

85. Nach Augustinus Enarr. Psalm. 77 bedeutet Ägypten in hebr. Sprache Dunkelheit; nach Plutarch (Is. u. Osir. 33) wegen seines dunklen Bodens; vgl. VI 231,1. - 2. Nach Eusebius (Kirchengesch. 2,16) predigte Markus als erster in Ägypten das Evangelium.

86. Basileios: s. VIII 2f. Johannes: s. I 55. Gregor von Naz.: s. Dichterverzeichnis.

87. Polykarp: Bischof von Smyrna, † als Märtyrer 156.

88. Dionysios Areopagita: s. Apostelgesch. 17,34. Untergeschoben sind ihm mehrere um 500 entstandene Schriften, so eine „Himmlische Hierarchie" (1) und eine „Mystische Theologie" (2).

89. Nikolaus, Bischof von Myra, geb. um 350 (Fest: 6. Dez.).

90. Kyros von Kanopos und Johannes: † um 312. Büchlein: der Panegyrikus auf K. u. J.

91. Justinian hatte in Ephesos die Kirche des Evang. Johannes (s. I 80) verschönert. Gekrönt: mit dem Siegerkranz geehrt (s. I 95). Zu 'Ιουστινιανός s. I 97, 7; 98, 2, VII 700, 4 ('Ρουφιᾶνός); vgl. zu I 12, 8.

92. Dichter: Gregor von Naz. (Migne). Kaisareia: Hauptstadt von Kappadokien, Geburtsstadt des Basileios (329-79). Schiffer (3) und Männer (6): Jünger. Vgl. Matth. 8, 23-27; Mark. 4, 36-40; Luk. 8, 22-25. - Vgl. H. M. Werhahn in Bibliotheca docet, Festgabe f. C. Wehmer 1963, 342f.

93. Tugenden: die 4 Kardinaltugenden Weisheit, Einsicht, Tapferkeit, Gerechtigkeit. - Vgl. Werhahn (s. zu 92) S. 343f.

94. 2-6 metrisch unhaltbar. 4. Vgl. III 16,4 und Kaibel 823, 3.

95. Justinian spricht. Vgl. 91.

96. Amantios: s. I 5.-

97. Melete: unbekannte Kirche. Justinian: Neffe und Adoptivsohn Justins I. (s. I 3), trug den Titel eines Marschalls (Zonaras Annal. 14, 5). Flavios Theodoros Philoxenos Soterios war 505, 525 und in unbekanntem Jahr Konsul. Weigand identifiziert ihn mit dem von I 36 und hält ihn für den Verfasser der Ep. 97f.

98. Gleiche Kirche wie in Ep. 97.

99. Dichter: Kyros von Panopolis (Delehaye, Seeck, Soyter). - Symeon († 459 zu Sisan in Syrien): erster Säulenheiliger, verbrachte vierzig Jahre auf einer Säule stehend, zuletzt auf einem Bein, von Würmern zerfressen; sein Schüler war Daniel (409-493). Die Säule hatte Kaiser Leon 462 errichtet.

100. Neilos: Präfekt von Konstantinopel, asketischer Schriftsteller, † um 430 als Abt zu Ankyra (Galatien). - Ähnliche Verse bei Migne P. Gr. 79,33.

102. Die Verse nehmen Bezug auf die Worte Gregors von Naz. (Migne 37, 507): 'Ω πάντων ἐπέκεινα — τί γὰρ θέμις ἄλλο σε μέλπειν; -πῶς λόγος ὑμνήσει σε ...

103. Der Brandstifter kam zuerst um. - Nach E. Peterson (εἷς θεός 1926, 35) ist μῶμος = φθόνος.

104. Alexandros: unbekannt. Akakios: † mit Patrikios, dem Bischof von Prusa.

105. Eudokia: s. zu 5. - 4. Zum Gottesgnadentum im Byzanz vgl. I 2, 1; 10, 7; 91, 1; IX 657, 4; 812, 1; XV 15, 7. - 5. der: Christus. 7. Später Zusatz (Stadtmüller, Waltz).

106. Justin II. (s. I 2) hatte einen Pavillon (Mazarinos) mit einem prunkvollen, kuppelgekrönten Festsaal (Chrysotriklinos) erbaut. Das darin befindliche Christusbild, von den Bilderstürmern im 8.Jahrh. zerstört, wurde von Michael III. (842-867) in der Apsis, wo der Kaiserthron stand, erneuert: ein Mosaikbild, Christus auf dem Thron sitzend. 8. Eingang: Westtor; ebenfalls Mosaikbild. Tor: vgl. I 121, lf. 10. Michael III. und Methodios. 15. Christussaal: Christotriklinos. 18. Michael III.

107. 1. Christusbild vor Bildersturm.

108. Osten usw.: Ἀντολίη, Δύσις, Ἄρκτος, Μεσημβρία.

109. Quell: Ort am Selymbriator. Die Kirche „Unserer Lieben Frau am Goldquell", erbaut von Justinian, wurde von Basileios I. (s. I 1) erneuert. Dieser hatte als Mitkaiser seine Söhne Konstantin (bis um 881) und den späteren Leon IV. (886-912). – Das Epigramm wurde nach de Boor zwischen 870 und 880, nach Wolters nach 911 geschrieben.

110. In der Kuppel, am Bild von der Himmelfahrt (Lemma). 2. Die Fahrt nach Jerusalem war kein reiner Akt der Frömmigkeit; s. zu I 10.

111. Bezieht sich auf die Höllenfahrt Christi. Vgl. Georgios Pisides Hexam. 1813/18.

112. Bei Kirchenschriftstellern ist „Schatten" und „Licht" = Altes und Neues Testament.

113. s. 46.

114. s. Matth. 28,9.

115. s. 122,1.

116. 1. Vgl. 30, 1.

117. s. 74 und Joh.-Ev. 9, 7.

118. 8. Werhahn (s. zu 92) p. 352, 100 denkt hier an die in der Schweineherde ertränkten Geister (Matth. 8, 28-32).

119. Dichter: Eudokia = Athenaïs (Olearius), Euphemios oder Euphemos (Waltz).– Bischof (Pelagios) Patrikios hatte in Form eines Centos eine bibl. Geschichte verfaßt. Ein Cento ist ein Gedicht, das aus Einzelversen oder Halbversen anderer Dichter (meist Homer oder Vergil) besteht. Für Patrikios' Werk hatte Eudokia (s. zu I 10.1) ein poetisches Vorwort geschrieben. 14-19 beziehen sich auf Matth. Kap. 9 V. 2-8, 27-30, 20-22, 18f., 23-25. - 25f.: s. I 49, 56, 111. - 28: s. I 46, 113.

120. Blachernenkirche: s. I 2. Zu ihr strömten jährlich Prozessionen mit dem Kaiser an der Spitze. Das Volk schrieb dem dortigen Marienbild („Blachernitissa") die Gabe zu, Wahrheit und Zukunft zu offenbaren. 7-11. Belagerung Konstantinopels durch die Avaren i. J. 626. Ähnlich Georgios Pisides: Avarenkrieg 234/9 und Chronikon Paschale S. 392ff. (= Migne P. G. 92, 1005f.), wo der Avarenfürst die Belagerung aufhebt mit den Worten: „Ich sehe eine hoheitsvolle Frau allein auf der Mauer stehen (θεωρῶ γυναῖκα σεμνοφοροῦσαν εἰς τὸ τεῖχος μόνην οὖσαν)." 8. Dem Patriarchen Sergios rechnete man das Erscheinen der Jungfrau an; im gleichen Jahr hatte er eine Revolte der Leibwache beschwichtigt und ebenso schon 618/9 einen durch Hungersnot und Pest verursachten Aufstand in der Stadt. - 120 und 121 waren vermutlich Aufschriften an den beiden Toren der Kirche.

121. 1. Gottestor: s. I 106, 8. – 3. Vgl. Georg. Pis. carm. 2, 74 (Wien. St. 13, 7): κιβωτὸς ὤφθη, τῆς δὲ κιβωτοῦ πλέον. 3f. Bundeslade mit Gesetzestafeln (5 Mos. 10, 5; 1 Kön. 8, 9), Symbol für Maria. 8. Vgl. Georg. Pis. 4, 18 (ibid. 41): ἡ τῶν ἀναγκῶν εἰσάγει περίστασις. 10. Hier: nahe der Kirche wurden die Avaren zur See besiegt.

122. Lemma: s. 120, 3f. – 1. s. 115.

ERLÄUTERUNGEN ZU BUCH II

2. Deïphobos: nach Paris' Tod der Gatte Helenas, erschlagen von Menelaos bei der Einnahme Trojas.

13. Aischines von Athen: Redner, 389–314. Kekrops: sagenhafter erster König Athens.

14. Spannte zusammen: beim Sprechen.

23. Demosthenes vom Demos Paiania.

28. Emathia: Gegend in Makedonien; später wird ganz Makedonien so genannt.

32. Euripides. Umschreibung eines sich dem Versmaß nicht fügenden Namens findet sich öfter, so IV 1, 24 und 44, Cougny 1, 340, 6.

36. Palaiphatos: Wir kennen nur einen sagenhaften athenischen Dichter dieses Namens.

38. Anspielung auf Theog. 22.

42. Polyidos von Korinth: Ilias 13, 663.

50. Anaximenes: Philosoph, um 585–525.

55. König: Agamemnon (Ilias 1, 68 ff., 106 f.). – Vgl. Ilias 11, 46.

57. Aalders denkt an König Pyrrhos von Epeiros.

61. Amymone: Tochter des Danaos, Geliebte Poseidons.

70 f. Vgl. XVI 310,7 f.

76. Gleichmäßig: vgl. das lat. Sprichwort: Sol lucet omnibus.

78 ff. Die Darstellung erinnert an die Venus von Milo.

82. Alkibiades.

91. Vgl. 325 f., V 287,6, Nonnos 25, 262: βότρυν ἐθείρης.

96. Ausonisch: italisch. ˍ

102. Hermaphrodit: seit 4.Jahrh. v. Chr. in der Kunst häufig dargestellt.

109 f. d. h. sie dichtete.

116. Amyklai: Stadt bei Sparta, hier für Sparta, wie auch Nonnos 43,6. Die Spartaner hatten Terpandros von Lesbos kommen lassen, damit er mit seinem Gesang ihren Bürgerkrieg beende.

122 f. vgl. 39.

137. Äpfel: der Hesperiden.

139. Augē: Tochter des Aleos, Königs von Tegea. Aus Furcht vor einem Orakel, das ihm den Tod durch seinen Enkel weissagte, hatte dieser seine Tochter zur Priesterin Athenes gemacht. Doch hatte Herakles dem Mädchen Gewalt angetan, und ihr Sohn Telephos erfüllte das Orakel; vgl. III 2.

140. Schleier: Kopftuch.

155. Nach Paris' Tod hatte sein Bruder, der Seher Helenos, um Helena geworben, mußte aber vor Deïphobos (s. 1) zurücktreten. Darum verriet er seine Heimat.

162. κορυθαίολος: homerisch (z. B. Ilias 2,816).

164. Dardanien: Troja.

165. Situation nach Eroberung Trojas.

167. Tyndareos' Kind: Helena.

189. Kassandra hatte, schon als Paris nach Sparta fuhr, Düsteres prophezeit und war daher von ihrem Vater Priamos in einen Turm geschlossen worden.

192. Pyrrhos: s. 57.

193. Vgl. Ilias 12, 339: ἱπποκόμων τρυφαλειῶν.

196. βαρυδάκρυον: vgl. Nonnos 40, 194.

197. Polyxena: Tochter des Priamos, Braut Achills; nach dessen Tod von seinem Sohn Pyrrhos (= Neoptolemos) auf dessen Grab geopfert; vgl. IX 117, XVI 114, 150.

214. Enyo: Gefährtin des Ares.

215. Oinone: erste Frau des Paris; als dieser von Philoktet verwundet war, versagte sie ihm das nur ihr bekannte Heilkraut, erhängte sich aber nach Paris' Tod.

219. Hirt: Paris.

222. Dares: Gefährte des Aineias, berühmter Boxer (Vergil Än. 5, 362–484).

225. Entellos: Gegner des Dares bei Vergil.

227. φόνου διψῶσαν vgl. Lykophr. 1171, Athen. 10, 433 f., doch s. XVI 137, 3.

228-240. A. Salač (Mélang. G. Glotz 2, 1932, 823) glaubt, die Statue sei identisch oder sehr nahe verwandt mit der Sitzstatue eines Faustkämpfers im Thermenmuseum zu Rom.

229. Philon von Korkyra siegte zweimal im Faustkampf (Pausan. 6, 9, 9). Philammon von Athen: Sieger in Olympia (Demosth. Kranzrede 319).

230. Milon von Kroton: um 510 v. C., errang 32 Siege; vgl. XI 316. Der Unbekannte, dessen Name halb erloschen war (es war wohl noch –il– zu lesen), war vielleicht Chilon.

237 f. Nachahmung von Theokrit 22, 48 f. (Gall.).

241. Charidemos von Oreos: um 360 v. C.

243. Melampus: Seher, Held der Melampodie von Hesiod (Od. 15, 225).

246-54. Panthoos, Thymoites, Lampon (oder Lampos), Klytios: troische Seher (Ilias 3, 146 f.).

256. Isokrates: attischer Redner, 436–338.

259. Amphiaraos: Seher und König von Argos, einer der ,,Sieben gegen Theben''.

261. Kadmos gründete auf Orakelspruch hin Theben dort, wo die erste ihm begegnende Kuh stehen blieb. Eichwald: s. Ovid Met. 3, 28 und 91.

264. Polyidos (s. 42): sein Vater war Koiranos (Apollodor 3, 3, 1).

266 f. Vgl. VII 213, 7: κοίρανος ὕμνων.

283. Dritter: vgl. 72 ff., 266 ff.

288. Dritte: s. 78 ff., 99 ff.

296. Achill war der Enkel des Aiakos.

302. Vgl. Reinach Rép. Stat. 1 S. 157, 1, 3.

303. Apuleius: röm. Schriftsteller, 2. Jh. n. C. Als Zauberer verklagt, aber freigesprochen, galt er doch im ganzen Altertum als Zauberer.

304. Weihen: Magie. Sirene Ausoniens: die italische Zauberin, seine Lehrmeisterin.

308 f. Vgl. Kallimachos (Artemishymn. 11): Bis zu den Knien mein umsäumtes Gewand zu schürzen (ἐς γόνυ μέχρι χιτῶνα ζώννυσθαι λεγνωτόν).

343. Vgl. IX 363, 22: ὠδίνουσι μέλισσαι, Buc. Gr. 43, 8 (Gallav.² p. 221): κηρίον ὠδίνουσα.

350. Sirene: wegen ihres Sanges = Muse.

351. Pherekydes: von Syros, Kosmolog, 6. Jh. v. C., Lehrer des Pythagoras.

354. Herakleitos von Ephesos: Philosoph, um 540–480.

357. Kratinos: ath. Komödiendichter um 420 v. C.

361. Menandros: ath. Komödiendichter, 342–290.

367. Amphitryon: König von Tiryns.

371. Kinder: Herakles (von Zeus) und Iphikles (von Amphitryon).

379f. Vgl. VI 19,2: ὁ χρόνος ἑρπύζων.

389. Achaimenes: Ahnherr des persischen Königshauses.

391f. Er war Historiker und Philosoph.

393. Alkma(i)on: Sohn des Amphiaraos (259); so lautete also die Inschrift. Alkman ist die kontrahierte Form für Alkma(i)on.

398. Pompeius kämpfte 67 v.C. gegen die Piraten in Isaurien (in Kleinasien am Nordhang des Tauros).

404. Anastasios (s. zu I 5) stammte in Wirklichkeit aus einer kleinen Familie in Dyrrhachium; er unterwarf 492–497 die Isaurier. Das hatte Christodoros in seinen 6 Büchern Isaurika besungen.

408. Meles: Fluß bei Smyrna; danach hieß Homer Melesigenes („am Meles geboren"; später ausgelegt als „von Meles erzeugt"; F. Marx deutet: „für die Sippe sorgend"). Homer von Byzanz war der Sohn des Andromachos und der Dichterin Moiro, um 280 v.C.

ERLÄUTERUNGEN ZU BUCH III

1. Semele, Tochter des thebanischen Königs Kadmos, Geliebte des Zeus, wünschte diesen unter Donner und Blitz zu sehen, kam dabei um und gebar sterbend den Dionysos. Pentheus, Nachfolger des Kadmos, ließ Dionysos, an dessen Gottheit er nicht glaubte, fesseln.

2. s. zu II 139.

3. s. Ilias 9,447–477.

4. 4. Unklar. Hatte man sie vor der Ermordung geschändet?

7. Das Motiv ist häufig in der Kunst behandelt, besonders im „Farnesischen Stier" von Neapel und auf einer Berliner Vase (Reinach I 121). Vgl. XIV 13.

8. 1. πινυτόφρ.: vgl. Quint. Sm. 14, 630. – Vgl. Od. 11,170–179.

9. Lemma: In Ketten gelegt: wegen ihrer Liebschaft mit Poseidon. 1f. Text sehr fraglich. Vgl. Od. 11,235–259. – 3. ἕρκη deutet Wilam. als ,Gehöft'.

10. Hypsipyle: Tochter des Bakchossohnes Thoas von Lemnos, war von Seeräubern geraubt und an Lykurgos, König von Nemea, verkauft worden. Dort betreute sie dessen Kind Archemoros, das von einer Schlange verschlungen wurde. Dafür wollte Lykurgos' Gattin Eurydike sie töten. 5. Asopos: Fluß bei Sikyon. 6. Vgl. Ilias 21,58.

11. Seriphos: Kykladeninsel. Einem anderen: Perseus. Die im Turm eingeschlossene Danaë war von Zeus in Gestalt eines goldenen Regens besucht worden und hatte ihm den Perseus geboren. Später wollte Polydektes sie zur Ehe zwingen. 1. Du auch: wie vorher schon Zeus. – Vgl. Pindar Py. 12,15–31.

12. Die Sage wird nur an dieser Stelle erwähnt. Ob Ixion mit dem im Hades ans Rad gefesselten identisch ist, bleibt fraglich.

13. Vgl. Antonin. Lib. 33.

14. 3. Der: Apollon. – Vgl. Od. 11,576. Das Motiv ist künstlerisch viel behandelt.

15. Text sehr unsicher. Aleïsche Ebene: in Ostkilikien. 3. Iobates: König von Lykien (Ilias 6,152-195). Künstlerische Darstellungen: s. v. Prittwitz-Gaffron: Bellerophon in der antiken Kunst, 1888.
16. Tempeltor: an Südseite. Bestrafung: wegen ihrer Beziehungen zu Poseidon.
4. Vgl. I 94,4.
17. Zur Geschichte s. Lucilius: Aetna 620; Strabon 6, 2, 3; Photios bibl. 232 H.
18. Statuen beider Heroen im Heraion von Argos und in Delphi. Künstlerisch oft dargestellt, vor allem in einem Relief von Venedig (Reinach III 248). – Ausführlich erzählt von Herodot 1,31; vgl. Cougny 3,152 und B. A. van Groningen Mnemos.
12, 1944, 34ff.

ERLÄUTERUNGEN ZU BUCH IV

1. Vgl. Vorwort. 1. Meleagros schwebt eine Kanephore vor. 5. Viel: Von Moiro enthält die heutige Anthologie nur noch 2 Epigramme. 13. Anspielung auf die Sage von Hyakinthos, Apolls Liebling, den dieser mit dem Diskos so unglücklich traf, daß er starb. Aus seinem Blut entstand die Hyazinthe. Welche Blume die Griechen darunter verstanden, ist strittig (Gartenhyazinthe [so Stadler], Siegwurz, Rittersporn, Türkenbund?). Die Griechen fanden in den Blütenblättern die Zeichen AI d.i. Ach. 15. Leonidas von Tarent. 19. Minze: Medizinalpflanze, doch auch Aphrodite heilig. 22. Bitterer Honig: so auch XII 81,2. Der „bitter-süße Eros" schon bei Sappho. Gemeint die Liebesdichtung des Kallimachos. 23. Lychnis: Aphroditeblume.
24. Dioskorides. 27. Vgl. Hipponax fr. 57 D³, Kallimachos fr. 412 Pf. 31. Eppich: Petersilie. 39. Alexandros von Pleuron. 42. Jung: weil Zeitgenosse Meleagers. Phoinikisch: Antipatros stammte aus Sidon. 44. Gabe des Hermes: der Name des Hermodoros paßte nicht in den Vers; aus Vers 43 schließt man, daß er aus Syrien stammte. 46. Sikelides: Spitzname (wohl Anagramm) für Asklepiades; vgl. Theokrit 7,40 und Scholien. Röschen: Anemone. 47. Goldener Zweig: Chrysanthemum?
50. Anspielung auf Arats Phainomena. – Vgl. XII 256.
2. Vgl. Vorwort. 6. Knappere Kunst: zum Umfang des Ep. vgl. S. 27 f.- 7. Antipatros von Thessalonike. Korymbos: Efeuart mit weißen Früchten. 9. Tullius: Philippos nahm den Tullius Geminus, Tullius Laureas und Tullius Sabinus auf.
3. Vgl. Vorwort. 14. Von einem Menschen ohne Geschmack; vgl. Aristophanes Friede 21 und Persius 2,57. – 16. Nachahmung von Aristophanes Plutos 325. 29 ff. Desgl. Ritter 54-57. – 34. Leiter: Symposïarch. 43. Justinian. 49. Mit Persien, das Agathias als gewappnetes Weib vorschwebt, hatte Justinian sehr schwere Kämpfe (528-532, 540-545, 561). 52. Ausonisch: römisch; die Byzantiner fühlten sich als Erben römischer Macht und nannten sich selbst gern Rhomaier (vgl. IX 155); vgl. Vers 76f. Das Wort Hellenes hatte die Bedeutung „Heiden" angenommen und behielt sie bis ins 19. Jahrhundert; erst im Freiheitskampf (1821-1828) tauchte das Wort Hellenen als Volksname in Griechenland wieder auf, aber selbst heute noch bezeichnen sich die Griechen weithin als Rhomaier ('Ρωμηοί) (Kakridis); vgl. Titel zu Buch I S. 121 Anm. 1. – 53. Hesperien: Der ganze unterworfene Westen: die Ostgoten in Italien (unterworfen 552-53), die Westgoten in Spanien (554), die Vandalen in

Afrika (534). 54. Iberische Furt: Straße von Gibraltar. 55. Folgende Zwingherrn: Nachfolger Theoderichs: Theodahad, Witiges, Totila, Teja. 57. Gemeint wohl Rom (nicht Konstantinopel, das „neue Rom"), das Narses i.J. 553 eroberte. 58. Kyta: Geburtsstadt Medeias in Kolchis; dort hatte Jason Stiere mit ehernen Füßen an den Pflug gespannt und Drachenzähne in die harte Erde („das Feld des Ares") gesät, aus denen Riesen hervorwuchsen (Apollonios Arg. 3,401–471, 1278–1345). 61. Phasis: Fluß in Kolchis, jetzt Rion. 66. Iolkos: Stadt in Thessalien. 67. Held von Pagasai (Hafen von Iolkos, von wo die Argonauten abfuhren): Jason. 71. Jungfrau: Medeia. 73. Anspielung auf die Kämpfe an der Phasismündung 549–52. – 74. Hyrkan. Golf: Kaspisches Meer. 75. Aithiopisches Meer: Südteil des Roten Meeres. 79. Massageten: Südlich vom Aralsee. 81. Hydaspes: Zufluß des Indus. 88. Nasamonen: Uraltes Volk an der Großen Syrte in Afrika, damals längst in den Numidern aufgegangen. 96. Tanaïs: Don, Grenze zwischen Europa und Asien; vgl. Dionysios Periegetes V. 14–16, an den Agathias sich hier eng anlehnt. 97. Maiotisches Meer: Asowsches Meer. 106. Elegisch: weil in Distichonform. 115f. Eine Entschuldigung des christlichen Dichters (Mattsson). 118. Wir: Alle Dichter, auch Agathias. 120. Gemmen und Kameen. 130. Wörtlich: „In der 7. Biene"; vgl. Vers 105. Biene scheint in byzant. Zeit die Bedeutung „Sammlung" gehabt zu haben; auch Antonios Monachos und Salomo von Bahra (um 1222) nennen ihre Sammelwerke „Biene"; vgl. auch die Sammlung von Elpis Melena: Kreta-Biene oder kretische Volkslieder usw., 1874, und „Wabe" in IX 190. – 134. Säulen: Stelen mit Reliefs (Guillon). Vgl. Cicero pro Archia 30. – 142. Vgl. IX 401 und Properz 3, 2, 25:

> Aber des Genius Ruhm wird niemals ein Äon vernichten,
> ewig steht er und blüht mit sich erneuerndem Glanz.

> At non ingenio quaesitum nomen ab aevo
> excidet: ingenio stat sine morte decus.

ERLÄUTERUNGEN ZU BUCH V

1. 3. Vgl. I 88,3. – Zum Lemma vgl. IX 179,1, Cougny 4,61.

2. Dichter: Marcus Argentarius (Stadtm.), Rufinos (Boas). Gleiche Anekdote bei Ailian 12,63. Vgl. V 243, XII 125 und Vergil Buc. 8, 108: Wer liebt, dichtet sich selber Träume (Qui amant, ipsi sibi somnia fingunt).

3. Ein Schulmeister spricht. 4. Vgl. Kallimach. fr. 500 Pf. 5. Tithonos: Geliebter der Eos, der von Zeus Unsterblichkeit, aber nicht ewige Jugend erbat und erhielt; so schrumpfte er zusammen. Zum Taglied vgl. V 172, 223, XII 137 und das Volkslied bei Hiller-Crusius S. 323 Nr. 30.

4. 1. Vgl. 5,1. – 1f. Vgl. Martial 14,39. – 5. Xantho: vgl. IX 570 (= Xanthippe V 131, XI 41?).

5. Die Lampe spielt seit Asklepiades (V 7) in der Liebesdichtung eine große Rolle; vgl. 4, 8, 128, 197, 263, VI 162, 333. So noch in der modernen Lyrik bis auf Rudolf Presbers „Die kleine Lampe".

6. 3f. Ähnlich das ganze Altertum; vgl. Hesiod Frg. 187 Rz., Sophokles Frg. 741 N: „Ins Wasser schreib ich eines Weibes Schwur hinein (ὅρκους δ' ἐγὼ γυναικὸς εἰς ὕδωρ γράφω)." Publilius Syrus (A 37): „Der Eid, den Liebe schwor, trägt keine Strafe (amantis iusiurandum poenam non habet)." Catull 70,3 f. (der dieses Gedicht nachahmt), Tibull 1, 4, 21:

Schwöre getrost! Meineide, die keck du der Venus geschworen,
tragen die Winde hinweg weit über Lande und Meer.

Nec iurare time: Veneris periuria venti
irrita per terras et freta summa ferunt.

6. Die Megarer hatten in Delphi angefragt, ob es eine Stadt gebe, die bedeutender sei als die ihre. Darauf antwortete der Gott mit dem Spruch (AG XIV 73), die Megarer seien nicht die Ersten, nicht die Dritten und nicht die Zwölften: „Ihr rechnet nicht, zählt überhaupt nicht." Das wurde geflügeltes Wort; vgl. 280.

7. Dichter: Marcus Argentarius (Reitzenstein, Stadtm.); vgl. IX 554 und Mus. Helv. 19, 1962, 202.

8. 5. Vgl. V 6. – Wohl auf einen Knaben trotz des Lemmas.

9. 3. Vgl. X 99,4. – 5. Koressos: Burghügel in Ephesos, ältester Stadtteil. Tempel: Es war ein Dipterostempel, 133 m lang und 69 m breit, mit 128 jonischen Säulen. Im J. 263 von den Goten geplündert und eingeäschert, später nur notdürftig wieder instandgesetzt. Unter Konstantin (306–337) zuletzt erwähnt; vgl. Lemma zu IX 58. – 7. Rufinos' Heimat, vielleicht Samos (so Sandre), lag also höchstens eine Tagereise von Ephesos entfernt. War er damals Student in Ephesos?

10. Vielbehandeltes Thema; vgl. 58, 98, 224, 268 usw.

11. Dichter: Asklepiades (Sternbach), Asklepiades oder Poseidippos (Stadtm.). Aphrodite galt als die Schutzgöttin der Seefahrer. Aphrodite Euploia hatte einen Tempel in Knidos (mit Statue des Praxiteles) und im Piräus; vgl. IX 143 und Pausanias 1, 1, 3. – Schiffbruch zu Land: Vgl. 209 und 235. – Vgl. X 21.

12. Prodike: s. zu 66.

13. 3 f. Vgl. Lucilius (859 M):

Straff hier siehst du den Körper, hier siehst du am marmornen Busen
prall die Brüste noch stehn.

Hic corpus solidum invenies, hic stare papillas
pectore marmoreo.

Solche Komplimente an schöne Alte finden sich in allen Literaturen; vgl. hier V 48, 62, 258, 282, VII 217 usw.

14. 4. Vgl. 78, 171, XVI 266,1 und Johannes Secundus El. 1, 5, 88: Animam sugere suaviolis (mit süßen Küssen die Seele heraufsaugen).

15. 1. Praxiteles und Polykleitos: Bildhauer um 375 bzw. 425 v.C. 3. Melite s. 36 und 94. – Nachahmung von XII 57.

16. 6. Hunde: Geld.

17. 4. Eidothea: Braut des Dichters. – Vgl. zu VI 251.

18. 5. Natürlich: vgl. XII 192. Vgl. Horaz Sat. 1, 2, 47.

19. 2. Klapper, Diskos: Spielzeuge der Mädchen bzw. Knaben. 3 f. Vgl. XII 7,2. – 5. Erymanthos: Gebirge Arkadiens. 5 f. Zur Bezeichnung des Unmöglichen, wie oft im Griechischen; so schon Archilochos Frg. 74 D; auch Vergil Buc. 1,60, Horaz ars poet. 30. – Vgl. V 208, XII 17.

21. 1. Prodike s. zu 66. Zum Gedanken vom Recht auf Wiedervergeltung (ius talionis) im Liebesleben vgl. Ep. 23, 28, 52, 164, 204, 271, 273, 298 usw.

22. Boopis: „kuhäugig".

23. Dichter: Rufinos (Pfeiffer, dem Fr. Zucker und Luck [Class. Quarterl. 50, 1956, 225] widersprechen). 1. Konopion: „Mückchen". 4. Traum: s. 25,6; 76,4. - Das Paraklausithyron, das Klagelied vor der verschlossenen Tür des Mädchens, schon bei Alkaios (Frg. 65 D): Δέξαι με κωμάσδοντα, δέξαι, λίσσομαί σε, λίσσομαι. Das gleiche in V 145, 164, 167, 189, 191, 213, XII 23, 167, 252. Häufig auch bei den Römern.

24. Heliodora: nach Radinger in Tyros.

25. Dichter: Meleagros oder Asklepiades (Stadtm.). Die Handschriften schreiben τοῦ αὐτοῦ d. i. Philodemos. Doch wird Nr. 24 von der modernen Forschung mit Recht Meleagros zugewiesen; dadurch wird die Bezeichnung τοῦ αὐτοῦ etwas fraglich. 3. Es handelt sich also wohl um eine Verheiratete. 6. Vgl. zu 23,4.

26. Dichter: Rufinos (Jacobs). Seit der Römerzeit färbte man gerne das Haar oder trug eine Perücke.

27. 4. Frauen (aber auch Männer) trugen goldene Ringe um die Knöchel (περισφύρια), auch um Waden und Oberschenkel (περισκελίδες).

28. Vgl. XI 53, XII 234. Der Gedanke ist häufig im XII. Buch, z. B. 24 ff.

29. 2. Vgl. Catull 99,13: Ein Küßchen, herber als herbste Nieswurz (Suaviolum tristi tristius helleboro). - Das Problem Liebe und Geld ist häufig im Altertum behandelt; vgl. 2, 30 ff., 50, 113, 217 u. ö.

30. Vgl. Tibull 2, 4, 33:
Nur wenn reiche Geschenke du bringst, dann weichen die Wächter,
auf springt plötzlich das Schloß, ja, und es schweigt gar der Hund.
Ach, der Gott, der die Schönheit habsüchtigen Frauen verliehen,
fügte ein köstliches Gut zahlreichen Übeln hinzu.
Sed pretium si grande feras, custodia victa est,
nec prohibent claves, et canis ipse tacet.
Heu, quicumque dedit formam caelestis avarae,
quale bonum multis addidit ille malis!

31. 5. Nestor: der auch 3 Zeitalter sah (Ilias 1,250). 5. Gleiche Deutung bei Horaz Od. 3,16 und Ovid am. 3, 8, 30, vgl. ars am. 2,277.

32. 2. Binchen: Übersetzung des Namens Melissa. - Zum Problem Liebe und Geld s. zu 29. Die Komik will's nur, daß der Dichter Argentarius heißt. - Vgl. 163.

33. Vgl. 31 und Lukian Göttergespr. 2.

34. Vgl. XII 239.

35. Derselbe Schönheitswettbewerb bei Alkiphron 1, 39 und Athenaios 12, 554 c.

36. Nach 6 fiel nach Jacobs ein Distichon, das Melite betraf, aus; andere setzen die Lücke nach 7 bzw. nach 8.

37. Vgl. Martial 1, 57 und 11, 100:
Ich will kein Liebchen, Flaccus, allzu dünnleibig,
das meine Fingerringe nimmt als Armreifen,
bei dem das Knie ein Dorn, die Backe Kratzeisen,
die Hüfte Säge ist, der Steiß ein Spießeisen;
doch will ich auch kein tausendpfündig Weib haben:
ich liebe Fleisch, von Fett bin ich kein Liebhaber.

> Habere amicam nolo, Flacce, subtilem,
> cuius lacertos anuli mei cingant,
> quae clunc nudo radat et genu pungat,
> cui serra lumbis, cuspis emicet culo.
> Sed idem amicam nolo mille librarum:
> carnarius sum, pinguiarius non sum.

Das weibliche Schönheitsideal scheint im ganzen Altertum die Schlankheit gewesen zu sein; vgl. Aristophanes Ekkles. 539; Wolk. 1017, Theokrit. 10, 24, Leonidas von Tarent V 206, Meleagros V 173, Marcus Argentarius V 102, Nikarchos V 38, Agathias V 218, 220, 282, 292; παχύς hat bei Aristophanes und bei Lukian die Bedeutung von „dick" und „dumm".

38. 4. Den Simylos identifiziert L. Herrmann (s. zu 125) mit dem in [Vergils] Moretum 121, bei Plutarch Rom. 17 sowie dem in XI 187 genannten und setzt ihn in die Zeit um 50 n. C.

40. Es spricht der Liebhaber des Mädchens. – Damit vgl. den Brief v. J. 1 v. C. Witkowski: Epistulae priv. Gr., quae in pap. servantur, 131): „Hilarion grüßt herzlich seine Schwester (= Frau) Alis ... Ich bin noch in Alexandria. Ängstige dich nicht, wenn alle heimkommen und ich noch in Alexandria bleibe. Ich bitte dich dringend, sorg für das Kind. Sobald ich Lohn bekomme, schicke ich dir was. Wenn du mit Gottes Hilfe niederkommst und es ein Junge ist, so laß ihn leben; ist es ein Mädchen, so setz es aus. Du hast Aphrodisias gesagt: ‚Vergiß mich nicht!' Wie kann ich dich vergessen? Ich bitte dich also, ängstige dich nicht! ('Ιλαρίων "Αλιτι τῇ ἀδελφῇ πλεῖστα χαίρειν ... καὶ νῦν ἐν Ἀλεξανδρέᾳ ἐσμέν. μὴ ἀγωνιᾷς, ἐὰν ὅλως εἰσπορεύονται, ἐγὼ ἐν Ἀλεξανδρέᾳ μένω. ἐρωτῶ σε καὶ παρακαλῶ σε, ἐπιμελήθι τῷ παιδίῳ· καὶ ἐὰν εὐθὺς ὀψώνιον λάβωμεν, ἀποστελῶ σε ἄνω. ἐὰν πολλὰ πολλῶν τέκῃς, ἐὰν ἦν ἄρσενον, ἄφες· ἐὰν ἦν θήλεα, ἔκβαλε. εἴρηκας δὲ Ἀφροδισιᾶτι, ὅτι μή με ἐπιλάθῃς. πῶς δύναμαί σε ἐπιλαθεῖν; ἐρωτῶ σε οὖν, μὴ ἀγωνιάσῃς)."

41. 1. Vgl. 248. – Vgl. 43.

42. Vgl. XII 200, Martial 1,57. Ähnlich Ausonius Ep. 56 P:

> Frauen, die wollen, will i c h nicht; ich will eine Frau nur, die nicht will;
> nicht nach der Sattheit begehrt Venus, sie will den Triumph.
> Schal sind gebotne Genüsse und unlieb verweigerte Freuden:
> Sättigung suche ich nicht, doch auch nicht Folter und Qual.
> Kypris, die nackte, nicht sei's, noch Diana mit doppeltem Gürtel;
> jene bietet zu viel, diese zu wenig an Lust.
> Klug dagegen die Frau, die weislich die mittlere Venus
> feilhält, indem sie das Nein glücklich vereint mit dem Ja.
> Hanc volo, quae non vult; illam, quae vult, ego nolo;
> vincere vult animos, non satiare Venus.
> Oblatas sperno illecebras, detrecto negatas;
> nec satiare animum nec cruciare volo.
> Nec bis cincta Diana placet nec nuda Cythere;
> illa voluptatis nil habet, haec nimium.
> Callida sed mediae Veneris mihi venditet artem
> femina, quae iungat, quod „volo, nolo" vocant.

43. 2. Die Neupythagoreer hatten strenge, asketische Vorschriften, die sogar Ehe und Fleischgenuß verboten; s. VII 121, Diog. Laërt. 8,19. – 6. Vgl. Juvenal 1, 56f.

44. Nachahmung von 161.

45. 2. Natur: loca naturalia.

46. 7. Wo wohnst du: Kaibel und Wackernagel deuten (kaum richtig): Wo wirst du sein? – Krieg's raus: Sie will (wie oben den Namen) auch die Wohnung verschweigen. 8. Zum Schluß vergl. XII 184. – Vgl. 101, 308.

47. In Altertum und Neuzeit oft behandeltes Motiv, z. B. V 306, XI 29, XII 216, 232; Tibull 1, 5, 39:

> Oft umarmte ich andre; doch wenn ich den Freuden mich nahte,
>> mahnte an Delia mich Venus und ließ mich im Stich.
>
> Saepe aliam tenui; sed iam, cum gaudia adirem,
>> admonuit dominae deseruitque Venus.

Ausführlich bei Ovid. am. 3,7; Ariost Ras. Rol. 8 Str. 49f.; Goethe Tagebuch von 1810.

49. Dichter: Aelius oder Didius Gallus [Reiske], Cornelius Gallus [Jacobs], Gaetulicus (Gallus) [Preisendanz], Tuticanus Gallus [Cichorius]. 1. Lyde: nach L. Herrmann (s. zu 125) die gleiche wie bei Horaz Od. 2,11; 3,11 und 28. – 2. Vgl. XI 225. – Vgl. Prokop An. 9,18: (Θεοδώρα) κἀκ τριῶν τρυπημάτων ἐργαζομένη und Martial 10, 81:

> Cum duo venissent ad Phyllida mane fututum
>> et nudam cuperet sumere uterque prior,
> promisit pariter se Phyllis utrique daturam
>> et dedit: ille pedem sustulit, hic tunicam.

50. Dichter: Dionysios Sophistes (Stadtm.), Claudian (Fargues). Claudian hat das Ep. zweimal im Lateinischen nachgeahmt (39, 40):

> Grausame Armut bedrängt mich, es quält mich der grimme Cupido:
>> Halt ich den Hunger auch aus, Liebe ertrage ich nicht.
>
> Paupertas me saeva domat dirusque Cupido:
>> sed toleranda fames, non tolerandus amor.
>
> Hungrig bin ich vor Armut, und Amor beschießt mich mit Pfeilen,
>> doch von dem lästigen Paar zieh ich die Armut noch vor.
>
> Esuriens pauper telis incendor amoris:
>> inter utrumque malum diligo pauperiem.

51. Dichter: Dionysios Sophistes (Stadtm.). 2. Göttin: Aphrodite.

52. 5. Wehruf: des Sosipatros am Hochzeitstag Arsinoës.

53. 1. Adonis: Sohn des Kinyras, Liebling Aphrodites, von einem Eber getötet, weilt die Hälfte des Jahres bei Persephone, die andere bei Aphrodite. Bei dieser Feier, die dem zu Persephone Zurückkehrenden gilt (Vers 4), wird der Tote beklagt (2). Gerne schauten hier die Männer zu (Ovid ars am. 1, 75). Sein Kult schon bei Hesiod (fr. 32 Rz.³) und Sappho (21, 107, 132b D). 2. Gelaß: Laubhütte. – Vgl. 193.

54. Dichter: Rufinos (Boas).

55. Dichter: Rufinos (Boas). Situation wie 202f. 4. Bahn: Vgl. Lucrez 4, 1197: Spatium decurrere Amoris. 5f. Vgl. Ovid ars am. 2, 721:

> Funkeln dann wird, du siehst's, in zitterndem Glanze ihr Auge,
>> wie sich die Sonne im Meer spiegelt und glitzert und glüht.

Aspicies oculos tremulo fulgore micantes,
> ut sol a liquida saepe refulget aqua.

7 f. Vgl. Apuleius Met. 2, 17, 4: Usque dum lassis animis et marcidis artubus defatigati, simul ambo corruimus, inter mutuos amplexus animas anhelantes.

56. Dichter: Rufinos (Boas). 7. Sprichwörtlich, s. VII 100,3. – 7 f. Midas, dem König von Phrygien, gab Apollon Eselsohren, weil er im Sangeswettstreit des Gottes mit Pan den letzteren als Sieger bezeichnet hatte. Des Midas Diener, der dieses Geheimnis nur schwer wahren konnte, teilte es wenigstens dem Rohr mit. Seitdem raunt dieses für alle Welt: „Midas hat Eselsohren". – Von Weinreich auf Athenion (Ep. 138) bezogen.

57. Ψυχή = Seele und Schmetterling (Motte). Vgl. XII 132.

58. Vgl. zu 10.

59. Publilius Syrus (N 57): Dem Tode und der Liebe kann kein Mensch entgehen (Nec mortem effugere quisquam nec amorem potest). Vgl. XVI 213.

60. 5. Eurotas: Spöttische Bezeichnung der Pubes wegen des Anklangs an εὐρύς. Im übrigen vgl. Ovid ars am. 2, 613:

Venus selber ja zieht, sooft die Umhüllung sie ablegt,
> halb sich zurück und bedeckt scheu mit der Linken den Schoß.

Ipsa Venus pubem, quotiens velamina ponit,
> protegitur laeva semireducta manu.

61. 1. Pflöckchen: Das sonst κυνδαλισμός genannte Spiel, wobei man mit einem Pflock einen im Sand steckenden Pflock herausschlagen mußte, so daß der eigene stecken blieb. Sed hic de alio ludo agitur.

62. 2. Vgl. VI 76,4, XI 54,2. – 4. Äpfel s. 258. – 6. Die 2. Ergänzung des Korrektors lautet: Als du erprobend das Meer maiender Tage durchfuhrst. Vgl. 13.

63. 1. Antigone s. V 128, VI 333, XI 320. Sizilisch: Keydell will hierin ein Wortspiel mit „sic" = ja sehen, Hughes und Notopoulos (Amer. Journ. of Phil. 1946, 150) ein Wortspiel mit σιγηλή. 2. Bittynierin: Im Original Αἰτωλήν von αἰτέω (fordere). Spartaner: Im Original Μῆδος = μὴ δούς (nicht gebend). Vgl. XII 174.

64. 6. Anspielung auf Danaë. – Vgl. 168.

65. Dichter: Poseidippos oder Dioskorides (Stadtm.), Synesios (Pezopulos). Vgl. IX 48. – 2. Mutter: Leda.

66. Waltz will in den Prodike-Gedichten die Skizze eines kleinen Romans erkennen und ordnet: 66 (erster fruchtloser Versuch), 12 (Sieg der Liebe), 103 (bei einem Zwist), 21 (endgültige Trennung).

67. Vgl. zu V 301. Vgl. Bürgers „Reiz und Schönheit":

Bei des stillen Reizes Mangel
> zieht kein schönes Angesicht:
> denn der Bissen sonder Angel
> lockt wohl, aber fängt doch nicht.

68. Dichter: Lukillios (Weigand). Muster für 88 und 97. Vgl. Tibull 1, 2, 65: Nicht, daß völlig mich meide, daß gleich nur wäre die Liebe, bat ich.

Non ego totus abesset amor, sed mutuus esset, orabam.

Ausonius ahmt unser Ep. zweimal nach (Ep. 90f.):

Lösche die Liebe mir aus oder laß sie sich einen, Cupido:
> setz von den Herzen doch keins oder setz beide in Brand.

Hoc, quod amare vocant, solve aut misceto, Cupido:
    aut neutrum flammis ure vel ure duo.

Lösche das Feuer, von dem ich, o gute Dione, verzehrt bin,
    oder entzünde es dort: mach es uns beiden nur gleich.

Aut restingue ignem, quo torreor, alma Dione,
    aut transire iube; vel fac utrimque parem.

Vertiefter faßt das Problem erst P. Lotichius Secundus El. 6, 34:

Immerdar, Sthenius, lieb ich; denn immerdar möcht ich geliebt sein:
    selbstlose Liebe nur bringt wechselnd die Liebe als Frucht.

Semper amo, Stheni, quoniam volo semper amari;
    mutuus est casti fructus amoris amor.

69. 1. Vgl. Od. 11, 604. – 3. Hirt: Paris.

70. 1. s. 94. – 4. s. 95, 146. – Vgl. Ep. Bob. 33:

Einstmals gab es drei Grazien; doch als meine Lesbia lebte,
    waren es vier. Sie starb: drei sind es wieder seitdem.

Tres fuerant Charites, sed dum mea Lesbia vixit,
    quattuor. At periit: tres numerantur item.

71. Dichter: Rufinos (Schneider, Brunck), Palladas (Reiske, Jacobs, Stadtm., Wifstrand u.a.). Protomachos: „erster im Kampf". Nikomache: „Siegerin im Kampf". Lysimachos: „Befreier vom Kampf". Andromache (vgl. XI 378,5): „die mit dem Mann Kämpfende".

73. Vgl. Ovid Metam. 3,131–252.

74. Die Anfangsbuchstaben der 4 ersten Blumennamen (κρίνον, ῥοδέη, ἀνεμώνη, νάρκισσος) und der letzte Blumenname ganz (ἴον) ergeben das Akrostichon κράνιον (Totenschädel); also ein Memento mori (Harmon Class. Philol. 1927). Ähnliche Akrosticha bei Ausonius Ep. 85 und 87 P; vgl. auch V 115. – Der Gedanke selbst ist häufig in der Anth.; vgl. besonders XII 234. – Nachgeahmt von Marullus Ep. 2:

Has violas atque haec tibi candida lilia mitto.
    Legi hodie violas. candida lilia heri;
Lilia, ut instantis monearis, virgo, senectae,
    tam cito quae lapsis marcida fit foliis.
Illae, ut vere suo doceant ver carpere vitae,
    invida quod miseris tam breve Parca dedit.
Quod si tarda venis, non ver breve, non violas, sed
    pro facinus! sentes, cana, rubosque metes.

76. 4. Im Traum: s. zu 23,4. – Nachahmung von 204.

77. Dichter: Palladas (Salmasius), Agathias (Sternbach), Claudian (Stadtm.), Rufinos (Wifstrand). 3. Vgl. Achilleus Tatios 4,8: „Aphrodites Werk hat Grenze und Sättigung." – Viel dezenter als der grobe Rufinos spinnt der Dichter der Anth. Lat. 700 R. das Thema:

Kurz und häßlich nur ist der Wollust Freude;
    geht die Wonne hinweg, dann kommt der Ekel.
Darum wollen wir nicht wie geile Tiere
    blind und hemmungslos gleich hinein uns stürzen;
denn die Liebe versiegt, die Glut verschwindet.
Still und ohne ein Ziel zu suchen, möcht ich

spielend nur unter Küssen bei dir liegen.
Das spart Mühe und schont das Schamempfinden,
das bot gestern mir Glück, beut's heut und morgen,
das ist ewiger Anfang – ohne Ende.
Foeda est in coitu et brevis voluptas,
et taedet Veneris statim peractae.
Non ergo ut pecudes libidinosae
caeci protinus irruamus illuc;
nam languescit amor peritque flamma;
sed sic sic sine fine feriati
et tecum iaceamus osculantes.
Hic nullus labor est ruborque nullus;
hoc iuvit, iuvat et diu iuvabit,
hoc non deficit incipitque semper.

78. Vgl. V 14, XII 73. Cato sagte (Plutarch Cato 8): „Die Seele des Verliebten lebt in einem fremden Körper." – Das Ep. wird von einem Zeitgenossen des Gellius (19, 11, 2 = Macrob Sat. 2, 2, 15) nachgeahmt, wobei allerdings die vielbewunderte Prägnanz des Originals verloren ging:

Indes mit halbgeschlossnem Mund	Dum semiulco savio
ich meinen Knaben jüngst geküßt	meum puellum savior
und seines Atems Blütenduft	dulcemque florem spiritus
ihm aus dem offnen Mäulchen sog,	duco ex aperto tramite,
da eilte meine Seele weh	anima mea aegra et saucia
und wund mir auf die Lippen hin,	cucurrit ad labeas mihi,
erspäht' in Mundes offnem Spalt	rictumque in oris pervium
und in dem weichen Lippenpaar	et labra pueri mollia
des Knaben einen Übergang	rimata itineri transitus,
und wollt zu ihm hinübergehn.	ut transiliret, nititur.
Wenn auch ein bißchen länger nur	Tum si morae quid plusculae
der Kuß damals gewesen wär,	fuisset in coetu osculi,
dann wäre sie vor Liebesglut	amoris igni percita
von mir hinweg zu ihm geflohn.	transisset et me linqueret,
Und welch ein Wunder gäb es nun!	et mira prorsum res foret,
Ich wäre in mir selber tot	ut ad me fierem mortuus,
und lebte in dem Jungen fort.	ad puerulum intus viverem.

Vgl. auch Tasso Befr. Jer. 16,19:
Sie neigt das Haupt, um wollustreiche Küsse
vom Auge bald, den Lippen bald zu ziehn.
Er seufzt in diesem Augenblick, als müsse
die Seele jetzt aus seinem Busen fliehn
und gleich aus ihm in sie hinüberwandern ...
Vgl. S. Gaselee Criterion 2, 1924, 349 ff., A. J. Festugière Rev. Etud. Gr. 65, 1952, 260.

79. Der Apfel war Aphrodite geweiht. Durch Zuwerfen eines Apfels erklärte man seine Liebe, durch Auffangen seine Gegenliebe (vgl. 290 f.).

80. 1. Vgl. VI 252,1. – Vgl. die Übersetzung in den Ep. Bob. 32:
Malum ego; mittit me quidam tibi munus amator.
Adnue: marcendum est, ut mihi, Flora, tibi.

82. Das Ep. muß, wie die relativ breite Überlieferung und die starke „Zerlesung"
zeigt, recht bekannt gewesen sein.

84. Das Gedicht ist ein Skolion (s. Hiller-Crusius S. 332 Nr. 25). Zum Wunsch
vgl. XII 142, 190, XV 35, Theokrit 3,13, Anakreont. 22 Pr. und die Skolien Hiller-
Crusius Nr. 23f.:

> Wär ich die schöne Leier doch, künstlich aus Elfenbein!
> Trügen die schönen Knaben mich zu dionysischen Chören hin.
> Εἴθε λύρα καλὴ γενοίμην ἐλεφαντίνη,
> καί με καλοὶ παῖδες φοροῖεν Διονύσιον ἐς χορόν.
> Wär ich in lautrem Golde doch funkelnd ein Prachtgeschmeid!
> Trüge das schöne Weib mich dort züchtigen Herzens am reinen Leib.
> Εἴθ' ἄπυρον καλὸν γενοίμην μέγα χρυσίον,
> καί με καλὴ γυνὴ φοροίη καθαρὸν θεμένη νόον.

Vertonung in Poeti lirici trad. da Romagnoli, Bd. 4 (1933) S. 331.

85. Vgl. Joh. Secundus El. 1, 5, 75:

> Sicherlich willst du dies alles dem grausamen Fergen bewahren,
>   der mit dem alten Kahn Lethes Gewässer durchfurcht,
> und von seiner Umarmung gelangst du zum Kusse des Hades.
> Ilicet ingrato servaveris omnia nautae,
>   Lethaeam veteri qui rate verrit aquam.
> Huius ab amplexu venies ad basia Ditis.

86. Bekannt ist Apolls Liebe zu den Nymphen Daphne, Koronis, Kyrene, Mar-
pessa, Merope sowie zu Hyakinthos, Amyklas u. a. – Die Verse werden von manchen
(so von Schenkl) als Bruchstück eines größeren Gedichtes betrachtet.

87. 1. Vgl. XII 54,1. – 5. Zu ἐυστ. Κυθ. vgl. Od. 8,288, hom. Hymn. 4,175 B,
Theogn. 1339. – Vgl. Siegfr. Kapper:

> Vergebens willst du hehlen es: du liebst;
>   deine Augen, die erzählen es: du liebst!
> Deine Wangen, die beschwören es: du liebst;
>   und schweigst – und alle hören es: du liebst!

88. 1. Flammender: Eros. – Nachahmung von 68.

90. Dichter: Argentarius (Stadtm.). 1. Duftige: s. 113,3. – 2. Vgl. IV 3,108ff.

91. Dichter: Marcus Argentarius (Stadtm.). Vgl. 143 und Flavios Philostratos
(um 170–250), der das Gedicht offenbar benutzt (Briefe 30): „Ich schicke dir einen
Kranz von Rosen, weniger um dich zu ehren, obwohl auch das, als um der Rosen
selbst willen, damit sie nicht verwelken. (Πέπομφά σοι στέφανον ῥόδων, οὔ σε
τιμῶν – καὶ τοῦτο μὲν γάρ –, ἀλλ' αὐτοῖς τι χαριζόμενος τοῖς ῥόδοις, ἵνα μὴ μαραν-
θῇ)." Vgl. auch Cougny 3,252 (τίς κόσμος ...) und Anth. Lat. 742 V. 34–37 R.

93. Vgl. V 167, VII 398.

94. If. Vgl. 70. 3f. nach Sappho 2 D. Vgl. Od. 6,149–159.

95. 1. Vgl. 146,1, IX 571,8, XVI 283,1. – 2. Vgl. VII 593,4. – Das Ep. stand ursprünglich vor Ep. 94 (Stadtm.). Vgl. die beiden Nachahmungen in den Ep. Bob.
34f.:

Musarum ⟨decima⟩ est ⟨Ico⟩ Cytherea secunda,
Gratia quarta: Ico Gratia, Musa, Venus. -
Musarum Xantho decima est, Cytherea secunda,
quarta Charis: Xantho Musa, Venus, Charis est.

96. Jacobs möchte das Ep. mit XII 113 vereinigen. - Zu Timarion vgl. 204 (= Timo
197f.?), XII 109, 113. Nachahmung in den Ep. Bob. 30:
Oscula, Chrysarium, viscum tibi, lumina flammae:
cum videas, uris; savia tange: ligas.

97. Nachahmung von 68.

99. Dichter: Nikarchos (Stadtm.). Vgl. XVI 278.

100. Dichter: Meleagros (Stadtm.). 3f. Vgl. XVI 214f.

101. Dichter: Philodemos (J. G. Schneider). Vgl. 46.

103. 4. Hekabe und Priamos: Typen sehr alter Leute. - Nach Geffcken ein Paraklausithyron.

104.1. Lysidike s.V 110, VII 374.- 4. Wie gerade beim Ausschreiten die Falten fließen.

105. 1. Menophile s. 113, 116. - 3. Chaldäer: Priesterkaste in Babylon, berühmt als
Astronomen. 4. Voller Doppeldeutigkeiten. Gewölb: Himmel und Palatum; Zwillinge: Sternbild und Orchides; Hund: Sternbild und Peos. - Zum Thema vgl. IX 554.

106. Vgl. 262, 289, 294.

107. 1. Vgl. XII 103, Hesiod WuT 353 und Archilochos (Pap. Ox. 22, 1954
Nr. 2310 fr. 1,14): ἐπίσταμαί τοι τὸν φιλέοντα μὲν φιλέειν, | τὸν ἐχθρὸν ἐχθαίρειν τε
καὶ κακο⟨στομέειν⟩. 8. Naïs: später Philodems Frau; vgl. X 21.

108. 5. Prote: „die erste"; zum Wortspiel vgl. V 247, VII 561, 599. - 6. Vgl.
IX 239,2. - In Mytilene, Krinagoras' Heimat, fand man Reste einer Grabinschrift
(CIG² XII 260) für eine Prote, die Rubensohn und Cichorius mit dieser identifizieren
möchten; s. zu VI 345.

109. 1. Zum Preis s. 125f. Europa: Wie die Geliebte des Zeus. - Vgl. IX 241.

110. 1. Kelle (Kyathos): Schöpfkelle, als Maß 0,045 l. 2. Euphrante s. VI 201.
4. Vgl. X 18,4.

111. Tereine: „die Zarte, Feine". - Vgl. 124.

112. 4. Vgl. XI 41,4 und Horaz Od. 3,14,25: Lenit albescens animos capillus.
5. Vgl. Vergil Ecl. 7,24ff. und Horaz Od. 4,12,28: Dulce est desipere in loco. -
Goethe Epigr. 55:
Tolle Zeiten hab ich erlebt und hab nicht ermangelt,
selbst auch töricht zu sein, wie es die Zeit mir gebot.

113. 2. Hunger: Anspielung auf das Sprichwort: Hunger macht der Lieb ein End
(Krates 14 D). 5. Homerische Formel, z.B. Od. 1,170. - 6. Vgl. Favorin. de exil.
16,40: οὐδεὶς φίλος οὐδὲν ἔχοντος. - Vgl. X 35.

114. 3. Weil älter geworden.

115. 3. Hysiai: Stadt in Boiotien und Städtchen in Argolis. Demo s. XII 173.
Zum Namenwortspiel vgl. XII 165. - Aus den Ortsnamen (Pa-phos, Sa-mos, Hys-iai,
Argolidos) ergibt sich das Akrostichon πᾶσα ὗς 'Αργολίδος (jede ein Schwein von
Argolis); zur Erklärung: In Argos wurde am Hysterienfest alljährlich der Aphrodite
ein besonders auserlesenes Schwein geopfert (darüber Preller: Grch. Myth. 1, 290,
3); s. zu 192; zur Bedeutung von Schwein (χοῖρος) vgl. XI 329; das Akrostichon muß
bekannt gewesen sein, da Rufinos es in V 74 (formal) nachahmt.

116. 2. ἔνεστι νόος: vgl. Sol. 8, 6 D, Theogn. 88, 622. – Vgl. Martial 11, 43:
> Grimmig lärmst du und schiltst, da mich du beim Knaben betroffen,
> Frau, und sagst mir, auch du hättest das gleiche wie er.
> Wie oft sagte das schon die Juno dem losen Kronion,
> dennoch teilte auch er mit Ganymedes das Bett.
> Auch der Tirynthier entsagte dem Bogen und suchte sich Hylas:
> Meinst du, die Megara hab nicht einen Hintern gehabt?
> Deprensum in puero tetricis me vocibus, uxor,
> corripis et culum te quoque habere refers.
> Dixit idem quotiens lascivo Iuno Tonanti?
> Ille tamen gracili cum Ganymede iacet.
> Incurvabat Hylam posito Tirynthius arcu:
> tu Megaram credis non habuisse nates?

117. Der Dichter hört aus Cornelius (vgl. IX 411) das Wort ἥλιος heraus. Beachte die Dreiheit Wärme, Licht, Feuer. L. Herrmann (s. zu 125) denkt an Corn. Gallus.

120. Auf ein Bild.

121. 3. Gürtel s. Ilias 14, 214.

122. Dichter: Heliodoros (Salmasius), Diodoros von Tarsos (Weigand), Diodoros Zonas von Sardes (Stadtm.). 3. Von Grazien gebadet: sprichwörtlich, vgl. XII 38, 1.

123. 1 ff. Vgl. Properz 1, 3, 31:
> Endlich erreichte der Mond die gegenstehenden Fenster,
> und das verweilende Licht emsig verbreitend umher,
> öffnete er mit dem Strahl ihr sanft geschlossenes Auge.
> Donec diversas praecurrens luna fenestras,
> luna moraturis sedula luminibus,
> compositos levibus radiis patefecit ocellos.

124. Dichter: Marcus Argentarius oder Lollius Bassus (Kaibel). 6. Vgl. 111. – Vgl. 131.

125. 1 f. Anspielungen auf Danaë, Europa und Leda. – Nach L. Herrmann (L'antiquité class. 27, 1958, 92) war diese Korinna die Geliebte des Properz (3, 15, wo Lycinna Deckname; vgl. auch 2, 3, 21), dann die des Ovid (am. 3, 1, 49; vgl. auch 1, 10, 3 ff.), dann die des Lollius Bassus (kaum richtig). – Vgl. 109.

126. 1. Talent: 4800 M. 6. Zwillinge s. 105. Horaz Sat. 1, 2, 43: Quin etiam illud accidit, ut cuidam testes caudamque salacem demeteret ferrum. – Vgl. 109.

128. 1 f. Solche Paronomasien schon bei Homer (Ilias 13, 130 ff.); im Erotischen bei Archilochos (fr. 72 D), Lucilius (305 M), Ovid (am. 1, 4, 43). – 4. Vgl. 181, 12.

129. 2. Zu ἐξ ἁπαλῶν ὀνύχων vgl. Plut. lib. educ. 5, Cic. ep. 1, 6, 2. – 7. Zu ἐπιρίψῃ verweist Chardon auf Aristoph. Lys. 229, Boissonade auf Priap. 83, 24 f. – Vgl. V 222, IX 139, zu XII 37 und Vergil Copa 1:
> Schenkin Syriska, das Haupt mit griechischer Binde umwunden,
> die ihre Hüften so flink zur Kastagnette bewegt,
> tanzt in der rauchigen Schenke betrunken die frechsten Figuren. ...
> Copa Syrisca, caput Graeca redimita mitella,
> crispum sub crotalo docta movere latus,
> ebria fumosa saltat lasciva taberna. ...

Martial 6,71:

Die zu bätischem Klang in pikanten Figuren sich darstellt
und gaditanischen Tanz trefflich zu meistern versteht,
die auch den zitternden Pelias noch und am Scheiterstoß Hektors
Hekubas alten Gemahl noch zu erregen vermag. ...

Edere lascivos ad Baetica crusmata gestus
et Gaditanis ludere docta modis,
tendere quae tremulum Pelian Hecubaeque maritum
posset ad Hectoreos sollicitare rogos. ...

130. 6. Vgl. Herodot 1,8.

132. 2. Kamm: Pubes. 7. Flora: Berüchtigte Geliebte des Pompeius (Plutarch Pomp. 2,3-5). 8. Andromeda: Tochter des aithiopischen Königs Kepheus und der Kassiopeia. Im Wort India ist in der Spätzeit auch Arabien und Aithiopien miteinbegriffen. Perseus errettete Andromeda vor einem Meerungeheuer und nahm sie zum Weib (vgl. XVI 147). 7f. Vgl. V 210. - Zum Ganzen vgl. Ovid am. 1, 5, 19:

Welche Schultern und Arme bekam ich zu sehn und zu streicheln!
Und wie füllte die Brust schmiegsam und voll mit die Hand!
Welch ein Bäuchlein! Wie glatt und schlank unter schwellendem Busen!
Und ihre Hüften, wie rund! Und ihre Beinchen, wie jung!

Quos umeros, quales vidi tetigique lacertos!
Forma papillarum quam fuit apta premi!
Quam castigato planus sub pectore venter!
Quantum et quale latus! quam iuvenale femur!

133. 1f. Vgl. 254,1 und 256,5. Ähnlich Tibull 2, 6, 13:

O wie schwur ich so oft, nie wieder der Schwelle zu nahen!
Doch indem ich noch schwur, kehrte mein Fuß schon zurück.

Iuravi quoties rediturum ad limina nunquam!
Cum bene iuravi, pes tamen ipse redit.

134. 1. Kekropisch: athenisch; Kekrops war der erste König von Attika. 3. Kleanthes (331-233) und Zenon von Kition (350-264): Stoische Philosophen (vgl. XI 28). Muse: da Kleanthes auch Dichter war; erhalten sein Hymnos an Zeus. 4. Bittersüß: vgl. IV 1,22. Poseidippos studierte in Athen Philosophie bei Zenon und Kleanthes. Da er später Hedoniker war, liegt dieses Gedicht wohl im Wendepunkt seiner Lebensanschauung (Schott, dem Weinreich widerspricht). Das Ep. ist vor Zenons Tod verfaßt.

135. Dichter: Hedylos oder Asklepiades (Stadtm.), Hedylos (Oehler), Asklepiades (Wallace). Vgl. VI 248, IX 229.

136. 1. Vgl. XII 51. Beim sog. Namentrinken füllte man den Becher mit so viel Kellen, wie der Name Buchstaben enthielt; vgl. Martial 1,71. - 3f. Vgl. 200,1f. - 7. Vgl. 147,4.

138. Vgl. IX 429, XI 195.

140. Zum Spiel Χάριτες χάριτας vgl. 146, 148f. 195, 196, IX 515.

142. Dichter: Meleagros (Radinger, Stadtm.), Poseidippos (Wallace); vgl. Weinreich Würzb. Jbb. 1, 113f. Matth. Casimir Sarbiewski (1595-1640) übersetzte (Ep. 45):

Ipsa corona rosa est puero? Puer anne coronae
ipse rosa est? Puer est ipse corona rosae.

143. Muster für 142.

145. 6. s. 191,6. – Vgl. zu 23. – Vertont von Brahms op. 46,1 in der Übersetzung von Daumer.

146. 1. Vier: s. 70. – 2. Geformt: Gemeint ist also die Statue. 3. Berenike: Tochter des Magas, seit 246 Gattin Ptolemaios' III. Euergetes (247–222), der Kallimachos den Hymnos „Das Haar der Berenike" geweiht hat. Das Ep. stammt wohl a.d.J. 245; vgl. Theokr. 17,57. – Muster für 95 (Lasserre). – Vgl. IX 515, XVI 68, Ep. Bob. 33 = Ps.-Ausonius Ep. 13 P p. 425 und Wilamow.: Textgesch. d. grch. Bukol. 52f.

148. Vgl. XVI 283.

150. 1. Niko: vgl. 164, 205, 209, Athenaios 5,220. – 2. Thesmophoros (Gesetz-geberin): Demeter, staatliche Schwurgöttin. 3. Wache: Wohl Ende der ersten Wache, also Mitternacht. – Muster für 279. Vgl. L. A. Stella: Cinque poeti dell' Ant. Pal. 1949, 32.

151. Dichter: Asklepiades, vgl. 185,6 (Stadtm.). 2. Ungeheuer: Komische Über-treibung nach Aischylos Hiket. 1000: Κνώδαλα πτεροῦντα καὶ πεδοστιβῆ. 6. Vgl. V 165,4; 172, 2, XII 63, 4.

152. 7f. Zu Herakles' Attributen gehören auf hellenistischen Kunstwerken oft auch Eroten.

154. 2. Traudel: um des Wortspiels willen für Tryphera; zu dieser vgl. 190.

155. Heliodora s. 24. – Vgl. 274, XII 56f. und Preisendanz Berl. phil. Wochen-schr. 38, 1918, 262.

158. 4. Vgl. 186,3f. – Übersetzt von Ausonius Ep. 96 P:

> Punica turgentes redimibat zona papillas
> Hermiones; zonae textum elegeon erat:
> „Qui legis hunc titulum, Paphie tibi mandat, ames me
> exemploque tuo neminem amare vetes."

159. Dichter: Simonides durchweg aberkannt; Hedylos (Jacobs), Asklepiades (Bergk). 1. Boidion s. 161. Pythias s. 164, 213.

160. 1. Demo s. 172f., 197 (= Demarion 198?). 3. Sabbat für Jude. 4. Der Sabbat ist nach gewöhnlicher Erklärung deswegen „kalt" (frigida sabbata: Rutilius Nama-tianus 1, 389), weil alle Lustbarkeiten verboten sind. Richtiger hier wohl: Das Arbeits-verbot am Sabbat verhinderte im Winter auch das Feueranzünden, so daß man sich an solchen Tagen im Bett wärmte.

161. Dichter: Hedylos. – 1. Frachter: s. 44 und 204,10. – 2. Graien („Greisinnen"): Wächterinnen der Gorgonen, besaßen zusammen nur einen Zahn und ein Auge. – Diomedes: König von Thrakien, mißbrauchte seine Töchter zur Ausbeutung der Fremden. 3. Agis s. XI 123. – 5. Vgl. 44,3.

162. 1. Vgl. 53,1. – 2. Nägel: Häufig auch im Lateinischen: Ubi perpruriscamus usque ex unguiculis (wodurch wir uns bis in die Fingernägel gekitzelt fühlen) (Plautus Stich. 750). Ex unguiculis perpruriscens (Apuleius met. 10, 22).

163. Vgl. XII 249 und Bürger „An die Bienen".

164. Vgl. zu 23.

165. 2. Vgl. 191,2. – 4. Vgl. 197,2. – 6. Endymion: Hirt oder Jäger, dem Zeus ewigen Schlaf in Jugendschönheit gab und den Selene allnächtlich besuchte. Nach einer Variante in Elis war er der glückliche Liebhaber Selenes, die ihm 50 Kinder gebar.

166. 3. Vgl. VII 476,2. - 6. Vgl. Properz 1, 11, 5:
Weckt dich ein zärtlich Gefühl, noch meiner in Nächten zu denken?
Bleibt im Herzen dir wohl fern noch ein Plätzchen für mich?
Nostri cura subit memores, ah, duceré noctes!
Ecquis in extremo restat amore locus?
167. 1. Vgl. Terenz Ad. 470: Nacht, Liebe, Wein und Jugend haben ihn verführt
(Persuasit nox, amor, vinum; adulescentia). Ovid am. 1, 6, 59: Nacht und Liebe
und Wein, sie raten nimmer zu Maßen (Nox et amor vinumque nihil moderabile
suadent). 3. Moschos: Glücklicher Nebenbuhler des Dichters. Diese Worte spricht
Zeus. - Du: Zeus. 6. Hör auf: zu regnen. - Vgl. zu 23. - Das Gedicht bleibt trotz
zahlreicher Deutungen und Konjekturen dunkel. Moschos ist nach Ludwich der
Nebenbuhler des Dichters, nach Stadmüller der geliebte Knabe, nach Piccolos, der
μόσχος schreibt, ein Mädchen. Der Satz 3/4 ist nach einigen vom Dichter an den
Knaben gerichtet. Salmasius nimmt nach 2 und 4, Jacobs nach ἴσχυε (Vers 3) Lücke
an. Andere behelfen sich durch Satzversetzungen.
168. Dichter: Poseidippos (Stadtm., Wallace), Hedylos (Oehler). Nachahmung
von 64.
169. 1. Vgl. Theokr. 8,76ff. - 2. Krone: Sternbild zwischen Bootes und Herakles,
das Anfang März aufgeht; s. IX 270, Aischylos Ag. 899f.. - Nachgeahmt von Goethe
Venet. Ep. 13.
170. 2. Vgl. Mörike „Der Knabe und das Immlein".
171. Nach Jahn (Vasensamml. König Ludwigs S. 129) befindet sich in München
ein antiker Becher mit der Inschrift Ζηνοφίλας εἰμί. 4. Vgl. 14 und 78. - Vgl. 261,
295 und das zarte Ep. IX 770.
172. 5. Als Zeus bei Amphitryons Gattin Alkmene weilte, bewirkte er eine dreifache Nacht, in der er den Herakles zeugte (vgl. V 223, 283, XVI 102). - Vgl. V 3.
174. 1. Bäumchen: Vgl. Odyssee 6, 157. - 2. Ohne Fittiche: Sprichwörtlich für
festen Schlaf. 3. Er: Schlaf.
175. 3. Vgl. XVI 309,3. - Gleiche Situation V 184, XII 237. - Zu dem Ep. vgl.
das Gedicht A. de Mussets „Nuit d'octobre", Chénier „Elégies" 35 und C. Corbato:
La poesia di Paolo Sil. 1951, 14.
177. 2. Vgl. IX 286,2, XII 224,6, Ilias 2,70. - 3. Süß weint er: s. VII 419,3 und
XII 167,2. - 4. Schnippisch: s. 179,3. - 5. Vater: s. zu 180. Vgl. Cougny 3,60. -
Das Ep. ahmt wirklich Steckbriefe auf entlaufene Sklaven nach, wie sie in Prosa
noch Lukian (Flüchtl. 27), dichterisch Moschos (AG IX 440) verarbeitet und wie
sie in Papyri erhalten sind, z. B. P. M. Meyer: Jurist. Papyri 50 (a.d.J. 145 v.C.):
„Aristogenes, dem Sohn des Chrysippos, aus Alabanda ist in Alexandria ein Sklave
entlaufen namens Hermon alias Neilos; er ist Syrer aus Bambyke, etwa 18 Jahre
alt, mittelgroß, bartlos, hat volle Waden, Grübchen im Kinn, Leberfleck links an
der Nase, Narbe über dem linken Mundwinkel. ... Auf dem Leib trägt er Chlamys
und Perizoma. Wer ihn zurückbringt, erhält. ..." (Ἀριστογένου τοῦ Χρυσ-
ίππου Ἀλαβανδέως ... παῖς ἀνακεχώρηκεν ἐν Ἀλεξανδρεία, ᾧ ὄνομα Ἕρμων, ὃς καὶ
Νεῖλος καλεῖται, τὸ γένος Σύρος ἀπὸ Βαμβύκης, ὡς ἐτῶν ιη, μεγέθει μέσος, ἀγένειος,
εὔκνημος, κοιλογένειος, φακὸς παρὰ ῥῖνα ἐξ ἀριστερῶν, οὐλὴ ὑπὲρ χαλινὸν ἐξ
ἀριστερῶν ... περὶ τὸ σῶμα χλαμύδα καὶ περίζωμα. τοῦτον ὃς ἂν ἀναγάγῃ,
λήψεται ...)."

178. 3. Stupsnase s. 177,4. – Erotenverkauf häufig in hellenistischer Kunst, aus der die Idee wohl auch stammt; vgl. z. B. Helbig: Wandgemälde 824 f.; das letztere Bild hat Goethe zu dem Gedicht „Wer kauft Liebesgötter?" veranlaßt. Vgl. auch Anakreont. 11 Pr. und Ouvré Rev. Etud. Gr. 8, 1895, 358.

179. 2. Skythien: Die Skythen waren berühmte Bogenschützen. 3. Schnippisch: s. 177,4; vgl. Theokrit 20, 14. – 4. Krampf: Wörtlich: Du wirst sardonisch lachen. So schon Homer Od. 20, 302. Nach Ansicht der Alten verursacht der Genuß eines sardinischen Krautes (Vergil Buc. 7, 41: Sardonia herba; Hahnenfuß, ranunculus sceleratus?) krampfhaftes Lachen und Tod unter Zuckungen; s. VII 621. – 7. Kadmossieg = „Pyrrhussieg". Kadmos hatte einen Drachen, den Sohn des Ares, getötet und mußte dafür 8 Jahre Sklavendienste tun.

180. 1. Würger der Menschen: Epitheton des Ares bei Homer, z. B. Od. 8, 115. 3. Ares: Od. 8, 266 ff. – 6. Über Eros' Eltern waren sich die Alten uneinig. Es werden genannt Erebos und Nacht (Platon Symp. 178 b), Uranos und Erde (Schol. Apoll. Rhod. 3, 26), Ares und Aphrodite (ebda), Zephyr und Iris (Plut. Amat. 20), Hermes und Artemis oder Aphrodite (Cicero nat. deor. 3, 23), Poros und Penia (Platon Symp. 206 b), als Vater Kronos (Schol. Apoll. Rhod. 3, 26), Zeus (Eurip. Hipp. 532), das Chaos (AG XV 24). Im Symposion (178 b) sagt Platon: Eros hat keine Eltern, niemand führt auch welche an.

181. 4. Lapithen: Wildes Bergvolk in Thessalien, bekannt durch den Kampf mit den Kentauren; hier Schimpfwort. 7 f. Das war also schon für die Mahlzeit gekauft. 10. Hol: auf Pump. 11. Vgl. 213, 3. – Vgl. 183, 185 und Gow Class. Rev. 4, 1954, 195.

182. 1. Dorkas: Dienerin des Mädchens (Lykainis, s. 187). – Zum Paroxysmus des Odi et amo vgl. 184.

183. 2. Chion: Krug verschiedener Größe; hier anscheinend etwa 13 l. 4. Kanne (χοῦς): 3,28 l. – 6. Elfe: Im Griechischen „die 5. Stunde"; die sechste war Mittag. – Vgl. 181.

185. 5. Statt Thauborios nimmt Fr. Zucker einen „hellenisierten ägyptischen Frauennamen" Thauborion an. – Vgl. 181 und Gow (s. zu 181) p. 196. – Nachgeahmt von Horaz Od. 3, 14.

186. 1. Vgl. Publilius Syrus (D 8): Die Frauen lernten weinen, um zu lügen (Didicere flere feminae in mendacium). 3 f. Vgl. 158, 4.

187. Wyttenbach hält 187 für den Anfang von 182.

188. Dichter: Meist Leonidas aberkannt, Meleagros (Reitzenstein), Asklepiades (Stadtm.). Text und Deutung des letzten Distichons sind ganz unsicher. Muster für 10.

189. 1. Untergang der Plejaden: um 15. November. – Vgl. 167 und zu 23.

190. 4. Mit τρυφερὴ Σκύλλα ist vielleicht Tryphera (154) gemeint.

191. 1 f. Vgl. „Des Mädchens Klage" ('Αποκεκλειμένη) 6. – 2. Gerät: Flöte. 6. Tränen s. 145, 6. – 7 f. Ernst-heitere Parodie der Weihepigramme. – Siehe zu 23.

192. Der Doppelname ist χ, erfunden von dem zu Syrakus wohnenden Epicharm. Der Dichter sagt: Man sollte Kallistion lieber Kallischion (καλὸν ἰσχίον) nennen. So Salmasius. Preisendanz (Rh. Mus. 67, 1912, 640) versteht unter dem doppelten Buchstaben die zwei ersten Buchstaben von Syrakus (συ), die „vertauscht" ὗς (vgl. V 115, XI 329, 2) ergeben. Er verweist auf die Hetäre Kallistion (Ath. 13, 583 a) mit dem Beinamen ὗς. Meyenschein ahmt das Gedicht frei nach:

Solltest du mal, mein Lieber, die kleine von Schönersen nackt sehn,
sagst du sogleich: „Da gehört doppelt Ch noch hinein."

193. Dichter: Meist Dioskorides aberkannt. – Nachahmung von 53.

194. Dichter: Asklepiades (Schott), Poseidippos (Laskaris, Brunck, Pfeiffer),
Hedylos (Hecker, Stadtm.), nicht Asklepiades (Knauer).

195 b. Mit 196 verbunden von Polak; Hecker verbindet 195+195 b mit 140 oder 196.

197. Timo s. zu 96. – 2. Demo s. zu 160. – 3. Statt 'Ιλιάς vermutet man 'Ηλιάς,
Kurzform für Heliodora, vgl. 198. – 5. Vgl. XII 72,2.

198. 2. Flur: im gleichen Sinn wie 242,5? – Vgl. 197.

199. Vgl. XII 135.

200. Dichter: Hedylos (Hecker, Wilam.. Stadtm., Wallace).

201. Dichter: Hedylos (Hecker, Oehler, Wallace), Asklepiades (Schott, Stadtm.).
1 f. Vgl. VII 670,1: ἀστήρ 'Εῷος.. 3. Barbiton: Leier.

202. Dichter: Asklepiades (Jacobs, Schott), Poseidippos (Stadtm., Wilam.), nicht
Asklepiades (Knauer). 2. Halle: Am Heiligtum der Arsinoë, die, Tochter der Bere-
nike I. und Gattin Ptolemaios' II. Philadelphos (285–247), seit 276/70 als Aphrodite-
Arsinoë einen Tempel am Zephyrion bei Alexandria (daher Venus Zephyritis; vgl.
Kallimachos Ep. 5 Pf = App. 45 und Poseidippos App. 67 = Athen. 7, 318d)
besaß. 3. Ritt: wie 55,4; schema Venereum a Graecis κέλης, a Romanis pendula
Venus dictum; cf. Apuleius Met. 2, 17, 4. – 4. Reitzenstein hält die Stelle für eine
Parodie von Kallim. Hymn. 5,2: „Ich hörte eben die heiligen Rosse wiehern
(τᾶν ἵππων ἄρτι φρυασσομενᾶν τᾶν ἱερᾶν ἐσάκουσα)". – Zu Plangon und ihrem eigen-
artigen Sieg vgl. Athenaios 13, 594b sowie das folgende Ep. In beiden handelt es
sich um Frictrices.

203. 6. Unter μεσσοπύλη versteht Gow (s. zu 181) den Pronaos.

204. 7. Vgl. Martial 11,21. – 9. Fregatte (εἰκόσορος = Zwanzigruderer): Gleiches
Bild 161,2, doch klingt auch σορός (Sarg) an, wie oft eine alte Frau bezeichnet
wurde (Aristoph. Wesp. 1365, AG XI 425). Vgl. 271, 273. Ähnliche, aber weniger
grobe Verspottung bei Horaz 4,13. – Vgl. XI 331.

205. Dichter: Asklepiades (Stadtm.), Hedylos (Oehler, Wallace). 1. Kreisel: Oft
zum Liebeszauber benutzt, vgl. Theokrit Id. 2. – 6. Larissa: Stadt in Thessalien;
die dortigen Zauberinnen waren berühmt; vgl. XIV 140,2, Martial 9,29.

206. 1. Ein Flötenspieler und Komponist Antigeneidas aus Theben, Lehrer des
Alkibiades, blühte um 400/370. Doch dürfte Leonidas seine Töchter kaum noch ge-
kannt haben. Der Name ist vielleicht bildlich zu verstehen, wie die Ärzte auch
Söhne des Asklepios heißen. 7f. Satyre ging als Spielerin zu Ständchen mit; blieb
der Mann ausgeschlossen, so stand sie, da sie doch bezahlt wurde, gelassen dabei.

207. Samos war wie Lesbos wegen seiner Verirrungen berüchtigt.

208. 1. Vgl. Ovid ars am. 2, 683: Widrig ist ein Umarmen, wovon nicht beide zer-
schmelzen (Odi concubitus, qui non utrumque resolvunt). 4. Griff s. XII 7,6. –
Vgl. 19. – Gleiche Absage XII 41.

209. Dichter: Poseidippos (Brunck), Asklepiades (Jacobs, Stadtm., Schott, denen
Knauer widerspricht). 1. Dein: da Kypris Göttin des Meeres; vgl. 11. – 2. Vgl.
XII 72,4; XVI 80, 6.

210. 2. Wachs: s. XII 72, XVI 80, Pindar Frg. 317 Schr. 3. Schwarz: Handelt es
sich um eine Negerin wie in 121? Vgl. Theokrit 10,26ff.

211. Alles, Tränen und Feste, bietet ihm Gelegenheit zur Liebe.
212. 4. Vgl. X 8,8: γνωστὸν τύπον. Plutarch (Stob. 63, 34): „Wenn auch die Liebe aufhört und mit der Zeit wie abgestorben ist oder durch Einsicht erlischt, so schwindet sie doch darum nicht ganz aus der Seele, sondern läßt einen verbrannten Stoff und heiße Spuren zurück wie Blitze (ἂν δὲ καὶ λήξῃ καὶ διαλυθῇ χρόνῳ μαρανθεὶς ἢ λόγῳ τινὶ κατασβεσθείς, οὔπω παντάπασιν ἐξαπήλλακται τῆς ψυχῆς, ἀλλ' ἐναπολείπει πυρίκαυτον ὕλην καὶ σημεῖα θερμὰ καθάπερ οἱ κεραυνοί).“ 5. Vgl. Properz 2, 12, 13–18.
213. Angeredet ist Pythias' Dienerin; s. 164. – 3. s. 181,11, Tibull 1, 2, 23ff. – Vgl. zu 23.
214. 1. Das Bild zuerst bei Anakreon Fr. 5 D:

Wieder wirft nun den Purpurball	Σφαίρῃ δεῦτέ με πορφυρῇ
Eros, goldengelockt, mir zu;	βάλλων χρυσοκόμης Ἔρως
mit dem Mädchen im bunten Schuh,	νήνι ποικιλοσαμβάλῳ
sagt er, solle ich spielen.	συμπαίζειν προκαλεῖται.

Das gleiche bei Goethe (Westöstl. Diwan, Suleika): Wenn du, Suleika, / mich überschwenglich beglückst, / deine Leidenschaft mit zuwirfst, / als wär's ein Ball, / daß ich ihn fange, / dir zurückwerfe / mein gewidmetes Ich ...

215. 5f. Ähnliche Drohungen mit der eigenen Grabschrift bei Tibull 1, 3, 55; 3, 2, 29, Properz 2, 13, 35; vgl. auch Theokrit 23, 46 und AG XII 74, 4.
216. Replik auf Ep. 300?
218. 4. Rhodanthe s. 220, 237, 285. – 11f. Titel dreier Stücke des Menandros. – Zum Inhalt vgl. V 220, zur Form XII 233.
219. 1. s. XII 21,1. – Vgl. 267,5f., Ilias 6,161, Mimnermos 1, 3 D und Ovid ars am. 1, 275: Wie die Männer, so wünschen auch Mädchen verstohlene Liebe (Utque viro furtiva venus, sic grata puellae). Vgl. P. Maas: Byz.-Neugriech. Jbb. 3, 1922, 163.
220. 3. Kleobulos: der „neue Polemon" von Ep. 218. – 7f. Antipatros: „An Vaters Stelle". Antipalos: „Gegenkämpfer".
222. 2–4. Terpsichore, Melpomene: Musen. 5f. Nachgeahmt von Eugenianos Niketas 6, 621f. – 7f. Zum Anfang vgl. Ilias 7,195. Als Theseus die Ariadne, Tochter des Minos, verlassen hatte, wurde sie Dionysos' Gattin. Auch die Musikerin heißt Ariadne. – Vgl. XVI 283.
223. 1. Mars: der Planet. 3. Klymene: Tochter des Okeanos und der Thetys, Geliebte des Helios, Mutter des Phaëthon (doch ist Phaëthon hier = Helios, wie V 274, IX 137). Von einer verlängerten Nacht ist bei dieser Gelegenheit nirgends die Rede. Wohl Verwechslung; vgl. 172. – 6. Kimmerer: Bei Homer (Od. 11, 14) ein im äußersten Westen am Ozean in ewiger Nacht wohnendes Volk; vgl. 283.
224. Leber: Nach Ansicht der Alten Sitz der Gefühle und des Lebens. – Vgl. zu 10. – Nachgeahmt von Eugenianos Niketas 3, 253.
225. 1. Wunde: vgl. XII 134, 172; ähnlich Lucrez 4, 1061 ff. – 3. Machaon: Arzt bei Homer (Il. 11, 506). 5. Nachgeahmt von Eugenianos Niketas 3, 251. Achill heilte den Trojaner Telephos mit der Lanze, mit der er ihn verwundet hatte; vgl. V 291, XVI 110 und Publilius Syrus (A 31): „Nur wer die Liebeswunde schlug, bringt Heilung ihr (Amoris vulnus idem sanat, qui facit)." Ovid Rem. am. 43:

Heilung erfahret durch den, von dem ihr die Liebe erfahren:
ein und dieselbe Hand schlägt euch die Wunde und heilt.
Discite sanari, per quem didicistis amare:
una manus vobis vulnus opemque feret.

226. 4. Meilichia: die Milde. 7. Vgl. Kallim. fr. 303 Pf.: κενεὸν πόνον ὀτλήσοντες.
- Der Gedanke ist alt, zuerst bei Platon Phaidr. 251 b. Vgl. Sthenelos oder Agathon
(Trag. frg. p. 762, 768 N): „Es geht des Menschen Sehnen aus dem Sehn hervor
(ἐκ τοῦ γὰρ ἐσορᾶν γίγνετ' ἀνθρώποις ἐρᾶν). " Vgl. auch XII 71, 91 f., CIL 4,4966
und Publilius Syrus (A 39): „Lieb' hebt im Aug wie Tränen an und sinkt zur Brust
(Amor ut lacrima oculis oritur, in pectus cadit)." Das Gedicht hat Petrarca zu
Canzon. 2 (Verdi panni) angeregt; vgl. auch Canzon. „Occhi, piangete".

227. Nachgeahmt von Eugenianos Niketas 6,636 f.

228. 3. Vgl. XVI 37,4. - Vorbild war Tibull 1, 8, 9:

Sag, was frommt es dir denn, die seidigen Locken zu pflegen
und bald so, bald so oft dir zu scheiteln das Haar?
daß du mit schimmerndem Rot die Wangen dir schminkst? oder daß auch
ein geübter Barbier feinstens die Nägel dir stutzt?
Eitles Bemühen auch ist's, die Kleider und Mäntel zu wechseln
und in den engen Schuh quälend zu pressen den Fuß.

Quid tibi nunc molles prodest coluisse capillos
saepeque mutatas disposuisse comas?
quid fuco splendente genas ornasse? quid ungues
artificis docta subsecuisse manu?
Frustra iam vestes, frustra mutantur amictus,
ansaque compressos colligit arta pedes.

229. Nachgeahmt von Eugenianos Niketas 6,615–618.

232. Es spricht eine Frau, wohl eine Dame am Hof Justinians (Waltz; Cantarella:
Poeti byzantini 2, 1948, 99). - 1 ff. Vgl. Tibull 1, 6, 35: Hält sie im Arm dich, so
schmachtet sie schon nach des anderen Liebe (Te tenet, absentes alios suspirat
amores). Goethe (Faust I): Ein Mädchen, das an meiner Brust, mit Äugeln schon
dem Nachbar sich verbindet. - Frauenstrophen: V (6), 120, 232, 263, 297, 306,
XII 131, 153.

236. Nachgeahmt von Eugenianos Niketas 6, 629 f.

237. 8. Philomele: Tochter des athenischen Königs Pandion, von ihrem Schwager
Tereus entehrt und der Zunge beraubt. Sie tötet darauf mit ihrer Schwester Prokne
des Tereus Sohn Itys (Itylos), worauf Tereus in einen Wiedehopf, Philomele in eine
Nachtigall, Prokne in eine Schwalbe verwandelt wird. Vgl. Anakreont. 10 Pr. und
Anth. Lat. 702 R.

238. 3. Ares: für Schwert.

243. Vgl. 2.

245. 3. Man schwur, indem man einen Stein in der Hand hielt (Livius 1,24).
Das übersteigert hier der Dichter scherzhaft. Longman (Class. Rev. 5, 1955, 19)
erklärt es nach Theophrast Char. 18 (16) als apotropäisch; deshalb gehe der Dichter
(Vers 7) auch einen anderen Weg.

247. 1. Zum Wortspiel vgl. 108. – 3. Entlehnt aus Theokrit 6,17: Καὶ φεύγει φιλέοντα καὶ οὐ φιλέοντα διώκει. Vgl. Sappho fr. 1,21 D.

248. 7. Das Wortspiel δέσποινα ... ποινήν geht in der Übersetzung verloren. – Das Gedicht lehnt sich stofflich an Ovid am. 1,3 an. Solche Szenen scheinen häufig gewesen zu sein; vgl. noch 41,1 sowie 218, 220 und Tibull 1, 10, 59:

> Pfui, von Eisen und Stahl muß sein, wer jemals sein Mädchen
> schlägt! Vom Himmel herab reißt er im Frevel den Gott.
> Wahrlich, genug ist's, das zarte Gewand ihr vom Leibe zu reißen,
> und genug mag es sein, daß er das Haar ihr zerrauft.

> Ah, lapis est ferrumque, suam quicumque puellam
> verberat; e caelo deripit ille deos.
> Sit satis e membris tenuem rescindere vestem;
> sit satis ornatas dissoluisse comas.

Ovid ars am. 2,169:

> Einst, ich erinnere mich, zerzaust' ich im Zorn ihre Haare,
> ach, und wie viele Zeit hat mich gekostet der Zorn.
> Daß ich das Kleid ihr zerriß, ich weiß es nicht, glaub es auch niemals,
> aber sie sagt es, und ich – mußte bezahlen das Kleid.

> Me memini iratum dominae turbasse capillos:
> haec mihi quam multos abstulit ira dies!
> Nec puto nec sensi tunicam laniasse, sed ipsa
> dixerat, et pretio est illa redempta meo.

250. Vgl. Pezopulos: Byz.-Neugriech. Jbb. 8, 1929/30, 180 und Cantarella (s. zu 232), der hier sieht „un soave momento fatto di sorriso e di lacrime e di rassegnato dolore, una baudelairiana dolcezza del pianto degli occhi amati." Romagnoli erklärt zu dem Ep., es sei „von bezaubernder Frische und eines Heine würdig."

251. 2. Wohl Ansatz zum Lächeln.

252. 3. Königin Semiramis befestigte Babylon. – Nachahmung von 128.

253. 1f. Genierte Bewegungen des Mädchens unter den Blicken des Mannes. – Nachgeahmt von Eugenianos Niketas 3,166f.

254. 6. Vgl. Babrios 127 und Euripides „Melanippe" (fr. 508 N):

> Ihr glaubt, beflügelt stiegen unsre Sünden hoch
> zum Himmel auf, dort schreibe einer jede auf
> in Zeus' Register, dieser lese dann das Buch
> und spreche Recht uns Menschen?

> δοκεῖτε πηδᾶν τἀδικήματ' εἰς θεοὺς
> πτεροῖσι, κἄπειτ' ἐν Διὸς δέλτου πτυχαῖς
> γράφειν τιν' αὐτά, Ζῆνα δ' εἰσορῶντά νιν
> θνητοῖς δικάζειν;

255. 2. Vgl. 232,2. – 11. Zu γυιοβόρος vgl. V 234,3; 264,8, IX 443,5. – Das Ep. ist von Lucrez 4,1094–1106 beeinflußt (Veniero); vgl. auch Heliodor 5,4 (Mitte).

257. Dichter: Nicht Palladas (Peek, Zerwes). – Nachgeahmt von Eugenianos Niketas 6, 589 und 630f.

258. 3. Apfel s. V 60, 290, IX 139. Häufig auch bei unseren Barockdichtern, auch bei Goethe (Der Müllerin Verrat, Faust Walpurgisnacht). – Nachgeahmt von Eugenianos Niketas 6, 634f.

259. Vgl. Mörike „Begegnung". - Nachahmung von 175 (Jacobs), selbst nach-geahmt von Eugenianos Nik. 3, 243-252.

260. 2. Rhea-Kybele, Gründerin der Städte, trägt oft einen wallenden Schleier und eine Turmkrone auf dem Haupt; daher mater turrita (turrigera). - Das Ep. ist wohl angeregt von Tibull 4, 1, 9:

Wenn sie die Locken sich löst, wie ziert sie das wallende Haupthaar;
 wenn sie geflochten es trägt, ist im Geflecht sie uns lieb.
Herzen entflammt sie, sobald sie im purpurnen Mantel einhergeht:
 Herzen entflammt sie ringsum, hat sie ein weißes Gewand.

Seu solvit crines, fusis decet esse capillis;
 seu compsit, comptis est veneranda comis.
Urit, seu Tyria voluit procedere palla;
 urit, seu nivea candida veste venit.

262. Io, Tochter des Königs Inachos von Argos, Geliebte des Zeus, von Hera in eine Kuh verwandelt, die der hundertäugige Argos bewachte. - Dazu Maas (s. zu 219).

263. 1. Die Lampe bekommt Schnuppen bei nahendem Regen (Verg. Georg. 1, 392). 4. Sie bricht ab, da sie die schlimme Vorbedeutung (Tod des Leandros) fürchtet. 5. Sie dient Hephaistos: weil sie aus Metall ist. 6. Grollend: wegen der Liebschaften Aphrodites. - Vgl. VI 333 und Aristophanes Wesp. 260ff.

265. Der Demophoon der Sage (Ovid Heroid. 2) hatte Phyllis treulos verlassen. Hier heißt das Mädchen Phyllis, und der Dichter identifiziert sich mit Demophoon.

266. 1 f. So erklärte man die Wasserfurcht der von einem Hund Gebissenen; vgl. Petron 42: Das Wasser hat Zähne (Aqua dentes habet).

267. 4. Die Sitte, daß Frauen bei Tisch saßen, während die Männer lagen, hatte schon in früher Kaiserzeit aufgehört (Valer. Max. 2, 1, 2).

268. 2. Vgl. 58, 1f. - 6. Vgl. XII 150, 8. - Vorbild war Properz 2, 12, 13ff.

270. Angeregt ist das Ep. wohl durch Properz 1, 2; auch Ämilius Arborius behandelt den Stoff in einer Elegie; s. auch Ps.-Petron 29. - 10. Vgl. CIL 4, 1837: Quod Spes eripuit, Spes certe reddit amanti.

271. 1. Sinn dunkel. Eugenianos Niketas, der die Stelle nachahmt (3, 154: τὴν πολλὰ βακχεύουσαν ἐν κάλλει πάλαι), verstand: Sie, die einst unter den Frauen mit ihrer Schönheit prunkte. 5. Vgl. Oppian. Hal. 4, 32: καὶ μέγα πεφρίκασιν.

273. 7. Rächer der Liebe: s. IX 260, 2 und XI 326, 4. - 7 f. s. 204. - Zum Inhalt vgl. zu 21. Nachgeahmt von Eugenianos Niketas 3, 174-188.

274. 5. Phaëthon = Helios (s. zu 223). 6. Kreter: Minos. - Vgl. 115.

275. Vgl. Reitzenstein Herm. 47, 1912, 81[1], Alfonsi Stud. Rom. 1, 1953, 245. „Vergröberte Nachbildung eines feinen alexandrinischen Musters" (Geffcken). Vgl. Properz 1, 3, 3:

So lag im ersten Schlummer die Tochter des Kepheus ergossen ...
 wie mir Kynthia schien im weichen Schlafe zu atmen,
 während die Arme entspannt stützten ihr ruhendes Haupt ...
Da ergriff mich die doppelte Glut, und Amor und Bacchus,
 jeder ein hitziger Gott, trieben mich beide dazu,
unter der Schläferin Leib mit dem Arme zu fassen, mit meiner
 Hand sie zu tasten und ihr Waffen zu nehmen und Kuß.

Qualis et adcubuit primo Cepheia somno ...,
talis visa mihi mollem spirare quietem
Cynthia, non certis nixa caput manibus ...
Et quamvis duplici correptum ardore iuberent
hac Amor, hac Liber, durus uterque deus,
subiecto leviter positam tentare lacerto
osculaque admota sumere et arma manu.

Auch Ovid Heroid. 5,141:

Er, der Gott mit der Leier, der Troja mit Türmen umfestet,
hat mich geliebt und nahm jäh mir das Magdtum hinweg;
nicht ohne Kampf. Ich hab ihm das Haar mit den Fingern zerrissen
und ihm das schöne Gesicht rauh mit den Nägeln zerkratzt.

Me fide conspicuus Troiae munitor amavit;
ille meae spolium virginitatis habet,
id quoque luctando; rupi tamen ungue capillos,
oraque sunt digitis aspera facta meis.

276. 9f. d.h. Kopfputz für verheiratete Frauen.

277. 3f. Vgl. XI 326, XII 27, 35 u.a.

278. 2. Vgl. IV 1 (10), V 210,2, XVI 80,6. – 6. Pittalakos: Wüstling bei Aischines (Timarch. 54).

279. 1. Kleophantis s. 286. – 2. Vgl. 5,3. – Nachahmung von 150.

280. 3f. Zählt und rechnet: s. zu 6.

282. 4. Aus Kallim. Ait. fr. 1,6 (Pfeiffer).

286. 5f. Anspielung auf Od. 8,267-366. – 10. Priester: Hier spricht der Christ.

287. 7. Nachahmung von Theokrit 7,38. – Vgl. zu 299.

288. 4. Glauke: Tochter Kreons; Jason hatte sie geheiratet, nachdem er Medeia verstoßen. Daraufhin gab diese der Glauke einen vergifteten Kranz, durch den Glauke verbrannte. Vgl. Philostrat. epist. 38.

289. 1. Krähe: Sie lebt nach Hesiod (Frg. 171 Rz) 9 Menschenalter. 9. Adonis s. zu 53. – 12. Ehe ...: Seit Jacobs erklärt man: „Ehe die Alte vom Tod geholt wird, denn er holt sie vielleicht doch nicht." Doch ließe sich auch erklären: „Ehe das Mädchen unter dieser Behandlung stirbt."

290. Vgl. zu 258.

291. Das Ep. setzt 290 fort. 5. Telephos s. zu 225.

292. 3-5. Nachahmung von Theokrit 7,137-140; vgl. Arat 948. – 7f. Vgl. 141. – Lemma: „Als er zur Schlichtung von Rechtsfragen außerhalb der Stadt (Konstantinopel) weilte, schickte er diese Verse als Gedenken an Paulos Silentiarios."

293. 5. Bosporos; also war Agathias wohl in Chrysopolis (Skutari). 6. Kind: vielleicht Aniketeia (IX 770). 11. Vgl. 234 und 272.

294. 18. Aus Kallim. fr. 110,13 (Pfeiffer). Umfangreichstes Ep. dieses Buches.

296. 2. Man schlug ein Mohnblatt wider den Arm, und je nach dem Klatschen schloß man auf Glück oder Unglück. Nachahmung von Theokrit 3,28:

Neulich erfuhr ich's; dein dacht ich und prüfte wohl, ob du mich liebtest,
aber das Mohnblatt versagte und ließ kein Klatschen vernehmen.

Ἔγνων πρᾶν, ὅκα μοι μεμναμένῳ, εἰ φιλέεις με,
οὐδὲ τὸ τηλέφιλον ποτεμάξατο τὸ πλατάγημα.

5f. Anspielung auf das Kottabosspiel, das damals schon seit Jahrhunderten tot war.

297. 5f. Vgl. Horaz Sat. 2, 7, 98. – 6. Umstritten in der Auslegung. Es handelt sich wohl um das nächtliche Schwärmen (κῶμος), bei dem man Masken trug oder sich das Gesicht bemalte. – Vgl. Phokylides (Gnomen 215):

> Aber das Mädchen verwahre in festverschlossnem Gemache,
> laß sie, eh sie vermählt, nie außer dem Hause erblicken.
> Παρθενικὴν δὲ φύλασσε πολυκλείστοις θαλάμοισιν,
> μὴ δέ μιν ἄχρι γάμων πρὸ δόμων ὀφθῆμεν ἐάσῃς.

299. 1. Weiser: nach IX 366 Pittakos. 9. Entlehnt aus Theokrit 1, 134: Πάντα δ' ἄναλλα γένοιτο. – Das Ep. setzt 287 fort.

301. 1. Meroë: Hauptstadt von Aithiopien am oberen Nil, lag „am Ende der Welt"; vgl. X 3 und Herodot 2, 29. – 5. Geschenk: nach dem Lemma ein Fisch; er stellt dann wohl symbolisch den Dichter dar, der von der Angel des Liebreizes gefangen ist; statt des Fisches denkt Keydell an eine Koralle; doch vgl. V 67, XII 241.

302. 4. Ursprünglich leicht (unter Solon mit 100 Drachmen), seit Augustus sehr streng, seit Konstantin mit dem Tode bestraft. 5f. Vgl. XI 7. – 8. Knabenliebe war unter Justinian zwar gesetzlich verboten, lebte aber trotzdem weiter (Prokop An. 7, 36; 11, 34). – 9. Vgl. Publilius Syrus (H 21): Woher ihr schlechter Ruf? Sie war oft Witwe (Habent locum maledicti crebrae nuptiae). 17f. Dieses Vergehen wurde durch geldlichen Schadenersatz, zahlbar an den Herrn der Sklavin, gesühnt. 19f. Anspielung auf die Anekdote bei Galen 6 p. 315b, die auch in einem unechten Brief des Diogenes und (anders) bei Diogenes Laërtios 6, 2, 66 steht; vgl. auch AG XII 22. – Das Ep. biegt das in IX 359 angeschlagene Motiv ins Erotische um. Auffallend ist nur, daß, während IX 359 eine Entgegnung in IX 360 erfahren hat, Agathias' Betrachtungen keinen Widerspruch gefunden haben, obwohl sie Vers für Vers dazu reizen. Das Ep. zeigt übrigens die Denkweise des Juristen.

303. Den Stoff behandelt Ausonius in Id. 8 P.

304. Dichter: Palladas (Stadtm.). – Vgl. Goethe: Neugriech. Liebe-Skolien:

> Liebt' ich dich als Kleine, Kleine,   Μικήν, μικήν σ' ἀγάπησα,
> Jungfrau warst du mir versagt;   μεγάλην δέν σ' ἐπῆρα.
> wirst du endlich doch die Meine,   ὅμως θαρθῆ ἕνας καιρός,
> wenn der Freund die Witwe fragt.   καὶ θά σε πάρω χῆρα.

305. Dichter: Aus Agathias' „Daphniaka" (Sternbach), sehr spät (Wifstrand). 2. Vgl. Johannes Secundus (Basia 4, 1): Küsse gibt nicht Neära, Nektar gibt sie (Non dat basia, dat Neaera nectar). – Dazu schrieb Jules Tellier: Il n'a poussé qu'un soupir, l'inconnu de qui sont ces vers; mais ce soupir a traversé les âges, et voici qu'il nous donne encore la notion du divin.

306. Es spricht eine Frau wie in 120. Zum Thema vgl. 47.

307. 4. Schwan und Lerche: Sprichwörtliche Gegensätze; vgl. IX 380, XI 195. – Auf ein Gemälde. Vgl. B. Neutsch Mitteil. dtsch. archäol. Inst., Röm. Abt. 53, 1938, 175.

308. Dichter: Antiphilos (Stadtm.). – Vgl. 46.

310. Erotobakchische Szenen in der Skulptur häufig. Weinlesende Eroten zahlreich bei Michaelis: Eros in der Weinlaube (Arch. Zeit. 1879), Helbig: Wandgemälde Nr. 806, Furtwängler: Ant. Gemmen Taf. 36, 19.

ERLÄUTERUNGEN ZU BUCH VI

1. 1 f. s. IX 621,5 f. – Vgl. VI 18 ff., VII 218 f., IX 260 und Soph. Krisis fr. 334. – Epikrates schildert in der Komödie „Antilaïs" (fr. 2 f. K) das Hungerleben der alten Laïs. – Übers. von Ausonius Ep. 65 P:

> Laïs anus Veneri speculum dico: dignum habeat se
> aeterna aeternum forma ministerium.
> At mihi nullus in hoc usus, quia cernere talem,
> qualis sum, nolo; qualis eram, nequeo.

2. Dichter: Mnasalkes (Boas), Nossis (Stadtmüller). 4. Vgl. VII 443,2, Theokrit 22,171 f.: αἵματι ... ἔγχεα λοῦσαι und Kallim. Hymn. 4,95: αἵματι λούσων τόξον.

3. Dichter: Dionysios von Kyzikos (Knaack), D. v. Rhodos (Weigand), Diotimos oder Leonidas v. Tarent (Stadtm.). 1. Pholoë: Gebirge zwischen Arkadien und Elis. 2. Trachis: Stadt am Oita in Thessalien.

4. 7. Gott: Pan oder Hermes. – Ähnlich die Aufzählung von Fischergeräten bei Theokrit 21,9 ff.

6. Nach Herodot stand der Dreifuß zu Theben (nach dem Lemma zu Delphi) im Tempel des Ismenischen Apoll; die Schriftzüge waren „kadmeïsche Lettern" (wohl älteste griech. Schrift). Teleboer: In Akarnanien.

7. Fundort wie 6. – Skaios: nach Herodot Sohn des Hippokoon, z. Z. des Oidipus; nach Bergk Skaios von Samos (Pausan. 6, 13, 5). 2. Vgl. 8,2, XVI 164,1.

8. Fundort wie 6. – Laodamas: Sohn des Eteokles, Enkel des Oidipus (Herodot).

9. Vgl. Od. 1, 370; AG XIII 7.

10. 3. Gehörnt: Gedacht ist an die Voluten rechts und links vom Altaraufsatz. Seleukos: wohl ein Priester (Brunck).

13. Epigramm von klass. Wert; 11–16, 39, 179–187 ahmen es z. T. sklavisch nach; es stand auch auf einer Wand in Pompeji unter einem Bild, das diese Szene darstellte.

15. Dichter: Zosimos (Stadtm.).

16. 1. Vgl. 34,5 und 109,9 sowie 183,1.

17. Dichter: Lukillios (Stadtm.), Julian v. Äg. (Sakolowski). Parodie v. 13. Vgl. V 49.

18. s. VI 1 und zu IX 567. – Waltz sieht in 18 und 19 e in Epigramm.

21. Dichter: Julian v. Äg. (Salmasius), Leonidas v. Tar. (Jacobs), Antipatros v. Sidon (Stadtm.). 9. Der Priaposkult breitete sich vom Hellespont, besonders von Lampsakos her (s. XVI 242) im 3.Jahrhundert v.C. in Griechenland aus.

23. Dichter: Archias (Stadtm.). Schlußdistichon fehlt (Jacobs). Nachahmung v. 192.

24. Dichter: Lukillios (Stadtm.). Göttin: Atargatis, syrische Fruchtbarkeitsgöttin (Plin. 5,81, Macrob. Sat. 1, 23, 18). – Parodie v. 23.

27. 7. Götter: Nymphen (Scholiast).

28. 4. Vgl. 5,3 f.; 38,4; 90,4. – 7. Bringer des Nutzens (Eriunios): Beiwort des Hermes. – Nachahmung v. 5.

30. 1. Vgl. 5,3: λίνον ἀκρομόλιβδον. 3. Hom. Hy. 5,14: καὶ ἁλμυρὸν οἶδμα θαλάσσης. 8. Lande: als Gott der Binnengewässer; vgl. Catull 31,3: uterque Neptunus. Nachahmung v. 38.

31. Dichter: nicht Nikarch (Stadtm.). 4. vgl. IX 21,6.

35. 1. Teleson: s. 106. Ziegenbesteigend: s. 31,1. – 2. Fell (σκύλος): Kleidungs-
stück; vgl. 165,2 und Kallim. fr. 677: τὸ δὲ σκύλος ἀνδρὶ καλύπτρη γιγνόμενον. –
J. G. Schneider glaubt, ein Schlußdistichon fehle; Stadtm. hält 1–4 für den Anfang,
5f. für den Schluß zweier Gedichte.

36. Deo: Demeter.

37. Dichter: Aus dem Kranz des Philippos; Erykios? (Stadtm.). 1. Vgl. 351,1. –
3. Vgl. GV 587,3: ἀβρὸν ἄθυρμα.

38. 6. Feuerstein. – Muster für 30.

40. 7. Korinth. Ernte: sprichwörtlich für sehr reichlich (Athen. 5, 219a).

42. Dichter: Agathias oder Makedonios (Stadtm.).

43. 3. Hier: am Springbrunnen.

44. Dichter: Leonidas von Tarent (Stadtm., dem Geffcken widerspricht). 6. Vgl.
IX 519,1.

45. Dichter: Leonidas v. Tar. (Stadtm., dem Geffcken widerspricht). 2. In der
heißesten Lage des Weingartens ließ man die Trauben zur Herstellung von Rosinen-
wein trocknen. 3. ,,Auch die Igel besorgen sich Wintervorrat; sie wälzen sich über
am Boden liegende Früchte, spießen sie auf, nehmen noch eine Frucht ins Maul und
tragen sie in hohle Bäume (Praeparant hiemi et erinacei cibos, et volutati super
iacentia poma, affixa spinis, unum amplius tenentes ore, portant in cavas arbores).''
(Plin. 8,56); ähnlich Ailian an. 3,10. s.AG VI 169.

46. 4. Theater: um Zeichen zu geben. Vgl. 151, 159, 195, 350.

47. Dichter: Antipatros v. Thess. (Stadtm., Waltz). 2. Vgl. 48,2; 285, 5f.; VII
546,1f.; XI 203,8.

49. Vgl. Ilias 23, 264 und 513.

50. Zeit: 479/8 (Paus. 9, 2, 5). In Platää fanden alle 5 Jahre die Eleutherienspiele
statt. Vers 2 hält Hiller v. G. für unecht.

51. Aus Meleagroskranz (Stadtm.). 1. Kybele (oft vermischt mit Erdmutter oder
deren Tochter Rhea): meist auf Wagen mit Löwengespann dargestellt. 2. Dindymon:
s. 281. – 7. Messer: Damit verstümmelten die Gallen, die Kybelepriester, sich selbst;
vgl. 94,218. – 8. Gelock: wohl Perücke. – Muster für 94.

52. 1. Vgl. Od. 1,127. – 2. Vgl. Ilias 8,250.

53. Dichter: Nicht Bakchylides (Diehl, Snell). – Steininschrift (Preller). – Dazu
Graindor Bull. Corr. Hel. 29, 1905, 337, Musée Belge 25, 1921, 91.

54. 1. Lykoreus: Apoll nach der Stadt Lykoreia am Parnaß. 3. Paulos gebraucht
unterschiedslos Phorminx, Lyra usw. Die Geschichte wird noch erzählt von Timaios
fr. 64f., Strabon 6, 1, 9, Mythogr. Gr. 127, 9, Clemens v. Alex. Protrpt. 1, 1, 1 (dort
heißt der Gegner Ariston), AG IX 584 (Gegner: Spartis). Timaios berichtet noch, zu
Lokroi in Unteritalien habe Eunomos eine Statue gehabt, bei die eine Grille auf
einer Leier gesessen; nach IX 584 stand die Statue in Delphi.

56. 1. Vgl. XVI 306,1.

57. 3. Zu αἰγιπόδης vgl. IX 330,2, XVI 15,2, Hom. Hymn. 19,2.

58. 1. Mene: Selene; s. zu V 165.

60. 4. Nach Herodot (1, 50) hatte Kroisos geschickt: 117 Halbziegel Gold, 1 goldnen Löwen im Gewicht von 10 Talenten, 1 großen Mischkrug aus Gold, desgl. aus
Silber, 4 silberne Krüge, 1 Weihwasserbecken aus Gold, desgl. aus Silber, 2 runde

Silberplatten, 1 goldene Frauenstatue, 3 Ellen hoch u.a.m. – Jacobs glaubt, Pamphilion werde Isispriesterin, was Zerwes bezweifelt.

61. 5. Ilias 18, 382. – 6. Vgl. IV 1,4. Charis: Aglaia, Gattin Hephaists (Hesiod Theog. 945).

62. 1. Solche „Bleistifte" kannte man schon in klass. Zeit, doch verlor sich ihr Gebrauch wieder, um erst im 11. Jh. wieder aufzutauchen. 2. Vgl. 295,1. – 6. Vgl. 92,6. – Vgl. Cougny 7,37.

65. 6. Vgl. 327,2.

71. Gemeint ältere Laïs und Philosoph Anaxagoras, obwohl zeitlich wenig zusammenpassend; wohl kaum Decknamen für Zeitgenossen.

72. 6. Vgl. GV 1970, 10 (1.-2.Jahrh. n.C.): λοιβῆς καὶ θυέων.

73. 4. Vgl. 289,8. – 5. Vgl. 177,1. – 7. Vgl. Ilias 16,252f.: λύκοι σίνται. 8. Vgl. 296,6. – Nach gewöhnlicher Überlieferung stirbt Daphnis in jungen Jahren.

75. 7. Lyktos: Stadt auf Kreta. Kretische Bogenschützen waren berühmt, vgl. VI 121, VII 427, IX 223.

78. 1. Rohre: der Syrinx. Vgl. 177,3. – 4. Pan war unglücklich verliebt in die Nymphe Syrinx (VI 82), Echo (79), Pitys (XV 21) u.a. Von Daphnis' unglücklicher Liebe spricht Theokrit Id. 1,82–85; 8,59f. – Nachahmung von VI 177.

79. 5f. Pans Liebe zu Echo s. VI 87, IX 825, XVI 152, 154, 156 usw.

80. 1. Daphniaka: nicht erhalten; behandelten wohl die Liebe des Daphnis.

82. Als Pan die Nymphe Syrinx verfolgte, verwandelte diese sich in Schilfrohr; daraus verfertigte Pan dann die Panflöte oder Syrinx. Vgl. Ovid Metam. 1,689–712.

84. Nachahmung von 125. Vgl. A. Veniero: Paolo Sil. 1916, 166.

85. Verulkung antiquierter Grammatikersprache (Luck). Parodie von 86? Nach dem homerischen δῶ für δῶμα, βρῖ für βριθύ usw. kürzt Palladas θώραξ zu θῶ (Panzer), κνημίς zu κνῆ (Beinschiene), κράνος zu κρᾶ (Helm); vgl. XI 351, 383, Strab. 8, 5, 3. – Gordioprilarios: ungeklärt. – Timotheos: ein Mensch, doch steckt im 2. Teil θεός (Gott); ein Timotheos war 381–385 Patriarch in Alexandria.

87. Euios: Bakchos. Pans Liebe zur Echo: s. 79. – 4. Vgl. Nonnos 42,205ff.

88. Gürtel: s. V 121. Es spricht wohl der myth. Athamas, auf den Ino verderblichen Einfluß hatte; vgl. VII 303.

89. 4. Rohrbündel, in die man die Fische lockte. 5. Schaltiere wurden nicht gekocht, sondern (wie noch jetzt am Mittelmeer) geröstet.

91. Zu beachten sind die zu den Weihgaben passenden Personennamen: Promachos = Vorkämpfer, Akonteus = Speerwerfer, Hippomedon = Walter der Pferde, Aristomachos = bester Kämpfer; vgl. VI 306, VII 353, 403, 440, 448, 452, 456f., 505, 597, IX 263, XI 57.

92. 5. Kyllenier: Hermes; s. 96.

94. 5. Entmannt: s. zu 51,7.

95. 5. Gemeint sind Schnürstiefel aus Schaffell. – Muster für 104.

96. 3. Kyllene: Berg in Arkadien, 2374 m hoch. 4/5. Knapp 90 cm. 6. Zu νόμιος vgl. IX 524,14, Hom. Hymn. 19,5. – Entstehungszeit: nach Erscheinen von Vergils Bucolica (um 39 v.C.); vgl. dort 7,4.

97. Für solche Reliquien hatte die Kaiserzeit großes Interesse. Rüstung und Lanze Alexanders zeigte man zu Gortys in Arkadien. Die hier angeredete Lanze hält Picard für echt. – Vgl. Cougny 3,54.

98. 4. Es handelt sich also um eine Panspermie, wie sie der Totenkult der heutigen Griechen noch kennt (Bohnen, Weizen, Gerste, Erbsen, Linsen). 5. Vgl. 152,3; 190,2; 238,5; 288,8 usw.

100. Der Fackellauf ging vom Altar des Prometheus in der Akademie bis nach Athen. Sieger war, wer mit noch brennender Fackel als erster am Ziel ankam. Er bekam 30 Metreten (je 39 Liter) Öl (Paus. 1, 30, 2). 4. Hermes: Schutzgott der Gymnasien; s. 143.

102. Nachahmung von 22.

103. 7. Jungfrau: Athene. Es werden mehrere, für uns nicht bestimmbare Bohrer genannt. Vgl. 205.

104. 1f. Vgl. 297,3f.: ὠλεσίβωλον σφῦραν. 2. Vgl. VI 95,3, IX 404,4. – 3. Egge: die tribula der Römer.

105. Dichter: A. v. Smyrna (Kaibel, Waltz), A. v. Nikaia (Reiske, Hillscher).

106. 1. Wilde Platane: unbekannt; vielleicht eine gewöhnliche Platane im Gegensatz zur umgepfropften; Verg. Georg. 2,70 und Geop. 10, 76, 1 wird die Platane zu Äpfeln und Feigen umgepfropft; ähnlich mag es Ep. 35 sein, das hier nachgeahmt wird. 3. Wurfholz: die Waffe wird sonst λαγωβόλον genannt, z.B. 152.

108. 2. „Für Viehherden gibt es (in Arkadien) reichliches Weideland (βοσκήμασι δ' εἰσὶ νομαὶ δαψιλεῖς)" (Strab. 8, 8, 1). – 3. Pane: Panisken, Kinder Pans im jugendl. Alter, oft auf Bildwerken seit hellenistischer Zeit.

110. Dichter: Leonidas v. Tarent (Geffcken). Muster für 96.

111. 1. Erymanthos und Ladon: Flüsse in Arkadien und Elis. 2. Pholoë: s. 3. – 3. Lasion: Stadt in Elis. – Vgl. Gow Class. Rev. 4, 1954, 1.

112. 1. Mainalon: Gebirge in Arkadien. 4. Promenes, Sohn des Leontiadas aus Theben, ist für d.J. 328 belegt (Dittenberger Syll.³ 300). – Das Ep. ist zwischen der Zerstörung (335) und dem Wiederaufbau Thebens (315) verfaßt (Wilam.).

113. Vgl. Ilias 4, 105f. und 110.

114. Dichter: Samos (Stadtm., Wilam.), Philippos (Geffcken, dem Waltz widerspricht), Simias (Fränkel). Gemeint wohl Philipp V., 221–179. 1. Stier: Auer. Klafter: 1,776 m, hier wohl nur für „lang". 2. Sohn: Herakles, von dem die maked. Könige sich herleiteten. 3. Handbreite: 7,4 cm. 5. Orbelos: am Strymon. 6. Emathia: Makedonien; s. zu II 28. – Steininschrift, Muster für 115f. (Wil., van der Valk).

115. Dichter: Antipatros von Sidon (Geffcken), Ant. v. Thess. (van der Valk), Samos (Wilam.). 3. Die Dardaner (in Serbien) hatte Philipp 218/17 besiegt (Polyb. 4,66; 5,97). – 7f. Herakles (s. zu 114) hatte den kretischen Stier erlegt.

116. Dichter: Samos (Wilam.). 1. Minyer: altes boiotisches Volk mit Hauptsitz in Orchomenos, von Thebanern mit Herakles' Hilfe besiegt. 6. Beroia: Stadt in Makedonien, Ursitz der dortigen Könige. – Vgl. IX 300.

119. Aus einer Elegie (Powell).

121. 1. Kynthos: Berg auf Delos, 106 m hoch; vgl. XV 25,9f. – 2. Ortygia: Delos; s. zu IX 790. Das Ep. ging also nach Delos.

122. 4. Odrysen: thrak. Stamm am Hebros; vgl. XVI 6. Nachahmung von VI 123.

123. 3. Der Athenetempel in Tegea, Anytes Heimat, war 394 niedergebrannt und wurde bald darauf prächtig und mit Skulpturen von Skopas geschmückt wieder aufgebaut.

126. 3. Die Vereinigung beider Sinnbilder findet sich oft, besonders auf sizilischen Münzen.

127. Es spricht eine Waffe; vgl. 178.

128. Alexandros: A. d. Gr. (Reiske, Hecker), doch vgl. 264.

129. 4. Koryphasion: Kap bei Pylos in Messenien mit berühmtem Athenetempel. Es handelt sich um die Kämpfe Tarents gegen Lukanien um oder kurz nach 300. Dazu Gow Class. Quart. n. s. 8, 1958, 114.

130. Dichter: nicht Leonidas v. Tar. (Geffcken, Gow). Gemeint Pyrrhos II. von Epirus, † 272, „der Molosser" nach einer Landschaft in Südepirus. Er kämpfte gegen Antigonos I. Gonatas von Makedonien (i. J. 274), der keltische Hilfstruppen bei sich hatte (Paus. 1, 13, 2). Pyrrhos (Sohn des Aiakides) führte seinen Stammbaum auf Achill, den Enkel des Aiakos, zurück; s. 334. – 2. In Iton bei Larissa war berühmter Athenetempel.

131. Lukanien in Unteritalien; vgl. 129.

133. Dichter: nicht Archilochos (Diehl). 1. Vgl. Od. 10,545. – Nach Romagnoli Spottepigramm.

134–143. Meist Anakreon abgesprochen, doch für Steinepigramme des 5.Jh. gehalten. Ep. 134 beschreibt ein Bild oder Relief; vgl. Reinach Rép. des Rel. 3 p. 424,2.

135. Nach Pausanias (6, 13, 9) siegte Pheidolas mit einer Stute Aura in Olympia vor dem Jahr 506 (Friedländer Nr. 97).

138. Inschriftlich erhalten auf einer Herme bei Athen a. d. Z. 460–445. Bekannt ist ein Bildhauer Kalliteles von Aigina, der um 460 blühte; er kommt also nicht in Frage, vielleicht ein Vorfahr. Am Schluß ist Hermes angeredet.

139. Anaxagoras: Erzbildner aus Aigina, schuf nach der Schlacht bei Plataiä eine 4,40 m hohe Bronzestatue des Zeus für Olympia.

140. 2. Dies: Dreifuß, Preis beim Chorsieg.

142. 1. Stadt: Athen. 2. Echekratidas von Pharsalos, König von Thessalien, siegte Anfang des 5.Jahrh. im Pferderennen zu Olympia; vgl. Thuk. 1,111.

143. Ein Hermes (vgl. 100) am Eingang eines Gymnasions spricht. Timonax von Teos: CIG 3099.

144. Dichter: Simonides (Bergk, Crusius, Stadtm., Boas), V. 1f. von Simonides, die anderen spätere Zutat (Picard, Rev. des Etud. anc. 1935, 9). 1. Leokrates: Stratege v. J. 479 (und 459), auf den Simonides ein Epinikion gedichtet (Thukyd. 1, 105, Plut. Aristid. 20,1, Quintil. 11, 2, 14). 3. Akademeia: als genius loci. Es handelt sich um die Statue der Akademeia, auf deren Hand eine kleine Herme stand, die spricht.

146. Eilethyia s. 244.

147. 1. Akeson: auf einer Inschrift aus Kyrene, 3.Jahrh. v. C. (Collitz-Bechtel: Samml. grch. Dial.-Inschr. III 2, 4834a 14).

148. 2. In Kanopos bei Alexandria hatte Sarapis einen berühmten Tempel, wo Wunderheilungen geschahen.

149. 2. Hahn: Symbol der Tapferkeit; vgl. VI 155, XII 24f. – 3. Kastor und Pollux: Schützer des Faustkampfs.

150. Isis ist hier mit Io, Tochter des Inachos, verschmolzen (bei Römern: Isis Inachis); vgl. Cougny 1, 162, 2.

151. Pallene: Name vieler Städte. 2. Mikkos s. 195.

152. 3. Vgl. 98. - Muster für 238.

153. 4. Kleitor: Stadt in Arkadien. - Echte Aufschrift (Oehler).

154. 6. Blume: nach Olivieri Narzisse. - Muster für 158.

156. 1. Amarynthos: Flecken auf Euboia mit berühmtem Artemision. Der Plural zeigt, daß sich Artemis hier (wie Eilethyia, Eros, Pan) aufgespalten hat. Locken: Haaropfer zu Beginn der Ephebie. 2. Kallo: wohl die Mutter. Rind: wohl als Gebäck. Zikade: Art Haarnadel. - Vgl. 278.

157. Die auf das Ep. folgende Lücke wollte Basson mit XVI 387 b c füllen; vgl. Preisendanz RE 18, 2, 133.

159. 3. Tritonis (Tritogeneia, Trito): Athene. - Gegenstück zu 46.

160. 3. Das Köpfchen ist mit einem Schlußrädchen versehen.

161. 1. Marcus Claudius Marcellus: Sohn Octavias, der Schwester des Augustus, lebte 42-23. Er kehrte i.J. 25 aus dem Kantabrerkrieg zurück. Vgl. IX 545. - 3. Schor: erg. „und weihte dem Apoll (oder Pan)";vgl. VI 198 und 242, X 19.

162. Vgl. A. Wifstrand: Stud. z. Grch. Anth. 1926,71f.

163. Nachahmung von IX 322.

164. Dichter: Lukillios (Brodäus, Ursinus, Wolters u. a.). Genannt werden lauter Meeresgottheiten. 2. Kronide: Poseidon. Samothr. Götter: Kabiren (rettende Seegötter) 3 f. Über die Sitte, nach dem Schiffbruch sich das Haar zu scheren, vgl. Juvenal 12,81. - 4. Vgl. 77,2. - Das Gedicht ist Spottepigramm, V. 1 ein bekannter Vers, der von Vergils Lehrer Parthenios stammt und den Vergil (Georg. 1,437) nachahmt: Glauco et Panopeae et Inoo Melicertae.

165. Dichter: Phalaikos (Bouhier, Jacobs, Stadtm., Waltz), Statilius Flaccus (Knaack, Sakolowski, Sitzler, Wilam.). 2. Fell: s. zu 35,2. - Körbchen: s. Reinach Rép. des Rel. 1 p. 34.

166. Vgl. XI 132, 342, 404.

168. 5. Vgl. XV 51,3. - Vgl. Od. 19, 428-458.

170. Dichter: Euenos (Reiske, Preisendanz).

171. Dichter: Alkaios v. Messene (Bergk). - Koloß von Rhodos: eines der 7 Weltwunder, Werk des Chares von Lindos auf Rhodos, eine 32 m hohe Heliosstatue aus Erz. Um 290 für 300 Talente (etwa 1,5 Mill. Mark) erbaut, stürzte er 224 v. C. bei einem Erdbeben um. Ein Orakel verbot Wiederaufrichtung. Im J. 653 n. C. verkauften ihn muselmanische Piraten nach Edessa (am Euphrat). Dorthin kam er auf 900 Kamelrücken und wurde verschrottet; s. XVI 82. - 3 f. Rhodos siegte 304 über Demetrios Poliorketes. 7. Der Sage nach wurde Rhodos von Dorern unter Führung von Herakles' Sohn Tlepolemos erobert. 8. s. VII 618. - Das Ep. nach Wilamowitz für die Basis des Kolosses ungeeignet.

174. 4. Vgl. 284,3f.: εὔκλωστον νῆμα. - Muster für 48. Vgl. 288.

177. Bildaufschrift (Legrand). 1f. Vgl. 73,5, Horaz 1, 15, 15.

179-181. setzen die Reihe 11-16 fort.

185. 3. Mehrwandiges Netz.

187. Dichter: Alkaios v. Messene (Meineke).

188. 2. Lykaion: Gebirge in Arkadien mit Zeus- und Pankult.

189. 1. Anigriaden: nach dem Fluß Anigros in Elis (Paus. 5, 6, Strab. 8, 3, 18 f.). - Muster für IX 327.

190. Dichter: Leonidas v. Tar. (Romagnoli). 6. Kuchen: vgl. 155, 324. - Vgl. 300.

192. Muster für 23.

193. Dichter: Phalaikos (Geffcken, Stadtm.), Statilius Flaccus (L. Herrmann). 1. Vgl. 33,1. Versmaß: Phaläkischer Hendekasyllabus.

194. Trito: s. 159. Das Lemma besagt wohl, daß der Vers im „Trompetenteil" des Tempels stand, wo ähnliche Inschriften waren. Das Original ahmt mit seiner t-Alliteration das Trompetengeschmetter nach, vgl. Ennius (Ann. fr. 140 Vahl.[2]): At tuba terribili sonitu taratantara dixit.

195. Vgl. 46.

196. Vgl. Batrachomyom. 294–296.

197. 1. Dies: Dreifuß in Delphi. 2. Vertilgt: bei Platää i. J. 479. – Das Ep. wurde Pausanias gewaltig verübelt, da er den Sieg sich selbst, statt allen Griechen, zuschrieb. Man ließ die Inschrift tilgen und setzte darauf (Diod. 11,33):

Retter der räumigen Hellas entboten hier dieses zur Weihe,
    da vor der Knechtschaft Graus sie ihre Städte geschirmt.
Ἑλλάδος εὐρυχόρου σωτῆρες τόνδ' ἀνέθηκαν,
    δουλοσύνης στυγερᾶς ῥυσάμενοι πόλιας.

198. 5f. nach Desrousseaux spätere Zutat. – Vgl. VI 161.

199. Einodia: Hekate, Wegegöttin.

200. Eilethyia: s. 244. – Nachahmung von 270. – Vgl. Radinger Rh. Mus. 58, 1903, 204f.

201. 3. Hemd: die römische subucula. 5. Euphrante: auch V 110. Hat Argentarius sie geheiratet? – Bild einer Frau, die eben geboren hat, bei E. Pfuhl: Malerei und Zeichnung der Griechen, München 1923, Bd. 3 Taf. 344, 748.

202. Nachahmung von 272.

203. Dichter: Philippos (Salmasius), Leonidas v. Tar. oder Philippos (Brunck). 6. Symaithos: Fluß am Ätna. – Vgl. 330.

204. Fiktive Weihung (Pierre Schmid). 2. Bügelsäge.

205. 2. Hobel (βορέες): oder Sägen? – Muster für 103.

206. 3. Gemeint ist Purpur. 6. Vgl. Kallim. fr. 253,12 Pf., Dionys. Per. 757. – 9. Nämlich Aristoteleia.

207. 9. Naukratis: Stadt im Nildelta.

208. 4. Strymon: Fluß in Thrakien. 6. Jede nur einem: d. h. verheiratet; Ausdruck des Kekropsgesetzes (Athen. 13, 555d).

210. 3. Vgl. VII 485,3: ἀνελίγματα χαίτης. 5. Ausspricht: ὄλισβοι oder βαυβῶνες; vgl. Aristoph. Lysistr. 108ff.

211. 2. Lesbisches Gelock: Perücke. 7. Wünsche: Heirat.

212. 2. Auf dem Markt zu Korinth stand eine Apollonstatue (Paus. 2, 2, 8).

213. Weihung für Apoll.

214. 1f. Gelon und Hieron: Bekannte Tyrannen von Syrakus. Dreifüße: In Delphi, nach dem Sieg über die Karthager bei Himera i. J. 480; vgl. Athen. 6, 231f. – 3f. Zehnte: von karth. Beute. Ein sizil. Pfund = 273gr.; 1 sizil. Talent = 120 Pfund = 32,73 kg; zusammen 1664 kg; also jeder der 4 Dreifüße 416 kg. Diodor (11,26) erwähnt nur Gelons Dreifuß im Gewicht von 16 (attischen) Talenten, das sind (1 att. Talent = 26 kg) 416 kg. – Dareiisch: Feingold wie bei den Dareiken. Der Scholiast bringt als 2. Distichon:

als sie das Volk der Barbaren besiegt und den Griechen im Kampfe um ihre Freiheit voll Kraft helfend die Hände gereicht. Wilamowitz hält nur das 1. Distichon für echt.

215. Diodor: Korinth. Triërarch (Plutarch Malign. Herod. 39). Letotempel in Korinth ist unbekannt.

216. 1. Erretter: Zeus.

217. Dichter: Leonidas v. Tar. (Bergk, Finsler). 1. Galle: s. 51. – 5. Vgl. V 60,5. Tympanon: unsere Kesselpauke. – Varro (Menipp. 364) erzählt von einem Gemälde, das einen vom Klang des Tympanons verzauberten Löwen, das Lieblingstier der Kybele, darstellte. Der Kybelekult tritt erst im 3.Jh. in der Literatur auf.

218. 10. Raubtier: als Bild oder Statue.

219. 21. Vgl. orac. Sib. 3, 530: ζωῆς τ' ἐπαρωγός.

220. 2. Pessinus: Stadt unweit der Quelle des Sangarios (Fluß ins Schwarze Meer), Hauptsitz des Kybeledienstes mit einem „vom Himmel gefallenen" Kultbild. 15. Gemach: Kapelle; doch hieß im Rhea-Kybele-Kult so auch ein heiliger unterirdischer Raum, wo die verschnittenen Priester ihre Phallen (μήδεα) niederlegten (Scholiast zu Nikandros Alex. 8). – Älter als 217 ff. (Wil.). – Vgl. noch 237.

221. In Griechenland gab es wahrscheinlich schon vor der Einwanderung der Griechen keine Löwen mehr (Wil., Eur. Herakl.[2] 1,44); doch s. zu IX 300.

222. 1. Skolopender: Sonst Assel, Seewurm, Muränenart; hier wohl ein Wal (vgl. Ailian H. A. 13,23). Orion: im Winter. 2. Iapyger: in Apulien.

223. 3. Klafter: s. zu 114.

224. 5. Peloris: Kap von Messina. – Vgl. Kallim. Ep. 5 Pf.

225. 2. Heroïnen: niedere Ortsgottheiten, vgl. Apoll. Rhod. 4,1308 ff., Kallim. fr. 602,1 Pf. – 5 f. Vgl. VII 267,3 f.

226. Muster für 238 f. (Lasserre). Vgl Gow: Class. Quart. 8, 1958, 117.

227. 1. Proklos (gräzisiert für Proculus): unbestimmbarer Knabe (Jacobs; nach Waltz ein Gelehrter). 2. Rohr: Schreibfeder. Vgl. XVI 324. – Solche Begleitepigramme sind aus den Weihepigrammen hervorgegangen; sie sind häufig, z.B. V 90 f., VI 229, 241, 249 f., 252, 261, 335, 345, IX 93, 239, 353, 355, 428, 541, X 92, XII 96 u.a.

228. 1. Stier: wohl Votivbild. 2. Ein Arbeitstier abzuschlachten war verboten (Ailian h. v. 5, 14, 2; Arat. Phain. 132). Vgl. VI 263, VIII 217.

229. 6. Lucius: vielleicht L. Julius Cäsar, Sohn von Agrippa und Julia (17 v. bis 2 n.C.); vgl. 235, 250, 252.

230. 1. Akreitas: Gott der Vorgebirge, hier von Kap Akreitas, südöstl. von Chalkedon. 3. Horn: Hornröhrchen über dem Ende der Angelschnur; es hinderte die Fische, die Schnur durchzubeissen (Ilias 24,81). Fraser (Class. Journ. 31, 1936, 502) nimmt ein Musikinstrument an. 5. Muschel: Tritonshorn, da Apoll Schirmer der Musik ist.

231. 1. Dunkel: s. zu I 85. – 2. Isis wurde als Seegöttin verehrt; berühmte Tempel auf den Inseln Philai und Pharos. Sie und ihre Priester trugen lange Linnengewänder. Heilig war ihr die Gans. 5. Zerrieben: nämlich die Wurzel. 8. Golden: die Hörner der Opfertiere waren oft vergoldet (Verg. Än. 5,366; 9,627). Zum letzten Gedanken s. 190 f., 300.

232. 3 und 6. Auch in Menanders Dyskol. 449 werden Pan λιβανωτός und πόπανον geopfert. 7. Stab: Hirtenstab, Hirtenberuf. Rubensohn u. a. glauben, daß das Ep. unvollständig sei und das Schlußdistichon aus einem anderen Ep., dessen Verfasser Philippos sei (vgl. 99), fälschlich hier hinzugeraten sei. **233.** 8. Doppelt: Der Poseidontempel stand am schmalsten Teil des Isthmos. Preziöse Ausdrucksweise im ganzen Ep.: 2. Zaum: wörtl. Zusammenhalter der Kinnbacken, 4. mit ... Biß: d. h. die, wenn schlecht angelegt, die Zunge verletzt, 6. wörtl.: das eiserne, gezähnte Kratzen des Striegels. **234.** 1. Tmolos: Berg in Lydien. 3. Sangarios: s. 220. – 4. Geißel: Strafwerkzeuge bei den Gallen (Plutarch Mor. 1127c, Apuleius 8, 28, 2). Vgl. Gow Journ. Hell. Stud. 80, 1960, 89. **235.** 1. Cäsar: Germanicus (Reiske); Tiberius (Boivin); G. Julius Cäsar, Sohn von Agrippa und Julia, der Tochter des Augustus, 20 v.–5 n.C. (Hirschfeld; vgl. VI 229, IX 59, 297); Caligula zum Geburtstagsfest am 31. August 37 (Cichorius). 5. Altvater: Augustus. 6. Vgl. Kallim. fr. 7,14 Pf.: πουλύ μένωσιν ἔτος. **236.** 2. Schlacht bei Aktium, 31 v.C. Göttergeweiht: Apoll. 5. Cäsar: Augustus. Vgl. IX 285. Zeit: unter Tiberius (Cichorius). **237.** 1f. Vgl. Kallim. fr. 761,1 Pf.: Γάλλαι μητρὸς ὀρείης. **239.** 1. Kleiton: s. 226. – 2. Gott: wohl Pan. 6. Vgl. IX 564,4. **240.** 1. Vgl. Orph. Hymn. auf Artemis 36,2: τοξότι. 3. Herrscher: G. Arruntius Camillus Scribonianus, Konsul 32 n.C. (Hillscher); Caligula, der Okt./Nov. 37 schwer erkrankte (Cichorius); Augustus (Waltz). 5. Vgl. Cougny 6, 81, 18: ἀτμούς τε λιβάνοιο. **241.** 3. Pylaimenes: In der Ilias (2,851) Führer der Paphlagonier, der später in Thrakien landete. Cichorius denkt an Pylaimenes, Sohn des letzten, i. J. 25 v.C. gefallenen galatischen Königs Amyntas. In Thrakien fand L. Calpurnius Piso Frugi auf seinem Zug gegen die Besser (12–9) wohl den Helm. Auf Piso noch VI 249, 335, IX 92f., 428, 541, 552, X 25, XVI 184. **242.** 1. Vollender (τέλειος): als Schirmer des ehelichen Lebens; vgl. 244,1 und Aischyl. Ag. 973: Ζεῦ Ζεῦ τέλειε, τὰς ἐμὰς εὐχὰς τέλει. 4. Vgl. X 19, 1f. – Vgl. 161. **243.** 1. Imbrasos: Fluß auf Samos. 2. Geburtstag: des Kindes, das dem Opfernden gerade geboren war (so Hecker). Oder Geburtstagsfest der Göttin? 4. So spricht nur ein Priester (Jacobs). – Vgl. E. Buschor: Ath. Mitteil. 55, 1930,4f. **244.** 1. Eilethyia (sonst nur e i n e Göttin): Göttin der Niederkunft. 3. Antonia: Tochter des Antonius und der Octavia. Ihr Gatte war Drusus (s. IX 283, 405), Sohn des Tiberius Claudius Nero und der Livia. Es handelt sich um die Geburt des Germanicus (15 v.C.) oder des Claudius (11 v.C.), s. IX 239. – 4. Vgl. Kallim. fr. 202,18 Pf.: πρηεῖαι θεαί (Eilethyien); IG 7,3101: Ἀρτέμισιν Πραείης. Epione: Gattin des Asklepios. **245.** 1. Karpathos: Insel zwischen Kreta und Rhodos. 5. Die Mysterien der Kabiren (s. 164) wurden besonders auf Lemnos, Samothrake und in Boiotien gefeiert. – Vgl. Alkaios 78 D. **246.** Dichter: wohl Argentarius. 2. Zähnetragend: Abwehrzauber. A. Conze (Reise auf d. Inseln d. thrak. Meeres, 1860,28) berichtet, auf Thasos habe sein Maultier als Amulett einen ledernen Beutel mit Schweinezahn auf der Stirn getragen. 8. Lykin: kaum, wie Jacobs will, der Olympionike (Paus. 6, 2, 2), der um 450 v.C. lebte.

247. 1. Stäbe: Die Rohrstäbe, woran die Kettenfäden befestigt waren, sonst κάλαμοι und κανόνες genannt. 3. Kamm: das Riet. 6. Zahn: der Wollkratze. 7. Pallantias: Athene.

248. Vgl. V 135.

249. 1f. An den Saturnalien (Kronos = Saturnus) schenkte man sich Kerzen. Deren Docht bestand aus Binse und Papyrusmark; sie war dünn, da der Docht lediglich in flüssiges Wachs getaucht war. 3. Piso: s. 241. – 4. Vgl. 333.

250. 1. Herrin: Vielleicht Julia, Tochter des Augustus, Gattin des Agrippa, an den VII 379 gerichtet ist (vgl. VI 229). Müller denkt an eine „vornehme, aber nicht fürstliche Gönnerin".

251. 1. Am „Leukadischen Felsen" hatte Apoll ein berühmtes Heiligtum; vgl. IX 553, Vergil Än. 3, 274. Zeit: Tiberius (Cichorius). – Reisegebet wie V 17, VI 251, 349, IX 9, X 21.

252. 6. Fürstin: wie 250. Müller denkt an Neros Mutter Agrippina († 59) und setzt das Ep. vor d. J. 55; vgl. 329. – 2. Nach Plinius (15, 65) konservierte man Quitten, indem man sie mit Pontoswachs bestrich und in Honig aufbewahrte; auch mit Zweigen. – Nachahmung von 345.

253. 4. Bassa: Flecken in Arkadien am Kotiliosberg mit berühmter Quelle (Paus. 8, 41, 10). 5. Daran hängten Jäger ihre Beute. 6. Markierungen für Wegegabelungen.

254. 1. Eiche: symbolisch für Greis. 2. Zwitter: für Kinäde; vgl. XI 272. Statilius: vielleicht der Dichter Stat. Flaccus, der ein Zeitgenosse des Myrinos gewesen sein kann und Knabengedichte geschrieben hat.

255. 1. Elle: 44,4 cm. Ambrakia: Stadt in Akarnanien.

256. 1f. Vgl. VII 692, 3. – 5. Nikophon siegte in Milet i. J. 11/12 n. C. – 6. Männer: Es gab auch Boxkämpfe für Knaben und Epheben. – Das Ep. stand wohl auf einem Weihbild. – Vgl. XVI 52.

257. 2. Hadria: Stadt in Picenum mit berühmtem Wein; s. IX 232. – 6. Vgl. VII 423, 2.

259. Gespräch zwischen Statue und Wanderer. 1. Hermes (s. 100): seit 6. Jh. bartlos dargestellt. 5. Knaben: 12–16 Jahre alt, vgl. zu 256. – Vgl. IX 557.

260. 1. Künste: Hetärenkünste. 2. Thespiä: s. XVI 206. Jahn glaubt, daß nach 2 ein Distichon ausgefallen sei, in dem Praxiteles als Künstler genannt wurde, der den Eros als Lohn für ihre Liebe Phryne geschenkt habe. 4. Beide: Praxiteles und Phryne.

261. 1. Fläschchen: wohl ein Lekythos fürs Gymnasion. Silber: also ein Prinzmetall (Kupfer mit starkem Zinkzusatz). 3. Simon (für Simonides?): wohl der Freund, dessen Sohn Geburtstag hat.

262. 1. Ihn: wohl ein Wolf. 4. Gehängt: das Fell.

263. 5. Vgl. Aischyl. Ag. 1338: αἷμ' ἀποτείσει. 6. Vgl. zu 228. – s. zu 221.

264. Vgl. 128.

265. 1. Lakinion: Kap bei Kroton in Bruttium mit berühmtem Heratempel. 3f. In Lokroi (s. 54), Nossis' Heimat, führte man die Genealogie auf die weibl. Linie zurück (Polyb. 12, 5, 4).

267. 1. Licht: Artemisstatuen tragen oft eine Fackel.

268. 2 und 4 in Deutung sehr unklar.

269. Dichter: „ὥς" (ebenso VI 273 und XII 142) bedeutet, daß das Ep. nicht von dem Genannten stammt, sondern daß ein anderer (Wifstrand nimmt hier Meleagros an) es „nach Art" des Genannten verfaßt hat. 1 f. Es spricht die Artemisstatue. 3/6. Es spricht die Inschrift auf der Basis. – Das Ep. „kaum älter als 400" (Wilam.).

271. 1. Kichesias' Sprößling = Leon (V. 5) = Gatte der Themistodike. 3. Waffenlos: vgl. 273. – 5. Vgl. Λέοντα Κιχησίου Αἰξωνέα CIA II 448 und 1047,27 (Aixone: att. Demos); nach W. S. Ferguson (Hellenistic Athens 1911, 287) ist Leon identisch mit dem bei Polyb. 21, 31, 6 (v. J. 190 v.C.) genannten (ὁ Κιχησίου Λέων).

273. Dichter: s. zu 269. 1. Ortygia: hier ein Inselchen vor Syrakus mit Artemistempel (s. zu IX 790). 3. Inopos: Fluß auf Delos.

275. VI 275, 353f., IX 604f. betreffen denselben Tempel (Hecker, Reitzenstein).

276. 6. Würfel: Das Mädchen ist also noch sehr jung. – Vgl. 277, 280.

277. 2. Arsinoë III., Tochter Ptolemaios' III. Euergetes, seit 211 Gattin ihres Bruders Ptolemaios IV. Philopator. Zeit: um 220 (Legrand). Ihr Bild bei Hamann: Grch. Kunst, 1949, Nr. 370. – Vgl. Legrand Rev. Etud. Anc. 1901 p. 187.

278. 2. Geschenk: Locke. 3. Delphinier: so genannt nach uraltem Tempel in Athen, dem Delphinion. Vgl. 156.

279. 3. Efeu: Symbol des musischen Siegs. 4. Acharnai: attischer Demos, in dem der Efeu zuerst gewachsen sein soll (Paus. 1, 31, 6). – Muster für Vergil Ecl. 7,25 (Barigazzi Stud. It. 1950, 29).

280. Dichter: Leonidas v. Tar. (Knaack), Theodoridas (Stadtm.). 4. Limnatis: nach dem Ort Limnai an der Grenze zwischen Lakonien und Messenien (Strab. 8, 4, 9).

281. 1. Mutter: Kybele. Sonnenverbrannt: der trockene, felsige und erdbebenreiche Teil Phrygiens um Dindymon (s. 51) heißt Κατακεκαυμένη (Verbranntes Land). Dort hatte die Göttin (Dindymene) einen Tempel.

282. Dichter: Theodoridas (Brunck, Meineke, Stadtm.), Diodoros Zonas (Jacobs, Knaack). 3. Nadel: um die Mantelenden auf der Schulter zusammenzuheften. Striegel: Schabeisen zum Abreiben des Öls. 4. Chlamys: Ephebenmantel.

285. Dichter: Nikarch aus Meleagroskranz (Wil.). 5. Vgl. 47,2. – 6. Vgl. Kallim. fr. 1,8 Pf.: τήκ[ειν] ἧπαρ ἐπιστάμενον.

286. 2. Handbreite + Spanne = 7,4 + 22,2 = 29,6 cm = 1 Fuß.

289. 6. Da Penelope nachts das Gewebe wieder aufzog und dadurch die Hochzeit hinausschob. 7. Penitis: „Weberin". – Muster für 39. – Vgl. Gow Class. Quart. n. s. 8, 1958, 118 f.

292. 1. Lakonisch: feine, meist purpurne Gewänder.

293. Der Kynismus verurteilte die Knabenliebe. Vgl. 298.

294. 1. Stecken: im Mark des Narthexrohrs hielt man Feuer glimmend. 3. Schuh: Strafwerkzeug. – Spottepigramm.

295. 2. Schreibrohre von Knidos: beste Art (Plinius h. n. 16,64). – 3. Stein: ganz unsicher; wörtlich: der Zaun eines mit Zeichen versehenen Glätters (oder Gewichts?); nach Lobeck ein Stein, der zum Papierbeschweren und zur Markierung der Linien dient, nach Waltz ein Gegenstand, der als Glätter und als Petschaft verwandt wurde. – Spottepigramm. Vgl. Gow: Class. Quart. 6, 1956, 233.

297. 2. φάρσος: s. 299,1; 307,2. – 3. ὡλεσίβ.: s. 104,1.

298. 3. Wilamowitz (Hell. Dicht. 1,142²) versteht unter ἀστλέγγιστον „ohne Schabeisen", doch vgl. 293,3. – Tamariskengebüsch: „unter dem der arme Teufel also verendet ist" (Wil.). – Vgl. Th. Reinach: Rev. de Phil. 1928, 97.

299. 1. Vgl. X 12,8, Theokr. 25,4: Ἑρμέω εἰνοδίοιο. 5. ὀπ(ε)ίας: Käse aus Milch mit Zusatz von Feigensaft; zu geriebenem Käse vgl. Ilias 11,639, Aristoph. Vögel 533. - 8. Vgl. Soph. Aias 237: ἀργίποδας κριούς.

300. 2. Lathria: Beiname der Artemis (nicht der Aphrodite), vgl. Comment. ad Antim. da Col., ed. Vogliano (Pap. Univ. Milan. 1, 17, 33). Leonidas war aus Tarent verbannt. ὀλιγ.: s. 288,10. - Berühmtes Ep., Vorbild für 190f., 231.

301. 3. Sam. Götter: s. 245. - 4. σωθεὶς ἐξ ἁλός: Wortspiel, 1. gerettet aus dem Meer (der Schulden), 2. gerettet durch das Salz (Bentley).

305. 6. Krumm: die Zinken der Fleischgabel waren am Ende gebogen. - Vgl. 306, 2. - Textlich sehr unsicher. Spottepigramm auf persönlichen Feind. Stadtmüller dachte an den Dichter Dorieus, der ein Ep. auf die Eßgier Milons von Kroton (um 510 v.C.) geschrieben hat (Athen. 10,412f). Vgl. Gow.: Class. Quart. 8, 1958, 120.

306. 2. Vgl. 305,6. - 3. Fächer: zum Feueranfachen. 6. Schwamm: zum Tischsäubern. 9. Spinther: „Funke". - Auf ein Genrebild (Luck).

307. 1. Lapithe: Stadt in Thessalien.

308. 3. Chares: Komödienfigur. Nach Knauer handelt es sich nicht um eine Maske, sondern um eine Tonfigur. 4. Hier: auf dem Musenaltar in der Schule (Wil.).

309. 1. Nahtfest: s. zu XIV 62.

310. Simos hat den Musen auf dem Altar in der Schulstube eine Bakchosmaske geweiht; diese spricht. 1. Mikkos: s. VII 458. - 2. Glaukos: s. Ilias 6,234. - 5. Auf Samos wurde Διόνυσος κεχηνώς verehrt. 6. Zitat aus Euripides' Bakch. 494; vgl. XII 148,2.

311. Agoranax hat als Schauspieler gesiegt, wohl in der „Hekyra" des Apollodoros, wo er den Pamphilos spielte, und weiht nun seine Maske; diese spricht. 1. Kom. Zeuge: der Vertraute im Stück. 3. Mich sengte ...: ich sehe nicht wie ein junger Liebhaber aus (die Maske ist Ausschußware). 4. Isislampen: schlechte irdene Ware mit grobem Isisbild.

312. 3. Gott: Poseidon Hippios oder Athene Hippias (Jacobs), Bakchos (Wilam.); vgl. IX 745. - Das Ep. beschreibt ein Weihgemälde. Nach Luck (Mus. Helv. 11, 1954, 170) jedoch handelt es sich um eine Bockplastik; daß die Jungen auf dem Kunstwerk herumtollen, sehe die Dichterin nur in ihrer Phantasie (wenig wahrscheinlich).

313. 1. Nike: Tochter des Titanen Pallas und der Nymphe Styx; hier mit Pallas Athene vermischt. 2. Kranaos: mythischer König in Athen. - Vgl. A. Severyns: Bacchylide, Liège 1933, 32[10].

314-320 und **323** sind (im Original) anakyklisch (auch kyklisch, versus cancrini, reciproci, retrogradi, recurrentes), d.h. sie lassen sich, ohne daß Sinn und Metrum gestört werden, auch von rückwärts nach vorn lesen. Doch darf man das nicht zu eng nehmen: Artikel und Substantiv, Präposition und Substantiv bleiben zusammen, statt Πᾶν' und ὑπό ist gegebenenfalls auch Πᾶνα und ὑπ᾽ zu lesen u. dgl. Ähnlich der sog. Teufelsvers: Signa te, signa, temere me tangis et angis. In der Neuzeit nachgeahmt von Joh. Hch. Riese († 1669) in seinen „Krebsreimen". Vgl. noch VII 153, IX 53 und XVI 387b, c.

315. Arkader: Hermes. - Ophelion: unbekannt. - Nachahmung von XVI 232.

316. Aërope: Frau des Atreus, Geliebte des Thyestes. Atreus setzte seinem Bruder Thyestes dessen Sohn zum Mahl vor, worauf Atreus von Aigisthos getötet wurde.

317. Gleiches Werk XVI 262.

318. 1. Vgl. Homer. Ep. 12,1: κουροτρόφε (Κύπρι). – Vgl. Ilias 18, 492ff.:
Bräute führten sie aus den Gemächern mit leuchtenden Fackeln
hin durch die Stadt und rings erschollen laute Gesänge,
Jünglinge kreisten im Tanz, in ihrer Mitte erklangen
hell die Flöten und Leiern, und überall in den Türen
traten Frauen heraus und schauten in wunderndem Staunen.

νύμφας δ' ἐκ θαλάμων δαΐδων ὕπο λαμπομενάων
ἠγίνεον ἀνὰ ἄστυ, πολὺς δ' ὑμέναιος ὀρώρειν,
κοῦροι δ' ὀρχηστῆρες ἐδίνεον, ἐν δ' ἄρα τοῖσιν
αὐλοὶ φόρμιγγές τε βοὴν ἔχον· αἱ δὲ γυναῖκες
ἱστάμεναι θαύμαζον ἐπὶ προθύροισιν ἑκάστη.

319. 1. Vgl. Od. 7, 101: αἰθομένας δαΐδας.

320. Askanien: Teil von Bithynien, Zentrum des Dionysoskultes. Euios: s. 87.

321. 1. Entbietet: wörtlich „opfert"; daß Dichter Lieder „opfern", wird öfter
gesagt; vgl. Eust. prooem. comm. Pind. 31: Δελφόσε δὲ ἐρωτηθείς, τί πάρεστι
θύσων, „παιᾶνα" εἶπε (Πίνδαρος); hier, dem Kaiser gegenüber, liegt in dem Wort
eine besondere Huldigung. – Vgl. IX 355,1. 2. Cäsar: Nero oder Vespasian. Zeit:
61–64 (Stadtm.). 3. Sprichwörtliche Redensart; vgl. Kallim. fr. 494 Pf.: ἄκαπνα γὰρ
αἰὲν ἀοιδοὶ θύομεν. Vgl. VI 328f., IX 349, 352f., 355. Beachte das dreimalige
„Weih-" an den Divus. Isopsephie: 5699.

322. 3. Marcus: unbekannt; Stadtm. wünscht Πάππῳ (s. IX 353). Kronien: s. 249.
Isopsephie zerstört; bei der Lesart Πάππῳ ergeben die beiden Hexameter und Pentameter je 6548.

323. Das Ep. gehört, da anakyklisch, wohl Nikodemos.

324. Isopsephie: 9117. – 1. Vgl. Ilias 20, 152: Ἄρηα πτολίπορθον. – Vgl. 163,
257, IX 323.

325. Isopsephie: 5953.

326. Isopsephie: 5982. Lyktos: s. 75.

327. Hexameter gegen Pentameter, nicht Distichon gegen Distichon sollen iso-
pseph sein. Isopsephie: 4111. Vgl. IX 342, 369.

328. 1. Dritten: das Widmungsgedicht zum ersten Buch ist 321, das zum zweiten
vielleicht 322 oder IX 356. Chariten: Titel des Buchs? Isopsephie zerstört: 7372 +
7272.

329. 3. Kaiserin Agrippina wurde 55 gestürzt, † 9. 3. 59. Ihr Geburtstag: 6. 11.;
vgl. 252. Isopsephie: 7579.

330. 3. Hain: in Epidauros. – Inschrift zu einem Weihgemälde.

331. 1. Alkon: wohl der Begleiter des Herakles, von dem ähnliches erzählt wird.
Vgl. Manilius Astron. 5,304f., Valerius Flaccus 1,398f., Servius ad Verg. Buc. 5,11.

332. Lemma: Hadrians Buch war Ἀναθήματα betitelt; der Zusatz von c ist
falsch. 1. Kasios: Berg in Syrien mit berühmtem Zeustempel. 6. Geten: in Rumänien, 106 besiegt. 7. Auch Ilias 15,46 wird Zeus Κελαινεφές angeredet. 8. Achaimenes: s. zu II 389. Zum Kampf gegen die Parther landete Hadrian 114 in Antiochia.
10. Arsakes: Begründer des parthischen Königshauses. – Vgl. Preisendanz Rh. Mus.
70, 1915, 329.

333. 2. Antigone: s. V 63. – 4. Lampen auf einem Dreifuß galten als Luxus.

334. 3. Gemeint ist eine Herme. 6. Neoptolemos: Sohn Achills (Lemma), Achills 17. Nachkomme (Scholion), König von Epirus, † kurz vor 294 v.C. (Hansen). Vgl. 130. Dazu Gow Class. Quart. n. s. 8, 1958, 113.

335. 1. Kausia: breitrandiger Filzhut, gehörte zur Nationaltracht der Makedoner, gewöhnlich weiß; die Könige trugen ihn in Rot mit weißer Binde. 3. Emathia: s.114. Piso: s. 241. – 4. Ausonisch: römisch. – Geschrieben: 12 v.C.

336. Auf ein Kunstwerk (Legrand).

337. 1. Pai(e)on: Apollon; sein Sohn: Asklepios. 3. Nikias: der Dichter der Anthologie, Freund Theokrits (Id. 11). 5. Eetion: wohl der in IX 336; mit dem Maler Aietion identifizieren ihn Robert und Roßbach. – Vgl. Theokrit Id. 28,5-7.

338. 1. Xenokles: unbekannt. 2. Werk: wohl die 9 Musen. Waltz identifiziert sie mit der von Fougères (Mantinée e l'Arcadie Orientale p. 543) 1887 in Mantinea gefundenen Gruppe. Legrand denkt an ein Altarrelief.

339. 2. Die Statue steht innerhalb des Dreifußes (Reisch). Attische Steininschrift des 4.Jahrh. v.C. (Wil.).

340. Inschrift auf einer Aphroditestatue im Haus des Amphikles (Wil. Textgesch. d. grch. Buk. 118,2).

341. Von der hohen Belohnung stiftete Mandrokles ein Bild (Dareios auf dem Thron während des Truppenübergangs) ins Heraion von Samos. Zeit: um 515.

342. Inschrift aus Delphi. Vgl. Rossbach: Berl. phil. Woch. 1917, 437.

343. Dichter: Agro (?) (Scholion zu Aristeides). Um 506 besiegten die Athener Theben und Chalkis. Die 700 gefangenen Thebaner zahlten pro Kopf 2 Minen (180 M) als Lösegeld. Davon ließen die Athener ein Bronzeviergespann herstellen (Herodot 5,77). Stück der Inschrift erhalten (IG² IV 334a). Im Perserkrieg zerstört, wurde sie (wohl nach 446) erneuert (IG² I 334), wobei die beiden Hexameter vertauscht wurden. Diese jüngere Inschrift bietet die ganze Überlieferung.

344. Zeit: 330/29. 4. Gott: Donnergott Zeus (Hecker), Bakchos (Reisch, Stadtm.).

345. Damals begann die Treibhauskultur der Rosen (Martial 6, 80); doch kommen schon bei Aristophanes (Athen. 9,372b) im Winter Veilchen auf den Markt. Als Empfängerin vermutet Cichorius Antonia (s. 244) und setzt das Ep. ins Jahr 16 v.C.; nach Stadtm. ist es ein Frühgedicht auf eine Frau in Mytilene (Prote? s. V 108).

346. 3. Euonymergau: attischer Demos. Das Ep. stand auf einer Herme in Megara oder Boiotien; 4. Jh. (Wilam.).

348. Es spricht das Grabmal, auf dem ein Relief (die Tote, Mann und Kind) angebracht ist. 1f. Vgl. Kallim. fr. 73 Pf.: κεκομμένα γράμματα; s. IX 341,4. – 6. Vgl. 273. – Steininschrift (Peek).

349. 1f. Vgl. 164,1. – 4. Thrakien ist die Heimat aller Winde. Zephyr: Westwind. Philodemos kommt also von Italien her. – Vgl. zu 251.

350. 1. Tyrrhenertrompete: s. 151. – 2. Pisa: Stadt bei Olympia. 4f. Drei Kränze: in den gleichen Spielen. Unter Augustus und Tiberius lebte ein (oder mehrere) Demosthenes (Macrob. 1, 11, 17; CIL 6, 4173 und 4264). 6. Vgl. Kallim. fr. 757 Pf.: φθέγγεο κυδίστη πλειοτέρῃ φάρυγι, Cic. de off. 1, 18, 61: pleniore ore laudamus.

352. Ältestes epideiktisches Ep. auf ein Kunstwerk (Luck).

353. 1. Melinna: Tochter der Dichterin? Zu ἀγανός vgl. IX 604f. – Vgl. zu VI 275.

354. 4. Selig: also tot.

355. Mikythos heißt „sehr klein".

358. 1. Nach dem Tragiker Ion (fr. 59) war es ein kurzes, bis zur Mitte des Oberschenkels reichendes Untergewand aus Leinen (βραχὺς λίνου κύπασσις εἰς μηρὸν μέσον ἐσταλμένος). 3–4. καὶ – καὶ = et-et; beide ὡς = cum (als). Artemis' Tempel: wohl in Ephesos; vgl. Tacitus Ann. 3, 61. Heute: nach einer Renovierung des Tempels? – Gows Erklärung (Class. Rev. 5, 1955, 238) geht fehl.

ADDENDA

I

8. 7. δ' ἐσορῶν coniec. reiecitque Jac.

10. 8. κείνης Rubensohn 14. 1: ἡ 'Ιουλιανὴ 'Ανι⟨κίου καὶ Πλα⟩κιδί⟨ας θυγάτηρ⟩ [suppl. Stadtm.] 23. σέο γαίης Stadtm. 29. post πεντακοσίοις erasa sunt καὶ ⟨ἑξή⟩κοντα 30. θεογηθέα Herwerden 31. ἀμετρήτους Jac. -οις [cf. IX 656,13] 35. πᾶσαν Rubensohn.

92. Affert ep. etiam Monac. Gr. 416 f.170ʳ, qui ep. Basilio Magno attrib.1. ἐπολκ- P.

99. Cf. H. Delehaye: Rev. Etud. Gr. 9, 1896, 222.

106. 13. 1 (? refec. man. rec.]: ἐγράφησαν μετὰ τὴν ὀρθοδοξίαν ἐπὶ Μιχ (αὴλ) αὐτοκράτο(ρος), υἱοῦ Θεοφίλου 16. τοὺς θρόνους Maas. – Cf. J. Ebersolt: Le Grand Palais de Constantinople p. 77–92.

121. Pro ‚B p. 166' lege ‚Par. 1630 p. 166 [= B]' 7. ψυχικὴ Hilberg 11. εἰσ' Lumb εἰς.

II

32. φερώνυμος: ν ex μ P¹ **35.** θύσθλα Jac. **42.** Πολύϊδος Stadtm. -ύειδος **45–48** scrips. Pl ante 36, sed corr. errorem **58.** μή ῥ' οι Brit. μὴ νέῳ Lumb **56.** γυμνόν = inermem G. I. Aalders (Mnemos. ser. 4, vol. 14, 1961, 338) **91.** εὔπλεκτος Boiss. **105.** cf. pap. Vindob. 29788 (Heitsch: Grch. Dichterfrg. 1961 p. 108) v. 90: μαζοὶ δ' ἐσφριγόωντο **112.** εὔπνοον Lasc. **120.** οὐ μόθον Pl οὐ μόνον Brit. **128.** μολοῦντος P **155.** πατρίδι Boiss. πατρὶ δὲ **242.** in fine pro ‚ἦς' lege ‚-ῆς' **245.** τιταίνων P **250.** σκεπτόμενος seu -ομένοις Stadtm. **261.** βυρόκτιτος Brit. // ἐν δρυσὶ Lumb ἀνδράσι **263.** εἰστήκει Wernicke // χρησμολόγος Pl **264.** Πολύειδος c **286.** θεόνδ' Pl [primo] **295.** αἱ: εὖ Stadtm. ἡ Keydell **301.** τιθεὶς Keydell **304.** ἕζετο Keydell **314.** ἦ καὶ χ. ἑ. ὁμήθεος Keydell, qui versum anteriorem intercidisse putat **320** et **334.** pro ‚man. rec.' lege ‚l' **370.** ἐφάρμενον defend. V. Stegemann (Astrol. u. Universalgesch. 1930, 145) coll. Nonn. 12,35 **375.** αὐτοῦ Lumb.

III

7. 1. σκυλακεύματα Δίρκης ‚fort. tenendum' Stadtm. 5. ᾷ γε Paton ἄγε P ἄγε Sitzler εὖ γε Unger εἷα Lumb.

IV

1. 7. νάρκισσον P em. Keydell // χορῶν ex χορὸν P 24. εἶχεν Bouhier.

3. 80. κατ' ὀργ- Visconti κατορy- P [defend. Mattsson] 103. μύθων: λεύσσων Maas 111. ἄληκτον em. (non Jac., sed) Gott. phil. 4 p. 185. – 117. dele ‚em. Boiss'. // ἀείρει Hecker ἀγείρει c 140. οὔτε ῞Ομ. fort. recte, cf. VII 220,4: σε ἔφην.

V

2. 2. ἀμελγομένην Couvreur 4. χαριζόμενος Pl 6. ἔχω P¹ // κεινά c κεῖνο Pl. **6.** 3-4. Stob. 3,28,9, Choric. or. 32,24. - 5-6. τῆς ... Phot. lex. 2 p. 239 N, Suid. s. ὑμεῖς.
13. 3-4 et 7-8 om. Pl 6. πᾶσα δ' ἀποστάζει Salm.
18. 4. πεσσομένη Giangrande (Rh. Mus. 101, 1958, 50) 6. δῶροι' nos -οις // ἀτενιζόμενον Headlam.
35. 3. σφραγιζο- P [dele ‚Pl‘], συσφιγγομένη Sternb.
36. 8. ἀρτιγλυφὲς Gott. phil. 4 p. 1°⁻
82. 1. μ' οὕτως App. Vat. μ' P¹ δήποτε μ' Pl 2. μ': δ' Pl.
107. 3. λίαν Lasc. 8. ἡμέρα ναϊάδος c.
132. 6. νύσσε (vel τύπτε) με Geffcken.
140. 2. Pro ‚nos‘ lege ‚Herwerden‘.
146. 1. τήναις Wilam.
147. 2. καὶ τὰ γελ.: καὶ γλαγόεντα Pezopulos καὶ γλαγόωντα Maas κἀναγελῶντα Giangrande, sed cf. IV 1,53, XII 256,4.
180. 7. Ἡφαίστου Pl.
181. 1. καχρύων κώλλικας [= καὶ ὀλλ.] Lumb // χοίνικας Waltz 7. ἀλλᾶς restit. Bouhier.
188. 1. μαρτύρομεν Olivieri 3. θερμῷ δ' ἔπι θερμὸν ex θερμὸν δ' ἐπὶ θερμὸν [ὸν in ras.] Pl 4. ἰοβόλα Brit. 5. θνητός: χρηστὸς Luck // πτηνὸς Emper. θνητός.
229. Affert ep. etiam Laur. 32,16 (om. tit. et v. 3-6). - Tit.: Μακεδ- Pl 2. δάκρο (!) [o del.] Laur.
302. Exstat ep. etiam in Laur. 32,16, qui (tit. om.) exhibet 2. χρυσομανεῖ σπατάλη 3. ὁσδ' 'πὶ π. πελάσεις 8. μετὰ παιδομένης 14. ἀμβολίας [sed in marg. ἀγγελίας] 16. γιγνόμενος 18. σώματος.

VI

4. 1. εὔκαπὲς Salm. εὔκαμπὲς // dele ‚κέντρον Desr. ἄγκιστρον‘.
5. 7. ἔντρομον Maas -ος 8. pro ‚ἀχθόμ- Scal.‘ lege ‚αἰσθόμ- Desr.‘.
13. Exstat ep. etiam ap. Kaibel 1104 (perpaucae litt. serv.). - 1. τοι: σοι ostr.
14. 3. πετεινῶν Pl 4. τήνδε Pl 5. λίμνης P¹ Pl.
23. 2. ἰχθυβόροισι Scal. [postea Huet] 7. ἄμμασι Lasc.
33. 1-6 Suid. s. Πρίαπος, σαγήνη, ἀκταίη, βυσσοδομοῦντες, ρόμβον, φήγινος, αὐτούργητον 2. παρ' ἀκτ- c Pl Suid. // ἐπ' ὠφ- c 3. θύννον Suid. s. ρόμβ.
63. Tit. om. Pl.
66. Tit. om. Pl 2. ἐπὶ P¹.
90. 5. ὕδασι στέγην nos ὑδασιστεγῆ Salm. (damn. Liddell-Scott add.) ὕδασι στέγη Desr. (plural. offend. Maas).
106. 1. ὑληφοῖτα Dilthey 6. εὐαγρεῖν Brit. Lasc.
112. Lemma scrips. A: ἀνάθημα τῷ Ἀπόλλωνι παρὰ Πέρσου [errat]. c: παρὰ χερε [ex χαιρε] Δαϊλόχου καὶ Προμένους. - 3. Συάγρου Lumb.
125. 5. Κλεινείο (!) Lasc. - Post ep. 125 in P sequ. lac. sex versuum velut om. ep., sed adnot. c: οὐ λείπει, ὡς οἶμαι.
129. In appar. dele: ‚2 θ': δ' Suid‘.

157. Post ep. adnot. c: ζήτει στίχους ἕνδεκα.

164. Tit.: Λουκιλλίου Brodaeus Λουκιανοῦ P Pl.

188. 6. καὶ Jac. κατ'.

189. 1. Ἀνιγριάδες Unger Ἀμαδρυάδες P Pl.

217. 3. ἀπομόρξατο Bergk ἀπεμ- 9. In fine appar. dele: ,em. Stadtm.'.

219. 5. Pro ,Huschke' lege ,Casaub.' 7. τὸν δὲ μέτ': τοῦ δ' ἕνεκ' Lumb 8. εἰς Jac. ἐς.

221. Tit.: ἄδηλον Pl 8. ἐπ' ἄλλο σίνος Maas ἐπαυλόσυννος P Suid. Pl (ἀπ-) 9. τόδε δ' εὔγρ. c.

239. 1. Ζμήνεος Friedländer (Wilhelm).

280. 3. Λιμνάτι P [dativ. defend. Salm., Jac., Fränkel, Preisendanz], cf. Collection Fröhner I Inscript. Gr. publ. par L. Robert 1936,27 Nr. 24. – 4. ad ἔνδυμα cf. Eur. Herc. Fur. 443 et ὑπένδυμα VI 201,3; 292,1.

287. 7. ἰσοπάλαστον c.

288. 6. Post ποτιρροπέας pro ,Desr.' lege ,Geffcken'.

291. 4. λιβάδος Pᵇ Pl.

298. 4. Dele ,em. Herwerden' 6. Σῖμος Luck.

299. 3. ἐφιουλκίς (P) defend. Gow (Class. Quart. n. s. 6, 1956, 231³) = hiulcus, χάσκων 5. τε ῥ' ὀπεία nos τε ῥοειπα P.

304. 5. Dele ,ex ἐσαυτὸν' [errat Stadtm.].